सांस्कृतिक भेद या राजनीतिक प्रभुत्व
भारतीय इतिहास की खोज

रामअवतार शर्मा

AAKAR

प्रथम संस्करण 2020

ISBN 978-93-5002-678-6

प्रकाशक
आकार बुक्स
28 ई, पॉकेट IV, मयूर विहार
फेस I, दिल्ली 110 091
www.aakarbooks

लेजर टाइपसेट
अर्पित प्रिंटोग्राफर्स, दिल्ली

मुद्रक
सपरा ब्रदर्स, नोएडा

जननी जन्म भूमिश्च, स्वर्गादपि गरीयसी

(विष्णु पुराण)

विषय सूची

आभार

भारतवर्ष की भूमि का प्रत्येक खंड अनेक रहस्यों से भरा हुआ है। यहाँ की सभ्यता और इतिहास अति प्राचीन भी है जो अन्य प्राचीन सभ्य देशों की श्रेणी में आता है। यहाँ के प्राचीन धार्मिक-सांस्कृतिक ग्रंथों में कुछ ऐसे चिन्ह और संकेत हैं, जो अन्य प्राचीन सभ्यताओं में भी पाए जाते हैं।

भारत के संसाधनों, प्रकृति, उदारता और सहिष्णुता ने अनेक जातियों के लोगो को यहाँ आने के लिए आकर्षित किया, कुछ सामान्य तरीके से व कुछ राजनैतिक, सत्ता व बल प्रयोग से और अपनी जीवन पद्धति के प्रभाव को यहाँ के लोगों पर छोड़ा। विभिन्नताओं का मानवता, सत्य त्याग और बलिदान देकर आदर किया गया। ज्ञान, खोज और कर्तव्य, पर विशेष ध्यान दिया गया।

इस पुस्तक में इन सभी व अन्य विषयों को क्रमबद्ध करने में प्रोफेसर डी. गोपाल (इग्नू), संजय अग्रवाल, संतोष कुमार (दिल्ली विश्वविद्यालय पुस्तकालय) रोशन कुमार, अशोक कुमार (आई आई पी ए), बालमुकुंद, सत्य प्रकाश शर्मा, सुरेंद्र कालरा (दिल्ली विश्वविद्यालय स्वास्थ्य केंद्र), के के सक्सेना, आकार बुक्स ने इस पुस्तक को अल्प समय में प्रकाशित किया, उन सभी का मैं विशेष आभारी हूँ।

पुस्तक में किसी भी त्रुटि के लिए मैं ही उत्तरदायी हूँ, उन्हें उजागर करने व मुझे बताने के लिए मैं अति आभारी रहूँगा।

रामअवतार शर्मा

विषय-प्रवेश

आत्वा वा अरे द्रष्टव्यः श्रोतव्यो मन्तव्यो निदिध्यासितव्यः।

(बृ. 340, 2.4.5)

अपने-आपको देखना-पहचानना चाहिए, अध्ययन करना चाहिए, मनन करना चाहिए, ध्यान करना चाहिए।

हमारे पुरखों का यह बहुत पुराना आदेश है।

अतः विद्यार्थी जीवन से ही राष्ट्र-आत्मा के विषय में जानने की इच्छा बलवती रही है, इसे लेखनी के माध्यम से प्रस्तुत करने का छोटा-सा प्रयास किया है, नहीं जानता कि यह कितना सफल है लेकिन इतना अवश्य जानता हूँ कि यह संपूर्ण नहीं हो सकता।

भारतीय भूगोल, संस्कृति और सभ्यता अति प्राचीन है, इसका हमें गर्व भी है। हमारे विद्वान पूर्वजों ने इस राष्ट्र के विभिन्न विषयों पर प्राचीन काल से ही लिखा है, जीवन सामूहिक था, कर्म पर अधिक जोर दिया जाता था, अध्यात्म की वस्तुवाद राजा को साक्षात देवता माना जाता था, राजा भी अपनी प्रजा की रक्षा संतान के समान करता था। व्यक्ति और समाज को गुण-कर्म और दायित्व के आधार पर स्वेच्छा से विभाजित करता था। धीरे-धीरे इस व्यवस्था में विकृति आती गई। सहनशीलता, त्याग, प्रेम-मेल को जीवन का लक्ष्य माना जाता था।

इन सारी बातों का उल्लेख हमारे प्राचीन साहित्य में हुआ है उसे कुछ देशी और विदेशी इतिहासकारों ने ग़ैर-ऐतिहासिक, अवैज्ञानिक मिथक करार देकर अपनी अलग ही व्याख्या चला दी जो दुर्भाग्य से अधिक प्रचलित रही, क्योंकि यह पक्ष सत्ताधारी वर्ग को संतुष्ट करता था। लेकिन यह सच्चा इतिहास नहीं हो सकता।

प्रारंभिक मानव प्रकृति-प्रेमी था। वह प्रकृति में बिखरे हुए अनंत सौंदर्य की अनुभूति प्राप्त करता था, इस युग में बाँस, लकड़ी और पत्तों की झोपड़ियों से घर बनाए जाते थे, उस सामान्य जीवन में भी संस्कृति थी। जीवन-सात्त्विक भावनाओं से ओत-प्रोत था, वेद, ब्राह्मण, आगम और जातकों में इसके संकेत मिलते हैं। मोहनजोदड़ो और हड़प्पा अवशेषों में इन्हें देखा भी जा सकता है। इस काल के

बाद भारत और बेबीलोन व अन्य देशों के साथ अनेक प्रकार का आदान-प्रदान भी होता गया।

प्राचीन काल से ही यहाँ की संस्कृति, स्वतंत्र, सबल, व्यापक और श्रमण रही थी।

इस संस्कृति के अंश आज भी टूटे हुए मंदिरों में, गुफाओं में, शिलाओं में, स्तंभों में और उन स्थानों के उत्खनन से प्राप्त चीजों में देखी जा सकती है जहाँ संस्कृति के केंद्र थे। नदियाँ, तीर्थ स्थान, मंदिर, मेले, त्योहार, आज भी प्राचीन भारतीय संस्कृति के प्रमाण हैं चाहे उनमें थोड़ा-बहुत बदलाव अवश्य आ गया हो।

राम, कृष्ण, बुद्ध, महावीर व अन्य अनेक राजाओं ने अपने जीवन के आदर्श जनमानस को प्रस्तुत किए, सभी मतों, विश्वासों का आदर और सम्मान रहा, यहाँ तक कि भारत से बाहर के मत अनुयायियों को जब उनकी जन्मभूमि में प्रताड़ित किया गया तो भारत ने उन्हें स्वागत के साथ शरण दी। लेकिन दूसरी ओर भारत ही ऐसा देश रहा जहाँ मध्य युग से जनता पर धर्म के नाम पर अत्याचार हुए, धर्म के आधार पर उन्हें योग्य व अयोग्य ठहराया गया, उनको दास का जीवन व्यतीत करना पड़ा।

भारत में अत्यंत प्राचीन काल से ही रक्त-मिश्रण होता आया है। सत्य है कि भारतीय आर्यों, द्राविड़ों, मंगोलों, शकों, हूणों की वंशीय विशेषताएँ लुप्त हो चुकी हैं, प्रायः प्रत्येक भारतवासी कुछ आर्य भी हैं, कुछ द्राविड़, कुछ मंगोल और कुछ शक या हूण भी। लगभग 2400 ई.पू. से लेकर 600 ई.पू. तक जन, जनपद, महाजनपद, वैदिक तथा आर्य साहित्य का युग रहा।

600 ई.पू. से 600 ई. तक साम्राज्यों का उदय हुआ, सुधार आंदोलन, साम्राज्यकालीन शासन-व्यवस्था, गुप्तकालीन जीवन तथा संस्कृत साहित्य का विकास, 600 ई. से 1200 ई. राजवंशकालीन शासक जिनमें आपस में युद्ध होते रहे।

सुल्तानों और मुगलों के आक्रमण स्थानीय राजवंशों के साथ एक असाधारण तथा युग परिवर्तक घटना थी। यह विदेशी आक्रमण पिछले आक्रमणों से बिल्कुल ही भिन्न श्रेणी का था। पिछले आक्रमणकारी संस्कृति की दृष्टि से या तो मिलते-जुलते थे अथवा उनकी कोई विशेष विकसित संस्कृति नहीं थी। फलस्वरूप आक्रमणकारियों ने शीघ्र ही प्रदेशीय संस्कृति ग्रहण कर ली। लेकिन ये नए आक्रमणकारी बिल्कुल भिन्न अरबी-सामी संस्कृति के आदेशों तथा धार्मिक प्रचार की भावना को लेकर प्रविष्ट हुए थे। देश के इतिहास में पहली बार स्वदेश की परंपरागत भारतीय आर्य संस्कृति तथा एक बिल्कुल भिन्न आदर्श वाली विदेशी संस्कृति के बीच भारी संघर्ष आरंभ हुआ।

जिस सेमिटिक संस्कृति और इस्लाम धर्म से भारतीय आर्य संस्कृति और धर्म

को टक्कर लेनी पड़ी उसका मूल स्थान अरब में था। यह हजरत मूसा की यहूदी संस्कृति तथा एक यहूदी सुधारक ईसा मसीह के चलाए आंदोलन की परंपरा से संबंध रखती थी। यही कारण है कि यहूदी, ईसाई और मुसलमान– तीनों एक-दूसरे को अधिक निकट समझते हैं और भारतीय हिंदू इन सबसे पृथक या अलग दिखाई पड़ता है।

अरब में सुधारक हजरत मुहम्मद (570-632 ई.) ने इस्लाम धर्म की नींव डाली। इस्लाम केवल धर्म ही नहीं वास्तव में सेमिटिक संस्कृति का एक समकालीन सुधारा हुआ रूप था। जिसमें धार्मिक तथा सामाजिक सुधारों के साथ-साथ राजनीतिक और धार्मिक विजय की भावना उत्कट रूप में विद्यमान थी और है। इस्लाम धर्म के फलस्वरूप अरबवासियों में एक नई स्फूर्ति आ गई और उन्होंने पड़ोस की अन्य समस्त संस्कृतियों और धर्मों को समाप्त करने का बीड़ा उठाया। धीरे-धीरे मेसोपोटामिया, सीरिया, ईरान, उत्तर अफ्रीका, तुर्की और यूरोप में बाल्कन प्रदेशों और स्पेन को पराजित कर इस्लामी दीक्षा दी। इसी कड़ी में 712 ई. में भारत के सिंध में हमला किया। इसके बाद 870 ई., 1014 ई., 1025-26 ई. और अंत में 1192 ई. को पृथ्वीराज चौहान को हराकर अजमेर-दिल्ली के शासक बन गए, यह क्रिया 1803 तक चलती रही। वर्ण-व्यवस्था, आपसी बैर, अपने राज्य व गद्दी के प्रति प्रेम और धर्म व संस्कृति के प्रति प्रेरित न होना, युद्ध विद्या की कमी, विदेशी सेना को मदद करना, राष्ट्रीय चेतना की कमी हार के मुख्य कारण रहे। यद्यपि, अनेक अवसरों पर हिंदुओं ने डटकर मुस्लिम सेना का मुकाबला भी किया।

इस काल के बाद अनेक बार विदेशी आक्रान्ताओं के आक्रमण हुए जिनमें लाखों लोगों को मारा गया, धन लूटा गया, दूसरी विदेशी शक्ति अँग्रेजों की थी। ये व्यापारी कंपनी के रूप में आए। रोम साम्राज्य के समय में ही इनमें धर्म-परिवर्तन होने लगा था और इन्होंने धीरे-धीरे यहूदी सुधारक ईसा मसीह के चलाए ईसाई धर्म को ग्रहण कर लिया था। 15वीं सदी के लगभग यूरोप के नए राज्य, जिनमें इटली के अतिरिक्त फ्रांस, पुर्तगाल, स्पेन, डच, जर्मन और इंग्लैंड प्रमुख थे; नवजीवन और नवीन स्फूर्ति से प्रेरित हुए। यूरोप और भारत के बीच पश्चिम एशिया का मार्ग मुस्लिम राज्यों के कारण बंद हो गया था, अतः यूरोप से समुद्र के मार्ग से भारत पहुँचने के यत्न प्रारंभ हुए। इसी उद्योग के फलस्वरूप 1492 में कोलंबस ने स्पेन के लिए संयोग से उत्तरी अमेरिका को खोज निकाला। 1498 में पुर्तगाली वास्कोडिगामा ने भारत के समुद्री मार्ग का पहले पता लगाया और अपने देश के व्यापार की नींव डाली। 1600 में ईस्ट इंडिया कंपनी भी भारत से व्यापार करने में सफल हुई। यह कंपनी 1757 से 1857 तक व्यापारिक कंपनी के साथ शासक कंपनी भी रही। इसी बीच धर्म प्रचार के अनेक प्रयास किए गए।

1857 में हिंदू-मुस्लिम ने मिलकर इसका विरोध-विद्रोह किया जो सफल नहीं हो सका। यहीं से एक तरफ हिंदू-राष्ट्रवाद का जन्म हुआ, आंदोलन हुए, दूसरी ओर मुस्लिम लीग की स्थापना से धर्म-भाषा-जाति के आधार पर पाकिस्तान की माँग शुरू की, जो 1947 में सफल हुई। लेकिन इसका आधार इतना कमजोर था कि धीरे-धीरे सच्चाई सामने आ रही है। देखना है कि क्या भविष्य भारत को पुनः अखंड भारत बना देगा।

1

भारतवर्ष, हिंदुस्तान और राष्ट्रीयता

उपलब्ध सूत्रों से यह जाना गया है कि भारत के मूल निवासी, कुछ विदेशी अप्रवासियों को छोड़ सभी एक ही जाति/वंश से संबंधित रहे हैं। इस वंश की शाखाएँ एशिया और यूरोप की भूमि पर भी बसी हुई थीं। जो शाखा भारत में बसी थी वह संख्या और ख्याति में प्रसिद्ध थी, इसे भारतन कहते थे। इसी नाम से देश का नाम भारतवर्ष कहलाने लगा। यह भी माना जाता है कि इस देश का नाम राजा दुष्यंत के पुत्र भरत के नाम से पहचान में आया।

आदिम युगीन मनुष्य अपने निवास के लिए ऐसे स्थान को चुनता था जो ऊँचाई पर हो, पहाड़-पर्वत पर हो, पानी तथा शिकार के लिए उपयुक्त हो। इन स्थानों के पक्ष के पीछे जंगली जानवरों से बचाव, दूसरे लोगों के हमले से बचाव व प्रकृति के अकस्मात प्रहार से बचना था। कुछ लोग मैदानों में भी रहते थे लेकिन भारतन मूलतः पहाड़ों पर रहने वाली जाति ही थी।[1]

पुराकाल में ही भारतन दो मुख्य भागों में विभाजित हो गए थे– कुरु पंचाल व कौरव पांडव और बाद में गौडियन व द्राविड़ और कुरुंबास व माल्ला या माल्या। ये सभी नाम पर्वत से ही संबंध रखते हैं। एक-दूसरे से संबंधित होते हुए भी इनमें आपस में अविश्वास और अलगाव बना रहा लेकिन प्रारंभ में कभी खुला युद्ध नहीं हुआ।

इस विचार की पुष्टि भाषा, धर्म और मानव-जाति के ऐतिहासिक साक्ष्यों में खोजी जा सकती है।

देखने में चाहे अनेक आदिम जातियों में भिन्नता का आभास होता हो लेकिन उनमें कहीं-न-कहीं कोई संबंध अवश्य रहा है। ये सभी आदिम जातियाँ पूरे भारत खंड में फैली हुई हैं। दक्षिण भारत के प्राचीन पर्वतों पर रहने वाले द्राविड़ जातियों का संबंध–भार, बुर्ही, महार, मारस, पहाड़ी, प्रवारी, प्रदास और अन्य जातियों से रहा है।[2] ये सभी आदिम जातियाँ प्राचीन द्राविड़ों के प्रथम न्यासी हैं। इसी प्रकार से चंडाल भी गौडियन जाति से संबंधित रहे हैं जिन्हें आर्यों ने अपना दास बनाया था, इनका संबंध प्राचीन कांडाला और वर्तमान गौड़ों से भी रहा है।

इसी प्रकार माला, पाला, पल्लवा, भाला, भील व अन्य भी द्राविड़ों की शाखा से ही अलग हुए हैं। कोली, कोई, खोंड, कोडागा, कौरावा, कुरुंबा भी गौडियान की ही शाखा हैं। ये सभी शाखाएँ एक ही हैं जिन्हें भारतन या भारता नाम से पुकारा जा सकता है।

प्रारंभ में वैदिक ऋचाओं में प्रकृति की शक्ति और ब्रह्मा को सर्वोच्च सत्ता माना था, जो ब्रह्मांड के रचयिता माने गए, धीरे-धीरे रचना के साथ उसका पालन और संहार की धारणा भी बलवती हो गए, अतः तीन देवों का प्रतिनिधित्व ब्रह्मा, विष्णु और शिव के रूप में हो गया। इसी काल में वैदिक विचारों में भी परिवर्तन होने लगा और एक सर्वोच्च पवित्र आत्मा, महिला शक्ति जो अनार्यों के सिद्धांतों और विचारों में थी आर्य व्यवस्था में स्थान पाने लगी।

इस धर्म सिद्धांत का उदय एशिया की पुरानी जातियों में होता हुआ, प्राचीन बैबिलोनिया को प्रभावित करता रहा। भारत में इसका प्रतीक शालिगराम-पत्थर रहा। इस प्रक्रिया में आर्यों और अनार्यों के देवों का मिश्रण हुआ। वेद चूँकि ज्ञान के प्राचीनतम लिखित स्रोत हैं, अतः देखते हैं कि इस देश के विषय में यहाँ क्या उल्लेख है।

भरत और भारत शब्दों का प्राचीनतम मूल ऋग्वेद में मिलता है जो लिखित इतिहास का प्राचीनतम स्रोत है। ऋग्वेद काल में भरत आर्यों की एक प्रत्यायोजन या शाखा थी, जो सरस्वती और दृश्द्वती नदियों के बीच बसी थी। "भरतों के द्वारा समृद्धि होने के कारण अग्नि की एक संज्ञा भारत प्रसिद्ध हुई और ज्ञान की अधिष्ठात्री देवी को भारती कहा गया।"[3] भरतों के द्वारा संस्कृति ज्ञान-प्रधान होने के कारण भारती ठीक ही कहा गया, अतः जहाँ-जहाँ "भारत-अग्नि" और "भारती-देवी" फैलती गई उस भू-भाग का नाम भारत होता गया। भारत नाम जन प्रतिष्ठा और संस्कृति के विस्तार का सूचक है।

यजुर्वेद में आदर्श-संस्कृति का चित्रण आब्रहान सूक्त में प्राप्त होता है– यहाँ राष्ट्र को विश्व-शिरोमणि, ब्रह्मवर्चसी ब्राह्मण, महार्थी, राजन्य, साध्वी वीर प्रसू महिलागण, समैय युवकगण, सभ्य समाज, दोग्ध्री धेनु, बलिष्ठ वृषभ, द्रुतगति-अश्व, मधु-मधु जलधारा, अभौशथि वैभव, दिव्यभाव जहाँ दिशि-दिशि ज्वलंत हो।

आ ब्रह्मन् ब्राह्मणो ब्रह्मवर्चसी जायतामा राष्ट्रे राजन्यः न कल्पताम्।। 22।।

(पृ. 225, यजुर्वेद-संहिता संपा. श्रीराम शर्मा आचार्य, 1994, ब्रह्मवर्चस् शांतिकुंज, हरिद्वार, दूसरा संस्करण)

पुराणों में भी इस देश का नाम भारतवर्ष और इसका भौगोलिक विस्तार समुद्र के उत्तर और हिमवान के दक्षिण में कहा गया है।

उत्तरं यत्समुद्रस्य हिमवद्दक्षिण चयत्।। 75।।

वर्ष यद्भारतं नाम यत्रेयं भारती प्रजा।। (वायु पु. 45/76)। पृ. 274

इसी पुराण के अन्य श्लोक में अंतरीप से लेकर हिमालय में गंगा के प्रभाव स्थान तक फैला भू-प्रदेश भारतवर्ष माना है :

आयतो ह्याकुमारिक्यादागङ्गाप्रभावाच्च वै। (45/81)। वायुपुराण, पृ. 274

पूर्व में महोदधि (बंगाल की खाड़ी) और पश्चिम में रत्नाकर (अरब सागर), उत्तर में हिमालय और दक्षिण में कुमारी अंतरीप तक भारत-भूमि जिसमें चेतना प्राणाधार जो कुंडलिनी की तरह सजग है, ओतप्रोत है।

मनु प्रजापति ने सबसे पहले धर्म और न्याय की व्यवस्था स्थापित की, इस व्यवस्था के द्वारा प्रजा का भरण-पोषण हुआ, अतः मनु भरत कहे गए।

भाणाच्च प्रजानां वै मनुर्भरत उच्चतै।

निरुक्तवचनाधैव वर्ष तद्वारतं स्मृतम्।। (वायु पु. 41/73)

ब्राह्मण युग में भरत जन का अंतर्भाव कुरु-पंचाल के क्षत्रियों में होने लगा था, केवल एक जनपद भारत नाम से चलता रहा।

ब्रह्मचः इञः प्राच्यभरतेषु। पृ. 77 (अष्टाध्यायी 2/4/66)

न द्वयचः प्राच्यभरतेषु। पृ. 226, 4/2/113 अष्टाध्यायी सूत्रपाठः, सुधीर कुमार मिश्रा, विद्यानिधि प्रकाशन, दिल्ली 2016; प्रथम संस्करण)

इस युग में दौष्यंतिक भरत के नाम से भारत कहा गया। उसके प्रताप और महत्त्व तथा विजयों के कारण कोई दूसरा राजा उसके सामने नहीं खड़ा हो पाया।

इस विषय में महाभारत काल का शेष महत्त्वपूर्ण भौगोलिक सूत्र "वर्ष भारतभारतम्" है।

आज भी पुजारी पूजा में निम्न श्लोक का उच्चारण करता है–

श्री ब्रह्मणो द्वितीयपरार्द्धे श्रीश्वेतवाराहकल्पे वैवस्वतमन्वन्तरेऽष्टाविंशतितमे कलियुगम प्रथमचरणे जंबूद्वीपे भारतवर्षे भरतखंडे आर्यावर्तांतर्गत ब्रह्मावर्तैकदेशे पुण्यप्रदेशे बौद्धावतारे वर्तमाने यथानामसंवत्सरे अमुकायने महामाङ्गल्यप्रदे मासानाम् उत्तमे अमुकमासे अमुकपक्षे अमुकतिथौ अमुकवासरान्वितायाम् अमुकनक्षत्रे अमुकराशिस्थिते सूर्ये अमुकामुकराशिस्थितेषु चंद्रभौमबुधगुरुशुक्रशनिषु सत्सु शुभे योगे शुभकरणे एवंगुणविशेषण विशिष्टायां शुभपुण्यतिथौ सकलशास्त्र श्रुतिस्मृतिपुराणोक्तफलप्राप्तिकामः अमुकगोत्रोत्पन्नः अमुकशर्मा अहं ममात्मनः सपुत्रस्त्रीबांधवस्य ...

पाठविधि, श्रीदुर्गासप्तशत्याम्, मार्कंडेय पुराण, गीताप्रेस, गोरखपुर, पृ. 14

आर्य जाति के इतिहास को ठीक से समझने के लिए घृणित और दोषपूर्ण भौगोलिक प्रेम को प्रमुखता न दी जाए जैसे यूरोपीय विद्वानों ने जिन्हें बाद में कुछ

भारतीय विद्वानों ने अपना आदर्श मानकर आर्य लोगों को जंगली, अनपढ़ और निरक्षर कहा, असत्य व भ्रांतिमूलक है।

आरंभ के वैदिक काल में वर्तमान भारत, ईरान, सुमेर-अकाद, हित, फिनीशिया, लघु एशिया, फिलीस्तीन, मिस्र आदि देशों में ऋग्वेद का बड़ा महत्त्व था। यह महाप्रदेश गंगा से लेकर मिस्र देश की नील नदी तक फैला था। इस समय भारतवर्ष जंबूद्वीप का एक छोटा-सा ही भाग समझा जाता था। अपने पठन-पाठन और मंदिरों के कारण यहाँ दूर-दूर से विद्यार्थी आते थे, इसी कारण आर्यों को स्वयं पर बहुत अभिमान था। ये लोग अपने-आपको देव-पितर, कुबेर, गंधर्व, यक्ष, किन्नर, नाग, दानव आदि नामों से पुकारते थे।

मंदिरों में देवी-देवताओं के समान राजा-महाराजाओं, रानियों और महारानियों की भी पूजा-पाठ होती थी। आर्य समाज के प्रधान लोग मर जाने पर तारों तथा नक्षत्रों के नाम पर उनके ऊपर नाम रख दिए जाते थे– सप्तर्षि, ध्रुव, रोहिणी, अरुंधती, शुक्र, बृहस्पति, बुध आदि ऐसे ही उदाहरण हैं। देवताओं– सूर्य, चंद्र, नक्षत्र आदि व मंदिर के देवताओं तथा राजा-रानियों के संबंध में कविताएँ तथा मंत्र बनाए गए थे, उन्हीं के संग्रह का नाम वेद है। जंबूद्वीप के भिन्न-भिन्न देशों के मंदिरों में मंत्र पाठ होते थे जिनका संबंध वेदों से है, इसी कारण वेदों के सब मंत्रों की भाषा एक-सी नहीं है। इसको समझने के लिए प्राचीन इतिहास तथा पुराण का ज्ञान होना चाहिए। देश तथा काल के भेद के कारण संस्कृत तथा वैदिक भाषा में भी भेद हो गया, जिसके कारण समझने में कठिनाई बढ़ गई। यास्क मुनि, चार्वाक, जैनों, बौद्धों, बृहस्पति-संप्रदाय ने वेदों के मंत्रों को निरर्थक माना, पौराणिकों तथा आगमियों ने पुराणों तथा आगमों पर ही विशेष ध्यान रखा।

हिंदू घरेलू पूजा-पाठ में दुर्गा, गौरी, गणेश आदि की पूजा को प्रधानता देते गए। लेकिन हिंदू-दर्शनशास्त्र तथा धर्मशास्त्र वेदों को प्रामाण्य ग्रंथों में सब से प्रमुखता देता है। ऋग्वेद की रचना लंबे काल-खंड में मानी जा सकती है। इंद्र इस काल का देव माना जाता है। जिनका पहला हथियार वज्र अर्थात पत्थर का था, फिर हड्डियों का, घोड़े की हड्डियों से दराँती बनाकर कुशा-घास को काटा जाता था।[4] यह सब नव प्रस्तर सभ्यता को इंगित करता है। लेकिन मध्य और बाद के युग में आर्यों ने धातु के प्रयोग किए। ये सभी सभ्यताएँ ऋग्वेद में देखने को मिलती हैं। ऋग्वेद में पहले की भी रचनाओं का उल्लेख है जैसे– निवितस, निगादास और गाथा[5]। यह भी ज्ञात होता है कि ऋग्वेद काल में बहुत सारे मंत्रों की बोधगम्यता खत्म हो गई थी, इस तथ्य से वेद की प्राचीनता आँकी जा सकती है। ऋग्वेद पंजाब में अभिनूतन काल में बड़े भूकंप का उल्लेख[6] करता है जिसे भूवैज्ञानिक भी सत्य मानते हैं, जिसके कारण पृथ्वी पर बड़ी उथल-पुथल हुई, जिसने कई नदियों का वेग ही नहीं बदला वरन् नई नदियों का रास्ता भी बदल दिया।

इसी प्रकार सोम और इंद्र का उल्लेख अति प्राचीन है, इनका उल्लेख किसी अन्य यूरोपीय भाषा, जिसे आर्यों से जोड़ा जाता है, प्राप्त नहीं हैं। केवल ईरानियों को सोम का ज्ञान था।[7] सप्त सिंधु से 1500 ई.पू. ऋग्वेदी आर्य मितानी गए होंगे, क्योंकि एक पुरातत्त्व अवशेष जो बोगाजकेर्मी में 1930 को हूग-विकंलर को प्राप्त हुआ था जिसमें मित्र, वरुण, इंद्र, नशात्या का उल्लेख है, मितानी राजा और मिस्र के फारों के बीच 1500 ई.पू. संधि का उल्लेख है। यूरोप के आर्यों की नस्ल दक्षिण-पश्चिम विशेषकर सप्त-सिंधु और ईरान के लोगों के मिलन से बनी है।

वेद कहाँ से आए और किसने इनको बनाया, इनके विकास का क्रम क्या रहा, आरंभ से ही किसी को ज्ञान न था। इसी कारण उन्हें अपौरुषेय माना जाता है।

इन्हें भारतीय ब्राह्मणों ने बड़े कष्ट तथा परिश्रम से नष्ट होने से बचाया, इनकी भाषा में संस्कृत शब्दों का प्रयोग बहुतायत में है, जिसका उद्‌भव भारत में ही हुआ। आज भी भारत में वेदी, द्विवेदी, त्रिवेदी और चतुर्वेदी ब्राह्मण पाए जाते हैं जिनके पूर्वज इन वेदों का अध्ययन-अध्यापन व संरक्षण भी करते थे।

विक्रमादित्य के राज्यकाल से अब तक वेदों की तीन प्रकार की व्याख्याओं ने मुख्य रूप ग्रहण किया है। एक महीधर की, चार्वाकों ने महीधर की व्याख्या के आधार पर वैदिक धर्म पर पर्याप्त आक्षेप किया है; दूसरी रामायण की यूरोपीय भाषाओं में किए गए वेदों के भाषांतरों में आधारभूत है, भारतीय विश्वविद्यालयों में इसी मत का अधिक प्रसार है; तीसरी महर्षि दयानंद की– इसे आर्य समाजियों ने माना है लेकिन यूरोपीय विद्वानों ने पूर्ण रूप से नहीं अपनाया है।

आपस में भेद के साथ सभी में कुछ त्रुटियाँ भी हैं। इसको ठीक जानने के लिए जानना होगा कि वेदों के ऋषि कौन थे? कहाँ रहते थे? वेदों में किस देश तथा लोक की घटनाओं का उल्लेख है? प्राचीन घटनाओं, पूजा-पाठों और गाथाओं का वर्णन उन्होंने किस पद्धति से किया है?

यदि आर्य लोग मिस्र से लेकर गंगा तक के महाप्रदेश में निवास करते थे तो यह भी जानना आवश्यक होगा कि कौन-से शब्द किस प्रदेश और किस अर्थ में प्रचलित थे?

बेबिलोनियन इष्टिकाओं के चित्रों में जर्मन तुर्फरी मंत्रों को देखा जा सकता है।

वेदों में एक ही पदार्थ को सूचित करने वाले भिन्न-भिन्न संस्कृत शब्दों में भेद है। इस बात को जानना अति आवश्यक है।

वेदों में लोगों का इतिहास है। कुछ वर्षों पहले तक इस विषय में संसार को कुछ ज्ञान न था। उनकी भाषा के अस्तित्व का भी हाल ही में ज्ञान हुआ है। जैसे इंद्र कोई एक राजा नहीं वरन् ऋग्वैदिक राजाओं की एक मात्र उपाधि थी। बहुत से स्थानों में इंद्र के साथ राजा का नाम भी दिया गया है।

बहुत से राजा सूसा, सुमेर-अककाद, हित, फीनीशिया, मिस्र आदि देशों के शासक थे। इनकी तिथि, भूमि, लड़ाई तथा वेश आदि भी ज्ञात होते हैं।

जैसे वटूरिणा पदा (3500-4000 ई.पू.) वह बैबिलोनिया के प्रसिद्ध नगर उर का राजा था। इसी तरह अवर महेंद्र जिसने सूसा के समीप अवन् नामक नगर बसाया था।

बैल युद्ध के संबंध में मंत्र[8] भी दिए गए हैं। ऋग्वेद के उद्धृत मंत्रों में रोदसी, सुमेर-अकाद; अभिव्लग्म– बिब्लिकजाति; बैल स्थान– बैबिलोन; चिद्-आद्रि– शिर्र देश में उर के समीप पर्वत; शीरशा– शीर के लोग; यातु– सेमिटिक लोग; महावटूरिणा पदा– महान वटरू, इणापदा– महान वलूलु अलपद्ध; अवासां– अब जाति के लोग; मधवन– अवन नगर के सम्राट; शधों– कोल्डिया के राजा; बैल स्थान के अर्मके– बैबिलोन नगर के अर्मियन; तकत्सु– लकड़ी के तख्ते, तक्त शब्द सुमेरियन भाषा से संबद्ध हैं, इसका प्रयोग हरियाणा भाषा क्षेत्र में भी होता है। घरान्न– घरम के अवतार; भीशाँ– महाभयंकर; इत्सिला सति– पूरा न्याय करता है; सुनवान– धनुर्धारी; आ-भुवं– पानी वाली भूमि; ये शब्द सुमेरियन तथा बैबिलोनिया के देशों से संबद्ध हैं।

सुमेर-अक्काद में ऐसे राजा भी हुए हैं, जिसके नाम ऋग्वेद में दिए गए हैं जैसे– तार-इश (3400-3100 ई.पू.), उर्मिणा (3000 ई.पू.); अंडामान (अंतामान 2900 ई.पू.) पुरंधि तथा इंदु (2900 ई.पू.), मंद्र मिस्र (2445 ई.पू.) ऋभु (मिस्र, 2250 ई.पू.) र– राणा (मिस्र 2160 ई.पू.), शासु (पैलस्टाइन 2250 ई.पू.), कस्सु– कशु (बैबिलोनिया 1035-1032 ई.पू.)।[9]

ऋग्वेद में भौगोलिक पक्ष भी बड़ा महत्त्वपूर्ण है, यहाँ सुमेर से मिस्र तक के सैकड़ों देशों के नाम हैं। जैसे– इशपुर (ऋग्वेद, मं. 8 सूक्त 6 मंत्र 23); ऊमा (ऋग्वेद, मं. 3 सूक्त 6 मंत्र 8); अवन; उर– बैबिलोनिया के उर नामक नगर; शर्भू– ऋग्वेद में शर्भू, शर्द, जर्मू आदि; राजस, रायस; समर्य– ऋग्वेद में समर्य– राज्य अर्थात् लघु एशिया के सिमर्य राज्य, सिमर्य एक बड़ा भारी बंदरगाह और विद्या का केंद्र था, तुतुर– बैबिलोनिया का व्यापारिक केंद्र; रूरू– ऋग्वेद में रूरू-भू शब्द का प्रयोग यह स्थान इलभू के पास लुलु नामक स्थान को प्रकट करता है। ईर्म, शिप्र, शुश, ताविरु, विप्र राज्य, पुरु देश अथर्वन शाखा सीरिया के अथर्व नगर से संबद्ध है। अतः ऋग्वेद का संबंध जितना भारतवर्ष से है इतना ही सुमेर से लेकर लघु एशिया तक के देशों के साथ भी रहा है।

उमाः वस्त्रापसेव, सध्रीचीनी (पत्नी), प्रेमजीग (साँप)– अजी– (साँप), पृक्ष शब्द वृक्ष शब्द का रूपांतर है। पृक्ष के सदृश ही लक्ष्य शब्द है इसकी पूजा आज भी भारतवर्ष के हिंदुओं में जगह-जगह पर प्रचलित है। वितन्वाथे धियो (घी),

सुदिन, सुतिन (साँप) का उत्पत्ति गाथा का बैबिलोनियन पुराणों में उल्लेख मिलता है। ईरान से लघु एशिया तक के देशों में दया के देवता के रूप में पूजा जाता था।

ऋग्वेद के अश्विन वास्तव में सूर्य तथा चंद्रमा के योग का नाम है। सूर्य उसमें पुरुषत्व को या शिव को और चंद्रमा मातृत्व-शक्ति या शक्ति को सूचित करता है। अतः शिव और शक्ति के योग का नाम ही अश्विन है। इनके नीचे पेड़ पर प्रेम रूपी साँप (प्रेम जीगः) है जिसके कारण दो तत्त्व आपस में मिलते हैं तथा संसार की उत्पत्ति का कारण बनते हैं।

इसी प्रकार प्राचीन शब्दों का प्रयोग अधिकतम हिंदी में हो रहा है जैसे मल्लाह, सिकड़ी, गऊ, राणा (मिस्र से) जो संस्कृत से भी प्राचीन हैं। शिव तथा शक्ति की पूजा भिन्न-भिन्न रूपों में भिन्न-भिन्न ढंग से होती थी। आज से 5000 वर्ष पूर्व पट्टल (मोंहेंजोदारो) तथा सर्प या सरप (हड़प्पा) नगर के रहने वाले नागों, दानवों, यक्षों, गंधर्वों, किन्नरों आदि में शिव तथा शक्ति को नाग तथा नागिन के रूप में पूजते थे और उनको उत्पत्ति का मुख्य कारण समझते थे।

सिंध तथा पंजाब के प्राचीन लोगों में जो गाथा प्रचलित थी जिसे एक चित्र में दर्शाया गया है। इस चित्र में बीच में एक गोला है जो कि बिंदुओं से परिपूर्ण है। चित्र-लिपि के विद्वानों के अनुसार इस ढंग से रखे बिंदु बीजों को सूचित करते हैं, जो कि उत्पत्ति के स्रोत हैं।

नीचे एक भाला है (जो शक्ति का सूचक है। गोले के दोनों ओर दो साँप हैं) एक नाग दूसरा नागिन। उत्पत्ति की गाथा के पेड़ का स्थान पीपल को दिया है। चित्र को गंभीर रूप से देखा जाए तो शिवजी के त्रिशूल को ही आधार बनाया है। त्रिशूल की ऊपर की दो बाहुओं को नागिन तथा नाग का रूप दिया है, बीज रूप में उनकी उत्पादक शक्ति तथा उसके परिणामस्वरूप वृक्षादि की उत्पत्ति को क्रमशः गोले, भाले तथा पेड़ के द्वारा प्रकट किया है।[10]

जंबूद्वीप के भारत खंड व जंबूद्वीपीय अन्य प्रदेशों में आर्य भाषाओं के शब्दों का विकास हुआ, इसीलिए अनेक शब्दों का प्रयोग भारत, बैबिलोनियन, मिस्र व लघु एशिया आदि देशों में पाए जाते थे। यहाँ के लोग भूत-प्रेत, शाकिन-डाकिन आदि से बचने के लिए उनका पूजा-पाठ तथा मंत्र-जंत्र भी किया करते थे।

यह भी तथ्य है कि सुमेरियन लोगों के दसवें मनु ने ही वेदों का उद्धार किया। यह गाथा ज्यों-की-त्यों भारतीय पुराणों में पाई जाती है[11] जो सुमेरियन लोगों के दस अवतारों के सदृश है। भारतीय पुराणों में दस अवतारों का उल्लेख है। यहूदियों के नवें अवतार का नाम लामस् भारतीय पुराणों के रामः से बहुत ही अधिक मिलता-जुलता है। अतः प्राचीन काल से ही भारत खंड के जंबूद्वीप के अन्य खंडों से गहरा संबंध रहा है।

समय के अनुसार हमारे देश को अनेक नामों से पुकारा जाता रहा है जैसे जंबूद्वीप, अजानामा, हिमवर्ष, भारतवर्ष– भारतवर्ष का ही इतिहास में अधिक प्रचलन रहा।

जंबूद्वीप, हिमवर्ष और हिंदू देश– हिंदू स्थान का संदर्भ भौगोलिक कारणों से हुआ। लेकिन भारत नाम के राजनीतिक प्रभाव हैं। यह "भारत" नाम किसी इतिहासकार व विद्वान ने नहीं चिह्नित किया है, यह नाम राजा भरत के नाम से ही जाना जाने लगा जो महान, प्रतापी, दयालु, निर्भीक और सर्वगुण-संपन्न था, राजा दुष्यंत का पुत्र था, इसी नाम से उनके वंश को पुकारा गया। महाभारत भी इसी वंश की कहानी है।

माताद्वारती कीर्तिः ये नेदं भारतं कुलम्
अपरे ये च पूर्वे वे भारताइति विश्रुताः (महाभारते)

तैलगू देश की सरकारी पुस्तक (1961) में भी इसी बात को कहा गया है। वायु पुराण जो पुराणों में अति प्राचीन है भारतवर्ष के नाम को भारत से ही माना है :

ऋषभाद्भरतो जज्ञे वीरः पुत्रशताग्रजः
सोऽभिषिच्याय भरतं पुत्रं प्राव्राज्यमास्थितः।। 81।।
हिमाह्वं दक्षिणं वर्ष भरताय न्यवेदयत्
तस्मात्तद्भरतं वर्ष तस्य नाम्ना विदुर्बुधा। (वायु पुराण 33.52, पृ. 220)।

विष्णु पुराण में भारत को ऋषभ देव का पुत्र माना है :

ऋषभाद भरतो जज्ञे जेष्ठः पुत्रशतस्यस ...
ततश्च भारतं वर्षमेतल्लोकेषु गीयते
भरताय यतः पित्रा दतं प्रातिष्ठता वनम्।।

(विष्णु पुराण 2.1.32, पृ. 114)

इसी प्रकार इसी पुराण में :

उत्तरं यत्समुद्रस्य हिमाद्रेश्चैव दक्षिणाम्।
वर्ष तद्भारतं नाम भारती यत्र संतति।। (विष्णु पुराण 2.3.1)

कर्मकांड के मंत्रों में भारतवर्ष को भारत-खंडे जंबूद्वीपे कहा गया है।

भारतीय संविधान में भी इंडिया, भारत ही स्वीकारा गया है।

हिंदुस्तान वास्तव में एक भौगोलिक शब्द है, सिंधु नदी के पश्चिम के लोग पूर्व के लोगों को हिंदू कहते थे, क्योंकि वे 'स' को 'ह' ही पुकार सकते थे, अतः धीरे-धीरे यह प्रदेश हिंदुस्तान बन गया, यहाँ के रहने वालों की जीवन-पद्धति को हिंदू कहने लगे।

भारत एक राष्ट्र है।

राष्ट्र शब्द का प्राचीनतम प्रयोग ऋग्वेद संहिता में 'राष्ट्र क्षत्रियस्य'[12] राजा

राष्ट्रानाम्,[13] 'राष्ट्र गुपितं क्षत्रियस्य'[14] इन संदर्भों से ज्ञात होता है कि क्षत्रिय के द्वारा शासित भू-भाग को राष्ट्र कहते थे। यजुर्वेद में 'राष्ट्र' शब्द का प्रयोग अनेक बार हुआ है– 'वृशसेनाअसि राष्ट्र दा राष्ट्र मनुष्यै वेहिं, 'राष्ट्र दा राष्ट्र' मे देहि[15] अर्थात् तू राष्ट्र देने वाला है मुझे राष्ट्र दो।

इसी वेद में लोगों, पशु और वनस्पति की पुष्टि की कामना की गई है। अथर्ववेद राजा को राष्ट्र की उन्नति और सुरक्षा के लिए क्या करना चाहिए इसको यहाँ प्रतीक रूप में बताया गया है।[16]

संदर्भ

1. गुस्ताव ओप्पेस्ट, *ऑन दि ओरिजनल इनहबिटेंटस ऑफ भारतवर्ष ऑर इंडिया,* यूनिटी बुक सर्विस, 1986, पृ. 13, 32, 33।
2. तत्रैव, पृ. vii।
3. वासुदेव शरण अग्रवाल, *"देश का नामकरण", नागरी प्रचारिणी पत्रिका,* वर्ष 18, अंक 1-4, वैशाख-माघ, 2000, पृ. 35।
4. *ऋग्वेद* 1, 84, 13, 14, 7, 83, 1।
5. *ऋग्वेद* 10, 71, 4।
6. *ऋग्वेद* 1, 62, 5; 63, 1; 2, 12, 2; 15, 6; 17, 5।
7. *ऋग्वेद* 9, 2, 10; 86, 10; 9, 96, 5।
8. *ऋग्वेद,* मं. 1, सूक्त 135, मं. 1-7।
9. *नागरी प्रचारिणी पत्रिका,* भाग 16, पृ. 76-80।
10. *नागरी प्रचारिणी पत्रिका,* भाग 16, पृ. 91, 95।
11. *नागरी प्रचारिणी पत्रिका,* भाग 16, पृ. 126।
12. *ऋग्वेद* 4.42.1।
13. *ऋग्वेद* 7.34.11।
14. *ऋग्वेद* 10.109.3।
15. *ऋग्वेद* 10.2.3।
16. *अथर्ववेद* 12.1.8।

2

राजनीतिक-इतिहास

राजनीति समाज में मनुष्य की क्रियाएँ हैं और राजनीतिक इतिहास उस राजनीति का इतिहास है। मनुष्य की सभी क्रियाएँ राजनीति नहीं हैं न ही उसका सारा जीवन राजनीतिक है। अरस्तु ने मनुष्य को "सामाजिक प्राणी" कहा है। इसका उचित अर्थ है कि मनुष्य समाज में रहता है, उसके लिए वह सामाजिक संगठनों का निर्माण करता है, अतः वह एक "सामाजिक प्राणी" है।

इस संदर्भ में राजनीतिक इतिहास भूतकाल में मानव की गतिशील क्रियाओं का अध्ययन है जो उस समाज की संरचना के लिए महत्त्वपूर्ण है। अतः यह मानव की उन सामाजिक क्रियाओं से संबंधित है जिसे मनुष्य ने बनाया, संरक्षित किया, बदला और नष्ट किया। गतिशील क्रियाओं के लिए शक्ति की आवश्यकता होती है, शक्ति (सत्ता) ही राजनीतिक-इतिहास का मूल है। इतिहास का हर रूप यह दर्शाता है कि किस प्रकार से मानव ने अपने समाज में शक्ति को प्राप्त करने का प्रयास किया; कानून की स्थापना की, संगठनों के माध्यम से सत्ता को प्राप्त किया, आज जनता जानना चाहती है कि मनुष्य ने सामाजिक जीवन में क्या किया, वह कैसे जीवन व्यतीत करता था (सामाजिक इतिहास); कैसे धन संचय किया (आर्थिक इतिहास); क्या और कैसे सोचा (बुद्धिजीवी इतिहास); कैसे अपने सौंदर्य ज्ञान को व्यक्त किया (कला का इतिहास) आदि।

इतिहास पूर्ण सत्य नहीं है क्योंकि उसकी जानकारी बदलती रहती है। अतः वह अंतिम सत्य नहीं हो सकता। दुनिया में हर चीज बदलती है, मानव-समाज बदलते हैं, देश की सीमाएँ बदलती हैं, शासक बदलते हैं, शासन के तरीके बदलते हैं, भाषा बदलती है, लिपि बदलती है, रहन-सहन के तरीके बदले और आगे भी बदलते रहेंगे।

इतिहास को जानने के लिए जमीन में दबे हुए हथियार, औजार, आभूषण, बर्तन-भांडे, सिक्के, जानवर व मानव की हड्डियाँ, शिलाओं पर लिखित सामग्री, अभिलेख, पुस्तकें, पुराना साहित्य, गाथाएँ (लिखित व अलिखित), विदेशी यात्रियों के संस्मरण, आकृतियाँ ही इतिहास के ज्ञान के प्रमुख साधन हैं।

सत्य, मिथक, इतिहास और इतिहासकार

मिथक और इतिहास का गहरा संबंध है, दोनों ही कहानी के माध्यम से दर्शाते हैं कि स्थिति कैसे आगे बढ़ी। सामान्य दृष्टि से हम मिथक को असत्य की अवस्था में रखते हैं और इतिहास को सत्य की अवस्था में रखते हैं। लेकिन एक इतिहासकार अपने निष्कर्ष को सत्य और दूसरे को मिथक मानता है, अतः एक बात एक इतिहासकार के लिए सत्य है वहीं दूसरे के लिए मिथक, यह वाणी में भी प्रदर्शित किया जाता है।

लगभग एक सौ वर्षों के आस-पास इतिहास ने एक अलग विषय का रूप ले लिया था, उस समय भी हमारे पूर्वजों के सामने यह दुविधा थी लेकिन उनके पास इसका समाधान भी था कि वैज्ञानिक साक्ष्यों के आलोचनात्मक तरीके से तथ्यों को सीधा किया जा सकता है, इस प्रक्रिया से एक सजग और चेतन इतिहासकार तथ्यों को इस प्रकार रखेगा कि वह वर्णन एक वैज्ञानिक इतिहास बन जाएगा। साथ-साथ नए तथ्यों के सामने आने से यह प्रक्रिया चलती रहेगी। वैज्ञानिक इतिहास को जानने के लिए किसी भी प्रकार का पूर्वाग्रह या पक्ष नहीं होना चाहिए, ऐसे इतिहास को लिखने के लिए विश्वसनीय तथ्यों, नई गहराई, विस्तार, श्रेणी और सुस्पष्टता का सुलभ उपलब्ध होना आवश्यक है; जो प्राचीन समय में सरल नहीं था। लेकिन यह कहना भी उचित नहीं होगा कि पहले के इतिहासकारों ने कोई प्रयास नहीं किए। आदर्श और वास्तविकता के बीच चली आ रही अनियमितता को चिह्नित करना कठिन कार्य है, मिथक खतरनाक रास्ते पर ले जाकर भटका सकता है, स्व-चाटुकारिता भी स्व-हत्या है, एक अच्छे इतिहासकार को इन विषयों का ध्यान रखना होता है।[1] मानवता की विभिन्नताओं और उनकी जटिलताओं का भी ध्यान रखना होता है।

इतिहास

वर्तमान समय में कार्यरत इतिहासकारों की संख्या पहले से कहीं अधिक है लेकिन कम इतिहासकारों ने ही अपने हुनर को प्रकाशित किया है। अधिकतर इतिहास की पुस्तकें दार्शनिकों, समाजशास्त्री और इतिहासकारों ने अन्य इतिहासकारों के विश्लेषण और कभी-कभी अपनी सामाजिक क्रिया को साबित करने के लिए लिखी हैं, लेकिन यह सब अपने उद्देश्य को पूरा नहीं कर सके। शायद यह संभव भी नहीं है, क्योंकि इतिहास को पढ़ने व लिखने का एक रास्ता नहीं हो सकता।

यह सब होते हुए भी इतिहास के महत्त्व को स्थापित किया गया है। इतिहास मनुष्य के अतीत के हर पहलुओं से संबंधित होता है। यह जहाँ मनुष्य की सफलताओं की कहानी है यही उसकी संस्कृति और सभ्यता की विफलता की

कहानी भी है। इतिहास हमें ज्ञान देता है किस प्रकार से मनुष्य ने अपना जीवन प्रारंभ किया, कैसे काम किया और अतीत में क्या प्राप्त किया। प्रारंभ में व्यक्ति असभ्य और पिछड़ा हुआ था लेकिन धीरे-धीरे वह आगे बढ़ता गया और सभ्य और सुसंस्कृत होता गया।

इतिहास के माध्यम से ही हमें यह ज्ञात होता है, कि कैसे मनुष्य के जीवन में परिवर्तन हुआ, कैसे पहले औजारों का प्रयोग हुआ, अग्नि का प्रयोग कैसे हुआ, उद्योगों का विकास कैसे हुआ, कृषि की जानकारी कैसे हुई, सामाजिक संगठन कैसे बने, कैसे सरकारें बनीं और इसी प्रकार के अन्य विषयों की जानकारी। संसार के सभी देशों में व्यक्तियों ने बेहतर चीजों को प्राप्त करने के लिए संघर्ष किया है। इतिहास में महान व्यक्तियों के विचार, कार्य, खोज और आविष्कार, महान क्रांतियों, आंदोलनों एवं युद्धों का वर्णन होता रहा है। इतिहास का मुख्य लक्ष्य अतीत का ज्ञान होता है। इतिहासकार अतीत को पढ़कर, जानकारी प्राप्त कर, अनुसंधान करके, तथ्यों का मंथन करके साक्ष्य सहित अतीत को समाज के समक्ष रखते हैं।

इतिहास का ज्ञान बहुत महत्त्वपूर्ण है लेकिन लेखकों के विचारों में विभिन्नता बनी रही है। चूँकि अतीत, जिसको देखा नहीं, जाना नहीं, किसी सिद्धांत पर एक मत नहीं होना और अपनी-अपनी आकांक्षाएँ, हित और इच्छाओं को व्यक्त करना रहा। इतिहासकार मानते हैं कि उनका यह कार्य कठिन होने के बाद भी संतोष देने वाला है, विषय परिवर्तनशील होते हुए भी कई तरह से एक रूप हैं। आधुनिक इतिहासकारों ने भिन्न शैली में लिखा है लेकिन यह भिन्नता दो प्रवृत्तियों को नहीं मिटा सकी– पहला इतिहास को शैक्षिक ज्ञान में बदलना, दूसरा समाज का इतिहास के प्रति बढ़ती माँग। सांस्कृतिक क्रांतियाँ, धर्म निरपेक्ष विचार, विज्ञान की प्रगति और सदैव सत्य के विचारों को चुनौती देना, इसके मूल में है।

दोनों प्रवृत्तियों की उत्पत्ति का संबंध होते हुए भी दोनों एक-दूसरे से विपरीत हैं।

इतिहास का महत्त्व

आम धारणा यह है कि इतिहास एक अतीत का ज्ञान है जो वर्तमान समय के लिए महत्त्व नहीं रखता, वह राजाओं, युद्धों, संसदों आदि, जो अब मिट चुके हैं उनसे संबंधित तथ्य हैं, पर केवल आत्म-सुख, और सामान्य ज्ञान की प्रतियोगिताओं के लिए ही है, यह विचार कुछ सीमा तक सत्य भी है। लोगों का यह भी विचार उचित है कि आधुनिक समय में विश्वविद्यालयों में अनेक उपयोगी विषय उपलब्ध हैं उन्हें भी पढ़ना चाहिए।

अनेक इतिहासकारों ने इतिहास के महत्त्व को अपने-अपने तरीकों से लिखा है।

इतिहास को पश्चिम के लोगों ने लैटिन शब्द के कहानी, जो ग्रीक शब्द के अर्थ इंक्वारी के लिए प्रयोग किया गया है। इसमें एक विशेष प्रकार का सुख प्राप्त होता है, यदि खोज सत्य पर आधारित होती है तो अगली अवस्था को जानने की उत्सुकता रहती है विशेषकर उस चीज की जिसे पहले किसी ने नहीं प्राप्त किया हो।

इतिहास मानव जीवन के विशाल परिप्रेक्ष्य में छोटे-से-छोटे परिप्रेक्ष्यों के लिए महत्त्वपूर्ण है, इससे कोई भी अछूता नहीं रह सकता, कोई घटना कैसे घटी, इसको जाने बिना भविष्य में क्या होगा, इसकी शुरुआत करना कठिन है। इतिहास समाज और व्यक्ति का अनुभव है। बिना अनुभव के व्यक्ति, बिना माँ के बच्चे के समान है, अतः इतिहास के बिना समाज का कोई अस्तित्व नहीं रहता। समाज उसके सदस्यों के आपसी व्यवहार के कारण चलता है, वे एक-दूसरे से भविष्य में कैसा व्यवहार करेंगे इसकी भी आशा उन्हें रहती है। आर्थिक संकट, युद्ध, नए विचारों का प्रभाव आदि की अवस्थाओं में सदस्य आपस में कैसा व्यवहार करते हैं या करेंगे, एक अनुभवी इतिहासकार ठीक ढंग से उसे जान सकता है और जनता के समक्ष रख सकता है।

किसी भी महत्त्वपूर्ण प्रश्न को राजनीतिज्ञ अपने व अपने देश के आर्थिक और राजनीतिक लाभ को आँककर निर्णय लेगा, लेकिन एक अच्छा इतिहासकार अतीत में इसका क्या दृश्य रहा उसको मध्य में रखकर अपना निर्णय लेगा। भविष्य व अदृश्य को जानने के प्रश्न का ठीक उत्तर देना तो कठिन है लेकिन इतिहासकार का निर्णय अधिक उचित होगा। इतिहास का महत्त्व इसलिए भी है कि हर व्यक्ति जिस दुनिया में रह रहा है उसके बारे में जाने। अच्छे इतिहास में अतीत की चिंता, मापदंड और पूर्वाग्रह नहीं होते, क्योंकि इनसे इतिहास में विकार पैदा होते हैं। यह मापदंड सभी प्रकार के इतिहास– राजनीतिक, सामाजिक, आर्थिक, बौद्धिक व अन्य पर समान रूप से लागू होता है। लेकिन कुछ इतिहासकारों जैसे जी.आर. एल्टन का मानना है कि प्राथमिक रूप में इतिहास सरकार का ही विचार होता है।

भारतीय इतिहास का दर्शन

बुद्धि-संगत नीतिशास्त्र से आधुनिक विचारधाराओं में इतिहास का दर्शन अधिक विशिष्ट है। कुछ विद्वानों को कॉर्ल मार्क्स कांट से अधिक प्रभावित करता है। दो विश्व युद्धों ने विज्ञान और मानवता के मेल से उभरती विकास की आशा को धूमिल कर समाजवादी और कम्युनिस्ट स्वप्न को उभार दिया, जो युद्धों के बाद सामाजिक क्षेत्र में एक प्रभावशाली आशा बनी।

पुराने उदारवाद को क्षति पहुँची और ईसाइयत और बौद्ध धर्म भी अर्थशास्त्र, राजनीति और समाजशास्त्र को मुहावरे देने में असफल रही। गाँधीवाद भी स्वतंत्रता के बाद पीछे हटने लगा, कुछ कम लोगों के संगठन भी भारतीय दर्शन और आध्यात्मिक धरोहर को नई संस्थाओं में उतारने में असफल रहे, जिसके द्वारा ही भारतीयों को नई पीढ़ियों को लाभ हो सकता था। उपनिषद्-ब्रह्म और झुग्गी-झोपड़ी, तथा ग्रामीण मजदूरों के बीच की बढ़ती खाई के बीच पुल का कार्य भी आधुनिक समाज-सुधारकों और नेताओं ने नहीं किया।

कम्युनिज्म सामाजिक आशा के लिए बेशक एक शक्तिशाली धक्का है, चेतना को प्रभावित करने वाला हो लेकिन मानव-मूल्यों के लिए घातक है।[2] पुराणों और महाकाव्यों में विशेष इतिहास के दर्शन हैं, सारे ब्रह्मांड और जीवन-प्रक्रिया इसकी विशेषता है।

अंतरिक्षीय काल के विचार क्रिता, त्रेता, द्वापर और कलयुग में विभाजित हैं। पहले युग (क्रिता) एक स्वर्ण काल था, जिसमें धर्म (सच्चाई) अपने चारों पैरों से चलती थी, इसका सभी व्यक्ति वाणी और कर्म से पालन करते थे, सभी वर्ण (अवस्थाओं) में व कार्यों में इसका पालन होता था।

इस युग में सत्य की प्रधानता थी, सभी एक-दूसरे से सत्य के आचरण की आशा और प्रयास करते थे।

त्रेता युग में सत्य का ह्रास हुआ। यहाँ सत्य तीन पैरों से चलने लगा, केवल 3/4 नियम का पालन होने लगा, धर्म का पालन करने वालों की संख्या में कमी आने लगी।

द्वापर युग में महाभारत युद्ध हुआ, बड़ा विनाश हुआ, धर्म की हानि हुई, इस काल में धर्म दो पैरों से चलने लगा, आधे लोग धर्म का पालन करते थे। मानव और भगवान के प्रति आस्था का ह्रास हुआ, इस काल में उच्च पदों पर भ्रष्टाचार, महिलाओं के प्रति अपराध और चालाकी का बोलबाला था। इस काल में कलयुग की गंध आने लगी थी। महाभारत के अंत में व्यास ने इसकी रचना की और कहा कि अंत में धर्म की ही विजय होगी, लेकिन इस पर अनुसरण नहीं किया गया, और जो आज के युग में हम देखते हैं वैसा हो रहा है। इस युग में प्राकृतिक विकास में विभिन्न जीवों का अपनी-अपनी माँग के लिए संघर्ष जारी है। नैतिक क्रिया का जन्म ब्रह्म क्रिया होते हुए भी अपने पितृ से विरोध है।

पुत्रों के विषय में एक विचार धर्मशास्त्रों और महाकाव्यों में भी दिया गया है, जहाँ व्यक्ति और समाज के प्रयास से निम्न युग को ऊँचे युग में जैसे कलि को द्वापर, त्रेता को कृत्रा में बदला जा सकता है, यह पीछे जाने की यात्रा का इतिहास और सामान्य आशा है। नैतिक स्तर ही हर युग के गुण को दर्शाता है। मनुष्य के

गुण, युग के गुण या संस्कृति, सभ्यता, मूल्यों और क्रियाओं से पता चलता है। इस कार्य में व्यक्तियों, शासक और समाज के प्रयासों की झलक मिलती है।

युगों के विवरण में समय का मतभेद बना रहा है, बहुत सारे साधारण हिंदू स्वभावतः प्राचीन ग्रंथों का ऐतिहासिक समय निर्धारित करने को पूज्य ग्रंथों का अपमान समझते हैं, इसलिए हिंदू धर्मग्रंथों के लिए कठिनाई का प्रश्न है। लेकिन बहुधा माने हुए सिद्धांतों के अनुसार हिंदू धर्म को दस युगों में बाँटकर देखा है।[3]

(1) प्रथम युग– अनार्य धर्म (3250 ई.पू. से 2750 ई.पू. तक)– आज तक की खुदाइयों में मोहनजोदड़ो और हड़प्पा की खुदाई को प्राप्त सामग्री के कारण प्राचीन नगरीय सभ्यता माना गया है। यहाँ पर आदिम मातृ देवी, शक्ति और शिव, जानवर, देवताओं के वाहन, तरु-पूजन, लिंग-योनि युक्त अर्ध, शिव के निकट हाथी, चीता, भैंसा, गैंडा, मृग, सींग देवत्व का चिह्न, स्नान स्थल, लेख, जो अमित रूप से नहीं पढ़े गए, इन सभी बातों को ध्यान में रखकर कुछ विद्वानों का यह मत है कि यह समय ऋग्वेद से पीछे का है।

(2) द्वितीय युग– वैदिक धर्म (1800 ई.पू. से 950 ई.पू. तक)– अंतिम पाँच वेदशि (चार मंदपाल के पुत्र और एक नारायण ऋषि) युधिष्ठिर काल के हैं। अतः वैदिक समय युधिष्ठिर काल निर्माण पर अवलंबित है। बहुत विद्वान ऋग्वेद को दसवीं सदी ई.पू. व अन्य तीन वेदों को ब्राह्मण काल के मानते हैं। अठारहवीं सदी ई.पू. वैदिक समयारंभ माना जाता है, ऋग्वेद से ही कुछ ऋचाओं व कुछ को जोड़कर यजुर्वेद, अथर्ववेद और सामवेद बनते रहे।

ऋग्वेद में 33 देवताओं की मुख्यता है।

विश्वामित्र ने तृतीय मंडल में एकेश्वरवाद और दसवें मंडल में नारायण ऋषि ने पुरुष सूक्त में एकेश्वर के साथ जन्मज अथवा कर्मज जाति-भेद भी जोड़ दिया।

ऋग्वेद में साहित्यिक और प्राकृतिक शक्तियों की बहुलता है। वेदों का प्रधान महत्त्व ऐतिहासिक और हिंदू धर्म के विकास का आदिम चित्र प्रदर्शित करता है।

(3) तृतीय युग– ब्राह्मण और उपनिषत्काल (दसवीं से छठी सदी ई.पू. तक)– इस समय के प्रारंभ में यजुर्वेद और अथर्ववेद के विचारों की विशेषता है, ब्राह्मण साहित्य के 70 ग्रंथों में याज्ञिक विधान की वृद्धि हुई, कुछ ऐतिहासिक विवरण भी आए हैं। आरण्यकों और उपनिषदों में ज्ञान-कथन का आधिक्य रहा। यह मुख्यतया निर्गुणवाद ही रहा। प्राचीनतम उपनिषद् गद्य में हैं, जैसे ऐतरेय, कौशीतकि, केन, छांदोग्य, तैतिरीय, बृहदारण्यक, प्रश्न और मुंडक। ईश और माडूक्यबाद के हैं।

ऋग्वेद तक 33 देवताओं की महत्ता रही और यजुः और अथर्व में रुद्रशिव की ईश्वरता सामने आई। औपनिषद्धर्म में शिव की प्रधानता रही, नारायण के रूप में

विष्णु की भी महत्ता बढ़ने लगी। सामाजिक विषय में ऋग्वेद के पहले नौ मंडलों में कोई जाति-भेद नहीं है। ब्राह्मण यज्ञ का एक कार्यकर्ता मात्र है। वेदर्षि ऋषि थे, क्षत्रिय राजन्य वर्ग कहलाते थे। जो लोग मुख्य स्थानों पर बसकर कार्य करते थे वे विष थे, आर्य समाज इन्हीं तीन ऋषि, राजन्य और विष श्रेणियों में विभक्त था। ये श्रेणियाँ जन्मज न होकर कर्मज थीं। आगे चलकर उन्हीं से ब्राह्मण, क्षत्रिय और वैश्य बने।

महाभारत काल के कुछ समय पूर्व तक राजर्षि एवं ब्रह्मर्षियों का कोई प्रश्न न था। पांडव अर्जुन के समकालीन मंदपाल ने एक शूद्रा स्त्री से चार पुत्र– द्रोण, जरितर आदि उत्पन्न किए, जो चारों वेदर्षि थे। स्वयं वेदव्यास शूद्रा के पुत्र होकर वेदों के सबसे बड़े व्यास माने गए।

वेद के दशवें मंडल में नारायण ऋषि (युधिष्ठिर) के समकालीन का पुरुष सूक्त है, जिसमें शूद्र का कथन एवं चतुः वर्णार्ययुक्त जाति का विवरण है निश्चित नहीं कि यह जाति-भेद जन्मज या कर्मज है। अथर्ववेद में ब्राह्मणों को प्राधान्य मिलता है तथा यजुर्वेद में जन्मज जाति की ओर रुझान पाया जाता है। आदिम वैदिक काल में जाति-भेद न था, ब्राह्मणों की कन्याएँ, क्षत्रियों व क्षत्रियों की कन्याएँ ब्राह्मणों से विवाहित होती थीं। यज्ञों का प्रचार ब्राह्मणों के प्रोत्साहन व क्षत्रियों द्वारा ही होता था।

(4) चतुर्थ युग– शंकाएँ और नवीन मत (छठी से तीसरी सदी ई.पू. तक)–इस काल में तर्कपूर्ण आघातों से प्राचीन शैव ईश्वरत्व को धक्का लगा और मत परिवर्तन की आवश्यकता सामने आई। चार्वाक, कपिल, जैमिनी और बुद्ध ऋषियों ने ईश्वर, मत आदि को सांख्य-शास्त्र, पूर्व-मीमांसावादी, और आचारात्मक हीन मानवीय मतों का विकास हुआ।

(5) पंचम युग– गीता से पूर्व का हिंदू धर्म (छठी से तीसरी सदी ई.पू. तक)– इसी समय में, दूसरी ओर वाल्मीकीय रामायण तथा महाभारत के भागों को पंडितों द्वारा माना गया है। जहाँ अवतार नहीं है, तथा वैदिक देवता एवं काम, कुबेर, शुक्र, कार्तिकेय, गंगा, लक्ष्मी, उमा आदि देवी-देवता हैं। इन्हीं के साथ हनुमान, जांबवान, गरुड़, जटायु आदि अर्ध देवता भी हैं। विष्णु और शिव की महत्ता है। नाग, वृक्ष, नदी, तडाग आदि पूजित हैं। देवताओं के मंदिर और प्रतिमाएँ हैं किंतु शिव लिंग नहीं। पशु बलि है। महानारायणीय उपनिषद् में विष्णु वासुदेव हैं। प्रतिमा कल्पसूत्र में है किंतु इसके पूजन के विषय में आदेश नहीं है। रामायण काल तक शिव की पूजा भी होती रही है।

(6) छठा युग– बौद्ध धर्म और सगुणवाद (छठी सदी ई.पू. से पहली सदी ई. तक)–निर्गुण और शैव ईश्वरत्व की शिथिलता के उपरांत महावीर तीर्थंकर

और महात्मा गौतम बुद्ध ने नवीन मत चलाए। जैन मत (महावीर) में ईश्वरत्व का अभाव तो था लेकिन कुछ-कुछ अवतारों या स्वयं ईश्वर के समान थे। आचारात्मिकता की प्रधानता थी ही। हीनयान (बौद्ध मत) में ईश्वर बिल्कुल न थे तथा पूर्ण आचारात्मक था। बुद्ध, धर्म और संघ का त्रिरत्न निकाला तथा कामना-त्याग से निर्वाण प्राप्ति पर जोर दिया। इसी समय वादरायण व्यास ने भगवतगीता का धर्म ऐसा चलाया जो साथ-ही-साथ साहित्यात्मक, तर्कात्मक, आचारात्मक और विश्वासात्मक था।

गीता में वैष्णव, ईश्वरता, अवतारवाद, आवागमन, कार्मिक सिद्धांत, निर्वाण आदि हैं तथा शैव ईश्वरवाद का अभाव है। गंगा की महत्ता है किंतु पूजन नहीं। प्रतिमा नहीं है।

तीसरी सदी ई.पू. तक बौद्ध धर्म संप्रदाय रूप में रहा और उसका मान केवल गृह त्यागियों में हुआ। अशोक ने इस महामत को गृहस्थों में भी फैलाया वरन् भारत के बाहर भी फैलाया। जैन और बौद्ध मतों में समानता है, दोनों में मिश्रण है, सहिष्णुता, माता, पिता, गुरु आदि की आज्ञापालन, मासारान का प्रायः निषेध है।

उपनिषदों में मुक्ति द्विजों को, जैनों और बौद्धों में सबको तथा गीता में हिंदुओं को प्राप्त है।

(7) सातवाँ युग– प्रतिमा और साधारण धर्म (दूसरी सदी ई.पू. से आठवीं सदी ई. तक)– यह सामाजिक, राजनीतिक और धार्मिक दृष्टि से भारत के लिए एक महत्त्वपूर्ण काल रहा। याज्ञिक निर्गुणवाद की गिरावट होने लगी थी, बौद्ध और गीता के महा उपदेशकों के द्वारा चलाए गए धर्मों में वाल्मीकि रामायण, जय (महाभारत) और कौटिल्य कृत अर्थशास्त्र उपदेशकों से असंबद्ध थे और साधारण समाज में प्रचलित मात्र थे। इनकी लोक-स्वीकृति अधिक थी। दूसरी सदी ई.पू. ग्रीक सीदियकों का शासन भारत के भागों में स्थापित हुआ, शकों ने उन्हें पीछे से हराकर भारत के कुछ प्रांतों पर अधिकार कर लिया, अनंतर समय पर कुषाणों (पहली सदी) और हूणों (छठी सदी) का भी प्रभाव कुछ समय तक भारत पर रहा। ये सब जातियाँ उत्तर-पश्चिम और पश्चिम से भारत में आई थीं। जहाँ से ये जातियाँ आई थीं उन देशों में तीसरी सदी ई.पू. से ही अशोक द्वारा भेजे गए उपदेशकों का प्रभाव था, अतः ये विदेशी जातियाँ राजनीतिक प्रभुत्व पाकर भी भारतीय संस्कृति के प्रतिकूल न हुईं वरन् यहाँ आते ही अति शीघ्र भारतीय समाज में घुल-मिल गईं। इनके मानसिक उन्नति के अनुसार ही हमारे धार्मिक विचारों में परिवर्तन होने लगे। बाहरी लोगों के आने से स्थूल धर्म की वृद्धि होने लगी। लोग टके के दान से सैकड़ों वर्षों के लिए स्वर्ग प्राप्ति और गंगाजी में एक गोता लगाने से तीन जन्मों के पाप कटने को लेकर अधिकाधिक उत्सुक हुए।

तीसरी सदी ई.पू. से ही वासुदेव-मत का प्रचार था। यह अवैदिक घाटी और उत्तर-मीमांसा में इसकी समीक्षा भी है किंतु समय के साथ वासुदेव का विष्णु से एकीकरण हो गया और गीता के वैष्णव मत की वृद्धि हुई। महाराज संक्षोभ के खोहपत्र (528) में भागवत धर्म का अस्तित्व है। उसमें द्वादश अक्षर में (ॐ नमो भगवते वासुदेवाय) लिखा है। विष्णु पुराण में पंचरात्र मत है, जो चौथी सदी से पीछे का नहीं है।

मूर्ति पूजन भारत में मोहनजोदड़ो और हड़प्पा द्वारा अनार्यों में अवैदिक काल से प्रमाणित है। आर्यों ने "तस्य प्रतिमास्ति" को मंत्र द्वारा अपने में इसका प्रवेश रोकना चाहा। वाल्मीकि रामायण के प्राचीन भागों में भी प्रतिमा पूजन है। अभी तक बुद्ध पूर्व लक्ष्मी की सांकेतिक प्रतिमा के अतिरिक्त हड़प्पा से कोई अन्य मूर्ति नहीं पाई गई है, जन महाया का विस्तार हुआ तो बौद्धों में भी प्रतिमा पूजन का विस्तार हुआ, ऐसे ही हिंदुओं में भी प्रतिमा पूजन बढ़ा।

कुषाण काल में प्रतिमा पूजा की वृद्धि हुई। तुर्क होते हुए भी वे भारतीय देवताओं के भक्त थे। तुर्किस्तान और पश्चिमी एशिया में उस काल में प्रतिमा का बहुत व्यापक प्रचार था। इसी से कुषाणों के समय में भारत में प्रतिमा पूजन की बहुत वृद्धि हुई। तीर्थ स्थान, अवतार और प्रतिमा ही हिंदू धर्म के मुख्याधार हो गए। निर्गुण ब्रह्म एक पूज्य सिद्धांत-भर रह गया, एवं उसका मान केवल मौखिक रहा। विदेशियों ने भारत में बौद्ध धर्म प्रचारित करने के लिए भी प्रयास किए लेकिन भारतीय बौद्धों ने इसका विरोध किया। मूरत और हर्षवर्द्धन का साम्राज्य कम करके कारण स्थायी नहीं हो सका। सातवीं सदी के अंत में बौद्ध मत के पतन के साथ हिंदू धर्म विजय हुआ लेकिन वैष्णव, शैव, पाशुपत, शाक्त, गाणपत्य आदि मतों में त्रुटियाँ आईं और कुछ कामुक (तांत्रिक) बना।

(8) आठवाँ युग– तर्कवाद (आठवीं से चौदहवीं सदी तक)– इस काल में पूर्व-मीमांसावादी कुमारिल भट्ट ने सारे भारत के बौद्ध पंडितों को पराजित किया और बाद में स्वामी शंकराचार्य ने उत्तर-मीमांसा पर जोर देकर तर्कवाद को जागृत किया। आपने– पूर्व-मीमांसावादी मंडन मिश्र, पाशुपत मतवादी नीलकै तथा अनेकानेक बौद्ध पंडितों और जैन पंडितों को बौद्धों ने पराजित कर मोटिया हिंदू धर्म के स्थान पर गीता और उपनिषदों में प्रतिपादित उच्च धर्म का मान बढ़ाया।

शंकर ने अद्वैतवाद "तत्त्व गति" के आधार को दृढ़ किया, तथा जीवात्मा की सत्ता केवल व्यावहारिक घोषित करके मायावाद चलाया।

सातवीं सदी से ही सिंध प्रांत में अरबी मुसलमान राज्य स्थापित हुए, किंतु उस काल में भारतीय संस्कृति को कोई विशेष हानि नहीं हुई। ग्यारहवीं सदी से अफगानी महमूद गजनवी के आक्रमणों के साथ पहले-पहल भारत की सामाजिक

संस्था से युद्ध आरंभ हुए। भारत एक बड़ा देश होने के कारण सभी स्थानों पर शीघ्र संपर्क स्थापित नहीं कर सका, अतः देश में एक राष्ट्र स्थापित न हो सका, केवल संस्कृति के ऐक्य पर ध्यान रहा, इसलिए विविध मांडलिक राज्य होते हुए यहाँ सांस्कृतिक एकता रही। राज्य-रक्षण के सामने देश-रक्षण निम्न हो गया। इसका लाभ आक्रमणकारी मुसलमानों ने उठाया। यहाँ के धर्म स्थापना, शासन संस्थाओं, बलपूर्वक विवाह, जजिया व धर्मग्रंथों को नष्ट कर अपने प्रभुत्व को बढ़ाकर प्रलोभन या बलपूर्वक अपनी संख्या को बढ़ाया। बौद्ध धर्म की अति हानि हुई। गोरखनाथ व रामानुजाचार्य व अन्य ने भक्तिवाद को चलाकर समाज-रक्षण में महत्त्वपूर्ण सहयोग दिया।

(9) नवाँ युग– भक्तिवाद (पंद्रहवीं से उन्नीसवीं सदी के मध्य तक)– धार्मिक विवादों और झगड़ों के कारण शक्ति प्रयोग की प्रथा बढ़ी, तर्क की आवश्यकता कम हो गई और विश्वासवाद का सहारा बढ़ गया। स्वामी रामानुजाचार्य ने शूद्रों का मान भक्तों में नहीं किया, परंतु स्वामी रामानंद ने उसी संप्रदाय में रहते हुए भी संस्कृत छोड़कर हिंदी में उपदेश दिया तथा गृहस्थों में शूद्रों का प्रभाव यथावत रखकर संप्रदायों में उन्हें द्विजों के समान ही मान लिया, जिससे कबीरदास, धन्ना, साधना, रैदास आदि का भी यथावत मान रामानंदी संप्रदाय में हुआ।

इस प्रयत्न से शूद्रों को समाज संगठन का लाभ हुआ, कबीरदास, गोरख पंथ और सूफी संप्रदाय ने हिंदू-मुसलमानों को मिलाने के प्रयास किए जो अधिक सीमा तक सफल न हो सके।

इन्हीं दिनों वल्लभाचार्य, चैतन्य महाप्रभु, बाबा नानक आदि के प्रभाव से पश्चिमी युक्त प्रांत, राजपूताना, गुजरात, बंगाल और पंजाब में धार्मिक वृद्धि हुई। रामानंदी का प्रभाव अयोध्या, मध्य भारत; सूरदास का उत्तर भारत; तुलसीदास मध्य भारत, दादूदयाल, एकनाथ, तुकाराम और रामदास आदि के उपदेश महाराष्ट्र व अन्य क्षेत्रों में देखे जाते हैं।

(10) दसवाँ युग– विवेकवाद (उन्नीसवीं सदी के मध्य से अब तक)– अँग्रेजी राज्य में ईसाई उपदेशकों ने तर्कवाद से हिंदू धर्म, जो अब तक विश्वासात्मक हो गया था अपने को बचाने में असमर्थ पाया।

हिंदू धर्म का शुद्ध रूप समाज के सामने न लाया जा सका। अतः बंगाल, पंजाब और मद्रास प्रांतों में ईसाई धर्म की वृद्धि होने लगी। ऐसी दशा में पंजाब में स्वामी दयानंद और बंगाल में ब्रह्म समाज के प्रयत्नों से समाज ने अपने धर्म को कुछ-कुछ शुद्ध किया। आजादी की लड़ाई में भी निम्न जातियों को आगे लाने के प्रयास किए गए। आज समाज में पहले जैसा जाति-भेद, खान-पान, छुआ-छात, अंतर्जातीय विवाह का भेद नहीं है लेकिन राजनीतिक लाभ के लिए अवश्य ही कुछ

नेता कुछ जातियों पर अपना स्वामित्व बनाना चाहते हैं। इस प्रयास से उन्हें कुछ राजनीतिक लाभ अवश्य मिल जाए वरन् न जाति का ही और न समाज का ही इस क्रिया से लाभ होगा।

"हम कौन हैं? हमारे पूर्वज कौन हैं? कब, कहाँ, जन्मे और कैसे उनका विकास हुआ।" यह सब जानने के लिए हमें पृथ्वी के निर्माण के विषय में जानना आवश्यक है, क्योंकि इस पर हम निवास करते हैं। हमने जाना है कि लगभग चार अरब वर्ष पहले समय का परदा उठा और एक महाकाय बादल से सूर्य, पृथ्वी और ग्रहों का निर्माण हुआ। बादल के बीच में सूर्य का एक विराट गोला और उसके आस-पास ग्रहों के छोटे-छोटे गोले उत्पन्न हुए। गुरुत्वाकर्षण और वायु को ग्रहण करके ये गोले बड़े होते गए। वह विराट बादल इन गोलों में समा गया। बचे भाग में उपग्रह व धूमकेतु बने, लगभग 10 करोड़ वर्षों में सूर्यमंडल का निर्माण पूरा हुआ। सूर्य की गुरुत्वाकर्षण शक्ति के कारण ग्रह सूर्य के आस-पास घूमने लगे। कुछ ग्रह अपनी गुरुत्वाकर्षण शक्ति से चंद्रों को (अर्थात् अनेक उपग्रहों को) अपने आस-पास घुमाने लगे। कुछ धूमकेतु सूर्य के कुटुंब से अलग होने का प्रयास करते रहे लेकिन सूर्य के गुरुत्वाकर्षण शक्ति के कारण इसी के परिवार में फँसे रहे। सूर्य के ग्रहों के रूप में अनेक अग्निपिंड उसकी परिक्रमा करने लगे।

पृथ्वी उन्हीं अग्निपिंडों में से एक है जो सूर्य के आस-पास घूमती हुई, अनेक युगों तक यह आग का गोला सूर्य के आस-पास घूमकर अपनी गर्मी बिखेरती रही। घूमने में वायु से यह गति लेती रही। समय के साथ इसकी सतह ठंडी होने लगी। इसके अपनी धुरी पर घूमने के कारण लोहे जैसी भारी धातुओं का रस उसके केंद्र में इकट्ठा हो गया और कम भारवाला रस ऊपरी तरफ आ गया। इसीलिए, देखा जाता है कि लोहा, निकिल, सोना जैसी भारी वस्तुएँ गहराई में चली गई हैं और अल्यूमीनियम जैसी हल्की धातुओं के शिलाखंड ऊपर रह गए हैं। (भारत में मुख्यतः ये शिलाएँ दक्षिण भारत से लेकर सौराष्ट्र और सिंध तक फैली हैं।) आज भी पृथ्वी में से भाप/गैसें निकलती रहती हैं, कार्बन डाइआक्साइड, मिथेन और अमोनिया वातावरण में समाहित होते रहते हैं। कहीं-कहीं पृथ्वी उबलती रहती है, लावा अंदर से बाहर आता है। इन्हीं लावे से महासागर पर जमकर पृथ्वी के पहले टापू प्रकट हुए, ये भी पुनः डूब गए और फिर से नए टापू प्रकट होते रहे हैं, धरती के आदि खंड कैसे होंगे यह जानना कठिन है, क्योंकि वे जमकर पुनः उबलते लावा रस में डूब गए होंगे। भारतवर्ष के दक्षिण के शिलाखंडों को देखकर (महाराष्ट्र) यह समझा जा सकता है कि जमीन में दरारें पड़ी होंगी और उनमें से लावा रस बाहर आया होगा। अतः परतें जमती चली गईं, भूविज्ञान में इन्हें "दक्षिण की सोपान शिलाएँ" कहा जाता है। समय के परवाह के साथ अंत में पृथ्वी की सतह जम गई,

आज भी अरबों वर्षों के बाद वह पूर्ण रूप से ठंडी हो गई है ऐसा नहीं कहा जा सकता, तुलना के अनुसार सेब को छीलने के समान इसका ऊपरी भाग ही ठंडा हो पाया है और भीतर में अनेक धातुओं के अणुओं के विसर्जन से उत्पन्न गरमी उसे गरम रखती है।

उपनिषद् में पृथ्वी की तुलना अंडे के साथ की गई है। अंडे के बीच वाला जीव होता है, उसी प्रकार पृथ्वी के केंद्र में धातु रस का केंद्र, उस पर लावा रस से बना मिश्रित आवरण है। उसके ऊपर चट्टानें, मिट्टी तथा रेत से बनी परत है जो शिला आवरण भी कहलाती है। उसके ऊपर जलमंडल है और उसके ऊपर वातावरण के रूप में वायुमंडल है। अंडे में भी बाल जीव के ऊपर पीली जर्दी, उसके ऊपर सफेदी तथा उसके ऊपर त्वचा रूपी आवरण है और उसके ऊपर भी ठोस परत और सबसे ऊपर हवा होती है।

वैज्ञानिक खोजों से यह पता चलता है कि पृथ्वी नारंगी जैसी तो नहीं पर नाशपाती से कुछ मिलती है। विषुवत् वृत्त पर पृथ्वी का व्यास 7,926 मील और दोनों ध्रुवों के बीच का अंतर लगभग 27 मील है यानी पृथ्वी ध्रुवों पर चपटी है। विषुवत रेखा पर इसकी परिधि, घिराव 25,000 मील है।

पृथ्वी के नीचे जितना गहरा जाएँगे गर्मी भी बढ़ती जाएगी। वैज्ञानिकों ने पृथ्वी का केंद्र लगभग चार हजार मील गहरा माना है।

पृथ्वी के अंदर सबसे नीचे केंद्र में सबसे भारी धातुएँ गोले के रूप में बैठ गई हैं जो इतनी गर्म हैं कि सफेद दिखती हैं। उनके ऊपर कम भार वाले लोहे, मैग्नेशियम, सिलिकेट आदि का आवरण है, जो संभवतः लाल होता है। उस पर कम गरम और काले बैसाल्ट का आवरण है और उस पर ग्रेनाइट तथा इन दोनों प्रकार की चट्टानों के घर्षण से बनी मिट्टी, रेत, धूल, कंकड़ आदि हैं। जो भी खनिज पाए गए हैं वे अधिकतर बैसाल्ट और ग्रेनाइट के आवरण में स्थित हैं।

आरंभ में पृथ्वी एक आग का गोला थी, जो खदकते, उबलते, लाल-पीले लावा रस और अग्नि शिखाओं के गोले के रूप में था। सूर्य नहीं दिखाई देता था, यह गोले से भाप बनकर आकाश में चढ़ जाती थी और ठंडी होकर कुछ जमकर बादल बनकर बरसने लगी, पृथ्वी की सतह ठंडी होने लगी, हजारों वर्षों तक ये बादल बरसते रहे। इस लगातार बारिश से पृथ्वी की सतह ही ठंडी नहीं हुई वरन् समुद्र का भी जन्म हुआ। आरंभ का समुद्र बहुत ही गर्म था जो धीरे-धीरे ठंडा हुआ। पृथ्वी का स्तर बढ़ते हुए पानी की सतह के नीचे अधिकाधिक डूबता जाता था और ठंडा होता जाता था। अंत में सारी पृथ्वी इस नए बने समुद्र में डूब गई।

जब पृथ्वी समुद्र में डूब गई तो भूकंपों ने भयंकर और प्रचंड हलचल की और पृथ्वी को समुद्र से बाहर निकाला।

पुराणों की कथा के अनुसार जब पृथ्वी समुद्र में डूब गई तो विष्णु ने वराह (सूअर) का रूप धारण कर अपने मुँह पर उठाकर उसे समुद्र से बाहर निकाला, यह कहानी सत्य प्रतीत होती है क्योंकि भूकंप वराह को भी माना जा सकता है। यह क्रम युगों तक चलता रहा और कहीं-कही किसी अंश में आज भी चल रहा है। कहीं-न-कहीं ज्वालामुखी समुद्र से बाहर आने का प्रयत्न कर रहा है और समुद्र भी उसे डुबो देने की कोशिश कर रहा है। अनेक बार पृथ्वी पर ऐसी घटनाएँ हुई हैं जहाँ पृथ्वी का कुछ भाग पुनः समुद्र में समाहित हो गया है।

पृथ्वी के भीतर गरम प्रवाहों के ऊपर उठने के कारण, ऊपरी सतह के ऊपर उठने से पहाड़ों का निर्माण हुआ है। पृथ्वी को समुद्र के तल से बाहर निकालने वाले भूकंप ही थे जो अति भयंकर और प्रचंड होंगे। उन्होंने पृथ्वी पर करोड़ों वर्ष तक उत्पात मचाया होगा।

पृथ्वी सूर्यमंडल के ग्रहों में बेजोड़ है, किसी अन्य ग्रह में अंतिम रूप से अभी तक पानी की खोज नहीं हो पाई है, वैज्ञानिक इस खोज में लगे हुए हैं। पानी के एक गोले के समान पृथ्वी अपनी धुरी पर लट्टू की तरह सूर्य के आस-पास घूमती है। आज भी पृथ्वी की सतह का 70.8 अंश पानी द्वारा ढका हुआ है।

मान्यता यह है कि पृथ्वी की सतह से चंद्रमा का हिस्सा बाहर चला गया, वहाँ से पृथ्वी धँस गई और कहीं से फट गई, पृथ्वी की धुरी की गति के कारण दरारें चौड़ी हो गईं, अतः नए-नए समुद्र व महासागर बन गए, मूसलाधार वर्षा पत्थरों को तोड़ पानी को समुद्रों में ले जाने लगी। आरंभ में समुद्र का पानी खारा न था, लेकिन (यह बात पुराण भी बताते हैं), पानी स्वयं दो तत्त्वों– आक्सीजन और हाइड्रोजन का बना हुआ है, लेकिन कुछ और रासायनिक घटकों जैसे क्लोरिन, सोडियम, मैग्नेशियम, कैल्शियम, पोटेशियम, कार्बन, नाइट्रोजन, आयोडिन, जस्ता, लोहा, अल्युमिनियम, सीसा, कलई, ताबा, मैगनीज, कोबाल्ट, चाँदी, पारा, हेलियम, सोना, नमक व अन्य तत्त्वों ने इसे खारा बना दिया यह क्रिया करोड़ो वर्षों में हुई है।

आरंभ में अनेक टापू टूट-टूटकर समुद्र में समाहित हो गए होंगे, इस विषय में ठीक से नहीं बताया जा सकता है। आज से 50-60 करोड़ वर्ष पहले एशिया एक महाखंड था, उसमें दक्षिण अमेरिका, अफ्रीका, भरतखंड का दक्षिणार्ध और आस्ट्रेलिया समाविष्ट था, अटलांटिक व हिंद महासागर उस समय नहीं थे। हिमालय, हिंदुकुश और कराकोरम तथा यूरोप की पर्वत श्रेणियों की जगह समुद्र फैला हुआ था।

पृथ्वी का भूवैज्ञानिक और प्राकृतिक इतिहास तो 52 करोड़ वर्ष पहले शुरू हुआ था, जो पृथ्वी के परतों के नीचे प्राचीन प्राणियों तथा वनस्पतियों के अश्मीभूत अवशेषों के रूप में अंकित हुआ है, लेकिन इस पृथ्वी का राजनीतिक और प्रजातीय

इतिहास लगभग 5 हजार से 10 हजार वर्ष पहले शुरू होता है यह पुस्तकों तथा शिलालेखों से प्राप्त होता है।

संदर्भ

1. एम.ए. वैंकटराव, "एन इंडियन फिलॉसिफी ऑफ हिस्ट्री", *आर्यन पाथ,* जनवरी-दिसंबर 1964, पृ. 349।
2. तत्रैव, पृ. 250।
3. रामबहादुर, श्यामबिहारी एवं शुकदेव मिश्र, *हिंदू धर्म के दश युग,* हिंदुस्तानी, इलाहाबाद, 1936, पृ. 135।

अध्ययन के लिए विशेष साहित्य

मार्क ब्लॉक, *दी हिस्टोरियंस क्राफ्ट,* आकार बुक्स, दिल्ली, 2017।

जी. किटसन क्लार्क, *दी क्रिटिकल हिस्टोरियन,* हेंएममन, 1967।

हेनरी स्टील कमागेर, *दी नेचर एंड दी स्टडी ऑफ़ हिस्ट्री,* मेरिल, प्रेंटिस हॉल, 1965।

जी.आर. एल्टन, *द प्रैक्टिस ऑफ़ हिस्ट्री,* सिडनी यूनिवर्सिटी प्रेस, 1967।

पीटर गेल, *यूज़ एंड एब्यूज ऑफ़ हिस्ट्री,* येल यूनिवर्सिटी प्रेस, 1955।

डेविड थॉमसन, *दी ऐम्स ऑफ़ हिस्ट्री,* थेम्स एंड हडसन पेपरबैक, 1969।

डब्ल्यू. एच. वाल्श, *एन इंट्रोडक्शन टू फिलॉसफी ऑफ़ हिस्ट्री,* हचिंसन, 1958।

3

भारतीय सभ्यता और संस्कृति : उदय, विकास और पतन

मानव के अस्तित्व का उदय शायद करोड़ों वर्ष पूर्व हुआ है हजारों वर्ष पूर्व उप-मानव के स्तर से आदिमानव के स्तर की ओर बढ़ा। सभ्य मानवता का इतिहास लगभग छः-सात हजार वर्ष पुराना है जब नील नदी, इयूरोफेट टिगरीस और सिंधु घाटी की सभ्यताओं के चिह्न दिखाई दिए। इस समय के बाद से ही संसार में अनेक सभ्यताएँ उभरीं और उनका पतन भी हुआ।

पहली तीन सभ्यताओं के उदय के विषय में ठीक से जानना संभव नहीं है, शायद आदि मानव का विपरीत परिस्थितियों से संघर्ष का ही परिणाम होगा। सभ्यता के आरंभ से पहले सहारा, अरेबिया और ईरान के ऊपर का भाग पानी से उपयुक्त रूप से पोषित होता था, धीरे-धीरे चक्रवाती व तूफानी चक्र दक्षिण की ओर बढ़ने लगा। इसके परिणामस्वरूप लगातार सूखा बढ़ने लगा।[1] आदिमानव को शिकार के लिए कठिनाई होने लगी। कुछ लोगों ने अपनी आदतों को बदलकर घुमंतू बना लिया, कुछ ने उत्तर दिशा में जाना ठीक समझा, आज भी मध्य अफ्रीका में उनका आदिरूप देखा जा सकता है।

बचे हुए मानव नील नदी की भूमि में चले गए, वहाँ संघर्ष करते हुए एक सभ्यता का विकास किया। अनुरूप स्थितियों में मानव ने टिगरीस इफूरेट की भूमि में सुमेर सभ्यता तथा सिंध नदी के क्षेत्रों में सिंधु सभ्यता का विकास किया। इसी प्रकार बाद की अनेक सभ्यताएँ भी पनपीं लेकिन सभी का पूर्ण विकास नहीं हो सका।

अधिकतर सभ्यताएँ विकास में इसलिए सफल हो सकीं क्योंकि वे बाहरी और भीतरी चुनौतियों का सफलता से मुकाबला कर सकीं। कुछ चुनिंदा नेताओं का अनुसरण लोग करते रहे। कई सभ्यताओं में कृषि शहरी सभ्यता में और शहरी सभ्यता अधिक जनंसख्या और अंत में कालोनियों में बदल गई। बर्बर जातियाँ भी सभ्य लोगों के प्रभाव में आती गईं। जहाँ बाहरी चुनौतियों को सफलता के साथ नहीं रोका गया वहाँ सभ्यता का विघटन हो गया। आंतरिक युद्ध और जनता का बिखराव

होने लगा जिसका लाभ बर्बर व असभ्य जातियों ने उठाया, लेकिन ये बर्बर जातियाँ भी धीरे-धीरे नष्ट हो गईं और नई सभ्यता के उदय का रास्ता बना। सभी सभ्यताओं में कमोवेश यही स्थिति रही।

सभ्यता मानव-जाति का ऊँचाई पर जाने का एक प्रयास है, जिसमें उप-मानव, आदिमानव की ओर व सर्वोच्च मानव के स्तर पर बढ़ता है। अतः कोई सीमा नहीं है। सभ्यता मानव जीवन से बहुत नवीन है इसके भविष्य में आने-जाने की बड़ी संभावनाएँ हैं।

भारत की सभ्यता अन्य बड़ी सभ्यताओं से कम महत्त्वपूर्ण नहीं है, इसकी विभिन्नता, सफलता और असफलता का सभी भारतीयों को उचित ज्ञान होना चाहिए।

क) हड़प्पा और मोहनजोदड़ो की सभ्यता

भूवैज्ञानिकों का मानना है कि युगों पहले धरती की रचना आज से भिन्न थी। भारत के दक्षिण गोलार्द्ध में एक बड़ा महाद्वीप था, जिसे गोडवाना या कोई अन्य नाम से पुकारा जा सकता है, यह भूमि अफ्रीका, भारत और ऑस्ट्रेलिया को जोड़ती थी। उत्तर का गोलार्द्ध समुद्र के पानी से भरा हुआ था। उत्तर भारत और हिमालय जैसा कोई स्थान दिखाई नहीं देता था। लगभग एक करोड़ वर्ष पहले अभिनूतन (Pleistocene) काल में बड़े परिवर्तन हुए। दक्षिण भारत और अफ्रीका का महाद्वीप समुद्र में समाहित हो गया, इसी प्रकार के परिवर्तन पूर्वी भारत में भी हुए।

धरती की इस हलचल और भयानक लावा के निकलने से उत्तर भारत, हिमालय, बर्मा, मध्य एशिया, और अफगानिस्तान का उदय हुआ। एक भयानक लावा ने पूरे दक्षिण को समाहित कर लिया, जिसके कारण भारत की भूमि का उदय हुआ।

अरावली और विंध्य पर्वतमाला कम महत्त्व के हो गए। राजपूताने का उथला पानी घटने लगा, हिमालय से नदियों का विकास हुआ और मैदानी क्षेत्रों का बनना आरंभ हुआ। एक नया जीवन शुरू हुआ। लाखों वर्ष पहले भारत धुंध, वर्षा और जंगलों से ढका हुआ भू-भाग था। जीवन धीरे-धीरे विकसित हुआ। हिम युग आते-जाते रहे और हिमालय की घाटियों तक पहुँच गए। नदी व्यवस्था सुदृढ़ हो गई, समुद्री तटों की रेखा निश्चित हो गई। उत्तर-पूर्व जो कि लावा का क्षेत्र बना रहा, अन्य पहाड़ी क्षेत्रों की एक निश्चित आकृति बन गई। भारत के महाद्वीप की उसके मौसम, जीव-जंतु, पौधों-वृक्षों के कारण एक पहचान बन गई।

समग्र भौगोलिक गुणों के कारण भौतिक-खंड और सामाजिक एकता का निर्माण हुआ। जो भी कोई बाहर से इस क्षेत्र में आकार बसा वह उन सभी लक्षणों

के प्रभाव में आया और भारतीय कहलाया। आदिमानव सारे भारत में आबाद हो गए, विशेषकर जंगलों में व ऊँचे स्थानों पर। यहाँ भी मानव पूर्व पाषाण और नव प्रस्तर युगों की संस्कृति से गुजरा है। कुछ काले और कुछ गोरे रंग के रहे, यह निश्चित रूप से नहीं कहा जा सकता कि गोरे रंग के लोग उत्तर-पश्चिम के क्षेत्र से भारत में आए थे।

खोज से यह ज्ञात हुआ है कि लगभग 4,000 ई.पू. सिंधु घाटी में सभ्यता के चिह्न दिखाई देते हैं जहाँ सभ्य जातियाँ रहती थीं। यह सभ्यता कैसे पनपी इस बात को निश्चय के साथ कहना कठिन है। यह भी संभव है कि ये लोग सुमेर और मिस्र से आए हों, या उन्हीं के समान स्वतंत्र रूप से यहाँ विकसित हुए हों। लेकिन जैसे सुमेर, मिस्र और सिंधु घाटी की सभ्यताएँ विकसित हुईं ये एक-दूसरे को प्रभावित करने लगीं।

हड़प्पा और मोहनजोदड़ो के खंडहरों से यह निष्कर्ष निकाला जा सकता है कि यह सभ्यता ताँबे के प्रयोग, मजबूत शहरी जीवन, कृषि-अर्थव्यवस्था, समुद्री व्यापार, बुनाई, पशुपालन, स्नानागार, अच्छी सड़कें व घर, जल निकास और अच्छी वस्तुकला की सुविधाओं से भरपूर थी।

इस सभ्यता की लेखनी भी थी, इसकी भाषा को पूर्ण रूप से अभी तक नहीं पढ़ा और समझा जा सका है, लेकिन यह सत्य है कि इस समय की अन्य सभ्यताओं के समान यहाँ भी पुजारी और मंदिरों का विशेष महत्त्व था। इस सभ्यता का प्रभाव गंगा-घाटी, मध्य-भारत और सुदूर दक्षिण[2] पर पड़ा, यह सभ्यता प्रभाव में 2000 वर्षों तक रही।

इसका उदय, विकास और विनाश धीरे-धीरे हुआ। यह भी निश्चय के साथ नहीं कहा जा सकता कि यह सभ्यता सुमेर और अकाद के साम्राज्य के अधीन थी या स्वतंत्र। 1750 और 1500 ई.पू. हड़प्पा और मोहनजोदड़ो में गृहयुद्ध हुआ जिसका लाभ बाहरी जातियों ने उठाया।

लेकिन इस सभ्यता पर जो भी हमले हुए उनसे यह सभ्यता पूर्ण रूप से नष्ट नहीं हुई, बाहरी जातियों का हड़प्पा और मोहनजोदड़ो के लोगों में रक्त का मिश्रण हुआ, कुछ लोग रक्षा के लिए पहाड़ों, जंगलों, राजपूताना, मध्य भारत व हिमालय की ओर जाकर बस गए। वैदिक साहित्य में युद्धों का वर्णन है। पंजाब और सिंध में विनाश और हत्याओं का अधिक प्रभाव रहा। उपनिषदों में शिव पूजा, देवी पूजा, मणीमाला, बर्तन आदि के अवशेषों को हड़प्पा की सभ्यता के संबंधों में देखा जा सकता है।

सिंधु घाटी की सभ्यता के अवशेषों को 84,00,000 वर्ग मी. क्षेत्र में देखा जा सकता है जो नील सभ्यता और टिगरीस घाटी की सभ्यता से कहीं अधिक बड़ी थी।

सिंधु सभ्यता के विस्तार और विकास से यह सिद्ध होता है कि यह एक समान सभ्यता थी। ऐसी सभ्यता का विनाश कैसे हुआ, इस संबंध में विद्वानों के अभी तक अनेक मत हैं।

1. सटीन और मार्शल सिंधु सभ्यता के पतन को शुष्क, निर्जलीकरण को मुख्य आधार मानते हैं। जलवायु परिवर्तन जो बलूचिस्तान व सिंधु घाटी (राजस्थान) में हुआ उसका गहरा प्रभाव यहाँ की जीवन व्यवस्था पर पड़ा।
2. वीलर, पीगट और गोरडन इस सभ्यता के पतन को आर्यों के हमले से जोड़ते हैं[3] (invasion theory)।
3. साहनी और राव का मानना है कि बाढ़ के कारण हड़प्पा, रंगपुर और लोथल के लोगों ने अपने घरों को छोड़ा (बाढ़ का सिद्धांत, flood theory)।
4. डेल्स, इसका कारण यहाँ के लोगों द्वारा प्राकृतिक साधनों का सीमा से अधिक दोहन मानते हैं। मैदानों में अधिक जनसंख्या का बसना और साधनों की उचित मात्रा में उपलब्धता का न होना भी एक कारण माना गया है।
5. रैकस इसका कारण सिंधु घाटी में गाद का भर जाना मानते हैं। कुछ विद्वान (डेल्स) यह भी मानते हैं कि सिंधु नदी में भारी पत्थरों से नदी का बहाव रुक गया और गाद फैलने लगी जिसके कारण जीवन कष्टमय हो गया।

निर्जलीकरण व गाद के सिद्धांत को गहराई से देखने पर यह पता चलता है कि वर्षा के पानी को रोकने के लिए "गंबार-बंध" बनाए गए थे, इनमें से बहुत सारे ईंटों के भी बने हैं। यह प्रथा बलूचिस्तान में आज भी प्रयोग में है। इस कारण यह सिद्धांत इस सभ्यता के पतन का कारण नहीं हो सकता।

आर्यों के आक्रमण के सिद्धांत को भी बी.बी. लाल ने खंडित किया है। न ही किसी प्राचीन साहित्य में इसका कोई उल्लेख है न ही सिंधु सभ्यता की विशालता में इसके प्रमाण देखने में आए हैं। बाढ़ या सैलाब का सिद्धांत सारी सिंधु घाटी की सभ्यता पर लागू नहीं हो सकता है। इस सभ्यता के कुछ भागों पर बाढ़ का प्रभाव अवश्य रहा, लेकिन पानी के बहाव के बाद पुनः उस क्षेत्र को बसा लिया गया, यह प्रकरण आज भी देखा जा सकता है।

प्राकृतिक साधनों का सीमा से अधिक दोहन व अधिक आबादी का वर्णन भी इस सभ्यता के पतन का कारण नहीं हो सकता, क्योंकि यहाँ के क्षेत्रों में भरपूर मात्रा में प्राकृतिक संसाधन थे जो उस समय की आबादी के लिए पर्याप्त थे। यह प्रमाणों से सत्य लगता है कि सिंधु घाटी के कई क्षेत्रों में लगातार बाढ़ के प्रभाव से सभ्यता

को कमजोर किया, साथ-साथ पहाड़ी प्रदेशों के लोगों ने इस स्थिति का लाभ उठाकर सिंधु घाटी के लोगों पर हमला किया, लेकिन यह हमला आर्यों का नहीं था। न ही इसके कोई प्रमाण हैं। यह भी सत्य है कि सिंधु घाटी का पतन एक समय में नहीं हुआ इसमें अनेक वर्षों का समय लगा था।

हड़प्पा के पतन के तुरंत बाद क्या हुआ इसकी सटीक जानकारी का ज्ञान नहीं है लेकिन इसके कुछ नगरों के पतन के विषय में देखते हैं। जैसा कि पहले कहा जा चुका है कि सिंधु सभ्यता का पतन धीरे-धीरे हुआ, इस पतन का स्थान वैदिक आर्यों ने ले लिया।[4]

मोहनजोदड़ो को पुनः बसाया गया, रोपर, लोथल, रंगपुर; चानुदोरा में दो संस्कृतियों को समान देखा जाता है– झाकुर और झाँगर।

झाकुर की सभ्यता में सिंध की सभ्यता से थोड़ा विकास हुआ, इनके बर्तन अधिक हैंडल वाले थे और घर भी पक्की ईंटों के बनाए गए थे, ये लोग कहाँ से आए और फिर कहाँ चले गए इसका विशेष ज्ञान नहीं।

झाकुर संस्कृति का स्थान झाँगर संस्कृति के लोगों ने लिया जिनके बर्तन रंगदार नहीं थे ताँबे का अधिक प्रयोग हुआ। भट्ठियों का प्रयोग भी अधिक मात्रा में हुआ। इनके घर छान-छप्पर के थे, ये आदिवासी भील जाति से संबंधित थे जो धीरे-धीरे सिंध के भाग में घुस गए।[5] 1400 से 1200 ई.पू.[6] में एक नई जाति ने सिंध पर अपना प्रभाव बना लिया, इनके बर्तन का रंग लाल और काला रहा, जिस पर एक टेड़ी-मेढ़ी लाइन थी। लेकिन इनके अन्य चिह्न नहीं प्राप्त हो सके।

ख) उत्तर-भारत में आर्य सभ्यता की उत्पत्ति एवं विकास

हड़प्पा के बाद की महत्त्वपूर्ण संस्कृति में ताँबे के बर्तन व हथियारों की प्रधानता को देखा जाता है।

उत्तर प्रदेश में– विशोली, बिठूर, दिओरती, ढाका, फतेहगढ़, इडिलापुर, कौशाम, मानपुर, मथुरा, पारीर, राजपुर, परशु शौराजपुर और शरथौली।

बिहार में– लारागुंडा, बरटौल, रिचना, दरगामा, व सगुना।

बंगाल में– तिमाजुरी।

उड़ीसा में– भागरापीर, धुनरिया।

मध्य भारत में– गुनगेरिया व घौंडी।

आंध्र प्रदेश में– कुल्लूर।

यह सभ्यता भारत के अनेक भागों में फैली हुई पाई गई। अधिकतर विद्वान इसे आर्य-संस्कृति का प्रारंभिक काल मानते हैं लेकिन कुछ किसी अन्य सभ्यता से इसका संबंध जोड़ते हैं।[7]

पंजाब, गंगा घाटी, पूर्व भारत, चंबल घाटी, दक्षिण भारत– ताप्ती घाटी, ब्रह्म गिरी, कश्मीर– अनंत नाग आदि।

सिंधु घाटी सभ्यता के वंशज आज भी जीवित हैं। उनकी पहचान "मोहनजोदड़ो" के रूप में की जा सकती है, जो मोहनजोदड़ो के निकट अब भी रहते हैं। ये लोग सिंधु नदी के तट पर उत्खनन स्थल के सामने वार्षिक उत्सव मनाते हैं। उत्सव के कार्यक्रम जैसे गाने, नृत्य, नौका दौड़ एवं तैराकी की प्रतियोगिताएँ, मोहनजोदड़ो के मूल निवासियों की याद दिलाते हैं। इनका रहन-सहन, संस्कृति, अन्य ग्रामीणों से भिन्न हैं। मोहनजोदड़ो से प्राप्त सीलों में जैसी नाव आदि चीजें मिली हैं ये लोग उसी प्रकार की नाव बनाते हैं।

मोहधालो-मोहन की सात उपजातियाँ हैं :

1) बाली, 2) अम्थाल, 3) छिब्बड, 4) दंत, 5) लौ अथवा लोह, 6) मोहन, 7) वेद[8]।

मोहनजोदड़ो, मोहंजोमौंज से विकसित मोहज का सिंधी रूप है। दड़ों वैदिक दुरोगण का विकसित रूप है (नि दुरोगो अमृतो मर्त्यानां राजा ससाद विदथानि साधन– ऋग्वेद, 3.7.18) अर्थात् मौंज नगर जिनका घर है, अतः मोहनजोदड़ो के निर्माता ब्राह्मण हुए, मोहज सिंधी शब्द है। यह कोई मरे हुए लोग का टीला नहीं है जैसा कि कुछ विद्वान मानते हैं।[9]

आर्यों ने यहाँ के लोगों पर हमला किया था। वे बाहर से आए थे इसका कोई प्रमाण नहीं है, न ही किसी भी वैदिक साहित्य में ऐसा वर्णन है न ही किसी खोज के पात्र में। द्राविड़ साहित्य में कोई भी तथ्य इसकी पुष्टि नहीं करता, द्राविड़ कहने का आविष्कार बहुत बाद का है।

"आर्य जाति एक कल्पना है, परंतु द्राविड़ जाति उससे भी बड़ी कल्पना।"[10]

तमिल लोग प्राचीन काल से दक्षिण के ही निवासी थे, इनके प्राचीन साहित्य में गंगा-यमुना का वर्णन तो है, लेकिन सिंधु का नहीं, पाटलिपुत्र और अयोध्या का वर्णन है, लेकिन सिंधु घाटी की सभ्यता का नहीं, उत्तरी भारत के विजयों का वर्णन है लेकिन पराजय का नहीं। भौगोलिक सीमाओं, नदियों, राजाओं, पहाड़ों, नगरों आदि का वर्णन वर्तमान दक्षिण की ओर इंगित करता है न कि किसी बाह्य देश को।[11]

पुरातत्त्व के प्रमाण उचित नहीं हैं क्योंकि भौगोलिक परिवर्तन परिवेश में आमूलचूल परिवर्तन कर देते हैं, अतः ऐसे समय में परंपरा को प्राथमिकता देनी चाहिए।

पंजाब में अनेक ऐसी जातियाँ हैं जिनका संबंध प्राचीन काल से अमुक देश से रहता है। जैसे सिंधु देश में रहने वाले ब्राह्मण सिधीर ब्राह्मण कहलाते हैं। बाही

क्षत्रिय बाहीक देश के रहने वाले थे। गैंधर ब्राह्मण गंधर्व देश के रहने वाले थे, ऐसे ही मोहनजोदड़ो नगर के निर्माता मुंजवान पर्वत पर रहते थे, मुंजवान को ऋग्वेद में मौजवात भी कहा गया है। जब ये मुंजवान पर्वत छोड़कर सिंध में आ गए तो इन्हें मुंजान, मौजाल और मोहझाल कहा गया। अब ये मोहयाल कहे जाते हैं।[12]

किन्हीं विशेष चिह्नों के आधार पर प्रांतों, नगरों और गाँवों का नामकरण किया जाता था–

क) वृक्षों के आधार पर नामकरण– शमी प्रस्थ, कीकर प्रस्थ, द्राक्शाप्रस्थ (अष्टाध्यायी की काशिका वृत्ति 6.2.87-88)।

ख) नदियों के नाम पर नगरों का नाम– सौवास्तव (सुवास्तु नदी के किनारे का नगर, वार्णव– वर्णु नदी के किनारे का नगर, इसी प्रकार व्यास, मार्कंडेय, (झेलम) जेहलम आदि)।

ग) जातियों पर भी नगरों व गाँवों का नामकरण किया जाता था, जैसे भद्र जाति से भद्रा (जिला- जेहलम, कठ जाति से कठ और कठुआ (जम्मू)।

घ) सरस्वती नदी के तट पर रहने वाले सारस्वत ब्राह्मण, रावी नदी तट के रावी वाल।

ङ) मथुरा में रहने वाले माथुर, अग्रोहा में रहने वाले अग्रवाल। सिंधु देश में रहने वाले सैंधव, दोआबा में रहने वाले दो आबिये, मालवा में रहने वाले मलवई।

मोहयाल ब्राह्मण जब सोमलता का व्यापार करने लगे और मेहत्न नदी के किनारे बस गए तब उन्हें "मेहते" कहने लगे।

अतः यह बात खंडित हो जाती है कि आर्य बाहर से आए, उन्होंने यहाँ के मूल निवासियों पर हमला किया, आर्य असभ्य थे, घुमक्कड़ थे, नगरों में नहीं रहते थे, जबकि "आर्य" सभ्य व्यक्ति को ही पुकारा जाता था, वह कोई जाति नहीं थी।

कुछ विद्वानों का मानना है कि आर्य मध्य एशिया से होते हुए भारत में आए और सिंधु घाटी व गंगा-घाटी में बस गए।

साहित्यिक दृष्टि से ऋग्वेद संसार में सबसे प्राचीन है। इसकी रचना पंजाब प्रदेश (विभाजन से पहले का प्रदेश) में हुई है। लेकिन इसी ग्रंथ में पूर्व और पश्चिम समुद्रों का भी उल्लेख है– (ऋग्वेद 10, 136.5) शायद यह उस काल का वर्णन है जब पंजाब के उत्तर में समुद्र होगा, जहाँ अब राजपूताना है। ऋग्वेद के आर्य समुद्र से पूर्ण रूप से अवगत थे जो हमें ऋग्वेद में– 1, 25, 7; 48, 3; 56; 2; 116, 4; 4, 30, 17; 55, 6; 6, 20, 12; 8, 88, 3; 1, 46, 2, 8; 3, 35, 1; 4, 43, 5; 5, 80, 5; 7, 55, 7; 10, 72; 10, 136, 5; 10, 155, 3 ऋचाओं से ज्ञात होता है जो पंजाब के नजदीक था।

समुद्र का सूखना, विंध्य पर्वत का कम होना धरती की हलचल का प्रमाण है।

ऋग्वेद काल में सरस्वती व दृश्द्वती समुद्र की ओर बहने को इंगित करती है (ऋग्वेद 3, 33, 2)। यह स्थिति 25,000 ई.पू. से 8000 ई.पू. की हो सकती है, इस काल में पंजाब का क्षेत्र हिम के कारण अति टेढ़ा था। ऋग्वेद में 7, 66, 16 का भी उल्लेख है। राजपूताना के समुद्र के समाप्त होने के कारण मौसम में परिवर्तन हुआ और गर्मी बढ़ने लगी। ऋग्वेद की रचना लंबे समय में होने के चिह्न इन दृश्यों में देखे जाते हैं कि इंद्र का बज्र पहले पत्थर का था फिर हड्डियों का हो गया (1, 84, 13, 14; 7, 83, 1); लेकिन ऋग्वेद के मध्य और अंत के काल में आर्य धातु का भी प्रयोग करने लगे थे।

ऋग्वेद में पहले की रचनाओं जैसे निवितस, निगादास और गाथाओं का उल्लेख है। ऋग्वेद में पंजाब में भूकंप और पृथ्वी की हलचल का भी उल्लेख 1, 62, 5; 631; 2, 2; 15; 6; 17, 5; की ऋचाओं में है।

सोम का उल्लेख इंद्र के साथ है, केवल ईरानियों को छोड़ किसी अन्य यूरोपियों को इसका ज्ञान न था। ईरान और मिस्र के लोगों में आर्य सभ्यता के चिह्न इसलिए देखने को मिलते हैं कि भारतीय आर्य यहाँ आकर बस गए और अपने साथ आर्य सभ्यता के चिह्न भी ले गए।

आर्य संस्कृति, आर्य भाषा और आर्य देश

निकटता, आदान-प्रदान, संचार आदि के ऐतिहासिक एवं भौगोलिक कारकों से विभिन्न देशों की संस्कृति और भाषाओं में कुछ समानताएँ भी पाई जाती हैं फिर भी विभिन्न देशों की संस्कृतियों और भाषाओं का अपना-अपना मौलिक स्वरूप है। यह मौलिक रूप उसे एक-दूसरे से विविध रूप प्रदान करता है।

संस्कृति और भाषा के मौलिक स्वरूप की विभिन्नताओं को कम महत्त्व दिया गया है। इनकी आंशिक समानताओं को अधिक महत्त्व देकर इनके परस्पर संबंधों के विषय में सिद्धांत बनाए गए हैं।

इन समानताओं ने वैदिक संस्कृत भाषा के संबंध में कुछ भ्रांतियाँ भी फैला दी हैं। इन्हीं अध्ययनों के आधार पर यह मत प्रचलित हुआ है कि आर्य मध्य एशिया तथा मध्य यूरोप के मूल निवासी थे। अपने मूल स्थान से निष्क्रमण करके वे भारत आए तथा यहाँ के मूल निवासियों को पराजित करके भारत में बस गए। इन मूल आर्यों की एक मूल भाषा थी जिसका कोई अवशेष अब नहीं मिलता। इस सिद्धांत का उद्घाटन मैक्समूलर आदि विद्वानों ने अधिक किया। कुछ शब्दों के समान होने से यह निष्कर्ष निकाला कि इन सभी भाषाओं का उद्गम एक होना चाहिए।

भारतीय विद्वानों ने भी अपनी सहज दासवृत्ति के अनुरूप इसे विदेशी शासन की भाँति स्वीकार कर लिया।

सांस्कृतिक तर्क के दृष्टिकोण से यह विदित होता है कि वैदिक संस्कृति और वैदिक संस्कृत भाषा बने। वे विशेष रूप से जो अन्य देशों और भाषाओं में इतने समृद्ध रूप में नहीं मिलते, मूलतः भारतीय हैं। ये अन्य स्थानों से संचरित अथवा आयातित नहीं हो सकते। संस्कृति के ये मौलिक भारतीय रूप असंख्य हैं। यज्ञ, आहुति, अर्घ्य, अग्निपूजा, गोपूजा, स्थान, योग, चरू, पिंड, प्रसाद, दक्षिणा, सप्तपदी, यज्ञोपवीत, प्रदक्षिणा आदि अनेक ऐसे उदाहरण हैं।

यज्ञ, आहुति आदि के समान कुछ रूप इतने विशिष्ट हैं कि वे अन्यत्र नहीं पाए जाते। अग्नि के महत्त्व तो सभी जानते हैं लेकिन अग्नि की पूजा भारत में ऋग्वेद में अग्नि की आराधना के मंत्र सबसे पहले और संख्या में अधिक हैं। अग्नि का ऐसा आराधन कहीं अन्य नहीं होता। शीत देशों में स्नान का इतना प्रचलन संभव नहीं है। गंगा, यमुना, गोदावरी आदि नदियों की पवित्रता, स्नान के पर्व, देवताओं का स्थान आदि भारतीय संस्कृति के अनुरूप हैं, जो कहीं अन्यत्र नहीं पाए जाते।

स्नान के साथ संध्यावंदन, पूजा-पाठ, तिलक आदि स्नान के रूप को समृद्ध बनाते हैं। अग्नि यज्ञ, अग्नि साक्ष्य, सप्तपदी आदि जटिल विधियों से युक्त विवाह का रूप मूलतः भारतीय है। सूर्य, चंद्र, नक्षत्र, आकाश, पृथ्वी, जल, वृक्ष आदि की धार्मिक पवित्रता भी विशेष रूप से मौलिक भारतीय धारणा है। किसी अन्य देश से संक्रमण कर आने वाली जाति ऐसे मौलिक एवं समृद्ध रूपों की रचना नहीं कर सकती।

वेद, वैदिक साहित्य किसी आगंतुक जाति की रचना नहीं हो सकती, इसमें किसी बाहर की नदी, पर्वत, स्थान आदि का उल्लेख नहीं है। आर्य भारत का मुख्य क्षेत्र सिंधु नदी के पूर्व की ओर ही था। वैदिक साहित्य की अनेक विशेषताएँ उसे वैदिक भारत के मूलवासियों की रचना सिद्ध करती है। ईरान और अफगानिस्तान इसके सीमांत क्षेत्र थे। देवनागरी के अतिरिक्त अन्य भाषाओं में वर्णमाला में वर्णों का उच्चारण वर्ण-ध्वनि के तुल्य नहीं है। वर्ण-ध्वनि के संकेत अवश्य हैं किंतु उनका उच्चारण शब्दों के समान होता है। वैदिक संस्कृत में शब्दों के उच्चारण में वर्ण-ध्वनियाँ स्पष्ट और विभक्त रहती हैं। वर्ण-ध्वनि भाषा की मूल इकाई है। यूरोपीय भाषाएँ वर्ण-विवेक की सांस्कृतिक अवस्था तक नहीं पहुँच पातीं। उन्होंने अपूर्ण और अव्यवस्थित रूप में वैदिक संस्कृत में वर्ण-विधान अत्यंत प्राचीन काल में बौद्धिक अध्यवसाय से अनुष्ठित किया है। भारतीय जलवायु की मृदुलता भी इसमें सहायक हुई है। वर्ण-विवेक की दृष्टि से संस्कृत भाषा यूरोपीय भाषाओं से पूर्णतः भिन्न है। वह मूलतः भारतीय भूमि की उपज है। अतः भारतीय यूरोपीय भाषा परिवार की कल्पना असंगत है तथा आर्यों के बाहर से आगमन की धारणा भी भ्रांतिपूर्ण है।[13]

हड़प्पा राज्य और वैदिक प्रथाएँ एवं गणतंत्र

अभी तक प्राप्त सूत्रों के अनुसार वैदिक सभ्यता एक ऐसा समाज था जिसमें उन्नत तकनीक, योजनाबद्ध एवं कुशल तरीके से प्रशासित शहर, उन्नत कृषि, धनी एवं दर्शनीय समरूप भौतिक संस्कृति, केंद्रीकृत प्राधिकार, लंबी दूरी का व्यापार, संपर्क तथा नगण्य सैन्य गतिविधियाँ उल्लेखनीय थे।[14] इनके धर्म में मूर्ति-पूजा का स्थान था तथा वे मातृदेवी और शिव के पूर्व रूप की तरह एक पुरुष देवता की पूजा करते थे। प्रतीकों में लिंग पूजा, योनि पूजा एवं वृक्ष पूजा के भी साक्ष्य मिलते हैं।

शिव और सिंधु सभ्यता

शिव को आदि देव ठीक ही कहा गया है, क्योंकि इसके चित्र सिंधु सभ्यता से पहले या ताम्र प्रस्तर युगीन (Chalcolithic) से भी पहले, या कहिए कि यह विश्व का सबसे प्राचीन मत है। शैव मत से ही संबंधित देवी की पूजा और लिंग पूजा के चिह्न भी देखने को मिले हैं। यहाँ शिव को योगी की मुद्रा में भी पाया गया है, अतः योग का प्रचलन भी उतना ही प्राचीन है। उत्खनन में शिव के तीन मुखों का दृश्य है लेकिन एक मुख उनके पीछे है जो दिखाई नहीं देता, यह प्रतिमा भगवान के चारों दिशाओं में देखने का परिचायक है।

शिव महातपा, महायोगी, पशुपति, शीश पर सींगों का होना त्रिशूल का सूचक है।

लिंग पूजकों की जहाँ एक ओर वेद में भर्त्सना की गई है वहीं दूसरी ओर यक्ष और दुर्गाचार्य ने वैदिक काल में लिंग पूजकों की संख्या बहुत बतलाई है। वेदों में शिव को रुद्र का रूप भी बतलाया गया है। शिव पुराण, महाभारत के अनुशासन पर्व में शिव लिंग का वर्णन है। यह एक प्रतीक के रूप में आज भी पूजा जाता है।

कुछ विद्वान हड़प्पा सभ्यता और वैदिक संस्कृति को समकालीन मानते हैं, तो कुछ दोनों को एक-दूसरे के पूर्ववर्ती व उत्तरवर्ती मानते हैं। लेकिन जहाँ दोनों सभ्यताओं में अनेक समानताएँ हैं वहीं अश्व का हड़प्पा की सभ्यता में अभी तक न मिलना व मूर्ति-पूजा का ऋग्वेद में कहीं उल्लेख नहीं होना कुछ संदेह पैदा कर देता है। वैदिक एवं हड़प्पा सभ्यता के स्वरूप पर यदि चिंतन किया जाए तो स्पष्ट होता है कि संस्कृति अंतःप्रेरित होती है। जबकि सभ्यता उसकी बाह्य संरचना होती है। वैदिक साहित्य के विचार ऋषियों की अंतःप्रेरणा के प्रमाण मिलते हैं।

वैदिक काल से ही भारतीय राजनीतिक इतिहास में वाद-विवाद, मत-विभिन्नता और बहुलवाद प्रचलित रहा है। भारतीय भूमि ही प्रजातंत्र के लिए उपयुक्त है इसी कारण अनेक देशों में जहाँ भी प्रजातंत्र को स्थापित करने का प्रयास हुआ, वहाँ सफल नहीं हो पाया। भारतीय प्रजातंत्र में भी अनेक दोष हैं, जैसे भ्रष्टाचार, कानून-

व्यवस्था को तोड़ना, राजनीतिक दलों का टूटना, दल बदलना, जाति, धर्म, क्षेत्र आदि का प्रभाव। परिवारवाद व अन्य तत्त्व प्रजातंत्र को हानि पहुँचाते हैं।

इन सभी नकारात्मक तत्त्वों के प्रभाव के होते हुए भी भारतीय प्रजातंत्र समृद्ध है क्योंकि इसकी जड़ें भारतीय परंपराओं से जुड़ी हैं। यहाँ धर्म, विचारों की स्वतंत्रता है और मतभेद प्रकट करने के अवसर हैं।

वेदों में, गीता में, उपनिषदों में, शंकराचार्य के अद्वैतवाद में, रामायण में, जाबालि और राम के बीच, भारतीय नारी का वाद-विवाद में भाग लेना (गार्गी, सीता, द्रोपदी); जहाँ जातिवाद सामाजिक जीवन का अभिशाप बना रहा वहीं भक्तिकाल के मार्गदर्शक (कबीर, सूरदास, रविदास) जाति के अभिशाप का उल्लेख करते रहे।

हर समय इस देश में भिन्न-भिन्न दर्शन देखने में आते हैं। "सत्य एक है, जिसे अनेक दृष्टिकोण से विद्वान देखते हैं।" यह भारत के जीवन का लक्ष्य रहा है।

अनेक धर्मों ने भारत भूमि पर जन्म ही नहीं लिया वरन् यहाँ के उदार और स्वतंत्र जीवन के कारण अन्य देशों से भागकर शरण भी ली है। वैदिक युग में शासन धर्म पर आधारित था, यहाँ धर्म को व्यापक दृष्टि से समझा और पालन किया जाता था, धर्म धारण करने के सिद्धांत थे, यह केवल पूजा-पद्धति ही नहीं थी।

वैदिक युग में राजा सर्वोपरि होते हुए उसके ऊपर सभा-समिति होती थी जो उसे निरंकुश होने से रोकती थी। पुरोहित एवं सेनापति का विशेष महत्त्व होने पर भी सभा-समिति का उन पर भी अंकुश होता था।

"समिति" शब्द का अर्थ दूर-दूर से आकर एकत्रित लोगों को कहते थे। इन सभाओं में बड़े-बड़े विद्वान ज्ञानी इकट्ठे होते थे, जो राजा को राज्य-कार्य की शिक्षा देते थे, राजा इनकी अवहेलना नहीं कर सकता था। इन सभाओं को प्रजापति परमात्मा से उत्पन्न समझा जाता था। इन्हें नरिष्ठा (लोक-कल्याणकारी) भी कहा जाता था।[15]

राजा सभा-समिति के अनुसार आचरण करते थे। राजा सभापति के नाम से भी संबोधित होता था। के.पी. जायसवाल, सभा-समिति का वर्णन करते हुए लिखते हैं कि "आर्य जाति के प्राचीन रूप, साहित्य में हम पाते हैं कि उस काल में राष्ट्रीय जीवन और विधियों को लोकप्रिय सभा-समितियों द्वारा अभिव्यक्त किया जाता था। समिति संपूर्ण प्रजा की राष्ट्रीय सभा थी, राजा का चुनाव करती थी, राजा के सभी महत्त्वपूर्ण मामलों पर विचार किया करती थी। समिति विकसित समाज की संस्था थी। दूसरी संस्था सभा थी, जिसे नरिष्ठा भी कहते थे। संभवतः यह चुने हुए विशिष्ट व्यक्तियों की समिति की सत्ता के अंतर्गत काम करने वाली एक स्थायी समिति थी। समिति और सभा प्रजापति की दो पुत्रियाँ कही गई हैं। सभा के अधिकार-क्षेत्र समिति से अधिक थे।"[16]

प्रारंभिक अवस्था में प्रत्येक ग्राम प्रायः स्वतंत्र रूप में अपना पृथक्-पृथक् प्रबंध करता था। सर्वसाधारण विषयों को तय करने के लिए ग्राम निवासियों ने प्रबंधकारिणी स्थानीय संस्था बना ली थी, जो सभा के नाम से विकसित हुई। कालांतर में राज्य की स्थापना हुई और राजाओं के अंतर्गत अनेक ग्राम आ गए तो सार्वजनिक विषयों के लिए केंद्रीय प्रशासनिक संस्था की स्थापना हुई जो समिति कहलाई।

धीरे-धीरे समय के परिवर्तन ने राजाओं के अधिकार-क्षेत्रों में वृद्धि एवं सभा-समिति के पतन में योगदान दिया और उसी काल में धीरे-धीरे सभा-समिति का रूप बिगड़ने लगा। राजा को आगे चलकर दैवी शक्ति के रूप में माना जाने लगा।

प्राचीन भारतीय साहित्य के ग्रंथों में आर्य शब्द, भारतीयों के साथ-साथ श्रेष्ठ अर्थ में भी प्रयुक्त हुआ है।

कर्तव्य आचरण, कार्यम् अकर्तव्यमनाचरन्।
तिष्ठति प्रकृताचारे सतुआर्य इति स्मृतः।। (वसिष्ठ स्मृति)

जैन और बौद्ध धर्मों ने भी इसलिए आर्य शब्द को पूर्णतः स्वीकार किया है।

वेद[17] में आर्य और दस्यु शब्द विपरीतार्थक हैं। दस्यु अकर्मा, अमंतु (विचारशून्य), अन्यव्रत (विपरीत व्यवहार वाला), अमानुष (मानवता रहित) होता है। आर्य कर्मशील, सत्पथगामी, सामाजिक-नियमपालक, मननशील, संस्कृत और सभ्य का वाचक है।

भारतीय वाङ्मय में सर्वप्रथम संस्कृति शब्द का प्रयोग "सा प्रथमा संस्कृति विश्ववारा"[18] में हुआ है। विद्वानों ने संस्कृति की अनेक परिभाषाएँ की हैं। सामान्य शब्दों में यह पशुता से दूर होने की भावना अर्थात् मनुष्य को समुन्नत एवं संस्कृत करने का साधन। उन्नति के बाह्य और आंतरिक दो भेद हैं। सभ्यता बाह्य उन्नति से संबंध रखती है, संस्कृति आंतरिक से। सभ्यता और संस्कृति के भिन्न-भिन्न क्षेत्र होने पर भी इनका घनिष्ठ संबंध है। दोनों एक-दूसरे को प्रभावित करती हैं, दोनों का संबंध मानव-जाति से है। सभ्यता शरीर है तो संस्कृति आत्मा है।

वास्तव में "मानव संस्कृति" एक ही है लेकिन स्थान, देश, काल व जनसमूह के भेद से इसके अनेक भेद एवं नाम हो गए हैं। भारतीय ऋषि-मुनियों ने अनेक वर्षों की सतत साधना और अनुभवों से सर्वांगीण उत्थान के लिए जो श्रेष्ठ पद्धति अपनाई, इसी का नाम– आर्य संस्कृति है।

आर्य-संस्कृति की विचारमाला में अनेक मनके हैं जैसे ईश्वर, जीव, पुनर्जन्म, वर्णाश्रम, और कर्मफल व्यवस्था।

हिंदू—प्राचीनता और भव्यता

विगत 150 वर्षों में इतिहास के धुँधले युगों पर काफी शोध हुए हैं। अतः हिंदू-विशेषज्ञों के अतिरिक्त भी यह बात बड़े विश्वास से कही जा सकती है कि अति प्राचीन काल में धरती पर मिस्र, चाल्डिया, भारत और चीन की सभ्यताएँ रही हैं। भारत को छोड़ तीनों अन्य देशों ने अपने पुरातन के अवशेषों को खोजा है, लेकिन भारत में इस क्षेत्र में अधिक कार्य नहीं हो सका, इसका अन्य कारणों के अतिरिक्त मुख्य कारण था कि प्राचीन भारतीय अपने घरों के निर्माण में लकड़ी का अधिक प्रयोग करते थे जो अधिक समय नहीं रह सकती, बहुत कम पत्थरों का प्रयोग करते थे। पत्थर का प्रयोग तो संभवतः हिंदुओं ने पारसियों और यूनानियों से बहुत बाद के काल में सीखा हो। लेकिन संसार में सभी व्यक्तियों से अधिक प्रगतिशील और सर्वोच्च आर्य ही थे। इसका मुख्य कारण था आर्यों का औरों से अधिक आध्यात्मिक होना। आर्य सभ्यता ने अन्य तीन सभ्यताओं को प्रभावित किया, इनमें सक्रिय संबंध थे, व्यापार होता था। एक से अधिक बार मिस्र और असेरिया ने भारत पर हमले भी किए।

भारत के निवासी अपने नाम से मिस्र, ग्रीक और जापान के समान विदेशी लोगों के दिए हुए नाम से जाने जाते हैं। चीन का यात्री ई. सिंग (671-95 ई.) के अनुसार भारत के निवासियों को विदेशी "हिंदू" कहकर पुकारते थे। "हिंदू" वैदिक सप्त-सिंधु; जैंद के 'हप्त-हिंदू'– सिंध नदी की सात शाखाओं के कारण, यहाँ के निवासी प्रारंभ में पूर्वी अफगानिस्तान, कश्मीर और पंजाब के क्षेत्र में अपना निवास स्थान तथा अपने को आर्य (श्रेष्ठ) मानते थे। यहूदी और पारसी यहाँ के निवासियों को हिंद, हिंदू, हिंदूस कहते थे। मुस्लिम शासकों ने इसे धर्म-विशेष की संज्ञा देकर अधिक स्पष्ट कर दिया।

चीनी सभ्यता को छोड़ भारतीय सभ्यता सबसे प्राचीन है। मिस्र, असेरिया, यूनान, रोम और फारस की सभ्यताओं के चिह्न अवश्य मिल जाएँगे लेकिन उनकी भव्यता नष्ट हो गई। इस बात को इकबाल ने भी बहुत अच्छे से बताया है। थोड़े-बहुत परिवर्तन के साथ भारत की सभ्यता और उसकी भव्यता आज भी मौजूद है।

जहाँ एक ओर कुछ यूरोपियन इतिहासकारों ने एक उद्देश्य को समक्ष रखकर भारतीय सभ्यता-संस्कृति और इतिहास को धूमिल करने का अनथक प्रयास किया है वहीं दूसरी ओर कुछ वास्तविक इतिहासकारों ने भारत की जीवन-पद्धति को उचित परिप्रेक्ष्य में समझा है :

1. भारत ऐसा स्रोत है जहाँ से न केवल एशिया वरन् पूरा पश्चिम संसार ज्ञान और धर्म को ग्रहण करता है। Meesen, *Historical Researchers.* मीसेन, *हिस्टोरिकल रिसर्चर्स*

2. इसी प्रकार Thorton, *History of the British Empire in India,* Vol. V, p. 3. थॉर्टन, *हिस्ट्री ऑफ दी ब्रिटिश एंपायर इन इंडिया,* वॉल. पाँच, पृ. 3 में लिखा है कि जब मिस्र, यूनान और इटली अपने किरायेदारों को बढ़ा रहे थे उस समय भारत एक धनी और वैभवशाली देश था।
3. सिकंदर के भारत पर हमले से पहले भारत की प्राचीन वैदिक सभ्यता बहुत विकसित थी, वह इस हमले के समय कुछ अवश्य बदल गई थी।

   – विल्सन
4. यह ध्यान योग्य विषय है कि जब सिकंदर ने भारत पर हमला किया था उस समय यहाँ के निवासी आज के समान थे– उनके धर्म, कानून, सरकार और चरित्र में थोड़ा अंतर और भिन्नता आई है। Peter Parley, Tales About Greece, p. 84 and editors notes in the H.H.W., Vol. 2 पीटर पार्ले'स टेल्स अबाउट ग्रीस, पृ. 84 एंड एडिटर्स नोट्स इन दी एच.एच.डब्ल्यू., वॉल. 2।
5. कोई अन्य देश इस पृथ्वी पर भारत की प्राचीन सभ्यता और धर्म की प्रतिस्पर्धा नहीं कर सकता। Theology of the Hindus. थिओलॉजी ऑफ दी हिंदूस।
6. यदि मुझे पूरे संसार में धरती पर कहीं ऐसा देश देखना हो जो सभ्यता, शक्ति और सौंदर्य से भरपूर हो, धरती पर स्वर्ग हो, तो वह भारत है। Max Muller, *India: What Can It Teach Us.* मैक्स मूलर, *इंडिया : व्हाट कैन इट टीच अस*।
7. भारत की सभ्यता मानव सभ्यताओं में सबसे प्राचीन है। H.R. Hall of the British Museum एच. आर. हॉल ऑफ दी ब्रिटिश म्यूजियम; यही बात A.W. von Schlegal ऐ.डब्ल्यू. वॉन सेलेगल ने भी दर्शाई है।

भारत की सभ्यता और संस्कृति श्रेष्ठ रही है तो इसका इतिहास भी महान रहा है। लेकिन विदेशी हमलावर इसे निम्न आँककर अपने को ऊँचा दिखाने का प्रयास करते रहे।

भारतीय जीवन प्राचीन काल से धार्मिक व सांस्कृतिक रहा है, लिखित भाषा का प्रयोग कम रहा और अधिकतर विषय सुश्रुति और स्मृति पर आधारित रहे, जो एक पीढ़ी से दूसरी पीढ़ी तक चलते रहे, इस कारण से इनमें कुछ त्रुटियाँ भी उत्पन्न हो गईं। लेकिन आज भी प्राचीन सभ्यता के स्रोत जमीन के नीचे दबे हुए हैं या नष्ट हो गए, उन्हें जानने का प्रयास बहुत कम हुआ है। वेदों, पुराणों, आरण्यकों, ब्राह्मणों आदि की रचनाओं को केवल धार्मिक साहित्य की संज्ञा देकर नकारा गया है जबकि इनमें बड़ी मात्रा में इतिहास छिपा है। राजवंशावलियों (उड़ीसा, नेपाल, राजस्थान,

मैसूर) प्रशस्तियों, जैन भंडारक, कहानियों एवं अन्य चीजों से प्राचीन इतिहास की जानकारी ली जा सकती है। लेकिन यह कठिन कार्य है इसलिए इस पर अधिक ध्यान नहीं दिया जाता। भाषा की अज्ञानता भी इस कार्य में एक बड़ी कठिनाई है। आर्य चूँकि प्रकृति पूजक रहे हैं, पृथ्वी ही उनका केंद्र बिंदु रही है अतः प्राचीन काल के अवशेषों का मिलना भी कठिन कार्य है।

कुछ विद्वानों ने भारत, चीन और मिस्र की भूमि को "अस्पष्ट व रहस्यमयी" माना है, ठीक से नहीं कहा जा सकता कि यह बात कितनी सीमा तक सत्य है। भारत वास्तव में एक "खुला रहस्य" है। बहुत सारे सत्य आज उजागर हुए हैं जो पहले रहस्य माने जाते थे। विदेशी विद्वानों के भारतीय इतिहास को ठीक से न जानने के कुछ कारण हैं जैसे–

1) विदेशी विद्वानों का भारतीय भाषाओं का ठीक ज्ञान का न होना और धर्म और वर्ण को समझने में नासमझी करना या होना। राम और कृष्ण आदि को एक रूपक कथा मानना जबकि इनसे संबंधित वंश, शहर, स्थान और सिक्के आज भी मौजूद हैं।
2) साधारण तथ्यों व कालानुक्रम की कमी नहीं है, लेकिन कभी-कभी ये आध्यात्मिक कहानियों के साथ मिश्रित होते हैं, तथ्यों और कल्पनाओं का भेद करना आवश्यक है, कई बार एक छोटे-से सत्य को एक कल्पना के ढेर से अलग करना कठिन होता है। हिंदुओं का इतिहास के प्रति आदर शायद 700 ई. तक रहा, उसके बाद राष्ट्र के सामान्य सत्य को विकृत करना प्रारंभ कर दिया। राजपूतों के पुनः उत्थान (800 से 1200 ई.) ने इतिहास को क्षेत्रीय व प्रांतीय बनाकर उसमें गुणगान, प्रशंसा और अतिशयोक्ति से भर दिया।[19]

   युगों, शासकों के शासन का समय जो संस्कृत साहित्य और पुराणों में दिया था उसे तारकीय रूप दे दिया न कि सौर मास में। अतः वे देखने में अन्य प्रतीत होते लेकिन असंभावित भी। यह ऐसा स्रोत है जहाँ से न केवल एशिया वरन् पूरा पश्चिम संसार ज्ञान और धर्म को ग्रहण करता है।
3) हिंदू जीवन-पद्धति में जब से पूजा का तरीका आरंभ हुआ, धीरे-धीरे ऐतिहासिक पुरुषों और नारियों को, जिन्हें सर्वोच्च माना जाता था; देवता का स्थान दे दिया गया। ब्रह्मा, शिव, इंद्र, विष्णु, दुर्गा, कुमार, गणेश और कुबेर आदि, ये सब देव आर्य अब हिंदू पूजा के पात्र बन गए।

   देव आर्य अब हिंदू पूजा के पात्र बन गए। सभी वंश से संबंधित, घमंड, युद्ध, शासन, मृत्यु और जन्म से संबंध रखते हुए भी उन्हें अमर मान लिया

गया। ऐसा आध्यात्मिक विश्लेषण इतिहास के लिए बड़ा हानिकारक सिद्ध हुआ है।

4) प्राचीन हिंदुओं ने भी कुछ अन्य देशों के समान संसार की हर चीज को अध्यात्म के साथ जोड़ा है, अतः देखा जाता है कि कम प्रगतिवान जीवों को जैसे– बंदर, गाय, बैल, भेड़, मधुमक्खी, रीछ, नाग, घोड़ा आदि को भी पवित्र बना दिया है। महान संस्कृत काव्य और पुराणों को जो सच्चे ऐतिहासिक ग्रंथ थे उनमें भी बदलाव कर धार्मिक रूप दे दिया गया।

5) शब्दों और उनके मूल अर्थों को बदलकर उनका अर्थ ही बदल दिया गया जैसे– विवासवान– इतिहास में मनु के पिता का नाम है, इस शब्द का अर्थ सूर्य से भी लगाया जाता है, अतः मनु के वंश को समय के परिवर्तन के साथ सूर्यवंशी पुकारने लगे।

   वाल्मीकि उसे इकखाकू या कूकूस्था या रघु की शाखा मानते हैं इसी प्रकार, "सोम" को सोमवंश से जोड़ा गया जबकि ऐतिहासिक सोम का चंद्रमा या सोम से कोई संबंध नहीं है।

   इसी प्रकार पर्वत-राज, पार्वती, हस्तिनापुर आदि। कई नाम इतने प्रिय हो गए जो किसी अन्य समय में रहे हुए हैं जैसे मनु, कपिला, वशिष्ट, नारद, पातंजलि, व्यास, कात्यायन, विक्रमादित्य, वराहमिहिर, चाणक्य आदि। उनका विशेष ध्यान रहना चाहिए।

6) इतिहास को न केवल आधुनिक समय में दबाया गया है या सच्चाई से नहीं रखा गया वरन् प्राचीन काल में भी समय की आवश्यकता और प्रभाव के कारण, कई किंवदंतियाँ रचकर उसे पेश किया गया है। यह 650 ई. से अधिक प्रचलित हुआ। उत्तर भारत के राजघरानों और अनार्यों के उत्थान ने इसको अधिक बल दिया। 598 ई. में ब्रह्मगुप्त ने खगोलशास्त्र पर पुस्तक लिखकर नया कालक्रम बनाया। दूसरा कारण हिंदू-बुद्धों का तनाव, जिसमें बुद्धों ने हिंदू धर्म के कमजोर अंशों को प्रचारित किया, जिसके कारण ब्राह्मणों ने ऐसे कमजोर अंशों को सावधानी से सुधारा।[20] जैसे अगस्त और वशिष्ट, एक वेश्या के पुत्र को कुम्स योग करना। अग्नि पुराण पांडवों को शक, या अनेक ऋषियों की संतान मानती है लेकिन उन्हें दिव्य शक्तियों का प्रतीक कहा गया, यदु और त्रिशंकु का सच्चा इतिहास महाभारत व हरिवंश में देखा जा सकता है।

7) आर्य जन वेद, उपनिषदों और दर्शनों से ही चिपके रहे, सामान्य जन विशेषकर आम महिलाओं और शूद्रों को उनसे दूर रखा गया। वेद व्यास ने महाभारत और पुराणों को लिखा। इसके बाद से ऊँची जातियों का पतन

और नीची जातियों का उत्थान प्रारंभ हुआ। दोनों एक सतह पर आने से हिंदू बन गए। अब शूद्र ब्राह्मणवाद का अंत होने लगा, गंगा की घाटी में हिंदू का फैलाव होने लगा। इतिहास को काट-छाँटकर उसे उपदेशात्मक व किंवदंतियों में बदल दिया, जो आज तक देश में प्रचलित है।

8) बाहरी हमलों ने, विशेषकर जहाँ लूट-खसोट अधिक हुई, इसके कारण भारतीय विद्या और जनश्रुति को बहुत हानि हुई है। मंदिरों को लूटा व नष्ट किया गया, पुस्तकालयों को लूटा व जलाया गया। सुलतान महमूद, अल्तमस और अलाउद्दीन व अन्य के काल में– लाहौर, दिल्ली, कन्नौज, मथुरा, उज्जैन, चितौड़, सोमनाथ जो ज्ञान और धर्म के महान केंद्र थे उन्हें नष्ट-भ्रष्ट कर दिया गया।

9) भारतीय आर्य ने भारत को एक विशाल देश के रूप में पाया था। वे एक ऐसे जन थे जिनका एक कानून, एक धर्म और एक भाषा थी। अलग-अलग क्षेत्रों का उदय अभी नहीं हुआ था। धीरे-धीरे एक इतिहास की आवश्यकता हुई, विदेशी-द्वेष हुआ। ब्राह्मण, राजदरबारी, अर्थशास्त्री, सामान्य घटनाएँ रहीं। वास्तविक इतिहास टुकड़ों में, कहीं-कहीं पुराणों आदि में दिखाई देने लगा। समय के साथ भारत बँट गया और उसके साथ बहुत कुछ बँट गया। देश एक महाद्वीप बन गया, अनेक क्षेत्र बन गए, ब्राह्मण भी अन्य अनेक मतों में बँट गए, संवहन की विभिन्नता के साथ धार्मिक तौर-तरीके और रीति-रिवाज भी उभरे। इनके साथ-साथ राष्ट्रीय इतिहास ने क्षेत्रीय इतिहास का चरित्र ग्रहण कर लिया। ऐसे धीरे-धीरे राष्ट्रीय एकता आपसी झगड़ालू इकाइयों में बदल गई। संयोगवश कोई ऐसा शासक उत्पन्न होता जो अपने अधीन अनेक भाग को कर लेता लेकिन यह लंबे समय तक नहीं चल पाता था क्योंकि उसके उत्तराधिकारी उसके समान योग्य व सबल नहीं होते थे। स्वाभाविक तौर पर उस समय के इतिहासकार एक कवि के समान उस शासक के सम्मान में ही लिखते थे जो एक सच्चा इतिहास नहीं होता था। इसमें भी सच्चाई है कि अनेक अवसरों पर भारत के विभिन्न क्षेत्रों में हिंदू शासक विदेशी हमलावरों के विरुद्ध इकट्ठा हुए लेकिन इसमें धर्म का भाव अधिक रहा और राष्ट्रीय एकता का विचार नहीं के बराबर था। अतः भारत एक मूलभूत– संघटित– सुव्यवस्थित इकाई नहीं बन सका।

10) हिंदुओं के पुरातत्त्वीय ज्ञान की आवश्यकता है।

11) हिंदू विवेक का ह्रास।

12) इस देश की विशेषताएँ– दुनिया के अन्य देशों से अलग होना, इसकी विशालता, प्रकृति की इस देश को देन।

15) उत्तरकालीन हिंदुओं में आध्यात्मिकता की अधिकता।
16) हिंदू राष्ट्र का अति प्राचीन होना, अलग-अलग कालखंड में भिन्न-भिन्न स्वभाव, मन और विषयों की प्राथमिकता।
17) आलोचनात्मक इतिहास एक नवीन क्षेत्र है, यूरोप में भी यह नया है, प्राचीन भारत में तो इसकी कमी रही है।
18) 600 ई.पू. के अभिलेखों और पुरातत्त्वों की कमी होना।

हड़प्पा सभ्यता

संस्कृति ही किसी समाज और राष्ट्र की श्रेष्ठ उपलब्धि होती है। इसी के कारण उस समाज और राष्ट्र की पहचान होती है। इनमें रहने वाले लोग सामाजिक नियमों को जानें व उनका पालन करें, इन्हीं नियमों के अनुसार आचरण और अनुशासन में बँधे रहें, यही सभ्यता की पहचान है। सभ्यता विरासत में नहीं मिलती वरन् उसका निर्माण किया जाता है।

1921 में मांटगोमरी जिले के हड़प्पा नामक स्थान (जो अब पाकिस्तान में है) पर उत्खनन का कार्य किया जिसमें एक समृद्ध नगरीय सभ्यता के केंद्र का पता चला। यह विश्व की प्राचीनतम सभ्यता रही होगी। इस सभ्यता का उत्खनन 1921 से 1969 तक 1000 स्थानों पर चलता रहा– हड़प्पा, मोहनजोदड़ो, चन्हूदड़ो, लोथल, कालीबंगा, सुत्कागेंडोर, सुरकोटड़ा, बनावली, रंगपुर और रोजड़ी प्रमुख हैं। इस सभ्यता को सिंधु घाटी की सभ्यता, सिंधु सभ्यता और हड़प्पा सभ्यता के नाम से भी पुकारा जाता है। अनेक उत्खननकर्ताओं ने इस कार्य को समय-समय पर किया। अभी तक जो भी अवशेष इन उत्खननों में प्राप्त हुए हैं वे इस सभ्यता के लोगों के धार्मिक जीवन की ओर संकेत करते हैं। यह धर्म कुछ बाहरी अंगों के साथ-साथ मूलतः इसी भूमि की उपज और हिंदू धर्म का पूर्व रूप था। जैसे शिव शक्ति की पूजा, बैल, नाग, पशु, जल, आसन-योग, सूर्य, अग्नि, वृक्ष, पाषाण और लिंग आदि की पूजा। वास्तव में ऐसा प्रतीत होता है कि मिस्र और मेसोपोटामिया की सभ्यताओं की भाँति हड़प्पा की सभ्यता भी एक धर्म-राज्य पर आधारित थी।"

आज भी अंतिम रूप से यह नहीं कहा जा सकता है कि हड़प्पा सभ्यता और वैदिक सभ्यता में से कौन-सी पहले की है या दोनों एक ही काल की हैं। अनेक विद्वानों ने इस विषय पर खोज भी की है और आज भी जारी है। लेकिन दोनों में कुछ समानताएँ अवश्य हैं।

भूगोल

पाणिनि की अष्टाध्यायी में प्राचीन काल के इतिहास, देश, पर्वत, समुद्र, वन, नदी, प्रदेश, जनपद, नगर, ग्राम आदि का वर्णन किया गया है, जहाँ एक ओर वे

व्याकरण के महान ज्ञाता थे वहीं एक महान आचार्य भी थे। एक बार वे अपने छात्रों को व्याघ्र के विषय में समझा रहे थे लेकिन छात्रों को इसे समझने में कठिनाई हो रही थी, अतः आचार्य ने सभी छात्रों को जंगल में ले जाने का निश्चय किया, जहाँ वे व्याघ्र को साक्षात दिखा सकें। जंगल में जाने पर व्याघ्र सामने आ गया और आचार्य पर झपटा तो भी आचार्य ने छात्रों को बतलाया कि यह ही व्याघ्र है, छात्र तो वहाँ से भाग गए लेकिन आचार्य को व्याघ्र ने खा लिया। यह घटना उनके छात्र-प्रेम और विषय की गहराई का परिचायक है।

प्राचीन भारत में आर्य संस्कृति का पंजाब में पतन

पंजाब को प्राचीन भारतीय संस्कृति और सभ्यता का जन्म-स्थान माना जाता है, विदेशी[21] विद्वान भी ऐसा मानते हैं। धीरे-धीरे आर्य सभ्यता का केंद्र पूर्व दिशा की ओर बढ़ने लगा और महान नदियों कुबा (काबुल, शुवास्ता (स्वात), कसमा (कुरम्म), गौमल (गौमल), सिंधु (इंद्र), वितस्ता (झेलम), अस्किनि (चिनाब), पर्सूनी-इरावती (रावी), विपासा (व्यास), श्रुताद्री (सतलुज) दृश्दावती (चुतांग) और सरस्वती उन्हीं नदियों के किनारे आर्यों ने वैदिक ऋचाओं की रचना की थी।[22] कालांतर में यह क्षेत्र संस्कृति के मुख्य तत्त्वों से वंचित होता गया। विदेशी हमले और बुद्धिज्म के आधिपत्य का होना इसके प्रमुख कारण बने।

संस्कृति का केंद्र अब कुरुक्षेत्र, मध्य देश, यमुना और गंगा, कौशल (अवध), काशी और विदेह (उत्तर बिहार) की ओर बढ़ने लगा। मगध (दक्षिण बिहार) और अंग दक्षिण-पूर्व बिहार भी आर्यवर्ती होने लगा। आदिम जाति के मेल से बड़े क्षेत्रों के जन समूहों का निर्माण हुआ जो वैदिक काल से कहीं बड़े थे। वैदिक काल के भारत का स्थान अब कुरु और पंचाल ने ले लिया– भारत कुरु में मिल गया तथा कृवि– अनुस, दृयुस, त्रुवासा– पंचाल में समाहित हो गए। ये सब अब संघ राज्यों में बदल गए।[23]

इस प्रक्रिया में आर्यवर्त की सीमा और परिभाषा में भी बदलाव आया। सैद्धांतिक दृष्टि से वेद हिंदू धर्म और उसके सांस्कृतिक तरीकों का प्रतिनिधित्व करता है लेकिन व्यवहार में समय-समय पर मूल ढाँचे में परिवर्तन आते और जुड़ते गए। अतः हिंदू केवल एक धर्म ही नहीं है वरन् जीने का तरीका भी है। यह प्रक्रिया अपने विकास में नियत विकास की धारणा का समर्थक रही है। जीवन के तरीकों, धार्मिक, नैतिक, सामाजिक व्यवहार, राजनीतिक विचारों की स्पष्टता वेदों से लेकर काव्यों तक चलती रही। गुप्त काल में धर्म, साहित्य, मूर्तिकला, विज्ञान, दर्शन और नैतिक मूल्यों का विकास चरम सीमा पर पहुँच गया और गुप्त काल के बाद संस्कृति का केंद्र उत्तर भारत से दक्षिण भारत की ओर स्थानांतरित हो गया।

ब्राह्मण काल में कुरु-पंचाल का क्षेत्र बड़े महत्त्व का माना गया है, इनके दोनों राज्य और नागरिक भी उत्तम माने गए, जनता संस्कृत भाषा को बिना किसी त्रुटि के बोलती थी, राज्य भी आदर्श माने गए।[24] वशिष्ठ, कैधायन, पतंजलि आदि ऋषियों ने अपने साहित्यों में आर्यवर्त की परिभाषा और क्षेत्रफल का वर्णन किया है।[25]

मनु के समय में आर्यवर्त की सीमाएँ हिमालय व विंध्याचल पर्वत से लेकर पूर्वी व पश्चिमी समुद्र तक फैल गई थीं।[26] राजशेखर[27] ने भी नर्मदा नदी को आर्यवर्त और दक्षिण पथ की विभाजन रेखा माना था। गुप्त कालीन आर्यवर्त दक्षिण भाग को भी अपने में समाहित कर लेता है।[28]

दूसरी ओर पंजाब वाहिक, या गलती से बाहलिका या वाहलिका भी पुकारा जाता था (काव्य, पुराण)। पंचनद या पाँच नदियों की भूमि (पंजाब) की धारणा 13-14वीं सदी तक चलती रही।

पंजाब के निवासी अच्छे-सभ्य व्यवहार को दीन-हीन मानते थे, इनकी समानता एक साँड़ से की जाती थी जो बलशाली होता है और सदैव लड़ने को तैयार रहता है।[29] इस काल के पंजाब में वाहिक, मादरा, जारतीक, अरात और पंचनद आदि कबीले भी रहते थे, कभी-कभी उन सभी को वाहिक भी कहा जाता था। सकाला (सियालकोट) एक गाँव था, महाभारत में यह कहा गया है कि आर्य को यहाँ पर दो दिन से अधिक नहीं रहना चाहिए। बुद्ध प्रकाश[30]; बैकट्रिया से आए हुए लोग, जो पंजाब में बस गए थे उन्हें बाहलिक कहते हैं, जो शब्द बदलते-बदलते वाहिक हो गया।

हूण-सांग भी जालंधर (पंजाब) के लोगों को सभ्य नहीं मानता था।

पंजाब के लोगों का उस प्रकार का चित्रण इसलिए भी हुआ क्योंकि छः सदी ई.पू. के बाद से ही पंजाब भी भूमि बाहरी हमलावरों से आहत होती रही, इसमें मौर्य काल एक अपवाद रहा। इतिहास में आर्यमिड (परशियन) विजय, ग्रीक आक्रमण, बैकट्रीयन, सकैथियन, शक, कुषाण और हुणों का आना हुआ।

ग्रीक (यूनानी) इतिहासकार गंधार को अपना 20वाँ सतृप मानता है जिसे उन्होंने परशिया के राजा देरियस 486-465 ई.पू. से विजित किया था, उस समय के गंधार की राजधानी तक्षशिला थी जहाँ अन्य देशों से व्यापार हेतु लोग आकर रहते थे। उस काल के कट्टर ब्राह्मण उस स्थान को अपवित्र मानते थे, लेकिन यह शिक्षा का एक बड़ा केंद्र भी बन गया था। अशोक ने बाद में खरोष्टि भाषा में अपने आदेशों-उपदेशों को पत्थरों पर परशियन के प्रभाव के कारण ही उकेरा, क्योंकि खरोष्टि परशियन की लिपि थी। कहीं-कहीं पत्थरों पर अरेमिक, ग्रीक, ब्राह्मी लेख भी दिखाई देते हैं।

सिकंदर के हमले के समय और बाद में यूनानी जीवन का प्रभाव यहाँ के लोगों पर पड़ा जैसे– सतीप्रथा, गरीब कन्या को बेचना, बहुविवाह आदि। इन्हीं कारणों से कट्टर ब्राह्मण यहाँ के निवासियों से घृणा करते थे और उन्हें मलेच मानते थे। ग्रीक, शक, परशियन, कुषाण, अशोक और महेंद्र के समय में बौद्ध धर्म, कला और जीवन-शैली का विशेष प्रभाव हुआ, अनेक बौद्ध मोनास्ट्री बनाई गई, तक्षशिला का विशेष महत्त्व रहा और पंजाब में बुद्धिज्म का फैलाव हुआ।

रासानिद शासकों ने बुद्धिज्म को हानि पहुँचाई लेकिन पुनः 5वीं सदी में बुद्धिज्म का विकास हुआ (390 ई. से 460 ई. तक) लेकिन सफेद हूणों– 5वीं सदी (630 ई.) में ही तक्षशिला, जालंधर व अन्य बौद्धिक स्थानों को नष्ट कर दिया। मुस्लिम आक्रमण व शासन के दौरान बुद्धिज्म को पंजाब में विशेष हानि हुई। व्यापार, कृषि, व नए-नए उद्योगों के कारण अन्य व्यापारिक संगठनों और जातियों का भी जन्म हुआ। बाहर से लोगों का यहाँ आना और बसना जारी रहा।

संदर्भ

1. S. Ramayya, 'The Rise, Growth and Decay of Civilization in India', *The Journal of the Ganganath Jha Research Institute,* Vol. XIV, Mouli, 1956-August 1957, pt. 1-4, p. 109.
2. ऋग्वेद 10.137.2.
3. D.H. Gordon, *Prehistoric Background of Indian Culture* (1958), pp. 77-97; Wheeler (1947); Stuart Piggot, *Prehistoric India* (1950), pp. 214-243; M.R. Sahni, *Man in Evaluation,* Calcutta 1952, pp. 1953-54; Dates, *Antiquity,* 1962, p. 66.
4. Gordon, 1958, op. cit., p. 87.
5. Mackey, op. cit., p. 133.
6. Ibid., op. cit., p. 88.
7. Piggot, 1950, op. cit., p. 2364.
8. विश्वेश्वरानंद, *इंडोनेशिया जर्नल,* जून-दिसंबर, 1982, खंड 20, पृ. 312।
9. सत्यपाल शर्मा, *सिंधु सभ्यता के प्राचीन नगर,* 1967।
10. के.वी. रामकृष्ण राव, दि द्राविड़ियन प्राब्लेम, *सोविनियर,* अखिल भारतीय इतिहास संकलन योजना अधिवेशन, वारंगल, दिसंबर 1942, पृ. 40।
11. वही, पृ. 40।
12. शर्मा, वही, पृ. 8-9।
13. रामानंद तिवधि, आर्य संस्कृति, आर्य भाषा और आर्य देश, *विश्व ज्योति,* अप्रैल-मई, 1976, पृ. 52-54।
14. चंदन कुमार मिश्र– "वैदिक संस्कृति एवं हड़प्पा सभ्यता का पौर्वापर्य", शशि तिवारी (संपा.) *हड़प्पा सिविलाइजेशन एंड वैदिक कल्चर,* प्रतिभा प्रकाशन, 2010, पृ. 277।

15. *ऋग्वेद* 3.39; *अथर्ववेद*, 7.12/1-3; 15.9/1-2; *यजुर्वेद* 16.24।
16. के.पी. जायसवाल, *हिंदू पॉलिटी*, अभ्यास 2-5।
17. *ऋग्वेद* 10.22.8।
18. *यजुर्वेद* 7.14।
19. Akshay Kumar Mazumdar, *The Hindu History, BC 3000 to 1200 AD*, 2nd Edition, 1920, p. 9.
20. Ibid., pp. 11-12.
21. Bridget Allchin and Raymond Allchin, *The Birth of Indian Civilization*, Penguin, 1968, pp. 100-44 and Sureshwar D. Sinha and B.R. Mani (eds.), *Origins of Civilization*, Bharatiya Kala Prakashan, Delhi, 2011.
22. R.S. Tripathi, *History of Ancient India*, Delhi, 1967, p. 28.
23. Ibid., p. 41.
24. Jogiraj Basu, *India of the Age of the Brahmans*, Calcutta, 1969, pp. 4-5.
25. B.C. Law, *Aryavartai* 1. H.Q, XXV, No. 1, pp. 144-115 and T.R. Sharma, *Degeneration of Aryan Culture in Ancient Punjab*. Punjab Historical Conference, 10th Session, 1976, Proceedings, p. 28.
26. A.C. Burnell, (ed. E.W. Hopkin), *The Ordinances of Manu*, p. 18.
27. V.S. Apte, *Rajasekhra– His Life and Writings*, p. 23.
28. Rai Ram Kumar, *Rajatarangini Kosa*, pp. 14, 86.
29. *Mahabharat*, Ch. 44, *Karamparva*, pp. 7, 10 and 40.
30. *Journal of World History*, Cultural History of India, 1960 (IV-2).

4

हिंदू समाज और राज्य

वेद सबसे प्राचीन लिखित साक्ष्य हैं, इन्हीं के माध्यम से प्राचीन भारतीय व्यक्ति और समाज की स्थिति की जानकारी मिल सकती है। जैसे–

1. धर्म समाज में प्रबल था। अधिकतर व्यक्ति पवित्र, सत्यवादी और संयमी थे। प्रकृति पूजा से मूर्ति-पूजा का विचार विकसित हुआ। एक देववाद के बाद एकेश्वरवाद। पूर्ण सद्भाव और सहिष्णुता के विचार बढ़े।
2. ऋषि देश और व्यक्तियों की भलाई व लाभ के लिए प्रार्थना करते थे, कृषि की वृद्धि की कामना करते थे।[1] बाढ़, सूखा, अकस्मात विनाश और मृत्यु दर कम थी। खेती के लिए सिंचाई के साधनों को भी विकसित किया गया, घोड़ों को हल में जोतते थे। खाद्य-पदार्थों में गेहूँ, जौ, दालें, सरसों, अन्य फल और जड़ों का प्रयोग होता था।
3. व्यापार समुद्र के द्वारा विदेशों से स्वतंत्र रूप से होता था।[2]
4. संयुक्त परिवार व्यवस्था प्रचलित थी।[3] पिता परिवार का रक्षक था, माता गृह-स्वामिनी होती थी, पुत्री दूध दौहती थी, पुत्र पिता के नाम से जाने जाते थे, घर का मुखिया हर विषय में अंतिम अधिकारी होता था, त्योहारों व अन्य पवित्र अवसरों पर पत्नी सहभागी होती थी। स्त्री और पुरुष होने के लिए व्यभिचार लक्षणीय था।[4]
5. सामान्य स्थिति में पुत्र ही पिता की संपत्ति का उत्तराधिकारी होता था लेकिन पुत्र न हो तो पुत्री का पुत्र संपत्ति का अधिकारी होता था।[5]
6. पुत्री का विवाह योग्य वर के साथ किया जाता था और उसे वस्त्र, धन व गहने भी दिए जाते थे, विवाह में नृत्य, व अन्य प्रकार की खुशियाँ मनाई जाती थीं।[6]

   स्त्री पहनावे में चादर का प्रयोग करती थी, गहने पहनती थी, शृंगार करती थी, स्त्रीत्व का समाज में बड़ा महत्त्व था। कुछ महिलाएँ जैसे देवाहुति, अदिति, अपाला आदि महान विदुषी थीं, सतीप्रथा प्राचीन होते हुए भी क्षत्रिय जातियों में अधिक प्रचलित थी।

आर्यी, प्रयूकी रानी, वैराजा वंशज सती हुई; सन कुशका नामक एक ऋषि ने स्त्री को सती होने से रोका। मनु ने सतीप्रथा को प्रेरित नहीं किया, परंतु वे पवित्र जीवन जीने के समर्थक थे; लेकिन दक्ष, विष्णु और पराशर सतीप्रथा को निम्न जीवन जीने से अच्छा मानते थे।

कौशल्या, दशरथ की मृत्यु के बाद सती होना चाहती थी; सगर की माता सती होना चाहती थी चूँकि वह गर्भवती थी इसलिए मुनि उरवा ने उसे ऐसा करने से रोका; राम की मृत्यु की झूठी सूचना मिलने पर सीता जीवन समाप्त करना चाहती थी, बेदावती की माता सती हो गई थी; कृष्ण की अनेक प्रमुख रानियाँ सती हो गई थीं; केश की पत्नी और मादरी सती हो गई थीं; कुछ विद्वान मंदोदरी (रावण की पत्नी) को भी सती होना मानते हैं।

7. राजा, नगर-पति, ग्राम-पति आदि का उल्लेख वेद में है।[7] अच्छे शासन के नियमों की व्यवस्था थी। कर एकत्रित करने, युद्ध करने के नियम थे। नगर, ग्राम, महल, अतिथि गृह, सड़क, यातायात के साधन, हथियार, सैनिक, खेत और व्यापार तथा आगंतुकों की सेवा के साधन थे। आर्य मिट्टी के काम और मकान बनाने की कला को जानते थे।[8]
8. आर्य धातु के प्रयोग जैसे सोना, चाँदी और लोहे के प्रयोग को जानते थे। इनके लिए लुहार, कुम्हार, बढ़ई, सफाई कर्मचारी, नाई, मल्लाह, वैद्य, पंडित, सुनार और बुनकर आदि भी थे।
9. सोने के सिक्के भी थे।[9]
10. सोमरस का तर्पण होता था, देवताओं की सामान्य प्रार्थना की जाती थी, कुछ पशुओं का वध भी किया जाता था, आर्य मांस का भी भक्षण करते थे।
11. विद्वान आर्य गूढ़ संस्कृत में मंत्रों का निर्माण करते थे और संस्कृत में बातचीत करते थे, साधारण व्यक्ति सामान्य संस्कृत का प्रयोग करता था।
12. जाति नहीं थी लेकिन गुण के आधार पर वर्ग थे, जैसे ऋषि, देव, पाणी, आर्य, अनार्य, महिला, शूद्र भी वैदिक ऋचाओं को बनाते थे।
13. वैदिक काल के प्रारंभ से ही नाच, गाना, वृंद, खाने के सम्मेलन आदि राष्ट्रीय स्तर पर होते रहे हैं। इन्हीं सम्मेलनों के माध्यम से राजनीतिक संस्थाओं, साहित्य के विकास, काव्य, नाटक का जन्म हुआ। कला और उद्योगों का विकास हुआ। वैदिक उत्सव अनेक प्रकार के होते थे, जैसे– धार्मिक, फसल और खेती से जुड़े हुए, आनुष्ठानिक और सायं समारोह आदि।

> गाँव के लोग, एक गोत्र से संबंध रखने वाले, एक पवित्र अग्नि जलाकर देवों को रिझाने के लिए मंत्रों का उच्चारण, सुख, समृद्धि और शांति तथा परिवार को बढ़ाने के लिए करते थे।
>
> इस अवसर पर गाँववासी नाचते-गाते और खाते-पीते थे।[10]

हिंदू भूगोल– इसे दो दृष्टिकोण से जाना गया– खगोल– अंकगणित और भूमंडलीय भूगोल तथा भूगोल– राजनीतिक भूगोल।

इस ज्ञान की ठीक समझ को वेदों, ब्राह्मणों, उपनिषदों, काव्यों, पुराणों, तंत्र और भूमंडलीय ज्ञान के शास्त्रों से जाना जा सकता है। लेकिन कुछ विदेशी लेखक (एलफिप्स, 1929) मानते हैं कि हिंदू अपनी सीमाओं से बाहर नहीं जाते थे, अतः उनको अन्य क्षेत्रों का ज्ञान न था। सिकंदर के इतिहास में भी भारत की भूमि के नाम तो समान हैं लेकिन भारत के बाहर की यात्रा करने के प्रति अपना रुझान नहीं रखते थे। अतः अन्य विषयों के समान भूगोल भी मिथकों और पंडितों की अस्पष्टता के कारण संकटमय रहा। लेकिन प्राचीन साहित्य के द्वारा इसे इसकी कड़ियों से पुनः जोड़ा जा सकता है।

प्राचीन हिंदू जानते थे कि पृथ्वी का विकास धीरे-धीरे जल से हुआ है। यह क्षेत्रफल में विशाल है, मानव सभ्यता से यह लगभग 8,00,000 वर्ष पुरानी है, यह गेंद व अंडे के समान गोल मानी गई है, सूर्य पृथ्वी का संरक्षक है, पृथ्वी घूमती है लेकिन देखने में यह स्थायी लगती है। हिंदू भूगोल के अनुसार पृथ्वी प्रतिदिन व वर्ष में घूमती है ये दोनों एक-दूसरे से अलग नहीं हैं। सभी वस्तुओं को अपने केंद्र की ओर आकर्षित करती है।

विषुवत् (भूमध्य रेखा) इसका मध्य भाग है; यह रेखा लंका से होकर गुजरती है। दिन और रात यहाँ समान होते हैं। वाल्मीकि ने रामायण में सूर्य रहित उत्तर का व्याख्यान किया है, ऋग्वेद में भी उसी प्रकार का उल्लेख है। लंका में जब रात होती है तो रोम में दिन होता है। ऋतुओं का ज्ञान, ग्रहणों की जानकारी, सूर्य के उत्तर में और दक्षिण में प्रगति की जानकारी होती थी। समुद्र के तेज और कारण को भी जानते थे। पृथ्वी पहले समतल नहीं थी।

महाभारत में 49 उपनिवेशों का उल्लेख है। हिंदू प्रार्थना में पृथ्वी को अश्वकुत्ता (यूरेसिया); रथाकुत्ता (अफ्रीका) और विष्णुकुत्ता (दोनों अमेरिका) माना है।

महाभारत में संजय ने धृतराष्ट्र को 7 महाद्वीपों में बाँटकर समझाया था– जंबू को एशिया में, शाक को यूरोप में, शलामाली को अफ्रीका में, प्लाकसा को इंडो अफ्रीका में जो अब समुद्र में समाहित हो गया, पुहकारा को उत्तर अमेरिका में, कुश को दक्षिण अमेरिका, कराचा को ऑस्ट्रेलिया में बताया है। हिंदू 7 समुद्रों का उल्लेख करते हैं जो पृथ्वी को घेरे हुए हैं जिनका पानी खारा है।

एशिया– जंबूद्वीप

जुड़े हुए उपनिवेश– स्वर्ण प्रस्था, चंद्राशक्ता, अर्बतना, रामानाका, मनघा-हरिना, पंचराजन्या, सिन्हाना और लंका।

झील– महाभारत में अर्जुन द्वारा उत्तर में कैस्पियन समुद्र जिसे क्रोधा सागर भी कहते हैं जीता गया था। कौशतकी उपनिषद् में अराल या अरार झील का उल्लेख है। मनसा सरोवर जिसे आज हम मानसरोवर के नाम से पुकारते हैं, भी ज्ञात था। अन्य छोटी झीलें ऋषिकुत्य कहलाती थीं।

नदियाँ– वैदिक वक्षु आज ओकषस कहलाती है सीता अबसारमंड है, ये-नी-साई महाभारत की हरिवति है। ओबाई वैदिक यायावित, सुवाहतनी अब मोदिरा-हुहाग-हो है।

पहाड़– हिमावत– हिमालय, सुकतिवान– सुलेमान; हेमाकुटा– हिंदू-कुश; गंधमादन– बिलुताग; कैलासा– कैलाश; निषादा– न्यासा; स्वेता– सोफेलकोह; मल्यवान– खानगान कहते हैं।

एशिया को मुख्य 9 भागों में विभाजित गया था, जिन्हें वर्ष कहा जाता था।

(1) भारतवर्ष– इंडिया, (2) कैतू माला वर्षा की जगह– अफगानिस्तान, परसिया, तर्की आदि, (3) भाद्रावा वर्ष करना है– चीन; (4) किमपुरुषा– तिब्बत; (5) हरिवर्षा– तारतारी; (6) इलावर्षा– मंगोलिया; (7) रामायका– दक्षिण-साइबेरिया; (8) हिरान मया– मध्य-साइबेरिया; (9) उत्तर कुरु– उत्तर साइबेरिया।[11]

शक्ति-संग्मा तेंत्रा (अध्याय 7) में भारत के विभिन्न प्रदेशों का उल्लेख है :

1. अंग– पूर्वी बिहार, अब भागलपुर;
2. बंगा– बंगाल;
3. कलिंग– उड़िसा और कृष्णा नदी के बीच का भाग;
4. कलिंगा– कलिंगा और उसके दक्षिण में 104 मील तक का भाग;
5. केरला
6. कश्मीर
7. कामरूप– उत्तर गारो पहाड़
8. महाराष्ट्र– बंबई प्रेजीडेंसी से कोल्हापुर तक का भाग
9. आंध्रा– उत्तर-पश्चिम के उड़ीसा का भाग
10. सौराष्ट्र– काठियावाड़
11. गुजरात
12. तेलंगाना

13. मालामाला– मालाबार तट
14. कर्नाटक– रामानाथा और सेरिगापाटाम के बीच का क्षेत्र
15. आवंती– मालवा का कुछ भाग
16. विर्धवा– बरार और हैदराबाद का कुछ भाग
17. मारु– मारवाड़
18. अमीरा– ताप्ती नदी के निकट विंध्य पर्वत का भाग
19. मालवा– पूर्वी उज्जैन और उत्तर गोदावरी नदी का भाग
20. चोल– द्राविड़ और तेलंगाना के बीच का भाग
21. पंचाला– करनाल के पश्चिम और दिल्ली के उत्तर का भाग
22. कंबोजा– उत्तर-पश्चिम भारत का यह भाग घोड़ों के लिए प्रसिद्ध रहा है।
23. विराट– जयपुर
24. पांडया– कंबोज के दक्षिण और दिल्ली के पश्चिम में पंजाब का भाग
25. विदेहा– उत्तर बिहार,
26. बालिका– बल्ख
27. किरात– विंधा आयल में एक छोटा भाग
28. मुलतान– काराटोवा नदी और हिंगलाज के बीच का क्षेत्र, जो एक धारणा के अनुसार मलेचों की बस्तियों से भरा था।
29. कोरुसान– (पर्शिया) हिंगलाज और मकेसा के बीच का प्रदेश
30. अराका– उत्तर पर्शिया
31. भोतानता– भोतान
32. चीना– चीन
33. महाखीना– उत्तर चीन
34. मानाशेषा– मंचूरिया
35. नेपाल
36. शिलाहाता– पूर्वी आसाम
37. गौर– आधुनिक फैजाबाद
38. कौशला– आधुनिक अवध
39. मुगध– मध्य भारत का प्रदेश
40. केकता– गया प्रदेश
41. मगध– दक्षिण बिहार
42. उत्तकल– उड़ीसा
43. श्रीकुंतला– गुजरात का एक भाग
44. हूस्त्र देश– उत्तरी मेवाड़ और दक्षिणी काशमीर

45. कौणकण– बंबई के दक्षिण का समुद्री भाग
46. कैकई– उत्तरी भारत का प्रदेश
47. सुराशेन– दक्षिण मगध और पश्चिम विंधा का भाग
48. कुरु देश– दक्षिण करबाल और पूर्वी पंचाल
49. सिंहाला– भारत का उल्म भाग रेगिस्तान का पूर्वी और कामागिरी का दक्षिण भाग
50. पुलांधरी– सिलाधरी की पूर्वी भाग, लुसाल पर्वत
51. काच्चा देश– काचार पूर्वीधारी पर्वत
52. मत्सया देश– मेमन सिंह राजशाही का भाग
53. मादरा– विराट (जयपुर) और पांडया का भाग
54. शौवीरा– समुद्री भाग, सिंध और गुजरात के बीच
55. नाटा– आधुनिक बड़ौदा
56. बारबरा– हरिद्वार से सप्ता सिंगा पर्वत तक
57. सिधवा– सिंध
58. कालेश्वर
59. तराइपुरा– मध्य क्षेत्र
60. सवेता गिरि– सिक्किम

ज्योतिस्तवन और मत्स्य पुराण में भी प्राचीन भारत के क्षेत्रों का वर्णन है। कनिंघम– प्राचीन भारतीय भूगोल में भी इन क्षेत्रों का लाभ प्राप्त किया जा सकता है।

संचार का हिंदू ज्ञान भारत और आर्कटिक समुद्र के बीच हमें रामायण (किसकिंधा), महाभारत, वायु पुराण, विष्णु पुराण, चंदोगया उपनिषद्, भाशकरा– सिद्धांत शिरोमणी, चरक के चिकित्सा के साहित्य में देखने को मिलता है।

हिंदुओं के राजनीतिक संबंध धीरे-धीरे उत्तर से कम होते गए लेकिन व्यापार संबंध मध्य एशिया, कैस्पीयन समुद्र, काला सागर, मैडिटेरियन सागर से लगातार बढ़ते गए। अस्तराखान, वोल्गा के तट पर आज भी एक हिंदू कालोनी है।

कैस्पीयन सागर में वाकू का सूर्य मंदिर प्रसिद्ध है। तीसरी सदी ई.पू. से बौद्ध धर्म के अनुयायी व प्रचारक भारतीय ज्ञान, कला, धर्म, विदेशों में ले जाने लगे। बाहर से भी ये लोग कुछ नया ज्ञान और नई वस्तुएँ लाए, हिंदुओं ने विदेशी आक्रमणों के कुछ दस्तावेज सहेजकर रखे रहे। प्राचीन भारतीयों की यात्राएँ व जल यात्राएँ, लैटिन, ग्रीक आदि देशों के लेख इस बात का उल्लेख करते हैं कि हिंदू विदेशों में व्यापार व दूसरे उद्देश्यों के लिए जाते थे।

हिंदू, बौद्ध और जैन बड़ी संख्या में अरब, सीरिया और एशिया माइनर में

रहते थे। नेनीवेह में बहुत सारे यात्री मूर्ति-पूजा के लिए जाते थे। पुराण में नेनीवेह को हरिपुरी भी कहा गया है, ग्रीक में इसे भगवान का शहर भी कहा गया है। एक समय में यहाँ 24 भवानी के मंदिर थे, यह स्थान सिंध से करीब 8 मील की दूरी पर है। (कर्नल विलफोर्ड), इरोफेट नदी के तट पर विष्णु की दो बड़ी मूर्तियाँ थीं जिन्हें कल्यानुरोब और गोविंदा रोल कहकर पूजा की जाती थी। यहाँ पर मूर्तियों के नाक और कान के टूटे बुत देखे जाते हैं। बहाराम, अस्तराखान, कायरों और मोस्को व्यापार के प्रसिद्ध केंद्र थे जहाँ पैसा कमाने के लिए हर वर्ष भारतीय व्यापारी आते थे। कुछ व्यापारी परिवार यहाँ स्थायी रूप से बस गए थे, इसी तरह बाकू और कोगों में भी हिंदू परिवार रहते थे। उस समय के यात्री ये वृत्तांत देते हैं कि ये लोग शहद और ज्ञान के लिए प्रसिद्ध थे। भविष्यवाणी पर अनेक पुस्तकें आज भी इनके द्वारा लिखी हुई मानी जाती हैं।

यवनाचार्य एक बड़ा भविष्यज्ञानी था और इन भारतीय ब्राह्मणों से ज्ञान प्राप्त किया जो बड़ी संख्या में वहाँ रहते थे, उसने एलेक्जेंड्रिया के विश्वविद्यालय से शिक्षा प्राप्त की थी।[11]

बहुत से जैन परिवार मोहम्मद के निष्कासित करने से मक्का से भारत आए।[12] इसी तरह मक्का को हिंदू मककेषा देश पुकारते थे, इस्लाम धर्म के उदय से यहाँ के शिव मंदिर को नष्ट कर दिया, ऐसा भी माना जाता है कि एक शिवलिंग को रास्ते में रखकर उस पर जूते रखे जाते थे, कुछ हिंदू मुसलमान बन गए व कुछ हिंदू ही रह गए। लेकिन मुसलमान और उनके व्यवहार में कोई अंतर नहीं था इसलिए उन्हें हुसैनी ब्राह्मण कहने लगे।[13] ये लोग पवित्र जनेऊ पहनते थे और अपने अलग तरीके से पूजा-पाठ करते थे। अरब में भारतीय ज्योतिषी इतने अमीर थे कि बहुत अमीर लोग ही उनसे कुछ जान सकते थे।[14]

हिंदू राजा प्राचीन काल में अपने राजदूत व उपहार पर्शिया के राजाओं को भेजते थे, 620 ई.पू. के आसेरिया के राजा और मीडिया के राजा काइकश के बीच में तनाव को रोकने के लिए हिंदू राजा ने बीचबचाव किया।

साइरस, 6वीं सदी ई.पू. के समय के हिंदू राजा ने भी अपना राजदूत व सिक्के भेजे थे। 480 ई.पू. छेरक्षस, परसिया के राजा की सेना में हिंदू सैनिक भी थे जिन्होंने यूनान पर हमला किया था, चौथी सदी ई.पू. परसिया के राजा डेरिपस के साथ हिंदू सैनिकों ने सिकंदर के विरुद्ध युद्ध में भाग लिया था।

ऐंटिओचस, सीरिया के राजा को हिंदू राजा ने शराब, सूखे फल और कुछ यूनानी विद्वान भेजने की प्रार्थना की, इस पर सीरिया के राजा ने लिखा कि वे बहुत सारी शराब और सूखे फल भेज देंगे लेकिन यूनानी विद्वान नहीं भेज सकता।

सीरिया के निवनेह में शिव और पावर्ती की मूर्तियाँ थीं जिन्हें यहाँ रहने वाले

हिंदू पूजा करते थे। अरमिनिया में भी हिंदुओं ने अपने देवी-देवताओं की पूजा के लिए ताँबे के देवता बनाए थे, यह ईसा से पूर्व का काल था लेकिन 1039 ई. में एक युद्ध हुआ जिसमें दोनों तरफ के बहुत से लोग मारे गए। एक ही दिन में 5050 हिंदुओं को ईसाई बनाया गया जो ईसाई नहीं बने उनका सर मुँड़वा दिया।

430 ई.पू. पैंडइलान भारत आया, यहाँ वह कैद करके परसियन को बेच दिया गया, जहाँ से वह एथेंस गया और सुकरात का शिष्य बन गया। उसने यहाँ ऐलान विद्यालय स्थापित किया। 24 ई.पू. हिंदू राजा पोरश ने अगस्टस और स्पेन के राजाओं के पास मित्रता के लिए दूत भेजे थे। भारतीय ब्राह्मण ग्रीक भाषा के जानकार थे उन्होंने यूनान से अनेक कलाओं का ज्ञान प्राप्त किया था। अन्य भारतीय राजाओं ने भी इन राजाओं के पास अपने राजपूत भेजे थे। यूनान और रोम के राजाओं के पास भारतीय विद्वान विशेषकर ज्योतिषाचार्य जाते रहे। (1 ई.पू. से 6 ई.तक इसके ऐतिहासिक प्रमाण हैं)।

हिंदू सैनिक भी रोमन सेना में सेवा करते थे। इसी प्रकार बहुत सारे रोमन भी भारत में आकर शरण लिये थे।

529 ई. में हैमिराइटस के राजा ने सीरिया पर हमला किया तो यहाँ के रोमन गवर्नर ने भारत में आकर शरण ली थी। यूनानी व्यापारी भी कल्याण (बंबई) के नजदीक वास करना चाहते थे जिन्हें भारतीय राजा ने अनुमति नहीं दी, मुजिरिस में रोमन बस्ती थी और 1200 सैनिक उनके व्यापार की रक्षा में थे। यहूदी मालाबार किनारे पर बसे थे, मोहम्मद के जन्म से पहले बहुत से अरबी भी मालाबार में बस गए थे। इसी प्रकार बहुत से अरब और परसिया के शहरों में भारतीय भी बस गए थे।

अफ्रीका में हिंदू

प्राचीन काल के अफ्रीका के हिंदू को कम ज्ञान था लेकिन हिंदू उत्तर-अफ्रीका के विषय में बहुत अधिक जानते थे। यह इसलिए संभव था कि प्राचीन मिस्र के सामाजिक, आर्थिक, राजनीतिक और व्यापारिक संबंध भारत से थे। 230 ई.पू. से पहले सिल्ली के टापू पर रोमन सेनापति और कार्येज के सेनापति असदूर्बल के बीच लड़ाई हुई जिसमें कुछ भारतीय सैनिक जो हाथी पर सवार थे पकड़े गए, कार्येज की हानि हुई। यह दर्शाता है कि भारतीय महावत अफ्रीका और यूरोप में भी जाते थे। ई.पू. की पहली कुछ शताब्दियों में भारतीय मिस्र और उसके पास व्यापार के लिए बस गए थे। बौद्ध धर्म के प्रचारक भी सीरिया, फीलिस्तीन, मिस्र आदि देशों में अपने विचारों का प्रचार करते थे। अशोक के लेखों से इस तथ्य की पुष्टि होती है।

भारत और असेरिया के संबंध भी प्राचीन काल से ही हैं– ऋग्वेद 1.80.1 और 2; 3.33.7; 9.63.24 में इसका उल्लेख है। असेरिया की रानी शिमीरमिस ने

2000 ई.पू. भारत पर 400 नाविकों, 3,00,000 पैदल और 20,000 घुड़सवारों की सेना के साथ हमला किया था, लेकिन युद्ध में घायल होने पर वह वापस लौट गई। उस देश से भारत का बड़ा व्यापार होता था। शायद हिंदुओं ने सूर्य ग्रह चक्र का ज्ञान भी असेरियों से प्राप्त किया होगा। यहाँ के लोग अवश्य ही आर्य थे लेकिन हिंदू नहीं थे।

भारतीय-फोनिशियन संबंध– इसी प्रकार से फोनिशियन भी आर्य थे लेकिन हिंदू नहीं थे। उनका अपना पुराना ऐतिहासिक भंडार भी लुप्त हो गया या बिखर गया। ऋग्वेद में पाणी, लाट– फोनिशियन– व्यापार करने वाले लोगों का उल्लेख है। ये असुरों के कुटुंब से संबंधित थे जिनका मुखिया वरित्रा और बालान थे, जिन्होंने देवताओं के साथ युद्ध किया था। युद्ध में हारने के बाद वरित्रा और बालाना प्राचीन परसिया और तुर्की पर अधिकार किया। पाणी लोगों ने नई बस्तियाँ बसाईं जो पाणी देश बाद में फोनिशियन कहलाई। इनका उल्लेख ऋग्वेद 1.35.5.3: 58.14; 8, 6.3 में किया गया है। 1500 ई.पू. के बाद से उनका व्यापार भारत से अधिक बढ़ा।

भारत हेलेनिक संबंध : ऐलेक्जेंडर पहला यूनानी नहीं था जो हिंदुओं के संपर्क में आया हो। पहले से ही यह संबंध चलता आ रहा था। मिथक, व्यवहार व संस्कार, दर्शन, औषधि, नाटक आदि के क्षेत्रों में बहुत समानता इस बात की मान्यता को और बढ़ाती है कि यूनानी भी अपनी संतप्ति में हिंदू ही होंगे।

यूनानियों से संबंधित प्राचीन साक्ष्य गुम हो गए हैं, लेकिन यूनानी और भारतीय पूर्वज मध्य एशिया में एक साथ रहे थे, एक आर्य भाषा बोलते थे और उनके देवता भी समान थे। आर्य भाषा से ही संस्कृत व अन्य इंडो-इयूरोशियन भाषाओं का विकास हुआ है। हिंदू और ग्रीक (यूनानी) आर्य राष्ट्र के दो महान लोग हैं। यदि भारतीय अपने नूतन (मूल) होने का गर्व करते हैं तो यूनानी भी अपनी संस्कृति की पूर्णता, उसके व्यवहार, तर्क और वृहत ज्ञान का गौरव करते हैं। यूनानियों ने भारतीय विचार, फोनिशियन, परसियन, बौद्ध प्रचारक और अन्य से ग्रहण किए। दूसरी ओर भारत ने निर्माण कला, भविष्य ज्ञान, अंतरिक्ष ज्ञान आदि पश्चिम से ग्रहण किए।

आर्यभट्ट और वराहमिहिर में यूनानियों से बड़ा ज्ञान प्राप्त किया। यहूदियों से तो भारत का संबंध मुख्य रूप से व्यापारिक ही रहा। परसिया के न्यायालय मूल रूप से यूनानी और भारतीयों के मिलन के स्थान बने रहे। यहीं से भारतीय विद्या यूरोप तक पहुँची।

मनु ने उन भारतीयों को जो विदेशों में अनेक वर्षों से बसे थे उन्हें श्राद्ध उत्सवों से दूर रहने व कुछ प्रायश्चित करने को अपनी कानूनी व्यवस्था में लिखा है। अतः

प्राचीन समय में विदेशों में जाने के लिए हिंदू कोई विशेष उत्साह नहीं रखते थे तो भी विदेशी स्थानों पर भारतीय जाते रहे।

ऋग्वेद के सूत्र 1.56.2 में कहा है कि जैसे व्यापारी धन कमाने के लिए समुद्र को घेरे रहते हैं उसी प्रकार ब्राह्मण भी इंद्र को घेरे रहते हैं। ऋग्वेद के सूत्र 1.116.3 और 5 में भारत के पहले विदेशी हमले का उल्लेख है, राजऋषि तुगरा दोनों अश्विन भाइयों का बड़ा चहेता था, वह विदेशी दुश्मन से बड़ा परेशान था। अतः उसने अपने पुत्र भुजयु के नेतृत्व में एक समुद्री वेग भेजा जो बीच समुद्र में नष्ट हो गया, उनकी सहायता के लिए अश्विन भाइयों को भेजा गया, जिन्होंने राजकुमार को 3 दिन और रातों में इस राजकुमार को पिता के पास पहुँचा दिया, अतः यह सिद्ध होता है कि समुद्र युद्धों में जहाजों का प्रयोग होता था।

मध्य एशिया में भारत की सभ्यता

भारतीय धर्म, ज्ञान और सभ्यता एशिया के विभिन्न भागों में फैल गई थी : तिब्बत, मध्य एशिया, चीन, मंगोलिया, जापान, ब्रह्म, श्याम, कंबोडिया, जावा, सुमात्रा आदि देशों में आज भी कई स्थानों के भारतीय नाम व मंदिर देखे जाते हैं। चीन के तुर्किस्तान में कुचा ऐसी राजधानी थी जहाँ मध्य एशिया से हिंदू, पारसी, तुर्क, तिब्बती, बौद्ध, यहूदी और ईसाई आपस में मिलते थे। बहुत निश्चितता के साथ नहीं कहा जा सकता है कि चीन का नाम कब से शुरू हुआ, कुछ विद्वानों का मानना है कि शिव वंश (249-206 ई.पू.) के दौरान यह नाम प्रचलित हुआ, लेकिन चीन नाम इससे पहले मौजूद था। हिंद आर्य इसे भाद्रारवा वर्षा के नाम से जानते थे, यह नाम सभी पुराणों में संरक्षित है, मनु संहिता 10, 43-44; महाभारत अनुशासन पर्व 21, में भी चीन का उल्लेख है, चीन के लोगों को आसाम के भागादत्ता का निकटतम माना जाता है, ये लोग महाभारत में भी युद्ध में भाग लिये थे। इसी समय से अनेक प्रकार की वस्तुओं का व्यापार समुद्र व थल मार्ग से होता रहा व यात्री एवं छात्र भी शिक्षा ग्रहण करने के लिए भारत आते रहे।

फाहियान के भारत से चीन जाने के बाद दोनों देशों के व्यापारिक संबंध और अधिक बढ़ गए। इन संबंधों में समय-समय पर उतार-चढ़ाव भी आते रहे।

संदर्भ

1. *ऋग्वेद* 5 और 10।
2. *ऋग्वेद* 1.116 और 5; 55।
3. *ऋग्वेद* 1. 114।
4. वही।

5. वही।
6. *ऋग्वेद* 60.4; 5.155.1; 10.462; 10.39.14।
7. *ऋग्वेद* 10.18.8; 5.2, 5, 4।
8. *ऋग्वेद* 5.11 और 5।
9. *ऋग्वेद* 5.4 और 5।
10. *ऋग्वेद* 10, 28, 1।
11. Ashok Kumar Mazumdar, *The Hindu History B.C. 3000 to 1200 A.D.*, 1920, p. 169.
12. वही, पृ. 175।
13. वही।
14. एशियाटिक रिसर्चेज, खंड 10, पृ. 104; अशोक कुमार मजूमदार, *दि हिंदू हिस्ट्री बी सी* 3000 टू 1200 ए डी, कलकत्ता, 1920, पृ. 169।

5

राज्य, राजा और राजधर्म

मानव समाज में कर्तव्याकर्तव्य का निर्धारण करने वाले शास्त्र को ही धर्मशास्त्र कहा गया है। इसके अंतर्गत वर्ण, आश्रम और उनके कर्तव्य, दायित्व तथा विशेषाधिकार, संस्कार, क्षत्रिय और राजाओं के धर्म, व्यवहार (कानून विधि), आपद्धर्म, प्रायश्चित, शांति और कर्म विपाक आदि अनेक विषयों का समावेश किया गया है। धर्मसूत्र और स्मृतियाँ धर्मशास्त्र के अंतर्गत हैं।

धर्म किसी एक व्यक्ति एवं वर्ग की वस्तु नहीं है। संपूर्ण मानवता के कर्मों एवं कृत्यों को व्यवस्थित करना ही उसका विषय है। व्यक्ति और समाज को उत्तरोत्तर उन्नति की ओर ले जाना उसका उद्देश्य है।[1]

वैदिक युग की न्याय और शासन-व्यवस्था धर्म पर आधारित थी। समाज और राजा, दोनों धर्म के द्वारा शासित होते हैं। श्रुतियों और स्मृतियों में राजा को धर्म का ही एक अंग माना गया है। परिषदें राजा की सहायता के लिए होती थीं। परिषदें और राजा प्रजा के प्रति उत्तरदायी होते थे। ऋग्वेद (1011/173) तथा अथर्ववेद (3/5/6; 6/87/1) से विदित होता है कि वैदिक राष्ट्र में राजा की स्थिति जन्मना नहीं थी। उसका चुनाव होता था। राष्ट्र सभा के बहुमत के आधार पर उसका निर्वाचन होता था (अथर्ववेद, 3/3/8), यदि वह मनमानी करता था, तो प्रजा उसे पद से हटा देती थी। राष्ट्र जीवन में प्रजा की बहुत बड़ी शक्ति थी। यदि राजा के उत्तराधिकारी को अघोषित किया जाता था तो विषः ही उसकी स्वीकृति देती थी। विषः (प्रजा) की एक समिति होती थी, इसी के हाथ में राजा की बागडोर होती थी।[2]

राजा को साक्षात् देवता भी माना गया है, लेकिन यदि वह प्रजाहित के विरुद्ध कार्य करता था तो उसे पागल कुत्तों के समान पत्थर मारकर मार दिया जाता था।

सामान्यतः धर्म को दो भागों में विभाजित किया गया है– श्रौत और स्मृति। श्रौत धर्म में उन कृत्यों एवं संस्कारों का वर्णन है, जिनका संबंध वेदों तथा ब्राह्मण ग्रंथों से है। स्मृति धर्म में उन विषयों का वर्णन है, जिनका संबंध विशेष रूप से धर्मसूत्रों तथा स्मृतियों से है।

सामान्यतः कोई व्यक्ति अपना संसार परिष्कार किए बिना दूसरे का हित नहीं कर सकता है। इसलिए धर्मशास्त्र में सर्वप्रथम व्यक्ति की आत्मोन्नति का मार्ग सुझाया गया है। मनुष्य को निर्देश दिया गया है कि वह केवल सत्य बोले (सदैव सत्यमेव वदेत्– शतपथ वा. 1/1/1/5) इस गुण से आत्मगुणों का विकास होता है– दया, शांति, अनसूया, शौच, अनायास मंगल, आकर्पण्य और अस्पृहा, जो मनुष्य के नैतिकता और सदाचार का आधार है। यदि कोई आनंद चाहता है तो उसे दूसरे को उसी दृष्टि से देखना चाहिए, जिस दृष्टि से वह अपने को देखता है।

वेद में पूर्व काल से लेकर सूत्रकाल तक सामाजिक व्यवस्था के जो नियम थे, उन्हीं का संग्रह स्मृतियों में है।

स्मृतियों के आधार पर कल्पसूत्र, गृह्यसूत्र और धर्मसूत्र हैं। धर्मसूत्रों में राज धर्म, न्याय और व्यवहार का निरूपण है। स्मृतियों में उनकी विस्तार से व्याख्या की गई है। सदाचार, न्याय और समाज-व्यवस्था, संस्कृति के मुख्य आधार हैं, स्मृतियों में उन्हीं पर विशेष रूप से विचार किया गया है। अतः स्मृति-ग्रंथ (संख्या 18) भारतीय संस्कृति के केंद्र हैं। वैदिक संस्कृति के उन्नयन में उनका विशेष योगदान है।

धर्मसूत्रों में राजा के कर्तव्यों की विस्तार से मीमांसा की गई है।

राष्ट्र रक्षा का भार स्वीकार करते हुए अभिषेक के समय राजा धर्मानुयायियों और प्रजाजनों के समक्ष, प्रजा के रक्षा, सेवा, प्रजा के विद्रोह न करने की प्रतिज्ञा लेता है। धर्म की उदारता और शासक-शासित के बीच समानता का यह उच्चादर्श केवल वैदिक संस्कृति में ही देखने को मिलता है। राजा अहंकार न करे इसकी पूरी व्यवस्था की गई है।

ऋग्वेद[3] में कहा गया है "हे राजन्, तुम्हें राजा बनाया गया है, तुम इस राष्ट्र के स्वामी हुए। तुम्हारा राज्य अरलु अविचन और स्थिर हो। प्रजा (विषः) तुम्हें प्यार करे और तुम्हारा राष्ट्र नष्ट न हो। इसी तरह यजुर्वेद[4] में भी कहा गया है कि "हे राजन्, तुम्हें यह राष्ट्र दिया जाता है। तुम इसके संचालक, नियोजक और इस उत्तरदायित्व के दृढ़वहनकर्ता हो। यह राज्य तुम्हें कृषि वृद्धि, कल्याण, संपन्नता और प्रजा के पोषण के लिए दिया जाता है।"

वैदिक युग में राजा का कार्य राष्ट्र-मंगल और प्रजा की उन्नति करना था। प्रजा की सुख-शांति का निरंतर ध्यान रखना होता था, वह सर्वाधिकार पति न होकर जनता का सेवक होता था और प्रजा की इच्छा पर उसे पद से हटाया भी जा सकता था। प्रजा भी साथ-साथ राजा के प्रति पूरी निष्ठा रखती थी और शासन के संचालन में उसकी सहायता करती थी।

धर्मसूत्रों में राजा के कर्तव्यों की विस्तार से मीमांसा की गई है। "गौतम धर्मसूत्र" में ब्राह्मण और राजा– दोनों घृतवत हैं। सारे मनुष्य और पशु-पक्षी इन्हीं के अधीन हैं। प्रजा का संरक्षण, जातियों की विशुद्धता और धर्मानुष्ठान इन्हीं के आचरण पर निर्भर है। बहुश्रुत वह है, जो वेद-वेदांग का ज्ञाता, लोकाचार से अभिज्ञ, उत्तर-प्रत्युत्तर रूप वैदिक विचारधारा और वैदिक इतिहास-पुराण में निपुण, शास्त्रों का सम्मान तथा तदनुसार आचरण करने वाला, संस्कारों से सुसंस्कृत, ब्राह्मणोचित छह कर्मों में अनुष्ठित (ब्राह्मण) द्विजोचित तीन कर्मों में तत्पर (राजा) और सामाजिक आचारों के उपदेष्टा कल्पसूत्रों तथा स्मृतियों में विहित कर्तव्यों से अभिज्ञ हैं। ब्राह्मण को छोड़कर राजा सभी का अधिपति है (गौतम धर्मसूत्र)।

राजा को साधुकारी और साधुवादी होना चाहिए। वेदों और न्यायशास्त्र का अभिज्ञ होना चाहिए। उसे शुचि, जितेंद्रिय, गुणी, सभासदों से युक्त और उपाय-संपन्न होना चाहिए। प्रजा के हित-साधन में लगा रहे। राजा को चाहिए कि वह वर्णाश्रम धर्म की रक्षा करे। राजा को चाहिए कि वह विद्या, सत्कुल, वक्तृत्व, रूपवय और शील से संपन्न ब्राह्मण को पुरोहित नियुक्त करे। राजा को चाहिए कि वह वेदधर्म, देशधर्म, जाति-धर्म और कुल-धर्म सबको प्रमाण माने।

राज कार्य में राजा की सहायता करने वाले अनेक व्यक्तियों का उल्लेख हुआ है– ब्राह्मण (पुरोहित), राजन्य, महिषी (पटरानी), बावाता (राजा की उपेक्षिता पत्नी), सेनानी (सेनानायक), सूत (सारथी), ग्रामणी (ग्राम-प्रधान), क्षतृ (कोषाधिकारी), संग्रहित (कोषाध्यक्ष), भागदुध (कर संग्रह करने वाला या भोजन वितरण करने वाला) और अदजावाद (जुए घर का अधिकारी)[5]।

राजा के पद को धारण करने वाला गुणों और योग्यता में असाधारण व्यक्ति होता था। जो व्यक्ति लोभी और धूर्त होता है वह राजा के योग्य नहीं हो सकता– राजा के पद के उदय को– क्षत्रिय-ब्राह्मण, तैतरीय ब्राह्मण, मनुस्मृति आदि में देखा जा सकता है, धर्म सभी क्रियाओं का आधार माना जाता था। राजा इस काल में न तो पूर्णरूपेण अधिनायक था न प्रजातांत्रिक। राजधर्म के क्षेत्र में भारतीय व यूनानी तरीकों को देखा गया है। विकारों को नष्ट करने के लिए एवं लक्ष्य को प्राप्त करने के लिए किसी भी साधन का प्रयोग होता था।

प्रजायोग क्षेम ही राजा का लक्ष्य होता था।

धर्म राज्य

श्रीमद्भगवदगीता कृष्ण के मुख से प्रगट शाश्वती में मढ़े वचन हैं। धर्म और कर्म इसमें मुख्य आधार हैं। कृष्ण यह कहते हैं कि जब-जब धर्म की हानि होती है उसकी रक्षा के लिए वे जन्म लेते हैं।

भीष्म भी कहते हैं कि :

यत्र धर्मो श्रुतिः कान्तिर्यत्र ह्रीः श्रीस्तथामतिः,
यतोधर्मस्ततः कृष्णो यतः कृष्णास्ततो जपः।[6]

जहाँ धर्म है, वहाँ ही द्युति और कांति है; जहाँ लज्जा है वहाँ ही श्री और बुद्धि है। जहाँ धर्म है वहाँ कृष्ण हैं, और जहाँ कृष्ण हैं वहाँ ही जय है।

महाकवि व्यास कहते हैं धर्म से अर्थ और काम दोनों मिलते हैं। आप धर्म का सेवन करें।

न जातु कामान्न भयान्न लोभाद्
धर्मं त्यजेज्जीवितस्यपि हेतोः,
नित्यो धर्मः सुखदुःखे त्वनित्ये
जीवो नित्यो हेतुरस्य त्वनित्यः।[7]

काम से, भय से, लोभ से या प्राण बचाने के लिए भी धर्म का त्याग न करो। धर्म नित्य है। सुख और दुःख अनित्य हैं, उनका हेतु अनित्य है।

जो नित्य है उसमें मति स्थिर करना, महाभारत का उपदेश है। धर्म और अधर्म की लड़ाई प्राचीन काल से होती रही है। आज समय आ गया है जब हमें निश्चय करना है कि धर्म का साथ दें, जिसकी आज संख्या कम है या अधर्म का साथ दें, जिनकी संख्या बढ़ती जा रही है। आज कोई राजनेता नहीं बनना चाहता, वह राजनीतिज्ञ या नेता बनना चाहता है, अधिक-से-अधिक मतों को प्राप्त करना चाहता है चाहे किसी भी अधर्म का सहारा क्यों न लेना हो। समाज में हर प्रकार का अपराध अपनी चरम सीमा छू रहा है, व्यक्ति और देश की सुरक्षा नहीं है, देश तोड़ने के प्रयास दिन-रात हो रहे हैं, नियमों को तोड़ना आम बात है। तर्क और सत्य को कुतर्क व असत्य से दबाया जा रहा है। त्याग, बलिदान के मुकाबले लूट-खसोट व आपाधापी अधिक बढ़ रही है। छल-कपट की संस्कृति बढ़ रही है। राज्य शक्तिहीन व समाज दिशाहीन होता जा रहा है। विदेशों से लाई गई राजनीतिक संस्थाएँ इस विकार को दूर करने में असहाय महसूस कर रही हैं।

भारत की प्रकृति, धार्मिक, सामाजिक, आर्थिक, राजनीतिक जीवन और समृद्धि का जो वर्णन हमारे प्राचीन साहित्य में मिलता है उसकी आज हम केवल कल्पना ही कर सकते हैं। ऐसा क्या हो गया है कि वे सब बातें व्यवहार में नहीं हैं, प्रचलन में नहीं हैं, देखने में नहीं आतीं?

शायद यह इसलिए हुआ हो क्योंकि भारतीय शासक अपनी सत्ता को मजबूत करने के मंत्रों का ही जाप करते रहे हैं।

धर्म का राज्य और राष्ट्रीयता की भावना से वर्तमान में मौजूद देश के संकटों को समाप्त किया जा सकता है।

महात्मा गाँधी भारतीय स्वतंत्रता आंदोलन के ऐसे राजनेता थे जो धर्म-राज्य, राम-राज्य को ठीक से अनुभव करते थे। उन्होंने काँग्रेस पार्टी को समाप्त कर एक ऐसी राज-व्यवस्था का निर्माण करने की कामना की थी जिसमें व्यक्तिगत स्वतंत्रता, सम्मान, न्याय मिले, जहाँ निर्णय सर्वसम्मति से लिये जाएँ। लेकिन हुआ इसके विपरीत, हमारी राजनीतिक व्यवस्था "वैस्टमिनस्टर मॉडल" पर बना दी गई, जिसमें औपनिवेशिक मानसिकता और व्यवहार हावी होता गया। स्वतंत्र भारत के राजनेताओं व प्रशासनिक अधिकारियों में महात्मा गाँधी के प्रति बड़ा सम्मान है लेकिन उनके विचारों और आजाद भारत की कल्पना के प्रति रूझान नहीं हैं। आजादी के बाद एक नए उपनिवेशवाद का जन्म हुआ, जिसे मैकाले ने 1835 में भाँप लिया था। मैकाले ने भारतीय मस्तिष्क का कहीं अधिक विनाश किया, शायद इतना अमेरिका ने जापान पर परमाणु बम गिराकर भी नहीं किया होगा, क्योंकि जापान तो हुए विनाश से उबर गया लेकिन भारत आज भी विदेशी मानसिकता की दासता का शिकार है। धर्म-राज्य के स्थान पर विरोधात्मक राजनीति के कारण हमने राज्य का अपराधीकरण कर दिया है।

भारतीय संविधान की नींव 1935 के अधिनियम पर आधारित है या फिर अमेरिका, कनाडा, आयरलैंड जैसी अँग्रेजी कॉलोनियों के संविधानों पर आधारित है। मनुस्मृति, गीता, शांति पर्व, अर्थशास्त्र, उपनिषद् व अन्य शास्त्रों को आधार मानकर स्वतंत्र भारत के संविधान को नहीं बनाया गया। राजधर्म हमारा लक्ष्य नहीं रहा। इसी कारण भारतीय राजनीति की धारा भिन्न प्रकार की हो गई। आरंभ में धर्म को संविधान की प्रस्तावना में भी नहीं रखा था, क्योंकि धर्म की संकुचित समझ बना कर उसे केवल पूजा-पाठ का तरीका बना दिया गया और अंत में धर्मनिरपेक्ष शब्द को वर्ष 1976 में संविधान की प्रस्तावना में जोड़ दिया गया, यह एक नकारात्मक सोच व प्रतिक्रिया का ही परिणाम है।

राज्य

प्रायः शब्दों की व्युत्पत्ति का निमित्त कुछ और होता है और प्रवृत्ति का निमित्त कुछ और। ऐसी ही स्थिति राज्य शब्द के अर्थ के साथ है। व्युत्पत्ति की दृष्टि से राजा के कर्म या भाव को राज्य कहते हैं, किंतु प्रवृत्ति (लोक-व्यवहार) की दृष्टि से, राज्य राजा के द्वारा प्रशासित क्षेत्र अथवा देश की संज्ञा है। जब राज्य का लक्षण "राज्यं सप्ताङ्गमुच्चे"[8] के रूप में दिया जाता है तब यह शब्द बहुत व्यापक अर्थ का अवरोधक बन जाता है। इसमें शासक, शासित और क्षेत्र, तीनों ही समाहित हो जाते हैं। आधुनिक काल में इस अर्थ का बोध कराने के लिए राज्य की अपेक्षा राष्ट्र शब्द का अधिक प्रयोग होता है। विश्व में या भारत में राज्य की उत्पत्ति किस प्रकार

हुई, इस पर कोई सर्वसम्मत उत्तर नहीं है। इसकी अनेक सिद्धांतों से व्याख्या की जाती है।

व्यक्ति मूलतः एक सामाजिक प्राणी है, मनुष्य में संघ बनाकर रहने की सहज प्रवृत्ति उसे अन्यों के साथ मिलकर जीवन बिताने के लिए प्रेरित करती है, उसकी प्रज्ञा-शक्ति उसे एक स्वस्थ राजनीतिक व्यवस्था विकसित करने के लिए प्रेरित करती है। अध्ययन के पश्चात् इस निर्णय पर पहुँचा जा सकता है कि राजा के कर्म में और लोकपालों के कर्म में (पालन रूप कर्म का) साम्य है।

राज्य संस्था का विकास पितृसत्तात्मक– कहीं-कहीं मातृसत्तात्मक संयुक्त परिवार से हुआ है। प्रारंभ में राज्य का स्वरूप जातीय था जो शनैः-शनैः प्रादेशिक बन गया।[9] वैदिक साहित्य चूँकि प्राचीनतम है अतः उसका संज्ञान लेना आवश्यक है जिसमें राज्य, स्वराज्य, भोज्य, वैराज्य, महाराज्य और साम्राज्य, विराट जैसे शब्दों का उल्लेख है। ये शब्द विविध प्रकार की शासन-व्यवस्था और विविध आकार वाले राष्ट्रों की ओर इंगित करते हैं।[10] साथ-साथ "राजा विहीन" विराट शब्द महाभारत और अर्थशास्त्र में भी देखे जाते हैं जो यह सिद्ध करते हैं कि प्राचीन भारत में गणराज्य विद्यमान थे, जिनमें शासन का मुखिया एक राजा न होकर अनेक (विशिष्ट) जन-प्रतिनिधि हुआ करते थे।

राजा के द्वारा प्रशासित क्षेत्र के लिए राज्य, राष्ट्र, देश और विश्व शब्द का प्रयोग हुआ है। सभी धर्मसूत्रों में राजधर्म और राजा के महत्त्व को स्पष्ट स्वीकार किया गया है। सभी में राज्य की स्थिति प्रजा के कल्याण के लिए ही है।

साथ ही स्वराष्ट्र, परराष्ट्र, शत्रु, मित्र, उदासीन, मध्यम, संधि, विग्रह, यान, आसन, संयम, द्वैधीभाव जैसे शब्दों की ओर संकेत हुआ है जो छोटे-बड़े अनेक राज्यों के आपस में लड़ते रहने को दर्शाते हैं।

हर राजा के आत्म-हित की रक्षा के लिए पड़ोसी राज्यों के साथ शक्ति संतुलन बनाए रखना पड़ता था। धर्मसूत्रों में प्रजा की रक्षा करना, प्रजा के जीवन और संपत्ति की रक्षा करना तथा न्याय-व्यवस्था को सुनिश्चित करना राज्य का मौलिक कर्तव्य माना जाता रहा है। शत्रु व शत्रुओं के आक्रमण व उसकी आशंका के होने पर विजय प्राप्ति के उपाय करना राजा का कर्तव्य है। चोरी को रोके, इसके लिए अधिकारी नियुक्त थे, यदि चोरी का धन न प्राप्त हो तो राजकोष से धन दिया जाए। राग-द्वेष की भावना के बिना अपराधियों को न्याय दंड देना राजा का कर्तव्य है। ऐसा न करने पर राजा स्वयं पाप का भागी होगा।

प्राचीन काल से राज्य एक आवश्यक संस्था थी परंतु आधुनिक राज्य के समान नहीं कि इतनी शक्तिशाली हो कि मानव की समस्त गतिविधियों को अपने अधिकार क्षेत्र में ले ले। भारत में तो व्यक्ति का वैयक्तिक जीवन और सामाजिक जीवन

क्रमशः आश्रम और वर्ण-व्यवस्था से नियंत्रित-संचालित था। ये संस्थाएँ राज्य से नियंत्रित व संचालित नहीं थीं। लेकिन स्वधर्म का पालन करना राज्य का दायित्व था।

धर्मसूत्रों में आदर्श राज्य की परिकल्पना एक कल्याणकारी राज्य के रूप परिलक्षित होती है। राजा बच्चों, अनाथों, स्त्रियों, भूखों, रोगियों के योगक्षेम से उनकी उचित व्यवस्था करे। गुरुकुलों की व्यवस्था करे, प्रजा के सुख में सुखी व प्रजा के दुःख में दुःख का अनुभव करे।

ऋग्वैदिक काल में राजनीतिक संघर्ष होते रहे जो मूलतः दो प्रकार के हैं। सूक्तों से संकेत मिलता है कि स्वयं आर्य कई जन में जिन्हें "पंचजन" कहते हैं, विभक्त थे, जैसे अणु, द्रक्ष, यदु, तर्वण तथा पुरु। ये जन सरस्वती नदी के दोनों तटों पर रहते थे। उनके अतिरिक्त कई अन्य गौणजन भी थे– भरत, त्रित्सु, शृंजय, क्रिशि आदि। इनमें से कुछ जन भारत के बाहर से आए थे, जो भिन्न-भिन्न स्थानों में रहते थे और आपस में युद्ध करते रहते थे।

ऋग्वेद आर्यों के पारस्परिक युद्धों का वर्णन करता है, जिनमें दस राजाओं का युद्ध प्रमुख है। महर्षि विश्वामित्र की मंत्र अध्यक्षता में "दस राजाओं" ने एक संघ स्थापित किया था जिसमें भरत-जन के राजा सुदास ने युद्ध किया था।

ऋषि वशिष्ठ ने भी अपने-अपने पक्ष में प्रशंसा के सूक्त गाए हैं। सुदास की इस युद्ध में विजय हुई लेकिन विजित जनों के राज्य का क्या किया गया इस विषय में वह मौन है। सुदास ने सीमा प्रांत के अलिनों, शिवों, मलानसों, विशणियों तथा पकथों (पठानों) के संघों को परास्त किया।

सुदास ने न केवल आर्यों से संघर्ष किया वरन् देशी अनार्यों से भी लोहा लिया। यमुना के किनारे अनार्यों के नायक "मेद" को पराजित किया, "मेद" अनार्य जातियों का नायक था जिसमें शिग्रु, अज, तथा यक्षु जातियाँ थीं, इसी प्रकार आर्यों की अन्य जातियों जिनमें चुमुरि, धुनि तथा संबर विशेष प्रसिद्ध थे। आर्य जातियाँ अनार्यों को "दास" और "अदेवयुः" भी कहते थे, क्योंकि आर्य उन पर अपनी साख जमाते थे, अनार्य आर्यों के देवताओं को नहीं मानते थे। इनकी बोली भी आर्यों से भिन्न थी जिसे "मृध्रवाक" भी कहते थे। कुछ इतिहासकारों ने इन अनार्यों को द्राविड़ भी कहा है और उन्हें सैंधव घाटी की सभ्यता के निर्माताओं में गिना है। युद्ध के दौरान कुछ द्राविड़ दक्षिण को चले गए, कुछ पर्वतों की शरण में जहाँ वे– गोंड़, खाँड़, कोल, भील, संथाल, औराँव भुंडादि कहलाने लगे।

आर्यों का राजनीतिक संगठन प्रशंसनीय था, उनमें राष्ट्र की शक्ति-कल्पना विराजमान थी, जिसके संगठन में कई स्तर थे। "परिवार" मूल राजनीतिक इकाई थी; वास्तव में ये परिवार (कुल अथवा गृह) संपूर्ण राष्ट्र के आधार थे। कुलों से

बड़ी इकाई "गोत्र" थी जो कई कुलों के बने "ग्राम" की द्योतक थी। गाँवों अथवा गोत्रों के संघठन को "विष" कहा जाता था। इनका मुखिया राजा कहलाता था।

राजा का पद प्रारंभ में वंशानुगत था– जैसे वध्रपार्श्व, दिवोदास पिजवन तथा सुदास। राजा को तीन प्रकार के कर्तव्य करने पड़ते थे– सैनिक, शासन-संबंधी तथा न्याय-संबंधी। राजा की स्वेच्छाचारिता, इच्छाशक्ति पर नियंत्रण करने के लिए जनतांत्रिक संस्थाएँ– "सभा" और 'समिति' होती थीं। कुछ समय पश्चात् गण-तांत्रिक शासन-प्रणाली प्रचलित भी हुई जहाँ अराजक स्थिति बनी रहती थी।[11]

अभी तक सिंधु घाटी की भाषा को ठीक से समझा नहीं गया है अतः किसी अंतिम निर्णय पर पहुँचना कठिन है, कुछ विद्वान सैंधव सभ्यता तथा ऋग्वैदिक को एक मानते हैं कुछ इन्हें अलग, लेकिन यदि हम दोनों सभ्यताओं के मूल लक्षणों को देखें तो उनमें भिन्नता अवश्य है।

ऋग्वेद के प्रणेता आर्य, सचमुच सभ्य तथा भावप्रवण थे, उनका साहित्य आज भी विश्व-साहित्य में अग्रगण्य है। लेकिन आर्य नागरिक जीवन की परिचर्या में, द्राविड़ सैंधवों से बहुत निम्न स्तर पर थे। आर्य ग्रामीण थे, उनके झोपड़े मिट्टी, बाँस तथा फूसों से निर्मित थे; किंतु मोहनजोदड़ो के लोग नागरिक थे, नगर निर्माण की कला में दक्ष थे, उनके मकान पक्की ईंटों से निर्मित थे, वास्तु कला की सजीव मूर्तियाँ उपलब्ध हैं। स्नानागार, कुएँ, सड़कें आदि उनके नागरिक जीवन की स्वस्थता, स्वच्छता तथा वैभव के परिचायक थे। आर्य लोग सुवर्ण, ताम्र, पीतल और कदाचित् लोहे, अश्वों आदि के प्रयोग से परिचित थे, सैंधव लोग लोहे को छोड़कर सभी धातुओं के प्रयोग से परिचित थे। आर्य गाय, यज्ञ आदि का सम्मान करते थे तो सैंधव वृशव का, दोनों की लेखन कला भी भिन्न ही दिखाई देती है। दोनों के जीवन तत्त्वों में, विचार, भाव तथा क्रिया आदि सभी मानसिक स्तरों में विभेद तथा अंतर है। शायद ये संस्कृतियाँ दो विभिन्न युगों तथा निर्माताओं की देन हैं।

उत्तर-वैदिक कालीन राजनीतिक जीवन में परिवर्तन

इस सभ्यता के अध्ययन के लिए प्रचुर साधन उपलब्ध हैं। इनमें तीन अन्य वेद– यजुर्वेद, सामवेद तथा अथर्ववेद, ब्राह्मण ग्रंथ, आरण्यक ग्रंथ, उपनिषद् आदि प्रमुख हैं। इस लंबे साहित्य का समय लगभग 1400 ई.पू. से 600 ई.पू. तक माना जाता है।

इस काल में संघर्षों की कमी देखने को मिलती है, या तो आर्येत्तर जातियाँ पराजित हो गईं, मिश्रित हो गई थीं या सुदूर प्रांतों की ओर उन्मुख हो चुकी थी। तभी तो साहित्य तथा दर्शन जैसे चिंतन-आध्यात्मिक मूल ग्रंथों का निर्माण दिखाई देता है। राजा स्वयं, विद्वानों की संगति में, परिषदों में सम्मिलित होते थे। इस काल में

जीवन के व्यापक पहलुओं में विशेष परिवर्तन हुए। संघर्षों के पर्यवसान, नगरों के निर्माण तथा शांतिमय जीवन के मूल में राजनीतिक परिवर्तनों का हाथ था। ऋग्वेद काल की प्रभावशाली तथा युद्धप्रिय भरतों की शक्ति का अवसान हो चुका था। वे अब भय के प्रभाव में नहीं रह गए थे, उनका स्थान कुरुओं को प्राप्त हो गया था। कुरु और पंचाल दोनों पड़ोसी थे और उनमें सौहार्द्र था। कुछ विद्वान यह मानते हैं कि भरत और पुरु कुरुओं में आत्मसात हो गए थे। इसी प्रकार अनुद्रुह्नु और तुर्वषों भी कुरुओं में मिल गए थे।

पांचाल शब्द इस बात का द्योतक है कि उसमें कई जन सम्मिश्रण हो गए थे। पुराणों की अनुश्रुतियों से पता चलता है कि ऋग्वैदिक "द्रक्षु" दस राजाओं के प्रसिद्ध युद्ध के उपरांत भारत की उत्तर-पश्चिम सीमा की ओर चले गए और वहाँ "म्लेच्छों" के राजा बन गए। यहाँ उन्होंने आर्य सभ्यता का प्रचार-प्रसार किया। ईसान तथा एशिया माइनर में आज भी इस विषय से संबंधित अभिलेख मिलते हैं। अतः यह बात इस ओर इंगित करती है कि आर्य भारत में बाहर से नहीं आए वरन् भारत से बाहर गए होंगे। उत्तर-वैदिक काल में कुरु, पांचाल के अतिरिक्त कुछ और जनमंडल थे– "शल्व", "वश" था "उशीवर"; जो मध्य देश में यमुना के तट पर अवस्थित थे। इनके लाल श्रृंजय और मत्स्य दो और जन भी थे। श्रृंजय कुरुओं के पुरोहित थे तथा मत्स्यों का निवास स्थान आधुनिक जयपुर तथा अलवर के पास माना जाता है।[11]

इस काल में नए-नए जन स्थापित हो गए थे और उनकी परंपराओं में नए परिवर्तन आ गए थे। वैदिक काल में जन छोटे-छोटे थे लेकिन अब उनकी विस्तार सीमाएँ बढ़ गई थीं। अतः अब "सम्राट", "सार्वभौम" तथा "चक्रवर्ती" आदि की संज्ञाएँ प्रयुक्त होने लगीं। ऐसे ही वाजपेय, राजसूय तथा अश्वमेघ यज्ञ बहुत प्रसिद्ध हुए। ये उपाधियाँ और क्रियाएँ उनके प्रभुत्व, शौर्य और गुणों का द्योतक थीं। इसी प्रकार राजाओं की क्रिया परिचर्या में भी बहुत परिवर्तन आने लगे।

राजाओं के गौरव तथा उसके पुनःउत्थान में साधनों तथा उपकरणों की महत्ता बढ़ने लगी। सत्ता संबंधी आडम्बर भी बढ़ने लगे, पुरोहित, यजमान, तथा विजित जन प्रशंसा के गीत गाने लगे। राज्य के पदाधिकारियों की संख्या बढ़ने लगी। राजा की शक्ति-सीमा अवश्य बढ़ गई; किंतु वह स्वेच्छाचारी नहीं हो सकता था। राजा की शक्ति बढ़ी थी लेकिन उस पर रोक लगाने के लिए सभा और समिति थी। राजा स्वयं दंड देता था, क्योंकि तब तक न्यायाधीश का पद नहीं नियोजित हुआ था, इस प्रकार राष्ट्रधर्म की सुरक्षा का भार वहन संपूर्ण उसी के ऊपर था। वह भूमिपति था, जिसे चाहे वह भूमि से पुरस्कृत कर सकता था। लेकिन समय के साथ सभा न्यायालय का कार्य करने लगी थी; और समिति राजा का निर्वाचन करती थी।

इस काल में उत्तर भारत के प्रमुख राज्यों में कुरु राज्य, जिसकी राजधानी आसंदीवंत बाद में हस्तिनापुर कहलाई, इसकी राज्य-सीमा में तक्षशिला, थानेश्वर, इंद्रप्रस्थ (दिल्ली) तथा अंतर्वेद आते थे।

जनमेजय के उपरांत कुरु वंशियों का विशेष वर्णन उपलब्ध नहीं है। प्राकृतिक उपद्रव के कारण (उपल वृष्टि, टिड्डी आक्रमण, बाढ़ आदि) ने हस्तिनापुर को नष्ट कर दिया, तथा उस काल के राजाओं ने यमुना तट पर कौशांबी नगरी बनाई जो प्रयाग से 30 मील पश्चिम दिशा में कोसका नामक बस्तियों एवं खंडहरों में बिखरे पड़े हैं।

पांचाल राज्य– कुरुओं के पड़ोस में या वर्तमान फर्रुखाबाद तथा रुहेलखंड इसके सीमांत तक था। इसकी राजधानी कांपिल्य थी। द्रौपदी, धृष्टद्युम्न, जाबालि इस राज्य के प्रसिद्ध व्यक्तित्व थे।

विदेह राज्य– जिसे प्राचीन काल में मुक्ति भी कहा जाता था, जिसकी राजधानी मिथिला थी। सम्राट जनक जानकी के पिता थे लेकिन इसी राज्य के दूसरे राजा जनक ब्राह्मण ऋषियों तथा ब्रह्म विचारकों के गुरु थे।

काशी राज्य– यह राज्य विद्या ज्ञान, वक्ता का महान केंद्र था इसकी ख्याति से नाखुश होकर अजातशत्रु ने इसे अपने अधीन भी कर लिया था।

श्रौतसूत्र, गृह्यसूत्र तथा धर्मसूत्र में तत्कालीन भारत का अच्छा चित्र मिलता है। इन सबमें धर्मसूत्र इस पुस्तक की दृष्टि से अधिक महत्त्वपूर्ण है। धर्मसूत्रों में वर्णाश्रम धर्म सुपुष्ट हो गया था, जाति-व्यवस्था अपने पूर्व रूप में स्थापित्व हो चुकी थी। धर्मसूत्रों ने समुद्र यात्रा तथा विदेशी भाषा का अध्ययन वर्जित कर दिया, दक्षिण भारत में इस विषय में ढिलाई पाई जाती थी जो आज तक विद्यमान है। इस प्रकार बहुत अंशों में सूत्रों ने सामाजिक संकीर्णता को जन्म दिया।

धर्मसूत्रों में राजा को नियमों के पालन में कठोरता से पालन करना प्रदर्शित है, राजाओं की निरंकुशता तथा स्वेच्छाचारिता को भी रोका गया है। अपराधियों, आततायियों को दंडित करना, ईति-भीति-आपत्तियों से प्रजा की सुरक्षा करना, श्रोत्रियों, छात्रों तथा रोगियों के भोजनादि की व्यवस्था करना, सुपात्रों को पुरस्कृत करना, नियमानुकूल न्याय करना तथा सैन्य संचालन करना राजानुशासन के प्रमुख कार्य हैं।

राजा व्यवहार अथवा कानून के निर्माता नहीं थे। सारे कानूनों का आधार वेद अथवा श्रुतियाँ थीं। धर्मसूत्रों में स्त्रियों के अधिकार सीमित थे। दंड-विधान में भी समानता न थी।

धर्मशास्त्रों के ग्रंथों में मानव धर्म शास्त्र, विष्णु धर्म शास्त्र, याज्ञवल्क्य-स्मृति तथा नारद स्मृति मुख्य हैं।

धर्मशास्त्रों ने राजा को दैवी शक्तियाँ प्रदान कर दी हैं। राजा के सारे अधिकार ईश्वर प्रदत्त हैं; राजा मनुष्य नहीं है।

राजा को चाहे कितनी भी शक्ति या श्रेष्ठ स्थिति में रखा गया हो वह स्वेच्छाचारी नहीं हो सकता था। राजा को विभिन्न मतों तथा मतांतरों पर आधारित रहना पड़ता थ। वह राज सभा में बहुधा मंत्रियों से मंत्रणा करता था।

संपूर्ण राष्ट्र कई इकाइयों में विभक्त था, देश, जनपद, विषय, नगर (पुर) तथा ग्राम– इन सबकी उचित व्यवस्था के लिए राज कर्मचारी नियुक्त होते थे।

रामायण-महाभारत कालीन भारत की राजनीतिक अवस्थिति

रामायण और महाभारत महाकाव्य हैं जिन्हें कथा प्रवाह तथा अनुश्रुतियों के आधार पर इतिहास-पुराणों की श्रेणी में गिना जाता है। रामायण तथा महाभारत के अतिरिक्त और भी महाकाव्य रचे गए होंगे, ऐसे अनुमान हैं, क्योंकि इन महाकाव्यों के पीछे बहुत लंबी युगों से चली आती हुई परंपरा है। भारतीय इन दोनों महाकाव्यों में वर्णित कथाओं को सत्यकार समझते हैं। कुछ पाश्चात्य विद्वान– लासेन, वेबर, मैकडोनल, जैकोबी इनको कपोल-कल्पित मानते हैं। ऐसा ही भारत के मार्क्सवादी इतिहासकार भी मानते हैं। लेकिन सच्चे विद्वान और इतिहासकार चार वैदिक साहित्य, पुराणों तथा अन्य साहित्यिक ग्रंथों की छानबीन करके तथा भारतीयता के विशिष्ट अंगों में इन महाकाव्यों के चरित आदर्शों की व्यापकता देखकर इन्हें ऐतिहासिक मानते हैं। धीरे-धीरे कुछ पुरातत्त्व साक्ष्य मिलने से यह बात सत्य हो गई है कि ये काव्य ऐतिहासिक हैं। कृषि मुख्य उद्योगों में से थी। पशुपालन व अन्य उद्योग-धंधे प्रचलित थे। भोग-विलास के लिए प्रचुर सामग्रियाँ एकत्र की जाती थीं। अधिकांश जनता ग्रामों में निवास करती थी।

अधिकतर ग्रामों में शत्रुओं से व जंगली जानवरों से रक्षा के लिए बहुधा ग्राम के चारों ओर मिट्टी की दीवार का घेरा बनाया जाता था। ग्रामों का जीवन संघीय था, वे शासन से स्वतंत्र थे, लेकिन राजा उनका सर्वोपरि था, रक्षक तथा शासक होने के कारण उचित कर लेता था।

लोग सभी प्रकार के खाद्य-पदार्थों का सेवन करते थे, अंधविश्वास बढ़ रहा था, वैदिक प्रकृति-शक्ति पूजा बंद हो रही थी। प्रजापति ब्रह्मा, विष्णु, शिव प्रधान देव थे। गणेश, दुर्गा आदि के साथ-साथ अवतारों में विश्वास बढ़ रहा था। राजा स्वेच्छाचारी नहीं होता था, उसे स्वेच्छाचारी होने से रोकने के लिए कुल, जाति, श्रेणी तथा युग जैसी संस्थाएँ थीं।

जहाँ राजा का जीवन भोग-विलास के सभी साधनों से युक्त था वहीं वह मंत्रिपरिषद् व अन्य गणमान्य व्यक्तियों की सलाह से बँधा हुआ था।[12]

ग्राम शासन की सबसे छोटी इकाई थी, सभी पदाधिकारी राजा के प्रति उत्तरदायी थे।

शासन राज सत्तात्मक था लेकिन उस समय गणराज्य भी विद्यमान थे। गणराज्यों में प्रजा प्रतिनिधियों का आधिपत्य था। वास्तव में गणराज्यों की शक्ति उनके प्रजा प्रतिनिधियों के पारस्परिक विरोधाभाव, मंत्रसंगोपन, नेतानुसरण, आचार-व्यवहार प्रतिष्ठा में निहित था। कभी-कभी शत्रु का सामना करने के लिए एक संघ भी बनाया जाता था, अंधक-वृष्णि-संघ ऐसा ही एक संघ था। श्रीकृष्ण इस संघ के प्रधान थे। पार्जिटर, रायचौधरी तथा राजबलि पांडेय आधुनिक इतिहासकार हैं जिन्होंने भारतीय इतिहास पुराणों में तथा अनुश्रुतियों के आधार पर आधुनिक समय में मूलवंशों की अनुक्रमणिका उपस्थित की है।

भारतीय आर्यों के आरंभिक विस्तार काल में तीन मूलवंशों की तालिका उपस्थित की गई– मानव अथवा सूर्यवंश, ऐसा अथवा चंद्रवंश एवं सौधुम्ववंश।

राजवंशों व राजशाही का उदय

पुनरुज्जीवन के बाद अनेक दैत्यों और दानवों के कुटुंबों का उदय हुआ, जो अति प्राचीन थे। प्रारंभ में यह बड़े पवित्र थे, अतः शक्ति और सत्ता में बहुत फैल गए। ये लोग अश्व बल में विश्वास करते थे, सत्यवादी थे, यौद्धा थे, वैदिक धर्म को मानने वाले थे। समृद्धि के दिनों में भी इनमें कोई घमंड नहीं था, करुणा और दया का जीवन व्यतीत करते थे, लेकिन समय के परिवर्तन ने इनके जीवनधारा को अधर्म, क्रोध व छल से भर दिया। देव लोग प्रसिद्धि में बढ़ रहे थे, दोनों में अच्छी भूमि व स्वर्ग के लिए युद्ध हुआ।[13]

रक्तरंजित युद्ध 32 वर्षों तक चलता रहा, देवों ने दैत्यों को हराकर अधिक भूमि को अपने अधीन कर लिया। इस काल में वैदिक ब्राह्मणों ने जो भूमि अपने अधिकार में कर ली थी उसे छीनकर देवों ने उन्हें उत्तर भारत से खदेड़ दिया। ब्राह्मणों ने दैत्यों के साथ मिलकर देवों से युद्ध किया जिसमें भी देवों की विजय हुई। यह क्षत्रियों और ब्राह्मणों में सर्वोच्चता का पहला युद्ध था जिसमें ब्राह्मणों की हार हुई।[14] देवों-असुरों के 32 वर्षों के युद्ध में, देव, मनुष्य और पितृ (मंगोल) एक पक्ष में थे, असुर, राक्षस और पिशाच दूसरी ओर।[15] देव, दैत्यों से संख्या में कम थे। अंत में दोनों मध्य एशिया में खुशी के साथ रहने लगे। लेकिन असुर विजेता देवों से घृणा करने लगे, पारसी (असुरों का व्यापारी वर्ग) ने अंगीरस की गायों की चोरी करके उन्हें एक गुफा में छिपा दिया, इंद्र ने इन गायों को छुड़ाकर इनके मालिक को दे दिया। अत्री को भी बंधक बनाकर यत्र-गृह में जलने के लिए रखा, इंद्र ने इन्हें

भी छुड़ाया।[16] अत्री की पुनः अश्विन भाइयों ने रक्षा की थी।[17] अश्विन भाइयों ने मनु, साधु, अत्री, त्रिता, रेमा, बंधना, कनवा और अन्य की भी रक्षा की थी।[18] ब्रह्मा पहले ही संधा और रुद्र के साथ उत्तर साइबेरिया में जा बसे, कुछ ऋषि बर्मा में गए, विष्णु, इंद्र, व अन्य दक्षिण को चले गए।[19]

मनु का पुत्र विवषवान भारत आ गया, उसके साथ उनका चाचा विष्णु भी आ गया। मनु पृथा की राजधानी पृथ्वी, अफगानिस्तान के रास्ते से आ गया।[20]

इस पूरी यात्रा में हमारे पूर्वजों ने, इंद्र, पुषान, त्रृकश्या, अरिस्टनेमी, बृहस्पति, अग्नि, सूर्य, वरुण, शिव आदि के लिए प्रार्थनाएँ की थीं।[21]

यजुर्वेद[22] में मंगोलिया से भारत की यात्रा का वर्णन बड़ा साफ दिया गया है। गंगा के मुहाने पर उन्होंने अपना पड़ाव डाला, फिर अफगानिस्तान पड़ाव डाला, वरुण इस दल का राजा बना, स्वात घाटी में पुनः पड़ाव डाला, विष्णु अन्य प्रमुख लोगों के साथ भारत आए।[23] इसी प्रकार अन्य आर्य जो दैत्यों से प्रताड़ित हो भारत आए और भूत, पिशाच, नाग, देव आदि उत्तर से भारत आए।

मनु ने भारत आने से पहले उत्तर भारत में बहुत कम आर्यों के राज्य थे। (यह भाग आर्यवर्त कहलाता था)।

बालि आर्यों की दैत्य शाखा का प्रमुख राजा पहले से ही यहाँ राज्य कर रहा था।

आर्यों की पहली कालोनी सिंध नदीं पर बसी।[24] यहाँ से अन्य प्रदेशों का विस्तार किया, यहाँ के मूल निवासियों को दास बना लिया गया लेकिन कुछ विवाह संबंध भी हुए। 2800 ई.पू. बहुत सारे राज्य आर्यों और अनार्यों के थे।[25] इन्हीं में से सूर्यवंशी और चंद्रवंशी राजघराने बने।

सूर्य व चंद्र वंश

सप्त ऋषियों में सबसे बड़े मारिची के पुत्र कश्यप हुए जिनका नाम काश्य के प्रति रुचि लेने वाला रखा गया, इन्होंने एक असुर राजा जलोधबा (कश्यपा मेरी) के काश्मीर की भूमि को भी जीता था। कनखल (हरिद्वार) के राजा की पुत्री अदीति से 12 पुत्रों को पैदा किया, जिनमें इंद्र, वरुण, विवषवान और विष्णु प्रसिद्ध हुए। ब्रह्मा, इंद्र, विशिष्ट, जनक सभी आपस में एक गोत्रीय थे। राजनीतिक उथल-पुथल के कारण पहले ब्रह्मा उत्तर साइबेरिया को छोड़ सिधापुरी जिसे वर्तमान समय में सिधोव कहते हैं, जा बसे। इंद्र देवों की शाखा के राजा बने, उनकी पत्नी शची वंश से ही थी। इनके 3 पुत्र एवं एक पुत्री जयंती पैदा हुई, जिसका विवाह शृंष्म देव, जो जैन धर्म का संस्थापक था, के साथ हुआ। विष्णु छोटे कद का होने पर भी अन्य भाइयों से बड़ा विद्वान था। लक्ष्मी ने इन्हें अपना पति बनाया, वेवष्वा, अच्छा कवि,

भविष्य ज्ञाता, और वैद्यक था, इनके 3 पत्नियों से अनेक पुत्र पैदा हुए। मनु, यम और दो अश्विन भाई अधिक प्रसिद्ध हुए। मनु की माता सुवरचारा अपने समय की प्रसिद्ध सती थी। मनु ने अपने चाचाओं (इंद्र व विष्णु) के माध्यम से उत्तर भारत का बड़ा भाग शासन के लिए प्राप्त किया था।[26]

राजवंशों को प्राचीन काल से ही सूर्य व चंद्रवंशी उद्‌बोधन से ही माना जा रहा है। ऐतिहासिक दृष्टि से उन्हें वेश्वता और सोमा भी कहा जा सकता है। अनेक संस्कृत काव्यों और पुराणों में इन वंशों के राजाओं की सूची दी गई है लेकिन सभी में कहीं थोड़ा-बहुत भेद भी है। वेदों की अनुक्रमणिका के अनुसार मनु से राम के समय तक इन निम्नलिखित मुख्य शासकों ने राज्य किया। इन सभी का शासन काल एक समान न था, कुछ अनुमान लगाया गया है कि उसमें 23 वर्ष का समय प्रत्येक शासक को दिया गया है। सूर्य वंश के प्रमुख शासक :[27]

1. मनु
2. इक्यूवाकू
3. बिकूकशी
3. परेजया
4. अनेना
5. प्रीयू
6. विश्वागाश्वा
7. ऊर्दा
8. यूवानारावा
9. श्रर्वास्ता
10. वृद्धस्वा
11. कुशालाश्वा
12. दिरखा
13. हरियाष्वा
14. निकुम्भाश्वा
15. सनहताश्वा
16. प्रसन्नजीत
17. युवानाश्वा
18. मानधाता
19. पुरुकुत्सा
20. त्रासादास्यू
21. प्रिसहादाश्वा
22. त्रिघनवा
23. त्रियारुना
24. सत्यावृत्त
25. हरिश्चंद्र
26. रोहितस्व
27. चंपा
28. सुदैवा
29. विजयनांदना
30. भारुका
31. वरिका
32. बहुका
33. सगर
34. अंशुमान
35. दिलीप
36. भागीरथ
37. श्रुतासेन
38. नाभागा
39. अंबारिसा
40. सिंधुदीव
41. अभुतासवा
42. रितूप्रण
43. श्रर्वाकामा
44. शुदासा
45. थल्मासापरा
46. अश्मका
47. मुलाका
48. अनारानया
49. सत्यावृत्त
50. विश्वासाहा
51. दूलीदूहा
52. इलाविला
53. दलीप
54. रघु
55. अजयपालन
56. दशरथ
57. रामचंद्र

मनु[28] काल– 2800– 2790 ई.पू.

मनु किसी बाढ़ के कारण भारत में नहीं आया वरन् इंद्र और विष्णु की सहायता से उत्तर भारत से दक्षिण तक 11-11 बस्तियाँ बसा लीं। वह अपने पिता के समान धर्म, शांति और ज्ञान का प्रेमी था, उसने अपना शासन लगभग 2800 ई.पू. प्रारंभ किया और सरयू नदी के किनारे अयोध्या को अपनी राजधानी बनाया। मनु को कानून की व्यवस्था देने वाला भी माना जाता है। 20 अन्य हिंदू कानून के देने वालों में मनु भी एक हैं। उसने अपने राज्य को स्थापित करने में सभी वर्णों के लोगों को रखा, ये सब विद्रोही जनता के नजदीक ही रहते थे। मनु ने एक ऐसा धर्मसूत्र दिया जो सभी को अपने कर्तव्य का पालन करने का निर्देश देता था, यह सूत्र अब गुम हो गया है लेकिन आज भी इसको आदर से याद किया किया जाता है।

एक मनु वैराज वंश में, 30वीं सदी ई.पू. बिठूर में हुआ और दूसरा मनु सूर्य वंशी 2800 ई.पू. अयोध्या में माना है–

- सभी कानून के बचाने वालों का यही उद्देश्य था कि समाज के सभी वर्ग उन्हें श्रद्धा से जानें-अपनाएँ, अच्छा व्यवहार करें, प्रकृति का गहन ज्ञान लें, राष्ट्र, मौसम और समय का ज्ञान भी रखें।
- मनु के कानून विधवाओं की सुरक्षा के लिए भी थे, इसलिए इस युग में सतीप्रथा का व्यवहार नहीं था।
- ऋग्वेद और मनु स्मृति में अनेक शूद्रों के शक्तिशाली राज्यों का वर्णन है, लेकिन 1200 ई.पू. तक नास्तिकता लगभग समाप्ति पर थी।
- आज के समान धर्म और व्यवहार में अंतर नहीं था।
- गौतम व अन्य विद्वानों के द्वारा रचित हिंदू विवेक में भी मनु के सूत्रों का उल्लेख है।
- मनु के शहर आज भी देखे जाते हैं।
- मनु के कानून के माध्यम से प्राचीन हिंदू चरित्र और उत्साह को समझा जा सकता है।
- मनु के कानूनों में आर्य कानून और द्राविड़ कानूनों का समावेश है।
- मनु के कानून में पुनर्जागरण की झलक दिखाई देती है, जाति-व्यवस्था पहले ही पृथूदका (बिठूर) में प्रचलित थी, मनु ने भी इसे स्वीकार किया।
- उसने वैदिक धर्म को लागू किया क्योंकि अधर्मियों की संख्या और शक्ति काफी थी।
- 20 बड़े हिंदू कानून देने वालों में 6 देव वर्ग के उत्तर भारतीय थे : अत्री सात ऋषियों में दूसरे नंबर पर था, विष्णु मनु का चाचा ही था, अंगीरस तीसरे नंबर का ऋषि था, उसाना या शुक्र दैत्यों का ब्राह्मण था, कवि और

ज्योतिष तथा नीतिशास्त्र का निर्माता भी था। यमा एक वैद्यक और मनु का सौतेला भाई था, बृहस्पति देवों का गुरु और ऋषि था, उसने भी अपनी नीति में कानूनों का वर्णन किया है।

- मनु सृष्टि की रचना के सिद्धांत को ऋग्वेद के आदिम जल के सिद्धांत से मानता है।
- वह सदैव बिठूर के ब्राह्मणों की श्रेष्ठ नैतिकता और पवित्र रीति-रिवाजों का अनुसरण करने के लिए निर्देश देते थे, बिठूर 1200 ई.पू. अपनी उच्च वैभव से पतन की ओर चला गया।
- मनु दक्षिण भारत के विषय में नहीं जानते थे। उस काल का आर्यवर्त भी छोटा था। 1200 ई.पू. के बाद से आर्यवर्त दक्षिण की ओर फैला, छोटे-छोटे राज्यों का निर्माण हुआ, अगस्त्य, परशुराम, रामचंद्र, सरभंग और अन्य ने हिंदू संस्कृति को दक्षिण की ओर फैलाने में बड़ा कार्य किया, मनु की नीति आज भी अपने कुछ प्रारंभिक स्वरूप को लिये हुए है।

मनु की नीति में संरक्षण और सुधार दोनों का समावेश था। उसमें आर्यों के अच्छे नियम, द्राविड़ों के मूल कानून और बिठूर राज्य के आदेश समाहित थे। ये कानून उसके राज्य, उत्तराधिकारियों, शासकों व सामान्य जन के लिए थे। ये कानून हिंदू राष्ट्र की रीढ़ थे। मनु की पहली पत्नी श्रद्धा देवी से 10 बच्चे पैदा हुए, इला (पुत्री) सबसे बड़ी हुई जो चंद्र वंश की संस्थापक हुई। अन्य पत्नियों से 50 पुत्र पैदा हुए जो आपस में ही लड़ते रहे, मनु ने अपने विशाल राज्य को अनेक भागों में बाँट दिया था।

ऋग्वेद 1.116.3 और 5 के अनुसार भारत भूमि पर पहला विदेशी आक्रमण 2800 ई.पू. हुआ था। यह हमला असीरिया के लोगों ने किया था, इंद्र ने इनके राजा वृत्रा को मार दिया, अतः इन्होंने भारत पर लगातार हमले किए (ऋग्वेद 1.80.2; 3.37.7; 1.90.1; 10.63.24)।

चंद्रवंश

इस काल में पुत्री को भी राज्य का भाग दिया जाता था, अतः इला को भी दोआब का क्षेत्र, यमुना और गंगा के बीच का भाग दिया गया, प्रतिस्थान (प्रयागराज) के समीप ही उनकी राजधानी रही। वह पहली भारतीय महिला थी जो राजगद्दी पर आसीन हुई। उसने अपना नाम पुरुषों के समान शुदुमना रखा।

चंद्र वंश के प्रमुख शासकों के नाम निम्न हैं :

1. इला
2. बुद्ध-इला
3. पुरुरवा
4. आयु
5. बहूशा
6. ययाति
7. पुरु
8. जनमेज्या
9. प्राचिनवान
10. प्राविरा
11. मनाशु
12. चूरुपाड़ा
13. शूदयु
14. बाहूगावा
15. सनपाती
16. अहानयाती
17. रुद्राष्वा
18. रीतेयू
19. रंनतिनारा
20. सुमाति
21. ऐति
22. दुश्मयंता
23. भारता
24. विताया
25. मानयू
26. वृहत क्षेत्रा
27. हस्ति
28. अजमीरा
29. रिकशा
30. समवर्णा
31. कुरु
32. जानहू
33. सुराथा
34. बिदुराथा
35. सर्वभूमा
36. जयातसैना
37. राधिका
38. अजूतायू
39. अक्रोधना
40. दैवातीथि
41. रिकशा
42. दीलिया
43. प्रातिया
44. शांतनु
45. विचित्रवीर्य
46. भीष्म (प्रतिशासक)
47. पांडु
48. धृतराष्ट्र (प्रतिशासक)
49. भीष्म (रक्षक)
50. युधिष्ठिर; और
51. दुर्योधन

दुर्योधन के बाद पांडव वंश प्रारंभ हो गया, इन वंशों में से ही अन्य वंशों का उदय हुआ है।

वैदिक काल में राज्य की अवधारणा

राजनीति और उसके शास्त्र का प्रारंभ वैदिक वाङ्मय से ही दिखाई देता है। गाँव की पंचायतों का संकेत भी वैदिक वाङ्मय में मिल जाता है। जब से राजा की आवश्यकता हुई तभी से भिन्न-भिन्न विद्वानों ने राजनीति के बारे में अपने मत प्रस्तुत किए हैं। भारत न केवल आध्यात्मिक और साहित्यिक क्षेत्र में अग्रणी रहा है बल्कि राजनीतिक क्षेत्र में भी अग्रणी रहा है। वेदों, स्मृतियों, पुराणों, रामायण, महाभारत, नीतिग्रंथों और अर्थशास्त्र ग्रंथों में इसे देखा जा सकता है।

आब्रह्मन् ब्राह्मणः ब्रह्मवर्चसी जायताम्!
आ राष्ट्रे राजन्यः शूरः इषव्यः अतिव्याधी महारथः जायताम्।
दोग्धीधेनुः वोढ़ा अनड्वान्, आशुसप्तिः, पुरंधिः योशा, जिष्णुः रघेष्ठाः,
समेयः युवा, अस्त यजमानस्यवीरः पुत्रः जायताम्।
निकामे निकामे नः यर्जन्यः वर्षतु।

फलवस्यः नः ओषधयः पच्मन्ताम्।
योगक्षेमः नः कल्पताम्।।[29]

भगवान से प्रार्थना की गई है कि राष्ट्र में सभी व्यक्ति ज्ञानी हों, उनके मुख पर तेज हो, राष्ट्र के सैनिक बहादुर और शस्त्र धारण करें, दुष्टों का नाश करें, गायें, दुधारू हों, बैल बलशाली और अधिक बोझ ढोने वाले बनें, स्त्री नगर की रक्षा करें, रथी विजयी होवें, नौजवान सांस्कृतिक, सभ्य हों, मेघ वर्षा करें, फल और भाजी से पेड़ भरपूर हों, सभी की भलाई हो।

यह मंत्र दर्शाता है कि सभी में समानता हो, शांति और समृद्धि हो, महिलाएँ भी राष्ट्र की समान रक्षक हों। प्लूटो के विचारों के समान सभी वर्गों का आधार उनकी योग्यता पर आधारित था।

सर्वे भवन्तु सुखिनः सर्वे सन्तु निरामयाः।
सर्वे भद्राणि पश्यन्तु मा कश्चिद् दुःखभाग भवेत्।।

प्राचीन भारतीय संस्कृति में सभी प्राणियों के सुख और स्वस्थ जीवन की कामना होती थी, इसे पूरा करना राज्य का कर्तव्य भी था।

आज यह कामना बहुजन सुखाय और बहुजन हिताय में बदल गई है, इस अवधारणा को इंग्लैंड का विचारक बैंथम भी मानता था। यह संबंध हमारी संस्कृति मात्र का नहीं है।

वेद भारत के प्राचीनतम ग्रथ हैं, जो राजनीतिज्ञों तथा शासकों की प्रेरणा के लिए सार्वकालिक और सार्वदेशिक स्रोत हैं।

ऋग्वेद के अनुसार राजा को चाहिए कि वह अपनी प्रजा के खान-पान, निवास स्थान, शिक्षा-दीक्षा, रक्षा-सुरक्षा की समुचित व्यवस्था करे;[30] राज्य संचालन हेतु मंत्री एवं पुरोहितों से परामर्श करे; अपराधियों को दंडित करे; यश-प्राप्ति के लिए यज्ञ करे;[31] कपटी व्यक्ति के साथ कपट का आचरण करे; अपने शारीरिक, मानसिक और बौद्धिक बलों में वृद्धि करे; दुष्ट और साधु पुरुष की सही पहचान करे; उनका विश्वास न करे;[32] राजकोष में वृद्धि करे; प्रजा से कर ग्रहण करने की समुचित व्यवस्था करे;[33] राज्य में सर्वत्र गुप्तचरों की नियुक्ति करे; संगठन शक्ति से देश की रक्षा करे;[34] युद्धोपयोगी उपकरणों एवं अस्त्र-शस्त्र संचालन की मुख्य व्यवस्था करे; राज्य-विस्तार के लिए प्रयत्नशील हो; सेनापति एवं वीर सैनिकों को सब प्रकार से प्रसन्न रखे।[35]

राजा के गुणों में क्षिपाकारिता, उत्साह, शासन करने की योग्यता, विद्वता, संस्कृति प्रियता; दानशीलता; दूरदर्शिता, संकट का सामना करने की तत्परता, स्थिरमति, दृढ़ विचार शक्ति, उत्तम कार्य-प्रणाली, कष्ट सहिष्णुता, नेतृत्व की योग्यता, सज्जनों की रक्षा करने का सामर्थ्य, स्वावलंबन, विश्व मंगल कामना[36] होनी चाहिए।

यजुर्वेद के अनुसार राजा दुष्कर्मों का विनाश करे; न्यायप्रिय सज्जनों की रक्षा करे; तथा प्रजा के अनुकूल आचरण करे।[37] यजुर्वेद में राजा की नियुक्ति का अधिकार प्रजा को दिया गया है। प्रजा को भी सर्वगुण-संपन्न और कर्तव्यनिष्ठ राजा का ही चयन करना चाहिए। राजा और प्रजा को एक-दूसरे का हित साधन करना चाहिए।[38]

अपराधियों को दंड देने और निरपराधियों की रक्षा करने के लिए राजा को ही न्यायाधीश का पद ग्रहण करने पर जोर दिया गया है।[39]

वह राजपुरुष, स्वस्थ, सच्चरित्र, पराक्रम आदि गुणों से युक्त हो; सत्यपुरुषों की रक्षा-सुरक्षा करे, चोर-डाकुओं तथा शत्रुओं से देश को बचाए; प्रत्येक कार्य राज्य-हित को ध्यान में रखकर ही करे; प्रजा से प्राप्त "कर" की उसी की रक्षा-सुरक्षा में और दुष्टों के दमन में लगाए; तथा पुरुषार्थ चतुष्टय का सेवन करे।[40]

अथर्ववेद के अनुसार राज्य की सुरक्षा के लिए आवश्यक है कि इसमें नागरिक सर्वगुण-संपन्न हों; जल, वायु, अग्नि, सिंचाई, धन-धान्य, उद्योग, कृषि, उत्तम औषधियाँ और रत्न प्रचुर मात्रा में हों; प्रत्येक व्यक्ति के लिए उन्नति के अवसर हों, प्रजा पालन समुचित रीति से हो; प्राकृतिक स्थल शत्रुओं से रहित हों; चोर-डाकू, हिंसक और विषैले जंतु तथा आततायियों का अभाव हो; अपनी गतिविधियों की जानकारी शत्रुओं को न मिले; तथा लोग शत्रुओं को पराजित करने वाले हों।[41]

नागरिक अपनी मातृभूमि के प्रति श्रद्धालु हो; उनमें योग्य और दैवीय गुणों से युक्त सज्जनों को उचित स्थान दिया जाए; उनमें संगठन की भावना हो; शासक भी गुण-संपन्न हो।[42]

इस काल में राष्ट्र, नागरिकों की समानता कर्तव्यों और सुरक्षा पर विशेष बल दिया गया, राज्य अधिक प्रजातांत्रिक होने लगा।

स्मृतियों का वेदों के बाद महत्त्वपूर्ण स्थान है, जिनमें मनुष्यों को आचार-व्यवहार एवं व्यवस्था की सर्वोत्तम शिक्षा दी गई है, साथ-साथ स्मृतिकारों ने राजनीतिक विचारों को भी प्रस्तुत किया– मनु, याज्ञवल्क्य, अङ्गिरा, व्यास, गौतम, यम, वशिष्ठ, दक्ष, शातातप, पाराशर, विष्णु, हारीत, शंख, कात्यायन, नारद, बौधायन, कश्यप, जाबालि, जमदग्नि, शौनक आदि प्रमुख हैं।

प्राचीन भारतीय राज्य और समाज में आचार

व्यवहार एवं व्यवस्था को रूप देने में मनु का विशेष योगदान रहा है, उनकी "मनु स्मृति" उनके परवर्ती धर्मशास्त्रियों एवं राजनीतिशास्त्रियों के लिए एक आदर्श है। इस ग्रंथ के 12 अध्यायों में 7, 8, 9 अध्यायों में मनु ने अपने राजनीतिक विचारों को प्रस्तुत किया है।

मनु न्यायप्रिय प्रजा की रक्षा करना और अपराध के अनुरूप दंड देना राजा का प्रमुख कर्तव्य मानता है। इस कर्तव्य का पालन वही राजा कर सकता है जो गुण-संपन्न और कर्तव्यनिष्ठ हो। राजा को धन-धान्य-संपन्न तथा गुणी व्यक्तियों से युक्त देश में निवास करना चाहिए। गुण-संपन्न स्त्री से ही विवाह करना चाहिए; शत्रु को जीतने के लिए हर संभव उपाय करने चाहिए; मंत्रियों के साथ मंत्रणा करते समय गोपनीयता का ध्यान रखना चाहिए; द्वादश राजमंडल, अमात्य, राष्ट्र, दुर्ग और दंड को उपाय चतुष्टय से वश में करना चाहिए; भोजन, शयन, वाहन आदि का परीक्षण के बाद ही प्रयोग करना चाहिए; दिनचर्या के लिए समय सारणी का निर्धारण करना चाहिए; गुप्तचरों की सहायता से प्रच्छन्न शत्रुओं की पहचान कर उनसे बचना चाहिए; घूसखोरों, चोरों और प्रजा को ठगने वालों को दंडित करना चाहिए; स्वामी, मंत्री, दुर्ग, राज्य, कोश, दंड और मित्र– इन सप्त प्रकृतियों के व्यसन दूर करने का प्रयत्न करना चाहिए; राज्य की उन्नति के लिए प्रयत्न करना चाहिए। राज्य का दूत शत्रु की इच्छा को समझने वाला होना चाहिए; ग्रामों की शासन-व्यवस्था सुचारु रूप से चलाने के लिए ग्राम रक्षकों की नियुक्ति करनी चाहिए।

कर नीति व्यापारियों तथा सामान्य प्रजावर्ग के अनुकूल होनी चाहिए; छः दुर्गों– (धन्व दुर्ग, मही दुर्ग, जल दुर्ग, वृक्ष दुर्ग, मनुष्य दुर्ग तथा गिरि दुर्ग) को राजधानी के लिए श्रेष्ठ बतलाया गया है। राजा क्षत्रिय धर्म का पालन करते हुए सदैव युद्ध के लिए तैयार रहे, सेना का सेनापति के साथ उचित प्रबंध करे; देश-काल और स्थान के आधार पर युद्धविधि को अपनाए। शत्रु के दमन में साम, दाम, दंड, भेद उपायों का प्रयोग करे।

मनु ने न्यायाधीश (राजा), अपराध व अपराधी, गवाह आदि के विषय में विशेष ध्यान देकर कर न्याय देने के लिए कहा है।

महर्षि याज्ञवल्क्य

वेदों के ज्ञाता और मिथिला नरेश जनक के गुरु थे, उनकी रचना "याज्ञवल्क्य स्मृति" भारत की प्राचीन संस्कृति को दर्शाने वाला अद्‌भुत ग्रंथ है। इस ग्रंथ के तीन भाग हैं– आचाराध्याय, व्यवहाराध्याय और प्रायश्चिताध्याय। प्रथम अध्याय एवं द्वितीय अध्याय राजधर्म प्रकरण और प्राचीन भारतीय राजनीति के विचारों से ओत-प्रोत है।

राजधर्म प्रकरण में राजा के कर्तव्यों और व्यवहाराध्याय के पच्चीस प्रकरणों में देश की दंड-व्यवस्था एवं राजा की न्याय-पराणयता पर प्रकाश डाला गया है।

याज्ञवल्क्य के अनुसार राजा को उत्साह-संपन्न, दानशील, कृतज्ञ, वृद्धजनों

की सेवा करने वाला, विनम्र, बलशाली, कुलीन, सत्यवादी, पवित्र, शीघ्र कार्य करने वाला, स्मृति युक्त, दुर्गुणों रहित, दूसरों के दोषों को न कहने वाला; अपने दोषों को छिपाने वाला, आन्वीक्षिकी, दंडनीति और वार्ता का ज्ञानी, यज्ञकर्ता ब्राह्मणों की सुख-सुविधा का ध्यान रखने वाला और न्यायप्रिय होना चाहिए। पुरोहितों और मंत्रियों की सलाह से कार्य करने वाला, निर्धारित दिनचर्या का पालक, मित्रों से स्नेह, शत्रुओं से क्रोध, दुष्टों से प्रजा की रक्षा करने वाला होना चाहिए। अपराधियों को दंड देने वाला और पुरुषार्थी होना चाहिए, यदि किसी के साथ सभासदों द्वारा अधर्मपूर्वक व्यवहार हुआ हो तो उसे स्वयं न्याय करना चाहिए।[43]

विष्णु स्मृति

इसमें मनुष्यों के व्यवहार के विषय में विचार है, इस स्मृति में सौ अध्याय हैं, जिनमें चारों वर्णों तथा आश्रमों के व्यवहार के साथ-साथ राजा के कर्तव्यों, व्यवहार विषय तथा दंडनीति का विस्तार से विवेचन किया गया है।

विष्णु के अनुसार राजा को चाहिए कि वह व्यक्तियों को उनकी योग्यतानुसार कार्य सौंपे; प्रजा से उनकी आय के अनुसार "कर" वसूल करे; दूसरे के खजाने को अपना बताने वाले व्यक्ति को दंडित करे; प्रजा के धन की रक्षा करे; शांति पाठ और स्तवन द्वारा दैवोपद्रवों को शांत करे; देवताओं, ब्राह्मणों तथा वृद्धों का आदर करे; विषना शक औषधि तथा मंत्रों का ज्ञान प्राप्त करे। पशु-पक्षी और जानवरों को मारने वाले को दंडित करना चाहिए। इसी तरह वृक्ष, गुलाम, लता को काटने वाले को दंड देना चाहिए, पशुओं, खाद्य सामग्री, बर्तन, शाक, जड़, फल आदि चुराने वाले दंड योग्य हैं, राहगीरों को मार्ग न दिखाना, पूज्य व्यक्तियों का सम्मान न करना, निमंत्रित ब्राह्मण को भोजन न कराना, अभक्ष्य पदार्थों से किसी को दूषित करना, द्यूत क्रीड़ा में खोटे पासों का प्रयोग करना, उत्तम वर्णवाले व्यक्ति को दास बनाना, अभक्ष्य पदार्थ देना, देव प्रतिमा तोड़ना, किसी की भूमि को छीनना, अकारण ही किसी पर तलवार से प्रहार करना, विष देना, आग लगाना, शाप देना, गृह पुरोहित को मारना, धन चुराना आदि अपराध दंडनीय हैं।

नारद स्मृति

जो नारद द्वारा मनु एवं याज्ञवल्क्य से प्रभावित होकर लिखी गई है। नारद स्वयं समाज की बुराइयों को दूर करने में तत्पर रहते थे, इसलिए इस स्मृति में अठारह शीर्षकों में व्यवहार विधि (वाद-विवाद) तथा व्यवहार के अंतर्गत आने वाले सभी प्रमुख विषयों का विवेचन करते हुए, अपराधों को दूर करने में न्यायालय की भूमिका पर बल दिया गया है। दंडनीति को राजा ने मनुष्यों में धर्म के नष्ट हो जाने

पर उपयोग किया, निर्णय करने के लिए लेख और साक्षी दोनों का प्रादुर्भाव हुआ। राजा का कर्तव्य है कि वह धर्म, व्यवहार, चरित्र, राजशासन, साम-दाम-दंड-भेद, चार आश्रमों की रक्षा और धर्म, अर्थ तथा लोकहित की दृष्टि से न्याय करे, राजा को न्याय करते समय यथार्थ का आश्रय लेना चाहिए, व्यवहार को ठीक से न देखने वाले सभासदों को भी दंड देना चाहिए।

वशिष्ठ ने "वशिष्ठ स्मृति", बौधायन-श्रौत सूत्रों; सुव्रत मुनि– बृहत्पाराशर स्मृति; गौतम–गौतम स्मृति; महर्षि वेदव्यास ने अपने शिष्यों के साथ पुराणों, उप-पुराणों, तथा महापुराणों के माध्यम से व्यक्ति के जीवन को एक अच्छे मित्र के समान प्रदान किया। पुराणों में धर्म, दर्शन, अध्यात्म, तंत्र, मंत्र, साहित्य, इतिहास, भूगोल, राजनीति सभी विषयों का नीलम पुराण में दर्शन होते हैं। राजनीति को विशेषकर हम मत्स्य पुराण, तथा अग्नि पुराण में देखते हैं।

भीष्म पितामह के राजनीतिक विचार

महाभारत युग के महान कीर्तिस्तंभ, सत्य-परायण, त्याग-परायण, धर्म-परायण, दृढ़ प्रतिज्ञ, धनुर्धराग्रणी, भीष्म पितामह केवल कौरव-पांडवों के पितामह ही नहीं वरन् भारत भी उनके राजनीतिक सिद्धांतों से गौरवान्वित हुआ है। उन्हें महान राजनीतिज्ञ बनाने में उनके पूर्ववर्ती राजाओं के चरित्र व इस समय की घटनाओं का विशेष सहयोग रहा है। उन्होंने महाभारत के शांति पर्व के माध्यम से अपनी शरशय्या पर लेटे हुए युधिष्ठिर को राजा का कर्तव्य समझाया है।

राजा को गुणवान, शीलवान, क्षमावान, दयावान, धैर्यवान होना चाहिए। ब्राह्मणों का सत्कार, प्रजापालक, अपराधियों को दंड देना, षड्गुणों की जानकारी रखना, शत्रुओं के छिद्र जानना, गुणी सहायकों को नियुक्त करना, अतिथि-सत्कार करना, सेवकों को समय पर वेतन देना, नगर रक्षा का प्रबंध स्वयं करना, धार्मिक कार्यों का अनुष्ठान करना, युद्ध के लिए सदा सुसज्जित रहना एवं आवश्यकतानुसार उपाय चतुष्टय का प्रयोग करना।

राज्य की रक्षा राजा का महत्त्वपूर्ण कार्य है, अराजकता की स्थिति से होने वाली बुराइयों को दूर करने के लिए ही राजा की उत्पत्ति हुई है।

1. भीष्म शासक छत्तीस गुण होने आवश्यक कहते हैं :
2. कटुतारहित होकर धर्माचरण करना
3. आस्तिक होना तथा स्नेह न छोड़ना
4. बिना क्रूरता के ही धन संग्रह करना
5. मर्यादा का उल्लंघन बिना विषयों का सेवन करना
6. दैन्य रहित प्रिय भाषण,

7. कठोरता रहित प्रगल्भता
8. शूरवीर बनना किंतु आत्मश्लाघा से बचना
9. सत्यपात्र को दान देना
10. दुष्टों से संगति न रखना
11. बंधुओं से विग्रह न करना
12. राजभक्ति रहित गुप्तचरों को नियुक्त न करना
13. किसी को कष्ट दिए बिना कार्य संपन्न करना
14. दुष्टों से अभिप्राय कहना
15. अपने गुणों का वर्णन न करना
16. श्रेष्ठ पुरुषों से धन न लेना
17. दुष्टों का आश्रय न लेना
18. अपराध को देखकर ही दंड देना
19. मंत्रणा को प्रकट न करना
20. लोभियों को धन न देना
21. अपकारियों पर विश्वास न करना
22. पवित्र रहकर किसी से घृणा न करना
23. अत्यधिक स्त्री संग न करना
24. उचित मात्रा में स्वादिष्ट किंतु हितकारी भोजन करना
25. उद्दंडता छोड़कर विनम्रतापूर्वक मान्य व्यक्तियों की पूजा करना
26. कपटरहित होकर गुरुजनों की सेवा करना
27. दंभरहित होकर देवताओं की पूजा करना
28. अच्छे उपायों से ही धन प्राप्त करना
29. प्रेम युक्त व्यवहार करना
30. अवसरोचित कार्य कुशलता से युक्त होना
31. व्यक्ति को टालने के लिए ही आश्वासन न देना
32. किसी पर कृपा करते समय आक्षेप न करना
33. बिना जाने प्रहार न करना
34. शत्रुओं को मारकर शोक न करना
35. अकस्मात किसी पर क्रोध न करना
36. मृदु व्यवहार करना किंतु अपकारियों से नहीं।[44]

राजा को मित्र की पहचान होनी चाहिए, बंधुओं पर एक सीमा से अधिक विश्वास नहीं करना चाहिए, हितैषी मित्र से संधि करनी चाहिए; शत्रु की शक्ति का पूर्ण ज्ञान होना चाहिए; राजा को अंतरंग व्यक्तियों में फूट डालने वाले दुष्टों का

विनाश कर देना चाहिए; दुर्ग, सेना और गुणवान, कर्तव्यनिष्ठ पुरुषों का चयन करना चाहिए, पुरोहित, गुप्तचर, सभासद, सेनापति, सूत, दूत, द्वारपाल, ग्रामाधिपति, पदों पर योग्य व्यक्ति ही नियुक्त करने चाहिए; दुर्ग, सेना और गुणवान, कर्तव्यनिष्ठ पुरुषों का चयन करना चाहिए, प्रजा को भी योग्य राजा चुनना चाहिए एवं उसका आदर-सत्कार, हित एवं पूजन करना चाहिए।

भीष्म द्वारा युधिष्ठिर को गणोत्कर्षी उपदेश का सारांश है :

- गणों में, कुत्तों में, एवं राजाओं में वैर-विरोध की माँग को प्रज्वलित करने वाले लोग और अमर्ष अर्थात्, स्वार्थभाव और असहिष्णुता– ये दो प्रमुख दोष हैं, एक-दूसरे का विकास करने में जुट जाते हैं।
- आपस में फूट से ही गण या संघ राज्य नष्ट हो जाता है, इससे शत्रु को लाभ होता है।
- वही गणराज्य उत्तम कहे जाते हैं, जहाँ प्रशासक लोग अपने पुत्रों और भाइयों को भी यदि वे अपराध करें तो, अनुशासन में रखने के लिए दंड दें।
- कुल के मुखियों को कुलों के परस्पर झगड़े की उपेक्षा नहीं करनी चाहिए।
- भीतरी भय-अशांति से संघ की रक्षा करनी चाहिए।
- सभी मानव-जाति एक है, लेकिन उद्योग, गुण, बुद्धि एक समान नहीं इसलिए पिछड़े हुए लोगों का पूरा ध्यान रखा जाए।
- गणराज्य के लोगों को संगठित रहना चाहिए, प्रलोभन में आकर गणराज्य को हानि नहीं पहुँचानी चाहिए।

वेद, स्मृति, पुराण व महाभारत में राजनीतिक विचारों के साथ अन्य विषयों का भी महत्त्व है। लेकिन आचार्य बृहस्पति, शुक्र, चाणक्य, कामंद, सोम देव सूरक्षेमेंद्र, चंडेश्वर के ग्रंथों में पूर्ण राजनीतिक विचारों को प्रस्तुत किया गया है।

आचार्य बृहस्पति को देवताओं का गुरु माना जाता है, धर्मशास्त्र के क्षेत्र में जो स्थान आचार्य मनु का है, अर्थशास्त्र और नीतिशास्त्र के क्षेत्र में वैसा ही स्थान बृहस्पति का है। अनेक विद्वानों ने उनके विचारों को अपने शास्त्रों में उद्धृत किया है। लेकिन उनके ग्रंथ अधिकतर रूप से उपलब्ध नहीं हैं, जो भी प्राप्त हुए हैं उनके अनुसार छः अध्याय और 227 सूत्र हैं। इस ग्रंथ में राजा के कर्तव्य और उसकी योग्यता, उपाय चतुष्टय, सेवकों के कर्तव्य, मंत्री, मंत्रणा आदि पर अधिक प्रकाश मिलता है।

आचार्य शुक्र को दैत्यों का गुरु माना जाता है, उनकी शुक्र नीति ग्रंथ एक विशेष रचना है। इस ग्रंथ में पाँच अध्याय हैं। प्रथम अध्याय में 388, द्वितीय अध्याय में 436, तृतीय अध्याय में 326 श्लोक हैं, चतुर्थ अध्याय सात प्रकरणों में विभक्त है और पंचम अध्याय में 96 श्लोक हैं। इस ग्रंथ में राजा के कर्तव्य, युवराज, उपाय

चतुष्टय, राज्यांग, मंत्रिमंडल, कोष, सेना, राष्ट्र आदि का वर्णन है। शुक्र ने राजा के लिए नीतिशास्त्र, धर्माचरण एवं दोष साहित्य को अनिवार्य बताया है। उन्होंने राजा के सात्त्विक, राजस और तामस– तीन भेद बताते हुए सात्त्विक राजा की अनिवार्य योग्यताएँ बताई हैं– धर्म-पालन, भजन-याजन, शत्रुओं का विनाश, वैराग्य भावना, दानवीरता, क्षमाशीलता, वीरता एवं जितेंद्रियता। देवताओं के अंश से उत्पन्न राजा में ये आठ गुण अनिवार्य रूप से होने चाहिए :

1. दुष्ट निग्रह
2. दान देना
3. प्रजा पालन
4. राजसूयादि यज्ञ करना
5. न्यायपूर्वक कोष में वृद्धि करना
6. कर वसूल करना
7. राज्य की भूमि में वृद्धि करना
8. शत्रुओं का मानमर्दन करना।

राजा वज्यकों को पहचाने; गुप्तचरों की सहायता से प्रजा के आचरण को समझे; अपराध के अनुसार दंड दे; आन्वीक्षिकी वेदत्रयी तथा दंडनीति का अभ्यास करे; मित्रों का सम्मान करे; सर्वस्व समर्पण करने में बाँटकर अपने कार्यों को शीघ्रता से संपन्न करे। गाँवों की, प्रजा की रक्षा करे, भोजन का निरीक्षण करने के बाद ही उसे ग्रहण करे, कभी अपने प्राणों की चिंता न करे, गुणवती स्त्री से ही विवाह करे, किसी का विश्वास न करे। मंत्रियों व पुरोहितों से सलाह करे, सेवकों के वेतन में कटौती न करे, आय के अनुसार ही व्यय करना चाहिए। साम, दाम, दंड और भेद का प्रयोग मित्र और शत्रु दोनों के लिए करे।

राजा के साथ-साथ शुक्र ने युवराज, सेवक, दुर्ग, कोष समूह, सेना व न्याय-व्यवस्था पर भी विस्तार से अपने विचार रखे।

विदुर : महर्षि वेद व्यास से उत्पन्न दासी के पुत्र थे। धार्मिक विचारोंवाले, पांडवों से प्रेम करने वाले और कृष्ण भक्त थे। महाभारत कालीन समाज, धर्म, दर्शन और राजनीति को उन्होंने अत्यधिक प्रभावित किया था। विदुर नीति महाभारत का वह भाग है, जहाँ धृतराष्ट्र के पूछने पर विदुर ने उनको धर्म एवं कल्याण का उपदेश दिया है। इसी उपदेश में राजा के कर्तव्यों का वर्णन भी किया है।

लोकप्रिय, क्रूरता रहित, दयावान, धार्मिक, सत्य-परायण, पराक्रमी एवं पूज्य व्यक्तियों के प्रति आदरभाव से युक्त होना राजा के गुण हैं।

राजा का कर्तव्य है कि वह उपाय चतुष्टय से मित्र और शत्रुओं को वश में रखे; अपनी इंद्रियों पर नियंत्रण रखे; स्त्री संग, द्यूत क्रीड़ा, आखेट, मद्यपान, वाकजारुश्य

और दंडपारुश्य से बचे; अपने मंत्र को गुप्त रखे; प्रजा की रक्षा करे; अपराधियों को दंड दे; प्रजा को पीड़ा पहुँचाए बिना ही उससे "कर" ले; ब्राह्मणों का सम्मान करे; उन्हें दान दे; अपने संबंधियों को विद्रोही बनने से रोके; रोगों से सावधान रहे; कपटियों के साथ कपट का ही आचरण करे; दुर्जनों से कदापि मंत्रणा न करे; वध के योग्य शत्रुओं को न छोड़े तथा ऐश्वर्य में वृद्धि करे।

सेवक की स्वामिभक्ति और दूत के गुणों को भी विदुर ने बताया है।

आचार्य चाणक्य को आचार्य विष्णुगुप्त और कौटिल्य भी कहते हैं, वे चंद्रगुप्त मौर्य के राजनीतिक जीवन के पथ प्रदर्शक के रूप में भी विख्यात हैं। प्राचीन भारत के राजनीतिज्ञों की श्रृंखला में इनका स्थान मुक्ताहार के मध्य में शोभायमान मध्यमणि के समान है। उन्होंने तत्कालीन राजनीति को प्रभावित करने के लिए केवल मौखिक उपदेश ही नहीं दिए, वरन् "कौटिलीय अर्थशास्त्र" नामक राजनीति का श्रेष्ठ ग्रंथ भी लिखा, 1905 में यह पुनः जनता के समक्ष आया। इस ग्रंथ के विषयवस्तु को इन्होंने पंद्रह अधिकरणों में विभक्त किया है और अधिकरणों को 180 प्रकरण तथा 150 अभ्यासों में विभक्त किया है।

चाणक्य का आविर्भाव भारतवर्ष में उस समय हुआ था, जिस समय मगध के राज सिंहासन पर ब्राह्मण विरोधी और अत्याचारी शासक महापद्मनंद का अधिकार था। सिकंदर कुछ देशद्रोही भारतीय राजाओं की सहायता से भारत में प्रवेश कर चुका था, देश का वातावरण प्रजा के प्रतिकूल हो गया था, धर्म के अस्तित्व पर प्रश्नचिह्न लग गया था; संस्कृति नष्ट होने लग गई थी; राष्ट्र की रक्षा-सुरक्षा असंभव-सी हो गई थी। यदि ऐसे समय में चाणक्य का आविर्भाव न हुआ होता, तो भारतवर्ष अवश्य ही विदेशियों के अधिकार में चला जाता, यही चाणक्य की महत्ता का एक पक्ष है। दूसरे, उसने शासन ने व्यवहारवादी नीति बनाई और उसे व्यवहार में भी लाकर दिखाया जो आज के समय में भी अति कारगर है।

चाणक्य का मुख्य कार्य-क्षेत्र अध्ययन-अध्यापन था लेकिन जब उसने देश की दुर्दशा को देखा तो, तेज राष्ट्र और देश की सुरक्षा के लिए राजनीति के उद्देश्य अपने सामने रखे जैसे विदेशी आक्रांताओं से देश को बचाना, अत्याचारी और संस्कृति विरोधी शासकों को अपदस्थ करना, देश को एक योग्य शासक देना आदि। चंद्रगुप्त मौर्य को मगध का शासक बनाकर, समृद्ध कर मगध को योग्य प्रधानमंत्री (रक्षक) देकर, स्वयं पुनः अध्ययन-अध्यापन में लगकर राजनीति से दूर हुए, चाहते तो स्वयं मगध के नरेश बन सकते थे, लेकिन ऐसा न किया।

उनके लिखित ग्रंथों से आज तक जनमानस ज्ञान प्राप्त करता है :

1. कौटिल्य का अर्थशास्त्र
2. चाणक्य सूत्रीय

3. चाणक्य नीति दर्पण
4. लघु चाणक्य
5. वृहद चाणक्य।

राज्य को मत्स्य न्याय (इससे बलशाली कमजोर को मारता है) से बचाने के लिए दंडधारी राजा का होना अनिवार्य है। सभी प्रजाजन वर्णाश्रम व्यवस्था के अनुसार अपने कर्तव्यों का पालन करने लगते हैं। चाणक्य का मानना है कि मत्स्य न्याय से दुःखी होकर प्रजा ने वैवस्वत मनु को अपना राजा चुना था, उसे पारिश्रमिक के रूप में अनाज का छठा भाग देना स्वीकार किया था, व्यापार का 10वाँ भाग आदि देने की व्यवस्था की थी।[45] देवता के समान राजा का आदर करना चाहिए, राजा ही राज्य का केंद्र है। राजा ही मंत्री, पुरोहित एवं अन्य राजकीय कर्मचारियों की नियुक्ति करता है, पूज्य लोगों की पूजा करता है, दुष्टों का दमन करता है, अपनी संपन्नता से प्रजा को संपन्न करता है, अपने सदाचार से लोगों को सदाचार की शिक्षा देता है, अपनी उद्यमशीलता से जनता को उद्यमशीलता की शिक्षा देता है। जैसा राजा करता है प्रजा भी वैसा अनुसरण करती है।

चाणक्य ने राजा को पुरोहित का उचित पद और आदर की सलाह दी है, क्योंकि ब्राह्मण पुरोहित ही राजा की उन्नति में सहायक होता है।[46] सभी को उनकी आवश्यकता पूर्ति के लिए खेती योग्य भूमि दे। "कर" ले राजा प्रजा का वेतनभोगी सेवक है, उसका जन्म प्रजा कल्याण के लिए हुआ है। अतः राजा को चाहिए कि वह जनता को प्रिय लगने वाले कार्य करे, उनकी रक्षा करे, व्यापारियों की रक्षा करे, घूसखोरों की संपत्ति छीनकर इसे राज्य से निकाल दे। प्रजा को न्याय दे। राजा को आन्वीक्षिकी, त्रयी, वार्ता एवं दंडनीति की शिक्षा ग्रहण करनी चाहिए।

राजा को चाहिए कि वह कार्यसिद्धि के लिए साम, दाम, दंड, भेद जैसे सभी उपायों का प्रयोग करे।

बराबर और अधिक शक्तिवाले राजा के साथ संधि करनी चाहिए एवं हीन शक्तिवाले राजा के साथ विग्रह करना चाहिए।

राजा सुयोग्य अमात्यों की नियुक्ति करे, उनसे मंत्रणा करे, गुप्तचरों को इस प्रकार छिपाए कि दूसरे उन्हें न जान सकें। गुण-संपन्न राजा ही आत्म-संपन्न है– स्वामी, अमात्य, जनपद, दुर्ग, कोष, दंड (सेना) और मित्र ये सात प्रकृतियाँ हैं। राजा का कर्तव्य है कि वह प्रजा को धर्म मार्ग से विमुख न होने दे। स्वयं भी धर्म का पालन करे।[47]

राजा काम, क्रोध, लोभ, मान, मद एवं हर्ष का त्याग करते हुए सभी इंद्रियों पर विजय प्राप्त करे, इंद्रियों पर विजय प्राप्त करने पर ही विद्या और विनय से संपन्न हो सकता है। राजा परस्त्री, परधन और हिंसा से दूर रहे। असमय शयन

करना, चंचलता, झूठ बोलना, उद्धृत वेशभूषा, दुष्टों का संग, देवताओं की नकल और अधर्मयुक्त तथा अनर्थकारी व्यवहार को छोड़ दे। अत्यधिक सुख की आदत न डाले, गुरुजनों तथा अमात्यों को अपने ऊपर नियंत्रण लगाने के लिए नियुक्त करे।[48]

अनुशासनपूर्वक प्रजा को उसके कर्तव्यों की ओर प्रेरित करे। प्रजा के लिए आजीविकाओं का प्रबंध करे, दूसरों का उपकार करे।[49]

स्थायी तथा भ्रमणशील गुप्तचरों की नियुक्ति करे, इनका संदेश ले जाने-लाने की उचित व्यवस्था करे, राजकुमारों की शिक्षा तथा उनके अधर्मी आचरण पर नियंत्रण रखे।[50]

राजा को उन्नतिशील होना चाहिए तभी उसके अधीनस्थ कर्मचारी उन्नतिशील होंगे, दिनचर्या के अनुसार कार्य करे, प्रजा को प्रिय लगने वाले कार्य ही करने चाहिए। राजा को अपनी सुरक्षा की व्यवस्था कड़ी करनी चाहिए, भवन के अंदर आने-जाने वाली चीजों की जाँच करनी चाहिए, सुरक्षा, दान, बड़े बाजारों की व्यवस्था, सिंचाई के साधनों, बालक, वृद्ध, रोगियों, आपत्तिग्रस्त, अनाथ की रक्षा करनी चाहिए। राष्ट्र विरोधी संघों को रोकना चाहिए, मनोरंजन को बढ़ावा देना चाहिए, दुर्ग बनवाने चाहिए, किसानों की रक्षा करनी चाहिए।[51]

राजा को कोष की रक्षा करनी चाहिए, राजकीय धन का ह्रास करने वाले को दंड देना चाहिए, कर्मचारियों के आचरण पर ध्यान रखना चाहिए, अच्छा कार्य करने वाले को पुरस्कार देना चाहिए, न्यायपूर्वक धन की वृद्धि करनी चाहिए। राजा धर्म, व्यवहार, चरित्र के साथ न्यायपूर्वक शासन करे। राजा को चाहिए कि प्रत्येक शत्रु एवं प्रत्येक प्रकार के प्रजा शोषण का दमन करे।

राजा अहित कार्य करने वाले शत्रु व राज कर्मचारी पर गुप्तचरों के माध्यम से पूर्ण जानकारी रखे, यदि आवश्यक हो तो उन्हें गुप्तचरों से मरवा (वध करवा) दे। दुष्ट व्यक्तियों के धन को छीनकर राज्य के खजाने में जमा करना चाहिए।

कर्मचारियों के वेतन में समय-समय पर वृद्धि करके उन्हें अपने अनुकूल बनाना चाहिए। सेवा का कार्य स्वयं देखना चाहिए।

राजा और प्रजा

प्रजा के लिए लाभदायक अच्छे कार्यों से प्रजा को प्रसन्न करने वाला राजा ही सुशोभित होता है और जो राजा प्रजा के लिए हानिकारक बुरे-बुरे कार्य करता है, उसे सताता है, उसका निश्चित ही पतन होता है। ऐसा राजा शासन करने योग्य नहीं है।

चाणक्य ने देखा कि नीति शून्य और गुणरहित राजा नंद प्रजा को सताता है,

तपस्वियों को सताता है, भोग-विलास में लिप्त रहता है; प्रजा से प्राप्त "कर" को व्यसनों में ही व्यय कर देता है; प्रजा कल्याण को सर्वथा भुलाकर अर्थ-प्राप्ति को ही सब कुछ मानता है और राजकीय "करों" में वृद्धि करता है, दंडों की राशि को दुगुना करके मंत्रियों की सलाह न मानकर स्वतंत्रतापूर्वक कोष में वृद्धि करता है, राजकीय कर्मचारी कृषकों से बलपूर्वक मालगुजारी लेकर उसे कोष में नहीं पहुँचाते हैं, अपितु स्वयं ही खर्च कर लेते हैं, शुल्काध्यक्ष, सुवर्णाध्यक्ष आदि पथिकों के आभूषण और बहुमूल्य रत्नों को लूटकर, इनका थोड़ा-सा हिस्सा राजकीय कोष में पहुँचाकर तथा शेष हिस्सा अपनी इच्छानुसार स्वयं लेकर धनी बनने के लिए प्रयत्नशील हैं, अन्य राजकीय कर्मचारी भी निरपराध प्रजाजनों को सताते हैं। और इन सबसे त्रस्त कृषक, ग्वाले आदि के द्वारा की जाने वाली प्रार्थना का राजा पर कोई असर नहीं होता; आचरण बदलने को तैयार नहीं है। इस पर उन्होंने मगध की प्रजा को आश्वासन दिया कि जिस प्रकार महर्षियों ने अत्याचारी राजा वेन को समाप्त करके पृथु को शासक बनाया, उसी प्रकार अत्याचारी राजा नंद को राज सिंहासन से उतारकर किसी धर्मात्मा पुरुष को राज सिंहासनासीन किया जाएगा।[52]

चाणक्य यह भी मानते हैं कि केवल राजा का ही कर्तव्य नहीं है कि वह राज्य की रक्षा करे, बल्कि राजा के अभाव में प्रजा का भी कर्तव्य है कि वह पृथ्वी की रक्षा करे।[53]

संदर्भ

1. वाचस्पति गैरोला, *वैदिक साहित्य और संस्कृति*, चौखंबा संस्कृत प्रतिष्ठान, दिल्ली, 1989, पृ. 239।
2. *ऋग्वेद* 9/9/2/6; 6/88/3; छान्दोग्योपनिषद्– 5/3; अथर्ववेद 3/5/6, 7।
3. *ऋग्वेद* 10/173/1।
4. *यजुर्वेद* 9/22।
5. *गैरोला*, वही, पृ. 440।
6. *भीष्म*, 23; 28।
7. *स्वर्णारोहरणा*, 5; 82।
8. याज्ञ. 1353 तथा मनु. 9.294 (सप्ताड़गंराज्यमुच्यते)।
9. *ऋग्वेद* 10, 84.4; A.S. Altekar, *State and Government in Ancient India*, p. 35.
10. Altekar, pp. 36-41.
11. B.C. Law, *Ancient Mid-Indian Ksatriya Tribes.*
12. *महाभारत, शांतिपर्व*, 85 7-1।
13. *महाभारत शांति पर्व।*
14. वही, अध्याय 23।

15. *यजुर्वेद*, पृ. 121-22।
16. *ऋग्वेद*, 1.51.3।
17. वही, 1.116.8।
18. वही, 1.112.6; 1.150.17।
19. वही, 1.9.6; 1.17.8; 1.21.6; 1.90.3; 5.81.3; 6.49.13; 7.91.1।
20. वही, 5.7.46.13।
21. वही, 1.89.6; 1.90.60; 1; 1.90; 7-9; 7.35.8; 1.189.1.2।
22. *यजुर्वेद*, 8.25.60।
23. *ऋग्वेद*, 1.139.11; 1.59.4।
24. वही, 8.24.27; 1.100.18।
25. वही, 4.30।
26. Ashok Kumar Mazumdar, op. cit., p. 230.
27. वही, पृ. 231 और राम अवतार शर्मा, *राम कथा की सार्वभौमिकता*, आकार बुक्स, दिल्ली, 2017, पृ. 169-172।
28. *मनु, ऋग्वेद* 10.63.1।
29. *यजुर्वेद*, 22-22।
30. *यजुर्वेद*, 1/12/2; 1/17/1-2; 1/54/11; 6/44/45; 7/7/1; 7/31/7।
31. वही, 1/17/3-4; 1/26/1; 5/50/7-9।
32. वही, 1/11/7; 1/51/5, 7-8, 15; 1/6; 9-13; 4/4/4।
33. वही, 4/17/11-13; 7/6/5; 10/183/6।
34. वही, 1/23/6; 1/80/9; 4/4/3।
35. वही, 1/52/7; 1/53/6-7; 1/55/1; 7-8; 1/103/2-6; 5/37/4; 6/2/17; 6/11/1-2।
36. वही, 1/61/1-3; 1/63/3-8; 3/29/6; 3/54/17; 3/56/21; 4/4/4; 5/58/4; 7/6/2; 10/173/1-35।
37. *यजुर्वेद*, 7/1; 23,37; 6/2; 12/6, 17; 30/5, 9।
38. वही, 6/32-33; 7/29-30; 8/50; 9/25; 12/13; 14/23; 30/3-4; 33/6; 15, 27, 62, 66।
39. वही, 7/17।
40. वही, 6/25; 9/17; 16/1; 320, 55; 20/72/83।
41. *अथर्ववेद* 12/1।
42. वही, 10/5।
43. किरण टंडन, *संस्कृत साहित्य में राजनीति : श्रीकृष्ण और चाणक्य के संदर्भ में*, ईस्टर्न बुक लिंकर्स, दिल्ली, 1990।
44. किरण टंडन, वही, पृ. 19-20।
45. लीप कौर, *अर्थशास्त्र*, 1/4/16-19; 1/13/6-9।

46. लीप कौर, *अर्थशास्त्र,* 1/9/16-19।
47. वही, 6/1/15-18।
48. चाणक्य *सूत्रारिका*– 4-7, 10, 66, 67।
49. लीप कौर, *अर्थशास्त्र,* 1/7/2; 15।
50. वही, 1/11-16।
51. वही, अध्याय 2।
52. ठाकुर प्रसाद मिश्र, *चाणक्य चरित,* पृ. 37-38।
53. प्रभुदत्त स्वामी, *मौर्य चंद्रोदय,* 16/39-43।

6

सिकंदर का भारत हमला और यूनानी शासक

गोगामेला या अर्बेला के युद्ध में 331 ई.पू. आर्चीमिनियन शक्ति की हार से और 330 ई.पू. पर्सिपोलिस के शानदार महल को जलाने के बाद, सिकंदर ने भारत को जीतने की योजना बनाई। इसी प्रक्रिया में उसने हेराकल्स और डयोनिसस को भी अपने अधीन कर लिया जिनकी ख्याति के चर्चे जनमानस में फैले हुए थे। उसके रास्ते में आने वाली कठिनाइयों, रुकावटों व मौसम का ज्ञान नहीं था, अतः वह अपने स्वभाव के अनुसार भारत को विजय करके अपनी जन्मभूमि से उसकी एकरूपता, बेरुकावट तथा सीधा संबंध बनने के लिए चल पड़ा। पहले उसने सिस्तान को कब्जा किया, इससे वह दक्षिण अफगानिस्तान के क्षेत्र में आ गया, यहाँ उसने अलेक्जेंड्रिया नाम का शहर बसाया जो अब कंधार का प्रतिनिधित्व करता है। अगले वर्ष उसने काबुल पर कब्जा किया, भारत में प्रवेश करने से पहले बैक्ट्रीया को जीता जो फारस के एक राजकुमार के आधीन था, इन सभी को अधीन करने में सिकंदर को कोई दिक्कत नहीं हुई। इसके बाद दस दिनों में हिंदू-कुश को भी आधीन किया, इसके बाद निकाइयाँ जो अलेक्जेंड्रिया व काबुल नदी[1] के बीच था, यहाँ आकर उसने अपनी सेना को दो भागों में बाँट दिया। सेना की एक टुकड़ी का नेतृत्व हिपेस्टीयन और पैडिकाज जैसे विश्वासपात्रों के हाथों में सौंपकर उन्हें सिंधु नदी पर एक पुल बनाने का आदेश दिया, जिसके द्वारा आसानी से सेना को नदी पार कराया जा सके और दूसरी टुकड़ी का नेतृत्व स्वयं किया जिसके द्वारा उसने युद्ध करने वाले कबीलों और उनके सरदारों को जीता। सिकंदर ने फिर न्याशा जिसमें सपर का निचला भाग और कोह-ई-मोर को कब्जा किया, यह प्रदेश लगभग तीन सौ अमीर लोगों से शासित होता था, अकोफिस उनका नेता था, इन लोगों ने बड़ी आसानी से एलेक्जेंडर के सामने हार मान ली और उसे तीन सौ घुड़सवारों को भेंट में दिया। वे अपने-आपको डीयानीशोस का वंशज मानते थे। इससे सिकंदर की हिम्मत और बढ़ गई और कुछ समय इन्हीं लोगों के बीच रहा।

सिकंदर आगे बढ़ा और अश्केनोर, संस्कृत-अश्वाकाज, या अश्माका, जो अष्याषोई की ही एक शाखा थी, जिसे हराया। इनके पास घोड़े की सेना व हाथी थे,

इस सेना ने सिकंदर का बड़ी बहादुरी से मुकाबला किया, इनका रणक्षेत्र पहाड़ी था। सिकंदर की सेना को बड़ी कठिनाई उठानी पड़ी, लेकिन एक निशाने के काइररा अशकी नोश, जो विरोधी सेना का राजा था मृत्यु हो गई, उसकी पत्नी केलियोफिस ने आगे युद्ध लड़ना व्यर्थ समझा, सिकंदर से उसने प्यार कर लिया जिससे उन्हें एक बेटा[2] (अशाकानुश) हुआ, लेकिन मैसेगा को जीतने से पहले ही उसकी मृत्यु हो गई।

मैसागा के युद्ध में 7,000 भारतीय योद्धाओं को इस शर्त पर शहर छोड़ने के लिए समझौता हुआ कि वे युद्ध नहीं करेंगे, जब वे शहर छोड़कर जा रहे थे तो सिकंदर की सेना ने उन पर हमला कर दिया जिसमें हजारों लोग मारे गए, मरे हुए सैनिकों की पत्नियों ने उनके हथियार लेकर युद्ध किया, लेकिन अंत में हार हुई। लेकिन इस धोखे[3] से सिकंदर की महानता को धब्बा लगा, भारतीय इतिहास में वीरांगनाओं की हिम्मत और शौर्य देखने को मिला। इस युद्ध के बाद ई.पू. ने ओरा, बजीरा, औनोज, पीच की लातीज (आधुनिक पुष्करावती-चारशादा-युसुझंर्जर का प्रदेश, उंबोलीमा और दरता) के गढ़ अपने कब्जे में कर लिया।[4]

इस समय उत्तर-पश्चिम पार की स्थिति

सीमांत प्रदेशों को जीत वहाँ अपनी यूनानी सेना की छावनी बनाकर शासन स्थापित कर लिया। इस समय सिंध और पंजाब में राज्यतंत्र, अधिनायकतंत्र अमीर घरानों के नेता, अनेक प्रकार का शासन था जो आपस में लड़ते रहते थे विदेशी हमलावरों का एकजुट होकर सामना नहीं कर सकते थे। इसका लाभ सिकंदर को अवश्य हुआ। कुछ ने सिकंदर के साथ संधि भी कर लिया तथा उनका साथ भी दिया। जिसमें तक्षशिला का राजा सबसे आगे था जिसने सिकंदर की अग्रिम दल की सहायता करके, सिंध नदी पर पुल बनाकर सैनिक सहायता करके, कुछ छोटे-मोटे कबीलों के शासकों को अपने साथ लेकर सिकंदर की मदद करके उसके लिए भारत में घुसने के रास्ते खोल दिए।[5]

तक्षशिला और अभिसारा

326 ई.पू. बसंत के प्रारंभ में कुछ समय सेना को आराम देने के बाद सिकंदर ने उन्नद, अटोक के कुछ मील ऊपर से सिंध नदी को पार किया। राजा अम्मी ने सिकंदर को अनेक उपहार देकर स्वागत किया जिसे सिकंदर ने कुछ और चीजें जोड़कर लौटा दिया, लेकिन उसके पाँच हज़ार सैनिक अपने साथ रख लिये, इसी प्रकार पुंछ और नौसेहरा के राजा अभिसार ने भी सिकंदर से युद्ध न लड़ने व उपहार देने में ही अपनी भलाई समझी।[6]

सिकंदर अब हेडापिसिस– झेलम नदी के किनारे पहुँच गया, यहीं पर दूसरे किनारे पर पौरुष उसकी प्रतीक्षा कर रहा था, नदी पार करना कठिन था लेकिन एक रात पौरुष को धोखा देकर नदी जहाँ पर मोड़ खाती थी रात के अँधेरे में तूफानों को झेलते हुए नदी पार कर ली, कुछ सैनिक अवश्य ही पहले के स्थान पर रखे जिससे पौरुष को सिकंदर की सेना की हलचल की खबर न लगे।

पौरुष ने भी अपने बेटे के आधीन दो हजार सैनिक और एक सौ बीस रथ पूर्वी दिशा में रखे हुए थे। सिकंदर और पौरुष के बेटे में युद्ध के दौरान पौरुष का बेटा मारा गया।

अंत में पौरुष ने पचास हजार पैदल सैनिक, तीन हजार घुड़सवारों, एक हजार रथों और एक सौ तीस हाथियों के साथ सिकंदर को ललकारा, सिकंदर के सैनिकों ने पहला हमला किया, युद्ध आठ घंटे तक चला लेकिन इस बीच में आँधी-तूफान व वर्षा होने से रथ आगे नहीं बढ़ पाए। हाथी भी कीचड़ में फँस गए, सिकंदर के सैनिकों ने पौरुष की सेना के हाथियों के पैरों व सूँड़ों पर कुल्हाड़ों से हमला किया, जिसके कारण हाथी अपनी ही सेना को कुचलते हुए भागने लगे, लेकिन पौरुष बिना किसी भय के युद्ध करता रहा जिसके कारण उसके शरीर पर अनेक घाव हो चुके थे, यदि वीर सैनिक की बात की जाए तो यह छः फुट की लंबाई वाला व अत्यंत बलशाली था, अंत में वह पकड़ा गया और सिकंदर के सामने लाया गया जहाँ उसने वीरता से सिकंदर को कहा कि जैसे एक राजा युद्ध में दूसरे राजा के साथ व्यवहार करता है आप भी मेरे साथ वही व्यवहार करें।[7]

इस युद्ध में दोनों सेनाओं की बहुत हानि हुई। सिकंदर पौरुष की वीरता से अति प्रसन्न हुआ और उन्हें पुनः उसका राज्य दे दिया। सिकंदर ने पौरुष को जैतून का पत्ता भी भेंट किया जो मित्रता का प्रतीक है। सिकंदर भली-भाँति जानता था कि वह यूनान से बहुत दूर है, सुदूर पूर्व में साम्राज्य बनाना कठिन है, जीत सकते हैं लेकिन उस राज्य को अधिक समय तक अपने आधीन नहीं रख सकेगा। हिंदू राज्यशास्त्र में मनु और कौटिल्य ने भी विजित राजा के लिए इसी प्रकार का व्यवहार करने के लिए कहा है, जिसमें जीते हुए राज्य के किसी राजपरिवार के सदस्य को ही राज्य सौंप देना चाहिए, राम ने भी बालि और रावण के विषय में ऐसे ही कार्य का परिचय दिया।

सिकंदर ने दो नगरों की स्थापना की एक अपने घोड़े वोके पाला जो भारत में ही मरा था, दूसरा निकेया, जो वह स्थान है जहाँ सिकंदर ने पौरुष पर विजय प्राप्त की थी। यूनानी देवताओं की आराधना करने के बाद सिकंदर ने काशिका के 37 शहरों को अपने आधीन किया जिसमें सबसे छोटे में पाँच हजार निवासी थे, बड़े में दस हजार के लगभग थे।

इसी समय सिकंदर को सूचना मिली कि निकानोर को विद्रोह में मार दिया गया, शीघ्र ही उसने विद्रोह को रोकने के लिए निकट की सेना भेजी और विद्रोह को रोक दिया। अब सिकंदर ने अरकिन-चिनाब को पार कर लिया और गंधर व उसके आस-पास के क्षेत्र को अपने आधीन कर लिया। 326 ई.पू. तक सिकंदर ने रावी नदी पार कर अनेक क्षेत्रों को जैसे पीम्परामा आदि पर कब्जा कर लिया।

अब सिकंदर ने सागला पर हमला किया– इस क्षेत्र के लोग बड़े सुंदर होते थे सबसे सुंदर व्यक्ति को राजा बनाया जाता था जिसकी परख जन्म के दो मास तक होती थी। यहाँ के लोग युद्ध में बड़े लड़ाके और वीर माने जाते थे, और पत्नी भी अपने पति के साथ सती होती थी। स्त्रियों व पुरुषों को अपना जीवनसाथी चुनने की पूरी छूट थी। ये लोग काबिया कहलाते थे। युद्ध में पौरुष ने भी सिकंदर का साथ दिया, इस युद्ध में सत्रह हजार सैनिक मारे गए, सत्तर हजार पकड़े गए, तीन सौ रथ पकड़े गए, तथा क्रोध में सिकंदर ने षागला के शहर को जमींदोज कर दिया। यह व्यास नदी की ओर जाने लगा और नदी तक पहुँच भी गया लेकिन यहाँ एक विचित्र घटना घटी– सिकंदर की सेना ने हथियार डाल दिए और आगे बढ़ने से मना कर दिया। सैनिक युद्ध से थक गए थे, बीमारी से पीड़ित थे, उनके पास उपयुक्त हथियार व वस्त्र नहीं थे, उनके अनेक साथी युद्ध में मारे गए थे। घर की याद भी उन्हें सताने लगी थी। वास्तव में पौरुष के साथ युद्ध में यूनानी सेना काफी हताश हो गई थी। सिकंदर गंगा पार करना चाहता था लेकिन यूनानी सैनिक भारतीय सैनिकों से घबराते थे। सिकंदर के अनेक उत्साह के प्रयास के बाद भी सैनिक नहीं माने, अतः सिकंदर ने वापस यूनान जाने के लिए आदेश दे दिए। झेलम के किनारे उसने 12 देव स्तंभ बनाए, रास्ते में वास्ती, मौसानोई, ब्राह्मणों, क्षत्रियों मलोई से युद्ध हुआ, अंत में झंग और मांटगुमरी के युद्ध में सिकंदर को गहरा घाव लगा, सिकंदर की सेना ने घरों को जला दिया, जनता को काट दिया जिसमें निर्दोष महिलाएँ व बच्चे भी थे। सिकंदर ने फिलिपोस को अपना प्रतिनिधि बनाकर तथा पौरुष व आंबी को अपना-अपना राज्य देकर, सिंध नदी के रास्ते यूनान को चल दिया। सितंबर 325 ई.पू. में उसने भारत को छोड़ दिया। सेना को दो भागों में बाँटकर एक समुद्र के रास्ते निरकोष के नेतृत्व में दूसरी बलूचिस्तान के रास्ते स्वयं के द्वारा, जून 323 ई.पू. सिकंदर की मृत्यु हो गई।

भारत के राजा, जनता व गणतंत्र कुछ समय के लिए दब गए, कुछ ने सिकंदर से युद्ध किया लेकिन पुनः खड़े हो गए, उनमें स्वतंत्रता की भावना प्रबल रही। शासन अत्याचारी नहीं था। प्रजा सचेत व राष्ट्रभक्त थी, वे अवश्य आपस में लड़ते थे लेकिन विदेशी ताकत को पसंद भी नहीं करते थे।

सिकंदर ने भारत छोड़ने से पहले निकनोर को पश्चिम-सिंध का, फिलिपोज

को पंजाब का और अपोलोफोनस को गडरोसिया का प्रतिनिधि बनाया जिन्हें सिकंदर के समय में ही मार डाला गया।

सिंध नदी का भाग सिकंदर के हमले से पहले फारस के साम्राज्य का हिस्सा था, लेकिन जब सिकंदर ने उसे जीत लिया तो उसकी इच्छा भारत के अन्य भागों को जीतकर एक नए साम्राज्य को बनाने की हुई थी, जिसमें वह पूर्ण रूप से विफल रहा। सिकंदर जब वापस अपने देश लौटा तो वह अपने सतरप के आधीन 15 कबीले और पाँच हजार शहर छोड़ गया था।

चाहे सिकंदर भारत में साम्राज्य बनाने में विफल रहा हो लेकिन उसने भारत को यूनान के नजदीक ला दिया। फारस के साम्राज्य को ध्वस्त कर जो अभी तक यूनान और भारत के बीच में एक अड़चन बना हुआ था उसे तोड़ दिया। उसके साथ बड़े लेखक और विद्वान थे– टोलमी, अरीस्टोबूल्स, निपकस, वनसिकरीटस, इयूमनस, चोरिस, फालिस्थीन (अरस्तु का संबंधी) केलिटार्चस, पोलिकलिटस और फृरलिसस आदि जिन्होंने सिकंदर के आक्रमणों व अन्य विषयों को लिखा है।[8] इन विद्वानों से पहले कुछ लोगों– हिथ्रटो, शकालेक्स, हेकाटिपस आदि ने अवश्य ही भारत के विषय में लिखा लेकिन वह सत्य नहीं था, लेकिन सिकंदर के आक्रमण के बाद यूरोप में भारत की पहचान होने लगी। अब पश्चिम-उत्तर व कुछ दक्षिण भारत की जानकारी यूरोप को मिलने लगी। यहाँ के पशुओं– बैल, घोड़े, हाथी आदि की जानकारी उन्हें मिली। इथोपिया, मिस्र और भारत की तुलना भी की गई। भारत की चावल की खेती, ऊन आदि का भी वर्णन किया गया।

सिकंदर की मृत्यु (323 ई.पू. बेबीलोन में) के बाद पंजाब और पश्चिम उत्तर भारत में सिकंदर का राज्य अनेक भागों व भारत के बाहर के अन्य स्थानों में बँट गया या समाप्त हो गया। सिकंदर की मृत्यु के बाद चंद्रगुप्त मौर्य ने पंजाब को यूनानी शासकों से मुक्त करा लिया लेकिन सेल्यूकस ने मिस्र व अन्य स्थानों पर अपना कब्जा किया और भारत में आया तो उसका सामना चंद्रगुप्त मौर्य की सेना से हुआ। अंत में सेल्यूकस ने अपनी लड़की का विवाह चंद्रगुप्त मौर्य से करके बदले में 500 हाथी लिये, कुछ भूमि चंद्रगुप्त मौर्य को भेंट में दी। इस संधि से यूनानियों को पटना में विशेष आदर और सम्मान से रहने, उनके मारने के बाद दफनाने व उनकी संपत्ति को यूनान भेजने के विशेष प्रबंध किए गए।[9]

सेल्यूकस सिरिसा का राजा भी था उसने मैगस्थनीज को भारत में अपना राजदूत बनाकर भेजा, उसने भारत के विषय में भी लिखा है। इस प्रकार बिंदुसार के समय में ऐंटीओचस ने डिमाकोष को अपना राजदूत बनाकर भारत भेजा। इसी प्रकार मिस्र के राजा टोलमी ने भी अपना राजदूत पटना भेजा। भारत के राजाओं ने

न केवल अपने राजदूत सीरिया व मिस्र में भेजे साथ-साथ बुद्ध मत के प्रचार के लिए भी प्रचारक वहाँ भेजे।

इन राजनीतिक, आर्थिक व धार्मिक संबंधों के कारण भारत और यूनान के विषय में अधिक जानकारी मिलने लगी। इरातोस्तीनस (अलेकजेंड्रिया लाइब्रेरी) के अध्यक्ष ने भारत पर एक पुस्तक भी लिखी थी। यूनानियों ने भारत के भौगोलिक स्थिति का भी वर्णन किया और सिंधु नदी को सबसे बड़ा भी कहा। भारत की चारों दिशाओं का वर्णन किया, पूर्व व पश्चिम में समुद्र का भी उल्लेख किया, हिमालय का भी उल्लेख किया, उत्तर में शकेथियन लोगों के बसने का उल्लेख किया है।[10]

भारत में यूनानी शासक

भारत में यूनानी शासकों के विषय में कम सहमति और अधिक मतभेद है। इसका मुख्य कारण यह रहा है कि भारत की संस्कृति और विचारों पर यूनानियों का गहरा प्रभाव नहीं पड़ा। जैसा कि आर्चमेनिड साम्राज्य पर पड़ा।

भारत में पाए गए यूनानी व भारतीय-यूनानी सिक्कों से यह ज्ञात होता है कि यहाँ पर यूनानी शासकों का भी राज्य रहा है। यह अशोक से पहले 233 ई.पू. का काल ही हो सकता है। बैक्ट्रीया में सेल्यूकस के सामान्य सिक्के मिले हैं। नाम के साथ एटियोचस हैरकस के सिक्के भी मिले हैं। दियोदोरस प्रथम के भी सिक्के मिले हैं। इसी प्रकार दियोदोरण द्वितीय, इयूडिमस प्रथम, (223/222– 190-189 ई.पू.)।

एंटिमाचस प्रथम	-	182– 68 ई.पू.
इयूथीडेमस द्वितीय	-	178– 4 ई.पू.
डिनिटरस द्वितीय	-	175– 68 ई.पू.
अगायोकल्स	-	173– 168 ई.पू.
पैंटानिओन	-	170– 68 ई.पू.

162 ई.पू. सिक्कों पर मेगा, महान राजा छपने लगा। मनेंद्र ने अपने सिक्के कपीसा में ढाले यह बड़ा शासक भी रहा।

अगाथिकलेआ - 144 ई.पू.

स्ट्रातो - 143 ई.पू. से सिक्कों पर धार्मिक शब्द अंकित होने लगा।

आखिरी यूनानी शासक उजिस द्वितीय जिसका काल 716 ई.पू. से 19 ई. तक माना जाता है। यह अनुमान लगाया जाता है कि लगभग 100 वर्षों तक अफगानिस्तान के अनेक पंजाब से होते हुए मथुरा तक यूनानी शासकों ने राज्य किया इसमें महिलाओं का बड़ा योगदान रहा। लेकिन रक्त संबंध होते हुए भी ये यूनानी शासक आपस में लड़ते रहे।[11]

सिकंदर के भारत छोड़ते ही उसके प्रतिनिधि फिलिप्स को मार दिया, पंजाब की जनता सिकंदर को केवल एक लूटेरा और आक्रांता ही मानती थी। सिकंदर की सेना में अनेक भारतीय भी थे। उनमें से चंद्रगुप्त मौर्य भी एक था, वह यूनानियों की युद्ध कला से भलीभाँति परिचित हो गया था, सिकंदर को उसने मगध पर आक्रमण करने के लिए सलाह दी जो मानी नहीं गई, चंद्रगुप्त मौर्य ने फारस के राजा से भी मगध पर हमला करने की गुहार लगाई इसके लिए वह फारस भी गया। लेकिन उसमें सफल न हो सका।

पोरस को 320 ई.पू. में यूनानी सैनिक इडिमस में मार दिया जिससे हिंदू बड़े नाराज हुए उन्हें अब ऐसा नेता चाहिए था जो पोरस के समान बहादुर हो, चंद्रगुप्त मौर्य ऐसी ही था, 316 ई.पू. तक वह अफगानिस्तान, बलूचिस्तान, सिंध और पंजाब का एकछत्र राजा बन गया, इस समय के हिंदू, बौद्ध और जैन साहित्यों में सिकंदर की कोई विशेष उपलब्धि नहीं मिलती। न ही वह भारत में यूनानी सभ्यता को फैला पाया।[12]

चंद्रगुप्त मौर्य ने अनेक यूनानी सैनिक अड्डों को नष्ट कर दिया। मगध पर हमला करने के लिए उसने सताकारा व चाणक्य की सहायता ली। इस अभियान में शक, यवन, किरात, कंबोज, पारसी, बालहिक चंद्रगुप्त मौर्य के साथ होकर चारों ओर से पाटलिपुत्र पर हमला कर दिया। चंद्रगुप्त मौर्य ने नंद राजा को मारकर स्वयं को राजा घोषित कर दिया।

अग्र-घनवा ने इसका विरोध किया लेकिन चंद्रगुप्त मौर्य ने नेपाल के राजा की मदद से अग्र-घनवा को हरा दिया। राक्षस नंदों का बड़ा वफादार मंत्री था, उसने अन्य लोगों की सहायता से चंद्रगुप्त मौर्य का विरोध किया जिसमें वह अंत में सफल नहीं हुआ। मल्यकेतु व राक्षस आपस में मिलकर चंद्रगुप्त मौर्य को मारना चाहते थे लेकिन चाणक्य ने एक पत्र के द्वारा दोनों मित्रों को एक-दूसरे का दुश्मन बना दिया और दोनों पकड़े गए। अंत में राक्षस को मंत्री बना दिया और मल्यकेतु अपने राज्य को चला गया, 313 ई.पू. सुघनवा नंदा, जो नंद वंश की गद्दी पर बैठा था मार दिया और चंद्रगुप्त मौर्य 312 ई.पू. में मगध का राजा बन गया।

रोमन काल

अशोक की मृत्यु 232 ई.पू. के बाद मौर्य वंश का पतन शुरू हो गया था। अशोक के दो पुत्रों के अतिरिक्त उसके उत्तराधिकारियों के विषय में अधिक जानकारी नहीं है उन्होंने भी राज्य को दो भागों में बाँट दिया था। बृद्धरथ का पुष्य मित्र ने 185 ई.पू. में वध कर दिया था। इसके बाद पश्चिम भारत में डिमिट्रियस व मनेंद्र के साम्राज्य फैले और फिर यूनानी व बैक्ट्रेनियन शासन का अंत भी हो गया।

इसके बाद प्रयिया के अरस्कोदियन वंश का उदय हुआ। यह सैल्यूकस के दूसरे उत्तराधिकारी अंटीकोचस द्वितीय के समय हुआ। यह वंश पूर्व की ओर बढ़ता और यूनानी व भारतीय शासकों के बीच एक दीवार बन गया। इसीलिए बहुत कम संपर्क होने के कारण आरंभ के ईसा युग की जानकारी नहीं मिलती। पूर्व में जब ये घटनाएँ घट रही थीं उसी समय 30 ई.पू. में पश्चिम का सीरिया और मिस्र रोमन साम्राज्य के अधीन हो गया था। अगस्तस ने अपने कब्जे वाले प्रदेशों को संगठित कर लिया था। शांति स्थापित होते ही समुद्र में एशिया से व्यापार का रास्ता भी समृद्ध हो गया, रोम के पास घन बहुत आ गया था, अतः व्यापारी भी अब भारत से व्यापार करना चाहते थे। रोम की सफलता से अरब के व्यापारियों को हानि हो रही थी। रोमन सेना अब अरब क्षेत्रों में प्रवेश कर गई थी उसने महत्त्वपूर्ण बंदरगाहों पर अपना अधिकार जमा लिया था।

दक्षिण भारत के राजाओं ने अब रोम में अपने राजदूत भेजे व उनके राजदूत अपने यहाँ स्वीकार किए, व्यापार बढ़ने लगा। इस व्यापार में अन्य सामानों के साथ मिर्च की रोम को बहुत माँग थी। व्यापार न केवल दक्षिण के बंदरगाहों से हुआ वरन् उज्जैन व मध्य भारत तथा सिंध नदी के माध्यम से भी होने लगा। भारत में अगस्तस से नीरौ तथा सेपटीमस सिवरस (193-211 ई.), गेटा 211-12, और कैराकाला 212-17 ई. के सिक्के भी पाए गए हैं, अधिकतर व्यापार सोने व चाँदी के द्वारा होता था। भारत और रोम का व्यापार राजनीतिक उथल-पुथल से कम और ज्यादा होता रहा लेकिन 641 ई. में अलेक्जेंड्रिया को मुसलमानों ने कब्जे में लेने से इसमें रुकावट बढ़ गई। अब पूर्व में मुस्लिम का दबदबा बढ़ गया।

इन वर्षों में केवल व्यापार ही नहीं हुआ अपितु कुछ दार्निक भी भारत आए– अपोलोनियस, मेट्रोडोरस, मेरोपियस, फरूमैंटीयस, एडिसियस, म्यूसियस आदि। थियोडोर ने 6 सदी ई. में भारत का भ्रमण किया।

भारत और बाहरी संसार

सातवीं शताब्दी में मोहम्मद ने इस्लाम धर्म स्थापित किया था, यह बहुत अधिक यहूदीवाद और जौराष्ट्रनिज्म से मेल खाता है। इसका एकेश्वरवाद यहूदीवाद से भिन्न नहीं है। पवित्र कुरान भी यहूदियों की इस बात को स्वीकार करता है जोरोआस्ट्रीयन प्रभाव को इस्लाम में उसके धार्मिक सिद्धांत "ला इल्लाह इलील्लाह" (केवल ईश्वर की भक्ति और बड़ाई) ही करनी चाहिए। यह सिद्धांत nest ezad magar yazdan से पूरा मेल खाता है। कुरान का हर अध्याय केवल 9वें अध्याय को छोड़कर–"बिसमिल्ला रहीमानीरहिम" से प्रारंभ होता है जिसका अर्थ है "दयावान ईश्वर के नाम पर" इसी प्रकार की आस्था हम जोरोआस्ट्रर की

पुस्तकों में देखते हैं, मुस्लिम दुवा भी अवस्था[13] पर आधारित है। यह भी कुछ विद्वानों ने माना है कि यूनानी और रोमन भाषाई व सांस्कृतिक रूप से आर्यों की ही एक शाखा थी।[14]

यूनानियों के देवता– जीयूस, हेरा, एथिना, अपोलो, अर्टिमिस, हरमिस, हापास्टस, अफोरोडाइट, पोषिडोन, डियानीसस आदि जिनकी मूर्तियाँ ओल्म्पस पहाड़ पर हैं जहाँ कोई नहीं जा सकता, इन सभी देवताओं के विशेष कार्य हैं लेकिन एक-दूसरे के दुश्मन हैं, इसी तरह रोमन के भी देवता हैं, नाम अलग-अलग हैं लेकिन यूनानी देवों से मिलते हैं। यह माना जाता है कि वेदों के देवताओं की समानता व तुलना इनसे की जाती है, यूनानी व रोमन भी आत्मा के अस्तित्व में विश्वास करते हैं वे भी शरीर को आत्मा से अलग मानते हैं और प्राचीन समय में शरीर का हिंदुओं के समान संस्कार करते थे व श्रद्धा रिवाजों में भी उनका विश्वास था।[15]

यूनानी और रोमन में विवाह एक धार्मिक क्रिया है जिसके द्वारा परिवार को आगे बढ़ाना होता है। रोमन भी अग्नि की पूजा करते हैं भोजन से पहले वे भगवान को धन्यवाद देते हैं। इस तरह से भारतीय संस्कृति को यूनानी और रोमन जीवन-पद्धति में देखा जा सकता है। यूनानी दार्शनिकों व रोमन विद्वानों में उपनिषद्, वेदांत, समाख्या दर्शन, पाइथागोरस का सिद्धांत भारतीय सिद्धांतों से मिलता है, थेल्स, इपिडोकल्स अनेकसंगेरस, डिमोक्रीट्स, और अन्य भी भारतीय दर्शन से प्रभावित होकर भारत भ्रमण के लिए आए थे। प्राचीन काल से ही पश्चिम भारत के दर्शन, हिसाब, वैदिक, भविष्यशास्त्र, रसायनशास्त्र और भौतिकी से प्रभावित रहा है।[16] अरब के माध्यम से ही ये भारतीय ज्ञान यूरोप में पहुँचा, अरब अंकों को हिंदसा कहते हैं।

आयुर्वेद-चरक और सुश्रुत के प्रयोग सिद्धांत को भी अरबों ने पश्चिम में फैलाया। 217 ई.पू. भारतीय बौद्ध भिक्षु चीन गए, वहाँ अपने मतों का प्रचार करने लगे लेकिन उन्हें कैद कर लिया गया। 67 ई. में चीन के राजा को स्वप्न में एक पीले वस्त्र धारण किए हुए ईश्वर दिखाई दिया, ज्योतिषियों ने इसे बुद्ध माना। अतः राजा ने भारत से दो भिक्षुओं को बुलाया जो कश्यप और मतंग थे, लेकिन कन्फुशियन के प्रभाव के कारण बौद्ध मत को अनेक वर्षों तक संघर्ष करना पड़ा, अंत में बौद्ध मत राज्य मत हो गया, चीन से अनेक यात्री भारत आए एवं भारत से अनेक भिक्षु चीन गए। भारतीय दर्शन व चिकित्सा का चीन व पश्चिम एशिया के अन्य देशों में बहुत प्रचार हुआ।

चीन में बौद्ध मत को अनेक बार झटके लगे लेकिन अंत में दसवीं शताब्दी के बाद बौद्ध मत को भी जनता ने स्वीकार लिया। तिब्बत में भी राजशाही की सहायता

से बौद्ध मत फैला। मंगोलिया के आधीन कबूली खाँ के शासन में तिब्बत बौद्ध मत की ओर बढ़ने लगा। कोरिया के बाद जापान में भी बौद्ध मत का प्रसार हुआ। अशोक के काल में पंगु और अराकान में भी बौद्ध मत का प्रसार हुआ।

इस काल के विदेशी यात्रियों ने अपने संस्मरण लिखे और भारत के विषय में ज्ञान दिया, उनका मानना था कि धर्म को छोड़, पहनावे, रिवाजों, जाति, भाषा और लेखनी में भेद था। बाद में तुर्क भारत में आए, उन्होंने काफी सीमा तक भारत को एक बनाया, लेकिन ईसाई भी यहाँ आए, चौदहवीं शताब्दी के बाद तुर्किस्तान भी इस्लाम में बदल गया और 1750 में चीन में भी इस्लाम आ गया लेकिन पुराने मतों का प्रभाव अभी भी बना रहा।

यह तथ्य है कि समय-समय पर राजाओं ने जिस धर्म में वे विश्वास करते थे उसे मदद की, उसे फैलाने में अग्रणीय भाग लिया, लेकिन कई अवसरों पर एक मत के अनुयायियों व दूसरे में संघर्ष भी हुए। इस्लाम और ईसाई मत के शासकों ने बलपूर्वक या प्रलोभन देकर धर्म परिवर्तन किया, दूसरे धर्मों के पूजा-पाठ के स्थानों को तोड़ा या उन पर विशेष कर भी लगाए गए। धीरे-धीरे भारत एक ऐसा देश बन गया जहाँ विश्व के सभी मतों के मानने वाले आकर रहने लगे, चाहे वे शासक के रूप में आए या शरणार्थियों के रूप में।

विभिन्न प्रजातियों का मिश्रण

अनादि काल से ही भारतवर्ष एक धर्म प्रधान देश रहा है, यहाँ अनेक धर्मों, देवी-देवताओं तथा धार्मिक परंपराओं का समय-समय पर प्रादुर्भाव होता रहा है। इनमें कुछ ऐसे धर्म, देवता, देवियाँ तथा उनकी मान्यताएँ हैं जो एक निश्चित समय पर देश के धार्मिक क्षितिज पर उभरी, तथा जितनी शीघ्रता से उनका उद्‌गम हुआ उतनी ही शीघ्रता से स्वाभाविक रूप से लुप्त भी हो गई। उन्होंने भी कुछ समय तक समाज को अवश्य प्रभावित किया। कुछ धर्म उनके देवता; उनकी परंपराएँ ऐसी भी थीं जो एक बार भारतीय धार्मिक क्षितिज पर उद्‌गम के पश्चात् कभी भी लुप्त नहीं हुए, कुछ परिवर्तनों के साथ वर्तमान युग में भी उतनी ही लोकप्रिय है तथा जन-जन को प्रभावित करती है। उनमें से बुद्ध, हिंदू और जैन आदि प्रमुख हैं। प्राचीन भारत में आज के समान "धर्म" और "हिंदू" शब्द नहीं था, धर्म अवश्य था, लेकिन वह व्यक्ति के जीवन के हर पहलू से जुड़ा हुआ था, आज के समान वह अलग-अलग साँचे में बँटा हुआ नहीं था। राजा भी मंदिरों से जुड़े हुए थे, तथा ऋषि, मुनियों का प्रभाव भी राज्य के नियमों पर होता था। जन-जन में उनका प्रभाव था। धर्म वास्तव में जीवन का तरीका है वह भगवान की इच्छा है जो व्यक्तियों के जीवन के हर पहलू में रहती हैं, अतः धर्म को जीवन के किसी पहलू से अलग नहीं किया जा

सकता। वास्तव में आज जीवन एक समस्या बन गई है। आधुनिक सभ्यता "धर्म निरपेक्ष" है, आधुनिक मानव का मुख्य उद्देश्य संसाधनों के लिए आशीर्वाद चाहिए, राष्ट्र साम्राज्य की इच्छा करते हैं जिसमें राजनीतिक और आर्थिक भव्यता हो। धर्म केवल एक अनौपचारिकता और अंधविश्वास माना जाने लगा है। मनुष्य स्वार्थी और व्यक्तिगत हितों को साधने में लगा है, वह एक दास का जीवन जी रहा है भारत की आजादी का आंदोलन वास्तव में आध्यात्मिक था, यह भारत के भविष्य के लिए भी महत्त्वपूर्ण है, लेकिन यह गहरी समझ की भी माँग करता है। शाश्वत सत्य से हम कितना भी दूर भागें अंत में हम टूट जाएँगे। रचनात्मक सत्य हमारी नींव है। गाँधी भी कहते थे कि उनका जीवन और कार्यक्रम "भगवान में जीवित विश्वास" पर आधारित है। सत्य का कोई महत्त्व नहीं यदि हम उसे जीवन के हर पहलू में नहीं देखते हैं। यह मूल सत्र है जिसको नष्ट नहीं किया जा सकता। हम चाहे इसके अनुसार अपना जीवन न व्यतीत करें, लेकिन वह कानून सदैव रहता है। सत्य एक कठोर मालिक भी है। गाँधी के सिद्धांत सत्य से अहिंसा की ओर बढ़े थे, उन्होंने ये सिद्धांत भारतीय सांस्कृतिक विरासत से लेकर आधुनिक समस्याओं को सुलझाने में प्रयोग करते थे। धन संग्रह, चोरी, अपने पड़ोसी के प्रति श्रद्धाभाव, मंदिर के द्वार सभी के लिए खुले रहे, सभी को एक समान भाईचारे के भाव से देखा जाए।

गाँधी सभी धर्मों को केवल इस रूप में एक मानते थे कि सभी सत्य की खोज में जुटे हैं। जीसस क्राइस्ट ने यहूदियों के ओल्ड टेस्टामेंट को नई टेस्टामेंट के समान ही पवित्र माना था और उसे बाइबिल का भाग माना था। लेकिन अपनी संकीर्णता के कारण उस समय के यहूदियों ने इसे उचित नहीं माना और उसे फाँसी पर चढ़ा दिया।

भारत में बुद्ध ने वेदों की पशुबलि को हिंसा माना उसका प्रचार किया लेकिन वेदों के मानने वालों ने बुद्ध को मृत्युदंड नहीं दिया वरन् उसे भी भगवान का इति मान लिया। हिंदुओं का मानना था कि बुद्ध भी सत्य की खोज में लगे हैं। केवल यहूदियों ने ही धर्म के नाम पर अत्याचार नहीं किए वरन् जब प्रोटेस्टेंट मत आगे बढ़ा तो रोमन कैथोलिकों ने उन पर अत्याचार किए। इस्लाम में भी ग़ैर-इस्लामिक लोगों को जान से मारा। जब इस्लाम ईरान में फैल रहा था और वहाँ के पारसियों को अपने धर्म के पालन करने पर अत्याचार हुए तो वे भारत में शरण लिये, लेकिन यह माना कि वे गौ हत्या नहीं करेंगे। त्रावणकोर के महाराजा ने मालाबार में इसाइयों को धर्म-प्रचार के लिए जमीन दी और उनकी सुरक्षा भी की। क्योंकि गीता में कृष्ण ने कहा है :

ये यथा मां प्रजघन्ते तांस्तयैव भज प्रम्यहम्।[17]

मुझे कोई भी किसी भी रूप में भेजता है वह मुझे स्वीकार्य है। हिंदू सभी धर्मों

के देवी-देवताओं को अपने ही देवी-देवता मानते हैं।

यंशैवाः समुपासते शिव इति ब्रह्मेति वेदान्तिनो
बौद्ध बुद्ध इति प्रमाणापरवःकर्तेति नैयायिकाः।
अर्हनिनस्यथ जैनशासनरताः कर्मेति मीमांसकाः
सोऽयं वो विदधातु वाच्छितफलं त्रैलोकयनयोहरिः।।

बुद्ध हिंसा को जहाँ पाप मानता है, हिंदू उससे ऊपर मरे हुए पशु को खाना व बेचना भी पाप मानते हैं।

अनुमनता विषसिता निहन्ता क्रयविक्रयी।
संस्कर्ता चोपहर्ता च खादकश्चेति घातकाः।।[18]

हिंदुओं ने अवश्य ही बुद्ध के उपदेशों में जो दोष थे उन्हें प्रकट किया। वे बुद्ध के विरोध में रागद्वेषहीन रहे। कुमारिल भट्ट व शंकराचार्य की वैदिक धर्म और अकाट्य दर्शन के आगे बौद्ध मत नहीं टिक सका।

ईसाई और इस्लाम के अनुसार जन्म भूतकाल में एक बार हुआ है और विनाश भी भविष्य में एक बार होगा, जबकि वेदों में जन्म और मरण, जन्म और विनाश की क्रिया-प्रक्रिया सदैव चलती रहती है, अच्छाई और बुराई उनके पुराने कर्मों का फल है जो निरंतर चलता रहता है।

भारतीय इतिहास एक सुंदर जातीय मिश्रण का उदाहरण जहाँ भिन्न-भिन्न जातियों और संस्कृतियाँ कम-समय सर्वोच्चता के लिए संघर्ष करती रहीं लेकिन अंत में एक-दूसरे में समाहित होते हुए एक हो गईं। विश्लेषण से यह पता चलता है कि इस्लाम का यह प्रक्रम रीति-रिवाजों, धर्मों, साहित्य, कला भारत की संस्कृति को मजबूत करने में विभिन्न जातियों, भाषाओं, कलाओं और धर्मों ने अपना-अपना सहयोग देकर बनाया है। यदि भारतीय इतिहास को ठीक से समझा जाए तो पाएँगे कि हिंदू, मुस्लिम, ईसाई, पारसी, आर्य-द्राविड़ सभी को भारत की संस्कृति ने प्रेरणा दी है। बाहर से भिन्नता दिखने के विपरीत भी अंदर एकता धारा बहती है।[19]

भारतीय जनता में अनेक मानव परिवारों का संगम हुआ है, विभिन्नता इस ओर संकेत करती है कि मानव जातियों का मिश्रण हुआ है। संस्कृति एक विशाल महत्त्व का शब्द है। यह मानव की सभी क्रियाओं– ज्ञान, अध्यात्म, आत्मिक, नैतिक, सामाजिक, आर्थिक और राजनीतिक को समाहित किए है। संस्कृति का स्थान मानव का मस्तिष्क है, प्रधान धर्म अवश्य संस्कृति को प्रभावित करते हैं, लेकिन धर्म और संस्कृति अलग-अलग नहीं हैं। संस्कृति ऐसा विस्तृत नाम है जो व्यक्ति का संबंध सौंदर्य, प्रकृति, जीवन के प्यार, कला की संरचना, ज्ञान की पिपासा, शक्ति के मोह, सदैव इस संसार और दूसरी दुनिया के प्रति स्थिरता नहीं रखती है।

भारत में प्राचीन काल से समावेशीय सांस्कृतिक भाव रहा और भविष्य में

भी ऐसा ही रहने वाला है चाहे, राजनेता और राजनीतिक दल कितना भी धार्मिक भेदभाव, भाषा, और क्षेत्रवाद के विरोधों को व्यक्त कर लें। भारत एक विशाल देश है, इसमें सुनिश्चित तथा विभिन्न भौगोलिक प्रदेश हैं, जिनमें विविध प्रकार की भूमि, जलवायु, उपज तथा परिस्थितियाँ पाई जाती हैं– (1) उत्तर भारत– उत्तर-पश्चिमोत्तर तथा पूर्वोत्तर में हिमालय तथा उसकी शृंखलाओं का आलिंगन करता है; (2) विंध्य मेखला, (3) दक्षिण तथा (4) सुदूर-दक्षिण। प्राचीन काल से विभिन्न जातीय मानव परिवारों का उदय हुआ। सीमा प्रदेश को छोड़कर अन्य भागों में ये जातियाँ आकार-प्रकार में एक-दूसरे से भिन्न थीं। एक लंबे काल में निम्न प्रक्रियाओं द्वारा ये प्रादेशिक तथा जातीय मानव परिवार एक-दूसरे के साथ मिश्रित हुए– (1) जातीय संगमन, (2) उपनिवेश, (3) विजय, (4) व्यापार, (5) सामाजिक संपर्क तथा संबंध, (6) धार्मिक प्रचार तथा तीर्थयात्रा। भारतीय जातियों के अतिरिक्त भी कई जातियाँ भारत के बाहर से आईं– ईरानी, यूनानी, पहाव, शक, कुषाण, हूण, तुर्क, इन सभी ने अपने आक्रमण, निवास तथा संपर्क के द्वारा भारतीय जनता में अपने तत्त्व छोड़े जो धीरे-धीरे आत्मसात होते रहे।

भारतीय जातीय मिश्रण के संबंध में यूरोपीय शोधकर्ताओं ने, इसका विकास क्रम निम्न प्रकार से रखा है। भारत में दो प्रमुख जातियाँ हैं– (1) आर्य तथा (2) आर्येतर।

(1) इनके अनुसार आर्य विदेशी थे जो मूलतः मध्य एशिया तथा यूरोप के किसी प्रदेश में रहते थे। लगभग 1500 ई.पू. इन्होंने भारत पर आक्रमण किया। इनके पूर्व भारत में द्राविड़ तथा आग्नेय परिवार की जातियाँ रहती थीं, जो इस देश के आदि निवासी थे। पश्चिमोत्तर से आक्रमण करके इन जातियों ने आर्येतर जातियों को दक्षिण तथा पूर्व की ओर पहाड़ों और जंगलों में ढकेल दिया।

(2) दूसरे क्रम में यूरोपीय विद्वानों को इस सत्य का साक्षात्कार हुआ कि केवल आर्य ही नहीं, अपितु द्राविड़ भी विदेशी थे, जो मूलतः भूमध्य सागर के निकट के किसी प्रदेश में रहते थे और अत्यंत प्राचीन काल में आर्यों से भी पहले, इन्होंने भारत में प्रवेश किया और आग्नेयों को उसी प्रकार इन्होंने खदेड़ा जिस प्रकार आर्यों ने, इनसे पीछे इनको तथा आग्नेयों को ढकेला था। अधिक समय तक उष्ण जलवायु में रहने से इनका वर्ण श्याम तथा काला पड़ गया।

(3) तीसरे विकास-क्रम में यूरोपीय लोग आग्नेय को भी भारत का आदिवासी नहीं मानते, वे भी अन्य की भाँति यूरोप के किसी छोर से भारत आए थे।

(4) यूरोपीय अन्वेषकों का आधुनिक विचार है कि भारत मानवीय दृष्टिकोण से प्रारंभ में शून्य था, यहाँ कोई मानव प्राणी नहीं रहता था।[20]

भारतीय जनता के विभिन्न अंग बाहर से आए, उन्होंने एक-दूसरे को दक्षिण तथा पूर्व की ओर ढकेला, इनमें रक्त मिश्रण भी होता रहा।

सरकारी विश्लेषण– बी.एस. गुहा जो भारत के जातिशास्त्रीय संचालक थे, सामान्यतः हट्टन के विचारों को स्वीकार करते हुए भारतीय जनता का निम्न विश्लेषण किया–

(1) निग्रो– जो भारत में सर्वप्रथम अफ्रीका से आए, कोचीन और त्रावणकोर की पहाड़ियों में बसने वाली कड़ार और पालयन, बाईनाड की इरूड, आसाम की अंगमी नागा जाति, राजमहल की जंगली जातियाँ, अंडमान द्वीप तथा मलय जातियाँ निग्रो जाति के अवशेष रूप में हैं।

(2) आग्नेय– ये भूमध्य सागर के पूर्वी किनारे से भारत में आए। अन्य जातियों के मिश्रण से विंध्य मेखला तथा असम की पहाड़ियों में रहने लगे।

(3) मंगोल– ये प्रायः तिब्बत और चीन से भारत में आए; हिमालय की पूर्वोत्तर शृंखला, आसाम तथा पूर्वी बंगाल में पाए जाते हैं।

(4) भूमध्यसागरीय– इनकी कई शाखाएँ हैं, ये आग्नेयों से पीछे भारत में आए और मध्यम ऊँचाई, दबते रंग तथा हल्के शरीर के थे। कर्नाटक, तमिलनाडु तथा केरल की कई जातियों में इनके अवशेष वर्तमान हैं।

(5) पश्चिमी लघुकपालीय– इनमें अलपाइन, डिनारिक तथा आर्मीनियन आदि उपजातियाँ सम्मिलित हैं।

इन सभी जातियों से अन्य कई जातियाँ उत्पन्न हुईं, जिनसे प्राग्वैदिक आर्य तथा वैदिक आर्य जातियों का विकास हुआ।

यूरोपीय शोध तथा विश्लेषण की समालोचना

ऊपर के विचार से यह माना जाता है कि भारत मूल में मानव-दृष्टि से शून्य था। इसके कोई ठोस आधार नहीं हैं। दो ही जातियों की कोई साहित्यिक अथवा मौखिक परंपरा इस देश में नहीं पाई जाती। सांस्कृतिक संबंध अवश्य ही थोड़ा सादृश्य यूरोपियों को वर्ण और भाषा से हो, जिसका आधार जाति नहीं है।

यदि द्राविड़ जाति यूरोप से आई होती तो वहाँ कहीं इनके अवशेष अवश्य मिलते। जो जातियाँ भारत में आईं उनका भारतीय साहित्य में उल्लेख है किंतु उपर्युक्त जातियों के कल्पित आगमन के संबंध में कोई भी साहित्यिक और ऐतिहासिक परंपरा नहीं पाई जाती।

शोध की उचित दृष्टि– प्रश्न है कि क्या भारत भूमि में किन्हीं मानव परिवारों को उत्पन्न करने की क्षमता थी? उत्तर है हाँ।

हरिद्वार से लगभग ढाई सौ मील पश्चिमोत्तर तक शिवालिक की पहाड़ियों में

प्रस्तर-तहों के बीच जो मानव पूर्व जाति के अवशेष मिले हैं उनसे स्पष्ट होता है कि भारत के इस भाग में मानव का प्रादुर्भाव हुआ।[21]

इसी तरह सुदूर दक्षिण में, प्राचीन गोंडवाना महाद्वीप में आदिम मनुष्यों की एक जाति उत्पन्न हुई थी। कुछ विदेशी भूगर्भशास्त्री (हैरी जॉनस्टन) भी भारत में आदिम मानव जातियों का विकास मानते हैं।

भारतीय परंपरा

रामायण, महाभारत तथा पुराणों के अनुसार भारत के विभिन्न भागों में निम्नलिखित मानव परिवार पाए जाते थे :

1) आर्य– भारत के उस भाग में जो आर्यावर्त कहलाता है और जो हिमालय तथा विंध्य पर्वत और पूर्व तथा पश्चिम-पयोधि के बीच स्थित था, आर्य मानव का उदय हुआ।

2) किरात

3) शबर

4) वानर, ऋक्ष तथा राक्षस।

भारत में जातियों का मिश्रण

जातियों के आगमन, उपनिवेश, विजय, सामाजिक संबंध और धार्मिक प्रचार तथा तीर्थयात्रा के कारण विभिन्न मानव-परिवारों का मिश्रण हुआ। महाभारत के समय तक जातियों का मिश्रण इतना घनिष्ठ हो गया था कि शूद्र जाति को पहचानना कठिन था, यहाँ तक कि सभी जनता एक मानव परिवार की मान ली गई।[22]

ईरानियों, यूनानियों, पहलवों, शकों, कुषाण, हूण, तुर्क आदि के आगमन से भारतीय जनता की बनावट में कोई विशेष अंतर नहीं पड़ा है। क्योंकि उनकी संख्या भारतीय जन समुदाय की तुलना में कम थी। दूसरे वे शीघ्र अपनी मिलती-जुलती जातियों में घुल-मिल गई। जाति-चेतना केवल रीति-रिवाजों के रूप में जीवित रही। इनको यदि कोई पुनर्जीवन मिला है तो वह जाति शास्त्रीय प्रस्थापनाओं और राजनीतिक स्वार्थों से ही मिला है।

केवल अनुमान तथा आग्रह से जाति के शोध से सत्य का पता नहीं लग सकता, वह तो भारत के भूगर्भ, भूगोल, भाषा-विज्ञान, जाति-विज्ञान तथा साहित्यिक और ऐतिहासिक परंपरा के आधार पर होना चाहिए।

भारतीय एकता

रूस के भू-भाग को छोड़ भारत पूरे यूरोप के समान है, इसकी विशालता में अनेक विभिन्नताएँ पाई जाती हैं– शारीरिक, धार्मिक, राजनीतिक, सामाजिक,

भाषाई, रीति-रिवाज आदि की, जिसके कारण विदेशी विद्वान जानकर व राजनीतिक दुराग्रह के कारण यह मानते हैं कि अनेक विभिन्नताओं के होने के कारण भारत एक राष्ट्र नहीं है। उनका यह भी मानना है कि भारत में जो आर्थिक व राजनीतिक एकता है वह अँग्रेजी शासन की देन है। इसी काल में आजादी के संग्राम में राष्ट्र की भावना के बीज का प्रादुर्भाव हुआ था। यदि कोई भी इस आधार को राजनीतिक और विवादित विचारों को अलग रखकर इसका निरीक्षण करेगा जो पाएगा कि यह विचार निराधार है।

सदियों से हमारे पूर्वज हिमालय से लेकर कन्याकुमारी तक भी भूमि को मातृभूमि या मादरे-वतन कहते आए हैं। ऋग्वेद विश्व का सबसे प्राचीन लिखित साक्ष्य है जिसमें एकता, सभी आर्यों के राजा भरत, वह अन्य राजा अपनी सर्वोच्चता के लिए यहाँ संघर्ष करते रहे। इस भूमि को आर्यवर्त नाम दिया गया। अवश्य अनेक खंड रहे जिनके अलग-अलग नाम रहे, चक्रवर्ती राजा बनने के लिए आपसी युद्ध भी हुए। ऋग्वेद के नदी सूक्त में अन्य सूक्तों में राष्ट्र शब्द का प्रयोग सदैव रहा है। किसी भी धार्मिक अवसर या यज्ञ में मंत्रोच्चारण के द्वारा भारत माता के विचारों को व्यक्त किया जाता है जो विभिन्न लोगों व भाषाओं का उल्लेख करते हैं। भारत के ऋषि-मुनियों के भारत माता के प्रति आदर की भावना को प्रदर्शित करते हैं।[23]

भाषा और रीति-रिवाजों की विभिन्नता राष्ट्र की शक्ति के आधार ही है उसकी कमजोरी नहीं। जैसे हजारों नदियाँ समुद्र में गिरती हैं ऐसे ही ये विभिन्नताएँ राष्ट्रीय समुद्र में गिर जाती हैं उसे शक्ति प्रदान करती हैं। मनुस्मृति और पुराणों में भारत भूमि पर जन्म लेना बहुत सौभाग्य की बात मानी गई है।

रामायण, महाभारत और कालिदास के "मेघदूत" में भी भारत भूमि की श्रद्धा के भाव उल्लेखित हैं।

सारा भारत हिमालय से कन्याकुमारी, द्वारका से जगन्नाथपुरी तक पवित्र नदियों– सिंधु, गंगा, जमुना, सरस्वती, नर्मदा, ताप्ती, कृष्णा, गोदावरी, तुंगभद्रा, कावेरी आदि से आपस में जुड़ा है हर व्यक्ति अपनी पवित्रता के लिए इनमें स्नान करना चाहता है। भारत के सभी स्थानों में पूर्व से पश्चिम व उत्तर से दक्षिण तक अनेक पवित्र स्थान हैं, मंदिर थे या हैं उनमें जाने की सभी की इच्छा रहती है, उनसे भारतीय इतिहास भी जुड़ा है।

जहाँ वैदिक और पौराणिक काल के वंशों ने राजनीतिक एकता को प्राप्त करने के प्रयास किए, वहीं मूलतः सामाजिक और धार्मिक विचार भी अनेक प्रकार से इस एकता को आगे बढ़ाने में सहायक हुए।

भारत भौगोलिक दृष्टि से समुद्रों और पहाड़ों से घिरे होने के कारण एक अलग भौगोलिक क्षेत्र बनता है, उसकी सभ्यता भी विश्व के अन्य क्षेत्रों से भिन्न है, सारे

देश में लगभग एक समान है, यह सामाजिक, धार्मिक, बौद्धिक इतिहास और मानव विकास में एक अलग ही क्षेत्र कहा जा सकता है।[24]

अतः भारत एकता की अवधारणा वेदों के इतिहास जितनी पुरानी है। इतिहास यह साक्ष्य देता है कि जो भी लोग भारत में जब भी आए जहाँ से वे आए उस भूमि को भुलाकर भारत को ही अपनी मानकार उससे प्रेम किया। यदि हम प्राचीन काल के भारत के साथ अन्य देशों के संबंधों के इतिहास को देखें तो पाएँगे– अरब, फिलिस्तीन, मिस्र का भारत से संबंध राजा सोलीमन के समय या उससे पहले से था, क्योंकि राजा सोलोमन बचपुर से सोना मँगवाता था। फोनेसियन, ग्रीक और पारसी भारत से व्यापार करते थे। इस्लाम के पहले भी अरब व्यापारी मालाबार में बस गए थे। इस्लाम के विस्तार से अरब व्यापारी भी मालाबार आए, पहली मस्जिद क्रेजनोर (मालाबार) में बनाई जहाँ "आदम के पदचिह्न" देखने अरब से लोग आते थे।

600 ई. में संत थॉमस ने केरल में पहला ईसाई चर्च बनवाया। यहूदियों ने अरनाकुलम (कोचीन) में पहला सेनागोग बनवाया, मुसलमानों ने केरल में बसकर यहाँ की औरतों से विवाह किया, और "रावूथार" और "लेबस" जैसे मिश्रित लोगों को आगे बढ़ाया।

मुहम्मद गजनवी के हमले से कहीं पहले से पश्चिम समुद्र किनारे शिमूर, गुजरात, और कांबे में मुस्लिम बस गए थे। ईरान से पारसी भी गुजरात में आकर बसे थे, क्योंकि इस्लाम को मानने वालों ने उन्हें ईरान से भगा दिया था, अतः भारत में वे अपने-आपको सुरक्षित समझते थे। इस्लामिक धर्म के लोग भारत में पहले व्यापारियों के रूप में आए फिर आक्रमणकारियों के रूप में अँग्रेज भी ऐसे ही भारत में आए थे।

हिंदू शासकों की सेना में कुछ मुसलमान सैनिक थे उसी प्रकार मुस्लिम शासकों की सेना में भी हिंदू सैनिक थे चाहे उनकी संख्या कम रही हो। मुस्लिम शासकों ने राजनीतिक एकता के लिए अपने साम्राज्य को बढ़ाया, लेकिन मक्का को अपने धर्म का केंद्र बिंदु ही बनाए रखा।

कुछ सूफी संतों ने अवश्य इस्लाम को लचीला किया, हिंदुओं को भी अपना शिष्य बनाया, उनकी दरगाहों पर आज भी हिंदू श्रद्धा से जाते हैं, जैसे हिंदू इस भूमि को अपनी माता मानते हैं वैसे आम मुसलमान स्वभाव से मक्का को ही अपना सबसे पवित्र स्थान मानते हैं और उसी की तरफ मुख करके नमाज अदा करते हैं। इसी भेद को समय-समय पर राजनेताओं और शासकों ने और अधिक गहरा किया है।

यह ऐतिहासिक सत्य है कि यहाँ आर्य, गैर-आर्य, यूनानी, हूण, शक में युद्ध भी

हुए और एक-दूसरे के साथ मिश्रण भी हुआ, आज यह निर्णय करना कठिन होगा कि प्राचीन काल में कौन किस जाति से थे। ये सभी हिंदू बन गए और सदियों से भारत में एक साथ रह रहे हैं लेकिन मुसलमान और ईसाई चूँकि उनके पुजारी और धर्म के नियम कठोर रहे इसीलिए वे हिंदू धर्म में समाहित नहीं हो सके, दूसरे वे अपने को अलग व सर्वोच्च ही मानते रहे।

भाषाई समावेश

भारत के प्राचीन इतिहास, विशाल भूगोल और विभिन्न जातियों व कबीलों के मिश्रण से भाषाई मिश्रण कोई धीरे नहीं हुआ। प्रारंभ में अवश्य ही कुछ प्रभाव हुए, पूर्ण रूप से भारतीय आर्यों की भाषा बाहर से आने वालों को पूर्ण रूप से अपनी भाषा न दे पाए हों, लेकिन धीरे-धीरे संस्कृत भाषा को इन लोगों ने ग्रहण कर लिया, अवश्य ही अपनी भाषा-बोली का प्रभाव छोड़ा हो।

भारतीय आर्य भाषाओं में भी लगातार परिवर्तन होता रहा। प्राचीन आर्य कबीले जो पंजाब में बसे थे उनकी भाषा ग्रीक भाषा से मेल खाती थी। जैसे-जैसे हजारों वर्षों में वे पूर्व और दक्षिण की ओर बढ़े उनकी भाषा संस्कृत में विकसित हो गई। लगभग चौथी शताब्दी ई.पू. इस भाषा को तीन प्रकारों में देखा जाता है :

(1) ब्राह्मणों के क्षेत्र की भाषा जो पाणिनि के व्याकरण पर अधिक आधारित थी।

(2) कवियों व जिनमें ऋषि वाल्मीकि, व्यास आदि या राजघरानों में कुछ अनियमितताओं के साथ बनी रही;

(3) आम आदमी जो दैनिक कार्य में व्यस्त थे। स्वतंत्र भाषा काव्यों, पुराणों आदि में प्रयोग में रही, अनियमित भाषा बौद्ध मत के अनुयायों में प्रचलित रही, जिसमें स्थानीय बोलियाँ भी समाहित थीं। अशोक के आदेश इसी भाषा में पाए जाते हैं लेकिन 200 ई.पू. से 450 ई. तक प्राकृत भारत ही सर्वमान्य भाषा बन गई। इसे राजाओं का संरक्षण भी मिला, वह राजनीतिक भाषा बन गई इसका प्रभाव दक्षिण में भी हुआ।

सिंध से बंगाल की सीमा तक संस्कृत को बाहरी बोलियों से मुकाबला करना पड़ा, जिसका प्रभाव यह हुआ कि– (1) बिहार में मगधी, (2) पंजाब में पुरानी प्राकृत और (3) पश्चिम में भारतीय प्राकृत की विभिन्नता देखी गई। अतः इस काल में प्राकृत भाषा के अनेक प्रकार, जिसे हम अपभ्रंश भी कहते हैं विकसित हुई। भारत की एक निश्चित सीमा न होने के कारण स्थानीय बोली ही पड़ोसियों के व्यवहार में आती रही, इसी से यात्रा, तीर्थ, व्यापार और अन्य संबंध होते रहे, अतः भारत भाषा के आपसी लेन-देन से प्रभावित होता रहा। लेकिन संस्कृत भाषा सभी को अधिक प्रभावित करती रही।

जहाँ मुस्लिम शासन था वहाँ फारसी भाषा राजदरबारी रही– जयपुर, नेपाल, कश्मीर, देश के अन्य भागों में भी फारसी के शब्दों का प्रयोग, राजनीति, कानूनी व व्यापारिक क्षेत्रों में हुआ। इसका प्रभाव, हिंदी, मराठी, पंजाबी, सिंधी, गुजराती, कश्मीरी, बंगाली आदि भाषाओं पर हुआ, सिंधी, पंजाबी और कश्मीरी भाषाओं का जन्म प्राकृत, फारसी, तुर्की और अरबी भाषाओं के संपर्क से हुआ।

मुस्लिम शासन काल में फारसी राजदरबार की भाषा थी लेकिन वह संस्कृत को प्रभावित नहीं कर सकी। देशी भाषाओं का प्रभाव भक्ति आंदोलन के कारण भी हुआ, जिसके विचार स्थानीय भाषाओं में हुए।

अँग्रेजी शासन में अँग्रेजी भाषा एक नई भाषा दूसरी भाषाओं को प्रभावित करने लगी। हिंदू और उर्दू भाषा को राजपूत, अफगान और मुगल बादशाहों के साथ आज जनता, कवियों, भक्तों, संतों आदि के प्रयास व संरक्षण करके आगे बढ़ाया।

देश में अनेक भाषाएँ व लिपियाँ हैं, लेकिन संविधान में हिंदी को राजभाषा माना है लेकिन आज भी दक्षिण में इसका विरोध करते हैं जो राजनीति आधारित है। जबकि दक्षिण या उत्तर के लोग एक-दूसरे के पूर्ण संपर्क में रहते हैं, इसका पता तब चलता है जब दोनों क्षेत्रवासी आपस में एक-दूसरे के चलचित्र को देखते हैं, आदि।

विज्ञान, कला और संगीत

सभी विज्ञानों और कलाओं की जड़ों को वेदों से ही लिया है चाहे उनका रूप कितना भी सीमित क्यों न रहा हो। अथर्ववेद के माध्यम से हमें वैदिक काल में विज्ञान की स्थिति का पता चलता है। रेखागणित के ज्ञान के आधार पर यज्ञशालाओं का निर्माण किया जाता था, गुप्तकाल में गणित और खगोलीय ज्ञान का बड़ा विस्तार हुआ। भारतीयों ने अपने गणित के ज्ञान से बीजगणित (अलजेब्रा) का भी विकास किया, आर्यभट्ट के कारण पहले (449 ई.) से ही भारतीयों को "जीरो" का ज्ञान था। अरब, रोमन आदि को ये ज्ञान भारत से ही मिला इसलिए वे इसे "अल-हिंदसा" कहते हैं। रेनेसां से पहले ब्रह्मगुप्त (700 ई.), महावीर 900 ई., और भास्कराचार्य 1200 ई. में कई खोज ऐसे थे जो यूरोप को भी नहीं मालूम थी। महमूद गजनवी के काल में अलबरूनी ने भारत के लोगों के सामाजिक व धार्मिक विषयों की अवश्य आलोचना की, लेकिन हिंदू हिसाब, खगोलशास्त्र तथा इन इंजीनियरिंग विशेषकर पानी रोकने के लिए बाँध बनाने की सराहना की। वह भारत के ज्ञान से प्रभावित हुआ था।

शरीर विज्ञान और चिकित्सा का ज्ञान आयुर्वेद और योग प्राचीन काल से ही भारत के द्वारा विश्व को देन रही है। शल्य चिकित्सा का ज्ञान भारत में प्राचीन काल से रहा। बाद में यूनानियों के संपर्क में आने से भारतीयों ने चिकित्सा विज्ञान को

आगे बढ़ाया। अरब के माध्यम से यूनानी चिकित्सा-पद्धति भारत में आई और फिर यूरोप में गई।

भारतीय चिकित्सकों ने हरून-अल-रसीद के काल में अरब जाकर आयुर्वेद को फैलाया। दक्षिण भारत में सिद्ध चिकित्सा का विशेष प्रचलन रहा, यह माना जाता है कि मोहनजोदड़ो के काल से यह पद्धति प्रचलित है जिसे शैव मत से भी जोड़कर देखते हैं। मनुष्य के ज्ञान के विकास में सदैव एक संस्कृति ने दूसरे से कुछ लिया व कुछ दिया है।

कला वास्तुकला

जो लोग भारत की सभ्यता के आधारों को ठीक से नहीं जान सके वे बिना वजह इसकी आलोचना करते हैं। वास्तव में भारतीय कला आध्यात्मिक और आत्मिक सिद्धांतों पर आधारित है। दक्षिण भारत के मंदिरों को यदि इस दृष्टि से देखा जाएगा तो व्यक्ति को भारतीय दर्शन भी समझ में आएगा यदि उन्हें केवल धर्म निरपेक्ष दृष्टि से देखा जाएगा तो केवल पत्थरों का ढाँचा व बर्बरता की झलक ही दिखाई देगी।

मुस्लिम स्थापत्य कला के कुछ गुणों को छोड़ मूल में एक है। धीरे-धीरे हिंदू और मुस्लिम कला चित्रकला और वास्तुकला में मिश्रण होता गया। स्थान, शासक और प्रवेश के अनुसार इसमें परिवर्तन व मिश्रण होता गया। संगीत के क्षेत्र में मुनि भरत को अग्रणी माना गया है। इस क्षेत्र के इतिहास के विषय में जानें तो यह ज्ञात होगा कि इसका विकास अनेक स्तरों पर लंबे समय में हुआ है। वेद मंत्रों के गायन से इसका प्रारंभ मानते हैं, साम वेद के मंत्रों के गाने के विशेष नियम हैं। दक्षिण भारत में आज भी इन नियमों का पालन किया जाता है। पाणिनि ने भी नृत्य के कुछ सूत्रों का वर्णन किया है। रामायण, महाभारत, बुद्ध जातकों में भी गायन और उनके उपकरणों का उल्लेख है।

भारत के यूनानी, अरब और फारसी लोगों से संपर्क के उपरांत इस क्षेत्र में भी आदान-प्रदान हुआ, विशेषकर मौर्य काल में, गंधार के केंद्र की प्रसिद्धि आज भी है। भक्ति काल में और राजाओं के संरक्षण में अनेक रागों का जन्म हुआ, कर्नाटक व हिंदुस्तानी संगीत को बढ़ावा मिला। अनेक घरानों का उदय हुआ। भारतीय संस्कृति में एकता में विभिन्नता है, हिंदू प्रार्थना सभी के सुख की कामना करती है न कि बहुमत या बहुसंख्यकों की।

बौद्ध और जैनकालीन सत्ता

महात्मा गौतम बुद्ध (उनके कुल गुरु, ऋषि गौतम थे), और तथागत के नाम

से प्रसिद्ध हुए। महात्मा बुद्ध भारतवर्ष की अचर विभूति हैं जिनका जन्म शाक्य वंशीय, राजघराने में पिता शुद्धोधन और माता माया देवी के उदर से 563 ई.पू. के लगभग कपिलवस्तु की निकटवर्तिनी– लुंबिनी में हुआ, जन्म के दस दिनों बाद ही उनकी माता का देहांत हो गया। बचपन में पालन-पोषण उनकी मौसी महाप्रजापति ने किया, युवा होने पर बुद्ध का विवाह उसी वंश में चचेरी बहन गोपा देवी (यशोधरा) से हुआ जिनसे उनके एक पुत्र भी हुआ।

बचपन से ही बुद्ध करुणाशील, विचारशील होने के साथ-साथ एक राजकुमार के सभी गुणों से निपुण थे। 29 वर्ष की अवस्था में उन्होंने, पत्नी, संतान, संपत्ति और सुख-आराम का परित्याग कर ज्ञान की खोज में गृह त्याग कर दिया, 6 वर्षों तक कठोर तपस्या की, अनेक गुरुओं के संपर्क में आए। ज्ञान-प्राप्ति के बाद उन्होंने घूम-घूमकर मौखिक रूप से वाणी के माध्यम से, संघ-संचालन के माध्यम से इस ज्ञान का प्रचार किया, उनकी मृत्यु के अनेक वर्षों के बाद पाली में त्रिपिटक का बाद में अन्य भाषाओं में अनुवाद के माध्यम से उनके विचार जनमानस के समक्ष आए।

बुद्ध को हिंदू धर्म में अवतार का दर्जा दिया गया है, यद्यपि वे हिंदू धर्म के कई विचारों से असहमति रखते थे। बुद्ध शांतिसागर, दया-सिंधु और करुणानिधि थे। उनकी दया और करुणा मनुष्यों तक ही सीमित न रहकर सारे प्राणी मात्र के लिए थी। उनके समय में यज्ञों में पशुओं की बलि दी जाती थी। बुद्ध सिद्धांत ने अहिंसा का उपदेश देकर प्राणीमात्र को अभय दान दिया। चातुवर्ण-व्यवस्था के कारण शूद्रों और पतितों का जीवन नरकमय हो रहा था। तथागत ने जन्ममूलक जातिभेद पर प्रहार कर इनके उद्धार का प्रयत्न भी किया था। वे सच्चे अर्थों में पतितों की परित्राता और पतितों के उद्धारक थे। वे कहते थे कि अपना दीपक आप बनो, दूसरे के कथन व किसी ग्रंथ की स्वयं परीक्षा करो, त्याग धर्म ही जगत के सब धर्मों का सार है।

बुद्ध के सामने मूल प्रश्न था– दुःख और उससे निवृत्ति। उनका कहना था कि दुःख मनुष्य के जीवन के साथ-साथ है। मनुष्य जन्म के साथ ही तृष्णा का दास बन जाता है, और इसके प्रभाव में अज्ञानतावश संसार के भिन्न-भिन्न पदार्थों से ममता करता है, और उन ममता की हुई वस्तुओं से जब कोई दुर्घटना होती है, हानि होती है तो दुःख महसूस होता है। तृष्णा का प्रभाव संसार में आने के साथ-ही-साथ आरंभ हो जाता है। जीवन में कुछ-न-कुछ चाह होती है, जब वह प्राप्ति नहीं होती है तो चिंता होती है, चूँकि चीजें नाशवान हैं तो यदि चीजें प्राप्त हो जाएँ तो उनके नष्ट होने की चिंता रहती है। एक भी क्षण ऐसा नहीं होता जिसमें मनुष्य सुखी रहता है।

जन्म लेना, वृद्ध होना, मरना, प्रियों का वियोग होना, अप्रियों का संयोग होना, चाही हुई वस्तु का न मिलना आदि दुःख हैं। मनुष्य का जीवन धारण करना ही दुःख है। अतः जीवन धारण करने के कारणों का विरोध करना चाहिए। जिन कारणों

से भवचक्र चलता है वे– अविद्या, संस्कार, विज्ञान, नामरूप, षडायतन, स्पर्श, वेदना, तृष्णा, अपादान, भव, जाति, ज़रामरण-शोक परिदेव आदि, ये कारण एक-दूसरे पर आधारित या शृंखलाबद्ध होकर गतिमय बने रहते हैं।

विद्वानों का ऐसा मानना है कि बुद्ध मत का विलोप शंकर के कारण हुआ। वास्तव में ऐसा नहीं है, शंकर बुद्ध के अनेक विचारों का आदर करते थे, बुद्ध भी अपने को आर्य मानते थे। वास्तव में, बुद्ध मत का पतन खिलजी व अन्य धर्म के बादशाहों के प्रयत्नों से हुआ है, बुद्धों की पाठशालाओं और धार्मिक स्थलों को नष्ट करने से हुआ। महात्मा बुद्ध की मृत्यु 80 वर्ष की आयु में हुई, लगभग एक सदी पश्चात् बौद्ध संघ दो मुख्य वर्गों कें बँट गया था– एक थेर तथा दूसरा महासंघिक थेरवादी रूढ़िवादी था, जिसकी मूर्ति-पूजा में आस्था न थी, परंतु महासंघिक वर्ग मूर्त रूप में बुद्ध की पूजा करना चाहता था।

सम्राट अशोक के समय (273-232 ई.पू.) से बौद्ध मूर्ति कला का आरंभ मान जाता है। बुद्ध चिह्नों, स्तंभों, मूर्तियों (साँची, भरहुत, बौद्ध गया और मथुरा आदि) में देखा जा सकता है। कनिष्क काल (78-101 ई.), कुषाण काल में मथुरा और गंधार में बुद्ध की मूर्तियों का निर्माण हुआ। अन्वेषणों द्वारा यह सिद्ध हो चुका है कि जिन लोगों के बीच में बुद्ध जन्मा और पोषित हुआ, उनमें स्वतंत्रता की अदम्य भावना थी, समय आने पर इन्हीं लोगों की कन्या से उनका विवाह हुआ, ये लोग अपने को आर्य कहते थे। लेकिन कुछ रीति-रिवाज आर्यों से भिन्न थे।

हिमालय के आँचल में अवस्थित रियासतें नगण्य थीं। उन पर राजाओं का शासन था अथवा वंश-परंपरा के अनुसार सामंत अध्यक्षों द्वारा होता था– शासन निःसंदेह जनता की सम्मति से होता था, न कि उसके चुने हुए प्रतिनिधियों द्वारा। नारियाँ पुरुषों के समान ही स्वतंत्र थीं। शाक्य वंश जिसमें बुद्ध का जन्म हुआ वह एक गणतंत्र था, शुद्धोधन राजा अवश्य थे लेकिन निर्णय सामूहिक परामर्श से ही होते थे। बुद्ध ने वानिन्न को सहमति की सलाह दी थी, यह बुद्ध के विचारों में प्रमुख स्थान रखती है।[25]

महात्मा बुद्ध ने जहाँ बड़ों के सम्मान के लिए सलाह दी वहीं गणतंत्र की भलाई के लिए, समृद्धि के लिए निर्णय लेते समय सभी विचारों, विभिन्न विचारों को सम्मान देने की भी बात कही थी। बुद्ध के विचारों से गणतंत्र का संकेत मिलता है, संघ के नियमों को तथा बुद्ध-भिक्षुओं के जीवन के लिए, प्रजातांत्रिक संस्थाओं के लिए नियमों का निर्माण बुद्ध ने किया था।

गणतंत्रों में विश्वास के साथ-साथ बुद्ध ने क्षत्रिय व ब्राह्मण के विषयों पर भी अपने विचार रखे, ब्राह्मण के चरित्र के आधार पर उनको सम्मान मिलना चाहिए न कि उनके जन्म के कारण। बुद्ध ने अपने लंबे जीवन-काल में अनेक शासकों

के साथ मेल-मिलाप किया, उन्हें सलाह भी दी जिसमें प्रसन्नजीत, बिंबसार और अजातशत्रु प्रमुख थे। अनेक धनी पुरुष और महिलाएँ उनके शिष्य भी थे। राजाओं को व्यक्तिगत और राज्य से संबंधित सलाह देते थे। उनकी सलाह में कोई दबाव, क्रांतिकारिता और प्रतिक्रिया नहीं होती थी।

संघ को गणतंत्रात्मक रूप लेने के लिए अधिक कहा लेकिन राज्य सत्ता केवल गणतंत्रात्मक ही हो ऐसा नहीं कहा। उनका झुकाव काथिति के प्रति आध्यात्मिकता के कारण अधिक था। काथिति ब्रह्मों का आपस में विरोध था। गणतंत्रों के पतन, नंद तथा मौर्य राजतंत्रों के उदय का कारण काथिति और ब्रह्मों का आपसी विरोध नहीं था। मूल कारण आपसी झगड़े व साम्राज्यों का विकास करना था, यूनान में भी फिलिप मेसीडोन के समय से ही नगर राज्यों का पतन हो गया था। चंद्रगुप्त मौर्य के काल में चाणक्य ने बड़े साम्राज्य बनाने की सलाह दी थी।

जैन मत के राजा अनुयायी दक्षिण (कर्नाटक, तमिलनाडु) और बुद्ध धर्म के राजा अशोक, कनिष्क तथा हर्ष भी हुए जिन्हें धार्मिक व्यवहार की सलाह दी गई, अवश्य चाणक्य ने बाहरी शक्तियों से कठोरता से व्यवहार करने की सलाह दी लेकिन जनता के प्रति राजा को राजधर्म का पालन करने की सलाह दी। राजा ब्राह्मणों व श्रमणों का समान आदर करते थे।

धार्मिक सुधारकों में महात्मा बुद्ध का स्थान बड़ा ऊँचा है। उनके उपदेश गिरी हुई आत्माओं को उठाने वाले व नीच-से-नीच प्रकृति के मनुष्यों को प्रभावित करने वाले हैं। मनुष्य को सदाचारी बनने के उपदेश हैं, तथा शैली बड़ी मनोरंजक है। बुद्ध सर्वसाधारण को दार्शनिक भूल-भुलइया में नहीं डालते हैं। देखने में आया है कि महात्मा बुद्ध ने अपने समय में वैदिक धर्मियों को तत्त्वहीन और रूढ़ियों से ग्रसित पाया था, आडंबर अधिक था, वास्तविक धार्मिक जीवन के चिह्न में न थे। वेदों के नाम से अनेक प्रकार की कुप्रथाएँ प्रचलित हो गई थीं। वेदमंत्रों को पढ़-पढ़कर आडंबरी ब्राह्मण पशुबलि व उच्च जातियाँ नीची जातियों पर अत्याचार करती थीं। वेदों में यज्ञ के तीन लाभ बताए हैं– (1) सन्तान की उन्नति, (2) पशुओं की उन्नति (3) और ब्रह्मविद्या की प्राप्ति। लेकिन उस समय के यज्ञों में ये सब नहीं था।

जो उपदेश बुद्ध ने दिए वे प्राचीन वैदिक धर्म के प्रतिकूल न थे, जिस सदाचार की ओर वेदों का संकेत था उसी की ओर बुद्ध भी संकेत करते थे। परंतु उस समय के आडंबरी धर्म-धुरंधरों को यह बात प्रिय न थी। उनकी पूजा-अर्चना में अड़चन पड़ती थी– अतः उनका भारी विरोध हुआ, साथ-साथ अनुयायियों में भी मतभेद हो गया। कुछ ने दार्शनिक समस्याओं को भी बुद्ध मत के साथ मिला लिया। बुद्ध की साधारण बातों की भी टीका-टिप्पणी होती थी। वेदों के सत्यार्थ की खोज न करके उनसे द्वेष होने लगा।

बुद्ध संसार को अनित्य कहता था। कुछ लोग इसे "अजर-अमर-वत" मानते थे। जैसे ही बौद्ध मत का आधिक्य हुआ और आधिक्य के साथ ऊपरी आडंबर भी आने आरंभ हुआ तथा मौलिक पवित्रता कम हो गई। संसार की अनित्यता ने शून्यवाद, बाह्य-शून्यवाद, आंतरिक-शून्यवाद आदि भिन्न-भिन्न वादों को उत्पन्न कर दिया, लोग दार्शनिक भूल-भुलइयों में पड़ गए।

चोरी क्या है?, व्यभिचार क्या है?, पुराण क्या है?, कौन मरता है?, कौन मारता है?, दया, हिंसा, पाप आदि पर प्रश्न होने लगे। विरोधाभास ऐसा कि चीन, जापान, ब्रह्मा, लंका आदि देशों में बुद्ध मत का बोलबाला होने पर जिसमें चींटी को मारना पाप समझा जाता है वहीं हर प्रकार के पशुओं का वध कर भोजन बनाया जाता है। यही बातें पहले ब्राह्मणों के आचरण, समाज की प्रतिक्रिया, कट्टरता– सामान्य प्रश्नों का उचित ढंग से समाधान न करना, भेदभाव जिन प्रदेशों में कुरु, पांचाल तथा शूरसेन लोग बसे थे वहाँ ब्राह्मणों का खूब दौर-दौरा था, लेकिन पूर्वी प्रदेशों– काशी, कौशल, विदेह तथा मगध के लोगों पर वैदिक संस्कृति का अधिक प्रभाव नहीं पड़ा था, यहाँ क्षत्रिय ब्राह्मणों को सर्वश्रेष्ठ मानने को तैयार नहीं थे, बुद्ध क्षत्रिय होने से बौद्ध मत को आसानी से सभी ने मान लिया, उनके उपदेश सरल थे, अतः जनमानस को समझ में आते थे। अच्छे आचरण पर जोर सभी को भाता था। अतः बौद्ध मत जल्दी फैला, लेकिन पैदा हुई त्रुटियों के कारण पतन भी हो गया। विदेशी हमलावर इसमें अधिक सहायक हुए।

जब तक बौद्ध मत की रक्षा व सहायता करने वाले शासक शक्तिशाली रहे। बुद्ध मत विदेशों में बहुत फैला, व्यापारियों[26] और उनके परिवारों ने भी इसमें बड़ी मदद की, यहाँ तक कि बैक्ट्रीया के व्यापारिक-तरापुष और मालिका ने भी बुद्ध को श्रद्धा भेंट की। लेकिन बौद्ध मत के शासकों के पतन के साथ-साथ बौद्ध मत का भी पतन हो गया। बुद्ध के काल में राजाओं और व्यापारियों का बौद्ध मत के समर्थक होने के कारण राज्य की प्रकृति बौद्ध मत से प्रभावित रही। अशोक और उसके उत्तराधिकारी शासक इस विचार में दृढ़ रहे।[27] रूढ़िवादी ताकत को प्राप्त करने में असफल होने से बौद्धिक मतावलि शासकों की सहायता लेने में सफल हुए जो उचित समय में मदद में सहायक हुई। विरोधी शक्तियों पर रोक लगाने तथा शहरी प्रशासन जो पुरोहितों की मदद में था, उसे रोकने में शासक-वर्ग का प्रभाव देखने को मिलता है।[28] कलिंग युद्ध से पहले की बौद्ध राज्यों के राजनीतिक दृष्टिकोण को ठीक से विवरण नहीं दिया जा सका या कहिए कि उसका ठीक से व्याख्या करना कठिन है। अशोक अवश्य ही परंपरागत तरीके से राजा बना, राजसूर्य यज्ञ एक महत्त्व स्थान रखता था जिसमें पशुबलि होती थी लेकिन अशोक ने उसे बंद कर अपने उत्तराधिकारियों के लिए एक अच्छा उदाहरण छोड़ा।

700 ई.पू. से ही जंगलों को आग लगाकर और लोहे की जानकारी से नगरों का विकास होने लगा। लेकिन बौद्ध मत में मानवता और मानव के आचरण पर बल देने के कारण, पर्यावरण की सुरक्षा पर भी जोर दिया गया, क्योंकि पर्यावरण के बचाव से जीव-जंतुओं और मनुष्यों का बचाव जुड़ा है।

अशोक ने न केवल मनुष्यों के लिए अस्पताल खोले अपितु पशु-पक्षियों के लिए भी यही कार्य किया, सड़कों के किनारे विश्राम गृह, कुएँ व पेड़ लगवाए, इसी विचार को स्थान-स्थान पर खुदवाया व अपने मत का प्रचार देश और विदेशों में भी किया।

बौद्ध मत में (शिगालोवादा सूत्र) के अनुसार एक गृहस्थ को उतना ही धन जोड़ना चाहिए जितना आवश्यक है, इसके लिए एक मधुमक्खी का उदाहरण दिया गया, जैसे मधुमक्खी फूलों-फलों को नष्ट न करके उनमें से पराग लेकर शहद बनाती है, न कि फूलों-फलों को नष्ट करती है वैसा ही व्यक्तियों को करना चाहिए, इससे न केवल सभी जीवधारियों के प्रति दया जागृत होगी, व अहिंसा की भावना भी पैदा होगी, जीव को बचाने के लिए अन्य जीव की इच्छा से हत्या नहीं करनी चाहिए। लेकिन मौर्य वंश के अंतिम दौर में नगरों व साम्राज्य के लालच में पर्यावरण को गहरा धक्का पहुँचाया, गंगा घाटी, पंजाब, आंध्र, कर्नाटक व बंगाल में भारी मात्रा में पक्की ईंटों से नगर बसे जिससे जंगलों व पर्यावरण की हानि हुई। बौद्ध मत के विकास के कारण ब्राह्मणवाद कमजोर पड़ने लगा, चंद्रगुप्त मौर्य ने जैनमत को संरक्षण दिया और अशोक ने बौद्ध मत को, इसके कारण काफी मात्रा में जंगल बच पाए, लेकिन ब्राह्मण काल में खेती के विकास के कारण जंगलों को हानि अवश्य हुई।

अशोक के शासन के विषय में दृढ़ता से निर्णय देना कठिन है। कुछ विद्वानों का मानना है कि अशोक के साम्राज्य के विस्तार में विधर्मी आंदोलनों का हाथ रहा, वे उसके राज्य को उदारवादी और धर्मनिरपेक्ष मानते हैं। ये लोग धम्म को अवश्य ही अशोक के प्रभाव विस्तार में आवश्यक मानते हैं लेकिन बौद्ध मत की नीतिगत व्यवस्था का भी समर्थन किया, इसी प्रकार दूसरी ओर ब्राह्मण व्यवस्था जो कि अर्थशास्त्र (कौटिल्य) में उसका भी समर्थन किया।

अशोक शायद बाद में यह मानते थे कि धर्मचक्र, दंड से अधिक प्रभावशाली होता है साम्राज्य के विस्तार में, आज भी राज्य के चिह्न के रूप में अशोक चक्र को ही अपनाया गया है। बौद्ध मत के शासकों में अधिनायकता का लक्षण निहित था, व्यापारियों और क्षत्रियों को विशेष आजादी थी, यहाँ तक राजा की अनुमति से व्यापारी संगठन अपना सिक्का भी बनाते थे। पहले कृषि की तुलना में व्यापार को अधिक संरक्षण व मदद दी थी। यद्यपि अधिनायक राज्य कृषि पर आधारित था तो

भी व्यापार को आर्थिक समृद्धि के लिए अधिक बल दिया जाता था। ब्राह्मणों के मुकाबले श्रवणों को अधिक आदर दिया गया, क्षत्रिय अपने को अशोक से जोड़कर देखते थे, इसी कारण ब्राह्मण और बौद्धों में खाई गहराती गई, चंद्रगुप्त मौर्य जैन मत को मानते थे, अतः जैन मत और बौद्ध मत में विशेष अंतर भी नहीं था।

कनिष्क और हर्षवर्धन के काल में बौद्ध मत को जहाँ समर्थन मिला वहीं शैव मत व ब्रह्मा को भी पूजा गया। हर्ष एक ऐसा आखिरी महान शासक हुआ जिसने विशाल साम्राज्य को केंद्र से शासित किया। इसके काल में भी व्यापार, विशेषकर विदेशों से फैला, कन्नौज एक बड़ा व्यापारिक केंद्र बन गया, जहाँ देश-व्यापारी आकर अपना सामान इकट्ठा करते थे।

राजनीतिक, आर्थिक और धार्मिक कारणों के उपरांत चीन से संबंध बढ़े, उनके राजदूत और यात्री, छात्र आदि भारत में आए और भारतीय भी चीन गए। यदि राजा हर्ष और अधिक समय तक जीवित रहता है तो एशिया का इतिहास ही भिन्न होता और शायद इस्लाम की बढ़त भारत में न होती। इसके बाद सामंतवाद ऊपर और नीचे दोनों ओर से आगे बढ़ने लगा।

शुंग-सातवाहन शासकों ने ब्राह्मणवाद को आगे बढ़ाया, पुष्यमित्र बौद्धों का शत्रु होने के कारण बौद्ध मत के पवित्र स्थानों व मठों का विनाश किया (100 ई.पू.), 73 ई.पू. शुंग को देवहूती के मंत्री वासुदेव ने वध कर दिया जो स्वयं एक ब्राह्मण था, इसके बाद बौद्ध धर्म का विनाश, उसके समय में बनाए गए भवन व मठ बनने बंद हो गए। नाटककार कालिदास[29] ने भी ब्राह्मणों के संगठन का उल्लेख किया है। दक्षिण भारत में भी सातवाहनों के सत्ता में आने के बाद (प्रथम सदी) में अश्वमेघ यज्ञों का प्रारंभ हो गया और सप्तकर्णी ने अनेक भवनों का निर्माण कराया।

मौर्यों के काल में भारत बाहरी संसार के लिए खुला था, जिससे एक नई शहरी सामाजिक व्यवस्था का निर्माण हुआ था, इसके उपरांत ब्राह्मण मत को नए आंदोलनों का सामना करना पड़ रहा था, ये राज्य और समाज की व्यवस्थाओं के भी विरोधी थे।

पुष्यमित्र व उनके उत्तराधिकारियों के काल में अनेक यज्ञ हुए, पुनः पशुबलि की प्रथा जो अशोक के काल में बंद हो गई, फैलने लगी, ब्राह्मण शक्तिशाली हो गए, वेदों का उदाहरण दिया जाने लगा, ब्राह्मणों को दान में जमीन व गायों को दिया जाने लगा। कुकुतरामा कामस जिसे अशोक ने बनवाया था पुष्यमित्र ने उसे तोड़ दिया। शुंग काल में धर्म के अत्याचारों का विवेचन करना कठिन होगा, क्योंकि इसी काल में यवनों के हमले भारत पर होने लगे थे, बौद्धों ने इसमें यवनों का साथ दिया, यवनों ने निम्न जातियों व जंगली जातियों को भी साथ मिला लिया।[30]

जैन मत

भक्ति भावना की दृष्टि से जैन मत वैष्णव धर्म के अधिक निकट है, दोनों में अपने आराध्य एवं उपास्य के प्रति भावोद्रेक की प्रधानता है। विचारों की दृष्टि से सांख्य तथा योग दर्शनों की विचारधाराओं से जैन न्याय की समानता है। वेदांत का मुमुक्षु या जीवनमुक्त ही जैन विचारधारा का सिद्ध जीव या अर्हत है। आत्मा और मोक्ष के तात्त्विक चिंतन की दृष्टि से जैन विचारधारा ब्राह्मण दर्शनों की भाँति आस्तिक है।

महावीर स्वामी जैन मत के 24वें तीर्थंकर हुए, जिन्होंने अपने पूर्वाचार्यों के सिद्धांतों एवं उनकी मान्यताओं को सरल ढंग से समाज के सामने रखा, इनका जन्म भी एक राजघराने में हुआ, शासन और परिवार को छोड़ श्रमण संस्कृति के प्रवर्तक हो गए। जैन मत के त्रिरत्न– दर्शन, सम्यक ज्ञान और सम्यक चरित्र परंपरागत वैदिक धर्म के भक्ति योग, ज्ञान योग और कर्म योग के रूपांतर हैं। श्रद्धा भक्ति से जैनों ने अपने पुराणों में आर्य तीर्थंकरों को महत्त्व दिया है, पवित्र भावना से राम, लक्ष्मण, सीता तथा कृष्ण, बलदेव और जैन पुराण, जैन रामायण/पउमचरिय, उदार-भक्ति भावना की द्योतक हैं। वैदिक धर्म के अनुरूप जैन मत में भी कर्म की श्रेष्ठता को स्वीकारा है। बुरे कर्मों से दूर रहना व अच्छे कर्मों को अपनाना चाहिए। पुण्य और पाप कर्मों से परखा जाता है।

जैन लोग भी पुनर्जन्म में विश्वास करते हैं। अपने द्वारा अर्जित कर्मों के अनुसार ही मनुष्य को दूसरा जन्म मिलता है। अतः जैन मत धर्म भक्ति, उपासना, चिंतन, आत्मा, जन्मांतर और अवतारवाद की दृष्टि से वैदिक परंपरा का अभिन्न अंग सिद्ध होता है। वेदों में भारतीय विचारधारा दो रूपों में विभक्त हुई दिखाई देती है– परंपरामूलक, ब्राह्मण भी ब्रह्मवादी, जिसका स्रोत वेद तथा ब्राह्मण ग्रंथों और उपनिषदों में हुआ, दूसरे पुरुषार्थमूलक, प्रगतिशील, श्रामण्य या श्रम-प्रधान, इसमें आचार को प्रमुखता दी गई है। ये एक-दूसरे के विरोधी भी रहे तथा प्रतिपूरक भी। हिंसा करना, असत्य भाषण, चोरी करना, उद्दंडता (क्रोध) करना और याचना करना– सभी पाप कर्म हैं। अहिंसा, सत्य, अस्तेय आक्रोश और अपरिग्रह ये पुण्य कर्म हैं।

सदाचार का आधार दया है, दया के चार रूप हैं– (1) बदले की भावना न रखना व भलाई करना; (2) दूसरे की उन्नति पर प्रसन्न होना; (3) दुःखियों के प्रति सहानुभूति तथा उनका दुःख दूर करने का प्रयास करना; (4) पाप कर्म करने वालों के प्रति भी करुणा भाव रखना।

जैन मत में अहिंसा-व्रत को जीवन का सबसे बड़ा आदर्श माना गया है। उसे

परमोधर्म भी कहा गया है। यद्यपि अन्य धर्मों में भी अहिंसा के परिपालन पर बड़ा बल दिया गया है लेकिन कुछ मतों में इसका विरोधाभास मिलता है। चींटी से लेकर हाथी तक, सूई से पहाड़ तक समस्त चेतन या जड़ वस्तुओं को जैन मत में जीव माना गया है।

अहिंसा का आचरण संयमद्वार से ही संभव हो सकता है। जैन संस्कृति का वैचारिक पक्ष अत्यंत उदार, व्यापक और मानवतावादी है। सभी जीव समान हैं। इसको उन्होंने "स्यादवाद" कहा है। जैन संस्कृति में सतत लोक-भावना की प्रधानता रही हैं। लोक आग्रह और लोकमंगल एकमात्र उसका अभिप्रेत रहा है। इसलिए, अनुयायी-भिक्षु देश-देश, स्थान-स्थान पर जाकर लोगों का मार्गदर्शन करते रहे हैं। अपने विचारों के प्रचार के लिए जैनाचार्यों ने मागधी, शौरसेनी, महाराष्ट्री, अपभ्रंश जैसी लोक-भाषाओं को अपनाया, साथ-साथ देववाणी संस्कृत को भी अपनाया। देश के विभिन्न क्षेत्रों और स्थानों पर मंदिर व गुफाओं का निर्माण कर राष्ट्र भावना व राष्ट्र एकता का भी परिचय दिया।

अनुक्रमणिका

1.	बुद्ध	जन्म 563 ई.पू.
2.	महावीर	जन्म 538 ई.पू.
3.	बिंबसार	540 से 490 ई.पू.
4.	अजातशत्रु	490 से 460 ई.पू.
5.	डेरियस, ईरान का राजा	521 से 486 ई.पू.
6.	शेषनाग	411 से 393 ई.पू.
7.	घनानंद	326 ई.पू.
8.	सिकंदर	356 से 323 ई.पू.।

संदर्भ

1. *Cambridge History of India,* Vol. I, p. 348.
2. McCrindle, *Invasion of Alexander*, p. 195.
3. Diodoros, XVII, 84, McCrindle, *Invasion of Alexander*, pp. 269-70, 306.
4. *Arrian*, IV, 28, p. 27.
5. *Arrian*, IV, 22.
6. *Arrian*, V, 8, p. 274.
7. *Arrian*, V, 19, pp. 109, 225.
8. *McCrindle's Ancient India as Described in Classical Literature*, p. XIV.
9. *Strabo*, 15, 1.51: MEC, p. 54.
10. *Strabo*, 2.35; Mea, p. 30.
11. R. Morten Smith, Greek Kings in India, *Annals of the Bhandarkar*

Oriental Research Institute, Vol. LXIII and LIX, 1977-78, pp. 327-336.
12. Section IV, p. 81.
13. *Yasna*, I, 59-61.
14. Max Muller, Lectures, Ist Series pp. 211-212; also Seignohas, *History of Ancient Civilization*, p. 100.
15. Ibid., p. 214, प्रेतखंड– *गरुड़ पुराण*।
16. Dutt, *A History of Civilization of Ancient India*, pp. 3-4, 241-256.
17. *गीता* 5, 2।
18. *मनुस्मृति* 5.52।
19. Herbert Risely, *People of India*, 2nd Edition, p. 299.
20. Hatten, *South India Census Analysis*, 1931.
21. पंचानन मिश्र, *पिलग्रिम : प्रागैतिहासिक भारत*, पृ. 110-114, तथा राजबली पांडेय, "भारत में जातीय मिश्रण की समस्या", *नागरी प्रचारिणी पत्रिका*, वर्ष 60: संवत 2012 अंक 1, पृ. 26।
22. *वन पर्व*, अध्याय 180।
23. *अथर्ववेद*, 9 खंड मंत्र 40-45; R.K. Mukherjee, *Nationalism in Hindu Culture*, Adyar Library, Theosophical Publishing House, Madras, p. 14.
24. V.A. Smith, *Early History of India*, p. 5.
25. Syed Abdul Latif, *Cultural History of India*, pp. 299-341.
26. William De Bary, *Sources of Indian Tradition for Full Account of Buddha's Advice to the Vajjians*.
27. Damodar Kosambi, *The Culture and Civilization of Ancient India in Historical Outline*, London, 1965, p. 185; and also J. Kennedy, *Buddhist Guosticism – The System of Basibides*, JRAS, pp. 377-415.
28. B.G. Gokhale, "The Early Buddhist View of the State", *JOAS* 89, pp. 731-38, 1969.
29. Edward Conze, *Buddism : Its Essence and Development*, Oxford, 1951, p. 80 ff.
30. Virardi Giovanni, *Hardships and Downfall of Buddhism in India*, Manohar, 2011, p. 98.

7

तर्कणापरक युग : 1300 से 200 ई.पू.

इस युग का साहित्य सूत्रों में है; जो रहस्योद्घाटन पर आधारित न होकर मनुष्यों के द्वारा रचा हुआ माना जाता है। अब ज्ञान, विज्ञान और धार्मिक शिक्षा एक छोटी-सी व्यावहारिक नियमावली में सीमित हो गई, जो अध्यापकों, विद्यार्थियों के पढ़ाने और पढ़ने के लिए उनके कर्तव्य आदि सरल हो गए। दर्शनशास्त्र भी व्यावहारिक हो धीरे-धीरे प्रसिद्ध होकर उसका विकास होने लगा। हिंदू सारे भारत में और लंका में फैल गए। भारत को परसिया और यूनान से नई रोशनी भी मिली।

700 ई.पू. में बड़े परिवर्तन देखे गए, पुरानी व्यवस्था का स्थान नई व्यवस्था ने ले लिया, मगध नई ऊँचाइयों पर पहुँचा, जिसमें आर्य व द्राविड़ सभ्यता और संस्कृति का व्यावहारिक विकास हुआ। धर्म में विकास हुआ, संस्कृत का स्थान पाली भाषा ने ले लिया।

इस काल में हिंदू धर्म तीन भागों में पूरे भारत में फैला, पहला आर्यवर्त– इसमें उत्तर भारत के मध्य भाग जो आज भी महत्त्वपूर्ण हैं, इसमें व्यक्ति के व्यवहार के नियम फैले, यह अधिक अधिनायकवादी रहा।

दूसरा भाग– सभी लोगों के मिलन का रहा जिसमें दक्षिण पंजाब, सिंध, गुजरात, मालवा, दक्षिण व पूर्व बिहार के प्रदेश थे। पंजाब जो पहले इंडो आर्यों का प्रदेश था वह गंगा की घाटी के लोगों से संस्कृति और धर्म में पीछे रह गया। 1200 ई.पू. तक यहाँ के सभी प्रदेश हिंदू धर्म और सभ्यता से प्रभावित हो गए और अन्य प्रदेशों में भी प्रभाव बढ़ने लगा।

तीसरे भाग में– अती (अटक) पंजाब, दक्षिण भारत का कुछ भाग, बंगाल और कलिंग, पूर्व के समुद्री क्षेत्र, उड़ीसा से कृष्णा नदी तक। इन प्रदेशों में जो व्यक्ति जाता था उसे पाप के लिए प्रायश्चित करना पड़ता था।

पाँचवीं शताब्दी ई.पू. बंगाल के एक राजकुमार ने सिलोने (सिंहाला, लंका) को जीतकर सिंहा वंश को स्थापित किया, इस प्रकार से दक्षिण भारत में भी हिंदू राज्यों की स्थापना हुई, इसका विस्तारपूर्वक वर्णन बुद्धायन[1] ने किया, लेकिन उसने दक्षिण भारत के कानूनों व रीति-रिवाजों का विशेष ध्यान रखा।

साहित्य

बहुत सारे ब्राह्मण और सूत्रों में चरणव्यूह 5 चरण ऋग्वेद, 12 यजुर्वेद, 12 सामवेद और 9 अथर्ववेद के विषय में उल्लेख हैं। 9 वेदांग जो बाद में सूत्रों में समाहित हो गए शिवा में उच्चारण की विधि को बतलाया गया है, कल्पसूत्रों में वैदिक यज्ञीय, यज्ञ बलि के नियमों को बतलाया गया है। पराशार, व्यास, शौनक, घरायाना, सत्यायाना, भारद्वाज, अयस्तंभा, हिरण्याकेशिन और कात्यायन, आदि इस क्षेत्र के विद्वान माने जाते हैं।

धर्मसूत्र में अच्छे हिंदू और नागरिक बनने के नियम उल्लिखित हैं, इन सूत्रों से यह ज्ञात होता है कि हिंदू पूजा-पाठ में विश्वास करते हैं। प्रारंभ में धर्मसूत्र गद्य में थे, कहीं-कहीं पद का भी प्रयोग हुआ, बाद में पद्य में ही रचे गए, धर्मसूत्रों के माध्यम से बालक शिक्षार्थी के बुद्धि में धर्म, समाज और कानूनी दायित्व का प्रभाव डाला जाता था। अनेक धर्मसूत्र लुप्त हो गए हैं। मनु का धर्मसूत्र भी अपने प्रारंभिक रूप में नहीं पाया जाता।

गौतम और वशिष्ठ के धर्मसूत्रों में भी सामाजिक, पारिवारिक, जन्म व खाद्य-पदार्थ की विधि बतलाई गई है। गृहसूत्र में जो भी विधियाँ बताई गई हैं वे आज भी लगभग उसी प्रकार से पालन में लाई जाती हैं जैसे बतलाई गई थीं। गृहसूत्रों की नींव वेदों में मिलती है।

व्याकरण– पाणिनि संसार का महान व्याकरणकार माने जाते हैं। वह वैदिक काल का अंतिम व्याकरणकार थे। एक गाँव सलातूरा में पिता देवला और माता दक्षी के घर पैदा हुआ था। बचपन में पढ़ने-लिखने में अधिक योग्य नहीं थे, लेकिन बाद में हिमालय की कंदराओं में जाकर शिव भक्ति की और न केवल व्याकरण में दक्षता प्राप्त की अपितु भाषा, ब्राह्मण, आरण्यक और उपनिषदों को भी बनाने में योगदान दिया। गंगा घाटी के अनेक विद्वानों के संपर्क में रहे। कात्यायन उसके समकालीन व विरोधी थे, लेकिन पतंजलि उसके समर्थक रहे। वह बुद्ध से पहले के समय का माना जाता है।

पाणिनि के समय संस्कृत बोलचाल की भाषा थी, वह ऐसे समय में हुए जब वैदिक संस्कृत का अंत हो रहा था और भाषा का आरंभ। इस समय समाज घुमंतू था, पाणिनि के काल में सिंधु घाटी की सभ्यता अपने चरम पर थी और बाहरी लोग भी वहाँ आ रहे थे। पतंजलि मानते हैं कि पाणिनि सूत्रों की निर्मित मध्यकाल में हुआ है। इस काल में क्षत्रियों की शक्ति को सम्मान दिया जाने लगा। उसने वाहलिका और उसके अनेक शहरों का शंकला, कपीसा, पंजाब, सिंध, प्रासकारा, कच्च, कुरु, पंजाब के मदरास, पूर्व के भरत, कंबोज, सुविरा, मगध और कौशल, काबुल आदि का भी उल्लेख किया है।

पाणिनि की अष्टाध्यायी केवल व्याकरण ही नहीं बल्कि एक दर्शनशास्त्र भी है। छंदों का भी प्रयोग देखा गया, ज्योतिष व खगोल का भी ज्ञान धार्मिक व चिकित्सा में प्रयोग लाया जाने लगा। जैन और बुद्ध पिटिकाओं, जो नैतिकता के नियमों पर आधारित थी उनका निर्माण होने लगा। संस्कृत काव्यों व पुराणों के विषय में महिलाओं, शूद्रों व पतित ब्राह्मणों को भी जानकारी दी गई।

वेदों व पुराणों से कुछ अंशों को लेकर नाटक भी खेले जाने लगे, बुद्ध के शिष्यों ने भी ऐसा किया, उन्होंने बुद्ध के जीवन पर कुछ नाटक किए। चाणक्य ने भी अपनी पुस्तक में इसका उल्लेख किया है, रामायण व महाभारत के कुछ अंशों को भी नाटकीय तरीके से दर्शाया गया। महाभाष्य में पतंजलि ने बीलवध और केशवध का उल्लेख किया है। कात्यायन ने वार्तिक सम्भवतः पाँचवीं शताब्दी ई.पू. में लिखी, चाणक्य ने अर्थशास्त्र, नीतिशास्त्र का निर्माण किया, तीसरी शताब्दी ई.पू. कुछ बुद्ध जातकों का निर्माण हुआ। विद्यापति ने भी कुछ प्राचीन हिंदू कहानियों को जनता के समक्ष रखा।[2]

भाषा

देव आर्यों ने संस्कृत भाषा को 29 सदी ई.पू. बनाया था। इसीलिए इसे देव भाषा के नाम से पुकारा जाता है। संस्कृत इतिहास में भी इसे पुरानी, माध्यमिक व आधुनिक तीन स्तरों में माना है।

पुरानी या प्रारंभिक संस्कृत संगठित व निरंतर न थी, उसे ब्रह्म भाषा या बाहलिका भाषा कहा गया है, यह ऋषियों की भाषा थी जिसमें प्राचीन साहित्य को रचा गया, ब्रह्म भाषा भी अनेक स्तरों से आगे बढ़ी है, 1400 ई.पू. तक ब्रह्म भाषा सभी पवित्र व अन्य कार्यों में प्रयोग में लाई जाती थी। इसी के साथ बहुत सारी प्राकृत भी थी, रामायण में उल्लेख है कि राम को अनेक प्राकृत भाषा का ज्ञान था; युधिष्ठिर ने भी इंद्रप्रस्थ बसाने में ब्राह्मण, व्यापारी, संस्कृत ज्ञान व प्राकृत तथा अन्य बोलियों को जानने वाले बसाए थे।[3]

वेदों की अधिकतर ऋचाएँ व प्रार्थनाएँ, ग्राम्य व अव्यवस्थित बोली में रची गई हैं, साथ ही कुछ ऋचाओं में यह भी दर्शाया गया है कि संस्कृत भाषा का विकास होने पर ही वेदों की रचना हुई।

भारत में सिकंदर के आक्रमण के समय संस्कृत बोलचाल की भाषा थी, लेकिन अनपढ़ पुरुष व नारी पाली या प्राकृत भाषा को बोलते थे जो बाद में लिखने में भी प्रयोग की गई। प्राचीन मगध को पालासा भी कहते हैं, इसी से पाली बोली का उदय हुआ।

लिपि– ब्राह्मी देव आर्यों की सबसे प्रथम लिपि है। उसमें से शारदा, श्रीहर्षा और कुटिला का उदय हुआ। जैन समवाय सूत्र में, 18 लिपियों का उल्लेख है, नंदी सूत्र में 36 और ललित बिस्तर में 64 अलग-अलग लिपियों का उल्लेख है– प्रमुख– ब्राह्मी, खरोष्ठी, पुष्करासारी, अंगा, बंग, मंघदी, मंगालिया, मनुष्य, अंगुलिया, शाकारी, ब्रह्मा बाली, द्रावीर, किनारी, दक्षिणी, उग्रा, शंकया, अनुलोमा, अर्धधनु, द्रादा, काश्या, नागा, पक्षा, गंधर्व, किनारा, वायु मारुत, भूमा-देव, अंतरिक्षा, उत्तरा-कुरु, अपरा-गुराड़ी, पूर्व-विदेही, उंतकसैया, निकासैया, प्राका-सैया, सागरा ब्रज, लेखा-प्रतिलेखा, अनुदरुता आदि।[4]

धर्म-दर्शन-ज्ञान

धर्म-मत– इस काल में मुख्य धर्म हिंदू, जैन, बौद्ध और नास्तिक थे। हिंदू धर्म के तीन प्रमुख प्रकार थे। वैदिक हिंदू, दार्शनिक हिंदू और लोकप्रिय हिंदू।

कृष्णा, जैमिनी, व्यास और युधिष्ठिर ने वैदिक हिंदू धर्म को पुनः उभारने का प्रयास किया, जिसमें सत्य व नैतिकता को अधिक महत्त्व दिया गया, लेकिन 600 ई.पू. तक वैदिक धर्म निर्जीव-सा हो गया, केवल धार्मिक कृत्य या अनुष्ठान और कार्य-विधि ही रह गए। अभी भी हिंदू वैदिक धर्म को नाममात्र का आदर देते रहे, लेकिन वे शुद्ध ज्ञान की ओर भी झुकने लगे, दार्शनिक हिंदू विचारकों की ओर अधिक झुकने लगे, लोकप्रिय हिंदू कुछ वैदिक अनुष्ठानों के साथ देवी-देवताओं जैसे शिव, इंद्र, सूर्य, दुर्गा, सरस्वती, मूर्ति-पूजा, तीर्थों और पवित्र स्थानों में अधिक विश्वास करने लगे। वर्ण आश्रम धर्म 4 जातियाँ अपने-अपने कर्तव्य के लिए स्थापित होने लगीं।

कृष्ण का पुत्र शांबा कुष्ठ रोग से पीड़ित था, उसने सूर्य की पूजा के लिए शकाली ब्राह्मणों की एक बस्ती मुलतान में बसाई। यहाँ का सूर्य मंदिर अति प्रसिद्ध हो गया, आज के समय में पुरी (उड़ीसा) में भी सूर्य मंदिर जिसे भगवान जगन्नाथ का मंदिर कहते हैं, प्रसिद्ध है। हूण सांग ने 7वीं सदी में जिन स्थानों की यात्रा कर यहाँ के सूर्य मंदिर की सोने की मूर्ति व अन्य 8 मंदिर जो खंडहर हो गए थे उसके विषय में भी लिखा है। इन मंदिरों को मुस्लिम आक्रमणकारियों ने तोड़कर यहाँ से सोना व धन लूटा, आज उनका निशान भी मिटा दिया गया, ये क्षेत्र वर्तमान पाकिस्तान में हैं।

जैन मत

नेमीनाथ जैन मत के 22वें तीर्थंकर हुए हैं, इन्हें कृष्ण का चाचा माना जाता है, जो शायद 1400 ई.पू. में हुए माने जाते हैं। इनका सुधारा हुआ मत लगभग पाँचवीं

शताब्दी तक चला। 820 से 750 ई.पू. 23वें तीर्थंकर पार्श्वनाथ हुए, जो राजा अश्वसेन व रानी बामा देवी के पुत्र थे तथा राजा प्रश्नजीत (अवध) के दामाद थे, उन्होंने स्व-इच्छा से राज्य त्याग, एक संन्यासी का जीवन ग्रहण किया, और बनारस में ज्ञान में लीन रहे। इनका जैन मत का प्रभाव बंगाल से गुजरात तक रहा, बंगाल में मालदा और बौगरा जैन मत के बड़े केंद्र रहे हैं।

इनके अधिकतर अनुयायी दलित-वर्ग से रहे थे। उनका देहांत समेहता या पार्श्वनाथ पहाड़ पर (हजारीबाग) 70-72 वर्ष की आयु 527 ई.पू. में हुआ। राजपूताना में इनके शिष्य बड़े शक्तिशाली हुए और उन्होंने वहाँ के हिंदुओं पर बड़े अत्याचार किए।[5]

कुछ राजघरानों के लोगों ने तर्कसंगत धर्म और नैतिकता का प्रचार अवश्य किया। 6 शताब्दी ई.पू. का समय इस मत के लिए सबसे उन्नति का समय रहा। वर्द्धमान महावीर 597-527 ई.पू. ने इस मत का और अधिक सुधार किया। यह राजा शुद्धोधन व माता त्रिशला का पुत्र था, यशोदा पत्नी व पुत्री प्रियदर्शनी जिसने इनके शिष्य जमालो से विवाह किया। 30 वर्ष की आयु में घर छोड़कर गंगा घाटी में अनेक खतरनाक व्यक्तियों के बीच रह, कष्ट सहन कर तपस्या, योग कर कौशांबीवाद में सतानिका के राज्य में गए जहाँ उनका बड़ा आदर हुआ। 11 बड़े ब्राह्मणों को अपना शिष्य बनाया, दिगंबर (नग्न) रहने वाले उनके शिष्य बने जिन्होंने प्रचार किया कि संवेदनाओं से ज्ञान नहीं आता, कर्म के सिद्धांत को स्वीकारा, जो दृश्य है। वह सत्य है, परलोक को स्वीकारना चाहिए, पशु-वध घोर पाप है, जिसका उपचार नहीं कर सकते उसको सहना चाहिए, इच्छापूर्वक शरीर का दमन करना उचित नहीं है, सच्चाई, ईमानदारी, अच्छा व्यवहार अति आवश्यक है, चोरी करना अति घृणित है, संसार की हर चीज पर उचित संयम होना चाहिए।

बुद्ध– महान हिंदू धर्म सुधारक रहे (564 से 487 ई.पू.), अयोध्या के सूर्य वंश की एक शाखा– शाक्य वंश से उसका संबंध रहा, राजा शुद्धोधन व माता माया देवी से उनका जन्म हुआ, माँ की मृत्यु इनके जन्म के बाद हो गई, इनका पालन-पोषण इनकी मौसी गौतमी ने किया। विवाह किया लेकिन संसार के दुःखों के उपाय में घर छोड़ दिया, अंत में गया के समीप एक पीपल के वृक्ष के नीचे अनेक दिनों तक शांति से बैठे रहे और यहीं उन्हें ज्ञान की प्राप्ति हुई और बुद्ध बन गए। बनारस में उन्होंने अपने संदेशों में आत्मा की अमरता, कर्म और पुनः जन्म के विषयों पर जोर दिया, जाति, पूजा-पाठ और भगवान को नकारा, कर्म और वाणी में सत्य, प्रेम, दया, माफ करना और पवित्रता पर जोर दिया।

पशुओं के जीवन का आदर, बीच के रास्ते को अपनाने पर जोर। यह कोई अतिशयोक्ति नहीं होगी कि बुद्ध बौद्ध मत के मानने वाले नहीं थे। 2950 ई.पू. से

550 ई.पू. तक वे केवल ऐसे हिंदू थे जिन्होंने हिंदू धर्म को ठीक से पहचान कर उसका प्रचार किया। उसके द्वारा प्रचारित साधुत्व, संघों की आत्मा, और निर्वाण सभी हिंदूत्व के तत्त्व हैं बुद्ध का नहीं। केवल, गंभीरता, प्रचंडता और जागृति बुद्ध की है वह नई भी थी। हिंदुओं ने बुद्ध को अन्य अवतारों में से एक माना है। 46 वर्षों तक बुद्ध ने राजगृह, कौशांबी, सारावस्ती, वैशाली, कुशीनगर आदि में प्रचार किया, अनेक राजाओं व धनी व्यापारियों ने बुद्ध को संघ के लिए बाग-बगीचे व आश्रम दिए, कुशीनगर में लगभग 80 वर्ष की आयु में मृत्यु हो गई। बुद्ध का जन्म, ज्ञान और मृत्यु सभी वृक्षों के ही नीचे हुए, उनके अवशेषों को कुशीनगर में ही संस्कार कर दिया गया व कुछ राख को बाँट दिया गया। उनके बहनोई देवदत्त ने अजीवक संप्रदाय (जैन) मत स्थापित किया।

बौद्ध मत भारत में अमूर्त निराकार सामान्य व दूषित होने के कारण तथा शैव मत और विष्णु मत की प्रतियोगिता[6] के कारण आगे नहीं बढ़ सका, विदेशों में अवश्य ही इसका विकास व्यापारियों, प्रचारकों व शासकों के कारण संभव हो सका। भारत में बौद्ध मत व उससे जुड़े हुए संस्थाओं का विनाश मुस्लिम आक्रांताओं ने भी कर दिया।

बौद्ध मत हिंदू धर्म की उपज है, बुद्ध की सारी शिक्षा हिंदू धर्म में ही हुई।[7] बौद्ध मत के जो उपदेश-विचार हैं उन्हें प्राचीन हिंदू शास्त्रों[8] में देखा जा सकता है।[9]

बुद्ध वास्तव में हिंदू धर्म में जो विकार उत्पन्न हो गए थे उनमें सुधार के प्रयास ही कर रहे थे, हिंदू भी प्राचीन बौद्ध मत को अपना ही एक मत मानते थे।

दर्शन– हिंदू दर्शन के प्राचीन ग्रंथ लुप्त हो गए हैं लेकिन सूत्रों के माध्यम से तर्कवादी युग की पहचान संभव है– सांख्य सूत्र, योगसूत्र, न्यायसूत्र, ब्रह्मसूत्र आदि, इन सूत्रों में तत्त्वज्ञान, आत्मा, जन्म आदि के विषयों को बड़े तर्क सहित रखा गया है, ज्ञानी व्यक्ति आज भी वैदिक प्रथाओं को पूर्ण रूप से नहीं समझते, विचारशील व्यक्ति विवेक पर अधिक ध्यान देगा न कि रीतियों पर।

ज्ञान– ज्ञान का भारतीयों ने सदैव आदर किया है, वह हमेशा उन्नति के अवस्था में रहा है। तक्षशिला ज्ञान के लिए मुख्य केंद्र भी रहा जहाँ– वेद, वेदांग, दर्शन, न्याय, चिकित्सा, हिसाब, सैनिक विज्ञान, पुराण, इतिहास, जादू, अंतरिक्ष ज्ञान, भाषा विज्ञान आदि का ज्ञान दिया जाता था, यह ज्ञान पात्रता के अनुसार सभी वर्गों का दिया जाता था। यहाँ के विद्यार्थी अपने-अपने क्षेत्र में बड़े प्रसिद्ध हुए हैं। यहाँ अमीर, गरीब व अनाथ सभी को शिक्षा दी जाती थी। तक्षशिला में न केवल देश के विभिन्न भागों से छात्र आते थे बल्कि विदेशों से भी छात्र ज्ञान प्राप्त करने आते थे।

भारतीय ज्ञान व दर्शन– मिस्र, अरब, असीरिया, यहूदी आदि ने बड़े चाव से ग्रहण किया, सिकंदर ने मिस्र में भारत जैसी जाति-प्रथा को देखा था।[10] भारतीय यूनानियों से अधिक सर्वोच्च थे। भारतीय सभ्यता न केवल प्राचीन थी बल्कि मूल भी थी, भारतीयों को इस पर बड़ा घमंड था, यही उसके पतन का भी कारण बना। यद्यपि, यह बात पूर्ण रूप से सत्य नहीं हो सकती, क्योंकि भारत ने अनेक देशों से काफी कुछ ग्रहण किया और उन्हें भी अपना बहुत कुछ दिया। आपसी संबंध इसका ही एक उदाहरण है। इस सत्य का विस्तार से वर्णन मैकडोनल ने किया है। प्राचीन काल में परसिया व भारत के गहन संबंध रहे हैं, 1385 ई.पू. (3300 वर्ष पूर्व) एक उत्खनन में ऐसे प्रमाण मिलते हैं जिनमें बेबीलोन में, मिस्र, वरुण, इंद्र आदि देवों का वर्णन है, 512 ई.पू. में देरियस ने भारत के उत्तर-पश्चिम भाग को जीतकर भारत और परसिया के संबंध गहरे किए थे। परसिया से यूरोप के अन्य भागों में भारत का ज्ञान-विज्ञान पहुँचने लगा।

प्रशासन– काव्य युग से प्रशासन में विशेषकर युद्ध नियमों में फेरबदल के साथ सूत्रों में– गौतम सूत्र (10), वशिष्ठ सूत्र (14) और आपस्तंभ (2.10.25), पाली साहित्य, चाणक्य-अर्थशास्त्र और यूनानियों के "भारत के विषय में जानकारी" में प्राचीन शासन-प्रणाली का उल्लेख व निरंतरता रही है। चाणक्य और मैगस्थनीज ने हिंदू प्रशासन का विवेचन बड़े विस्तार से किया है।

पाटलिपुत्र के प्रशासन के विषय में इसके उद्योग, कर, कृषि, सेना, लोक सेवा, कलाकार, सड़कें, वन, गाँव, वहाँ के लोग व स्वशासन, न्याय, सत्य पर अधिक ध्यान दिया जाता था।

कानून– जहाँ एक ओर न्याय के लिए सत्य को जानना आवश्यक था वहीं आपराधिक कानून इस काल में विभिन्न जातियों के लिए भिन्न-भिन्न था। जाति जितनी ऊँची दंड उतना ही कम[11]। महाभारत में कानून सबके लिए समान थे, राजा अपने पुत्र को भी दंड देता था यदि वह दंड का अधिकारी होता। शूद्रों को ओरों से 10 गुना अधिक दंड दिया जाता था। यह प्रचलन ब्राह्मणों ने अपने को श्रेष्ठ बनाए रखने के लिए किए।

महाभारत के युद्ध के बाद अनार्यों के पुनरुत्थान का समय आ गया। तुर्क, तुरानी, शूद्र आदि ने भारत-भूमि पर अपनी सत्ता स्थापित करने के प्रयास किए, कुछ तुरानियों ने हिमालय, उत्तर-पश्चिम के भाग, विदेह को अपने अधीन कर लिया। प्रसिद्ध जनक वंश भी 1200 ई.पू. तक समाप्त हो गया। जनता बिना राजा के हो गई, राज्य विभिन्न कबीलों से बनते हैं जैसे– लिच्छवी, विदेह, त्रिमूर्ति, बृजी को प्राचीन राज्य, गंडक से महानदी तक फैला था जिसमें 8 नगर 8 कबीलों के थे। वैशाली, कैशारी, जनकपुर, नावंदगढ़, शिमरून, शारणा, दवारवानगो, पुरनिया,

मोतिहारी, इनमें से लिच्छवी और वाजियान अधिक शक्तिशाली थे। ऐसे अनेक उदाहरण हैं जिनसे यह ज्ञात होता है कि ब्राह्मण अपनी प्रतिष्ठा में कम हो गए थे और क्षत्रिय प्रतिष्ठा में बढ़ गए थे। सम्मान पुनः अवस्थित हो गया, उसे ठीक करने के लिए जाति व्यक्ति को वंशानुगत बना दिया गया, 1200 ई.पू. बनारस में इसके नियमों को आधार मिला।

चोरी के लिए मृत्युदंड का विधान बना, राजा को माफ करने की शक्ति दी गई, एक ज्ञानी, ब्राह्मण, राजकुमार एक अपराधी के लिए बीच-बचाव कर सकता था।[12] आत्मरक्षा का अधिकार था, यदि कोई किसी की पत्नी का अपहरण करता है वह व्यक्ति अपहरणकर्ता का वध भी कर सकता था, आत्महत्या निषेध थी, इस अवस्था में कोई मृत संस्कार स्वीकार नहीं था, कृषि कानून कठोर थे, संपत्ति के ग्रहण करने के भी नियम थे। संपत्ति के विषय में बड़े साफ नियम थे, यदि संपत्ति का कोई हकदार नहीं था तो वह संपत्ति राजा की होती थी। न्याय के भी नियम होते थे, सामान्यतः मरने वाले के संबंधी उसका कर्ज उतारते थे।

उत्तराधिकारी बनने के भी नियम थे। संपत्ति के बँटवारे के विषय में भी बड़े और छोटे, जाति, कानूनी व ग़ैर-कानूनी का विशेष महत्त्व था। यद्यपि अपस्तम्का आदि कानून ज्ञाताओं ने समानता के सिद्धांत पर अधिक बल दिया था।

जाति– विदेशी प्रभाव को दूर रखने, समाज को मिलावट से दूर रखना, रक्त की पवित्रता बचाना और अवगुणों को दूर रखना, समाज को अधिक व्यवस्थित करने के हेतु जाति को व उसके नियमों को तथा काम-धंधे को जाति के अनुसार करने के कठोर नियमों का इस युग में झलक मिलती है। साथ-साथ यदि कोई व्यक्ति पहले किसी निम्न जाति में था लेकिन ज्ञान, गुण और धर्म के आधार पर वह ब्राह्मण जाति में भी प्रवेश पा जाता था। लेकिन 1200 ई.पू. से व्यक्ति अधिक पापी हो गया, केवल परिवार में जन्म ही उसकी उच्चता का आधार नहीं रहा, अभी भी योग्यता के आधार पर समाज में व्यक्ति का सम्मान होता था (मनु), चाहे वह छोटी जाति का क्यों नहीं हो, यदि उच्च जाति के व्यक्ति ने पाप किया है तो उसे उच्च जाति से निकाल, शूद्र जाति में रखा जाता था। मनु यहाँ जाति के ऐतिहासिक उदय को भली-भाँति जानते थे। तार्किक युग से पहले भारतीय 7 वर्णों में बँटे थे– ब्राह्मण, क्षत्रिय, वैश्व, शूद्र, वृता (घृणित आर्य और भगवान में विश्वास न करने वाले), रखैलों के बच्चे और निम्न जाति के लोग व निषाद या अछूत शिकारी, अधिकतर आर्य वैश्य थे जो द्राविड़ों से आर्य बने थे। ये सभी अपनी इच्छा से कोई व्यवसाय चुनते थे, व्यवसाय वंशानुगत होते थे, प्रायः आर्य बन सकते थे यदि वे एक निश्चित पश्चाताप करते।

हिंदू भारत ने समाजशास्त्र को अधिक तार्किक स्तर पर पहुँचाया है, यहाँ

मानवता को अधिक उजागर किया गया है।

वशिष्ठ[13] ने नए वर्गों का वर्गीकरण इस प्रकार किया है–

1. चंडाल– शूद्र पिता और ब्राह्मण माता का मिलन,
2. वैन– शूद्र पिता और वैश्य माता;
3. अंत्यवासिन– शूद्र माता और वैश्व पिता;
4. रामाका - वैश्य पिता और ब्राह्मण माता;
5. पुलकाशा– वैश्य पिता और क्षत्रिय माता;
6. सुत– क्षत्रिय पिता और ब्राह्मण माता;
7. अंबास्था– ब्राह्मण पिता और क्षत्रिय माता;
8. उग्रास– क्षत्रिय पिता और वैश्य माता;
9. निषाद– वैश्य पिता और शूद्र माता।

बौधायन, गौतम, वशिष्ठ आदि ने इससे कुछ भिन्न जातियों का वर्णन किया है।

वशिष्ठ धर्मसूत्र में यदि कोई ब्राह्मण पठन-पाठन और केवल भिक्षा माँगता है, वह एक पाप है, एक डाकू को खिलाने जैसा है, जो भी यह कार्य करता है, ऐसी भूमि पर सूखा पड़ना व अन्य कष्ट आने को बुलावा देना है। गौतम ने भी क्षत्रियों, वैश्यों और शूद्रों के कार्य की सूची दी है।

मैगस्थनीय की 7 जातियाँ (300 ई.पू.) वास्तव में चार ही थीं। मांस-भक्षण की भी प्रथा थी जो वैदिक अनुष्ठानों की उपेक्षाओं, जैन मत व बौद्ध मत के प्रभाव के कारण धीरे-धीरे कम हो गई।

भारतीय जीवन और चरित्र

तार्किक युग में ब्राह्मण सर्वोच्चता ने भारत की सभ्यता को बहुत बढ़ावा दिया था।

1. प्रारंभ से ही ज्ञान की विभिन्न शाखाओं को ब्राह्मणों की विशिष्टता ने उच्च स्तर पर पहुँचाया चाहे वह– वैदिक ज्ञान हो, उनकी व्याख्या हो, धर्म, तर्क, नैतिकता, भौतिक विज्ञान, नक्षत्र शास्त्र हो, यह मनु की नीति के काल में भी था। सुगंध, बर्तन, हाथी, घोड़े, घोड़े-गाड़ी, पशुपालन, बाग-बगीचे, तालाब, सोना, सिल्क, कपड़े आदि, मनु ने अपने नियम पुरानी व्यवस्थाओं पर आधारित रखे, जो उससे पहले की व्यवस्थाओं पर आधारित थे।
2. होमर ने 11वीं शताब्दी ई.पू. इसका उल्लेख भी किया है।
3. ब्राह्मणों के संयम, ज्ञान और नैतिकता ने एंपीडोक्लस, पैथागोरस और अन्य

को बड़ा प्रभावित किया था (6 शताब्दी ई.पू.)

4. डेरियस ने 6 शताब्दी ई.पू. सकालेकस को सिंध नदी के आस-पास भारत की जानकारी के लिए भेजा था, समुद्र के रास्ते वह सिंध नदी तक पहुँचा, 30 मास के बाद वह वापस डेरियस के पास पहुँचा, जहाँ उसने भारत के जीवन-स्तर की बड़ी बड़ाई की, उसी से प्रभावित होकर डेरियस ने भारत पर आक्रमण किया और सिंध के कुछ भाग को अपने अधीन कर लिया था।
5. हेरोडोटस, जन्म 484 ई.पू. जिसे इतिहास का पिता भी कहा जाता है, उसने डेरियस के काल के भारत के विषय में उसकी समृद्धि तथा सोने की खानों के विषय में यहाँ के लोगों और विशेषकर हिंदू मुनियों के विषय में तथा उनके बारे में उल्लेख किया है।
6. कैसियस, परसिया का राज वैद्य था, उसने 398 ई.पू. अपनी पुस्तक "इंडिका" में भारत के लोगों, जानवरों, सोने के पहाड़ों, यहाँ के लड़ाकों, विशेषकर पशुओं का उल्लेख किया है जिसे बाद में अरस्तु ने अपनी पशु संबंधी पुस्तक में उल्लेख किया है। इस काल के मनुष्यों में न्याय के प्रति धारणा; राजा का आज्ञा-पालन और मृत्यु से भय न होना, मनुष्यों का रंग गोरा होना, सामान्य मनुष्यों की आयु 120 वर्ष व कई 400 वर्ष तक जीवित रहते थे, सिंध और गंगा का भी उल्लेख है लेकिन केवल पंजाब तक के भारत का ही उनको ज्ञान था।
7. महाभारत और रामायण का वर्तमान रूप शायद 5 ई.पू. संकलित किया गया, जिसमें प्राचीन भारत का चित्रण है।
8. कुछ पाली जातकों ने 5वीं-6 शताब्दी ई.पू. के तौर-तरीके, रीति-रिवाज, नियम आदि का उल्लेख किया है। इस काल में विदेशी प्रभाव भारत की जीवन-शैली पर नहीं पड़ा था। हिंदू समाज शिक्षा, विशेषकर अनाथों के जीवन पर ध्यान दिया जाता था, व्यापार भी बहुत था। व्यापारी विदेशों में समुद्र के मार्ग से व्यापार करते थे।
9. बुद्ध का स्तूप (पियरवा) 450 ई.पू. के निर्माण से यह ज्ञात होता है कि इस काल में भी सभ्यता का स्तर उत्तरी भारत में कितना विकसित था।
10. चौथी सदी ई.पू. महावंश के अनुसार लंका में अस्पतालों की स्थापना हुई, नगर संगठित थे, शहर का प्रशासन अच्छा था, साफ-सफाई, शहर की सीमा, अलग-अलग वर्ग के अलग शव-संस्कार स्थान, धर्मशाला और पानी की व्यवस्था का होना, विदेशी नागरिकों की उचित देखभाल, न केवल मनुष्यों की चिकित्सा बल्कि पशुओं व वृक्षों की चिकित्सा का उल्लेख भारत के प्राचीन ग्रंथों में पाया जाता है।

11. विदेशी इतिहासकार अधिकतर सैनिक थे, उनके पास समय भी कम था, उन्होंने अधिकतर आलोचनात्मक तरीके से चीजों को देखा। यदि वे यहाँ के धर्म, सामाजिक जीवन, पेड़-पौधों, वनस्पति आदि को गहराई से जानते तो अधिक अच्छा होता। उनका भारत से संबंधित ज्ञान अधूरा ही था। यूनानी इतिहासकारों का ज्ञान केवल पंजाब और उसके आस-पास के क्षेत्रों तक ही सीमित रहा।

भारत की भूमि, कृषि, नदियाँ, तालाब, व्यक्ति-औरत, साधु-संन्यासी, सैनिक, वैद्य, जड़ी-बूटी, वृक्ष, सोना व अन्य धातु, वर्षा, रास्ते आदि का ठीक से वर्णन नहीं किया गया, चाणक्य ने काफी सीमा तक इन बातों का उल्लेख अपनी लेखनी से किया। जीवन, संपत्ति से आम व्यक्ति को अधिक मोह नहीं था, मृत्यु से भय नहीं होता था, जीवन संगठित व ईमानदारी पर आधारित था, दया व संतोष की भावना प्रचलित थी।

शिव और विष्णु की पूजा प्राचीन है, मैगस्थनीज तक यूनानी बौद्ध मत के विषय में नहीं जानते थे। भारत के विषय में अधिकतर यूनानियों द्वारा लिखित उल्लेख खो गए हैं, कुछ अंश बचे हुए भी हैं तो वे हमें बहुत नया नहीं बतलाते।

मौर्य वंश (312 से 180 ई.पू.)

चंद्रगुप्त (312-288 ई.पू.) मौर्य वंश का संस्थापक हुआ, उसकी माँ मूरा का तिरस्कार करके रानी बनने से नंद भाइयों ने नकार दिया था। कुछ समय बाद उसी बहादुर चंद्रगुप्त ने विशाल साम्राज्य संगठित किया और इस वंश का नाम अपनी माँ मूरा से मौर्य रखा। कुछ विद्वान मूरा को ईरानी मानते हैं लेकिन यूनानी और भारतीय साक्ष्य इन्हें भारतीय मानते हैं, लेकिन मूरा नाम ईरानी होने की अधिक संभावना है। इसी तरह नंद राजा की माँ भी शिशुनाग राजा के दरबार में एक नर्तकी थी राजा ने खुश होकर अपनी दासी बना लिया और नंद का जन्म भी शिशुनाग राजा से ही हुआ था।

चंद्रगुप्त के लिए बृशाला शब्द का प्रयोग भी किया गया है जो संस्कृत शब्द हो गया, इसका उदय पुरुसाल्या जो ईरानी है। प्रारंभ में परसियन ने पंजाब में चंद्रगुप्त की बड़ी मदद की, क्योंकि वे उसे अपने में से एक मानते थे और यूनानियों को अपना साझा शत्रु मानते थे, बाद में मगध को जीतने में भी ईरानियों का विशेष योगदान रहा।

नंदों और चंद्रगुप्त को शूद्र कहना उचित नहीं है, क्योंकि कानून एवं व्यवहार इस बात को स्वीकार नहीं करता। कुछ बाद के पुराणों में शायद ऐसा कहा गया हो जो उचित नहीं है। ये वंश क्षत्रिय थे चाहे ये व्यवस्था में निम्न हों, इस वंश के

10 राजा हुए जिन्होंने 133 वर्षों तक राज्य किया। कुमारी कांडा, अग्नि पुराण और स्कंद पुराण के अनुसार चंद्रगुप्त 312 ई.पू. शासन करने लगा। शायद यह भी एक अनुमान है क्योंकि उसकी भारत विजय 312 ई.पू. हो चुकी थी। उसने 24 से 25 वर्ष तक राज्य किया और कृष्णा नदी (दक्षिण) पर चंद्रगुप्त नगरी का निर्माण भी कराया। मुद्राराक्षस इसी नगर का रहने वाला था।

चंद्रगुप्त का राज्य ईरान की सीमाओं से लेकर हिंदूकुश से बंगाल की खाड़ी तक, इस तरह हिमालय की तलहटी से लेकर उत्तर का सारा भाग। केवल कलिंग, चैरा, चौला, पांड्या और केरला जो मद्रास का हिस्सा बने, आजाद थे।

इस उन्नति में चाणक्य का विशेष हाथ रहा। चाणक्य का पूरा नाम चाणक्य विष्णु गुप्त कौटिल्य था, वह एक सीधा-साधा राजनीतिज्ञ था। उसकी नीति के अनुसार चंद्रगुप्त ने नंद को मारा और मगध का राजा बन गया, चाणक्य प्रधानमंत्री बन गया। राक्षस नंद वंश का वफादार रहा, उसने चंद्रगुप्त का विरोध किया और चाणक्य का भी शत्रु बना रहा। राजा बनने के बाद चंद्रगुप्त और चाणक्य ने शुक्ल-तीर्थ-नर्मदा[14] पर जाकर अपने पापों का प्रायश्चित किया।

323 ई.पू. सिकंदर की मृत्यु के उपरांत उसके एक सेनापति सेल्यूकस ने मध्य एशिया, पश्चिम एशिया को अपने कब्जे में कर भारत की भूमि भी हड़पने लगा, इस पर 305 ई.पू. चंद्रगुप्त ने सेल्यूकस को खदेड़कर सारी भूमि जो ईरान के पूर्व की ओर थी उस पर कब्जा कर लिया। अतः अफगानिस्तान, बलूचिस्तान, मकरान तट, सिंधु घाटी, सिंध व पंजाब पर चंद्रगुप्त का राज्य हो गया।

303 ई.पू. में सेल्यूकस ने चंद्रगुप्त मौर्य के साथ संधि कर ली। सेल्यूकस ने भारत पर अपने सारे दावे छोड़ दिए, पश्चिम में सिंध नदी जिसे आर्या कहते हैं उसका काफी भाग चंद्रगुप्त को दे दिया, 50 हाथियों के बदले उसने अफगानिस्तान, बलूचिस्तान और मकरान का तटीय क्षेत्र छोड़ दिया, अपनी पुत्री का विवाह चंद्रगुप्त से कर दिया, पाटलिपुत्र में अपना एक राजदूत रख दिया, इस प्रकार भारत यूनानी शासन से मुक्त हो गया।

सिकंदर ने उत्तर-पश्चिम भारत का शासन अपने शतरप या गवर्नर तथा कुछ भारतीय राजाओं के हाथ में सौंप दिया था, लेकिन यह व्यवस्था अधिक समय तक नहीं चली। गंगा की घाटी में नंद वंश की सत्ता एक विशाल सेना से सुरक्षित थी जिसे चंद्रगुप्त मौर्य ने नंद राजा को हटाकर स्वयं शासक बन गया। यद्यपि नंद बौद्ध या जैन मत का समर्थक था तो भी ब्राह्मणों ने चाणक्य के साथ मौर्य का साथ दिया, बुद्ध के समय में मौर्य नाम का एक परिवार था।

नंद, शिशुनाग और स्वयं चंद्रगुप्त मौर्य अपने दुश्मनों से सावधान रहते थे, विद्रोह का भय, या जहर का भय बना रहता था, इसकी जानकारी के लिए विशेष

खोजी रखे जाते थे। चंद्रगुप्त अपनी व्यक्तिगत सुरक्षा के लिए प्रशिक्षित महिलाएँ रखता था तो भी चाणक्य ने एक बार हमले और दूसरी बार जहर से उन्हें बचाया था।

मौर्य ने राज्य की व्यवस्था बड़े अच्छे ढंग से स्थापित की हुई थी। महत्त्वपूर्ण कार्यों के लिए परिषदों का निर्माण किया गया था, वे सीधे राजा के प्रति उत्तरदायी थे; कर, जन सुविधाएँ, कारीगरों, सैनिकों, सिंचाई आदि की उचित व्यवस्था थी, प्रदेशों का शासन वहाँ के मुखिया के आधीन था जो राजा के प्रति उत्तरदायी था, ब्राह्मणों की हर वर्ष एक सभा होती थी जो राजा को उसके कार्यों में सलाह देती थी यह निश्चित नहीं कि यह सलाह पूर्ण रूप से मानी जाती थी या नहीं।

आम जनता का शासन में कोई दखल नहीं था। राजा सर्व अधिकार-संपन्न था। दंड कठोर थे, राजा अति कठोर था। यदि कोई व्यक्ति राजा के चलते समय उसके मार्ग को अवरुद्ध करता था तो उसे मार दिया जाता था। ब्राह्मण को छोड़ अन्य को यातनाएँ देकर सच को जाना जाता था।

हाथ काटना, कान काटना, मृत्युदंड देना जैसे दंड सामान्य थे। भूमि राजा की होती थी जनता केवल उस पर कर देकर खेती करती थी। युद्ध के समय उन्हें शासन का साथ देना होता था। कला अपनी चरम सीमा पर थी, अधिकतर सिल्क और सोने का प्रयोग कलात्मक चीजों में होता था, महल लकड़ी के बनाए जाते थे।

आम आदमी त्योहारी या शाही परिवारों के अवसरों पर ही अपना मनोरंजन करता था। सिक्के पंचमार्क के होते थे, शराब की दुकानें थीं। सिक्कों पर हाथी, गुलाब फूल, हिरन, मछली और स्वस्तिक के चिह्न देखने को मिले हैं।

अर्थशास्त्र

इसकी खोज 1905 में हुई, इसे चंद्रगुप्त के महामंत्री और गुरु चाणक्य या कौटिल्य के द्वारा लिखित माना जाता है, इस शास्त्र में अच्छा प्रशासन कैसे चले इसके विषय में सभी सिद्धांत दिए गए हैं। शासन चलाने के लिए साम, दंड, दाम, भेद व सभी प्रकार के उपायों पर बल दिया गया है, इसी प्रकार से इटली में मैक्यावली ने भी अपनी पुस्तक *प्रिंस* में भी ऐसे सिद्धांत बनाए हैं। चंद्रगुप्त 24 वर्षों तक राज्य करने के बाद जैन साधु बन गया था और दक्षिण भारत में रहने लगा था। चंद्रगुप्त मौर्य की शासन-व्यवस्था में ईरानी प्रभाव दिखाई देता है। वह एक हिंदू राजा था, उसमें पूर्ण सहिष्णुता थी, जाति-व्यवस्था के कारण सभी अपना-अपना कार्य करते थे। शिव शाही परिवार का आराध्य देव था। तक्षशिला, उज्जैन तथा मिलसा राजा के शासन के स्थान थे।

चंद्रगुप्त की सफलता– राज्य में चारों ओर शांति थी, उत्तर-दक्षिण से

पाटलिपुत्र तक राजमार्ग बनाया हुआ था जिसके हर दो कोस पर पत्थर, पेड़ व पीने के पानी की व्यवस्था थी।

उसने मैसोडोनियन सेना को अपने राज्य से बाहर कर दिया था, सेल्यूकस को पूर्ण रूप से दबा दिया था। विशाल सेना की स्थापना की, समृद्ध राज्य का निर्माण किया, उसने अपने शासन की ऐसी व्यवस्था बनाई कि उसके उत्तराधिकारियों को शासन को सँभालने के लिए कोई कठिनाई नहीं हुई। उसने शक्तिशाली यूनानी राजाओं से संधियाँ कीं, आने वाले अनेक वर्षों तक किसी यूनानी राजा ने हमला नहीं किया, अतः उनके साथ राजनीतिक संबंध बने रहे, जिससे, व्यापार खूब बढ़ा, चंद्रगुप्त का शासन वास्तव में चाणक्य के द्वारा प्राचीन हिंदू व्यवस्था पर चलता रहा। यदि कोई थोड़ा प्रभाव उसके व्यवहारों पर पड़ा तो वह ईरानी या यूनानी ही था।

चंद्रगुप्त के शासन काल के अंतिम समय में चाणक्य से उसका मतभेद हो गया, चाणक्य जंगल में चला गया, कुछ समय बाद उसकी मृत्यु हो गई और चंद्रगुप्त 288 ई.पू. मैसूर चला गया, उसका उत्तराधिकारी उसका पुत्र बिंदुसार बन गया।

बिंदुसार

उसने अपने शासन के विस्तार के लिए कोई नए प्रयास नहीं किए, उसके पिता की कोर्ट में मैगस्थनीय और हिमायस यूनानी राजदूत थे जिसके साथ अच्छे संबंध रहे। टोलमी ने भी डेनियसोस को उसकी कोर्ट में राजदूत बनाकर भेजा। चारों ओर सुरक्षित होने पर बिंदुसार ने अपने-आपको व्यसन की ओर मोड़ दिया, उसकी 16 पत्नियाँ थीं। उसके पुत्र और पुत्रियों को मिलाकर 100 बच्चे थे। अशोक की माता सुभादरंगी एक ब्राह्मण कन्या थी, उसका पिता चंपापुरी (भागलपुर) का रहने वाला था, एक ज्योतिषी ने उसकी पुत्री के भाग्य की सफलता को बतलाया था। अतः वह गरीब ब्राह्मण अपनी पुत्री को लेकर, जो अति सुंदर थी, बिंदुसार के पास पाटलिपुत्र आ गया और अपनी पुत्री का विवाह बिंदुसार से करने का आग्रह किया, जिसे बिंदुसार ने स्वीकार कर लिया। लेकिन अन्य रानियाँ सुभादरंगी की जवानी व सुंदरता से चिढ़ती थीं, अतः उसे महल के भीतरी भाग में बाल सँवारने वाली का काम सौंप दिया। इस काल में उसने अनेक कष्टों को सहन किया। कुछ समय बाद एक दिन बिंदुसार ने अचानक एक नाई को लाने के लिए आदेश दिया, महारानी ने समझा कि राजा इस औरत को भूल गए होंगे, अतः उसने सुभादरंगी को यह काम करने को भेजा। उसने यह कार्य बड़ी कुशलता से किया। राजा ने उसके बारे में पूछा, बताने पर राजा को सब याद आया, उसी दिन से उसे विशेष महत्त्व दिया जाने लगा।

उसके दो पुत्र हुए– पहला अशोक और दूसरा विताशोक। अशोक देखने में कुरूप व काला था। उसे सभी चांदा या भयानक कहते थे। उसे शिक्षा के लिए पिंगला-वत्स, एक ज्योतिषी के पास भेज दिया जिसने उसे भविष्य का राजा बनने की भविष्यवाणी भी कर दी। अशोक जवान हो गया लेकिन उसकी आदतें बदली नहीं। बिंदुसार ने उसे दूर रखने व विद्रोह को रोकने के लिए तक्षशिला भेज दिया, उसका एक आशय यह भी था कि वह युद्ध में मारा जाए। विद्रोह को अशोक ने निपुणता से दबाकर विजय प्राप्त कर ली। बिंदुसार ने प्रसन्न होकर उसे उज्जैन का वायसराय बना दिया, जहाँ अशोक ने "देवी" एक सुनार की पुत्री से विवाह कर उससे एक पुत्र "महेंद्र" व पुत्री "संघमित्रा" का जन्म हुआ जो बुद्ध इतिहास में अति प्रसिद्ध हुए। लंका में बौद्ध मत के प्रचार के लिए भी गए। बिंदुसार अपने मंत्रियों की सहायता से सारे राज्य के मामलों की देखभाल करता था। कुछ समय पश्चात् बिंदुसार बीमार हो गया। मंत्री राधागुप्त ने बड़े राजकुमार शुसीमा को तक्षशिला भिजवा दिया, और अशोक को पाटलिपुत्र, इसी बीच में बिंदुसार की मृत्यु हो गई, बिंदुसार अशोक को राजा घोषित नहीं करना चाहता था, अतः शुसीमा ने अन्य भाइयों के साथ पाटलिपुत्र पर चढ़ाई पर दी। अशोक ने उन्हें गिरफ्तार कर जेल में डाल दिया। सुरक्षा कारणों से उन्हें मारने का आदेश दिया, मंत्री ने ऐसा करने से इनकार कर दिया, स्वयं अशोक ने अपने भाइयों की हत्या कर दी।

अशोक

264 या 263 ई.पू. अशोक ने शक्ति के साथ शासन चलाना प्रारंभ किया। वह एक दृढ़ शिवपूजक था, हर रोज साठ हजार ब्राह्मणों को भोजन खिलाता था। प्रारंभ में शिकायत पर बौद्धों को दंड दिया जाता था कि वे लोगों को प्रलोभन देकर अपने मत में दाखिल कर रहे हैं। अशोक ने बोधी वृक्ष व बुद्ध की मूर्तियों को भी तुड़वाया[15], जिसके कारण भारत में केवल बौद्ध भिक्षु ही रह गए, लेकिन समय के फेर ने 261 ई.पू. कलिंग के युद्ध में अशोक एक दृढ़ बौद्ध मत का प्रचारक बन गया।

1) मगध और उसके निकटवर्ती क्षेत्र स्वयं राजा के सीधे आधीन थे।

2) उत्तर-पश्चिम प्रदेश– पंजाब, कश्मीर, गंधार, अफगानिस्तान, बलूचिस्तान, सिंध आदि– तक्षशिला के वायसराय के संरक्षण में थे;

3) राजपूताना, मालवा, गुजरात और काठियावाड़ अशोक की बहन के पुत्र के संरक्षण में थे जिसकी राजधानी उज्जैन थी;

4) पूर्व के प्रदेश उड़ीसा में तौशाली से संचालित थे;

5) दक्षिण के प्रदेश– विदिशा जो अब मिलसा कहलाता है संचालित होते थे; उसका प्रशासन बड़ा ही अच्छा था।

अशोक ने अपने भाइयों के परिवारों के लिए सभी उचित व्यवस्थाएँ की हुई थीं। उसकी 4 रानियाँ थीं– पद्मावति, असंधिमित्रा, पविशयारक्षा और तिषारक्षा। अशोक ने तिषारक्षा से बुढ़ापे में विवाह किया था, यह अशोक के पुत्र कुणाल से यौन-संबंध बनाना चाहती थी जिसे पवित्र कुणाल ने मना कर दिया, जिस पर तिषारक्षा नाराज हो गई, एक बार अशोक की सेवा करने पर अशोक उसे चाहने लगा, इसी बीच तक्षशिला में कुंजकरण ने विद्रोह कर दिया, जिसे दबाने के लिए कुणाल को वहाँ भेजा, विद्रोह तो दब गया, लेकिन तिषारक्षा के आदेश पर कुंजकरण ने कुणाल को अंधा कर दिया, कुणाल अपनी पत्नी कुंचनामाला के साथ भिक्षु बन गया और पाटलिपुत्र आकर हाथीशाला में रुका, जब सारी कहानी अशोक को पता चली तो उसने तिषारक्षा को मारने का आदेश दिया जिसे कुणाल ने ऐसा न करने से रोका। 253 ई.पू. मथुरा में उपगुप्त के द्वारा अशोक बौद्ध धर्म में प्रवेश कर गया, सभी संबंधियों व ब्राह्मणों ने ऐसा न करने को रोका, लेकिन अशोक नहीं माना, उसने उन सभी स्थानों जहाँ बुद्ध ने भ्रमण किया वहाँ जाकर 84,000 स्तूप और विहार बनवाए, यहाँ बुद्ध के संदेशों को जानने पर बल दिया जाता था, अशोक के काल में यूनान के साथ अधिक अच्छे संबंध होने से विज्ञान, कला, ज्योतिषशास्त्र व खगोलशास्त्र में बड़ा आदान-प्रदान हुआ।

स्वयं अशोक ने बौद्ध धर्म की सहायता के लिए करोड़ों का धन दिया व प्रचार किया, लेकिन ब्राह्मणों को भी दान दिया, छोटी जाति या विदेशी बौद्ध धर्म के लिए अधिक प्रभावित हुए, उत्तर भारत के हिंदू अपने पूजा-पाठ पर डटे रहे। अशोक अब धर्म अशोक कहलाने लगा, 246-45 ई.पू. पाटलिपुत्र में 9 महीनों के लिए उसने तीसरी धर्म सभा बुलाई जिसकी अध्यक्षता तिसा भिक्षु ने की, बौद्ध मत में कुछ त्रुटियों को दूर करने का प्रयास किया गया, विदेशों में मत-प्रचार के लिए भिक्षुओं को भेजा गया।

इस काल में यूनानी और भारतीयों के बीच गहरा संबंध बना जो बाद में ईसाई मत के लिए रास्ता बना। अशोक ने अपने काल में शिलाओं और ताम्रपत्रों पर धार्मिक, प्रशासनिक और व्यक्तिगत लेख पाली, प्राकृत, संस्कृत और ऐसी भाषा में खुदवाए जिन्हें आप सब जान सकते थे, सभी ऐसे रास्तों पर बनवाए गए जहाँ से व्यापारी व अन्य लोग जाते थे। नैतिकता, आचार, दया, जनसेवा, अहिंसा, ईमानदारी, कानून का पालन, रोगी मनुष्यों व पशुओं के लिए चिकित्सालय, औषधालय व शिक्षालय, सड़कों को बनाना, सुरक्षा आदि प्रमुख रहे। ये स्तूप व लेख सारे भारत में पाए गए हैं।[16] यूनानी 5 शासकों से उनके घनिष्ठ संबंध रहे।

चूँकि उनके महल अधिकतर लकड़ी के थे इसलिए अनेक अवशेष अधिक और साफ मात्रा में नहीं मिले हैं, लेकिन विदेशियों के वृत्तांतों से यह ज्ञात होता है। 227 ई.पू. अशोक ने अपना विशाल राज्य अपने पुत्रों में बाँटकर स्वयं एक भिक्षु बनकर स्वर्णगिरि में रहने लगा। कुणाल को पंजाब, अफगानिस्तान आदि दे दिए जो धर्म वर्धन के नाम से जाना गया, जालूका को काश्मीर, रामासाज को पाटलिपुत्र व अन्य युवराजों को साम्राज्य का कोई-न-कोई भाग दे दिया।

जब अशोक अधिक धन बौद्ध विहारों पर खर्च करने लगा तो मंत्रियों ने रामासाज को राजा बना दिया जो जल्द ही मर गया, अतः उसके पुत्र दशरथ को पाटलिपुत्र का राजा बना दिया। जालुका एक दृढ़ शिव भक्त थे, उसने कश्मीर से कन्नौज तक अपना राज्य फैलाया और बौद्ध मत को नष्ट किया। कुणाल चूँकि बड़ा बेटा था लेकिन वह अन्धा होने के कारण राजा न बन सका। अतः उसके बेटे संप्राति को उत्तर के प्रांतों का शासक बना दिया, वह जैन मत का पोषक था, उसने जैन मत के लिए अनेक विहार बनवाए। देश के बाहर भी ऐसा किया। उसको जैन अशोक के नाम से भी जाना गया।

उसके उत्तराधिकारी– वृहस्पति, वृशासेना, पुष्याधर्मन, पुष्यमित्र[17] हुए। ऐसा माना जाता है कि जिन अधिकारियों ने कुणाल को अंधा किया था उन्हें अशोक ने खोतान जाने का आदेश दिया, उनमें से एक अधिकारी राजा चुना गया जिसे चीन के विरोधियों ने हरा दिया था।

अशोक के पश्चात् 7 कमजोर शासकों ने शासन किया। जिस साम्राज्य की नींव चंद्रगुप्त मौर्य ने डाली और अशोक ने फैलाया, अशोक की मृत्यु के बाद वह हर दिन सुकड़ने लगा। कलिंग और आंध्र आजाद हो गए।

धर्म का कट्टरपन इसका बड़ा कारण था, अशोक एक धार्मिक शासक बन गया; उसने बड़ा धन एक विशेष मत के लिए खर्च किया जिससे प्रजा कष्ट पाने लगी। उसके उत्तराधिकारी कमजोर निकले; अशोक ने अहिंसा के लिए ब्राह्मणों की बलि देने की प्रथा को रोक दिया जिसके कारण ब्राह्मण नाराज हो गए। अशोक ने उन्हें अपनी राजधानी से बाहर भी कर दिया और उनके स्थान पर बौद्ध भिक्षुओं की नियुक्ति कर दी; आंतरिक व ब्राह्य विरोध हुए, पुष्यमित्र के नेतृत्व में मौर्य वंश के अंतिम शासक वृहद्धरथ को उसने अपना सेनापति बना दिया, इसी बीच यूनानी सेनापतियों– अटिकोष, देमीतिरोज, इयकरा डिटस व मनेंदर ने उत्तर भारत के अनेक भागों पर अपना कब्जा बना लिया। 180 से 179 ई.पू. के बीच पुष्यमित्र ने उन्हें या तो खदेड़ दिया या उन्होंने हिंदू धर्म अपना लिया। उनका भी साम्राज्य शकों ने उलट दिया। पाटलिपुत्र के अंतिम शासक को पुष्यमित्र ने मारकर शुंग वंश की स्थापना कर दी, कुछ समय तक 8वीं सदी तक कोंकण, चित्तौड़ और उत्तर भारत

के कुछ छोटे प्रदेशों में मौर्य वंश के शासक राज्य करते रहे, धीरे-धीरे मौर्य वंश का अंत हो गया।

नंदों का उदय व पतन

छठी शताब्दी ई.पू. से भारत के इतिहास को साम्राज्यवादी प्रवृत्ति के रूप में देखा जा सकता है। बिंदुसार मगध का राजा होते हुए उसका अधिकार-क्षेत्र काशी और अंग (भागलपुर) था। उसने लंबे समय तक राज्य किया, लेकिन आयु के अंतिम काल में उसके पुत्र अजातशत्रु ने पिता को गद्दी से हटा उसे भूख से मार दिया। उसने अपने चाचा को काशी देने के लिए ही बाध्य नहीं किया बल्कि उसको अपनी पुत्री वजिरा से विवाह के लिए भी बाध्य किया। वैशाली के गणराज्य को भी अपने अधीन किया, यह युद्ध 16 वर्ष तक चलता रहा। लिच्छवियों का महत्त्व व भव्यता समाप्त हो गई। पुराणों के अनुसार अजातशत्रु के बाद चार राजकुमारों ने शासन किया– दर्शका, उदयन, नंदीवर्धन और महानंद। दर्शका एक अत्याचारी शासक हुआ, सभी राजकुमारों के काल में अनेक घटनाएँ हुईं, अवंति को मगध में मिला लिया, वत्स राज्य भी जो शिशुनागों के अधिकार में था उसे भी मगध में मिला लिया, कौशल राज्य की प्रसन्नजीत के पुत्र विरुधका की मृत्यु के बाद मगध का भाग बन गया, इस प्रकार सारा उत्तर भारत मगध के आधीन हो गया।

अब शिशुनाग वंश पर नंदवंश का शासन हो गया। इस वंश का संस्थापन महापद्म व अंतिम राजा का पुत्र, क्योंकि वह एक शूद्र महिला से पैदा हुआ था जिसने राजा को व उसके सभी उत्तरदायित्वों को मारकर शासक बन गया।[18] पुराणों के अनुसार नंदों ने क्षत्रियों को मारकर शूद्रों का शासन स्थापित किया।[19]

महापद्म व उसके दो पुत्रों ने लगभग 100 वर्षों तक शासन किया, उनका साम्राज्य व सेना विशाल थी, लेकिन उन्हीं के काल में सिकंदर का भारत पर हमला हुआ। अंतिम नंद विलासी, क्रोधी व घमंडी थे। यह उनके विनाश का मुख्य कारण बना।

भारत में सिकंदर के हमले के दौरान उत्तर भारत की सीमा पर राजतंत्र व गणतंत्र दोनों ही प्रकार के राज्य थे–

1. अस्पासोई (अश्वाका) ने कुनार घाटी में अपने राजा के साथ विरोध किया लेकिन हार गए, 40,000 सैनिक व 250,000 पशुओं की हानि हुई।
2. गुराओई।
3. अस्पासोई के उत्तर में छोटा गणराज्य नशया था।
4. असकोई (असमाका) स्वात और पंजकोल नदियों के बीच था, इसके

शासक के पास 50,000 घोड़े थे लेकिन उसके आयुध और सैनिकों को मार दिया गया।

5. अशकिनोई के उत्तर में पियोकोलेटीज (पुस्कतावती) था जिसका राजा हस्ती था– ने विरोध किया लेकिन उसे मारकर ओहिंद के पास सिंध नदी को पार करके तक्षशिला में आ गया।
6. तक्षशिला के राजा ने समर्पण कर दिया।
7. तक्षशिला के उत्तर और सिंध नदी के पूर्व में अभिसार के राजा ने भी सिकंदर की सेना में मिल गया।
8. अरस्का के राज्य भी उरासा के साथ हो लिये।
9. झेलम और चिनाब नदियों के बीच पौरुष ने सिकंदर के साथ युद्ध किया, लेकिन हार के बाद भी वह झुका नहीं, सिकंदर ने उसकी बहादुरी देखकर उसे उसका राज्य व अन्य भाग वापस दे दिया और मित्रता कर ली। यह सिकंदर के लाभ के लिए ही था।
10. कथोई (काव्या) जिसका केंद्र सांगाला था, वह अनेक कबीलों का संघ था, उन्होंने सिकंदर से युद्ध किया लेकिन अंत में हार गए और उनके स्थानों को ध्वंस कर दिया गया।
11. कथोई के पास ही गलूनिग कोई भी एक कबीलों का राज्य था उसे भी नष्ट कर दिया।
12. गंडारोई, पौरुष के आधीन था।
13. अडरेसटाई रावी के पूर्व में था, उसकी राजधानी पिंपराना थी।
14. सोफेटस (साभूति) में अपंग बच्चों को पैदा होते ही मार दिया जाता था, उस प्रदेश के कुछ सिक्के भी प्राप्त हुए हैं।
15. पैहगीला भी एक राज्य था।
16. सिवोई एक लड़ाकों का प्रदेश था इसे सिबी भी कहा गया है।
17. अगालासोई भी लड़ाकों का प्रदेश था, जिन्होंने सिकंदर से लोहा लिया, पहले अपने बच्चे और महिलाओं को मार दिया फिर लड़ाई लड़ी।
18. ओकसिड्राकोई (शूद्राका) यह प्रदेश सतलुज और चिनाब के बीच के कबीलों का राज्य था।
19. मातोई (माल्व) शारीरिक रूप से बलशाली थे, उनके पास 10,000 घुड़सवार, 900 रथ और 90,000 पैदल सैनिक थे। ये भी कबीलों का संघ था इसने भी सिकंदर से लड़ाई लड़ी लेकिन हार गए।
20. अबास्तोर (अंबास्था) यह भी गणराज्य था।
21. क्षत्रोई (क्षत्राज)।

22. ओसादोई (युदेहा) या वसाती जो महाभारत में भाग लिये थे।[20]
23. सदराई (सोगदोई) या शूद्र जो सिंध नदी पर रहते थे इन्होंने भी महाभारत में भाग लिया था।
24. मसानोई उत्तर सिंध में रहते थे।
25. मुसिकानोज, या मुकुकारना, जिन्हें चिकित्सा का व्यवसाय और अन्य सार्वजनिक सेवाओं में कार्य करना अच्छा लगता था।
27. संबोज सिंध नदी के पश्चिम में रहते थे।
28. परिस्ती का भी एक राज्य था।
29. ब्राचमानोर या ब्राह्मणों का एक जनपद था, इन्होंने अन्य को सिकंदर के विरुद्ध भड़काया व लड़ाई लड़ी और काफी हानि उठाई। इनका उल्लेख महाभारत में भी आया है।
30. ओकषिकोनोज का भी एक गणराज्य था।
31. पटाला का राज्य भी संविधान से चलता था इसमें दोहरा राज्यतंत्र था, यह स्पार्टा के समान था।

इसके अतिरिक्त अन्य गणराज्य व छोटे राज्यतंत्र व अमीर तंत्र भी थे, योथेया इनमें प्रमुख थे, वे सिकंदर की सेना के लिए भय का सूचक थे नंद भी उनसे कष्ट में था।

प्राचीन भारतीय गणराज्यों की विफलता के कारण

हमारा वर्तमान प्रशासकीय प्रारूप भी गणतांत्रिक पद्धति पर आधारित है जो अन्य शासन-पद्धतियों से उत्तम मानी जाती है, इसमें नागरिक स्वतंत्रता की सर्वाधिक प्रत्याभूति होती है। प्राचीन बौद्ध एवं ब्राह्मण साहित्यों के वाङ्मयों में गणराज्यों की परंपराएँ सुरक्षित हैं ग्रीक और लैटिन साहित्यों में भी ये व्यवस्थाएँ मिलती हैं। पश्चिम भारत के विस्तृत क्षेत्रों से प्राप्त गणराज्यों के सिक्के इस बात की पुष्टि करते हैं कि गणराज्य सबल एवं सशक्त थे। वैदिक साहित्य में भी गणराज्यों का उल्लेख है। बौद्ध काल में तो गणराज्यों का विशेष उल्लेख है (16 गणराज्य), बौद्ध शाक्यों के गणराज्य में पैदा हुए, वैशाली के गणराज्य में पोषित हुए, तथा मल्लों के गणराज्य में निर्वाण प्राप्त किया।

सिकंदर के समय में भी गणराज्यों ने उसके "स्वप्न" को समाप्त कर दिया। समुद्रगुप्त की प्रयाग प्रशस्ति से ज्ञात होता है कि इस काल में गणराज्यों का अस्तित्व था। इन गणराज्यों ने व्यक्ति स्वतंत्रता और मातृभूमि सम्मान के कारण अनेक साम्राज्यवादी शासकों से सामना किया है लेकिन एक-एक करके ये मिट गए।

इन उल्लेखों से ज्ञात होता है कि ये राज्य प्राचीन वैदिक संस्थाओं से जुड़े थे,

जो धीरे-धीरे कबीलों के नेतृत्व से राजतंत्र में बदल गए और राजतंत्र वंशानुगत हो गया। कई राज्यों में राजा का चुनाव भी होता था। जो सच्चे अर्थों में गणराज्य ही था। यहाँ राज्यों में सार्वभौमिकता तो थी लेकिन कुछ राज्यों में एक वर्ग या जाति में भी सार्वभौमिकता निहित थी। सभी को नागरिक अधिकार थे।

यह बात काफी सीमा तक सच है कि सिकंदर के युद्ध के बाद अनेक गणराज्यों का पतन हो गया था, समाप्त हो गए, लेकिन शूद्रका और माल्व आगे तक बने रहे।

मौर्य काल व मौर्य साम्राज्य भारत के इतिहास में बहुत महत्त्वपूर्ण है, चंद्रगुप्त और बाद में अशोक ने अपनी इच्छा लागू कर एक विशाल साम्राज्य की नींव रखी, इससे पहले भारत में राजनीतिक एकता नहीं देखी गई, कौटिल्य का अर्थशास्त्र प्रशासन, समाज और उस समय के भारत की अर्थव्यवस्था का चित्रण करता है, विद्वान चाहे मौर्यों के पहले के इतिहास की कुछ तिथियों व घटनाओं के कालक्रम से एकमत न हो लेकिन मौर्य काल के कालक्रम में एकता है।

मौर्य काल के सूत्रों को मुख्य रूप से चार वर्गों में विभाजित किया जा सकता है : (1) प्रथाएँ जो साहित्य पर आधारित हैं; (2) उस काल का साहित्य; (3) विदेशियों के वर्णन; और (4) पुरातात्त्विक वस्तुएँ।

पुराण से यह ज्ञात होता है कि नंद वंश के बाद मौर्य वंश ने शासन किया, जिसके 13 राजाओं ने 232 वर्षों तक शासन किया। पुराण यह भी उल्लेख करते हैं कि नंदों को सत्ता से हटाने में चंद्रगुप्त मौर्य की सहायता चाणक्य ने की थी।

अर्थशास्त्र– यह संस्कृत ग्रंथ मौर्य वंश के काल का ही है, दंडी, बाण, कामांधका, वात्स्यायन, और अन्य मानते हैं कि उनसे पहले भी राजनीति के विषयों का ज्ञान संग्रहित था। चाहे वह विदेशी विद्वान अर्थशास्त्र के समय में मतभेद रखते हों, लेकिन इस बात को कोई भी नकार नहीं सकता कि अर्थशास्त्र मौर्य काल की राजनीति, राजशास्त्र के सिद्धांतों व व्यवहार को बखूबी दर्शाता है।

इंडिका– ये भी एक महत्त्वपूर्ण सूत्र है, मैगस्थनीज ने इसे लिखा जो सेल्यूकस का चंद्रगुप्त मौर्य के राज्य में राजदूत था। इसकी मूल प्रति अवश्य ही नष्ट हो गई हो, लेकिन इसके कुछ अंशों को ऐरिथन, डियोजेरस, स्त्राबो आदि ने खोजा, मैगस्थनीज पाँच वर्ष भारत में सक्रिय रूप से रहा।

अशोक के लेख– भी मौर्य काल के राजनीतिक, सामाजिक व धार्मिक जीवन को जानने में बड़े सहायक होते हैं।

चंद्रगुप्त के काल में नंद राजा का कहर और यूनानियों के हमले, चाणक्य ने चंद्रगुप्त की सहायता करके दोनों से भारत को मुक्त कराया जिसमें शक, कंबोज और बाल्हिकों की सेना ने भी चंद्रगुप्त का साथ दिया।

अशोक ने अपने 13 वर्ष के शासन के बाद कलिंग का युद्ध लड़ा जिसमें

उसकी विजय हुई, एक लाख पचास हजार सैनिकों को कैदी बना लिया, एक लाख मारे गए, बड़ा विनाश हुआ। विजय के बाद राजा खुशी मनाते हैं लेकिन अशोक ने दुःख जताया, तलवार को हाथ न लगाने का निर्णय लिया, दिग्विजय के स्थान पर धर्म विजय ने ले ली, भिक्षु उपगुप्त ने अशोक को बौद्ध मत में दाखिल कर लिया।

नैतिकता, सहनशीलता, शांति और दूसरों की भलाई के सिद्धांत को अशोक ने भारत व भारत के बाहर फैलाया, विशेषकर उन भागों में जहाँ यूनानी शासक थे, लंका में अपने पुत्र और पुत्री को प्रचार के लिए भेजा।

अशोक राजा के उत्तरदायित्व से भलीभाँति परिचित था, उसका मुख्य लक्ष्य जनता की भलाई था, धर्म उसका एकमात्र हथियार था, लेकिन वह पहाड़ी कबीलों से जनता की रक्षा के लिए सदैव तैयार रहता था। जनता को वह अपने बच्चों के समान समझता था। अशोक के शासन में पेशावर से बंगाल तक और कश्मीर से मैसूर तक एक ही आदेश चलता था, उसका साम्राज्य बड़ा विशाल था। इस काल में भारत राजनीतिक व सांस्कृतिक एकता में विशाल था।

संसार में अशोक से अधिक साम्राज्यवादी और शक्तिशाली राजा हुए हैं लेकिन कोई ऐसा नहीं हुआ जिसने अपनी शक्ति की चरम सीमा पर त्याग का सहारा लिया हो। वह दयावान रहा जबकि उसके पास सभी साधन और सुविधाएँ थीं।

स्वतंत्र भारत के गणराज्य ने भी अपने शासन के चिह्न को अशोक के स्तंभ से ही लिया है। अशोक में अनेक गुण होने पर भी कुछ इतिहासकार उसके शासन में कुछ त्रुटियाँ पाते हैं जैसे– जब तक अशोक जीवित रहा उसके साम्राज्य में कोई दरार नहीं आई, लेकिन उसकी मृत्यु के उपरांत साम्राज्य टूटने लगा, हिंसावादी शक्तियों को सिर उठाने का मौका मिल गया, अहिंसा के कारण सेना में कमजोरी पैदा हो गई। कुछ लोगों का यह भी विचार है कि अशोक बौद्ध मत के प्रति अधिक दयावान था जिसके कारण अन्य मत उसकी मृत्यु के बाद अपने विरोध में अधिक प्रखर हो गए। जो भी हो अशोक अपने समय से कहीं अधिक आगे था।

मौर्य साम्राज्य के पतन के कारण

1) अशोक की मृत्यु के 50 वर्षों में ही अशोक के साम्राज्य का पतन होने लगा;
2) उसके अनेक उत्तराधिकारी हुए लेकिन वे अशोक जैसे योग्य नहीं थे, वे इतने बड़े साम्राज्य को शासित नहीं कर पाए;
3) राजधानी से दूर के प्रदेशों में गवर्नर जनता पर अधिक अत्याचार करते थे जिसके कारण वे जनता में अलोकप्रिय होते गए;
4) पुष्यमित्र शुंग के नेतृत्व में ब्राह्मण बौद्ध मत के विरोधी हो गए;
5) यवनों के आक्रमणों ने भी साम्राज्य को कमजोर कर दिया;

6) अहिंसा राज्य की नीति होने से जो सेना यूनानियों को हराती थी वह कमजोर हो गई।

चाहे बौद्ध मत का प्रभाव कितना भी हो न्याय अनेक सत्रों पर होता था, दंड कठोर थे, गुप्तचर व्यवस्था बड़ी विशाल थी, विरोधियों से राजा को भी भय रहता था, गुप्तचरों का मुख्य उद्देश्य राजा तक सच्चाई पहुँचाना व उसकी रक्षा करना, विदेश नीति में आधार राज्य की शक्ति को बढ़ाना था, इसका मूल चाणक्य के अर्थशास्त्र में था, साम, दाम, दंड और भेद सभी प्रकार के तरीकों का प्रयोग किया जाता था। प्रशासन व शक्तिशाली सेना को बनाए रखने के लिए अनेक प्रकार के कर लगाए जाते थे।

मौर्य काल ने भारत में विशाल साम्राज्य बनाकर एक राजनीतिक एकता का उदाहरण दिया, विदेशी व्यापार तथा राजनयिक संबंध बढ़ाए, कला, उद्योग, भाषाएँ, ज्ञान, हस्तकला, मूर्तिकला, स्तूपों का निर्माण, ईमानदारी, नैतिकता, सम्मान आदि की बढ़ोत्तरी हुई, अशोक के धर्म की छाप आम आदमी के जीवन के हर पहलुओं पर देखी जा सकती है।

शुंग वंश (168-69 ई.पू.), कण्व वंश (69-25 ई.पू.) व अन्य

अशोक की मृत्यु के बाद अधिक समय तक मौर्य वंश सफल नहीं हो सका, उसके उत्तराधिकारियों में पौत्र, दशरथ ही प्रसिद्ध हुए। अशोक की मृत्यु से पहले ही उत्तर-पश्चिम की सीमा से कठिनाइयों का आभास होने लगा था। 246 ई.पू. में डियोडोरस, जो सीरिया के बैक्टीरियन क्षेत्र का एक क्षत्रप था, बेबिलोनिया के आधिपत्य को समाप्त कर स्वयं को भारत की सीमा पर एक स्वतंत्र राजा घोषित कर दिया। इस स्वतंत्रता को चंद्रगुप्त मौर्य ने समाप्त कर दिया था। दशरथ अपने पितामह के समान ही बौद्ध मत की विशेषताओं पर विश्वास करके अपने शासन को चलाता रहा, उसके उत्तराधिकारी बड़े कमजोर रहे, अतः एक के बाद एक राज्य जो मगध के राजा के अधीन थे स्वतंत्र हो गए, उसके मंत्री वृहदरथ को पुष्यमित्र ने 183 ई.पू. वध कर दिया, मंत्रियों की समिति भी इसके पक्ष में थी। पुष्यमित्र एक ब्राह्मण था। अशोक ने अश्वमेघ यज्ञ को समाप्त कर दिया था, पुष्यमित्र ने शुंग वंश की स्थापना के लिए आर्य-पद्धति के अनुसार एक भव्य अश्वमेघ यज्ञ करवाया। इस अश्वमेघ यज्ञ का वर्णन कालिदास ने अपने प्रसिद्ध नाटक "मालाविकाग्निमित्र" में भी किया है (6 शताब्दी ई.)।

पुष्यमित्र का राज्य नर्मदा नदी तक था। बिहार, तिरहुत और उत्तर प्रदेश उसके राज्य में सम्मिलित थे, पंजाब उसके राज्य से बाहर था।

पुष्यमित्र 185 ई.पू. राजसिंहासन पर बैठा और 149 ई.पू. में उसकी मृत्यु हुई।

इस समय खारवेल कलिंग का राजा था, जो बड़ा शक्तिशाली था, उसने 165 ई.पू. पुष्यमित्र के राज्य पर हमला कर पाटलिपुत्र के निकट पहुँच गया, परंतु वहाँ से वह वापस लौट गया। पुनः 161 ई.पू. आक्रमण किया इस बार पुष्यमित्र को अधीन कर सारा राजकोष छीनकर ले गया तथा साथ में ऋषभ देव की प्रतिमा भी ले गया, इस प्रतिमा को 300 वर्ष पूर्व राजा नंद कलिंग से लाया था।

मिलेंडर का आक्रमण

वह काबुल का राजा था तथा बैक्ट्रीया के राजा भूकेटिडीस का पुत्र था। काबुल के साथ-साथ पंजाब पर भी उसका आधिपत्य था, उसने सिंधु नदी के सागर-संगम, सौराष्ट्र को, पश्चिमी समुद्र तट के कुछ प्रदेश, मथुरा, तथा नगरी जो चितौड़ के निकट है उसे घेर लिया, इसी प्रकार पाटलिपुत्र को भी घेर लिया, लेकिन कड़े सामने के बाद उसे वापस लौटना पड़ा। इन घटनाओं का उल्लेख पतंजलि ने अपने महाभाष्य नामक व्याकरण ग्रंथ में भी किया है।

पुष्यमित्र का पुत्र अग्निमित्र दक्षिण प्रांतों का शासक बन गया तथा विदर्भ का कुछ भाग अपने अधीन कर लिया।

शुंग वंश के दस राजा हुए, जिन्होंने 112 वर्ष तक राज्य किया, उनका दसवाँ राजा देव भूति या देव भूमि था जो बड़ा व्यसनी था, उसी के कारण उसका अंत भी हुआ। शुंग वंश के काल में वैदिक धर्म फैला और यवनों को आगे नहीं बढ़ने दिया। मनेंद्र अंत में काबुल जाकर मर गया। वह एक अच्छा राजा माना गया, उसने बौद्ध मत को भी ग्रहण कर लिया था। अंत के यूनानी शासकों ने धीरे-धीरे हिंदू धर्म ग्रहण कर लिया, इसके प्रमाण वेल (ग्वालियर संभाग) के एक यूनानी स्तंभ में लिखे लेख से मिल सकते हैं। पुष्यमित्र के विरोध में बुद्ध और जैन मतवासियों ने भी एक विरोध-विद्रोह की अग्नि जलाई हुई थी जिसे पुष्यमित्र ने दबा दिया, इसी के लिए कुछ बौद्ध कहते हैं कि पुष्यमित्र ने बौद्ध मत को मगध से जालंधर (पंजाब) तक समाप्त कर दिया, इस विषय में कुछ सच्चाई हो सकती है।

कण्व वंश

अग्निमित्र के पश्चात् उसके वंश का इतिहास अंधकारमय रहा। बाद में राजमंत्री वासुदेव ने राजसत्ता अपने हाथों में ले ली और उसने कण्व वंश की स्थापना की। राज्य के एक कोने में शुंग वंश के राजा भी नाममात्र के लिए शासन करते रहे। लेकिन 30 ई.पू. के लगभग शुंग और कण्व वंश नष्ट हो गए और सातवाहन वंश का उदय हुआ।

कण्व वंश के 4 राजाओं ने 44 वर्ष तक राज्य किया। शुंग और कण्व ब्राह्मणों

के वंश थे जिन्होंने 154 वर्षों तक राज्य किया। इनके राज्य में कोई विशेष महत्त्वपूर्ण बात नहीं हुई लेकिन संस्कृत, ब्राह्मणवाद तथा शिक्षा में अवश्य प्रगति हुई। बौद्ध मत भी काफी रसातल में चला गया था। यूनानी और बौद्ध मत के बाद उत्तर-पश्चिम भाग में शक या शकेथियन, जिन्हें मध्य एशिया से भगा दिया था बचे हुए कुछ आर्य मंगोलों और तुर्की में मिलकर शक बन गए, उन्होंने यूनानियों को भगा दिया। शकों को जब मध्य एशिया से चूची (चीनी) लोगों ने भगाया तो वे भारत की उत्तर-पश्चिम सीमा में भारी संख्या में प्रवेश कर शासन करने लगे।

परसियन क्षत्रप या गवर्नर के रूप में अनेक वर्षों तक शासन करते रहे। अंत में उज्जैन ने शासक विक्रमादित्य ने अन्य मालवा के शासकों के साथ मिलकर शकों को पीछे धकेल दिया, विक्रमादित्य के पूर्वज भी शक ही थे, लेकिन अनेक सदियों से वे हिंदू बन गए थे और आरंभ में उदयपुर के निकट आनंदपुर में रहते थे, उन्हीं में से गंधर्वसेन नाम के एक व्यक्ति ने उज्जैन को 1 सदी ई.पू. कब्जा कर शासन प्रारंभ किया। उसके बाद उसके पुत्र शंकू ने गद्दी सँभाली, कुछ समय बाद उसके भाई विक्रमादित्य ने गद्दी सँभाली और उत्तर-पश्चिम भाग को जीत लिया, इन्हीं का भाई भर्तृहरि हुआ, जो पारिवारिक उलझनों के कारण संन्यासी हो गया। उसने राजनीति, सौंदर्य, कविता आदि पर विद्वतापूर्ण लिखा, विक्रमादित्य ने शकों और परसियन को हराकर अपने साम्राज्य को फैलाया व उसके राज दरबार में 9 रत्नों (विद्वानों) का संग्रह था, तथा ब्राह्मणवाद का पुनः उदय हो गया।

इस युग को "मालवा युग" या "विक्रम युग" भी कहते हैं। यह धारणा है कि विक्रमादित्य का वध, दक्षिण के राजकुमार शालिवाहन ने कर दिया था, जिसने 15 से 20 ई. तक राज्य किया। उसके बाद उसके पुत्र माधवसेन ने राज्य किया और शलोचना, अरब सागर के शासक की पुत्री से विवाह किया। इसी बीच शकों की शक्ति बढ़ी, उन्होंने उत्तर भारत के बड़े भाग को जीत लिया, पुनः शालिवाहन ने शकों को हरा दिया, वह एक कट्टर हिंदू था लेकिन लिखना-पढ़ना नहीं जानता था, अतः अपनी कोर्ट के एक पंडित सर्ववर्मन को संस्कृत व्याकरण को सरल करने को कहा, जिसने "कल्प व्याकरण" लिखी, उसे पढ़कर राजा ज्ञानी हो गया और उत्तर-दक्षिण के अनेक भागों को अपने अधीन कर लिया। वह दक्षिण का न होने पर भी आंध्रा वंश में गिना जाता है क्योंकि उसने आंध्र की गद्दी पर अपना कब्जा कर लिया था।

आंध्रा वंश (220 ई.पू. से 236 ई. तक)

कुछ विद्वानों के लिए दक्षिण के आंध्र राष्ट्र द्राविड़ियन लोगों ने गठित किए हैं, लेकिन इस बात की अधिक संभावना है कि ये आर्यों की ही एक शाखा है जो

29 ई.पू. दैत्य या दानव युद्ध में दक्षिण की ओर चले गए थे और वहाँ पर अपनी बस्तियाँ बसा ली थीं।

आत्रेय ब्राह्मण के अनुसार (2000 ई.पू.) शक्तिशाली आंध्रा गोदावरी नदी व कृष्णा नदी की घाटी पर बसे हुए थे। महाभारत में भी दक्षिण के पांडव विजय पर 1400 ई.पू. आंध्रों को शक्तिशाली बतलाया है। ईसा के पहले 1300 ई.पू. तर्कात्मक युग में भी कृष्णा नदी और गोदावरी नदी पर आर्यों की बस्ती थी, यहाँ पर आंध्रों का शक्तिशाली साम्राज्य था, जो ज्ञान, विज्ञान में बहुत समृद्ध था। इनके पास एक विशाल और शक्तिशाली सेना भी थी। उनके पास 30 दीवारों से घिरे हुए नगर थे और अनेक गाँव भी थे। उनकी राजधानी शिरी का कौलमधी, त्रि-कलिंगा से तैलिगा और तेलगु भाषा बनी, जो आंध्र की भाषा प्राचीन काल से है। अशोक ने 261 ई.पू. में आंध्रों के सहयोग से कलिंग को जीता, बाद में 160 ई.पू. में जब वे स्वतंत्र हो गए तो उन्होंने कलिंग, मगध, नासिक को जीत लिया।[21]

आंध्र के राजा सातवाहन परिवार से अपने को जोड़ते थे। उनका सामान्य शीर्षक सशतकरनी था। 78 ई. में राजा हाला या शाला प्रसिद्ध शालीवाहन शासन पर बैठा।[22]

84 ई. में विलीवायुकुरा नाम के शासक ने इस वंश की धारा को तोड़ दिया, वह इसी वंश की दूसरी शाखा से थे जिसने 6 मास तक ही राज्य किया। उनके उत्तराधिकारी शिवालाकुत ने 28 वर्षों तक राज्य किया, उसके बाद विलियावाकुरा-2 ने 25 वर्षों तक राज्य किया, वह अपने पड़ोसियों– शक, पल्लव, मालवा, गुजरात व काठियावाड़ के भवनों से युद्ध में जीतता रहा।

शक शासक तक्षशिला व मथुरा आदि में राज्य करते थे। वे मिथिरीडेट (171-136 ई.पू.) और परसियन राजाओं के क्षत्रप थे, कुछ शकों ने काठियावाड़ को भी अपने अधीन कर लिया था।

पल्लव या तो परसिया के पारिथयन थे या दक्षिण भारत में उनकी राजधानी कांची (कांजीपुरम) थी। इस काल का सबसे शक्तिशाली विदेशी दुश्मन भुमाका, एक सकेयियन क्षत्रप (1 से 2 ई.) में था। उसके बाद नहापाना का क्षत्रप हुआ। उसने आंध्रों से सत्ता को छीन लिया, 126 ई. में विलिवायाकुरप्ट ने पुनः अपने शासन को जीत लिया, इस समय विदेशी शासकों के प्रति एक घृणा का भाव पैदा हो गया था। विदेशी ब्राह्मण ग्रंथों और व्यवहारों का निरादर करते थे, वर्ण-व्यवस्था को नहीं मानते थे, लेकिन आंध्र शासक ने शक, यवन और पल्लव को जाति मिश्रण से रोका, और विजय के बाद उज्जैन में अपने क्षत्रप को रखा, बाद में चंद्रगुप्त द्वितीय विक्रमादित्य ने सभी विदेशी क्षत्रियों को उत्तर भारत से समाप्त कर दिया। रुद्रदमन की पुत्री दक्षामित्रा, पुलूमायी द्वितीय के साथ विवाह हुआ तो भी रुद्रदमन ने उसके

राज्य को जीत लिया, लेकिन पुत्री के मोह के कारण उसे वापस कर दिया, 130 ई. से 170 ई. तक पुलूमायी द्वितीय ने राज्य किया और काठियावाड़, सिंध, कच्छ, कोंकण आदि के भाग आंध्र से अलग कर दिए। राजधानी को कोल्हापुर से बदलकर पैथन (हैदराबाद के निकट) कर दिया, तीर-कमान के चिह्न सिक्कों से हटा दिया, उसके दो अन्य भाई शिवाश्री (170-77 ई.), और शिवाशकंदा (177-184 ई.) तक राज्य करते रहे।

यज्ञना श्री (184-213 ई.) को उत्तर भारत के चरवाहे राजाओं का समर्थन प्राप्त था, कुछ उन्हें यूनानी सवेथियन, परसियन और कुछ सिंध नदी के किनारे के अमीर या अहीर मानते थे। लेकिन ये अमीर विदेशी नहीं थे। अमीर का उदय "आंध्रा-भित्या" (आंध्रा के नौकर) से हुआ है, भीरा– अभीरा और अंत में अहीर, मत्स्य पुराण में सात आंध्र राजाओं का उल्लेख है जो मूल वंश के ही नौकर थे। इन्होंने उत्तर भारत व पूर्व भारत में अपने साम्राज्य को फैलाया, वे बड़े ही शक्तिशाली शासक थे, दूसरी ई. में उनका राज्य बहुत ही प्रभावशाली था। इन सात राजाओं में यज्ञना श्री सबसे अधिक शक्तिशाली थे। उसके सिक्कों पर पानी के जहाज का चित्र था, इससे यह प्रतीत होता है कि उनका राज्य समुद्र के भी प्रदेशों में था, उसने चीन में भी अपने राजदूत भेजे थे।

मगध पर भी आंध्रों का राज्य रहा, पुराणों के अनुसार 220 ई.पू. से 237 ई. तक 30 भांडा राजाओं को, आंध्र वंश का राज्य रहा।

इनके पतन के मुख्य कारण थे– लगातार विदेशी हमलावरों से युद्ध, नए-नए आक्रांताओं का आना, (पश्चिम उत्तर भारत से), सहयोगियों को स्वतंत्र राज्य बनाया या गणराज्य बना लेना, मद्रक और योद्धाओं ने पंजाब में अपने स्वतंत्र राज्य बना लिये थे। इसी तरह से मथुरा, कौशांबी, कौशल, पंचाल ने भी अपने को स्वतंत्र कर लिया था।

मगध पर अधिकार दक्षिण का पहला उत्तर भारत पर अधिकार था। कुछ विद्वानों का यह मानना है कि आंध्र (दक्षिण) का आधिपत्य गंगा तक हो गया था, बंगाल के साहित्य, अंजता की गुफाओं पर दक्षिण का प्रभाव दिखाई देता है। कुषाणों के मगध पर आधिपत्य से आंध्रों का पतन हो गया।

भारतीय-पार्थियन

इस वंश की दो शाखाओं– एक ने आर्कोशिया और शिस्तान में तथा दूसरी ने तक्षशिला (पंजाब) में शासन किया। मायूस या मायास और राजा मोगा ने तक्षशिला में 138 ई.पू. राज्य किया था लेकिन कबीलों से युद्ध और फारेटस द्वितीय और अर्तावनस 130 और 120 ई.पू. में मृत्यु से पार्थियन का प्रभाव भारत में बहुत कम

हो गया। कुछ समय बाद बोनोनिस पार्थियन का राजा अरकोशिया और शिस्तान का राजा बना, इसने 25 वर्षों तक राज्य किया।

घुमंतू कबीलों से कभी-कभी पार्थियन को हानि हुई। मिर्थीडेटस द्वितीय (123 ई.पू.) में वे पुनः शक्तिशाली हो गए। अजीज प्रथम व उसके उत्तराधिकारियों ने 50 वर्षों तक पंजाब पर शासन किया, ये अब स्वतंत्र शासक बन गए।

लगभग 20 ई. में गोंडोफेरस ने एजिस द्वितीय का उत्तराधिकारी बनकर सिंध और अराकोशिया को जीतकर पंजाब पर पार्थियन से स्वतंत्र होकर राज्य किया। वह 21 ई. में ईसाई बन गया जिसे संत थॉमस ने शपथ दिलाई, 90-95 ई. में कुषाण राजा कडपिसिस द्वितीय ने पंजाब को जीत लिया। इसके साथ सिंध और अरकोसिया को भी जीत लिया। कुछ छोटे पार्थियन शासक अवश्य सिंध घाटी में शासन करते रहे। इस समय सिंध नदी के सात मुहाने थे लेकिन एक मुख्यधारा ज्ञान मार्ग का कार्य करती थी, बारबारिकौन का बंदरगाह इसी पर मौजूद था। आखिरी हिंदू यूनानी शासक हरमोइस (30-50 ई.) में यू-ची मुखिया कडपीसिस प्रथम के सामने हार गया एवं काबुल भी कुषाण राजा के आधीन हो गया। संदेह नहीं कि 200 वर्षों तक काबुल नदी, स्वात घाटी, उत्तर, उत्तर-पश्चिम, पेशावर, पूर्व पंजाब के क्षेत्र छोटे-छोटे यूनानी राजकुमारों के आधीन रहे। उन्हें अपने सिक्के भी छापने का अधिकार था। 50 ई. तक लगभग तीस यूनानी शासकों का पंजाब और संयुक्त प्रांतों पर शासन रहा। अतः भारत और यूनान का 400 वर्षों तक गहरा संबंध रहा।

इस काल के यूनानियों का यह विचार था कि सभी लोगों को हेलेकिन बना देंगे। उनकी वास्तुकला के अंश पेशावर, कंधार, जापान में पाए जाते हैं पूर्व व पश्चिम की सभ्यता के उदाहरण देखे जा सकते हैं। अनेक स्थानों पर यूनानी और भारतीय वेशभूषा, हथियार, सैनिक, उनका पहनावा देखा जा सकता है। इसका प्रभाव मद्रास में भी देखने को मिलता है। मथुरा, अमरावती इसके प्रभाव में थे। सकेशियन शासन भारत में 150 ई.पू. से 300 ई. तक रहा।

संदर्भ

1. *बौद्धायन,* 1.1.2।
2. Elphinstone, *History of India,* 9th Edition, p. 172.
3. Ashok Kumar Mazumdar, *The Hindu History,* BC 3000 to 1200 AD.
4. वही, पृ. 549।
5. वही, पृ. 552।
6. *Historian's Hisotry of the World,* II Vol. quoted in A.K. Mazumdar, op. cit. p. 555.
7. Rhys Davids, quoted in Mazumdar, op. cit. p. 555.
8. *Rig Ved.* VIII. 49. 2-3-4, *Yajurved* XIX, 30; XIX 77; XXXVI, 188; 1.5;

Satapatha Brahman 1, 1; XIV.4; and some verses of *Atharvaved*. Gautam and Vasisth morals (Oldenburg – JASB 1913).

9. Elphinstone's, *History of India*, p. 52-53.
10. Macdonell, *History of Sanskrit Literature, p*. 412.
11. *Bandhayam*, 1.10.18-19, *Apastamlia* 11.10.27; Gautam, XII.
12. *अपस्तंभा* 2.10.27.20; *वशिष्ठ* 3.15. से 18; *गौतम* 9.14-17।
13. *वशिष्ठ* 18।
14. *कुमारिका खंड और अग्नि पुराण*।
15. Ashok Kumar Mazumdar, *The Hindu History, B.C. 3000 to 1200 A.D.*, Calcutta, 1920, p. 523.
16. R. Davids, *Buddhism*, pp. 222-23.
17. *Bombay Gazetteer*, Vol. I, Pt. I, 1986, p. 15.
18. V. Smith, *Early History of India*, p. 37.
19. Pargiter, DKA, p. 25; भारतीय व लंका के शास्त्रों में नंदों को शूद्र की कहा गया है।
20. K.P. Jayaswal, *Hindu Polity*, p. 75. शुंग वंश (168-69 ई.पू.) और कण्व वंश (69-25 ई.पू.) व अन्य।
21. Ashok Kumar Mazumdar, op.cit. p. 640-41.
22. Badami Cave Inscription.

8

भारत में प्रथम विदेशी शासन

विष्णु पुराण में उल्लेख है कि आंध्रा (236 ई.) के बाद सात अमीर, दस गर्धाभाश, सोलह शक, आठ यवन, चौदह तुशाराज़, तेरह मुंडा, ग्यारह हूण, ग्यारह पौरास, (300 वर्ष तक) राज्य करेंगे, कैलीकीला यवन 106 वर्ष तक राज्य करेंगे, इसके बाद गुप्त वंश का राज्य मगध में होगा।

इस विषय को आधुनिक शोध के अनुसार क्रम से रखें तो देखेंगे कि मौर्यों के बाद आठ यवन– (इंडो-ग्रीक); तेरह मुरुडा (इंडो-पारसियन); सोलह शक (इंडो-सकेसियन); सात आंध्रा जिन्होंने उत्तर भारत का पूर्वी भाग व पश्चिम भारत पर शासन किया; दस गर्धाभाश या गर्धाविलास या कडपिसिस; चौदह तुशारा या कुषाण; गुप्त (मगध); हूण; पौरास (कन्नौज 500 से 800 ई.); कैलाकीला यवन या पहले मुसलमान जो सिंध व मुलतान में आए।

अशोक के पौत्र दशरथ के बाद पाँच राजकुमारों सतगाता, शालीसुका, सोमसरमन, सतधनवान और विर्दरथ, गर्ग (खगोलशास्त्री) ने शालीसुका (200 ई.पू.) को अशोक का चौथा उत्तराधिकारी माना है। इस काल में यूनानियों ने अवध को कन्नौज (पेयाल) और मथुरा को अपने अधीन करके पाटलिपुत्र को अधीन करने की तैयारी की थी।[1] अशोक के उत्तराधिकारी मगध और उसके कुछ पड़ोसी भागों को ही अपने आधीन रख सके। आंध्रा जो एक संरक्षित राज्य था उसने सबसे पहले अपने को स्वतंत्र किया और एक शक्तिशाली साम्राज्य बन गया, देश के बाहर भी उसका प्रभाव बढ़ा। 25 ई.पू. तक मौर्य वंश की सत्ता दक्षिण में रही, बृहदरथ उनका अंतिम राजा हुआ जिसका उसी के मंत्री पुष्यमित्र ने वध कर दिया।

सात ई.पू. तक मगध में अशोक के वंशज राज्य करते रहे, ह्वेनसांग ने इसका वर्णन किया है।[2]

कुछ मौर्य वंश के छोटे राजघराने छठी, सातवीं, आठवीं ई. तक कोंकण, चित्तौड़ और अन्य प्रदेशों में शासन करते रहे।[3] अशोक ने अपने धर्म के उत्साह के विषय में यह नहीं सोचा था कि वह कट्टरवादी बन रहा है। उस धर्मतंत्रात्मक समझ

व विभाजन उसके साम्राज्य की शक्ति को निम्न कर दिया था, उसकी मृत्यु उत्तर भारत के ब्राह्मणों, आंध्रों और भारत के बाहरी दुश्मनों को स्वागत देने का अवसर था। 200 ई.पू. के बाद भारत पर विदेशी हमलों की झड़ी लग गई।

भारतीय-यूनानी वंश– हिंदू-यवन, 250 ई.पू. से 60 ई. तक

सिकंदर की मृत्यु (323 ई.पू.) के बाद उसके विशाल साम्राज्य पर उसके सेनापतियों ने अपना अधिकार कर लिया। अंटीगोनस ने एशिया के भागों पर कब्जा किया, सेल्यूकस ने इससे लड़ाई लड़कर एशिया लघु का भाग छीनकर अपना राजतंत्र स्थापित कर लिया जिसमें फौनिशिया, परसिया, अफगानिस्तान, बलूचिस्तान, कुछ भारत का भाग व बैक्ट्रिया का भाग था। चंद्रगुप्त मौर्य ने यूनानी सेनागारों को ध्वस्त कर उन्हें बाहर कर परसिया की सीमा तक अपना राज्य स्थापित किया। सेल्यूकस निकेटर ने चंद्रगुप्त मौर्य से संधि कर कुछ भारतीय भाग ले लिया, 280 ई.पू. उसका वध कर दिया गया, उसका पुत्र ओकोष सौटर 261 ई.पू. गाल के युद्ध में मारा गया, सेल्यूकस का बड़ा साम्राज्य अब उसके पौत्र अंटिओस थियोल (भगवान), जो पूजा जाता था, लेकिन वह शराबी था और निकम्मा भी। 16 वर्षों तक उसने राज्य किया, अंत में बैक्ट्रिया ने विद्रोह कर क्षेत्रों को अपने अधीन कर लिया। बैक्ट्रिया अब रूस के तुर्कीस्तान में है पहले इसे बालिहकाया भाकसूदेश कहा जाता था। यह मध्य एशिया में आर्यों का घर था। यहाँ के लोग बाहरी लोगों को आसानी से मिला लेते थे, यहाँ की भूमि उपजाऊ थी और ओक्कस नदी से सींची जाती थी, इसके लोग सभ्य थे, अनेक नगर थे तथा मूलतः यहाँ का शासक शाही रक्त से ही होता था। 250 ई.पू. से 176 ई.पू. तक डियोडोटल के खानदान ने राज्य किया, 245 ई.पू. परसियन राजा से संधि हो गई।

भारतीय-परसियन– 250 ई.पू. से 60 ई. तक

हिंदू इन्हें मारुंडा कहते थे, यह जाति-वर्ण बड़ा कठोर व अच्छे घुड़सवार होते थे जो, परसिया के आगे के मरुस्थल तथा कैस्पीयन समुद्र के दक्षिण-पूर्व में बसते थे। इनके क्षेत्र चौरासमीसी (खवाजारिम), सगडोइ (समरकंद) और अरीओई (हिरात) सोलहवीं सदी में डेरियस के आधीन थे। यहाँ के क्षेत्रों से भारी मात्रा में सैनिक आते थे। सिकंदर और सेल्यूकस ने इसे अपना क्षेत्र बना रखा था।

परसियन लोगों ने कभी भी यूनानी सभ्यता को नहीं अपनाया। वे अवश्य ही यूनानी व परसियन के आधीन रहे, लेकिन अपनी अलग सभ्यता बनाए रखी। घुड़सवारी व तीरंदाजी में वे दूसरे से कहीं कम नहीं थे।

अर्षाकिष के नेतृत्व में परसियन ने एक स्वतंत्र राष्ट्र बनाने का प्रयास किया जो

250 ई.पू. से 248 ई.पू. तक रहा। परसिया में यही वंश 248 ई.पू. से 226 ई.पू. तक रहा, एंटियोचोस थियोस के बाद जो सत्ता के लिए संघर्ष हुआ उसने यूनानियों व परशियन के लिए सफलता पाना आसान कर दिया था।

230 ई.पू. डियोडोटस द्वितीय के बाद इयूथोडिमोस मंगेशिया से हुआ जो दूसरे परिवार से या वह विद्रोह के बाद शासक बना, उसने सीरिया के अटिओचोरस को (223 से 187 ई.पू.) संधि करके बैक्ट्रिया पर शासन किया। अटिओचोरस हिंदूकुश पार करके हिंदू राजा षुमागसेन को काबुल में बाध्य कर अधिक मात्रा में धन और हाथी लेकर कंधार के रास्ते अपनी राजधानी लौटा। अंटिकोरस के दामाद, डिमिट्रीओस ने अपने ससुर से अधिक भारी हमले में उत्तरी भारत के अधिकतर भाग को अपने कब्जे में किया जैसे– कपिसा, काबुल, पंजाब, संधि (190 ई.पू.), अतः उसने सिकंदर व सेल्यूकस के अरमानों को पूरा कर दिया। उधर 175 ई.पू. इयूकारिडोस ने विद्रोह कर बैक्ट्रिया को जीत लिया।

मौर्यों के अंतिम राजा बृहदरथ अब यूनानियों को बाहर नहीं कर सका, बल्कि बड़ा धन उसने यूनानियों को भेजा, पुनः वह जो धन भेज रहा था उसे रास्ते में पुष्यमित्र ने लूट लिया, बृहदरथ ने समझदारी कर पुष्यमित्र को अपना सेनापति बना दिया, वह एक ब्राह्मण था।

अयूषटिडस (160-156 ई.पू.) युद्ध में विजय हो गया, अब वह अपने घर की ओर जाने लगा, उसके साथ उसका पुत्र अपोलोडोटस था जिसने अपने पिता को रास्ते में मार दिया और उसको दफन भी नहीं किया, वह पंजाब का शासक बन गया और दूसरा भाई बैक्ट्रिया का शासक बन गया। अपोलोडोटोस का उत्तराधिकारी स्ट्राटो प्रथम हुआ जो पंजाब का शासक रहा, एवं भारत के सीमावर्ती क्षेत्र यूनानी राजकुमारों में बाँट दिए गए।

भारत में यूनानी राजाओं की क्रमणिका कुछ सीमा तक स्थापित हुए हैं, लेकिन अधिकतर विषय पर अभी भी मतभेद रहा है। भारत में यूनानी संबंध अधिक महत्त्वपूर्ण नहीं रहे, क्योंकि यहाँ के विचारों और समाज को नहीं बदल पाए, लेकिन आर्येमिनिड साम्राज्य में इनके अधिक प्रभाव देखे जा सकते हैं।

कुछ राजाओं को क्रम से रखने के प्रयास किए गए हैं।[4] जिनके सिक्के प्राप्त हो सके, ये सिक्के ताँबे और चाँदी धातु के बने थे।

1. डिओडोटस प्रथम	:	234-228 ई.पू.
2. डिओडोटस द्वितीय	:	227-223 ई.पू.
3. इथिडिमस	:	201-190 ई.पू.
4. डिमीटिरीमस	:	189-182 ई.पू.
5. अंटीमेकस प्रथम (अपोलोडोटस प्रथम)	:	182-168 ई.पू.

6. अथिडेमस	:	178-174 ई.पू.
7. डिमिटरस द्वितीय	:	175-168 ई.पू.
8. अगाथिकोलस	:	173-168 ई.पू.
9. मेनेंदर	:	158-148 ई.पू.
10. पेंटेंलियोन	:	170-168 ई.पू.
11. इयूक्रेटीडस	:	167-158 ई.पू.
12. अंटीमाकस द्वितीय	:	157-153 ई.पू.
13. अगाथिकोलस जीओलस द्वितीय	:	152-146 ई.पू.
14. सत्रौतो प्रथम	:	144-101 ई.पू.
15. हैलिकोलस	:	148-129 ई.पू.
16. इक्यूटीडस द्वितीय	:	128-118 ई.पू.
17. प्लेटो	:	117-112 ई.पू.
18. मनेंदर द्वितीय	:	109-106 ई.पू.
19. फिलोकसीनस	:	109-103 ई.पू.
20. लाईसिमस	:	101- 96 ई.पू.
21. स्त्रातो द्वितीय	:	106-100 ई.पू.
22. अंटिआलोसीडास	:	102- 96 ई.पू.
23. पेलिकसनस	:	97-96 ई.पू. या 90-88 ई.पू.
24. थयोफिल्स	:	95-93 ई.पू.
25. डायमिडस	:	95-91 ई.पू.
26. आचिबियस	:	90-82 ई.पू.
27. पियकोलस	:	81-80 ई.पू.
28. निसिथास	:	90-87 ई.पू.
29. मायूस	:	84-67 ई.पू.
30. टेलिफस	:	79-89 ई.पू.
31. आर्टिमिडोरस	:	86-81 ई.पू.
32. अपोलोडोरस	:	65-62 ई.पू.
33. जओलस	:	62-56 ई.पू.
34. सपलागाडामा	:	64-59 ई.पू.
35. डिओनिसस	:	55-53 ई.पू.
36. टजिलिस	:	24-7 ई.पू.
37. हिप्पोसट्रेटस	:	52-38 ई.पू.
38. गोंडोप्पार	:	20-49

39. शासान	: 21-38
40. अबडागासस	: 38-51
41. कुंजुलाखडपीसिस	: 20-55
42. पेकोरस	: 56-61
43. सोटर मेगास	: 62-85
44. विमाखडपीसिस	: 78

सिकंदर के भारत आक्रमण, विजय और काबुल घाटी के आस-पास यूनानियों ने भारत में राजतंत्र और ग़ैर-राजतंत्र दोनों प्रकार के शासन देखे थे। ये सभी शासन अभी तक साम्राज्यवादी आंदोलनों से मुक्त थे। जैसे :

1. अस्पासोइ (अश्वकाज) यह कुनार घाटी में था, यहाँ के राजा ने विद्रोह किया लेकिन हार गया, जिसमें उसके चालीस हजार लोगों को बंदी बना लिया और दो लाख पचास हजार पशुओं को छीन लिया;
2. गुरोई;
3. अस्पासोई के उत्तर में यूनानियों का एक नगर-राज्य नाम भी था;
4. स्वात और पंजकोरा नदियों के बीच अषाकेनोई (अश्माका) का राज्य था, जिसकी राजधानी मसागा थी; उसके पास भी बड़े सैनिक व घुड़सवार थे लेकिन उसका मसागा का सैनिक अड्डा यूनानियों ने नष्ट कर दिया;
5. पुस्कलावती के राजा हस्ती ने भी विरोध किया, जो हार गया व उसे हिफास्तोन ने मार दिया, अब सिंध नदी को पार करके उत्तर में अटक आ गए;
6. तक्षशिला के राजा ने स्वयं के आक्रमणकारियों का साथ दिया;
7. दक्षिण के समीप व सिंध के पूर्व में अभिसार का राज्य था, यहाँ राजा ने पहले थोड़ा विरोध किया, और फिर सिकंदर का साथ दिया;
8. अरसकी का राज्य उरासा के राज्य से पहचाना जाता है;
9. झेलम व चिनाब नदियों के बीच पोरष का राज्य था, उसने सिकंदर का बहादुरी से मुकाबला किया, जिससे प्रसन्न होकर सिकंदर के उसका राज्य व अन्य क्षेत्र उसे वापस कर दिए;
10. सागला केंद्र में काया नाम का संघ राज्य था जो अनेक कबीलों का संघ था, उन्होंने सिकंदर का मुकाबला किया लेकिन यूनानियों ने उसके क्षेत्र को ध्वंस कर दिया;
11. गलागानिकोई, कांचा का निकट ही दूसरा संघ राज्य था;
12. गेंदारोइ, पोरष के राज्य का ही हिस्सा था;
13. रावी नदी के किनारे अंद्रीस्ताई राज्य था जिसकी राजधानी पिंपरामा थी;

14. सायुति राज्य में एक अजीब प्रकार की प्रथा थी यहाँ यदि नवजात शिशु का कोई अंग-भंग हो तो उसे मार दिया जाता था;
15. फैगेलाज का भी एक राज्य था;
16. सिबी का राज्य बड़े लड़ाकू-योद्धाओं का था;
17. अगलासोई के लोगों ने सिकंदर का मुकाबला किया, लोगों को दास बनाकर बेचा गया, महिलाओं व बच्चों ने आत्मदाह किया, कुछ ही बच गए;
18. सतलुज व चिनाब के बीच क्शूद्रका का एक गणराज्य था; मलोइ भी एक गणराज्य था जो क्शूद्रका के संबंधी थे; ये लोग स्वतंत्रता को पसंद करते थे;
19. अंबास्ता भी गणराज्य व कबीलों का क्षेत्र था;
20. क्षत्रिय भी एक राज्य था; युधेयों का या बसाती आदि का क्षेत्र था, जिसका उल्लेख महाभारत में भी है;[5]
21. शूद्रा जो सोदराई के निवासी थे इनका भी उल्लेख महाभारत में है;
22. उत्तर सिंध में मसोनाई भी थे;
23. मुचुकरना के लोग सामूहिक भोजन करते थे व वैद्यक की शिक्षा लेते थे व समाज सेवा में लगे रहते थे;
24. सिंध नदी के पश्चिम में सांबोज का क्षेत्र था;
25. ब्राह्मणों का भी एक गणराज्य था, इन्होंने सिकंदर को काफी परेशान किया, महाभारत में इनका उल्लेख भी है;
26. ओक्षिकानोज, पटाला के राज्यों में भी दोहरी राजतंत्र को, स्पार्टा के समान राज्य-व्यवस्था थी।

इसी प्रकार अन्य गणराज्य राजतंत्र तथा अमीरतंत्र भी थे। यहाँ सार्वभौमिकता का प्रश्न नहीं होता था, सभी राज्यों का विकास वैदिक शासन-व्यवस्था पर हुआ, जहाँ राजा नहीं था वहाँ ज्ञानी लोगों के द्वारा शासन होता, कहीं राजा जनता के द्वारा चुना जाता, जाति की प्रभुता अवश्य थी लेकिन दूसरों को भी नागरिक अधिकार दिया जाता था। यूनानी इतिहासकारों व लेखकों ने यहाँ की शासन-व्यवस्था को उचित रूप से नहीं समझा और अपनी ही समझ के अनुसार उनकी व्याख्या कर दी।

कुषाण शासन (45 ई. से 290 ई. तक)

भारत में कुषाणों के दो वंश रहे– (1) खडपीसिस वंश और (2) तौचारी वंश। स्थानीय प्राकृत में खडपीसिस को गधावेस जिसे ब्राह्मण संस्कृत में गर्धाबा, गर्धाबिन या गाधी-भिलास भी पुकारते रहे। नाम को ठीक से न पुकारने के कारण यह गधा वंश कहलाने लगा क्योंकि संस्कृत में गर्धवा को गधा कहा जाता है। इस

वंश के सिक्कों[1] पर भी पश्चिम भारत में गधे का चिह्न पाया गया है। दस गर्धवा शासकों में केवल दो के विषय में ही कुछ जानकारी मिल पाई है।

हिंदू तुषार कुषाण तौचारिस है इनके चार शासकों के विषय में ही अधिक जाना गया[2]। मत्स्य पुराण के अनुसार भारतीय-पार्थियन हिंदू मसंदाज है जो परसिया के मौर से आए और भलेचोस उनका उदय माना जाता है। इसी तरह वायु पुराण भी उन्हें आर्य मलेच मानता है।

तुर्की से पश्चिम उत्तर में यू.ची बर्बर लोग आए उन्होंने शक, यूनानी जो मध्य एशिया और बैक्ट्रीया से आए थे भगा दिया और पाँच राज्यों की स्थापना की, कुषाण और बामियान (65 ई.पू.) उन्हीं में से हैं।

खडपीसिस प्रथम– 45 से 85 ई. तक

लगभग इसमिमान के 100 वर्षों बाद, हिंदूकुश के उत्तर से यू-ची लोगों का एक बड़ा कबीला, खडपीसिस प्रथम के नेतृत्व में हिंदूकुश पार करके काबुल, बैक्ट्रीया और कश्मीर (45-60 ई.) में आया, इस कबीले का राज्य परसिया, सिंध, बुखारा और अफगानिस्तान व भारतीय-यूनानी, व भारतीय पार्थियन के क्षेत्र तथा उत्तर-पश्चिम की सीमा तक रहे। इसकी मृत्यु 80 वर्ष की आयु में 85 ई. में हो गई।

खडपीसिस द्वितीय– 85 से 120 या 125 ई. तक

हीमा या वीमा जिसे खडपीसिस द्वितीय भी कहा जाता है 85 ई. में अपने पिता का उत्तराधिकारी बना। अपने पिता की तरह वह भी बड़ा महत्त्वाकांक्षी था उसने भी यू-ची साम्राज्य को आगे बढ़ाया।

(1) चीन का बड़ा हमला (73-102 ई.)– चीन के सेनापति पाँचों ने पश्चिम भारत पर बड़ा हमला कर दिया, जिससे व्यथित होकर खडपीसिस द्वितीय ने चीन की राजकुमारी से विवाह करने का प्रस्ताव रखा, जिसे चीनी सेनापति ने चीनी राजा की बेइज्जती मानकर राजदूत को बंदी बना लिया, खडपीसिस द्वितीय ने पुनः सत्तर हजार घुड़सवारों की एक सेना भेजी जो पाँचों की सेना से हार गई, इसके उपरांत खडपीसिस द्वितीय को चीन को भारी रकम देनी पड़ी।

(2) उत्तर-पश्चिम भारत की विजय (95 ई.)– खडपीसिस ने अब भारत पर हमला किया, जिसमें उसे सफलता मिली, वह उत्तर-पश्चिम से लेकर बनारस तक जिसमें सिंध नहीं था, सबका अधिकार बन गया। उसके सैनिक गवर्नरों ने क्षेत्रों पर राज्य किया और ताँबे व चाँदी के सिक्के चलाए, जो काबुल, कच्छ, काठियावाड़ में प्रसिद्ध हुए।

(3) भारत-रोम व्यापार– कुषाणों की विजय ने रोम के व्यापार को बढ़ाने

में सहायता की, कडपीसिस प्रथम ने सिक्के ताँबे में बनवाने शुरू किए और इसी प्रक्रिया में अगस्तस और षाइबुरिस (14-34 ई.)। सोना भारत में आने लगा, दक्षिण भारत में रोम का सोना व्यापार के माध्यम से वहाँ अधिक आया, खडपीसिस द्वितीय ने भी अपने सिक्के सोने के बनवाए लेकिन स्थानीय राजाओं ने ऐसा नहीं किया, अतः रोम के सोने के सिक्के भारी मात्रा में भारत लाए गए।

(4) 99 ई. में खडपीसिस द्वितीय ने अपना राजदूत रोम के शासक तरोजन के पास इस आशय से भेजा कि वह घोषित कर दे कि उत्तर-पश्चिम भारत पर उनकी विजय हो गई है।

(5) उत्तरी रोमन साम्राज्य के साथ संबंध– तरोजन ने मेसोपोटामिया को 116 ई. में जीत लिया, इस विजय ने रोमन साम्राज्य यू-ची साम्राज्य के 600 मील के नजदीक लादिया, शायद कुषाण शासक रोमन के नाम और प्रगति से परिचित थे, अतः उन्होंने उनका अनुसरण किया। इस शासक ने 35 से 40 वर्षों तक शासन किया।

कुषाणों की तरोची शाखा

हिंदू पुराणों में तरोची कुषाणों को तुषार या तुकाराज पुकारा गया है। गरबधा खडपीसिस शाखा के आठ शासकों के विषय में अभी तक ज्ञात नहीं है। शायद ये अधिक प्रमुख नहीं हुए होंगे, चौदह शासकों में से केवल चार शासकों के विषय में ही ज्ञात है– कनिष्क, हुबिश्की, जुशका और वासुशकाया वासुदेव।

कनिष्क (120-150 ई.) खडपीसिस के संबंधी वेश्या का पुत्र था। लेकिन यह विचार विवादों के घेरे में है क्योंकि खडपीसिस द्वितीय के आठ उत्तराधिकारी हुए जिनके विषय में अधिक जानकारी नहीं है, इनका शासन भी कम समय केवल पश्चिम और उत्तर-पश्चिम क्षेत्रों तक ही सीमित रहा।

कनिष्क के शासन से तरोची (हिंदू तुषार) की शाखा आगे बढ़ी जो 14 शासकों तक चलती रही।

कनिष्क का नाम और प्रसिद्धि न केवल भारत में ही हुई बल्कि तिब्बत, चीन और मंगोलिया में भी फैली। वह बौद्धों में अशोक से कम नहीं माना जाता। उसके विषय में भी प्रामाणिक इतिहास व तिथियों की जानकारी कम है। कनिष्क व उसके उत्तराधिकारियों के लगभग बीस शिलालेख हैं लेकिन वे अनेक व्याख्याओं से भरे हुए हैं।

उसके यवन अवशेषों अन्य सामग्रियों से यह पता चलता है कि उसने उत्तर-पश्चिम भारत, दक्षिण व विंध्य पर्वत, सिंध, सिंध नदी के मुहाने, कश्मीर, कासगर, मारकंद व खेतान पर राज्य किया।

मगध पर हमला किया लेकिन उसे जीत नहीं सका, वहाँ से एक बौद्ध संत-अश्वघोष को अपने साथ ले गया। कश्मीर में कनिष्कापुर (कनिशपुर) बसाया।

उसकी राजधानी पुरुषपुरा (पेशावर) थी, यह अफगानिस्तान से भारत के मैदानी क्षेत्रों की रक्षा करती थी। यहाँ उसने एक ऐसी मीनार बनवाई जो विश्व में एक अजूबा है। इसका ऊपरी भाग 13 मंजिलों का रहा जो लकड़ी व लोहे का बना था उसमें 3 बार आग लगी है, लेकिन आने वाले शासकों ने इसे पुनः बनवा दिया है। इस मीनार के पास एक मोनास्ट्री भी है। यह 10वीं ई. तक बहुत ही प्रसिद्ध थी, लेकिन अब इसके खंडहर देखे जा सकते हैं, इसको मुहम्मद गजनी व उसके उत्तराधिकारियों ने तोड़ दिया था।

कनिष्क के काल में एशिया के चार बड़े साम्राज्य थे– चीन, कुषाण, पार्थियन और रोमन। पार्थिया के शासक खुसरो या उसके किसी अन्य विरोधी ने आक्रमण किया लेकिन उसे हरा दिया। खडपीसिस द्वितीय ने चीन पर 90 ई. में हमला किया था लेकिन उसमें वह सफल नहीं हुआ। कनिष्क ने केवल भारत को सुरक्षित किया बल्कि चीन से खासगर, मारकंद और खोतान के प्रदेश जीत लिये और उसे कर देना बंद कर दिया। उसने बौद्ध धर्म को अपना लिया, युद्ध की विभीषिका से जैसे अशोक व्यथित हो गया था वैसे ही कनिष्क भी हुआ। उसके सिक्के इस बात का प्रमाण हैं। उसके पहले के सिक्कों में ग्रीक भाषा में सूर्य व चंद्रमा की प्रतिमा बनी थी बाद में ग्रीक, परसियन व भारतीय देवताओं को ग्रीक भाषा में दर्शाया गया। बुद्ध को भी कनिष्क के साम्राज्य में पूजा जाता था। वह हर्ष के समान शिव और बुद्ध दोनों के सामने झुकता था।

कनिष्क के समय में बौद्ध मत में अनेक भेद हो गए थे। सत्य को जानने के लिए उसने अपने विद्वानों की मदद से चौथी व अंतिम बुद्ध सभा बुलवाई। श्रीनगर के समीप कुंडलाबाना में सभी हीनयान मत के संत इकट्ठा हुए, वासुमित्र को अध्यक्ष बनाया गया और अश्वघोष को उप-अध्यक्ष। 500 विद्वानों ने सभी पुराने साक्ष्य खँगालकर कुछ ताँबे के प्रशस्ति पत्रों पर अपना निर्णय लिखा, जिसे कनिष्क ने श्रीनगर के निकट अशोक के समान स्तूपों में रख दिया, कश्मीर के राज्य को दान दिया और बारामुल्ला दर्रे से होता हुआ अपने घर चला गया।

हुविश्का– कनिष्क का उत्तराधिकार शायद वाषिसका था, यह बात केवल कुछ प्रशस्तियों से मालूम होती है, लेकिन सिक्कों से अभी तक यह सिद्ध नहीं हो सका। उसके बाद हुविश्का एक प्रसिद्ध कुषाण शासक हुआ लेकिन उसके माता-पिता का ठीक से नहीं पता है। पानको और वी-लियो जैसे क्रमाणिकों के अनुसार हुविश्का 3 सदी ई. में हुआ था, इसने आंध्रों से मगध (226-237 ई.) में छीना,

इसका राज्य काबुल, कश्मीर, मथुरा, मगध, या यह कह सकते हैं कि पूरे उत्तर भारत में फैला था।

मद्रास का भाग भी उसके साम्राज्य का भाग था। उसके सोने के सिक्कों पर उसके व्यक्तित्व की गहरी छाप दिखाई दी है। इसके सिक्कों पर हरकल, शरापिस, स्कंद, विशाका, फारो आदि की छाप दिखाई देती है बुद्ध की नहीं, शायद वह हिंदू धर्म में विश्वास करता था।

कश्मीर में हश्कापुरा (उसकुर) नाम का एक गाँव उसके प्राचीन स्तूपों की याद दिलाता है जो अब खंडहर हो गए हैं, यूवान-चवांग 631 ई. में यहाँ की एक मोनास्ट्री में अनेक दिनों तक रहा था।

उसका उत्तराधिकारी जुशाका हुआ जिसके विषय में अधिक ज्ञात नहीं है। इसके बाद वशुस्का या वासुदेव हुआ, यह पूर्ण रूप से हिंदुस्तानी नाम रहा, इससे यह ज्ञात होता है कि जल्द ही तुर्की के हमलावर भारतीय परिवेश में ढल गए। उसके सिक्कों पर शिव, त्रिशूल और नंदी की छाप देखने को मिलती है। उसके शिलालेख अधिकतर मथुरा में पाए जाते हैं। उसने मद्रास तक अपने साम्राज्य को फैलाया था। मथुरा उनकी राजधानी थी, उसने 35 वर्षों तक राज्य किया था, पूर्व में भी कुषाण शासक (260 ई.) तक शक्तिशाली थे। उसके उत्तराधिकारी राजा-राजुला के काल में आंध्र पूर्वी भारत में भी पतन पर रहे।

इस काल में परसिया के शसानियन शासकों का भारत पर बड़ा प्रभाव रहा। पुराण परसियन को पल्लव कबीले मानती है, इन पर परसिया के शासक का प्रभाव रहा और उन्होंने भारत पर हमले किए।

शाइरस 541-40 ई.पू. और डेरियन 512 ई.पू. भारत के साथ राजनीतिक संबंध रहे। जैन और अनार्यों को दबाकर मांट आबू पर हिंदू संतों और ब्राह्मणों ने अग्नि कुल की स्थापना की। ये हीरो परसिया के सूर्य पूजक थे, अतः इन्हें अग्निकुल के मानते हैं। इनके चार कुलों में परमार और चौहान प्रसिद्ध हैं, मौर्य परमारों की ही एक शाखा है, धीरे-धीरे ये परसियन भारतीय रीति-रिवाज, धर्म, नाम में बदलते गए और परसियन प्रभाव कम होता गया।

तीसरी ई. में पंजाब में पुनः परसिया के प्रभाव को बढ़ाने का प्रयास किया, इससे सिद्ध होता है कि लंबे समय तक कुषाण शासकों का भारत में प्रभाव रहा। पाँचवीं ई. में सफेद हूणों ने उन्हें समाप्त कर दिया।

चौथी ई. में कुषाणों ने सुसानिक शासक को अपनी पुत्री का विवाह किया, व उसके युद्धों में अपने हाथी सेना आदि भी दिए। 210 ई. तक आंध्रों का पतन बढ़ता गया, गुप्तों ने कुषाणों को भी हरा दिया, लिच्छीवियों ने नेपाल व इसके समीपवर्ती प्रदेशों को जीत लिया। आसाम में ब्राह्मण वंश जिसे बर्मन भी कहा जाता

है, शक्तिशाली हो गए। दवाका, युंद्रा आदि सामंत बंगाल में शक्तिशाली हो गए, मध्य भारत में कालचूरी (चैरी) शक्तिशाली हो गए, अमीर मालवा में, परमार धार में, अर्जुनेया पूर्वी राजस्थान, शाह-क्षत्रप गुजरात में 249 इराक, वल्लभी मेवाड़ में, युधेया, मद्राका पंजाब में, कश्मीर में शक्तिशाली बन गए, अतः भारत के विभिन्न क्षेत्रों में अलग-अलग वंश सत्ता में आ गए।

गुप्त वंश (260-535 ई.)

कुषाण-साम्राज्य के पतन के पश्चात् तथा गुप्तों के प्रादुर्भाव से पूर्व भारत में अनेक राज्यों का उदय हुआ, ये कुषाण वासुदेव के साम्राज्य के हिस्से थे। ये राज्य विदेशी आधिपत्य में भारतीय पूर्वजों के थे, लेकिन यवनों, शकों, पल्लवों तथा कुषाणों ने इन पर आधिपत्य जमाकर अपने राज्यों में विलीन कर लिया था, अन्य राज्य जो विदेशी राज्यों से बाहर थे वे भी बिखरे हुए थे। ऐसी राजनीतिक दुर्व्यवस्थाओं के बीच भारतीय संस्कृति त्राहि-त्राहि कर रही थी, भारतीय समाज धर्म को किसी प्रकार का प्रोत्साहन नहीं था, लेकिन इसके बल और मजबूती के कारण विदेशी इतने प्रभावित हुए कि वे भी इसमें विलीन हो गए। कुषाण काल के बाद भारतीय राजनीतिक उत्स पुनः उठ खड़े हुए, उनके जागरण के कारण विदेशी सत्ता की प्रभाव रेखाएँ मिटती चली गईं। गुप्त साम्राज्य के निर्माण में ये राज्य मिला लिये गए।

1) गणतंत्रों का पुनरुत्थान कुषाण साम्राज्य के पतन के बाद पुनः गणतंत्रों का पुनर्जागरण हुआ, ये थे– यौधेय, कुणिंद, आर्जुनायन, मद्र, मालवा तथा राजस्थान और मध्य भारत के अन्य गणराज्य।

यौधेय-गण, युद्ध-प्रिय जाति थी, ये अपने को युधिष्ठिर के संतान समझे थे। ये सतलुज-यमुना के काठों– जिनमें काँगड़ा, देहरादून, दिल्ली, सहारनपुर आदि, तथा वर्तमान जोहियावाड़ या जोहियावार जो सतुलज की घाटी से बहावलपुर-राज्य तक विस्तृत है उनका मूल स्थान माना जाता है। उनके सिक्के इन्हीं क्षेत्रों में पाए गए जिन पर लिखा है– यौधेय गणस्थजय। लगभग 200 ई. में कुषाण-साम्राज्य से अपनी स्वतंत्रता की घोषणा की होगी।

कुणिंद गण– इन्होंने भी कुषाणों के अधःपतन में भाग लिया था, ये यौधेयों के पड़ोसी थे, इनका पंचायती राज्य सतलुज तथा व्यास नदियों की ऊपरी घाटियों में स्थापित था।

आर्जुनायन-गण– ये गण यौधेयों के दक्षिण-पश्चिम में वर्तमान जयपुर तथा अलवर राज्यों के पूर्वी भाग में थे। इन्होंने भी कुषाण-साम्राज्य के पतन में सहयोग दिया। एक मुद्रा अभिलेख में– आर्जुनायना जय भी मिला है।

मद्र गण– रावी तथा चेनाब के मध्य में मद्रगण का निवास था।

मालव-गण– यह वीरगण राज्य ऐतिहासिक परिवेष्टन से पंजाब में रावी के पश्चातवर्ती भाग में अपने मूल निवास को छोड़कर राजस्थान होते हुए अवंति में आ बसी थी। संभवतः विक्रम-संवत का प्रवर्तक विक्रमादित्य मालव-संघ का अधिनायक था। क्योंकि विक्रम-संवत भी पहले मालव-संवत ही था। शकों और कुषाणों के काल में उनकी शक्ति दब गई थी, उनके पतन के बाद इनका उत्स हुआ, उन दिनों इनका राज्य आधुनिक-अजमेर, टोंक और मेवाड़ में था। इनके अतिरिक्त कुषाण-साम्राज्य के पतन के पश्चात् राजस्थान तथा मध्य भारत में अन्य गणतंत्रों ने भी अपने को स्वतंत्र कर लिया, जो स्वतंत्र रहे जब तक गुप्त गणतंत्र में नहीं मिला लिये गए।

2) नाग-भारशिव गणतंत्र– काशीप्रसाद जायसवाल के मत अनुसार भार शिवों-नागों ने कुषाण-गणतंत्र को ध्वस्त कर डाला था। 3-4 शताब्दियों में भार शिवों ने भारतीय राजनीति में खलबली मचा दी थी, ये शिव भक्त थे और अपनी पीठ पर शिवलिंग का भार वहन करते थे। कुषाणों के पश्चात् इन्होंने मथुरा तथा गंगा के पूर्व वर्तमान उत्तर प्रदेश, पश्चिम बिहार, बुंदेलखंड और बघेलखंड में अपना स्वतंत्र राज्य स्थापित किया।

ग्वालियर राज्य में नरवर के निकट पदमवाया या पदमावती भार शिवों का मूल निवास था। पुराणों में उनके चार केंद्र हैं– (1) विदिशा, (2) पदमावती (पदम-पवाया), (3) कांतिपुरी (मिर्जापुर का कांतितराज) तथा (4) मथुरा।

वीरसेन– नागवंशीय भार शिवों में वीरसेन अति प्रसिद्ध है। उसने अपनी वीरता से कुषाणों के गढ़ों को ध्वंस कर दिया– पूर्वी उत्तर प्रदेश, पश्चिमी बिहार, मथुरा, सारनाथ– काशी के प्रांतों पर नागों का प्राबल्य कर दिया।

जब मध्य भारत में भार शिवों का प्रभाव बढ़ रहा था उसी समय, मध्य भारत में वाकाटक कुल का भी साम्राज्य बढ़ रहा था, वहाँ के राजा प्रवरसेन के पुत्र गौतमी पुत्र से भार शिव नाग भवनाग की पुत्री का विवाह हो गया।

भार शिव राजा ने गंगा के तट काशी पर अश्वमेघ यज्ञ कर यज्ञों की परंपरा बाँध दी और दस अश्वमेघ यज्ञ किए। ये यज्ञ दशाश्वमेध घाट बनारस पर अनुष्ठित हुए, जिसका नाम आज भी ख्यात है। नागों के राजाओं का अंत कब हुआ इसके विषय में स्पष्ट नहीं है, लेकिन समुद्र गुप्त ने उनको अवश्य ही पराजित किया था। अतः बहुत वर्षों तक उनका राज्य रहा।

नागवंशीय राजाओं के अतिरिक्त कुछ छोटे-छोटे राज्य भी थे जैसे– मौखरी, मद्य तथा कोट-कुल। इन्होंने क्रम से राजस्थान में कोटा राज्य, कोशांबी तथा पाटलिपुत्र में अपने स्थानीय राज्य स्थापित किए थे। अवंति तथा सुराष्ट्र में शक-क्षत्रप भी अपने अंतिम दौर से गुजर रहे थे।

3) वाकाटकों तथा दक्षिण पथ के राज्य– वाकाटकों का मूल स्थान बुंदेलखंड में वर्तमान ओरछा राज्य के अंतर्गत "बागार" (वाकाट) था। वाकाटक अपने ऐश्वर्य-काल में बुंदेलखंड, मध्य प्रांत, दोनों बरार तथा उत्तर-दक्षिणी समुद्र तक राज्य करते थे, कुछ विद्वान उन्हें ब्राह्मण घोषित करते हैं। वाकाटक-साम्राज्य दक्षिण के आंध्र सातवाहनों का उत्तराधिकारी था। वाकाटक राज्य में प्रमुख राजा– प्रवरसेन प्रथम, रुद्रसेन प्रथम, पृथ्वीसेन, रुद्रसेन द्वितीय, प्रभावती गुप्ता (चंद्रगुप्त द्वितीय विक्रमादित्य तथा रानी कुबेर भागा की पुत्री) यह विवाह राजनीतिक महत्त्व रखता है। इससे वाकाटक और गुप्तों में मैत्री का संदेश मिलता है।

हरिबेश वाकाटक कुल का सर्वश्रेष्ठ राजा माना जाता है। यह पाँचवीं सदी का अंतिम चरण था। उसने अपने राज्य का विस्तार किया तथा विजय से कुंतल, मालवा, कलिंग, कौशल, कोंकण, लाट (दक्षिण गुजरात) आंध्र (गोदावरी तथा कृष्णा नदी)। यह विस्तार शक्ति बहुत दिनों तक स्थिर न रह सकी, दक्षिण में कालचूरियों का प्रभाव बढ़ रहा था और उन्होंने वाकाटक साम्राज्य का अंत कर दिया। दक्षिण में अनेक छोटे-छोटे राज्य स्थापित हो गए इनमें एक इक्ष्वाकु वंश का भी राज्य था।

कृष्णा नदी में सुदूर पल्लव, पांड्य, चोल राज्य स्थापित थे। अतः यह देखा जाता है कि गुप्तकाल के पहले गणतंत्र व राज्य सत्तात्मक राज्यों की स्थापना हुई थी। लगभग 100 वर्षों के कुषाण व आंध्रा वंशों के समापन के बाद राजनीतिक महत्त्व पुनः पाटलिपुत्र की ओर हो गया, इस काल में विदेशी इतिहासकारों के अनुसार हिंदू या ब्राह्मणवाद का पुनरुत्थान हुआ।

220 ई. से 320 ई. तक छोटे राज्यों का उदय हुआ, वे अपनी प्रजा के साथ सुखी थे, उन्हें राज्य को साम्राज्य में फैलाने की कोई इच्छा या इच्छाशक्ति नहीं थी। उनकी सैनिक उपलब्धियाँ इतिहास को प्रभावित करने वाली नहीं थीं।

गुप्त काल में ऐसे परिवर्तन हुए जो दूसरी व तीसरी सदी में नहीं हुए थे, जैसे अधिकतर हितकारी या उपकार के कार्य व्यक्तियों व राज्य के लिए जैन और बौद्ध संस्थाओं के लिए होते रहे, ब्राह्मणों के देवी-देवताओं और उनके हित के कार्य इस काल से प्रभावी तरीके से पुनः प्रारंभ हुए।[2] लेकिन यह भी कुछ सीमा तक सत्य है कि ब्राह्मण प्रभाव इस काल में भी बौद्धिक, सामाजिक और राजनीतिक क्षेत्र में कायम रहा। बौद्ध मत के अनेक अनुयायी जन्म से ब्राह्मण थे, अवश्य बौद्ध धर्म के देवी-देवताओं व अनुष्ठानों में परिवर्तन हुआ लेकिन बौद्ध मत के मध्य में वैदिक देवी-देवताओं को भी रखा गया, बुद्ध को भी एक अवतार मान लिया। बुद्ध की भी अन्य देवी-देवताओं के समान पूजा होने लगी।

इस काल में ब्राह्मणों के द्वारा वैदिक धर्म का अध्ययन कर उसमें सुधार लाए गए, लेकिन ब्राह्मण धर्म अपने को स्वतंत्र बनाए आगे बढ़ता गया। बौद्ध मत ज्ञान की सहायता से अछूता रह गया, क्योंकि उसे आर्य उच्च वर्ग का समर्थन नहीं मिला था, अंत में बौद्ध मत हिंदू धर्म की एक शाखा के रूप में ही विशाल हिंदू धर्म के समुद्र में मिल गया।

गुप्त काल का आंदोलन धार्मिक कम और आर्यों की प्रधानता व राजनीतिक प्रभुत्व का अधिक था[3]। उनकी प्रेरणा का स्रोत निखालिस– आर्य खून रहा, बुद्ध के समय में लिच्छवी, मगध का राजघराना, मौर्यों की शाखा, नेपाल के वंश, चंद्रगुप्त ने लिच्छवी राजकुमारी कमला देवी से आर्यवर्त को बढ़ाने के आशय से विवाह किया था।

कुषाण काल में महायान मत के संघों के महत्त्व को समाप्त करने और क्षत्रिय कुलीन लोगों को प्रभावित करने का यह नायाब तरीका था।

कुषाणों ने अवश्य ही बाहरी रूप से आर्य धर्म और उसके राजनीतिक संस्थाओं को अपना लिया था लेकिन भारतीय आर्य उससे खुश नहीं थे, कुलीन आर्य भारतीय समाज में तुर्कों के बढ़ते प्रभाव से बेचैन थे। भारतीय बुद्धिस्ट पूर्ण रूप से आर्य सामाजिक जीवन से जुड़े हुए थे। पूर्ण रूप से आर्य गुणों को राज्य की नीति बना लिया था, जिसे वे पूर्ण रूप से मिटा नहीं सके थे।

बुद्ध संघ भी उनके उपदेशों के माध्यम से व्यक्ति की प्रकृति को विकसित करने में असफल रहे। ठीक वैसे ही जैसे बड़े धर्म, जिन्हें राज्य की संधियाँ प्राप्त हुई हों जिनमें स्वहित तथा एकछत्रता का भाव पैदा करते हों न कि उस महान शिक्षक के आचरण व संदेशों का पालन करते हों।

कौटिल्य ने अपने अर्थशास्त्र में इस बात का वर्णन किया है कि मौर्य शासन काल में धार्मिक संगठन जैसे संघ अपने क्षेत्र के बाहर राज्य के कार्यों में भी दखल देता था। जब अशोक तथा कनिष्क ने बौद्ध मत के लिए नियमों को नरम कर दिया तो कट्टरपंथियों ने अन्य धर्मावंलबियों के विरुद्ध अत्याचार प्रारंभ कर दिए।

जब बुद्ध मत के अत्याचार असहनीय हो गए तो ब्राह्मणों ने व बुद्धों ने अंधविश्वासों को अपने हित के लिए और अधिक बढ़ा लिया। अशोक का स्वप्न विश्व शांति का था लेकिन संघों ने ऐसा नहीं किया। जैसे वैदिक काल के राजा अश्वमेघ कर युद्ध करते थे उसी प्रकार बुद्ध के अवशेषों के लिए बुद्ध शासक भी युद्ध करने लगे।

वैदिक समय से ही बुद्ध के दाँत, पैर के नाखून या हड्डियों का बुत बनाकर पूजा होने लगी और बड़े-बड़े मठ बने और जादू-टोना प्रारंभ हो गया।

कुषाण और आंध्र साम्राज्य जब शक्तिशाली हो गया, तभी लंबे समय तक

भारत में शांति स्थापित हो सकी। इससे पहले आर्यवर्त की शक्ति को, चाहे संघ के साधन कितने भी समृद्ध रहे लेकिन विदेशी आक्रांताओं को रोक नहीं सके, क्योंकि अधिकतर नौजवान पीले वस्त्र धारण कर संघों में प्रवेश कर गए थे। राज्य एक राष्ट्रीय सुरक्षा चाहता था।

वर्षों पहले राजनीतिक व सामाजिक खतरों को चंद्रगुप्त मौर्य ने शस्त्रों में प्रयोग से उत्तर दिया था।

आर्यों के वंशों व मौर्यों के उत्तराधिकारी गुप्त शाखा ने कुषाण व आंध्र के पतन के बाद क्षत्रियों के लड़ाई के व्यवसाय जो सदियों से चला आ रहा था ठीक से पहचाना, छात्र धर्म और कानून को क्षत्रिय ठीक से समझते थे। गुप्त काल को हिंदू धर्म या ब्राह्मणों की प्रतिक्रिया का रूप देना उचित नहीं होगा, यह तो वास्तव में आर्यों के पुनरुत्थान का समय था जिसे क्षत्रियों ने ब्राह्मणों की सहायता से पुनः आर्यों की राजनीति व आध्यात्मिक सर्वोच्चता स्थापित की।

ब्राह्मण बौद्ध मत के विरोधी नहीं थे क्योंकि बुद्ध आर्य थे, वे केवल बौद्ध मत को अपने मूल भारतीय आर्य मत में समाहित करने में ही लगे रहे।

तुर्की, पार्थियन और स्केशियन (चौथी सदी) के नेतृत्व में संघों में अंधविश्वास और भ्रष्टाचार के कारण भारतीय-आर्यों ने विरोध और जागरण किया। शाक्य मुनि (बुद्ध) के विचार आर्यों के इस बौद्धिक भावना से मिलते थे, चंद्रगुप्त मौर्य व उसके पुत्र समुद्रगुप्त ने भी आर्यों की संस्कृति को आगे बढ़ाने में पूर्ण शक्ति लगाई थी।

335 ई. में समुद्रगुप्त ने विजय अभियान किया, उसके उपरांत अशोक के एक स्तंभ पर जो आज प्रयाग के किले में है, हरिसेना ने संस्कृत में आर्यवर्त की विजय में पद छापा। समुद्रगुप्त की इच्छा थी कि वे अशोक के समय में जो राज्य था उसमें उसकी प्रधानता रहे, इसीलिए उसने उत्तर में तुर्की, पार्थियन और दूसरे राज्य जो चाहे राजतंत्र हो, अमीर तंत्र या गणतंत्र सभी को जीता, उन्हें अपने राज्य में मिला लिया, यदि उन्होंने अधीनता स्वीकार कर, कर देना माना तो उन्हें राज्य करने दिया।

समुद्रगुप्त ने पाटलिपुत्र से अपनी राजधानी अयोध्या में बना ली, अपने अभियान में वह उन स्थानों पर गया जहाँ राम गए थे– इंडिसा (कलिंगा), कृष्णा-गोदावरी क्षेत्र, चित्रकूट पुनः दक्षिण में कांची तथा विजय होकर दक्षिण भाग से पश्चिम होते हुए अपनी राजधानी पहुँचे। वहाँ अश्वमेघ यज्ञ किया इस यज्ञ के चिह्न (मेडल) ब्रिटिश म्यूजियम तथा लखनऊ म्यूजियम में देखे जा सकते हैं।

लंका के बौद्ध काल के इतिहास में समुद्रगुप्त के अभियान का उल्लेख है, "समुद्रगुप्त ने लंका पर हमला इसलिए नहीं किया क्योंकि उस समय यह प्रदेश आर्यों के वंशजों के अधीन था, (हीनयान आर्यों के वंशज)। अतः समुद्रगुप्त विचारों और व्यवहार में संकीर्ण नहीं था।

समुद्रगुप्त के शासन काल में मेघावर्ण राजा ने लंका से समुद्रगुप्त के लिए भारी भेंट भेजी, राजदूत भेजा व बौद्ध गया में वृक्ष लगवाया जो बौद्ध मत का अभिन्न चिह्न है, इन सबका समुद्रगुप्त के ब्राह्मण मंत्रियों ने समर्थन किया था। अतः ब्राह्मण विचारों के संकुचित नहीं थे। इस काल में क्षत्रियों की प्रधानता बनी रही।

इस काल में संस्कृत के माध्यम से ज्ञान को बढ़ावा मिला, इसमें आश्रम के ब्राह्मणों ने बड़ा योगदान दिया, गुप्त काल की राज्य भाषा संस्कृत बनी रही, कहीं-कहीं तुर्की, पाली व यूनानी भी प्रयोग में लाई जाती रही।

गीता और महाभारत का बड़ा प्रचार हुआ। उन्हें केवल धर्मग्रंथ ही नहीं अपितु कर्म की शिक्षा का एक मूल स्तंभ माना, क्षत्रिय युवक भी अपने क्षत्रिय गुणों को आगे बढ़ाने में इन्हीं ग्रंथों का सहारा लेने लगे।

कोई भी गुप्त शासक अशोक के समान कट्टर धर्मावलंबी नहीं था फिर भी भारतीय-आर्यों व विष्णु से प्रभावित हो गया, गुप्तों की राजधानी में अवश्य ही ब्राह्मण संस्कृति का विकास हुआ लेकिन अभी भी सामान्यजन बुद्ध और जैन मत को व्यवहार में ला रहे थे।

भारत में बौद्ध मत का लुप्त होना एक लगातार बौद्धिक समावेश का होना है न कि केवल बौद्ध मत के बदलाव और महात्मा बुद्ध को देवता मानने के कारण बौद्ध मत ब्राह्मण मत के बड़ा निकट आ गया, अंत में मुस्लिम आक्रांताओं ने इसमें अंतिम प्रहार कर दिया।

धातुवाद भारत की सामाजिक व राजनीतिक क्रांति में सदैव एक तत्त्व रहा है न कि उसका जन्मदाता, ब्राह्मण ज्ञान, न की क्षत्रिय तलवार बुद्ध संघों को समाप्त करने में अधिक प्रभावशाली रही।[4]

गुप्त समय का भारत

चीन के इतिहास में जो 239 और 269 ई. में लिखा गया– के अनुसार कुषाणों ने मगध को जीता था। वे वहाँ से कर भी वसूल करते थे, अतः यह स्पष्ट होता है कि मगध 260 ई. तक कुषाणों के प्रभाव में था।[5]

श्रीगुप्त, गुप्त वंश के संस्थापक थे जिन्होंने 250 से 300 ई. तक राज्य किया।[6] अतः गुप्तों ने कुषाणों से राज्य लिया न कि शकों से। ये गुप्त वैश्य राजपूत थे, कट्टर हिंदू और वैष्णव थे। इनके पूर्वज उत्तर पाटलिपुत्र में आंध्रों और कुषाणों के जागीरदार थे। कुषाणों के पतन के बाद इनका उदय हुआ, हिंदुओं ने विदेशी शासन से तंग आकर गुप्तों का साथ दिया और तेरहवें तुषार शासक से मगध को स्वतंत्र कराया। श्रीगुप्त एक सूचक था, अतः उसका वास्तविक नाम अभी तक ज्ञात नहीं हुआ है वह “महाराजा” से संबोधित किया जाता था। इस वंश के

प्रमुख शासक– (1) श्रीगुप्त– 275-300 ई., (2) घटोकच गुप्त 300-319 ई., (3) चंद्रगुप्त प्रथम 320-326 ई.– इसने अपने साम्राज्य को नेपाल के भीतर तक फैलाया और नेपाल (लिच्छवी वंश) को राजकुमारी कुमारदेवी से विवाह भी किया, उत्तर-पश्चिम में इलाहाबाद, अवध और उसके समीप के जिले जीतकर "महाराजाधिराज" की उपाधि ग्रहण की। उसने 320 ई. में अपने सिक्के बनवाए। लिच्छवी (वैशाली), तथा लिच्छवी (नेपाल) के वंशों में अंतर है। गुप्ताओं का मौर्य वंश से घोर विरोध नहीं था जिन्होंने छठी सदी पहले पाटलिपुत्र पर राज्य किया था।

चंद्रगुप्त मौर्य ने अपने काल में वैशाली के लिच्छवियों को भी हराया था। लेकिन अपने ही काल में वह पुष्कर (राजस्थान) के चंद्रवर्मन से युद्ध में हारा भी। उसने अधिक समय तक राज्य नहीं किया, उसके कई पत्नियाँ व पुत्र थे लेकिन कुमार देवी के पुत्र समुद्रगुप्त को अपना उत्तराधिकारी बना दिया।

(4) समुद्रगुप्त 326-375 ई. तक शासक रहा। वह बहुत ही चतुर व वीर था, इसका स्थान अपने काल के सभी शासकों में विशेष था। उसने अपने काल के पहले 25 वर्ष शांति, कला, उद्योग व धन को बढ़ाने में लगाए। उत्तर में दो ही शक्तिशाली शासक थे– एक समुद्रगुप्त, दूसरा रुद्रसेन, दक्षिण के राज्य टूटे हुए थे लंका में मेघावनी शासक था।

समुद्रगुप्त के काल का अधिकतर समय सैनिक अभियानों में ही व्यतीत हुआ, लेकिन यह केवल अपने साम्राज्य के विरोधियों को समाप्त करने के लिए किया न कि उनके राज्य को हड़पने के लिए, वह अपने पिता की हार को नहीं भूला था, अतः षुसानिया के लेख और महरौली के लौह स्तंभ पर चंद्रवर्मन की बड़ाई का उल्लेख है।

समुद्रगुप्त का हिंदू धर्म में अगाढ़ विश्वास था और ब्राह्मण ज्ञान का विशेष समझ भी थी। तो भी वह कट्टर पंथ से अलग था। उसने ब्राह्मणों की सलाह पर अवश्य ही हिंदू धर्म, राजनीति जिसे पुष्यमित्र ने दूसरी सदी ई.पू. प्रारंभ किया था उसे आगे बढ़ाया।

700 वर्षों के बाद मगध की सेना झंडे पर बाज के चिह्न के साथ युद्ध अभियान के लिए 375-58 ई. में निकली। उसने नौ दक्षिण के राजाओं, सीमांत जागीरदारों तथा अनेक कबीलों को पराजित किया। उत्तर कौशल, उड़ीसा, महाकत्तका, महानदी, कलिंग, कोलार, कांची, केशी, पालका (निलौर), मराठा क्षेत्र, खानदेश, उत्तर भारत में उसने अयोध्या, नागसेना, रुद्रदेवा, गणपति नाग, नंदी, बालाबर्मन, मातिला, नागादत्ता, चंद्रबर्मन, और अन्य शासकों पर विजय प्राप्त की।

इस दो वर्ष के अभियान में उसने तीन हजार मील के क्षेत्र को जीतकर वहाँ से

अकूत धन, हथियार, सामान और विशाल साम्राज्य का विस्तार किया, मुख्य रूप से दक्षिण भारत में। इलाहाबाद के किले में कवि हरिसेन के द्वारा लिखा उसी स्तंभ पर एक लेख है जो अशोक ने अपने नैतिक नियमों को लिखवाया था, उसी स्तंभ पर समुद्रगुप्त की विशाल विजय का लेख है। आज समय और विकास के कारण वे स्थान और चिह्न नहीं पता लगाए जा सकते जिनका उल्लेख इस लेख में किया गया है। इस लेख में समतला, दूर्वाका, कामरूप, नेपाल, कारति पुरा (कुमाऊँ), मालवा, अर्जुनिया, युधेया, माद्रका, अमीर, प्राजुका, शनाकानिका, शक, कर्पारिका सभी समुद्रगुप्त को कर नजार देते थे।

समुद्रगुप्त के साम्राज्य की सीमा ब्रह्मपुत्र से यमुना, चंबल से, हिमालय से, नर्मदा तथा गंधार और काबुल तथा लंका के शासकों से उसके अच्छे संबंध थे। अशोक के बाद किसी अन्य शासक का इतना बड़ा राज्य नहीं हुआ। उसने अपनी विजय के बाद एक अश्वमेघ यज्ञ भी कराया व सोने की सिक्के भी ढाले।

समुद्रगुप्त एक नायक, लड़ाकू तथा राजनीतिज्ञ ही नहीं वरन् गायन, कवियों और अन्य ज्ञान साधकों का भी संरक्षक था, जैसे अशोक ने बौद्ध मत के विकास, समृद्धि के लिए कार्य किया, समुद्रगुप्त के हिंदू धर्म के लिए भी वैसा ही किया। एक निष्ठावान हिंदू होते हुए भी बौद्ध और जैन मतों को उसने सहन किया। मृत्यु से पहले अपनी रानी दत्तगुप्त के पुत्र चंद्रगुप्त को अपना उत्तराधिकारी बना दिया।

5) चंद्रगुप्त द्वितीय को देव गुप्त भी कहा जाता है। 375 से 413 ई. तक उसने राज्य किया। उसने न केवल अपने पिता के साम्राज्य को सुरक्षित रखा बल्कि सिंध घाटी और अरब सागर तथा कश्मीर को भी अपने अधीन कर लिया, कुछ विद्वान महरौली के लौह स्तंभ को इस काल का मानते हैं, लेकिन कुछ चंद्रगुप्त प्रथम के काल का मानते हैं। फाहियान (399-414) इस काल में भारत में आया, उसके वर्णनों में बौद्धों और जैनों के दबावों का कोई उल्लेख नहीं है।

6) कुमार गुप्त (413-455 ई.) धुर्वा देवी के पुत्र कुमार गुप्त ने अपने पिता का राज-भार सँभाला। कुमार गुप्त बौद्ध मत का मित्र था इसके कारण ब्राह्मणों ने विद्रोह कर दिया जिसे राजकुमार स्कंदगुप्त ने दबा दिया। इसी समय मध्य एशिया में हूण (मंगोल) लोगों ने पश्चिम भारत पर हमला कर दिया। वे दो दलों में बँट गए, एक भाग अटीला के नेतृत्व में यूरोप गया जहाँ रोमन साम्राज्य को (पाँचवीं सदी) में नष्ट कर दिया। दूसरा दल जो सफेद हूण कहलाया ओक्सस घाटी और बल्ख से भारत आया। उन्होंने पंजाब, कश्मीर, काबुल, दरिस्तान और काशा पर हमला कर दिया। गंधार के कुषाण इन शक्तिशाली हूणों के सामने हार गए, इसी तरह बाहलिका और कपीसा भी हार गए, इसके बाद उन्होंने कुमार गुप्त जो वृद्ध हो गया था, पर हमला किया, उसके राजकुमारों ने युद्ध किया लेकिन मथुरा हार गए।

7) स्कंदगुप्त कुमार गुप्त का पुत्र था, वह 455-480 ई. तक शासक रहा। उसने अपने काल में हूणों के साथ युद्ध किए लेकिन इलाहाबाद (प्रतिस्थान) के युद्ध में मारा गया।

8) परागुप्त (480 से 85 या 90 ई.) इसने उत्तर के पूर्वी भाग को अपने कब्जे में कर लिया था। उसकी माँ अनंदा देवी मुखारी शासक अनंताबर्मन की पुत्री थी। 480 ई. में उसके एक सेनापति भट्टारका ने वल्लभी को जीतकर अपना राज्य स्थापित किया। 478 ई. के लगभग गुप्त वंश दो शाखाओं में बँट गया, हूणों ने तीरामाना के नेतृत्व में राजपूताना और मालवा को जीत लिया।

9) नारासिंहा गुप्त बालादित्या (485-530 ई.) में अपने पिता परागुप्त के बाद शासक बना। वह बौद्ध मत के प्रति अधिक झुकाव रखता था, उसने वासुबंधु को सम्मानित किया और नालंदा में एक संघाश्रम और स्तूप बनवाया।

इस काल में हूणों को पंजाब, काबुल, भारत के बाहर परसिया, खोतान आदि में राज्य था, मालवा हूणों के आधीन था। निहिकुल कश्मीर को चला गया था, तुर्कों ने परसिया को जीत लिया, नरसिंह 350 ई. में मर गया, उसका पुत्र कुमार गुप्त द्वितीय रानी महालक्ष्मी देवी से उत्पन्न राजगद्दी पर बैठा। इसने 550 ई. तक राज्य किया वह गुप्त वंश का अंतिम राजा था।

गुप्त साम्राज्य के पतन के मुख्य कारण थे–

1. हूणों को बाहर निकाल दिया लेकिन गुप्त राज्य भी कमजोर हो गया,
2. मित्रों से युद्ध
3. पारिवारिक भेद
4. साथी शासक का विद्रोह
5. मालवा के यशोवर्मन ने 530 ई. में गुप्त शासन का स्वामित्व समाप्त कर दिया;
6. इसी तरह अन्य राज्य भी स्वतंत्र हो गए, मित्रिका वंश भी स्वतंत्र हो गया।

गुप्त शासन काल में मनु और महाभारत में नीति, जिसे प्राचीन काल से आर्यों की परंपरा माना जाता है सामाजिक और राजनीतिक क्षेत्रों में आर्यवर्त में भी पालन किया गया। यद्यपि भारत वैदिक परंपरा पर आधारित था तो भी अनेक क्षेत्रों में समाज की स्थिति में परिवर्तन होता गया। जाति का भेद मजबूती से परिभाषित किया गया जिसमें ब्राह्मणों को ज्ञान और अध्यात्म का नेता माना गया, उनकी सर्वोच्चता का कोई विरोध नहीं था। वह उनके उच्च पवित्रता और वैदिक ज्ञान पर आधारित थी।

ब्राह्मण, क्षत्रिय और वैश्य को शूद्र महिला से विवाह करने की मनाही थी, अपनी पहली पत्नी अपनी ही जाति से ली जाती थी तो भी यदि कोई शूद्र महिला

या अन्य से विवाह करता है तो वह स्वयं अपनी जाति विरोध को झेलने की क्षमता पर करता था। इसी प्रकार शूद्र भी ऊँची जाति की महिला से विवाह नहीं करता था, लेकिन दोनों तरफ इसके अनेक उदाहरण भी रहे जो सामान्य घटना नहीं थी।

ब्राह्मण मूल रूप से शाकाहारी थे, केवल विशेष अवसरों (यज्ञों) आदि में प्रसाद जो पहले भगवान को चढ़ाया गया हो तो ही मांसाहारी भोजन मान्य था। यह माना जाता था कि "अपने शरीर के मांस को बढ़ाने के लिए दूसरे जीव का मांस खाना पाप होता है।" भोजन को एक प्रसाद के स्वरूप ही खाना होता था। लेकिन समय के साथ-साथ परिवर्तन आते गए, सोमरस का पेड़ भी ब्राह्मणों को दक्षिणा में दिया जाने लगा।[7] लेकिन अशोक के काल के समाज में आर्य समाज की आदतों में परिवर्तन आया। बौद्ध मत के आचरण ने भी ब्राह्मण नियमों में परिवर्तन लाया। काव्य काल में राजाओं के लिए शिकार व जुआ एक मनोरंजन का मुख्य साधन था लेकिन मनु ने कर्तव्य-परायण राजा को ऐसा करने से मना किया है। मनु ने शराब, जुआ और सामाजिक नृत्य की मनाही की है, शायद वे मनु के व्यक्तिगत विचार हों राज्य की व्यावहारिक राजनीति के ये अंग नहीं थे।

फाहियान ने अपने संस्मरणों में मनु के क्षेत्र मध्य भारत के राज्यों में मनु के नियमों को बड़ी कड़ाई से पालन करते हुए देखा, न कोई शराब की दुकान (भी नाममात्र की), न कोई शिकार, न कोई मीट की दुकान, केवल चंडाल ही ऐसा करते थे।[8]

यदि गहनता से देखा जाए तो मनु और कौटिल्य के समाज और राज्य में कोई अंतर नहीं था, दोनों ही आर्य नियमों पर आधारित थे, केवल मनु ब्राह्मणों को शूद्रों व जाति बहिष्कृत लोगों की बस्ती में जाने की मनाही करता है।

राजतंत्र का उदय मनु और महाभारत में एक समान माना गया है। राजा का जन्म और कानून तथा संस्थाओं का निर्माण विस्तृत अराजकता के कारण हुआ, राजा का मुख्य कार्य, उचित न्याय करना, जनता की रक्षा करना व नियमों का पालन करना है तभी वह प्रसिद्ध व शक्तिशाली होगा।

राजा की एक 7 से 18 सलाहकारों की समिति होती थी जिनसे राजा शांति, युद्ध, कर, जनता की भलाई आदि विषयों पर सलाह लेता था, ये सलाहकार विश्वासपात्र, युद्ध कला में निपुण, ज्ञानी, उच्च परिवारों से संबंध रखते थे। राजा, प्रजा को अपनी संतान के समान समझता था, जो राजा अत्याचारी होता, वह अपने मूर्खतापूर्ण व्यवहार से जल्द ही अपना राज्य खो देता था, इतिहास में ऐसे अनेक उदाहरण हैं।

गाँव का प्रशासन व खेती तथा मुखिया को भी उसकी योग्यता के अनुसार चुना जाता था, गवर्नर अपने अधीन क्षेत्र के सभी अधिकारियों पर निगरानी रखता था,

व्यापारियों पर भी कर लगाया जाता था, लेकिन ब्राह्मण कर मुक्त होते थे। मजदूर और कलाकार पूरे महीने में एक दिन की आमदनी कर के रूप में देते थे।

महिलाओं को जन्म से मृत्यु तक पिता, पति या पुत्र के संरक्षण में रहना होता था, वह स्वयं भी विवाह कर सकती थीं यदि उनका पिता ऐसा नहीं करता था, पति, पहली पत्नी की सहमति से दूसरा विवाह कर सकता था यदि पहली पत्नी से बच्चे या पुत्र न हों।

मनु कर्म के सिद्धांत में विश्वास करता था, हर व्यक्ति को पुनर्जन्म में उसके कर्मों और व्यवहार के अनुसार ही पुरस्कार और दंड मिलता था।

छुआछूत का दंश केवल ब्राह्मण राज्य-काल में ही नहीं था बल्कि बुद्ध के शासन काल में भी था, यदि कोई शूद्र किसी कारण से शहर या बाजार में प्रवेश करता था तो उसे एक डंडे से पृथ्वी पर मारकर यह घोषणा करनी होती थी, अतः अन्य लोग उसे दूर हो जाएँ।[9]

कर अधिक नहीं था, दंड साधारण था, मृत्युदंड नहीं दिया जाता था, बार-बार नियम तोड़ने पर दाहिना हाथ काटकर दंड दिया जाता था, लोग सुखी थे, फाहियान ने ब्राह्मण उदय के समय में किसी भी प्रकार के धार्मिक प्रताड़ना या अत्याचार का उल्लेख नहीं किया है। बौद्ध मत के हीनयान और महायान मठों को सुरक्षित रखा गया, उनमें कोई मतभेद नहीं देखा गया, उनके दानपत्र सुरक्षित थे, ऐसा फाहियान ने उल्लेख किया है। लेकिन फाहियान के समय में बुद्ध के प्रसिद्ध स्थान– गया, कपिलवस्तु और श्रावस्ती के खंडहर हो गए थे, यहाँ पर जंगली जानवरों का राज्य था लेकिन समाज में विशेषकर राजा बुद्ध भिक्षुओं का आदर व सम्मान उसी प्रकार करते थे जैसे बुद्ध के समय में होता था।

फाहियान के अनुसार पाटलिपुत्र, जहाँ उसने अधिक समय व्यतीत किया, वर्ष में एक बार एक जलूस निकाला जाता था, रथ पर बुद्ध की प्रतिमा रखी जाती थी, वह गया के मंदिर की प्रतिमा पूरे रथ पर बनाई जाती जिसमें सभी भाग लेते थे, गणतंत्र क्षात्र-युवक नगर में सभी लोग, बुद्ध संघाराम से होते हुए पुनः शहर में आते थे, कोई भेदभाव नहीं था। शिक्षक अपने छात्रों को मौखिक ज्ञान देते थे, लिखित पुस्तकें नहीं थीं।

फाहियान अकेला अपनी यात्रा में नहीं आया था उसके साथ अन्य भी थे, एक पहले ही चीन चला गया, एक की मौत हो गई, ताओ-चिन ने भारत में ही रहने का निश्चय किया, और फाहियान वापस चीन लौट गया। उसकी वापसी समुद्र के रास्ते से कुछ कठिनाई अवश्य हुई लेकिन उसका अनुभव इतना महान है, जिसमें वह मानता है कि भारत का बौद्ध मत हिंदू धर्म से ही विकसित हुआ है, वह विदेशी बौद्ध मत के समान कोई मतांधता नहीं है उसका विकास हुआ है, बाद का हिंदू धर्म बौद्ध

मत का संश्लेषण है, भारत में धर्म की मतांधता नहीं है, अपितु वह व्यावहारिक परिकल्पना है जिसे मानव अपने व्यवहार की अनेक अवस्थाओं में आध्यात्मिक विकास के लिए ग्रहण करता रहा है।

भारत प्राचीन काल से ही एक समृद्ध देश रहा है, इसी कारण विदेशी आक्रांताओं को उसका धन-दौलत प्रभावित करता रहा, लेकिन दूसरी ओर गुप्त काल या अन्य समय पर अनेक शक्तिशाली शासक विशाल सेना के साथ आए लेकिन उन्होंने कभी भी आर्यवर्त के बाहर जाकर अपना आधिपत्य करके साम्राज्य नहीं फैलाया।

भारत के राजनीतिक ज्ञान ने यहाँ के लोगों को स्वतंत्र रहना सिखाया, बाहरी लोग यहाँ आकर भी आर्यावर्त में समाहित हो गए। लेकिन यह स्थिति अधिक समय तक नहीं बनी रही, धीरे-धीरे आर्यावर्त छोटे-छोटे स्वतंत्र राज्यों में बँट गया, आपस में लड़ता रहा और टूटता गया। जब कभी गुप्त काल में शक्तिशाली शासक हुए तो विशाल साम्राज्य बन गया, लेकिन बाद में पुनः अनेक छोटे-छोटे स्वतंत्र राज्य बन गए और उस स्थिति का लाभ विदेशी हमलावरों ने लिया, भारी हानि की, लूट की, शांति भंग की, छोटी बातों के कारण ब्राह्मण और बौद्धों को अलग-अलग बाँट दिया।

कुषाण, हूण, तुर्की, शक आदि विदेशी आक्रान्ताओं ने आर्यावर्त के राजनीतिक विचारों जैसे जनसभा और महान दार्शनिक तत्त्वों को समाप्त कर "एशियाई अधिनायकवाद" को जन्म दिया जिसमें तातार व मंगोलियन तत्त्व अधिक मात्रा में थे।

संदर्भ

1. Max Muller's, *India*, p. 298.
2. Beal, *Records* ii, 118, 174; Watters ii, 115.
3. Fleet, *Dynasties of the Lanarese District*, 2nd Ed., *Bombay Gazetteer*, Vol. I, Pt. II.
4. R. Morton Smith, 1896, pp. 282-84. "Greek Kings in India", *Annals of the Bhandarkar Oriental Research Institute*, Diamond Jubliee Volume, 1978, pp. 334-336.
5. *Mahabharat*, Ch. II, 15.

कुषाण शासन (45 ई. से 290 ई. तक)

1. Wilson, *JRAS*, iii, p. 385.
2. Ashok Kumar Mazumdar, op. cit., p. 653.

गुप्त वंश (260-535 ई.)

1. काशी प्रसाद जायसवाल, *हिस्ट्री ऑफ इंडिया, 150 ई. से 350 ई. तक*।
2. अर्जुन चौबे कश्यप, *आदि भारत*, वाणी बिहार, बनारस, 1953, पृ. 343-346।
3. E.B. Hawell, *The History of Aryan Rule in India*, Sunita Publications, Delhi, 1989, p. 147.

4. Ibid., pp. 157-58.
5. Ashok Kumar Mazumdar, op. cit. p. 662.
6. *Indian Antiquary*, 1902, p. 258.
7. *Kautilya Arthsastra*, Book II, Ch. II.
8. *Travels of Fa-Hian*, Beals Translation, p. 53.
9. L.D. Barnett, *Antiquities of India*, p. 104.

9

भारतीय प्रायद्वीप के राज्य : 550 से 1300 ई. तक

मध्यकाल के भारतीय प्रायद्वीप के राज्यों को दो भागों में बाँटा जा सकता है– दक्षिण पठार के राज्य उत्तर में नर्मदा नदी और दक्षिण में कृष्णा व तुंगभद्रा नदी और उसके अधिक दक्षिण में फैले हुए थे। मैसूर क्षेत्र और तमिल के राज्य दक्षिण के राजशाही से जुड़े थे। तमिल शासन के राज्य पांड्या, चैरा, चोल और पल्लव के राज्य चाहे अलग हों लेकिन उनका आपस में संबंध रहा, दक्षिण के राज्यों का उत्तर के राज्यों से कम संबंध रहा। इन राज्यों के साक्ष्य अधिकतर पत्थरों और शिला स्तंभों पर संस्कृत-तमिल या संस्कृत-तेलगू में पाए गए हैं। इन साक्ष्यों में वंशों के शासन का उल्लेख है, लेकिन सभी का उल्लेख करना संभव नहीं है, कुछ मुख्य घटनाओं को ही लेना यहाँ उचित होगा।

प्रारंभिक चालुक्य, राष्ट्रकूट, पल्लव और पांड्य

बदामी के अभिलेख 576 ई. के अनुसार चालुक्य को भी कदंबों की तरह ब्राह्मण वंश से मानव गोत्र के हरितीपुत्र मानते हैं। बाद के चालुक्य चाँद से उदय को मानने लगे। अयोध्या के वंश से भी कई शासक अपना संबंध जोड़ते हैं। इस तरह की कहानियाँ ऐतिहासिक नहीं हैं न ही यह सच है कि चालुक्य बाहर से भारत में आए थे, ये यहाँ के मूल निवासी ही हैं। पुलकेशिन प्रथम चालुक्य वंश का संस्थापक था जिसने बीजापुर जिले के बदामी में एक पहाड़ के ऊपर 543-44 में अश्वमेघ यज्ञ करके कदंबों से स्वतंत्र होकर एक राज्य का निर्माण किया था। उसके दो पुत्रों कृतिवर्मन और मांगलेषा ने उसके बाद शासन किया। कृतिवर्मन ने कदंबों, मौर्यों और नालाओं को हराकर अपने राज्य का विस्तार किया, कोंकण की जीत से वर्तमान गोवा के बंदरगाह जिसे उस समय रेवाती द्वीप कहते थे, उसके राज्य के आधीन थे। पुलकेशिन द्वितीय ने अनेक हमले किए और अनेक हमले झेले भी, इसी प्रक्रिया में उसने अपने साम्राज्य को ऐलीफेंटा (बंबई), माहीनदी, लटा, गुजरात, मालवा, और हर्ष पर भी हमला किया, काँची के पल्लव राजाओं पर लगातार हमला

करता रहा, कलिंग को भी अपने राज्य में मिला लिया। आंध्र को भी अपने अधीन किया, इसके समय में सिंध के अरब भी दक्षिण की ओर बढ़ने का प्रयास कर रहे थे लेकिन उन्हें भी रोका गया। 744-45 ई. में इस वंश के कीर्तिवर्मन द्वितीय ने बदामी के चालुक्यों को हराकर इस वंश के करीब 200 वर्षों के शासन को समाप्त कर दिया।

राष्ट्रकूट

राष्ट्र भूमि के भाग के स्वामी से ही यह शब्द उदित हुआ है। चालुक्यों को खदेड़कर राष्ट्रकूट शासक बने जो लारा, बुरा, एक छोटा-सा शहर उस्मानाबाद जिले में है वहाँ से उनका उदय हुआ, इनकी मातृ-भाषा कन्नड़ थी और ये बदामी के चालुक्यों के जिला अधिकारी थे। 640 ई. में इस वंश के कुछ पूर्वज बिरार में जाकर सामंत बन गए। दाती दुर्गा से 4 पीढ़ियों से ये लोग महाराष्ट्र में बसे हुए थे। दाती दुर्गा ने ऐलौरा (742 ई.) में कीर्तिवर्मन द्वितीय को हरा दिया। अब वह पूरे महाराष्ट्र का शासक बन गया। अपनी शक्ति और साधन की बढ़ोत्तरी के कारण व रक्त-संबंधों के द्वारा उसने 753 ई. में दक्षिण भारत को अपने अधीन कर लिया। 756 ई. में संतान रहित होकर उसकी मृत्यु हुई। उसके चाचा कृष्ण ने शासन की बागडोर सँभाली और अपने राज्य के गंगाओं को हराकर आगे बढ़ाया, उसने अपने पुत्र गोविंद द्वितीय को शासन दे दिया जिसने विजयादित्य के 755-72 ई. में वैंगी को जीता और 769-70 ई. में उसकी मृत्यु हो गई। इसने पूरे दक्षिण में अपना प्रभाव फैलाया और एक कर्तव्यनिष्ठ हिंदू होकर अनेक मंदिरों विशेषकर ऐलौरा के मंदिर का निर्माण कराया व ब्राह्मणों को सम्मानित किया।

गोविंद का अधिकतर समय अपने भाई ध्रुव के विरुद्ध गद्दी के लिए संघर्ष में व्यतीत हुआ। इसने अपनी शक्ति को मजबूत करने के लिए गंगावाड़ी, काँची, वैंगी और मालवा के शासकों से भी संधि कर ली। युद्ध में गोविंद की हार हुई और वह युद्ध में मारा गया। अन्य गोविंद के समर्थकों को जेल में डाल दिया व उनसे भारी रकम वसूली गई। इसके बाद उसने विंध्य को पार कर मालवा के गुर्जर वत्स राजा को भगाकर गंगा-जमुना दोआब पर हमला किया और धर्मपाल को हरा दिया। वैंगी के शासक को हराया, अपने अंतिम दिनों में 4 पुत्रों में से बड़े कार्का को राजगद्दी दी, लेकिन भाइयों में युद्ध हुआ, शतंब को गवर्नर बना दिया। दक्षिण में पूर्ण रूप से मजबूत शासन के बाद उसकी नजर अब उत्तर भारत की ओर हुई।

नागभट्ट को मालवा में हराकर अब वह लता की ओर बढ़ा जहाँ कन्नौज में चक्रयुद्ध को अपने अधीन किया, वापस आते हुए नर्मदा के स्थान पर एक पुत्र का जन्म हुआ, जिसे अमोगवर्षा प्रथम नाम दिया गया।

814-880 ई. में गोविंद तृतीय की मृत्यु के बाद अमोघवर्षा शासक बना। उसने 66 वर्षों तक राज्य किया, हिंदू धर्म नहीं छोड़ा, लेकिन अनेक विचारों का आदर करता था– जैन मत का विशेषकर। अपने पुत्र कृष्ण को शासन देकर अधिक समय तालाब व महिलाओं के लिए रहने के लिए स्थानों को बनाने में लगाए।

पल्लव

इस वंश का संस्थापक सिम्हावर्मण था। उसका पुत्र अवधिसिम्हा पूरे दक्षिण तक राज्य किया, उसका पुत्र महेंद्र वर्मन प्रथम युद्ध और शांति दोनों में निपुण था, उसने अपने शासन काल में अनेक स्मारक, कविताओं और संगीत को बढ़ावा दिया। पहले वह जैन मत का अनुयायी था लेकिन बाद में शैव मत का अनुयायी हो गया। इसके काल में लंका पर भी शासन हुआ। जैन मत का खूब प्रचार हुआ। इस बात के साक्ष्य हूण सांग ने भी दिया है, ममालापुरम के किले को मजबूत किया। पल्लव राजाओं ने 795 ई. तक शासन किया। कई राजा विष्णु के उपासक तथा ज्ञान के संरक्षक थे। कांची के मंदिरों का निर्माण भी इन्हीं के काल में हुआ। शंकराचार्य भी इसी काल में हुए। इसी काल में पांड्यों के आक्रमण बढ़े और अंत में उन्होंने पल्लवों को हरा दिया।

पांड्या

विक्रमादित्य प्रथम के दक्षिण छोड़ने के बाद पांड्यों ने अपनी शक्ति को बढ़ाया और त्रावणकोर के क्षेत्र को अपने अधीन कर, जैन मत से शैव मत का विस्तार किया, इस कार्य में शाही परिवार की महिलाओं का विशेष योगदान रहा। इसी काल में लंका पर पुनः शासन हुआ।

कलिंगा

सारे काल में कलिंगा पूर्वी गंगा के ही आधीन रहा। इनका समय 509 ई. से प्रारंभ होता है। इनके बाहरी संबंध कम थे, कलिंग के क्षेत्र में वे शांति से रहते थे।

सारे दक्षिण के राज्यों में उत्तर के समान ही राजतंत्र का शासन था। फिर भी शिलालेखों से यह ज्ञात होता है कि आठवीं और नौवीं सदी में तीन प्रकार के गाँव व नगर थे, जिनमें सभा थी– सभा अधिकतर अमीर ब्राह्मणों की संस्था थी, जो अधिकतर भूमि के स्वामी थे, नगर, शहरों में व्यापारियों का प्रभुत्व था। ये सभाएँ गाँवों की साझी कठिनाइयों के समाधान के लिए समय-समय पर मिलते थे जैसे तालाब, मंदिर, सड़क या अन्य व्यवस्थाओं को करना। महाजन व गुमन्दास (हेडमेन) का भी उल्लेख मिलता है।[1]

शासक को शुल्क देने की भी व्यवस्था थी, शहरों में व्यापारी अपनी इच्छा से अस्पताल व कालेजों का निर्माण कराते थे। भिन्न-भिन्न समय और स्थानों के ग्राम को अहार, राष्ट्र, नाडू, कोराम या विष्य भी कहा जाता था। तमिल क्षेत्र में अधिक भाग को वालानाडू या मंडल भी कहा जाता था।

वैदिक धर्म के प्रभाव के कारण शासक अपने को "धर्ममहाधिराजा" भी कहलाते थे। यह मूलतः बुद्ध व जैन मत के कारण था, लेकिन उन्होंने कभी भी अपने मत को जनता पर नहीं थोपा। शासक सेना, न्याय और प्रशासन का सर्वोच्च अधिकारी होता था, रानी का विशेष स्थान और महत्त्व था, राजकुमार व अन्य मंत्री शासन को नियम के अनुसार चलाने में राजा को सलाह देते थे। शासक व प्रजा में मेलजोल था। हर राज्य की अपनी ध्वजा और कहोर होती थी।

नौवीं सदी के अंतिम भाग में चोल आदित्य प्रथम के पुत्र विजयाला ने पल्लव राजा अपराजित को कुचल दिया, इसलिए 800-1200 ई. के शासन को चोल वंश का उदय माना जाता है। इस काल में चोल राजाओं को राष्ट्रकूटों और कल्याणी के चालुक्यों से अनेक युद्धों का इतिहास है। अंत में 793 ई. में राष्ट्रकूटों ने युद्धों से तंग आकर चालुक्यों को सत्ता दे दी, इसी समय के अंत में यादव और काकातिया उत्तर में शक्तिशाली हो गए और दक्षिण में होयसाला और पांड्या।

चोल सत्ता का उदय

चोल वंश का संस्थापक विजयाला (846-871 ई.) था। वह पल्लवों का सामंत था, पुडुकोटाई में उसने अपने शासन की राजधानी बनाया जिसे वह तंजावुर से बदला था। इससे पल्लवों की शक्ति और बढ़ गई, नरियातूंगा और अपराजित के बीच में गृहयुद्ध भी हुआ, इस युद्ध में आदित्य ने अपराजित का साथ दिया और 885 ई. में श्रीपुरमबिमान में विजयी हुआ। कुछ समय बाद आदित्य ने अपराजित को हराकर उसके सारे राज्य पर कब्जा कर लिया और निरापतुंगा का शासन समाप्त हो गया। चोल शासन की सीमा राष्ट्रकूट शासन के निकट पहुँच गई। आदित्य ने अनेक शिव मंदिर बनवाए उसका शासन 48 वर्षों तक चला, उसकी मृत्यु के समय तक अराजकता रही, लेकिन 985 ई. में राजा प्रथम के समय से पुनः चोल वंश का प्रभुत्व बढ़ा।

राष्ट्रकूट

880 ई. में अमोगवर्षा प्रथम ने गुजरात के भोजराजा के हमलों का मुकाबला किया। उसने लता की गवर्नरी को समाप्त कर सीधे अपने प्रभाव में लिया, और वैंगी को भी अपने अधीन करने का प्रयास किया, इस प्रयास में विफल होने पर उसने अपने ससुर चैदी के राजा कौकाला के यहाँ शरण ली।

अनेक शासकों भीमा, कृष्णा द्वितीय, गोविंद इंद्रा, कृष्णा तृतीय, ककारा द्वितीय, तैलाबा द्वितीय ने 108 युद्ध लड़कर और 88 किलों को जीतकर कल्याणी में चालुक्य शासन को आगे बढ़ाया।

कल्याणी और वैंगी के चालुक्य

तैला द्वितीय ने मनखेत को अपनी राजधानी बनाया। नर्मदा और तुंगभद्रा के बीच के क्षेत्र को मजबूत करने के लिए उसने अनेक वर्षों तक प्रयास किया। परमार मुंजे को कैद कर उसे अंत में मार दिया। 997 ई. में तैला द्वितीय के पुत्र सत्याश्राया ने शासन सँभाला। उसने राजराजा प्रथम से युद्ध किया लेकिन वह सफल नहीं हो सका, उसका उत्तराधिकारी विक्रमादित्य पंचम (1008 ई.), जयसिंह (1015 ई.) ने कोई विशेष कार्य नहीं किया।

1044 ई. में राजेंद्र प्रथम ने चालुक्यों के शासक शोमेश्वर पर हमला किया, कुछ संधियों के बाद पुनः 1050 ई. में युद्ध हुआ, 1061 ई. में चोलों ने सोमेश्वर को हरा दिया अतः चालुक्यों की सत्ता की स्थापना की हार हुई। 29 मार्च, 1068 ई. में सोमेश्वर तुंगभद्रा नदी में डूबकर मर गया। वह हार के बाद भी अपने वंश का सफल राजा हुआ। उसने परमार और प्रतिहारों में अपनी शक्ति को मनवाया था। उसने कल्याणी को अपनी राजधानी बनाकर समृद्ध किया था।

चोल

राजराजा प्रथम (985 ई.) में गद्दी पर बैठने से सारे तमिल प्रदेश का इतिहास चोल वंश का इतिहास बन गया था। उसने एक शक्तिशाली राज्य का निर्माण किया। उसने पांड्या, केरल और सिलोन पर आक्रमण किए, उनकी शक्ति को नष्ट किया, चोल शासन को मैसूर प्रदेश में फैलाया, उसने 1000 ई. में वैंगी को जीता, अपने शासन के अंतिम समय में मालदीव को भी जीता। नागापट्टम में एक बुद्ध बिहार भी बनवाया।

1014 ई. में राजेंद्र ने शासन सँभाला, उसने अपने पिता के समान राज्य को फैलाया, किलों को पुनः जीता, चीन से व्यापारिक व शासनिक संबंध बनाए, एक बड़ा तालाब गंगई कोंडाचोलपुरम में बनवाया जिसमें गंगा जल को भरा। पांड्या, केरल और अन्य विद्रोहियों को 1041 ई. में कुचला, कल्याणी से द्वाराकायकता की मूर्ति को ले आया जो आज भी तंजौर के संग्रहालय में रखी है।

कोलूटूगा (1070 ई.) में चोल शासन का नया शासक बना जिसने नया इतिहास रचा। उसने अपनी प्रजा के सुख के लिए अधिक कार्य किए न कि अपनी

इच्छापूर्ति के लिए। उसने टोल को समाप्त किया। अनेक देशी और विदेशी शासकों से शासकीय संबंध बनाए, युद्ध के स्थान पर संधि व शांति को स्थापित किया। चिदंबरम में नटराज और श्रीरंगम में रंगनाथ के मंदिरों का जीर्णोद्धार किया। उसके पुत्र विक्रम चोल ने 1150 ई. तक राज्य किया। उसने शिष्णु (गोविंद राज) की प्रतिमा को नटराज के स्थान से हटाकर उसके वास्तविक स्थान विजयनगर में स्थापित की, उसकी मृत्यु के बाद वंश में झगड़े हुए। 1025 ई. में पांड्यों का राजतिलक का सभागार ध्वस्त कर दिया।

पांड्या

जतावर्मन कुलक्षेत्रा के बाद उसके बड़े भाई मारा वर्मन सुंद्रा पांड्या ने 1216 ई. में राजसिंहासन लिया। शासन सँभालते ही इसने चोल को भगा दिया लेकिन हौयसाला की प्रार्थना पर चोल को पुनः गद्दी दे दी। पुनः चोलों ने पांड्यों से युद्ध किया, इस युद्ध में चोलों की एक हौयसालाओं की मदद से पुनः चोलों का राज्य उन्हें दे दिया, लेकिन कुलाशेखरा प्रथम (1268 ई.) एक महान पांड्या शासक बना उसने सिलोन को भी जीता, वहाँ से बुद्ध का दाँत भी ले आया; जो बाद में वापस कर दिया, उसकी मृत्यु के बाद सिलोन आजाद हो गया।

अन्य आधीन राज्यों का स्वतंत्र होना

चालुक्यों की शक्ति 1150 ई. के बाद कमजोर होने लगी[2], भारत के अन्य साम्राज्यों की भाँति चोल राज्य भी अनेक राजाओं के कमजोर संगठन से चल रहा था, समय पाकर उन्होंने अपने को एक के बाद एक करके स्वतंत्र कर लिया, उन्होंने राजनीतिक विद्रोह कर दिए। वारंगल के काकातिया, द्वारसमुद्र के हौयसाला, सुंदाती के रत्न, कोंकण के सिलाहार, उत्तर महाराष्ट्र के यादव, इसी तरह बिजाला के कालाचूरियों ने अपने को स्वतंत्र घोषित कर दिया।

बीजाला कालाचूरी

कालाचूरी ने विद्रोह कर दिया व उसके पुत्रों ने चालुक्य का राज्य बीजाला को 1167 ई. में हटाकर प्राप्त कर लिया। उसका शासन थोड़े ही समय तक रहा, इस काल में लिंगायत या वेर शिव का प्रभाव बढ़ा, वही बीजाला की मृत्यु के कारण बने। पुत्र प्रभावशाली नहीं हो सके, हौयसाला बल्लाला द्वितीय (1173-1220 ई.) तक इनकी आपस में दुश्मनी रही, 1183 ई. में चालुक्य सोमेश्वर चतुर्थ ने कालाचुरियों का अंत कर दिया।

यादव

भीलामा 1187-91 ई. तक यादवों का मुख्य नेता रहा, यह चालुक्यों की कमजोरी के कारण ही हुआ। 1189 ई. के पहले ही उसने प्रदेश के उत्तरी भाग पर अपना अधिकार कर लिया था, 1191 ई. में आगे बढ़ रहा था, गाडाग के स्थान पर वह युद्ध में मारा गया, वह कृष्णा नदी तक पहुँच गया था, इस वंश का दूसरा सदस्य सिंघाना (1210-1247 ई.) था, जिसने गुजरात के अधिकतर भाग पर अपना अधिकार जमा लिया था। 1294 ई. में अल्लाउद्दीन खिलजी ने शासन करने वाले राजा को हराकर बहुत सारा धन लूटा, 1309 ई. में यादव वंश के आखिरी राजा रामचंद्र को मलिक काफूर के सामने झुकना पड़ा और यादव वंश समाप्त हो गया।

होयसाला

यह वंश अपने-आपको यादवों और चंद्रवंशी मानते हैं। चालुक्यों के आधीन रहकर ये पश्चिम गंगावाड़ी और मैसूर के आगे के भाग में राज्य करते थे। यह भूमि चालुक्यों और चोल के बीच प्रतिरोधक राज्य का काम करता था। बीटीगा के काल में विष्णुवर्धन, होयसाला शक्ति अधिक बढ़ी थी। 1141 ई. में उसकी मृत्यु हो गई, सारे काल में वह चालुक्यों के ही अधीनस्थ रहा। 1190 ई. में होयसाला स्वतंत्र हुए, इस काल में बीटीगा ने अनेक स्थापत्य के कार्य करवाए, वह जैन मत को मानने वाला था, रामानुज के प्रभाव में आने पर वह वैष्णव हो गया। 12वीं शताब्दी में होयसालाओं की शक्ति यादवों को हराकर पूरे दक्षिण भारत में शक्तिशाली हो गई।

1310 ई. में मलिक काफूर और ख्वाजाहाजी ने होयसालाओं को तोड़ दिया, 1327 तक होयसाला पूर्ण रूप से खत्म हो गए, कुछ समय तक स्थानीय शासक के रूप में अवश्य बने रहे।

काकातिया

ये पश्चिमी चालुक्यों के बड़े वफादार रहकर उनके लिए युद्ध लड़ते रहे, इसलिए राजा अहावामिला सोमेश्वर प्रथम ने उन्हें हनुमाकुंडा का क्षेत्र स्थायी रूप से दे दिया, जब चालुक्य शासन समाप्त हो गया उस समय परौला द्वितीय ने अपने को स्वतंत्र राजा बना दिया और गोदावरी तथा कृष्णा नदी के बीच के भाग को अपने अधीन कर लिया। अपने राज्य को बढ़ाने के लिए उसने कई अभियान किए, एक युद्ध में वह मारा गया, उसके एक भतीजे को यादवों ने कैद कर लिया, बाद में गणपति काकातियों ने उसे छुड़ा लिया, उसने 60 वर्षों तक राज्य किया, उसका

लक्ष्य सारे भारत को राजनीतिक रूप से एक करने वाला था, जिस लक्ष्य में वह काफी सफल भी हुआ, उसकी महारानी रूद्रामी देवी 1295-1326 ई. तक राज्य करती रही, उसके बाद प्रताप रुद्र ने शासन किया।

मुस्लिम हमले होने लगे, जिनका कड़ाई से विरोध किया, नायकों ने इसमें बड़ा साथ दिया, लेकिन 1310 ई. में मलिक काफूर ने हनुमान कोंडा को अपने कब्जे में कर लिया, संधि में बड़ा धन ले लिया, प्रताप रुद्र को कैद कर लिया जहाँ उसकी मृत्यु हो गई और काकातिया शासन वहाँ समाप्त हो गया।

सरकार, समाज और धर्म

दक्षिण के राज्यों को भारत के अन्य राज्यों के समान राजतंत्र से प्रशासित किया जाता था। लेकिन काकातिया राज्य में एक महिला गणपति की पुत्री रुद्रमा देवी ने अपने पिता के आखिरी वर्ष से शासन किया, पुरुषों के पूर्वाग्रह के कारण वह पुरुषों की पोशाक पहन ली थी और उसने पुरुषों जैसा ही अपना नाम धारण किया था, उसने अपने पौत्र प्रतापरुद्र को भी शासक बनाया था, मंत्रिमंडल अवश्य था, लेकिन यह ज्ञात नहीं कि वे किस प्रकार से शासक की सहायता करते थे। इसी काल में विदेशी प्रभाव भारत के दक्षिणी भाग में बैठने लगा।

सामान्यतः सभी राजा बड़ी भव्यता से महलों में रहते थे, उनकी सेवा में अनेक महिलाएँ भी होती थीं, युद्ध में दूसरे राजाओं की रानियों को भी बंदी बना लिया जाता था। चालुक्य शासक मूलतः अपना राज्याभिषेक पाताडाकाल के पत्थर पर करते थे, चोल तंजावर में, अराताली कुंबाकोम के नजदीक, चिदंबरम या कांचीपुरम आदि में करते थे। चोलों का साम्राज्य एकात्मक था वहीं चालुक्यों का संघात्मक।

चोल राजा के अधीन अनेक प्रशासक होते थे जो राजा के मत को स्थानीय गवर्नरों तक पहुँचाते थे, वे सदैव राजा के संपर्क में बने रहते थे।

कर पूरे ग्राम पर होता था, भूमि की उपज के अनुरूप बाँटा जाता था, दान की भूमि को सावधानी से ब्यौरों में रखा जाता था। कर नकदी व वस्तु में दिया जाता था। गाँव पंचायत स्वतंत्र थी। न्याय ग्राम पंचायत ही करती थी। समाज, प्रदेशों में बँटा हुआ था जैसे कुंतला, आंध्रा, तौदिनाड़, चोल, केरल आदि। गरीब और अमीर में सामाजिक प्रतिष्ठा में भारी अंतर था। ब्राह्मणों का उनके ज्ञान और मृदुता के कारण बड़ा स्वागत था। इसी तरह महिलाएँ भी सम्मानीय थीं। कई महिलाएँ युद्ध में भी भाग लेती थीं, (अकादेवी, चालुक्य जयसिंह द्वितीय की बहन)। कुछ सैनिक राजा के साथ भोजन कर इस बात की शपथ लेते थे कि वे सदैव राजा के साथ रहेंगे। उच्च शिक्षा पर अधिक जोर दिया जाता था, मंदिरों में भी यह शिक्षा दी जाती थी, कारीगरों का कार्य पिता से पुत्र को दिया जाता था। मंदिरों में शिक्षा के अतिरिक्त

अनेक प्रकार के व्यवसाय होते थे। अतः अनेक व्यक्ति मंदिरों से जुड़े होते थे। मठ, पाली, विहार भी शिक्षा का कार्य करते थे। बैलगाँव– ब्रह्मपुरी, कांची में घाटीका, बेहूर में तथा आर्कोट व अन्य स्थानों पर अनेक जनपदों से छात्र वेदोष अन्य शास्त्रों का ज्ञान लेने के लिए आते थे। संस्कृत शिक्षा का माध्यम था।

मंदिर धर्म के अतिरिक्त आर्थिक और सांस्कृतिक कार्यों का विशेष स्थान रहा था। वह हर समारोह का केंद्र था, व्यापार, बैंक, कला विदेशों के व्यापारी भी आते थे। भारत में विदेशी व्यापार के माध्यम से ही आए और यहाँ बस गए। अनेक बंदरगाहों की विशेष सुविधा थी। उन्हें सुरक्षा भी मिलती थी। छठी शताब्दी के अंत तक अनेक धर्म और मतों में आपस में बड़ा मेलजोल रहा। वैदिक जीवन-पद्धति, बौद्ध मत, जैन मत, शैव, वैष्णव, भक्त सभी सद्‌भाव से रहते थे। राजाओं को इनका संरक्षण था।

शंकराचार्य के बाद बुद्ध धर्म का विरोध बढ़ा– जैन धर्म केवल तमिलनाडु व मैसूर में ही, हिंदू धर्म के मेल के कारण बचा रहा, लेकिन लिंगायतों व आंध्रों ने मुस्लिम मत का विरोध किया, चूँकि अरब व्यापारी इस्लाम के पहले ही भारत में आ चुके थे, दक्षिण भारत में वहाँ की महिलाओं से विवाह करते थे, अतः उनकी सेना में भी रहे, वे मौपला हो गए। बाद में इस्लाम के विस्तार से उन्हें अधिक सहायता भी मिली। उनका विस्तार भी हुआ।

ईसाई मत भी व्यापारियों, मार्को पोलो (1293 ई.) सिलोन से ईसाई व संत थॉमस के भारत आने पर, तथा अरब से लोगों के आने जैसे बगदाद, निनवेह, जुरुस्लम आदि स्थानों से लोगों के दक्षिण में आने से ईसाई मत बढ़ा, क्योंकि भारत में सभी धर्मों को फैलने व सुरक्षा के अवसर थे। इसलिए जहाँ कहीं भी धर्म मत अत्याचार होता लोग भारत में आकर शरण लेते थे वहीं बस जाते थे। ...

भारत प्राचीन काल

भारत का इतिहास समझने के लिए वेदों, पुराणों, काव्यों, धर्मशास्त्रों, महाभारत, कौटिल्य का अर्थशास्त्र, पतंजलि-महाभाष्य, पाणिनि, कल्हण-राजतरंगिणी व अमरकोष को पढ़ना आवश्यक है। अमरकोष के अनुसार इतिहास भूतकाल में जो हुआ उसका ज्ञान कराता है और पुराण-संसार के जन्म, उसके अंत, सूर्य व चंद्र वंश के वंश, मन्वंतर, अनेक वंशों के शासकों के व्यवहार और कार्य। कल्हण ने इतिहास का वर्णन ऐसा किया है कि लगता है कि घटना पढ़ने वाले के सामने ही हुई है। यह बात सत्य है कि इतिहास का मुख्य उद्देश्य यह जानना है कि भूत में मानव कैसे रहता था, क्यों उसने ऐसी घटनाएँ कीं। एक अच्छे इतिहासकार से यह आशा

की जाती है कि वह निष्पक्ष हो, राग-द्वेष से दूर रहकर ठीक से विषय-वस्तु का विश्लेषण कर अच्छी भाषा में जनमानस के सामने रखे। विदेशी लेखकों के अनुसार इतिहास की परिकल्पना में युगों और देशों में अंतर रहा है।

इतिहास राजनीति के लिए शिक्षा है वह राजनेताओं के लिए एक सावधानी और मार्गदर्शक का कार्य भी करता है (थैसिड्डिस व पौलिवियस) इस प्रकार का विचार यूरोप में अठारहवीं शताब्दी तक ही प्रचलित रहा। कुछ यूरोपियन विद्वान "इतिहास को केवल विज्ञान मानते हैं न इससे कम व ज्यादा। लेकिन जी. एम. ट्रेबेलियन ने इसे नकारा है (हिस्ट्री एंड दी रीडर)। उन्नीसवीं शताब्दी तक इंग्लैंड में इतिहास को साहित्य का ही एक भाग माना जाता था। इतिहासकार का कार्य तथ्यों को इकट्ठा कर उन्हें विभाजित कर, साक्ष्यों को देखकर उनसे सत्य अलग कर अच्छे तरीके से जनता के समक्ष रखना है। रेनन के अनुसार इतिहास विज्ञान भी है और कला भी, लेकिन पूर्णता आवश्यक है। लेकिन इतिहास भौतिक विज्ञान के समान नहीं है क्योंकि वह भौतिक विज्ञान के समान निश्चित परिणाम नहीं निकाल सकता है। न ही उसके नियमों से कोई वैश्विक या सामान्य कानून बनाया जा सकता है, साथ में यह भी सर्वमान्य धारणा है कि इतिहास कभी दोहराता नहीं। इतिहास भविष्य की जानकारी नहीं दे सकता न ही उसके विश्लेषणों को भौतिक विज्ञान के समान किसी प्रयोगशाला में निरीक्षण किया जा सकता है। यह बात सत्य है कि इतिहास तथ्यों को इकट्ठा कर, बाँटकर उनका विश्लेषण करता है लेकिन यह भी सत्य है कि उन तथ्यों में कुछ सच्चाई छूट जाती, अतः उन खाली स्थानों को किसी परिकल्पना और अनुमान से पूरा किया जाता है, वैसे सत्य भी कोई अंतिम नहीं होता अतः इतिहास भी पूर्ण सत्य नहीं होता।

इतिहास अधिकतर मौजूदा तथ्यों के आधार पर एक कल्पना ही है, उसका सही पैमाने पर शैक्षणिक ही है, वह पढ़ने वाले के दृष्टिकोण को विकसित करता है, उसे भूतकाल के विषय में जानने के लिए प्रेरित करता है, आदर्शों की समझ देता है, उसमें जोश भरता है और वह आर्थिक जिज्ञासा पैदा करता है। अब यह माना जाने लगा है कि इतिहास मनुष्य की सभी गतिविधियों से जुड़ा है, वह केवल युद्ध, वंश और धर्म से ही संबंधित नहीं रह गया, वह ज्ञान का स्रोत है जिसमें कोई असत्य व पक्ष नहीं होना चाहिए। लेकिन यह आदर्श अभी तक इतिहासकारों ने नहीं अपनाया है।

यूरोपीय इतिहासकार मूल रूप से जाति, रंग, विचार– "सफेद लोगों का भार", तथा लगातार भारत पर हमलों के कारण भारतीयों की मूलता व आर्थिक क्षमता आदि के पूर्वाग्रहों से ग्रसित रहे। यह इसलिए हुआ क्योंकि वे विश्व में अधिकतर भाग के शासक रहे थे। वे इतने घमंडी हो गए कि संस्कृत साहित्य को सिकंदर की

विजय के बाद ब्राह्मणों की यूनानी स्रोतों की नकल कह दिया (डुगलास स्टीवर्ड), रामायण को इलियड की प्रेरणा कहा, गीता को बाइबल पर आधारित कहा, पाणिनि को लिखने का ज्ञान नहीं था, ब्राह्मी लिपि को फोनिशियन से लेना, नक्षत्रों का ज्ञान चीनियों से लेना, या अरब और बेबिलोनिया से लेना आदि। यह इतिहास की अज्ञानता दर्शाती है।

आजादी से थोड़ा पहले (1937) व बाद में भारतीय इतिहासकारों ने भारत का सच्चा इतिहास लिखने का प्रयास अवश्य किया– के.एम. मुंशी, आर.सी. मजूमदार, आल्टेकर, नीलकंता शास्त्री, याजदानी, आदि, लेकिन भारत को प्राचीन भौगोलिक, धार्मिक, सांस्कृतिक, राजनीतिक विभिन्नता और प्रादेशिक गौरव को ध्यान में रखते हुए अखिल भारतीय इतिहास लेखन अवश्य होना चाहिए।

राजनीतिक प्रचार ने इतिहास को भी एक माध्यम बनाया है, राजनीतिज्ञों, सरकारों, राजनीतिक विचारकों ने सच्चे इतिहास को हानि पहुँचाई है।

प्राचीन इतिहास के कुछ ऐसे विषय रहे हैं जिनके विषय में भिन्न-भिन्न मत रहे हैं, इनको और अधिक ज्ञान और पुरातत्त्व विज्ञान के माध्यम से जानना जरूरी है। आर्यों का मूल स्थान, क्या भारतीय यूरोपियन की पहले एक भाषा थी, ऋग्वेद कब और कहाँ लिखा गया, इसके भूगोल, सांस्कृतिक, भाषाई, खगोलीय और अन्य पक्षों का अध्ययन, हड़प्पा और सिंधु घाटी की सभ्यता की तिथि, सिंधु घाटी की भाषा की व्याख्या, सिंधु सभ्यता की आर्य संस्कृति से संबंध, दास, दस्यू और शूद्र, वैदिक वंश उनका रामायण और महाभारत काल के वंशों से संबंध बुद्ध, जैन, कला, द्राविड़, वैदिक लोग, कबीले, नदियों के बहाव में बदलाव जो भी विवादित विषय हों उनका समाधान आदि। सामान्य रूप से देखा जाए तो वैदिक कार्य कृषि थी, जबकि सिंधु घाटी, मोहनजोदड़ो की सभ्यताएँ शहरी थीं, शहरों के पहले ऐतिहासिक विकास में कृषि का स्थान है, अतः इन विषयों को इस दृष्टि से भी देखना चाहिए। देवी, देवता, पशुओं, औषधि, योग की भी बिना किसी पूर्वाग्रह के खोज होनी चाहिए।

इतिहास और पुरातत्त्व विज्ञान का गहरा संबंध रहा है ये एक-दूसरे के पूरक हैं, पुरातत्त्व से हमें अपने पूर्वजों के रहन-सहन का पता चलता है, यही उद्देश्य इतिहास का है लेकिन दोनों में एकरूपता व मेल व रहने से कठिनाइयाँ पैदा हुई हैं। भारतवर्ष में विभाजन के बाद भी हजारों ऐसे स्थान व टीले हैं जिनकी खुदाई नहीं हुई है या उन्हें नष्ट कर दिया गया है या उन पर व्यक्तिगत कब्जा है, समय और प्रगति के साथ ये स्थान नष्ट होते जा रहे हैं, पाकिस्तान के भाग में अनेक ऐसे स्थान हैं जो अज्ञानता, संकुचित मानसिकता का पूर्व आग्रह तथा अरुचि के कारण भारत के प्राचीन इतिहास को समझने में सहायक हो सकते हैं, लेकिन एक बाधा बने हुए हैं।

संदर्भ

1. K.A. Nilakanta Sastri, *Advanced History of India*, Allied Publishers. pp. 280-88.
2. Ibid., p. 302.

10

भारत में मुस्लिम शासन की स्थापना

भारत में मुस्लिम शासन इतना प्रभावशाली व नाटकीय हुआ जिसके आधिपत्य ने भारत की सांस्कृतिक धारा को बदलने में बड़ा प्रभाव रहा, अतः प्रश्न उठता है कि बारहवीं शताब्दी उत्तर भारत के शक्तिशाली वंशों को उखाड़कर उनके स्थान पर तुर्कों का शासन कैसे हुआ? 638 ई. में हर्ष की मृत्यु ने शक्तिशाली वंश का ही अंत नहीं किया अपितु उत्तर भारत के राजनीतिक विषयों में चीन का दखल भी बढ़ गया, चीन में बौद्ध मत के प्रभाव व कनिष्क के काल से सुदूर पूर्व के देशों से भारत का संबंध, विशेषकर व्यापार बढ़ने लगा, समुद्र के रास्ते आना-जाना सुलभ हो गया, उत्तरी चीन में बौद्ध मत का भारत से अधिक प्रभाव रहा, महात्मा बुद्ध के 28 उत्तराधिकारियों ने अपना केंद्रीय संघ केंटन में बना लिया। इसी कारण से हूण हमले भारत पर हुए या कोई और कारण रहा यह स्पष्ट नहीं है, लेकिन भारत व चीन की नानकिंग राज दरबार में बौद्ध मत का प्रभाव बढ़ा और भारत के अनेक बौद्ध मत के संत व साधारण लोग चीन में पहुँच गए। सातवीं सदी में उत्तर और दक्षिण चीन संगठित होकर शक्तिशाली साम्राज्य बन गया, उसी काल में हूण-सांग भारत आया, भारत से भी कुछ ब्राह्मण चीन भेजे गए, चीन का राजा चाहता था कि हूण-सांग बुद्ध से जुड़े ग्रंथ व अन्य सामान सुरक्षित चीन लाए, इसीलिए उसने दूसरा जत्था भारत भेजा लेकिन हूण-सांग वापस चीन लौटता उससे पहले ही हर्ष की मृत्यु हो गई। हर्ष के बौद्ध मत के प्रति उदार होकर उसके पक्ष में होने से शाही परिषद् नाराज हो गई और उसके एक मंत्री अर्जुन या अस्ताशा ने हर्ष के परिवार के किसी सदस्य को राजगद्दी पर बैठने नहीं दिया। भारतीय आर्य कानून के अनुसार यह आवश्यक नहीं कि पिता के बाद उसका पुत्र ही राजा बने, ऐसा नहीं हो सकता यदि शाही परिषद् इसका विरोध करती है। यह बात ठीक है कि राजा मंत्री बनाता व हटाता था लेकिन शाही परिषद् सदैव राज्य के हित को देखती थी अर्जुन परिषद् का प्रतिनिधि था।

हर्ष के समय कन्नौज के सभागार में आग लगना इसी नाराजगी का एक उदाहरण है। सातवीं सदी में बौद्ध मत चीन में अपनी प्रसिद्धि की चरम सीमा पर

था लेकिन भारत में वह कमजोर हो रहा था। ब्राह्मण मत पुनः शक्तिशाली हो रहा था, अर्जुन को शाही परिषद् का पूर्ण समर्थन था, इसी समय उत्तरी भारत में अकाल पड़ा, अर्जुन उससे पार पा लेता, लेकिन उसने चीन के प्रतिनिधिमंडल के सदस्यों को बेइज्जत किया और कुछ को भूखा भगा दिया, दल का नेता वैंगहुणसे ने भाग कर नेपाल में शरण ली जो तिब्बत की सुरक्षा में था। यहाँ हजारों सैनिक चीन के प्रतिनिधिमंडल में मिले क्योंकि तिब्बत और नेपाल के पारिवारिक संबंध भी थे; सेना ने मगध पर हमला किया, संपत्ति और व्यक्तियों, सेना को नष्ट किया तथा आसाम और पूर्वी बंगाल पर अपना राज्य स्थापित किया, इस हमले में हर्ष के सहयोगियों ने चीनी लोगों का साथ दिया, बैंग-हूण, अर्जुन को लेकर चीन राजा के पास पहुँचा और 657 ई. में पुनः भारत आकर बुद्ध से जुड़े सभी पुण्य स्थलों की यात्रा कर चीन वापस लौट गया। हर्ष की मृत्यु और इस घटना के कारण आर्यवर्त में भारतीय-आर्य सभ्यता मगध से दक्षिण भारत तक कमजोर हो गई, इस अवसर का लाभ अरबों ने उठाया और खलीफा वाहिद ने 710 ई. में 17 वर्ष के नौजवान मुहम्मद बिन कासिम के नेतृत्व में सेना भेजकर सिंध पर हमला किया, व ब्राह्मण राजा दाहिर को मारकर सारी सिंधु घाटी से लेकर मुलतान तक अपना अधिकार कर लिया। भारत के पहले मुस्लिम हमलावर को रूढ़िवादी होने के कारण मूर्तियों व मंदिरों से नफरत थी, साथ ही अरबों के शौर्य के लक्षण भी थे, असभ्य अरबों ने अरब में कुछ सभ्यता के चिह्न भी दिखाए। अल-इदरिस ने 11वीं शताब्दी में अपनी पुस्तक में भारत यात्रा के वर्णन में भारतीयों की बड़ाई भी की है उन्हें विश्वासी, सत्यनिष्ठ, काम के प्रति निष्ठा के गुणों से भरपूर पाया।[1]

मोहम्मद कासिम लगातार क्षत्रियों और ब्राह्मणों के प्रति निर्दयी रहा लेकिन जब उसकी विजय पूर्ण हो गई तो उसने कुछ ब्राह्मणों को भरोसे में लेकर जनता को शान्त करने का भी कार्य किया। उनके कुछ मंदिरों के पुनः बनाने की अनुमति दी तथा कर एकत्रित करने का भी कार्य उन्हें दे दिया,[2] यह उसकी सोची-समझी चाल थी। क्योंकि इस्लामिक शासन के नियम, आर्य कानून निर्माताओं के नियमों को पूर्ण रूप से विपरीत हैं।

सिंध के ग़ैर-मुसलमान लोग बगदाद के खलीफा के खजाने में सबसे अधिक कर देते थे, उन पर विशेषकर लगाया गया था। यह हिंदुओं पर इस्लाम कबूल करने का एक दबाव था, जो लोग इस दबाव में आते उन्हें इन करों से मुक्त कर दिया जाता और अन्य कुरान के कानूनों की सुविधाएँ दी जाती थीं। यह दबाव धर्म परिवर्तन का आसान तरीका था जो छोटी जाति के हिंदू, बड़ी जातियों के अत्याचारों से दुःखी थे उन्होंने आसानी से यह रास्ता अपना लिया। यद्यपि अरब भारतीय न्याय की प्रशंसा करते थे तो भी अधर्मियों के प्रति कठोरता से व्यवहार करते थे।

मोहम्मद कासिम को स्थानीय क्षेत्र के जाटों व मेंड ने सहायता की थी, क्योंकि वे ब्राह्मण शासक के अत्याचारों से मुक्त होना चाहते थे।[3] लेकिन इन लोगों पर भी कासिम ने सहायता के इनाम देने के स्थान पर वही नियम लागू किए जो दाहिर के शासन काल में लागू थे। अरबों ने सिंध के लोगों पर अनेक प्रकार के अत्याचार ढाए, धन लूटा, व्यभिचार किए। यह सिलसिला उस समय तक चलता रहा जब तक आर्यों के शासन के नियम समाप्त नहीं हो गए। अतः इस्लाम का उदय हुआ, कुछ समय के लिए एक सभ्य जाति के समान शासन किया।

सातवीं शताब्दी में अरबों की सैनिक शक्ति संसार में सबसे बड़ी मानी जाती थी। इस्लाम के संस्थापक पैगंबर मुहम्मद का 623 ई. में देहांत हुआ। वे एक धार्मिक और राजनीतिक नेता थे, इस समय उनका राज्य केवल अरब में ही सीमित था। पैगंबर के बाद अन्य खलीफाओं के नेतृत्व में मुसलमान सीरिया, मिस्र, उत्तर अफ्रीका, स्पेन पर अधिकार करते हुए फ्रांस पहुँच गए थे। यहाँ 732 ई. में उनकी हार हुई। अतः उनका विस्तार रुका, पूर्व में 637 ई. में ईरान को चकनाचूर कर, हैरात, आक्सस नदी और वहाँ से हिंदूकुश पर्वतीय क्षेत्र को जीत लिया।

उस समय भारतवर्ष बड़ा संपन्न देश था, मंदिरों व लोगों के पास बड़ा सोना व धन था। मुसलमानों में महिला व बच्चों को दास बनाने की प्रबल इच्छा रहती थी, भारत में मूर्ति-पूजा प्रचलित थी, जिसका अंत करना मुसलमानों का धार्मिक ध्येय था।

मक्का के विशाल शिव मंदिर को तोड़कर पहले ऐसा कर चुके थे। उस समय मुसलमानों का धर्मगुरु और सर्वोच्च शासक उमर था (334-44 ई.) उसने भारत की जानकारी लेने के लिए एक गुप्तचर दल भेजा, जिसने एक भारी सेना भेजने की सलाह दी। पश्चिम से भारत में प्रवेश करने के चार मार्ग हैं– एक जल मार्ग और तीन स्थल मार्ग। स्थल मार्ग– खैबर की घाटी, दूसरा बोलन की घाटी से, तीसरा मक्षन के किनारे-किनारे जाता था। अरब लोगों ने भारत में प्रवेश करने के लिए इन चारों मार्गों का उपयोग किया था।

खलीफा मुआविसा (661-80) ने काबुल पर सेना भेजकर अधिकार कर लिया, सेजाबुलिस्तान की ओर उनका कड़ा सामना हुआ, अतः वे वापस हो गए। पुनः काबुल और जाबुल के लोगों ने अपने को स्वतंत्र कर लिया। इसमें सेबिस्तान का गवर्नर और बड़े सैनिक मारे गए। 695 ई. में अलहज्जाज इराक का गवर्नर नियुक्त हुआ। उसने पुनः अरब सेना जाबुल और काबुल पर कब्जा करने के लिए भेजी, लेकिन वह हार गई। चार वर्ष बाद पुनः हज्जाज ने दूसरी सेना भेजी, इस सेना का सेनापति अब्दुररहमान था, वह आगे नहीं बढ़ सका और उसने अलहज़्जाज़ पर ही हमला कर दिया, अलहज़्जाज़ ने काबुल नरेश से संधि कर ली, 40 वर्षों तक

जाबुल स्वतंत्र रहा लेकिन इसके बाद 50 वर्षों तक काबुल और जाबुल पर अरबों के हमले होते रहे जिनमें अधिकतर में हारे।

सिंध विजय

643 ई. में अरब सैमाने सिंध के दक्षिणी तट पर स्थित देवला नामक बंदरगाह पर आक्रमण किया, चाचनामा में लिखा है कि इसमें मुसलमानों की हार हुई और उनका सेनापति मारा गया, अभी तक खलीफा अपनी विजय के बारे में सुना करता था, इस हार से वह बेचैन हो गया, उसने बड़ी सेना भेजी वह भी हार गई, उस्मान और अली के समय उनकी सेना बोलन घाटी ही पहुँच सकी, हिंदू सेना ने उनका जोरदार सामना किया, इसमें अरब सेनापति भी मारा गया। इसके 20 वर्षों पश्चात् इराक के गवर्नर हज्जाज ने 708 ई. में पुनः सिंध पर खटपट की।

सिंध की आंतरिक स्थिति अच्छी नहीं थी, राजा दाहिर जनता में लोकप्रिय नहीं था, उसके पिता ने पुराने राजपूत राजवंश को समाप्त करके यहाँ पर अपना अधिकार किया था तथा राजा की मृत्यु के बाद उसकी विधवा रानी से विवाह कर लिया था। सैनिक शक्ति अच्छी होने पर भी सारे सिंध पर उसका राज्य नहीं था। उसके बाद दो पुत्रों ने राज्य किया, तीसरा पुत्र दाहिर राजा बना, इसके राजवंश के सामंत ही उसका विरोध करते थे, दक्षिण सिंध जो उसके कब्जे में नहीं था अनेक लुटेरों की जातियाँ बसी हुई थीं। इनमें मेड, तंकामर, कुर्क और संगार बहुत उत्पादन करती थी। मेड जाति का उल्लेख इब्नहोकला अरब लेखक ने बार-बार किया है। इन जातियों का मुख्य पेशा समुद्री तट पर रहने के कारण व्यापारी जहाजों को लूटना ही था। ये जातियाँ स्वतंत्र थीं, दाहिर का शासन नाममात्र का था। ये सामंतों के भी आधीन नहीं थे। सिंध में जाट और बौद्ध बड़ी संख्या में थे, कुछ जाट दाहिर के साथ थे तो कुछ लूटमार करते थे, बौद्ध अपने को दाहिर के विरुद्ध मानते थे तथा पूरे एशिया को अपना देश मानते थे क्योंकि इस समय तक इन देशों में बौद्ध मत का प्रचार हो चुका था।

इस समय मकरान में अरबों का राज्य था। 708 ई. से भारत पर पुनः अरबों के आक्रमण होने लगे। इस समय बगदाद का खलीफा वलीद और हज्जाज इराक का गवर्नर था। लंका से एक मुसलमान युवतियों से भरा जहाज हज्जाज के लिए भेजा जा रहा था, जब वह जहाज देवला बंदरगाह पहुँचा तो लुटेरों ने उसे लूट लिया और औरतों को भी अपने कब्जे में कर लिया, हज्जाज ने दाहिर को लिखा कि वह उन युवतियों को वापस कर दे नहीं तो उसका राज्य छीन लिया जाएगा, दाहिर ने उत्तर दिया कि ये लुटेरे उसके आधीन नहीं हैं। हज्जाज ने खलीफा बलीद से इजाजत लेकर देवला बंदरगाह को लूटने के लिए सेना भेजी जो हार गई। इससे हज्जाज और

आगबबूला हो गया। सिंध पर आक्रमण के तीसरे हमले में उसने अपने दामाद व भतीजे मुहम्मद कासिम के नेतृत्व में सेना भेजी, जिसमें 6,000 इराकी घुड़सवार व 6,000 सशस्त्र ऊँट सवार थे, 3,000 यूनानी ऊँटों पर युद्ध का सामान था, कासिम मकरान के मार्ग से आया था। रास्ते में मुहम्मद हारून बड़ी-बड़ी बारूद की मशीनों के साथ मिल गया। सिंध तक पहुँचने पर कासिम ने बहुत से मेड़ों व जाटों को अपने पक्ष में कर लिया था।[4] क्योंकि ये सिंध के राजा से खुश नहीं थे। तीन दिनों तक मोहम्मद बिन कासिम देवल के विशाल मंदिर को तोड़ने के बाद हजारों पुजारियों व नागरिकों का वध करता रहा। सैकड़ों स्त्रियों और बच्चों को दास बना लिया और 4,000 मुसलमानों को वहाँ बसाकर एक मस्जिद का निर्माण करवाया। इस स्थान का आज ठीक-ठीक पता नहीं चलता, क्योंकि कुछ उसे थट्टा के स्थान से जानते हैं, कोई इसे बंभौर, जो मीरपुर सकरो से घरों नामक गाँव से तीन मील पश्चिम में है।

देवल पर अधिकार करके कासिम अब उत्तर-पूर्व वर्तमान हैदराबाद जिसे नेरु कहते थे की ओर बढ़ा, इस नगर में दाहिर का पुत्र (जयसिंह) था, दाहिर ने यहाँ अरबों से युद्ध करने से मना कर दिया और किले को एक बौद्ध भिक्षु के हवाले कर दिया, कासिम ने उसे जीत लिया, कासिम आगे बढ़ा और दाहिर के भतीजे भजरा सेना का सामना करने के लिए तैयार था लेकिन निवासी अधिकतर बौद्ध थे अतः वह स्थान छोड़ शाहवान के जाटों के पास पहुँचा, मोहम्मद बिन कासिम ने शाहवान के निवासियों पर जजिया लेकर उसकी जान बक्श दी।

अब शाहवान से कूचकर मोहम्मद बिन कासिम ने जाटों पर आक्रमण किया। यहाँ भजरा से कासिम का मुकाबला हुआ परंतु वह मारा गया, इसके पश्चात् हजारों जाटों ने मोहम्मद बिन कासिम की नौकरी कर ली, इसके पश्चात् हिरात नदी के तट पर पहुँच गया, नेरुनगर से कुछ दूरी पर बहमनाबाद था, दाहिर के पास पचास हजार घुड़सवार थे, भारतीय राजा अधिकतर युद्ध हाथी पर बैठकर लड़ते थे, जिसमें घायल होने के अधिक अवसर रहते थे, जहाँ हाथी लाभकारी पशु था वहीं वह खतरनाक भी रहा। ऐसा ही हुआ, दाहिर का हाथी युद्ध में एक तेल और रूई से बँधे तीर से घबराकर भागने लगा, दाहिर जब घोड़े पर बैठने लगा तो एक अरब सैनिक ने तलवार से वार कर दाहिर को मार दिया, सेना में भगदड़ मच गई, दाहिर का बेटा जयसिंह बहमनाबाद की ओर भाग गया, रावर के दुर्ग में दाहिर की रानी और उसकी दासियों ने जौहर कर अपने प्राण त्याग दिए।

मुल्तान विजय और मोहम्मद बिन कासिम का वध

बहमनाबाद जाकर जयसिंह ने उस नगर व आलोर नगर की रक्षा की व्यवस्था की, लेकिन उसका राजमंत्री कासिम से जा मिला, 6 मास बाद बहमनाबाद और आलोर के किले मोहम्मद बिन कासिम के आधीन हो गए। बौद्धों ने भी जयसिंह से विश्वासघात किया। 714 ई. में खलीफा वलीद की मृत्यु हो गई। अब खलीफा सुलेमान हुआ वह हज्जाज का शत्रु था, इसलिए हज्जाज को इराक बुला लिया जहाँ उसे बड़ी यातनाएँ देकर वध कर दिया। जयसिंह ने पुनः बहमनाबाद को जीत लिया। सुलेमान के बाद उमर द्वितीय खलीफा 717-720 ई. में रहा, इस समय जयसिंह ने मुस्लिम धर्म स्वीकार कर लिया लेकिन अगले ख़लीफा ने 724-743 ई. में हशाम के समय जयसिंह ने इस्लाम धर्म त्याग दिया। उस समय सिंध का गवर्नर जुनेदा था, उसने युद्ध में जयसिंह को मार दिया, इसके बाद सिंध से हिंदू राजवंश का अंत हो गया।

जुनेद ने सिंध के बाहर मुसलमान राज्य का विस्तार करने के लिए कई हमले किए, उसने जैसलमेर और जोधपुर के कुछ भाग दबाकर मालवा के उज्जैन तक पहुँच गया। दक्षिण में भड़ौच तक जा पहुँचा, उसने यह 724 और 738 ई. के बीच किया, लेकिन यह विजय थोड़े से समय में खत्म हो गई, कन्नौज के प्रतिहार राजा नागभट्ट और चालुक राजा अवनिनाय पुलकेशिराज ने उसको हराकर वापस भगा दिया, इनके साथ गुर्जर नरेश जयभट्ट भी था, जुनेद के बाद सिंध का गवर्नर तमीम बना, जुनेद के जीते हुए सभी स्थल स्वतंत्र हो गए, अरबों ने अब अपनी सुरक्षा के लिए अलम हफूज नामक किला बनाया वहीं पर मुसलमान लोग रहने लगे। धीरे-धीरे निकटवर्ती क्षेत्रों में भी बसने लगे। सिंध में मसूरा और मुल्तान नाम के केवल दो मुस्लिम राज्य रह गए थे, अरब शासकों ने हिंदुओं को सब प्रकार की आजादी दे दी थी, अरबों का राज्य केवल नाममात्र के थे। चाहे सिंध विजय का प्रभाव भारत के अंदर नहीं पहुँचा तो भी उसकी भावी पराजय का सूत्रपात हो गया था। भारत में इस्लाम धर्म का प्रवेश हुआ जो दूसरे धर्मों के अस्तित्व को मिटा देना चाहता था।[5] मुसलमानों की युद्ध नीति भी भारतवर्ष में एक नई चीज थी। इन लोगों ने हजारों हिंदू स्त्रियों और बच्चों को दास बनाया, देवला की पराजय के बाद वहाँ की तीस रूपवती युवतियों को हज्जाज के लिए इराक भेज दिया, राजा दाहिर की एक विधवा रानी को मोहम्मद बिन कासिम ने अपनी स्त्री बना लिया और दाहिर की दो राजकुमारियों को ख़लीफा के पास भेज दिया।[6]

मोहम्मद बिन कासिम ने ही हिंदुओं पर जजिया कर लगाया, मंदिरों का विध्वंस करने की नीति जारी की।[7] यही नीति अगले 900 वर्षों तक भारतवर्ष में चलती

रही। धर्म परिवर्तन, धार्मिक युद्ध, जजिया, मंदिरों व मूर्तियों को तोड़ना चलता रहा, कहीं-कहीं अपने लाभ के लिए कुछ हिंदुओं को भी शासन से जोड़ा लेकिन उनको उच्च पद नहीं दिए गए, वे सदैव दूसरे नंबर के बासिंदे ही बने रहे।[8]

दाहिर की पराजय का मुख्य कारण मोहम्मद बिन कासिम के साथ ऐसी पाँच मशीनें थीं, जिनसे मंदिरों और दुर्गों पर पत्थर फेंके जा सकते थे। इस प्रकार के तोपखाने का ज्ञान हिंदुओं को नहीं था। मुसलमानों के पास बड़े पानी के जहाज थे जिनमें ये तोपें लगी थीं, पत्थर फेंकने का यह रिवाज आज भी मुस्लिम जनता में देखा जाता है। हिंदू राजाओं के पास अच्छी नौसेना नहीं थी, दूसरा बड़ा कारण यह था कि मोहम्मद बिन कासिम से जाट, मेड़, कुछ सामंत और स्वयं राजा दाहिर का प्रधानमंत्री मिल गया था। राजा दाहिर स्वयं भी लोकप्रिय नहीं था। मुसलमानों की सिंध पर विजय चाहे बहुत बड़ी ऐतिहासिक घटना न मानी जाती हो तो भी यह भारतवर्ष की भावी पराधीनता का प्रथम अध्याय था, परस्पर फूट, विश्वासघात, देशद्रोह, युद्धतंत्र का अभाव, ये घटनाएँ भावी भारतीय इतिहास में प्रायः देखी जाती रहीं।

महमूद गजनी के आक्रमण और पंजाब विजय

नौवीं सदी तक अरबों ने सिंध, मुल्तान, मंसूरा, आदि पर नाममात्र शासन किया। वहाँ के मुस्लिम शासक बगदाद के ख़लीफा को अपना स्वामी मानते थे। दसवीं सदी में मुस्लिम-साम्राज्य में उथल-पुथल के कारण बगदाद के ख़लीफा कमजोर हो गए। सामान वंश के एक ईरानी सरदार ने उत्तर में आक्स नदी तक और पूर्व में हिंदूकुश पर्वत तक अपना राज्य जमा लिया। कुछ समय बाद अलप्तगीन नामक एक तुर्की दास ने स्वतंत्र होकर गजनी में अपना राज्य स्थापित कर लिया, उसके बाद उसका पुत्र इसहाक गद्दी पर बैठा, फिर एक दूसरा दास अलप्तगीन, फिर एक अन्य दास पिराई गजनी का स्वामी बना।

पंजाब नरेश जयपाल का पिराई तुर्क से युद्ध

जब पिराई गजनी के आस-पास के प्रदेश को दबाकर अपनी शक्ति सुदृढ़ करने लगा तो जयपाल ने समझा कि उसके लिए खतरा पैदा हो गया है। अतः जयपाल ने पिराई पर आक्रमण कर दिया। एक संधि के लगभग 5 वर्षों बाद पिराई को सरदारों ने गद्दी से हटा दिया और उसके दामाद और दास सुबुक्तगीन को गद्दी पर बैठा दिया। कुछ समय तक युद्धों में जयपाल और सुबुक्तगीन में संधि होती रही। 497 ई. में सुबुक्तगीन की मृत्यु हो गई। उसके दो बेटे इस्लाम से अधिक प्रेम करते थे, अतः

उसने पहले ही छोटे बेटे को राज्य दे दिया, इससे सरदार व बड़ा बेटा महमूद खुश नहीं था, दोनों में युद्ध हुआ और महमूद ने इस्लाम जेल में डाल दिया।

ख़लीफा ने तुरंत ही महमूद को गजनी का अमीर मान लिया, इसके उपलक्ष्य में महमूद ने यह व्रत धारण किया कि वह प्रति वर्ष भारत के मूर्ति पूजकों पर आक्रमण करके तथा उनको लूटकर इस्लाम की सेवा करेगा।[9]

महमूद गजनी के बारह आक्रमण

लेखक इन्हें सत्रह आक्रमण कहते हैं लेकिन बारह आक्रमणों का ही उल्लेख मिलता है। 1001 ई. में पहला आक्रमण पंजाब के शासक जयपाल के विरुद्ध किया। इस युद्ध में जयपाल स्वयं पंद्रह रिश्तेदारों के साथ पकड़ा गया और गजनी भेज दिया गया, इसमें जयपाल के पंद्रह हजार सैनिक मारे गए। कोहिंद नगर को लूटा जयपाल ने, पंद्रह हाथी तथा बहुत सारा धन देकर अपने को छुड़वाया।

महमूद गजनी के हमले हूणों के हमलों से कहीं अधिक भयानक थे, उसने उत्तर भारत को रौंद दिया, शहरों-घरों को जला दिया, पवित्र स्थलों को नष्ट कर दिया, बच्चों, महिलाओं को दास बना लिया, यह मुसलमानों के लिए बड़े शर्म की बात थी।[10] सभी हमलों का उल्लेख तो यहाँ करना उचित नहीं है लेकिन इतिहासकारों का, विशेषकर मुस्लिम इतिहासकारों का कहना है कि महमूद गजनी की सेना के सामने अविश्वासी सेना नहीं टिक सकी।[11] लेकिन कुछ इतिहासकार इसके विपरीत भी विचार रखते हैं जैसे 1008 ई. के युद्ध में आनंदपाल के साथ युद्ध में महमूद गजनी को पीछे हटना पड़ा और युद्ध रोकना पड़ा।[12] लेकिन दुर्भाग्य से आनंदपाल का हाथी काबू से बाहर हो गया और महमूद गजनी की विजय हुई। हाथियों का बेकाबू होना हिंदू राजाओं के साथ होता रहा था लेकिन फिर भी इससे कोई सीख नहीं ली गई।

शाही, भीम लगातार महमूद गजनी का विरोध करते रहे, 1015 ई. में महमूद गजनी ने कश्मीर पर हमला किया, लेकिन बर्फ गिरने व पानी-ही-पानी होने के कारण महमूद गजनी को काफी हानि उठानी पड़ी। बड़ी परेशानियों के बाद वह गजनी पहुँच सका।

चंदेला शासक गाजा का पुत्र विद्याधर था, महमूद गजनी ने इस पर तीन हमले किए, वह 1019 ई. से पहले शासक बन गया था। इसके पास विशाल सेना थी और खजुराहो का राज्य उसके पास था। मथुरा और कन्नौज को महमूद गजनी ने जीत लिया, लेकिन कालिंजर का शासक विद्याधर अन्य अनेक राजाओं के साथ युद्ध के लिए लालायित रहा, महमूद गजनी ने विद्याधर को मुसलमान बनने की पेशकश की, जिसे विद्याधर ने युद्ध में इसके उत्तर देने को कहा, दोनों में युद्ध हुआ,

लेकिन महमूद गजनी शीघ्र ही गजनी भाग गया। 1022 ई. में पुनः कालिंजर की विजय के लिए महमूद गजनी आया लेकिन संधि के बाद लौट गया, दोनों राजाओं ने एक-दूसरे को उपहार आदि दिए। 1026 ई. में महमूद गजनी ने सोमनाथ पर हमला करके मंदिर को तोड़कर लूटमार करके शीघ्र भाग गया, क्योंकि उसे "परम देव" जिसे चालुक्य राजा भीम प्रथम (1022-64 ई.) कहते हैं। यह परमार राजा भोज (1011-1055 ई.) के भय से बहुत जल्दी अपने देश चला गया। सोमनाथ पर हमले के लिए महमूद गजनी ने बड़ी सेना और तैयारी से हमला किया, रास्ते में रेगिस्तान होने के कारण उसका पहला मुकाबला मौरेटा में हुआ जहाँ आज भी मंदिर में इसके साक्ष्य मिलते हैं। सोमनाथ पर महमूद गजनी की सेना ने जबरदस्त हमला किया जो तीन दिन तक चलता रहा, इसमें पचास हजार हिंदू मारे गए, मंदिर व किले को तोड़ महमूद गजनी जल्दी ही वापस चला गया, उसे भारी हमले का भय था, लेकिन रास्ते में पानी के अभाव व सिंध के जाटों ने महमूद गजनी की सेना को बड़ी हानि पहुँचाई।

महमूद गजनी ने आखिरी हमला वुड पहाड़ के जाटों पर किया, जिन्होंने सोमनाथ से आते हुए उसकी सेना को हानि पहुँचाई थी, लेकिन जाटों ने महमूद गजनी पर डटकर हमला किया, इतिहासकारों के इस हमले के विवरण पर भिन्न-भिन्न मत हैं लेकिन विरोध इतना जबदस्त था कि केवल कुछ शरणार्थी परिवारों को लूटकर महमूद गजनी चला गया।[13]

महमूद गजनी के दो मास के बाद उसके बेटे मासूद ने सामंत राय को हमले के लिए भेजा जो युद्ध में मारा गया। तिलक या सुंदर सेना पर हमला करने के लिए तैयार हुआ, लेकिन बीच में ही मतभेद हो गए, तिलक ने जाटों को अहमद का कटा हुआ शीश लाने के बदले पाँच लाख दिरहम देने की पेशकश की। जाटों ने अहमद व उसके बेटे का कटा हुआ शीश ला दिया और ईनाम पाया।

मासूद ने उत्तराधिकारी 1040 से 1049 ई. तक राज्य करते रहे।

महमूद गजनी और उसके दस वंशजों ने पंजाब पर लगभग 192 वर्षों तक राज्य किया, लेकिन उनकी स्थिति कभी दृढ़ नहीं हुई, उनमें परस्पर झगड़े बने रहे और हिंदू राजा विशेषकर दिल्ली के तँवर राजा, वहाँ के राज्य पर छिटपुट हमले करते रहे। उधर अमीरों ने हिंदुओं से सहायता तो ली लेकिन उन पर विश्वास नहीं करते थे। हिंदुओं की फूट और दुर्बलता के कारण ही महमूद गजनी के दो वंशजों ने भारत पर हमला किया था। एक बार मासूद तृतीय ने 1111 ई. ने गंगापार के प्रदेश पर हमला किया था, दूसरी बार बहराम ने नागौर नामक नगर छीन लिया था। केवल जयपाल के घराने ने 40 वर्षों तक संघर्ष किया। 300 वर्षों तक सिंध पर अरबों का राज्य रहा, 192 वर्षों तक महमूद गजनी के वंशों का पंजाब पर राज्य रहा

लेकिन स्यालकोट, हाँसी, अनहिलवाड़ा, थानेश्वर, काँगड़ा, उत्तर भारत, राजस्थान, गुजरात और काठियावाड़ पर लूट-मार करते रहे।

मुहम्मद गौरी के आक्रमण और दिल्ली विजय

12वीं सदी के अंत में उत्तर भारत में पृथ्वीराज चौहान बड़ा शक्तिशाली नरेश हुआ, लेकिन जितना बहादुर था उतना ही पड़ोसी राजाओं में अलोकप्रिय भी था। दिल्ली उसके सूबे की राजधानी थी। कन्नौज के राजा जयचंद, मालवा के राजाओं से वैमनस्य, गुजरात के राजा से लड़ाई, अतः हिंदू राजाओं में आपस में मेल न होने व अन्य कारणों से 12वीं सदी के अंत में मुसलमानों ने गौरी परिवार के मुहम्मद गौरी के आधे भारत पर आक्रमण किए और भारत अगले 500 वर्षों तक पराधीन रहा अपनी रक्षा नहीं कर सका।

प्रथम आक्रमण : 1175 ई. में मुहम्मद गौरी ने मुल्तान के शासक पर किया, ये इस्लामिक संप्रदाय से थे जिन्हें मुसलमान धर्म-विरोधी मानते थे। मुहम्मद गौरी ने मुल्तान पर अधिकार कर अपना कट्टर मुसलमान गवर्नर नियुक्त कर दिया तथा आगे बढ़कर उद्द के दुर्ग पर हमला किया जहाँ हिंदू राजा शासन करता था। गौरी ने राजा के परिवार में फूट डालकर दुर्ग पर कब्जा कर लिया।

दूसरे हमले में मुहम्मद गौरी मुल्तान मार्ग से तथा मरुभूमि से होकर अनहिलवाड़ा या पाटन पर हमला किया। यहाँ बाघेला राजाओं की सत्ता थी। युद्ध में मुहम्मद गौरी जैसे-तैसे जान बचाकर वापस गजनी पहुँचा।

1181 ई. में तीसरा हमला किया, यह हमला पेशावर पर किया। यहाँ सुबुक्तगीन के अंतिम वंशज खुसरो मलिक का शासन था। लाहौर और सियालकोट के दुर्गों पर हमला किया लेकिन सफलता नहीं मिली।

1181 ई. में पंजाब में विचित्र परिवर्तन हुआ। पंजाब के खोखर जम्मू के आधीन थे, उनकी शक्ति देख खुसरो मलिक ने उन्हें अपने साथ मिला लिया। जम्मू के राजा चक्रदेव को इन्होंने कर देना बंद कर दिया, चक्रदेव ने खुसरो मलिक व खोखरों के विरुद्ध मुहम्मद गौरी को हमला करने के लिए उत्साहित किया। मुहम्मद गौरी के वापस लौट जाने पर खुसरो ने सियालकोट को घेर लिया लेकिन चक्रदेव ने उसे खदेड़ दिया।

1186 ई. में मुहम्मद गौरी ने पाँचवाँ हमला किया, उस समय चक्रदेव का देहांत हो चुका था। उसके पुत्र विजयदेव ने खुसरो को पकड़वाने में मुहम्मद गौरी की मदद की, मुहम्मद गौरी खुसरो को गजनी ले गया, वहाँ उसे मार दिया।

1190-91 ई. में मुहम्मद गौरी ने भारत पर छठाँ हमला किया, भटिंडा के दुर्ग पर कब्जा करके तरावड़ी तक पहुँच गया, यहाँ पर पृथ्वीराज के साथ युद्ध में वह हार गया और रणभूमि से आहत होकर भाग गया।

1192 ई. में बड़ी सेना लेकर पराजय का बदला लेने के लिए तरावड़ी में आया। युद्ध नीति को बदलकर गौरी ने युद्ध किया, दोपहर तक हिंदू सेना जीत रही थी तभी नई टुकड़ी को मुहम्मद गौरी ने लड़ने भेजा जिसके कारण पृथ्वीराज की सेना घबरा गई, क्योंकि वह पुरानी नीति से युद्ध लड़ रही थी, पृथ्वीराज व उसकी सेना भागने लगी, सरस्वती नदी के किनारे पृथ्वीराज को पकड़कर मार दिया। कुछ लेखक ऐसा मानते हैं कि पृथ्वीराज को अंधा करके गजनी ले जाया गया, वहाँ जब उसने गौरी को तीर से मारा तो उसका भी वध कर दिया गया।

तरावड़ी की विजय के बाद मुहम्मद गौरी भारत का शासक बन गया, मुहम्मद गौरी ने अपने एक दास कुतुबद्दीन ऐबक को अपना सेनापति बना दिया, इसके बाद, दिल्ली, अजमेर, हाँसी पर हमले किए। हाँसी में जाटों ने जटमान के नेतृत्व में हाँसी को पुनः जीत लिया। मुसलमानों ने अमजेर को लूट वहाँ के प्रसिद्ध विद्यालय को तोड़कर मस्जिद का रूप दे दिया, 1194 ई. में मुहम्मद गौरी ने कन्नौज, बनारस, उसनी और कोयल पर आक्रमण किया। हरिराज ने पुनः अजमेर और दिल्ली को जीत लिया, लेकिन वापस आकर मुहम्मद गौरी ने पुनः उन्हें जीत लिया। हरिराज ने आत्महत्या कर ली। इसके बाद चौहान साम्राज्य समाप्त हो गया। अब ऐबक और मुहम्मद गौरी का डटकर सामना करने वाले शासक नहीं रहे।

पृथ्वीराज के बाद कोई हिंदू भारतवर्ष का सम्राट नहीं हुआ। 100 वर्षों तक साथम्मौट पर चौहानों का राज्य अवश्य रहा जिसे अलाउद्दीन खिलजी ने इसे समाप्त कर दिया।

इखितयारूद्दीन मुहम्मदबिन बख्तियार खिलजी के नेतृत्व में पूर्व के प्रदेशों में, जिसमें बिहार के मुख्य भाग विशेषकर नालंदा विश्वविद्यालय, विक्रमशिला विश्वविद्यालय को जलाकर राख कर दिया, बंगाल के नवदीप के विद्यालय को भी तोड़ा, कालिंजर में मुहम्मद गौरी ने चालीस हजार स्त्री और बच्चों को दास बना लिया, मंदिरों का विनाश किया, महोबा पर आक्रमण कर उसे जीत लिया।

1205 ई. में तुर्कमानों ने मुहम्मद गौरी को हरा दिया, इससे उसकी सैनिक प्रतिष्ठा भंग हो गई, खोखरों ने भी लाहौर पर हमले किए, मुहम्मद गौरी उनको दबाने के लिए वहाँ पहुँचा, एक विचार यह भी है कि खोखरों ने 15 मार्च, 1205 ई. को मुहम्मद गौरी को मार दिया व उसका शव गजनी ले जाकर दफनाया गया।

मुस्लिम आक्रमण व शासन

उत्तर भारत में जिस समय हर्ष अपने साम्राज्य को मजबूत करने में लगा था उसी काल में अरब के मक्का में मुहम्मद का जन्म हुआ जो इस्लाम का पैगंबर माना जाता है। मक्का अरब कुटुंबों का केंद्र था, धीरे-धीरे मुहम्मद के अनेक अनुयायी

बन गए। उन्होंने एक ईश्वर, प्रार्थना और संयमी जीवन व्यतीत करने के उपदेश दिए। पहले के अनेक समाज-सुधारकों के समान उन्हें भी प्रारंभ में कोई सम्मान नहीं मिला और 622 ई. में उन्हें मक्का छोड़कर यथरीव (मदीना) जाना पड़ा। यहाँ उन्हें 9 वर्षों तक रहना पड़ा, यहाँ अनेक लोग उनके अनुयायी हो गए, यहाँ उन्होंने इस्लाम का राज्य कैसा हो व अन्य बातें कहीं, जिन्हें बाद में कुरान के नाम से पुकारा गया, मुहम्मद कोई पढ़ा-लिखा नहीं था। 631 ई. में अपने अनुयायियों व यहूदियों, जो शक्तिशाली थे, मक्का पर हमला कर उस पर कब्जा कर लिया, अगले वर्ष उनका देहांत हो गया, उनका सपना अपने विचारों को उस समय के यूरोप, एशिया व अफ्रीका के देशों में फैलाने का था। जिसे बाद के खलीफाओं व शासकों ने बड़ी सीमा तक पूरा किया।

मुहम्मद ने न केवल एक धर्म को स्थापित किया, अपितु एक राष्ट्र को भी मजबूत किया, जिसे एक सैनिक बल के रूप में खलीफा उमर व अन्य खलीफाओं व शासकों ने प्रयोग में लिया।

636 ई. में यारमाक के युद्ध में हरकूलिस को हराकर सीरिया पर अरबों का कब्जा हो गया। अगले वर्ष परसिया पर, 639 ई. में मिस्र पर और 642 ई. में अलेग्जेंड्रिया पर। इसी तरह से पूरे भूमध्य सागर पर कब्जा कर अफ्रीका और पूर्व में हमले किए।

भीतरी समस्याएँ हुईं, अनेक प्रकार के मतभेद हो गए। उत्तर-अफ्रीका के लोग जो अधिक युद्धप्रिय थे, उन्होंने मुकाबला व विरोध किया। मुवश्या ने विजय हासिल कर खलीफत को दिमास्कश ले गया। 692 ई. में दूसरा बहाव आया, 710 ई. में स्पेन अरब के आधीन हो गया। 711 ई. और 714 ई. में इस्लाम तुर्की और मंगोलों को जीतने के बाद भारत के उत्तर भाग की ओर बढ़ा, 700 वर्षों के बाद तुर्कों ने ही बैजाइनटाइन साम्राज्य को समाप्त कर दिया। विजय की यह भूख संसार के पूर्व और पश्चिम के लिए बड़े मायने रखती थी, भारत के लिए वह इतनी बड़ी नहीं थी। अरब संख्या में कम थे लेकिन इस्लाम में परिवर्तित होने वाले कबीलों ने इस धर्म को पूर्व में फैलाया।

युद्धों और अनिश्चितताओं के बीच में साहित्य और वास्तुकला का विस्तार हुआ। हर राजपूत शासकों के कवि होते थे जो उनकी प्रशंसा में कविताएँ लिखते व गाते थे। विशाल देव ने अजमेर में एक स्कूल की स्थापना की और एक नाटक भी लिखा था। परमार मुंजा एक विद्वान था और ज्ञान का रक्षक था, भोज संस्कृति का बड़ा विद्वान, सैनिक, ज्ञानी, कवि, वास्तुकला का प्रेमी, हिसाब का ज्ञानी, कवि तथा विद्वानों का दोस्त था। राष्ट्र के अनेक भागों में ज्ञान के अनेक केंद्र थे। शंकराचार्य व राजपूत शासकों ने शुद्ध मत के कारण जो ब्राह्मण मत की हानि हुई थी उसे पुनः

जीवित किया। भक्ति आंदोलन ने व्यक्तिगत श्रद्धा को बढ़ाया, पृथ्वीराज चौहान की बड़ाई में चंद्रबरदाई ने काव्य लिखा, आला व ऊदल के युद्धों के विषय में महोबा में आल्हा लिखी गई जो आज भी गाई जाती है। महमूद ने मथुरा के मंदिरों की कलावस्तु को सराहा, लेकिन उन्हें तोड़ा भी, हिंदू धर्म स्थानों, मंदिरों की कला को देखा। मुसलमान शासकों का कट्टरपन उभरा और इन्हें तोड़ उन्होंने आने वाली पीढ़ियों को इस कला के खजानों से वंचित कर दिया। मथुरा, खजुराहो, भुवनेश्वर, इंदौर, माउंट आबू, कांची, तंजौर, अजंता, एलौरा, ऐलीफैंटा की कला के नमूने आज भी इस समय के भारतीय कला के प्रमाण हैं।

मुस्लिम आक्रमणकारियों ने न केवल मंदिरों को ही तोड़ा बल्कि राजमहलों को भी खंडहर में बदल दिया। उस समय के रिकार्ड केवल शासकों और अमीर लोगों के विषय में ही अधिक हैं, कुछ इतिहासकारों जैसे अलबरूनी, जो महमूद गजनी के साथ भारत आया था उसने उस समय के हिंदुस्तान के विषय में अवश्य लिखा है, लेकिन वह भी पूर्व दुराग्रह से भरा है या हिंदुस्तान की पूर्ण समझ न होने का परिणाम है। यह बात उचित भी है कि आम व्यक्ति का जीवन सुखी व सुरक्षित नहीं था, राजपूत शासकों के प्रभाव ने धन का संचय केवल राजाओं और सामंतों तक ही सीमित रखा। लड़कियों को मारने (कन्या भ्रूण हत्या) व सतीप्रथा आम रिवाज था, युद्ध के समय किसान की पीड़ा आम बात थी, युद्धों से जो जान-माल की हानि होती थी कृषि का विनाश व भूमि का उपजाऊपन खत्म होता था, शौर्य, क्षत्रिय धर्म और युद्ध के भीषण परिणाम होते रहे।

जब उत्तर भारत में युद्धों ने किसानों की स्थिति को बेहाल कर रखा था, बाढ़ और सूखे से उनकी बड़ी हानि होती रही जिससे गरीबी बढ़ी और जान-माल की हानि हुई। ऐसे समय में मुहम्मद गजनी ने पंजाब व सिंध को जीत, सरहिंद पर कब्जा किया था, 1191 ई. में पानीपत युद्ध में पृथ्वीराज चौहान ने मुहम्मद को न केवल हरा दिया जबकि उसे घायल भी किया, किसी तरह वह गौर पहुँच सका, लेकिन दूसरे ही वर्ष बड़ी सेना लेकर वह फिर युद्ध के लिए भारत आया, यह बात सच है कि पृथ्वीराज चौहान ने अपने पड़ोसी राजाओं को नाराज किया हुआ था जिससे उन्होंने पृथ्वीराज चौहान का खुलकर साथ नहीं दिया, जयचंद की मुहम्मद को भारत पर आकर हमला करने की बात को हमें अधिक तूल नहीं देना चाहिए, क्योंकि पृथ्वीराज चौहान की हार केवल इसी कारण नहीं हुई थी उसके अनेक और कारण भी थे। मुहम्मद की सेना में तुर्क सैनिक भी थे जो शूर नहीं थे, उसके भाई जिसने परसिया पर कब्जा किया था उसकी बड़ी सहायता की, तराई के युद्ध में लड़ाई हुई, पृथ्वीराज चौहान की भारी सेना चलने में अधिक तेज नहीं रही, दूसरी ओर मुहम्मद की सेना ने गुरिल्ला युद्ध कर पृथ्वीराज चौहान को हरा दिया, उसे

पकड़ लिया और सिरसा के समीप मार दिया, इस विषय में चंदबरदाई ने और कहानी लिखी है, एक वर्ष बाद जयचंद को भी मार दिया, दिल्ली व अजमेर में मंदिरों को तोड़कर कई नई इमारतें बनाई गईं, अजमेर के मंदिर और शिक्षा केंद्र को तोड़ वहाँ ढाई दिन का झोपड़ा बना दिया जो आज तक विध्वंस का चिह्न है। ऐसे ही दिल्ली में मंदिरों को तोड़ मस्जिद बना दी, जो महरौली में आज भी देखी जा सकती है। मुहम्मद अपने दास कुतुबुद्दीन को अन्य भागों में जीतने के लिए छोड़ अपने भाई की मदद के लिए चला गया, कुतुबुद्दीन ने मेरठ, कोल (अलीगढ़) और दिल्ली को जीत लिया। 1194 ई. में मुहम्मद पुनः भारत आया, जयचंद को हरा व मारकर मंदिरों को तोड़ कन्नौज, असनी तथा बनारस लूट फिर गौर चला गया। राठौरों ने जोधपुर राज्य की स्थापना कर वहाँ रहने लगे। कुतुबुद्दीन अब मुहम्मद का दास होकर दिल्ली से राज्य करने लगा।

राजपूतों के अजमेर को पुनः हासिल करने के प्रयास विफल रहे। गुजरात के राजा भीमा सोलंकी को मार दिया, बदायूँ के कब्जे से दोआब पर अधिकार कर लिया, ग्वालियर और चंदेलों को भी हरा दिया, दूसरे सेनापति मुहम्मद बिन बख्तियार ने 1197 ई. में बिहार पर हमला कर वहाँ के मंदिरों, पुस्तकालयों (उदंतपुरी, नालंदा) तथा बौद्ध मठों को ध्वस्त कर दिया। वहाँ आग भी लगा दी। यहाँ का धन लूटकर वह कुतुबुद्दीन के पास दिल्ली देने आया, उसने उसे बिहार का गवर्नर बनाकर आगे भी ऐसा करने को कहा, इस पर बख्तियार ने 1202 ई. में बंगाल पर हमला कर दिया, यहाँ पर राजा लक्ष्मण सेन राजधानी छोड़ भाग गया, लखनौटी (नादिया) पर कब्जा कर बंगाल, बिहार को अपने अधीन कर लिया, वह आसाम और तिब्बत पर भी हमला करना चाहता था जो हो न सका।

1202 ई. में कुतुबुद्दीन ने कालिंजर के किले को जीता, और महोबा को भी राजा प्रमार्दी ने गौरी के विरुद्ध लड़ाई लड़ी थी उसका बदला उसे अब चुकाना पड़ा।

मुहम्मद गौरी की मृत्यु

उसके भाई गाजीउद्दीन की मृत्यु होने पर गौरी किवा के शाहों से युद्ध करने लगे। ये लोग तुर्क थे जो सुल्तान संजर को 1159 ई. में हराकर बगदाद के खलीफा की रक्षा भी कर रहे थे। 1203 ई. में मुहम्मद की हार हुई, पंजाब में भी विद्रोह हुआ, गजनी में कानून की व्यवस्था को उसने स्थिर किया, लेकिन गजनी में ताजुद्दीन यलडीज ने उसके लिए दरवाजे बंद कर दिए, खोखरों से भी उसने युद्ध किया, जिसे हराकर कुछ समय के लिए इस्लाम में प्रवेश कराया। गजनी वापस आते हुए खजारी जयशाह से पुनः युद्ध हुआ, सिंधु नदी के एक शिविर में मुल्तान के इस्माइलियों ने उसका वध कर दिया। उसका कोई पुत्र नहीं था, अतः उसने एक

समय के दास ताजुउद्दीन ने राज्य को कब्जा कर लिया, मुहम्मद को ओकसस की भूमि और भारत को एक करने का सपना पूरा न हो सका।

दिल्ली सल्तनत

दिल्ली की सल्तनत को सुविधा के लिए मुगल शासन से भिन्न मानते हैं लेकिन ये दोनों ही मुसलमान वंश थे। दोनों ने भारत के विशाल क्षेत्रों पर शासन किया, लेकिन दोनों में कुछ भिन्नताएँ अवश्य थीं। मुगलों के समान दिल्ली के सुल्तानों में अनेक वंश थे जिनमें परिवार व वंश का संबंध नहीं था। सल्तनत का पहला शासक कुतुबुद्दीन ऐबक एक तुर्की दास था। इसके बाद खिलजी तुर्क से आए जो अफगानिस्तान में बसे थे इसलिए वे अफगान अधिक और तुर्क कम थे।

तीसरे तुर्क, करुणा तुर्क, जो तुगलक कहलाए। इनके बाद सैय्यद आए जो अपने को अरबों के वंशज मानते थे, इसी बीच में अफगान लोधी वंश आया। पहले और दूसरे वंशों ने विजय का युग देखा, तीसरे, चौथे और पाँचवें वंशों ने पतन को देखा।

सल्तनत काल के मुसलमान शासकों ने आपस में विवाह संबंध बनाए। कुछ सीमा तक भारतीय लोगों से भी मिले लेकिन सामंतशाही की शक्ति, धन और अपने भाईचारे को भी बनाए रखा, कभी भी यहाँ के निवासियों से मैत्रीपूर्ण व्यवहार नहीं रखा, हिंदू के चारों ओर सेना का ही घेरा बनाए रखा। हिंदुस्तान के बाहर से आए हुए लोगों को ही अपनी सेना में प्रशिक्षण दिया, मंगोलों के हमलों के कारण बाहरी सैनिक आना कम हो गए, अतः दिल्ली की शक्ति कम हो गई और सत्ता भीतर या बाहर की शक्तियों के लिए आसान हो गई।

यह सत्य ही कहा गया है कि उसके साम्राज्य का खंडहर भारत के अधिकतर भाग में देखा जाता है, जिसके अनेक मुस्लिम राज्य बने। ये सभी राज्य दिल्ली सल्तनत के समान मुस्लिम अंतरंग सामंतों से चलते थे, लेकिन रोजमर्रा का कार्य कुछ वफादार हिंदुओं को भी दिया गया था। सल्तनत काल में चाहे शासक कमजोर हो या होशियार, शासन उसे जागीर में दिया जाता था, लेकिन पश्चिम के सामंतवाद के समान यह वंशानुगत नहीं था, जब यह वंशानुगत बन गया तो सल्तनत टुकड़े-टुकड़े हो गई।

दास वंश

मुहम्मद गौरी की मृत्यु के बाद 1206 ई. में अमीरों ने कुतुबुद्दीन ऐबक को सुलतान बना दिया जो दास वंश का पहला शासक हुआ। यह भारत के लिए पहला और अलग सुलतान हुआ जिसका भारत के बाहर कोई अधिकार नहीं था। हिंदूकुश

के आगे दासों को सेनापति या अधिकारी बनाना एक सामान्य प्रथा थी। ये दास वफादार और बेदाग होने चाहिए थे। ये राजा के वफादार नौकर थे, उनके गुणों के आधार पर उन्हें स्वतंत्र कर दिया जाता था, कभी-कभी राजा अपनी बेटी का विवाह उनसे कर देता था।

इस्लाम में समानता का गुण व्यक्ति की हैसियत पर निर्भर होता था, युद्ध में पकड़े हुए दास, प्रशिक्षण के बाद बाजार में बेचे जाते थे, कभी-कभी ये अच्छे और काम के भी होते थे। ऐबक ऐसा ही एक दास था। ये राजतंत्र इसीलिए कायम रहे क्योंकि उन्हें सफल उत्तराधिकारी मिलते गए।

निशापुर (खुरासान) के एक काजी ने ऐबक को पाला था, उसे काजी की मृत्यु के बाद बाजार में बेच दिया जिसे मुहम्मद गौरी ने खरीद लिया, यहाँ उसने जल्दी-जल्दी उन्नति कर भारत की भूमियों का गवर्नर बना दिया। ताज-उद-दीन चीलदीज की बेटी से उसने विवाह किया, लेकिन जब चीलदीज ने पंजाब पर अपना पैर जमाया तो ऐबक नाराज हो गया। वह गजनी के लोगों से नफरत करता था, उसने गजनी जाकर ताजूदीप को गद्दी से हटा दिया, लेकिन वहाँ के अमीर व्यसन में मस्त हो गए जिन्हें ऐबक ने बाहर भगा दिया। भारत में उसने हजारों लोगों को दास बनाया व लाखों का कत्ल किया। उसने अपने 4 वर्ष के शासनकाल में दिल्ली में एक मस्जिद बनाई, कहते हैं कि कुतुबमीनार भी बनवाई, लेकिन इतिहासकारों में इस विषय में मतभेद है। शायद पहले बनी हुई एक मंजिल को उसने ऊपर की मंजिलों में बढ़ाया, क्योंकि साथ के अनेक मंदिरों को तोड़कर यह सब किया, पहली मंजिल, राजपूत रानियों को सूर्य व यमुना नदी को देखकर जल देने के लिए थी। उस समय यमुना महरौली के नजदीक से (हौजखास) होते हुए बहती थी, वह अपने शासन को समृद्ध नहीं कर सका और पोलो खेलते हुए घोड़े से गिरकर मर गया।

इल्तुतमश

आरामशाह को अमीरों ने गद्दी पर बैठाया, वह कुशल शासक नहीं था, उसका विरोध कुछ शक्तिशाली अमीर भी कर रहे थे, राजपूत सरदार भी इस अवसर का लाभ उठा रहे थे। नासीरुद्दीन कबाचा कुतुबद्दीन का दामाद सुलतान और सिंध पर कब्जा किए हुए था, ताजुद्दीन चीलदीज पंजाब पर अपना हक जमा रहा था, जब खवार जिनसे उसे 1214 ई. में गजनी से खदेड़ा तो उसने लाहौर पर कब्जा कर लिया। समय को ऐसे व्यक्ति की खोज थी जो शासन को समृद्ध कर सके, अतः वह इल्तुतमश का तुर्की दास था और उन्नति करते हुए बदायूँ का गवर्नर बन गया था। बदायूँ सुलतानों की सेना का बड़ा केंद्र था और दिल्ली के पास भी था। 1216 ई. में उसे अमीरों ने बदायूँ से दिल्ली बुलाकर शासन की बागडोर दे दी। गद्दी पर सफल

होना कोई आसान काम नहीं था, जो अमीर इसका विरोध कर रहे थे उनसे निपटना कोई आसान काम नहीं था। उनसे निपटकर ताजुद्दीन और कबाचा से 1217 ई. में लाहौर को अपने कब्जे में किया।

मंगोल

इसी समय एक नया खतरा भी उभरा, मंगोल चंगेज खाँ के नेतृत्व में एक नए राष्ट्र का निर्माण करना चाहते थे, इसके लिए उन्होंने सारे विश्व को विचलित कर दिया था। लेकिन चंगेज खाँ भारत को विजय नहीं करना चाहता था, वह चाहता तो उसके रास्ते साफ थे, इल्तुतमश इसे रोक नहीं सकता था। मंगोल वह जाति थी जिसने चू-ची और अन्य के समय से भारत को खतरे में रखा था, इस जाति की भाषा तुर्की थी। उन्होंने गजनी और तनानसक सोनिया को जीतकर अपना साम्राज्य बनाया था। वे तुर्कों से अधिक कठोर और बिना किसी दयाभाव, सत्य और सम्मान में विश्वास रखते थे। वे मानवता के दुश्मन थे, अरबों ने अपने धर्म को बढ़ाने में लोगों का धर्म परिवर्तन अवश्य किया, लेकिन उसमें बल कम और प्रलोभन अधिक था। केवल जेरूसल में उन्होंने सेलजुक को अवश्य बल प्रयोग करके बदला लिया। 13 वर्ष की आयु में तैमूजिन, बाद में चंगेज खाँ कहलाया तो आमूर और चीन की दीवार के बीच के सभी मंगोल राज्यों को संगठित कर आगे बढ़ा, इस समय मुहम्मद गौरी अपनी विजय यात्रा प्रारंभ किए हुए था। चंगेज खाँ ने चीन पर हमला 1206 ई. किया और उसके पोते काबुली खाँ ने उसे पूरा किया। बगदाद में अब्बासी खलीफा का शासन था, मंगोल ने खारजिम शाह को खदेड़ा जो भारत में आ गया, इल्तुतमश ने उसे लाहौर से भगा दिया, 1221 ई. में सिंध में मंगोलों से उसका युद्ध हुआ। सर्दी की ऋतु समाप्त होने पर मंगोल पुनः अपने क्षेत्र में चले गए। 1227 ई. में चंगेज खाँ की मृत्यु हो गई। उसके उत्तराधिकारी चीन और रूस में हमले करने के अधिक इच्छुक रहे न कि भारत पर। इसलिए दिल्ली की राजधानी का विकास करने का समय मिल गया। 1225 ई. में गयासुद्दीन खिलजी ने एक स्वतंत्र शासक के रूप में अपने को घोषित कर दिया व सिक्के भी बनवाए। अगले वर्ष राजपूतों का मजबूत किला रणथंभौर भी जीत लिया। अब सिंध के कबाचा की बारी थी, उसका किला जीत लिया लेकिन बचने के लिए वह भागा और सिंध नदी में डूबकर मर गया। यह इल्तुतमश के काल का अंतिम कार्य था। 1229 ई. में अब्बासी खलीफा ने उसे हिंदुस्तान का शासक घोषित करने का एक पटका भेजा।

इसके सम्मान में इल्तुतमश ने एक सिक्का बनवाया, यद्यपि खलीफा का उसके शासक बने रहने में कोई हाथ नहीं था, जो भी स्थिति थी वह मंगोल की वजह से थी। अब वह एक शक्तिशाली शासक था, उसने बंगाल के विद्रोह को दबाया,

ग्वालियर के मंगलदेव के विरोध-विद्रोह को उसकी सेना का कत्ल कर 1232 ई. में कब्जा किया, 1234 ई. में मालवा के राजपूतों को हराकर उज्जैन पर कब्जा किया, उज्जैन के मंदिर जो न केवल धर्म का केंद्र था बल्कि कला का भी नमूना था, उसे तोड़ा। 1235 ई. में उसकी मृत्यु हो गई, वह दास वंश की स्थापना का वास्तविक शासक था। बदायूँ में शमसी तालाब का निर्माण 1230 ई. में उसके बेटे रुकनुद्दीन फिरोज ने कराया, उसने चालीस सरदारों की एक समिति बनाई जो शासन को चलाती थी, उसको भी इन्हीं सरदारों ने बनाया था, हेलागू को हराकर मंगोलों के हमलों को भारत में होने से रोका।

रजिया-उद-दीन

इल्तुतमश ने अपनी बेटी रजिया को अपना उत्तराधिकारी घोषित कर दिया, वह अपने भाइयों में अधिक योग्य थी और जब कभी इल्तुतमश दिल्ली से बाहर होता तो वह ही शासन सँभालती थी लेकिन उसकी सौतेली माँ, भाई व चालीस सरदार इससे नाखुश थे, स्त्री होना उसके लिए बाधा थी। रजिया में भी शासक के सारे गुण थे, लेकिन वह स्त्री थी जिसे चालीस सरदार पसंद नहीं करते थे, वह गद्दी पर बिना पर्दा सभी से मिलती थी, युद्ध की वेशभूषा पहनती थी, एक हब्सी, घुड़साल का सरदार याकूत उसे घोड़े पर चढ़ाता था, सरदार उससे चिढ़ते थे। रजिया उसे बहुत चाहती थी, सरदारों ने व कुछ सूबेदारों ने विद्रोह कर दिया, रजिया इसको दबाने के लिए लाहौर भी जाना चाहती थी। लेकिन एक अविवाहित महिला के लिए उस समय यह संभव नहीं था। इस्मायलियों के विद्रोह ने शासन को हिला दिया था। 11वीं शताब्दी के हसन-ए-सब्बा से ये लोग जुड़े थे जो मारने में माहिर था। यह शिया मत अब खुलकर सामने आ गया, इन्होंने पहले भी इल्तुतमश को मारने का प्रयास किया था, अब वे सुन्नी मत को उखाड़ने के लिए प्रयासरत थे। दिल्ली में भी विद्रोह हुआ, यहाँ के इस्मायलियों को दबा दिया गया। चालीस सरदार ही वास्तव में शासक थे। याकूत को मार दिया, रजिया को अल्तूनिया ने कैद कर लिया, रजिया ने अल्तूनिया से विवाह कर लिया, अब दोनों दिल्ली की ओर आ रहे थे, अल्तूनिया शासक बनना चाहता था, चालीस सरदारों ने रजिया के भाई बहराम शाह को शासक घोषित कर दिया, युद्ध हुआ और तरावड़ी (करनाल) के पास रजिया और अल्तूनिया को मार दिया गया। अभी भी चालीस सरदार शासन चला रहे थे, रजिया के महिला होने के कारण उसे शासन करने का मौका नहीं मिल पाया।

बहराम शाह

इस शासक ने चालीस सरदारों के विरुद्ध अपने को मजबूत होने के प्रयास

किए। अनेक लोगों का वध हुआ। फाँसी दी गई व जेल में भी डाले गए। मंगोलों ने पंजाब में आकर कत्लेआम किया व लाहौर पर कब्जा कर लिया।

सुलतान ने अवश्य ही इस विद्रोह को दबाने के लिए तैयारी की, जो पूरी नहीं थी। सेना खुश नहीं थी, आपस में मेल जोल नहीं था अतः कुछ अनुयायियों के साथ सुलतान को किले में बंद कर दिया, जहाँ 2 वर्ष के बाद मई 1242 ई. में उसकी मौत हो गई। चालीस सरदारों ने उसके दूसरे भाई अलाउद्दीन मसूदशाह को शासक घोषित कर दिया। बंगाल के गवर्नर तुगरिल ने विद्रोह कर दिया जिसे बिना किसी युद्ध के समाप्त कर दिया, वहीं दूसरी ओर बिहार के हिंदू सामंतों ने भी विद्रोह कर दिया, पंजाब में पुनः मंगोलों का आगमन हुआ। चारों ओर भय का वातावरण था, मौत और फाँसी होती थी, शराब और व्यसन का जोर था, सत्ता में बैठे लोग अपना लाभ करने में लगे थे, लेकिन शासक से अपना उत्तरदायित्व निभाने की उम्मीद भी करते थे, अतः 1246 ई. में मसूद का भी अंत वैसे ही हुआ जैसा उसके पहले शासक का हुआ था।

नासिर-उ-दीन

यह इल्तुतमश का पुत्र और मसूद का चाचा था, अब इसे चालीस सरदारों ने गद्दी पर बैठा दिया, जिसने 20 वर्षों तक राज्य किया। उस समय के लेखक यह दर्शाते हैं कि उसका अधिकतर समय धर्म के विषय और कुरान की कॉपी बनाने में ही लगा रहता था। शायद वह ऐसा नहीं करता तो ऐसे समय में अधिक दिनों तक नहीं बचता। गयासुद्दीन बलबन उसका एक दास था जो बिना ताज पहले ही शासन को चलाता था, बलबन एक तुर्की था जिसे मंगोलों ने बचपन में पकड़ लिया था। उस समय मंगोलों और तुर्कों के विभिन्न गुटों में जंग चलता रहता था, अतः जब परिवारों में कोई नहीं बचता था तो उनके बच्चों को पकड़कर समरकंद, बुखारा या बगदाद के बाजारों में बेच दिया जाता था। ये बच्चे कोई साधारण परिवारों से नहीं वरन् खान व शहजादे होते थे। बलबन भी खान था, उसे मंगोलों ने पकड़कर बगदाद में बेच दिया था। पहले उसने एक मिस्त्री का कार्य किया, धीरे-धीरे अपने कार्य की अच्छाई के कारण चालीस सरदारों में गिना जाने लगा और इल्तुतमश की एक बेटी से उसका विवाह हो गया। अब वह उत्तर में मंगोलों के हमले रोकने के लिए तैनात कर दिया गया।

1245 ई. में इलखान मेगू के नेतृत्व में उसने पंजाब और सिंध में मंगोलों को हराया, अब उसे उलग खान की उपाधि मिल गई, उसने बीस वर्षों तक नासिर-उ-दीन की सेवा की। उसका बहुत कुछ करने को था, सभी जगह लोग विद्रोह कर रहे थे। दोआब के क्षेत्र में हिंदू सामंतों ने मुसलमान गवर्नरों को भगा दिया था। अलवर

के मेव भी दिल्ली पर हमला करते थे। पंजाब में मंगोल और खोखर अशांति फैलाते थे, जब कभी शासक कमजोर होता तो ये ताकतें सर उठाती थीं। 1249 ई. में बलबन का विवाह इल्तुतमश की बेटी से हुआ। अब वह इल्तुतमश के परिवार का अंग बन गया।

उसने कच्छवा राजपूत को हराकर ग्वालियर व चंदेरी का किला ले लिया, मालवा पर चढ़ाई की, इसी बीच इमाद-उद्दीन नाम का एक सरदार जो जन्म से हिंदू था लेकिन चालीस सरदारों में से था, जो बलबन का विरोधी हो गया। नासिर-उ-दीन ने बलबन को 1253 ई. में हटा दिया, वह हॉसी की अपनी रियासत में चला गया। कुछ समय बाद अन्य सरदार रिहान के विरुद्ध हो गए, बलबन ने उसका साथ दिया, सुलतान ने अपने निर्णय को बदल बलबन को वापस बुलाकर रिहान को बदायूँ के गवर्नर से हटा दिया, 1254 ई. में उसे फाँसी दे दी गई।

बलबन

बलबन को पुनः उसके पुराने पद पर आसीन कर दिया, इस समय मेव दिल्ली के दरवाजों तक आकर हमला करते थे। दोआब में हिंदू तथा पंजाब में मंगोल हमला करते रहे, कुतलुग खान ने सुलतान की माँ से विवाह कर लिया। वह अवध का शासक था, बलबल का विरोधी था। मुलतान के गवर्नर व मंगोलों ने दिल्ली पर हमला कर दिया, इलखान हलागू ने यह वादा किया कि अब भारत में और अधिक मंगोलों के हमले नहीं होंगे। दोआब और मेवात में बलबन ने हजारों विद्रोहियों को मार दिया, आस-पास के जंगलों को काट दिया जहाँ वे छुपते थे। सुलतान की 1260 ई. में मृत्यु हो गई।

1266 ई. में बलबन ने दिल्ली की गद्दी को सँभाला, शासन को केंद्रित कर दिया, हर कार्य उसकी जानकारी से होने लगे, बिना उसकी आज्ञा के किसी को भी जमीन का पट्टा नहीं दिया जाता था। मेवो, दोआब के हिंदू शासक, सिरमौर के राजा, अवध के सरदार को दबाकर पंजाब से मंगोलों का खात्मा किया, 1270 ई. में पुनः लाहौर को बनवाया। बलबन ने राजस्थान के राजपूतों को नहीं छोड़ा। उसने अपने बेटे मुहम्मद खान व बुगरा खान को पंजाब में मंगोलों के विरुद्ध भेजा, जहाँ छोटे बेटे ने ऐशपरस्ती दिखाई वहीं बड़े बेटे ने ईमानदारी से कार्य किया। अमीर खुसरो मुहम्मद खान का एक वफादार कवि, साहित्यकार व सलाहकार था। मुहम्मद खान को 1285 ई. में मंगोलों ने एक हमले में मार दिया, सुलतान इससे बड़ा दुःखी रहा, लेकिन सभा में इसे कभी जाहिर नहीं होने देता था, उसने मुहम्मद खान के बेटे कै-खुसरु को अपना उत्तरदायी बना दिया, इसके एक वर्ष बाद सुलतान की मृत्यु हो गई। बलबन ने अपने काल में साम्राज्य को समृद्ध किया और अव्यवस्था

को ठीक किया। मंगोलों का साम्राज्य चीन, रूस और यूरोप तक फैला था, उसे बड़ी सावधानी से रोका। बलबन दक्षिण भारत नहीं जा सका, वह सदैव उत्तर में ही व्यस्त रहा। अपने उत्तराधिकारी अल्लाउद्दीन के लिए उसने शासन का एक स्थायी धरातल बनाकर छोड़ा। वह एक अच्छे खानदान से था, शासक की गरिमा को स्थापित किया, चाहे लोग उस काल को दासों का शासन कहें लेकिन उसे अपने खानदान पर गर्व था, उसने न्याय को बिना पक्षपात के किया, चाहे हिंदू हो या मेव उसने सभी को कठोर दंड दिया। उसके न्याय में कई ऐसे उदाहरण हैं जहाँ गवर्नरों को भी साधारण व्यक्तियों जैसा दंड दिया गया।

हिंदू व्यापार व खेती करते थे, न्याय के विषय में हिंदू धर्मग्रंथों का ही सहारा लिया जाता था, सरकारी भाषा अरबी और परसियन थी, मुसलमान हिंदू से विवाह करते थे। मुहम्मद खान का पुत्र कै-खुसरु भी मर गया, बुगरा खान ने बंगाल में रहना पसंद किया, बुगरा खान के बेटे कैकूबाद को 1287 ई. में दिल्ली की गद्दी दे दी गई, बलबन ने उसकी शिक्षा बड़ी सावधानी से कराई थी, लेकिन सब विफल हो गया, कै-खुसरु उस समय पंजाब में मंगोलों के विद्रोह को दबाने गया हुआ था, उसे दिल्ली बुला लिया और उसका वध कर दिया, दिल्ली का शासन वास्तव में मंत्री चलाते थे, क्योंकि सुलतान कैकूबाद आराम के कारण लकवे का शिकार हो गया था, जलालुद्दीन फिरोज सेना का सेनापति था, उसने कैकूबाद के बेटे को उठाकर अपने कब्जे में कर लिया, 1290 ई. में सुलतान की मृत्यु हो गई, अब खिलजी महल में घुसकर शासक बन गए, जनता उन्हें पसंद नहीं करती थी, लेकिन कोई विरोध भी नहीं हुआ, लोग उन्हें पठान कहते थे, लेकिन वे तुर्क कबीलों से संबंध रखते थे। इस तरह दास वंश का अंत हो गया, लेकिन उत्तर भारत के लिए इस वंश में इल्तुतमश एक विजेता और बलबन एक व्यवस्थापक प्रदान किए, इस समय भारत भौगोलिक रूप से संगठित नहीं था।

ज़ज़िया

इस्लाम को फैलाने में ज़ज़िया का महत्त्वपूर्ण स्थान रहा है। ज़ज़िया के विषय में अनेक व्याख्याएँ की गई हैं।[14] "फिक" (इस्लामिक कानून) पुस्तकों में ज़ज़िया को धर्म युद्ध (ज़िहाद) के संदर्भ में लिया गया है। वहाँ इस बात का उल्लेख है कि जो लोग इस्लाम में विश्वास नहीं करते उनके साथ कैसे व्यवहार किया जाए। "फिक" में इस बात का भी उल्लेख है कि "पैंगन" लोगों का एक ही उपाय है कि या तो वे इस्लाम को मानें या मौत को स्वीकार कर लें, अपनी व परिवार की रक्षा करने के लिए उन्हें ज़ज़िया देना होगा, जो एक प्रकार का कर था, उसका उल्लेख भी कुरान, 9.29 में उल्लिखित है। मदीना में नए राज्य के संविधान और यहूदियों के

साथ हुए समझौते में भी इस बात का उल्लेख है कि यहूदियों से ज़ज़िया नहीं लिया जाएगा, जो बाद में पालन में नहीं आया।

ज़ज़िया गैर-मुसलमानों पर एक कर के रूप में लगाया गया, जो एक खुदा, कयामत की रात, हलाल और हराम में अंतर नहीं करते, और इस्लाम को नहीं मानते–

1) यह एक धर्म युद्ध (जिहाद) का हिस्सा है न कि कोई आर्थिक कर, जैसा कि साधारणतः समझा जाता है;
2) ज़ज़िया के देने के विषय में ग्रंथों और अन्य गैर-मुसलमानों का एक जैसा स्थान है;
3) यह इस्लाम को अन्य समूहों से ऊपर बनाता है और मानता है;
4) यह व्यक्ति (ज़ज़िया) की मृत्यु, जबरन धर्म-परिवर्तन, दास बनाना और लूटपाट न हो उसके बदले में ही था, अतः यह उसके बदले एक प्रकार का कर था;
5) यह गैर-मुसलमानों के लिए एक प्रकार का अत्याचार, इस्लाम के प्रति समर्पण था न कि ज़ज़िया की धनराशि;
6) ज़ज़िया के देने वालों के प्रति इस्लाम की कोई मानवीय उत्तरदायित्व नहीं था केवल उन्हें अपने राज्य से निकाला नहीं जाता था;
7) यह गैर-मुसलमानों को बाध्य था, उत्साहित करने के एक लंबे समय की नीति थी ताकि गैर-मुसलमान इस्लाम को स्वीकार कर लें;
8) दूसरी ओर यह सत्ता के मोह, धन की इच्छा को भी बढ़ावा देने की नीति थी;
9) ज़ज़िया के नियम के अनुसार जीवन और संपत्ति मुस्लिम शासन की दया व नियमों पर ही रह सकती थी; ज़ज़िया को प्राप्त करने में गैर-मुसलमानों को अनेक प्रकार की प्रताड़ना और अमानवीय व्यवहार का सामना करना पड़ता था।[15]

कई ईसाई धर्म के मानने वाले ज़ज़िया देने से मुक्त थे। केवल पुरुष ही ज़ज़िया देने के लिए दायी थे। औरत, बच्चे, बूढ़े इसके दायरे से बाहर थे, अंधे आदमी, अमीर भी यह कर देते थे, भिखारी, गरीब कर देने से माफ थे, यदि कोई साधु अमीर मठ में रहता था तो वह मठ कर देता था। अतः ज़ज़िया सीधे रूप से धर्म युद्ध से जुड़ा था और जिहाद करना हर मुस्लिम का फर्ज था, यह हथियारों के माध्यम से इस्लाम को फैलाने का कर्तव्य था। ख़रीजाइटस आज भी इस सिद्धांत को मानते हैं। मक्का केसरा में धीरज रखने की बात थी लेकिन मदीना में हमलावरों पर हमला करने का अधिकार बताया गया। इस बात का कोई प्रत्यक्ष प्रभाव नहीं है कि ऐसा

मोहम्मद ने कहा हो, लेकिन कुरान के सुरों में गैर-मुसलमानों को ख़तरनाक दुश्मन माना है। कुरान का संग्रह मोहम्मद के मरने के बाद हुआ, लेकिन यह भी सत्य है कि मोहम्मद के रहते हुए बदले की भावना उसकी सेना में विकसित हो चुकी थी, बाद में जब इस्लाम अरबिया से बाहर गया तो इस सिद्धांत का कठोरता से पालन किया गया। यह एक आम व्यवहार हो गया जहाँ मुस्लिम धर्म का शासक है।[16]

जब इस्लाम की सेना अरबिया के बाहर के क्षेत्रों पर कब्जा कर रही थी तो उसके सामने यह समस्या आ गई कि गैर-मुसलमानों का क्या करे, अतः यह उपाय सामने आया कि गैर-मुसलमान अपने जीवन और संपत्ति की रक्षा के लिए जिम्मी बन जाए, एक अनुबंध करे, ज़ज़िया दे, जिम्मी का दर्जा सभी गैर-मुसलमानों को नहीं दिया गया था। ज़ज़िया शब्द जाजा से निकाला, जिसका अर्थ है "मुआवजा", अनुदान अच्छे व बुरे के लिए। जिम्मी ये कहकर उसको दंड देने के लिए, उसे प्रताड़ित करने के लिए एक क्षमा का रास्ता रखा जिसमें मुसलमानों के द्वारा उसके जीवन को बचाया गया। ज़ज़िया देने के बाद जिम्मी को लूटा नहीं जाता था उसे महफूज रखा जाता था।

इस्लाम की सेवा, अपनी जान बचाने के लिए ज़ज़िया दिया जाता था, क्योंकि मुस्लिम राज्य में हर मुसलमान का राज्य को बचाने का कर्तव्य था जिसे जिम्मी पर भरोसा न करके उसके बदले ज़ज़िया देकर यह खरीदा जाता था। कुछ के अनुसार ज़ज़िया मुस्लिम राज्य में जिम्मी को रहने का कर था।

कौन लोग ज़ज़िया देने के हकदार थे

ज़ज़िया केवल जिम्मियों पर ही लागू नहीं था, हर गैर-मुसलमान जिम्मी नहीं था जब तक उसे इसकी स्वीकृति नहीं मिलती थी।

इस विषय पर मलिकाइट और अलशाफी के विचारों में अंतर था, हनीफी मत के अनुसार कुछ मूर्ति पूजक जो अरब में रहते थे ज़ज़िया देने से माफ थे, मोहम्मद उनसे प्रसन्न थे।

ज़ज़िया देने वाले केवल बाहरी हमले से रक्षित थे। राज्य के भीतर उनकी कोई रक्षा नहीं होती थी बल्कि उनके साथ दुर्व्यवहार किया जाता था, न वे अपने धर्म-स्थल की रक्षा कर सकते थे, न नए धर्मस्थल बना सकते थे; उन्हें वे सभी कार्य करने की मनाही थी जो इस्लाम में वर्जित थे।

ज़ज़िया दो प्रकार के होते थे, एक वह जो अनुबंध के द्वारा लगाया गया। वह कम-से-कम इमाम के द्वारा एक सिर पर 1 दिरहम होता था, दूसरा ज़ज़िया इमाम व्यक्ति की आर्थिक स्थिति के अनुसार लगाता था जैसे 48, 24 और 12 दिरहम। भारत में यह टका था रुपये के रूप में वसूला जाता था।

ज़ज़िया साल के प्रारंभ में ही लागू हो जाता था उसे साल के अंत में दो-तीन दिनों में वसूल किया जाता था, या दो किश्तों में वसूला जाता था। यदि कोई व्यक्ति मुसलमान बन जाता था, या वह मर जाता था जो उसका ज़ज़िया माफ हो जाता था।

ज़ज़िया को लेने के लिए भी कई तरीके सुझाए गए हैं, एक तरीके के अनुसार जिम्मी को व्यक्तिगत रूप से एक विशेष पहनावे में भीख माँगने के समान खड़ा होना पड़ता था। उसके बाल पकड़कर कलेक्टर उसके मुँह पर दोनों तरफ थप्पड़ लगाता था उसे गाली देता था, चाहे तो उसके मुँह में थूक भी सकता था, (अलशफी व मलिक); इस प्रक्रिया के पालन से जिम्मी को इस्लाम कबूल करने के लिए विवश किया जाता था।

गैर-मुसलमान व्यापारियों पर ज्यादा कर भी लगाया जाता था, भारत में अकबर को छोड़ सभी मुस्लिम शासकों ने ऐसा ही किया था। ज़ज़िया की प्रकृति शासक के स्वभाव और राजनीतिक स्थिति के अनुसार भी बदलती रही है। लेकिन इस्लाम धर्म के अधिकतर ज्ञानी ज़ज़िया को कठोरता से ही वसूलने की शासकों को सलाह देते रहे। उसे इस्लाम का अभिन्न अंग व कर्तव्य मानते थे। इस्लाम चूँकि नया धर्म था, उसका उदय ऐसे परिवेश में हुआ– सैनिक और कानून का जामा दिया गया। इस्लाम का राजनीतिक इतिहास कमजोर और बिखरे हुए विचारों पर आधारित रहा है, जिन विचारों को मोहम्मद ने प्यार, भाईचारा और समानता को आधार बनाकर राज्य की स्थापना करनी चाही, वह बनाना बड़ा मुश्किल था, इसलिए इनके बाद के इस्लामिक शासकों ने जो कार्य किए उसमें राजनीतिक इतिहास में देखने को मिला है कि धीरे-धीरे मुस्लिम राज्यों का अंत होता गया। ईसाइयों के धर्म गुरुओं ने भी गैर-ईसाइयों पर ऐसे ही अत्याचार किए हैं। विश्व में हर युग में धर्म के नाम पर अत्याचार होते रहे हैं, शासक लोग भी इसमें बढ़-चढ़कर भाग लेते रहे हैं।

हिंदू (छुआछूत), मुस्लिम, यहूदी, ईसाई सभी धर्मों के लोगों ने कभी-न-कभी धर्म के नाम पर दूसरों पर अत्याचार किए हैं। ये घटनाएँ मानवता के विरुद्ध हैं तथा धार्मिक नहीं हो सकतीं।

संदर्भ

1. Elliot's *History of India*, Vol. I, p. 88.
2. Ibid., pp. 182-191.
3. E.B. Havell, *The History of Aryan Rule in India*, Sunita Publications, Delhi, 1989, p. 251.
4. मथुरालाल शर्मा, *प्राचीन भारत का इतिहास*, कैलाश पुस्तक सदन, ग्वालियर, 1971, पृ. 321।
5. वही, पृ. 223।

6. Elliot and Dowson, Vol. I, p. 437 and Mir Masum Shah in his *Tarikh-i-Massumi*.
7. Vol. I, pp. 23-24.
8. Vol. I, p. 469, and William Muir, *The Caliphati: Its Rise, Decline and Fall*, p. 355.
9. Elliot and Dowson, Vol. II, p. 24 and Ram Gopal Misra, *Indian Resistance to Early Muslim Invaders up to 1206 AD*, Anu Books, Meerut, 1983, p. 45.
10. *Epigraphia Indica*, Vol. II, p. 237.
11. Utbi : Kitab-i-yamini, Gardizi; Zainul-Akbar.
12. Elliot and Dowson, Vol. II, p. 447.
13. Zainul Akbar–S.R. Sharma: *Studies in Medieval Indian History*, p. 32.
14. D.B. Macdonald, '*Encyclopaedia of Islam*' and N.P. Aghnides – *Theories of Muhammad Finance*.
15. Ram Avtar Sharma and Madhukar Tiwari, *Delhi, Biography of a City*, Aakar, Delhi, 2012, pp. 74-75 and Ziaudddin Barni, *Tarikh-i-Firozshahi*, S.A.A. Rizvi, tr., Aligarh Muslim University, 1955, p. 70.
16. P. Saran, *Studies of Medieval Indian History*, Ranjit Publcations, Delhi, 1972, p. 115 and *Encyclopaedia of Islam*.

11

खिलजी और तुगलक

प्रारंभ में जलाल-उद-दीन फिरोजशाह पर पूरा विश्वास नहीं था, क्योंकि वह एक अफगान था, तुर्की वंश के ही व्यक्ति को गद्दी का सच्चा हकदार माना जाता था। मुसलमानों में भी वंशवाद चरम सीमा पर था। वास्तव में खिलजियों का भी विकास तुर्की से ही हुआ था, चूँकि वे लंबे समय से अफगानिस्तान में आ बसे थे और उन्होंने कुछ रिवाज अफ़गानियों के ग्रहण कर लिये थे जो तुर्कों से भिन्न थे, अफगानियों व पठानों को असभ्य व घटिया माना जाता था।

जलाल-उद-दीन दूसरे शासकों से भिन्न था और उसने शीघ्र ही लोगों का दिल जीत लिया। चरित्र व स्वभाव में वह बलबन से भिन्न था, वह अपने समय की रिवायत से कहीं अधिक नरम था। वह डाकुओं और विद्रोहियों के प्रति दयावान रहा, उन्हें पकड़कर नदी के पास छुड़वा देता जो बंगाल आदि क्षेत्रों में पुनः अपराध करते थे।

बलबन का एक भतीजा मलिक छज्जू कारा का गवर्नर था। वह गद्दी का हकदार था तथा इसके लिए उसने अवध के गवर्नर को भी साथ लिया था। विद्रोह को दबा दिया, विद्रोहियों को कोई दंड नहीं दिया केवल कारा को छज्जू से लेकर सुलतान के भतीजे अलाउद्दीन को दे दिया।

इस विद्रोह का मुख्य नेता सीदी मौला को माना जाता है, वह एक बड़ा सूफी और अमीर था, उसके यहाँ हर रोज हजारों व्यक्ति खाना खाते थे, कितना सत्य है कि वह इस विद्रोह में नेता था। यह कहना कठिन है, लेकिन सुलतान ने उसको मरवा दिया, उसी दिन दिल्ली में भयंकर तूफान भी आया, और सूखा पड़ा, इसका प्रभाव सूफी की मृत्यु को ही माना गया।

बलबन के मालवा हमले के बाद से राजपूत बेखौफ रहे, उसके किले-चितौड़, चंदेरी और रणथंभौर को अवश्य तोड़ दिया गया था, लेकिन राजपूतों ने पुनः उसे बनाकर मजबूत कर लिया था। 1290 ई. में राजपूताना पर हमला किया, यहाँ के मंदिरों को जलाया और मूर्तियों को तोड़ा। यह सब उसने गाजी के समान किया,

लेकिन जब राजपूत रणथंभौर के किले की ओर बढ़े तो उसने हमला नहीं किया जबकि पीछे हटा, यह कोई उसकी कायरता का कारण नहीं था, दो वर्ष बाद पंजाब में मंगोलों ने हमले किए, सुलतान ने उन्हें युद्ध में हरा दिया। एक संधि की, भारी संख्या में उन्हें मुसलमान बना लिया, उनके एक नेता ने सुलतान की बेटी से विवाह कर लिया, अब वे यहाँ बस गए और नए मुसलमान कहलाने लगे। वास्तव में इलखान गाजान के समय से ही 13वीं शताब्दी से मंगोल मुसलमान बनने लगे थे।

जलालुद्दीन

इसी समय सुलतान का भतीजा, अलाउद्दीन सुलतान का प्रेरक बन गया, और सुलतान की आज्ञा से उसने मालवा के हमले का नेतृत्व कर भिलसा के किले पर कब्जा कर लिया। उसने लूट का सामान सुलतान को भेज दिया, सुलतान ने उसे कारा के साथ अवध का भी गवर्नर बना दिया, यहाँ उसने पश्चिम-दक्षिण के यादवों की कमजोरी व उनके धन-दौलत के बारे में सुना, उनकी राजधानी देवगिरि थी, 13वीं शताब्दी में पश्चिमी चालुक्यों को हराकर यह राज्य मिला था, चालुक्य की पश्चिम भूमि पर होयसाला भी अपना कहर जताते थे। रामचंद्र यादवों का उस समय का राजा था जो अपने वंश का 7वाँ राजा था। आगे वारंगल में कवतालिया और पश्चिम में कदंबा शासन करते थे। सुलतान को केवल यह संदेश दिया कि वह चंदेरी को लूटने जा रहा है, अतः बहुत चुपचाप आठ हजार घुड़सवार लेकर विंध्य पार करके इलीचपुर आधुनिक विरार जा पहुँचा। यहाँ पहुँचकर उसने यह अफवाह फैलाई कि उसका उसके चाचा से झगड़ा हो गया है, अलाउद्दीन ने देवगिरि पर हमला कर दिया, यादवों की सेना दक्षिण में थी, रामचंद्र ने यह सोचकर संधि कर ली कि सुलतान भी बड़ी सेना लेकर हमले के लिए आ रहा है। देवगिरि को लूटा गया, इसी बीच रामचंद्र का पुत्र भारी सेना लेकर पहुँच गया, दोनों सेनाओं में भारी युद्ध हुआ, लेकिन अलाउद्दीन की जीत हुई, वह बड़ी संख्या में हाथी-घोड़े, सोना, हीरे आदि लेकर कारा पहुँचा, वहाँ उसने सुलतान को चंदेरी पहुँचने को कहा, सुलतान ग्वालियर में था, सुलतान दिल्ली आ गया, सुलतान को अनहोनी की आशंका नहीं थी। कुछ समय बाद सुलतान कारा को चल दिया, नाव के माध्यम से उसने नदी पार की, जैसे सुलतान व अलाउद्दीन गले मिले, सुलतान का सर धड़ से अलग कर दिया, आज भी कारा में जलालुद्दीन की कब्र और मकबरा है।

अलाउद्दीन

जलालुद्दीन का बड़ा बेटा अरकाली खान मुलतान में था, अतः बेगम ने अपने दूसरे बेटे इब्राहिम को दिल्ली का बादशाह घोषित कर दिया। अलाउद्दीन दिल्ली की

ओर बढ़ा, जो सोना उसने दक्षिण से लूटा था हर पड़ाव पर उसे जनता को बाँटता रहा, पुराने मंत्रियों और सैनिकों को भी खरीदकर महल में घुसकर शासक बन गया, इब्राहिम और उसकी माँ मुलतान भागकर अरकाली खान से मिले, 1296 ई. में उलूग खान ने उन्हें पकड़कर दिल्ली भेजा, जहाँ दोनों शहजादों को अंधा कर दिया और माँ को कैद में डाल दिया।

अलाउद्दीन के मुख्य हिमायती उसका भाई उलूग खान, मशहूर सैनिक नुसरत खान, और जफर खान और मुलतान से अल्ज खान थे। मंगोलों के नए हमले को जफर खान ने दबा दिया था। अब अलाउद्दीन उन अमीरों को देखने में लग गया जिन्हें उसने सोना देकर अपने पक्ष में किया था, कुछ को अंधा कर दिया, कुछ को मार दिया, उनके पदों से उन्हें हटा दिया, परिवारों को भीख माँगने के लिए छोड़ दिया, ताकि वे धोखा देने का सबक ले सकें। 1297 ई. में उलूग खान और नुसरत खान को गुजरात के बघेल राजा के विरुद्ध भेजा, उन्होंने अनहिलवाड़ा को कब्जा कर राजा की रानी को पकड़कर दिल्ली शासक के हरम में भेज दिया, राजा व उसके बेटा-स्त्री (करण सिंह, देवल देवी) भाग गए।

सोमनाथ ने देव को पुनः लूटा, उसकी प्रतिमा को दिल्ली भेज मस्जिद के दरवाजे पर गाड़ दिया ताकि सभी इस्लाम के मानने वाले अपने पैरों से उस पर चढ़ें।[1] कैंबे के बंदरगाह तक यह सेना गई, भारी लूट की, यहाँ से एक सुंदर हिंदू लड़के को दास बनाकर अलाउद्दीन के पास भेजा, जो बाद में मलिक काफूर के नाम से प्रसिद्ध हुआ जिसने दक्षिण को जीता। गुजरात को जीतकर मुसलमान गवर्नर बना दिया। वापस आते समय लूटे हुए धन के संबंध में विवाद हो गया, उस पर नुसरत खान और सुलतान का भतीजा मारा गया। जिन्होंने उसे मारा वे नए मुसलमान थे जो मंगोल से मुसलमान बने थे। वे अब राजपूतों की सेना में भर्ती हो गए। ये दिल्ली में आज के रोशनारा बाग के पास के गाँव में बसे थे, उनके परिवारों की महिलाओं को सफाई करने वालों को दे दिया और गाँव में आग लगा दी, उलूग खान जो पहला मुसलमान बना था, व जलालुद्दीन ने अपनी बेटी का उससे विवाह किया था– को भी अंधा कर दिया। कोई भी अब इन मंगोलों पर विश्वास नहीं करता था, अतः बीस से तीस हजार मंगोलों को मार दिया और उनकी पत्नियों को उन्हें दे दिया जिन्होंने उनके पतियों को कत्ल किया था।

तुर्क और मंगोल

दोनों में घृणा चरम सीमा पर थी, मंगोलों ने हिंदूकुश के पास के तुर्की राज्यों को कुचल दिया था, यद्यपि तुर्कों के अपनी सल्तनत रूम, मिस्र और सीरिया में बना

ली थी, सीरिया ने हुलागू को अपने यहाँ विनाश करने से रोका, लेकिन 1258 ई. में हुलागू ने बगदाद पर हमला करके खलीफा को मार दिया।

मध्य एशिया में तुर्कों और मंगोलों की लड़ाई जारी रही। बाबर माँ की ओर से मंगोल था और पिता की ओर से तुर्क, वह मंगोल से नफरत करता था, लेकिन उसका वंश इतिहास में मुगल या मंगोल ही पहचाना गया। अमीर खुसरो ने अपनी यादों में मंगोलों के विषय में जो चित्र बनाया है वह वास्तव में एक दरिंदों का है, यद्यपि वे भी बाद में मुसलमान बन गए, लेकिन इस चित्रण से वे हमेशा के लिए एक कठोर और भय फैलाने वाली जाति समझी जाने लगी। मंगोल और तुर्क दोनों ही तातार वंश से थे। कुबलाई खान ने चूँकि चीन में अपना साम्राज्य बना लिया था, इसलिए उन्हें पीला आदमी माना जाने लगा।

अलाउद्दीन के विरुद्ध षड्यंत्र

उसने अपने प्रारंभिक काल में नए धर्म को बढ़ाने व नई विजय प्राप्त करने का सपना सँजोया था। उसके सिक्के उसे दूसरा सिकंदर प्रदर्शित करते हैं। लेकिन वह सलाह मानता था और उस क्षेत्र को मजबूत करता था जो उसके अधीन था। 1299 ई. में कुतुलग खान ने दो सौ हजार सैनिकों के साथ दिल्ली पर हमला किया था। यह केवल हमला ही नहीं बल्कि विजय करने का लक्ष्य था, लेकिन यह भी पहले के हमलों के समान नाकामयाब रहा, क्योंकि सैनिक सामान का लगातार न मिलना, लंबा समय, एक स्थान पर रुकना और घेराबंदी रखना संभव नहीं रहा। ज़फ़र ख़ान ने अवश्य ही मंगोलों को खदेड़ने की हिम्मत दिखाई, सुलतान और उलूग खान उससे खुश नहीं थे। अतः उसको पर्याप्त सहायता न मिल पाने से मंगोलों ने उसे मार दिया।

रणथंभौर का किला पृथ्वी राज चौहान के उत्तराधिकारी हम्मीर देव के कब्जे में था, अलाउद्दीन अब राजपूतों को कमजोर करने का उपाय सोच रहा था। नए मुसलमानों ने उसकी सेना में प्रवेश किया था, अतः उलूग खान और नुसरत खान को इस कार्य के लिए भेजा गया, नुसरत खान इस युद्ध में मारा गया, अलाउद्दीन अपनी सेना लेकर हमलावरों से मिलने निकल पड़ा, रास्ते में वह एक स्थान पर शिकार के लिए पत्थर पर बैठा था, इसी समय अकात खान, जो सुलतान का भतीजा था, कुछ नए मुसलमानों के साथ सुलतान पर हमला किया जिसमें वह घायल हो गया, अकात खान ने सुलतान के मरने की खबर फैला दी जो अधिक प्रभाव नहीं डाल पाई, थोड़ी देर में सुलतान अपने सुरक्षा कर्मियों के साथ कुछ उपचार के बाद युद्धभूमि में आया, अब अकात खान का मरना तय था, वह भागा लेकिन पकड़ा गया और मार दिया गया। यह कोई दहशत फैलाने वाला अकेला ही उदाहरण नहीं

है, इसी समय सुलतान के दो अन्य भतीजों अमीर खान ने बदायूँ और मनगू खान ने अवध में विद्रोह किया था, सुलतान के वफादार सैनिकों ने उन्हें पकड़कर रणथंभौर भेज दिया जहाँ उन्हें अंधा कर दिया गया। राजधानी में भी विद्रोह का वातावरण बन रहा था, दिल्ली में हाजी मुल्ला जो एक सरदार था, दिल्ली के कोतवाल को मारकर नए शासक की घोषणा कर दी, लेकिन कुछ समय बाद शाही सेना ने पुनः व्यवस्था को अपने कब्जे में ले लिया। रणथंभौर के घेरे को अधिक कड़ा कर दिया, राजपूत सैनिक पूरे जोर-शोर से लड़े, लेकिन अंत में हार गए, हम्मीर देव पकड़ा गया और मार दिया गया, राजपूत महिलाओं ने जौहर कर लिया।

विद्रोहों के बाद अलाउद्दीन को सोचने के लिए विवश कर दिया, उससे विद्रोहों को होने के लिए अधिक धन का होना, जिससे गुस्ताखी का बढ़ना, कम नियंत्रण के कारण षड्यंत्र आसान होना, अधिक मेल-जोल का होना, शराब का अधिक मात्रा में सेवन, जिससे बेकार की बातों और विद्रोहों का बढ़ना था। चूँकि सुलतान पढ़-लिख नहीं सकता था अतः उसने अपने व्यवहार व अनुभव के आधार से ही नियम बनाए।

जिआउद्दीन बर्नी उस काल का इतिहासकार था, उसका चाचा दिल्ली का कोतवाल था, अतः उसकी स्थिति सुलतान की हालत को समझने में सहायक हो सकती है। यह कहना निश्चित नहीं कि सुलतान ने किसी से सलाह ली या स्वयं ही कुछ निर्णय लिये–

पहले कदम से अर्थव्यवस्था को स्थायी बनाया। सभी मदों और वक्फ को पुनः स्थापित किया, सरकारी भूमि को कठोर नियमों से दान में दिया गया, करों को कठोरता से लागू किया और उसे ग्रहण भी किया। हिंदू जनता का भेद करके अलग कर दिया, उनसे जजिया के अतिरिक्त, घर कर, पशु कर, खेती कर भी कठोरता से लिया गया, कर इकट्ठा करने वाले चाहे मुसलमान हों या हिंदू वे कर देने वाली से कहीं बेहतर हालत में नहीं थे।

दूसरे सुलतान ने खुफिया तंत्र को अधिक मजबूत कर दिया, हर विभाग में खुफिया अधिकारी रख दिए जो सीधे सुलतान को ही सूचना देते थे, जो व्यक्ति दोषी होता उसकी बिना इंक्वारी किए दंड दे दिया जाता था, अतः यह राज्य अधिनायकवाद में बदल गया था।

इस्लाम में शराब पीना और नशा करना हराम है, लेकिन तुर्कों में शराब पीने का प्रचलन रहा, सल्तनत के काल में अनेक ऐसे तथ्य हैं जहाँ शराब पीने के बाद हंगामे हुए हैं।

अधिक मात्रा में शराब पीने पर रोक लग गई। सुलतान ने स्वयं अपने शराब के महँगे गिलासों को बदायूँ गेट के सामने तुड़वा दिया, यदि कोई व्यक्ति फिर भी शराब

पीता हुआ पकड़ा जाता तो उसे कोड़े लगते और गंदगी के गड्ढे में गाड़ दिया जाता था, इस पर भी लोग शराब पीते तथा घरों में शराब बनाते थे। शराब की दुकानें और खरीद व बेचने पर रोक थी।

सामाजिक सभाओं पर रोक थी। यदि कोई अमीर शादी करता तो सुलतान से उसकी स्वीकृति लेनी होती थी।

वास्तव में यही राजशाही की प्रकृति थी, एक बार एक मुस्लिम कानून ज्ञाता ने हिंदुओं के लिए तो ये नियम उचित बतलाए लेकिन इस्लाम के कानून के विरुद्ध करार दिए, सुलतान ने उत्तर में कहा कि वह व्यवहार से शिक्षा लेता है न कि कानून से, नियम-कानून और प्रथाओं से नहीं नियंत्रण किए जाते।

अलाउद्दीन ने राजपूत के विरुद्ध रुका हुआ अभियान पुनः शुरू कर दिया। 1302-3 ई. में उसने मेवाड़ के राजपूतों को पुनः ललकारा, चितौड़ के राजा रत्न सिंह को कैद करके दिल्ली भेजा, लेकिन राजपूत सरदार लड़ते रहे।

नुसरत खान के भतीजे छज्जू खान को बंगाल और उड़ीसा से होते हुए तेलंगाना भेजा, इस समय तक उलूग खान मर चुका था, अतः उसका अनुभव नहीं मिल सका। सेना वारंगल तक पहुँच गई लेकिन हार गई, उसकी प्रतिष्ठा, हथियार, धन सभी जाता रहा, उसे वापस लौटना पड़ा। इसी बीच मंगोलों की एक लाख बीस हजार ताकतवर सेना ने जमुना के पास डेरा डाला, दिल्ली को घेर लिया, तेलंगाना से आई सेना ने बदायूँ में डेरा डाला, अलाउद्दीन ने उसे पुनः संगठित किया, लेकिन वह सीरी किले में ही छिपा रहा, एक मास तक मंगोल दिल्ली को लूटते रहे; क्योंकि वे लंबे समय तक घेराबंदी करने में निपुण नहीं थे न ही उन्हें रसद मिलती गई, अतः वे वापस चले गए। इस घटना से अलाउद्दीन ने सीख ली– उसने देखा कि लूट का धन बेकार है, यदि सैन्य संगठित नहीं हो तो, जो सोना उसने दक्षिण से लूटा था, उससे सेना को संगठित किया, बाजार की हर वस्तु की कीमत निश्चित कर दी, वस्तुओं के दामों को घटा दिया। राशनिंग की व्यवस्था को लागू कर दिया, जो भी व्यापारी काला धन इकट्ठा करता था, चोरबाजारी करता था उसे कठोर दंड दिया जाता था। सैनिक वेतन कम कर दिया, क्योंकि बाजार की वस्तुएँ सस्ती कर दी थीं, कर अनाज के रूप में भी लिया जाने लगा। अतः सरकार के पास पर्याप्त अनाज का भंडार भी हुआ। लोग खुशी से सेना में भर्ती होने लगे।

समाना और दीपालपुर के किलों को पुनः मजबूत किया, क्योंकि ये सीमा पर होने के कारण मंगोलों को रोकने का काम कर सकते थे। लेकिन यह सब भी काम नहीं आया और 1304 ई. में फिर मंगोल सेना पहाड़ों के बीच से होती हुई अमरोहा पहुँच गई। गाजीउद्दीन तुगलक और मलिक काफूर ने वापस जाती हुई मंगोल सेना को लूट लिया व उसको टुकड़ों में बाँट दिया, उनके आठ हजार सैनिकों को पकड़

कर दिल्ली लाकर सीरी के किले के दरवाजों पर सिर काटकर दीवार बना दी। तुगलक को पंजाब का गवर्नर बना दिया, लेकिन 1305 ई. में पुनः मंगोलों का हमला हुआ, इसमें साठ हजार मंगोलों में से केवल तीन या चार हजार ही बच पाए, उनकी महिलाओं और बच्चों को कैद करके बाजार में बेच दिया। 1307-08 ई. में पुनः मंगोलों का हमला हुआ उसे भी असफल कर दिया, अलाउद्दीन के शासन काल में फिर मंगोलों का हमला नहीं हुआ। लेकिन मंगोलों के हमलों ने भारत की अर्थव्यवस्था को नष्ट करने और भय के वातावरण को बढ़ाने में बड़ी सफलता पाई थी। विकास का विनाश हुआ, लोग भय से धन को जमीन में गाड़कर रखते थे, वह कभी भुला भी दिया जाता था।

राजपूतों के विरुद्ध हमले जारी हरे, मालवा का राजा हरणसिंह या कौका ने अपनी स्थिति को सुधार लिया था। उसने चालीस हजार घुड़सवार व एक लाख सैनिक तैयार कर सुलतान से युद्ध लड़ा, लेकिन अच्छी लड़ाई के बाद भी वह हार गया और उज्जैन, मांडू, घारसे और चंदेरी को गँवाना पड़ा। राजा हम्मीर देव चौहान, जालौर, अलाउद्दीन का अधीनस्थ बन गया। चितौड़ के रतन सिंह को दिल्ली के जेल से छोड़ दिया, लेकिन सुलतान रतन सिंह की पत्नी पद्मिनी को अपनी बेगम बनाना चाहता था। उसने हजारों महिलाओं के साथ राजपूती शान को बचाने के लिए जौहर कर लिया। युद्ध में रतन सिंह मारा गया, इस युद्ध में रतन से नाराज अनेक ठाकुरों ने अलाउद्दीन का साथ भी दिया, अब राजपूताना अलाउद्दीन के अधीन हो गया जो पहले कभी नहीं हुआ था।

दक्षिण भारत

तीन वर्षों से देवगिरि का राजा रामचंद्र यादव वार्षिक कर दिल्ली नहीं भिजवा रहा था। अतः 1306-07 ई. में मलिक काफूर के नेतृत्व में एक सेना कर वसूलने व राजा को अपने अधीन करने के लिए भेजी गई।

गुजरात के राजा, करण सिंह, ने देवगिरि में शरण ली हुई थी, उसकी पत्नी कमला देवी अलाउद्दीन के हरम में दिल्ली में थी, वह अपनी बेटी देवल देवी को भी दिल्ली में लाना चाहती थी, यह सब अलाउद्दीन के इशारे पर हो रहा था, करण सिंह यादवों से अपनी बेटी का विवाह भी नहीं करना चाहता था क्योंकि उन्हें अपने से छोटा समझता था, लेकिन अलाउद्दीन के छोटे इरादों के कारण उसने देवल देवी को देवगिरि लाने के लिए व्यक्ति भेजे जो रास्ते में एलौरा की गुफा को देखने के लिए जब यह काफिला रुका तो मुसलमानों ने देवल देवी जो केवल 8 वर्ष की थी, पकड़कर दिल्ली भेज दिया। बाद में खिजर खान, अलाउद्दीन के बेटे से उसका विवाह कर दिया। रामचंद्र ने मलिक काफूर को पुराना कर व सात सौ हाथी दे दिए।

मेवाड़ को अनेक राजपूतों में बाँटा गया, सीतल देव को सिवाना और हम्मीर देव को जालौर दिया, जेल से छूटने के बाद हम्मीर देव ने विद्रोह कर दिया, उसे दबाने के लिए दिल्ली से दो महिलाओं को भेजा गया, जब किले की जीत निश्चित थी उसी समय गुल-ए-विस्त की मृत्यु हो गई, किला तो जीत लिया, बाद में हम्मीर देव को भी मार दिया, इस तरह पूरे राजपूताना में अलाउद्दीन का शासन हो गया।

अलाउद्दीन का अगला कदम होयसाला के वीरवाला द्वितीय को अधीन करना था जिसके राज्य में कोंकण व वर्तमान मैसूर आते थे। 1310 ई. में काफूर के अधीन सेना भेजकर इसको जीतकर बड़ा सोना और दूसरी कीमती चीजें ले ली। राजा को बंदी बना दिल्ली भेज दिया, जिसे बाद में अधीनस्थ बनाकर वापस भेज दिया, अब पांड्यों और चेरों को जीत सोना व जवाहरात छीन रामेश्वरम के मंदिर को लूट और अलाउद्दीन की स्मृति में एक मस्जिद का निर्माण कर 1311 ई. में दिल्ली आ गया। इसी बीच रामचंद्र की मृत्यु हो गई। खिजर खान उसके पुत्र शकर को उत्तराधिकारी बनाना चाहता था लेकिन मलिक काफूर उससे नफरत करता था, अतः 1312 ई. में पुनः दक्षिण पर हमला किया। उस समय देवगिरि को ध्वस्त कर दिया, गुलबर्गा पर कब्जा कर लिया, कृष्णा और गोदावरी नदी के बीच की भूमि पर भी कब्जा किया, रायचु और मुडगल के किलों को जीता, होयसाला और काकातिओं को तोड़ दिया। राजपूतों, मंगोलों व दक्षिण की विजय के बाद लगभग सारे भारत में मुस्लिम शासन हो गया। लेकिन सुलतान का अंतिम समय अच्छा नहीं रहा, जब वह मरा तो उसके राज्य में चारों ओर विद्रोह हुए, मलिक काफूर ने शक्की सुलतान को और अधिक शक्की बना दिया। वह अपने अमीरों के विरुद्ध हो गया, खिजर खान और उसके भाई को ग्वालियर के किले की जेल में डाल दिया, अल्प खान को मार दिया, राजपूतों ने पुनः अपना राज्य छीन लिया, गुजरात से मुसलमानों को निकाल दिया, देवगिरि में हरपाल देव ने जो रामचंद्र का दामाद था शासक बना, अतः 1316 ई. में अलाउद्दीन की मृत्यु के समय पूरे राज्य पर काली घटा छाई हुई थी। तुगलक इस समय पंजाब सीमा पर था।

अलाउद्दीन ने अपने शासन के 20 वर्षों में मुस्लिम ताकत को भारत की सीमा के अंतिम छोर तक पहुँचा दिया था और यह संभावना भी खत्म कर दी थी कि कोई हिंदू राजा पुनः मुस्लिमों को खदेड़ देगा। उसने समय की आवश्यकता के अनुसार कार्य किया, कोई निश्चित नीति, जो लंबे समय तक कायम हो ऐसा नहीं हुआ। जो भी कार्य किए वे तानाशाही, शक्ति बल के आधार पर ही किए, उनके पीछे कोई जन भावना नहीं थी।

बरनी, उस काल का इतिहासकार है और वह सुलतान के कानून के उल्लंघन का विरोधी था। लेकिन अलाउद्दीन के शासन का प्रशंसक था। सुलतान अनपढ़ था

लेकिन उसने मदरसे, तालाब, मस्जिद बनवाए, मंगोलों को दूर रखा, वफादारी को वह पसंद करता था। उसने एक शक्तिशाली सेना भी बनाई थी।

कुतुब मीनार के सामने एक दूसरी मीनार बनानी आरंभ की जो आज भी अधूरी है, निजामुद्दीन की दरगाह में एक जमातखाना उसके पुत्र खिजर खान ने बनवाया। अलाउद्दीन की मृत्यु पर मलिक काफूर ने एक इच्छापत्र को सामने रखा जिसमें एक पाँच वर्ष के बालक को अलाउद्दीन का पुत्र बताकर बादशाह घोषित कर दिया और खिजर खान को ग्वालियर किले में अंधा करवा दिया, लेकिन सीरी के किले में मुबारकशाह को नहीं मार सका, सैनिकों ने शाहिब-उद्-दीन को मार दिया।

सुलतान कुतुबउद्दीन मुबारक शाह

पुत्र अब अपने पिता के कठोर नियमों को कमजोर करने लगा, वह भी अपने पिता के समान निम्न जाति के चापलूसों की सलाह मानने लगा, जिनमें एक पटवारी था जो धर्म बदलकर खुसरो खान बन गया था, उसे सुलतान ने अपना मंत्री बना दिया था। सबसे पहले उसने गुजरात के विद्रोहियों को दबाया जो मूलतः मुस्लिम अमीरों के द्वारा हो रहा था। उसने जफर खान की बेटी से विवाह कर लिया और उसे गुजरात का गवर्नर बना दिया। 1318 ई. में वह देवगिरि के शासक हरपाल देव के साथ युद्ध के लिए चला, उसे हराकर, पकड़ चमड़ी को उतरवाकर किले के दरवाजे पर लटका दिया ताकि अन्य को सबक मिले। यहाँ उसने एक मस्जिद बनवाई और मलिक यकलावनी को गवर्नर बना दिया। यह यादवों के शासन का अंत था। गुलबर्गा और सागर अब मुसलमानों के आधीन था, मदुरा के लिए भी उसने मुस्लिम गवर्नर को भेजा, मुबारक शाह की अनुपस्थिति में खिजर खान के पुत्र को दिल्ली की गद्दी पर बैठाने का प्रयास किया, शीघ्र ही सुलतान ने वापस आने का प्रयास किया और ग्वालियर की जेल में खिजर खान और शादी खान को मारने के आदेश दिए। जब सैनिक उन्हें मार रहे थे तो देवल देवी ने बचाने के लिए हाथ आगे किए जो कट गए। वह भी वहीं मर गई, कई इतिहासकार मानते हैं कि देवल देवी को मुबारक शाह के हरम में भेज दिया जैसा कि वह पहले ही चाहता था।

अब मुबारक शाह ने नशा करना, व्यभिचार करना बढ़ा दिया। अपने ससुर जफर खान को मरवा दिया, नमाज पढ़ना व रोजे रखना बंद कर दिया। खुसरो खान मुबारक खान को मार स्वयं गद्दी पर बैठना चाहता था। अतः वह दिल्ली आ गया। यहाँ सुलतान से अपने अंगरक्षक रखने की इजाजत ले ली, कुछ समय बाद सैनिक महल में नौकरी करने लगा, एक दिन इन्होंने सभी को मार दिया– बच्चों, महिलाओं सभी को, बचे हुए अमीरों के साथ अच्छा व्यवहार कर उन्हें ऊँचे पद दे दिए। जूना को घोड़ों का प्रधान नियुक्त किया, वह भागकर अपने पिता गाजी मलिक के पास

पहुँचा, वह सेना लेकर दिल्ली के पास पहुँचा, 3 सितंबर को युद्ध हुआ। सुलतान की सेना का नेतृत्व पटवारी ने किया, जिसने डटकर मुकाबला किया, लेकिन वह हार गया, लेकिन गाजी मलिक की सेना मंगोलों से युद्ध में प्रवीण थी अतः वे जीत गए, खुसरो खान को एक झाड़ी से पकड़ लिया व उसका गला काट दिया गया।

तुगलक

तुगलक भी तुर्कों की मिश्रित जाति थी, इसमें कुछ मंगोल तत्त्व भी समाहित थे, गाजी मलिक को इसके कारण मंगोलों से घृणा करना कम नहीं हुआ। उसकी माँ पंजाब के जाट जाति से और पिता बलबन का दास था, जो करावना कबीले से संबंध रखता था, जो सिंध और तुर्कीस्तान की पहाड़ियों में रहते थे।[2] इब्नबतूता ने भी इस बात का समर्थन किया है? मार्को पोलो इस जाति से परसिया में मिला था और इस बात का समर्थन करता है कि उनकी माँ भारतीय थी और पिता तातार थे, इसलिए उनका नाम करावना पड़ा। जो भी हो उन्हें इस काल में तुर्क ही कहते थे। खुसरो की हार के बाद गाजी मलिक ने खिलजी के परिवार से उपयुक्त व्यक्ति की खोज की लेकिन कोई नहीं मिला, अतः अमीरों ने उसे ही गद्दी सँभालने की सलाह दी, सितंबर 1320 ई. में गाजी मलिक ने तुगलक शाह के नाम से एक नया वंश चलाकर दिल्ली की गद्दी सँभाली। खुसरो ने इस्लाम धर्म स्वीकारा था। जब वह गद्दी पर बैठा तो उसने मुसलमान होने का कोई दावा भी नहीं किया था। मस्जिदों और कुरान की बेअदबी का लांछन उस पर लगाया गया, लेकिन हिंदू और मुसलमान दोनों ही उसे एक छोटी जाति से होने का आक्षेप लगाते थे, खुसरो ने जिन्हें दान में जमीन व पैसा दिया था उसने उसे वापस ले लिया। निजामुद्दीन औलिया, एक मशहूर सूफी था जिसे खुसरो ने पाँच लाख रुपए दिए थे जो उसने गरीबों में बाँट दिए थे, यह सूफी अब 90 वर्ष का हो गया था। उसने ये पैसे देने से मना कर दिया, शासक ने कर इकट्ठा करने और राज्य की आर्थिक व्यवस्था को सुधारने के सभी प्रयास किए जो खिलजी ने किए थे।

वारंगल व बंगाल पर हमला

गाजीउद्दीन तुगलक सूफी विचारधारा में विश्वास नहीं करता था और कट्टर मुसलमान समझा जाता था व निजामुद्दीन औलिया का विरोधी था। वह एक पुराना सिपाही होने के नाते सेना में अधिक विश्वास और ध्यान देता था, वारंगल के काकातियों के राजा प्रताप रुद्र चतुर्थ ने दिल्ली की गद्दी को चुनौती दे दी थी, अतः उसे दबाने के लिए मुहम्मद जूना, अपने बड़े बेटे के साथ भेजी, अब उसे उलूग खान की उपाधि दे दी गई। यह अभियान अधिक प्रभावशाली नहीं हुआ, राजा पर

जीत के बाद मुसलमानों में विरोध पैदा हो गया, उसकी खबर थी कि उसके पिता का देहांत हो गया, उस पर उसने स्वयं को सुलतान घोषित कर दिया। लेकिन अमीरों ने इसको नहीं स्वीकारा। अतः घेरा ऐसी स्थिति में सफल नहीं हुआ और मुहम्मद वापस दिल्ली लौट आया। उसको सुलतान ने कुछ नहीं कहा और 1323 ई. में तेलंगाना भेजा गया। इस समय कोई चूक नहीं हुई, यहाँ के राजाओं ने समर्पण कर दिया। उसके राज्य को मुस्लिम राज्य में मिला लिया व राजा के परिवार को दिल्ली भेज दिया। राज्य को समाप्त कर दिया गया।

अब बंगाल की बारी थी। 1324 ई. में लंबे रास्ते से होते हुए मुहम्मद बंगाल पहुँचा। रास्ते में तिरहुत को फतह किया जो नेपाल की राजधानी थी। अब यह मुस्लिम राज्य बन गया, फिर लखनौटी को फतह किया जो पहले खिलजी और बाद में बुगरा खान व उसके भाई के अधीन था, उन्होंने तुगलक से सहायता की गुहार की थी, यहाँ बहादुर शाह को हराकर नसरूद्दीन को लखनौटी का शासक बनाया।

गयासुद्दीन की मृत्यु

यह अपने समय के इतिहास की बहुत ही विवादित घटना थी। तुगलकाबाद का विशाल किला भी गयासुद्दीन तुगलक ने ही बनवाया था, स्वभाव से वह बड़ा क्रूर था, जब वह किला बनवा रहा था उसी समय निजामुद्दीन औलिया की बावड़ी बन रही थी, किले और बावड़ी का काम करने वाले मिस्त्री व मजदूर एक ही थे, किले का काम दबाव से हो रहा था जो जल्दी नहीं हो रहा था। सुलतान जल्दी चाहता था वह लखनौटी गया हुआ था व दिल्ली पहुँचने तक इसे पूरा करवाना चाहता था, दूसरी ओर औलिया भी बावड़ी को जल्द बनवाना चाहता था। अतः मिस्त्री और मजदूरों के सामने विशेष संकट खड़ा था, सुलतान ने औलिया को अपने आने से पहले ही दिल्ली छोड़ देने के आदेश दिए, जिस पर औलिया ने कहा कि "अभी दिल्ली बहुत दूर है"। सुलतान के बेटे ने एक बार वारंगल में भी अपने को शासक घोषित कर दिया था, संभव है कि उसी ने अपने पिता के स्वागत में अफगान पुरा (तुगलकाबाद) के समीप एक लकड़ी का बड़ा मंच बनवाया, सुलतान हाथी पर बैठ उस मंच पर चढ़ा, उसी समय बड़ा तूफान आ गया। सुलतान हाथी सहित मंच से गिर गया और मर गया, हो सकता है कि बेटे ने बाप को मारने के लिए कोई षड्यंत्र रचा हो, या औलिया की बद्दुआएँ भी सुलतान को असर कर गई हों। लेकिन जहाँ मंगोलों से लड़ते-लड़ते सुलतान कठोर हो गया था वहीं उसने साहित्यकारों, कवियों को सम्मानित भी किया था, अमीर खुसरो औलिया का शिष्य होने पर पैसे न पाया, ऐसा उदाहरण उस काल में पहला ही था।

मुहम्मद-बिन-तुगलक

1325 ई. में बिना किसी विरोध और विद्रोह के मुहम्मद-बिन-तुगलक ने दिल्ली की गद्दी को सँभाला। इसका मुख्य काम जीते हुए प्रदेशों को मजबूत व संगठित करना था और केंद्रित शासन बनाना था। इन दोनों ही कार्यों में वह विफल रहा। जब उसकी मृत्यु हुई उस समय अलाउद्दीन के द्वारा विजित क्षेत्र भी उसके प्रभाव से निकल रहे थे, खिलजी द्वारा बनाए गए ग्राहक राज्य भी सफल नहीं हुए, सीधे केंद्र से शासन करने का प्रयास भी कोई अच्छा परिणाम नहीं दे पाया।

सामंती शासन भी पहले के शासकों ने प्रयोग में लिया था, जब कभी मुस्लिम शासकों को विरोधियों से खतरा होता तो वे एक हो जाते, लेकिन सूबेदारों के स्वतंत्र होने का खतरा बना रहा। मुहम्मद-बिन-तुगलक आर्थिक व्यवस्था सुधारने के लिए अनेक प्रयोग करना चाहता था, लेकिन उसमें भारी धन की आवश्यकता थी, दक्षिण से लूट भी अब धन को नहीं ला सकती थी, क्योंकि वह पहले ही बहुत हो चुकी थी, अतः वह खेती से धन को इकट्ठा करना चाहता था। वह जमीनों को अधिक-से-अधिक दामों पर देना चाहता था, इसके लिए जब समय आया तो उसके विरुद्ध विद्रोह हो गए।

पहले के सुलतानों की दास व्यवस्था नौकरों और अफसरों को बाँधे रखने में सहायक थी। इससे तुर्की कबीलों में एकता बनी रहती थी। लेकिन मुहम्मद के चरित्र में सबको एक रखने के गुण नहीं थे। अतः वफादारी के न होने के कारण पूरे भारत को केंद्र से शासित करने की इच्छा 200 वर्षों तक पूरी नहीं हो सकी।

मुहम्मद-बिन-तुगलक अलाउद्दीन खिलजी व बलबन से भिन्न था। वह विद्वान, साहित्य-प्रेमी, विज्ञान के प्रति सम्मान रखने वाला, कवि-प्रेमी, और अपने समय का बड़ा ही सभ्य शासक था, उसके विचार अपने समय से कहीं आगे थे, वह उनको लागू करना चाहता था जो होते नहीं थे, उस कारण उसे बड़ा क्रोध आता था और वह बड़ा कठोर व क्रोधित होता गया, इसी कारण उसका साम्राज्य टूट रहा था। उसने अनेक उपाय भी किए लेकिन वे सभी निष्फल हो गए, शासन करने का कोई उचित व सफल संगठन न होने के कारण उसका साम्राज्य बिखर गया।

सभी तुर्की और मंगोल राज्य जो अरबों और बैजेंटाइन साम्राज्यों के उत्तराधिकारी बने इसी कमजोरी का शिकार बने, विचार अच्छे होने पर भी उनको लागू करने की व्यवस्था नहीं थी। भारत में मुस्लिम शासकों ने हिंदू स्थानीय कर-व्यवस्था को बनाए रखा, लेकिन सत्ता का हस्तांतरण करने में वे सफल नहीं हुए।

मुहम्मद-बिन-तुगलक ने अपने विचारों को कार्यान्वित करने का प्रयास किया, लेकिन अफगान, मंगोल और नए सैनिक नेतृत्व के कारण तुर्कों के प्रति या शासक

के प्रति कोई वफादारी का भाव नहीं था। शासक का स्वयं का चरित्र और उसके तरीके बड़ी मात्रा में उसके विफलता के कारण बने।

जिया उद बरनी ने स्वयं शासक को देखा, लेकिन अगले शासक के समय ही कुछ लिखा। उसने काफी बंधन के बाद भी इस काल को काला अध्याय कहा है, इब्नबतूता ने शासन के विषय में अच्छी बात नहीं कही, सुलतान दो विरोधी गुणों का मिश्रण था, एक ओर अत्याचारी, कठोर तुर्क और मंगोलों के गुणों से ओत-प्रोत था, दूसरी ओर न्यायप्रिय था। नमाज नियम से पढ़ता था, लेकिन उसके महल के दरवाजों पर लोगों व भिखारियों की भीड़ रहती थी, दंड भी कठोर देता था। उसके अधीन दिल्ली, आगरा, तिरहुत, देवगिरि, वारंगल, लखनौटी, सतगाँव, सौन गाँव, ऊँच, सीसवान, समाना, लाहौर, कलानौर, हाँसी, गुजरात, मुलतान, मालवा, तेलंगाना, जाजनगर, द्वारसमुद्र, मद्रास, आदि थे। राजपूताना व होयसाला जो बाद में विजयनगर बना उसके आधीन नहीं थे।

गुरशप सुलतान का भतीजा था। उसने सुलतान के विरुद्ध बगावत कर वीर बल्लान द्वितीय के यहाँ शरण ले ली। बल्लाल ने उसे दिल्ली भेज दिया जहाँ सुलतान ने उसकी चमड़ी उतरवाकर उसके शरीर को पकाकर उसके परिवार को खाने के लिए भेज दिया, यह कठोरता को प्रकट करता था।

राजधानी को दिल्ली से दौलताबाद ले जाना

विद्रोह सुलतान के शासन के दूसरे वर्ष में हुआ था। अतः सुलतान को दक्षिण की ओर ध्यान देने की आवश्यकता पड़ी। 1327 ई. में बादशाह ने एक विशेष आदेश दिया जिसमें राजधानी को दिल्ली से देवगिरि (जो अब दौलताबाद कहलाता है) ले जाने के लिए कहा। बादशाह भारत के केंद्र में राजधानी बनाना चाहता था, यह आदेश प्रारंभ में अनिवार्य नहीं रहा, दिल्ली के लोग शहर नहीं छोड़ना चाहते थे लेकिन बाद में इस आदेश को अनिवार्य कर दिया और चाहे जो जिस हालत में हो उसे शहर छोड़ना ही था। कहते हैं कि शहर में कोई बिल्ली या कुत्ता भी नहीं बचा, क्योंकि बादशाह बार-बार शहर में देखने आता था। अतः शहर खंडहर में बदल गया, न व्यापार न खेती रही। लोगों को अनेक कठिनाइयों का सामना करना पड़ा, देवगिरि पूर्ण रूप से भारत के बीच में नहीं है, न ही वह दक्षिण में नियंत्रण के लिए उचित था, तो भी दक्षिण का कुछ भाग अवश्य ही जीता गया और वहाँ के शासन दूर दक्षिण की ओर चले गए, इसी बीच बहराम (कालू खान) जो ऊँच में गवर्नर था उसे आदेश मिला कि वह अपने परिवार को देवगिरि भेज दे। इस पर कालू खान ने विद्रोह कर दिया, दो दिन के लगातार युद्ध के बाद कालू खान को पकड़कर, सिर काटकर मुलतान के किले के बाहर लटका दिया गया। उसके बाद मंगोल अमीर त्रियाशरीन

ने पंजाब पर हमला कर दिल्ली तक लूट लिया, तथा बदायूँ भी लूटा, शायद बादशाह ने उसे खरीद लिया और दोआब पर कर लगाकर बहुत कर एकत्रित किया।

उस समय के इतिहासकार बरनी ने पूरे माहोल को बुरा बतलाया है। सुलतान खुरासान पर हमला करना चाहता था लेकिन पैसे के अभाव में वह ऐसा नहीं कर सका, और राजधानी भी दूर हो गई थी। उसे अमीरों का शासक भी कहा जाता था, उसने सोने और चाँदी के नए सिक्के भी बनवाए जो कीमत में पहले से अधिक थे। चीन में कुबलाई खान ने कागज के सिक्के चलाए थे, पहले मुहम्मद के सिक्के ताँबे और चाँदी के थे। लोगों, विशेषकर सुनारों ने घरों में इन सिक्कों को बना बाजार में फैला दिया। यह क्रिया तीन वर्षों तक चलती रही, बादशाह ने अपने सिक्कों को वापस ले लिया जिसका बड़ा विरोध हुआ। राजधानी को बदलना, कर बढ़ाना, मंगोल हमले, विद्रोह व सिक्कों को वापस लेने से साम्राज्य को अनेक कठिनाइयों का सामना करना पड़ा व साम्राज्य को हानि हुई।

विद्रोह

चीन पर हमले (खुरासान) को लोग सुलतान का पागलपन कहते हैं, लेकिन वास्तव में वह हिमालय के राज्यों के विरुद्ध अभियान था। 1337 ई. में पहले कॉगरा या नागरकोट को जीतने के लिए अभियान किया गया, यहाँ राजा ने समर्पण कर दिया, किला जीत लिया, दूसरे हमले में भी यह सोचा गया कि यह चीन के विरुद्ध हमला है। कुछ इतिहासकार कुमाऊँ पर हमले की बात कहते हैं (इब्नबतूता)। इसके विषय में एक मत नहीं है। जो भी हो कुमाऊँ के चाँद शासकों ने सुलतान की अधीनता मान ली, लेकिन भूमि पर अपने जानवरों को चराने की भी इजाजत ले ली। इसी बीच भारी वर्षा के कारण सुलतान की सेना अधिक कुछ नहीं कर पाई और कम ही सैनिक दिल्ली लौट पाए।

सुलतान का ध्यान दूसरे विद्रोह ने खींचा जो दक्षिण में हुआ। इब्नबतूता ने जलालुद्दीन अहसान की पुत्री से विवाह किया था, उसने 1334-35 में मालाबार में विद्रोह कर दिया। इसको दबाने के लिए स्वयं सुलतान दौलताबाद गया लेकिन उत्तर में भीषण सूखा पड़ने से यह अभियान न हो सका। यह सुलतान के विरुद्ध सफलता का पहला मौका था जिसका अनुसरण दूसरों ने भी किया। अहसान ने मदुरा में कुछ समय के लिए अपना वंश चलाया, लेकिन 1378 ई. में विजयनगर में होयसालाओं ने उसे जीत लिया।

प्लेग ने सुलतान की समस्याओं को और अधिक बढ़ा दिया। अतः वह वापस दिल्ली आ गया, नई कृषि नीति को लागू किया जिसमें अधिक दाम देने वाले को जमीन दी गई, लेकिन सूखे की मार 7 वर्षों तक चलती रही।

सुलतान दक्षिण में अहसान शाह को दबाने के लिए तैयारी कर रहे थे तभी यह अफवाह फैली कि सुलतान प्लेग से मर गया, इससे मलिक हुसंग ने दौलताबाद में विद्रोह कर दिया, इस विद्रोह को दबा दिया और उसे माफ भी कर दिया। यह सुलतान के कठोर तरीके के विपरीत था। हुलागू ने भी लाहौर के गवर्नर को मार दिया, लेकिन अहमद अजीज ने उसे भी दबा दिया। 1331 ई. में भी बंगाल में गयासउद्दीन बहादुर ने विद्रोह किया, उसे पकड़कर उसके शरीर में भूसा भर सारे शहर में घुमाया गया। 1333 ई. में इब्नबतूता दिल्ली आया, उसने देखा कि दिल्ली खाली है, सुलतान विदेशी लोगों का बड़ा आदर करता था, उसके मना करने पर भी इब्नबतूता को शहर का काजी बना दिया और खाली किला (सीरी) भी उसे दे दिया। खलीफा के पड़पौत्र अल-मुस्ताक की जो नाममात्र का खलीफा था, कायरों में रहता था वहाँ अपने दूत भेजे, इसी बीच एक अन्य व्यक्ति गयासुद्दीन खलीफा का रिश्तेदार बन दिल्ली आ गया। सुलतान ने उसे बहुत साधन देकर कनौज की रियासत भी दे दी, वास्तव में इन बहानों से सुलतान जनता को भटकाना चाहता था, वह काल कट्टरपंथियों का था, धर्म के नाम पर जनता बहक जाती थी, धर्म के नाम पर जो भी कार्य सुलतान करता था जनता उससे संतुष्ट हो जाती, अपने कष्ट भूल जाती थी।

कायरों द्वारा भेजे गए दूत खलीफा का आदेश व झोपड़ा लेकर वापस आए उन्हें बड़ा आदर-सम्मान दिया गया। कुतबे में खलीफा का नाम भी सभी मस्जिदों में पढ़ा जाने लगा।

दिल्ली की वापसी

सुलतान दौलताबाद से आने के बाद नए लोगों से शहर को बसाने लगा, अपने साम्राज्य के अनेक भागों से लोगों को बुलाया, दोआब अभी भी सूखे से पीड़ित था, सुलतान ने तकावी (एक प्रकार की आर्थिक सहायता) देकर लोगों को कुएँ खोदने, बीज लेने व खेती के औजार खरीदने के लिए दी। लोगों को खाने के लिए अनाज भी दिया गया। कारा के पास उपजाऊ जमीन पर भूखे लोगों को बसाया। यहाँ वे 7 वर्षों तक रहे। इसे सुलतान ने "स्वर्ग द्वार" के नाम से बसाया। जनता को अधिक-से-अधिक खेती करने के लिए प्रोत्साहन दिए गए, सेना में विदेशियों मंगोल, अफगान और परसियन को भर्ती किया गया। लेकिन इन लोगों का शासन के प्रति वंशानुगत लगाव नहीं था।

जमीनों व पट्टों का बाँटना भी कोई लाभकारी नहीं हुआ। इससे असंतोष व भ्रष्टाचार ही फैला, नुसरत खान को विदर की रियासत दे दी। वह पैसा नहीं दे

सका और उसने विद्रोह कर दिया, लेकिन उसे जीतकर माफ कर दिया, इसी प्रकार निजाम मियाँ कारा ने भी विद्रोह किया, अवध के आइन-उल-मुल्क ने उसे पकड़ कर उसे जीवित रहने तक कोड़े मारे गए, इसी प्रकार अलीशाह ने जो कर वसूलने वाला अधिकारी था, उसने भी विद्रोह कर दिया, उसे गजनी भेज दिया जो बिना इजाजत के वापस आ गया, उसे मार दिया गया। इसी तरह बंगाल में फकदउद्दीन ने भी विद्रोह किया।

सबसे कठिन विद्रोह आइन-उल-मुल्क मुलतानी का हुआ। वह अवध का सबसे विश्वासपात्र गवर्नर था, उसने सुलतान को दोआब के सूखे से बचाया था, लेकिन सुलतान के कठोर व्यवहार व सुलतान के उसके प्रति विश्वास कम होने के कारण उसके भाई ने सुलतान के कारवाँ को घेर लिया, इस समय सुलतान कारा से दिल्ली लौट रहा था, उसके पास सैनिक भी कम थे। सुलतान ने अमरोहा, बारन, कोल और समाना से सैनिक लेकर कन्नौज के कैंप में आकर आइन-उन-मुल्क को पुराने वफादारी के कारण छोड़ दिया।

इसी समय उत्तर में एक और विद्रोह हो गया, मलिक शाहू लोधी, लाहौर के गवर्नर को मारकर शहर पर कब्जा कर बैठा, जब उसे पता लगा कि सुलतान स्वयं आ रहा है तो वह सिंध नदी पार कर दूसरी ओर भाग गया, इसी तरह राजपूतों और जाटों ने भी समाना और सानाम में विद्रोह कर दिया, ये रास्ते में राहगीरों को लूटते थे और कर भी नहीं देते थे। इन्हें पकड़कर दंड दिया गया, कुछ को दिल्ली भेज उनका धर्म बदलकर मुसलमान बना दिया, उन्हें बची हुई दिल्ली में बसा दिया गया, लेकिन अकाल अभी बढ़ ही रहा था, लोग दूसरे लोगों को मारकर खा रहे थे।

1342 ई. तक सुलतान विद्रोह को तो दबाने में सफल हो गया लेकिन लोगों का विश्वास नहीं जीत सका। उसकी नीति का विरोध होने लगा, उसके प्रति अविश्वास जागृत होने लगा। यहाँ तक कि इब्नबतूता भी वापस अपने वतन जाना चाहता था। सुलतान ने उसे चीन का राजदूत बनाया व हजार सैनिक उसके साथ भेजे। रास्ते में हिंदू लोगों ने उसे लूट लिया, वह पिकिंग पहुँचा, वहाँ का मंगोल खान अपने भाई के विरुद्ध लड़ाई के लिए जा रहा था, अतः इब्नबतूता वापस हिंदुस्तान आ गया, वह मदुरा आया जहाँ उसकी पत्नी का रिश्तेदार शासक था, वह बड़ा ही अत्याचारी था, यहाँ इब्नबतूता अपनी हरनाशाव जो पवित्र थी व बेटी को छोड़ अपने वतन तांगीर चला गया, वह भारत में 1333 ई. से 1342 ई. तक रहा, उसने अपने मिशन के फेल होने पर सुलतान को कुछ नहीं कहा, पता नहीं उसकी पत्नी और बेटी का क्या हुआ।

दक्षिण

1334-35 ई. में दक्षिण में अहसान शाह विद्रोह का पहला चिह्न था। 1336 ई. में बुका और हरिहरा दोनों भाइयों ने विजयनगर की नींव डाली थी, 1328 ई. के मुस्लिम आक्रमण से वे बच गए थे। वे अनागौंडी के जंगलों में छुप गए थे, लेकिन पकड़े गए और दिल्ली भेज दिया जहाँ इन्होंने सुलतान को कर देना मंजूर किया उन्हें छोड़ दिया गया, यह भी मानना है कि पहले उन्होंने इस्लाम भी स्वीकार किया था।

तेलंगाना के राजा कृष्णा नायक के पुत्र प्रताप देव ने हरिहरा और वीरवल्लाला चतुर्थ के साथ हिंदू दक्षिण को मुसलमानों से मुक्त कराने का बीड़ा उठाया।

मदुरा के सुलतान ने वीरबाला चतुर्थ को हरा दिया और मार दिया, लेकिन हरिहरा का विजयनगर बचा रहा। सुलतान मुहम्मद ने कुतुलक खान को बुलाकर कठोरता से कर वसूलने को कहा। उसने अनेक कर इकट्ठा करने वाले अफसरों को बुलाकर मार दिया, इससे विद्रोह बढ़ गया, सुलतान स्वयं दक्षिण गया, नर्मदा, बड़ौदा में विद्रोहियों को मारा गया। मलिक तागही, जो एक तुर्की था, विद्रोह कर अनेक स्थानों पर कब्जा कर लिया, सुलतान बड़ौदा पहुँचा, दूसरी ओर अनेक स्थानों पर सुलतान के विरुद्ध विद्रोह हो गया।

जफर खान ने दौलताबाद के खजाने को लूटा, 1357 ई में वह अल्लाउद्दीन बहमन शाह के नाम से बहमनी सल्तनत का मालिक बना। गुजरात में विद्रोह को दबाने के बाद सुलतान सिंध में मलिक तागी को दबाने के लिए गया, वह थक गया था लेकिन उसका हौसला बड़ा मजबूत था, लेकिन थाता (कराची) 1351 के आरंभ में 26 वर्षों तक शासन करने के बाद उसकी मौत हो गई।

संस्कृति व व्यक्तियों की दशा

लोगों के जीवन का अप्रत्यक्ष ही उल्लेख मिलता है, यह भी नहीं मालूम कि हिंदू किस प्रकार से व्यवहार करते थे, मिथिला और बंगाल में संस्कृत साहित्य 14वीं सदी में भी पढ़ा जाता था।

भक्ति संप्रदाय, जयदेव, रामानंद आदि के ग्रंथ चाव से हिंदू पढ़ते थे, ब्राह्मणों पर जजिया हटा दिया था, सुलतान ने सतीप्रथा को समाप्त करने का अवश्य प्रयास किया, दिल्ली में सिल्क, कपड़े आदि बुनने के कारखाने लगाए गए। शाही डाकघरों का चलन शुरू हुआ। राज्य की व्यवस्था के लिए अफसरों को नियुक्त किया गया था लेकिन उनके भ्रष्ट होने के अवसर भी थे। दासों की संख्या बहुत थी, सुलतान के ही पास दो हजार दास थे। उन्हें बाजार में भी बेचा जाता था, सेना अधिकतर घुड़सवारों की थी जो तुर्की थे। हाथी भी सेना में प्रयोग में लाए जाते थे। सैनिकों को वर्दी, राशन व पाँच सौ टका दिया जाता था, बारूद का भी प्रयोग होता था। हिंदू

और मुसलमान साथ-साथ रहते थे, लेकिन मौलवी नहीं चाहते थे कि मुसलमानों का मेल हिंदुओं से ज्यादा हो, इस्लाम को संस्कृति, भाषा, साहित्य और आदतों का प्रभाव हिंदुओं पर होना प्रारंभ हो गया था। इस काल की इमारतें चाहे वे किले हों, मस्जिद हों, मीनार हों, शहर हों, तुर्की प्रभाव से बनाए गए थे, सीरी, तुगलकाबाद, जहाँपनाह के महल सभी को जोड़ दिया था, सुलतान स्वयं एक अच्छा साहित्य-प्रेमी था, उसके शासन में बदर-ए-चाय, (कवि) मीर हसन देहलवी, जीआ-उद-दीन बरनी, इब्नबतूता जैसे लोग थे। शिक्षा का माध्यम अरबी व फारसी था, लेकिन बनारस में हिंदू संस्कृत में भी पढ़ते थे। सभी स्थानों पर इस्लाम का ही प्रभाव था।

फिरोजशाह

मुहम्मद ने थाता (कराची) में मरने से पहले अपने भतीजे फिरोजशाह को अपना उत्तराधिकारी बना दिया था। जब वह गद्दी पर बैठा उस समय वह 45 वर्षों का था, उसका पिता गयासुद्दीन तुगलक का भाई था। उसकी माँ पंजाब के भाटी राजपूत हिंदू की बेटी थी। मुहम्मद-बिन-तुगलक बिना पुत्र का था, अतः ख्वाजा जहान ने दिल्ली में एक छोटे लड़के को मुहम्मद का बेटा करार दे दिया। इधर थाता में वह सेना की इच्छा को नहीं मानना चाहता था, तभी खुरासान के मंगोलों ने उस पर हमला कर दिया, जिसे उसने दबा दिया। उसकी माँ अवश्य हिंदू थी, लेकिन उसने जजिया को पुनः लगा दिया, उसके अनेक हिंदू व मुस्लिम महिलाओं से बच्चे थे, वह एक कट्टर मुसलमान के समान व्यवहार करता था, लेकिन उसने मलिक मकबूल को मंत्री भी बनाया जो परिवर्तित हिंदू था।

बंगाल और दक्षिण के विद्रोहों को वह दबा नहीं सका। उसने कर को ठीक करने के लिए मुहम्मद के द्वारा लगाए गए 23 करों को हटा दिया, व कृषि के प्रति विशेष ध्यान दिया। आंतरिक कर व्यापार से हटा दिए। उसने चार बड़ी सिंचाई के लिए नहरें बनवाईं, एक पुरानी जमुना नहर आज भी मौजूद है जो दिल्ली को पानी देती है। तालाब व बड़े बाँध बनवाए, दोआब में कृषि की बढ़ोत्तरी हुई। दिल्ली के चारों ओर बाग लगवाए, खाली भूमि पर खेती शुरू हुई, सिंचाई-पानी पर कर लगाया, पुल बनवाने से संचार साधन बढ़े, गरीब मुसलमानों को लड़कियों के विवाह के लिए दान दिया, अस्पताल व मदरसे बनवाए, जहाँ इस्लामिक शिक्षा दी जाती थी। अधिक आयु होने के कारण उसके बेटे शासन में भाग लेते थे, इससे प्रशासन में कमी आई। उसने साम्राज्य को सूबे में बाँट दिया और उन्हें जागीर के रूप में दे दिया ताकि कर आसानी से इकट्ठा हो सके– गुजरात, कारा, कोल, जौनपुर, अवध, साहिला, ऐसे ही क्षेत्र थे।

उसने मृत्युदंड को समाप्त कर दिया। यह उसके मंत्री मलिक मकबूल की

सलाह से अधिक हुआ, जो ब्राह्मण था जिसे तेलंगाना से पकड़कर मुहम्मद काल में मुसलमान बना दिया था। उसकी सफलता का प्रमुख कारण था कि उसने मुहम्मद के जीते हुए क्षेत्रों को पुनः नहीं काबू किया। उसके पास इसके लिए न तो इच्छा थी न सेना, जो भी अभियान उसने किए वे बिना अच्छे सेनापति के किए। वह बिना वजह के मुसलमान खून नहीं बहाना चाहता था, न मुस्लिम महिलाओं को बेवा बनाना चाहता था, लेकिन 1359-60 ई. में जफर खान की प्रार्थना पर वह बंगाल के लिए चल पड़ा। रास्ते में गोमती के तट पर जौनपुर में उसने मुहम्मद बिन तुगलक की याद में यह शहर बसाया, वर्षा का समय होने पर हमला नहीं किया, संधि में जफर खान ने चालीस हाथी हर वर्ष दिल्ली को देने का वायदा किया जो पूरा नहीं हुआ। 1360 ई. में फिरोजशाह जाजनगर के राजा के विरुद्ध गया, राजा भाग गया, लेकिन जगन्नाथपुरी के मंदिरों की मूर्तियों को समुद्र में फेंक दिया। वापस आने के समय फिरोजशाह की सेना छोटा नागपुर के जंगलों में रास्ता भटक गई और 6 मास तक भटकती रही, अंत में अनेक कष्टों के बाद सेना दिल्ली पहुँच पाई। इस बीच मलिक मकबूल ने बड़ी कठिनाई से शासन को सँभाला। इसके बाद नगरकोट के राजा ने हमला किया जिसे दबाने में 6 मास लगे। अंत में राजा ने हथियार डाल दिए, ज्वाला देवी के मंदिर में फिरोजशाह ने प्रवेश किया और मंदिर के पुस्तकालय की एक हजार तीन सौ संस्कृत ग्रंथों को परसियन में अनुवाद करवाया।

1356 ई. में खलीफा अल मुतादिद ने फिरोजशाह को सुलतान स्वीकार कर साथ ही बहमनशाह को दक्षिण का सुलतान स्वीकार कर लिया।

1366 ई में दक्षिण में उत्तराधिकार के विषय में फिरोजशाह ने कोई रुचि नहीं ली, क्योंकि वह पहले ही बंगाल में उसका प्रभाव देख चुका था। 1362 ई. में जाम के विरुद्ध फिरोजशाह ने हमला किया, वह इसमें सफल न हो सका। दूसरे वर्ष पुनः हमला किया और दिल्ली लाया गया जहाँ उसने चार लाख टका वार्षिक देने की शर्त को माना।

फतह खान सीमा पर मंगोल से लड़ते हुए 1374 ई. में मारा गया, वह फिरोजशाह के लिए बड़ा धक्का था, दो वर्ष पहले उसका वजीर मलिक मकबूल भी मर गया था। अंतिम काल में उसके ही नजदीकी (मुहम्मद) ने विद्रोह किया। 1388 ई. में 83 वर्षों की 37 वर्ष के शासन के बाद उसकी मृत्यु हो गई।

वह एक कोमल हृदय शासक था, लेकिन इस्लाम के नियमों के अनुसार शासन करता था। वफादारी व्यक्तिगत होती है पारिवारिक नहीं, सूबेदारी भी अंत में शासन के लिए अभिशाप सिद्ध हुई, सेना में दासों पर निर्भर रहना महँगा पड़ा।

फिरोजशाह ने अपनी मृत्यु से पहले ही गयासुद्दीन तुगलक, द्वितीय, पोते को शासक घोषित कर दिया था, वह बड़ा ऐय्याश किस्म का शासक था। अतः 5

मास भी शासन नहीं कर पाया और मार दिया गया। उसके बाद उसका चचेरा भाई अबू बकर शासक बना। उसे भी मेरठ में 1390 ई. में 4 वर्ष बाद मार दिया गया। अब बार-बार दिल्ली पर हमले होने लगे, इसमें एक के बाद एक अल्लाउद्दीन सिकंदरशाह, मलिक सरवर जहां, आदि शासक बने, जौनपुर, पंजाब, मालवा, अवध, गुजरात आदि स्वतंत्र हो गए, दिल्ली का शासक बहुत कमजोर हो गया। एक समय में दो शासक– महमूद दिल्ली और नुसरत खान, फतह खान का पुत्र फिरोजाबाद, दिल्ली के शासक रहे। दो भाई इकबाल खान व मुकारब खानी ने मुकरब खान को मार दिया और नुसरत खान को दिल्ली से भगा दिया।

तैमूर

स्थानीय लड़ाइयों और छोटी-छोटी बातों के कारण तुगलक साम्राज्य समाप्त हो गया, साथ ही एक दूसरा खतरा भी आ धमका– वह था तैमूर। समरकंद से परसिया को, हिंदूकुश को, अफगानिस्तान को जीतता हुआ वह चुगताई तुर्क जो सीमा था भारत आना चाहता था, उसने अपने पौत्र पीर मुहम्मद को मुलतान जीतकर 1398 ई. में उससे मिल गया। वह हिंदुस्तान के सुलतानों से खुश नहीं था जो सुन्नी थे, लेकिन काफिरों, मूर्ति पूजकों को समाप्त नहीं कर सके थे, साथ ही वह धन भी लूटना चाहता था। खोखरों व भटनेर के राजपूतों को जीतता हुआ वह दिल्ली आ गया, पहले उसने एक लाख हिंदुओं को जिन्हें बंदी बना रखा था मार दिया, उससे लड़ने के लिए इकबाल खान और महमूह शहर से बाहर आए, लेकिन मुकाबला नहीं कर सके, अतः भाग गए। उल्मा व सैय्यद को कैद कर सारे शहर को कत्ल कर लूट लिया, बीमारी फैलने के डर से तैमूर सारा लूट का सामान ले, कारीगरों और शिल्पकारों को लेकर समरकंद गया, जहाँ उसने सोने का शहर बनाया जिसमें हिंदुस्तान की खुशबू है, लेकिन वह खुशबू अत्याचारों से भरी है। लोधी शासकों का राज्य प्रारंभ हुआ। अनेक सूबों में हिंदू राजा बन गए, 1413 ई. में अंतिम तुगलक बादशाह महमूद मर गया। अगले वर्ष खिजर खान ने दिल्ली पर कब्जा कर लिया।

संदर्भ

1. J.C. Powell-Price, *A History of India*, p. 135.
2. Ibid., p. 148.

12

सैय्यद और लोधी

यद्यपि सैय्यदों को 37 वर्षों तक राज्य मिला लेकिन उनका शासन उसी सीमा के भीतर ही रहा जो उनके पूर्व सुलतानों के शासन में था, बल्कि अनेक बार हमले करके भी उनकी भूमि कम हो गई। पंजाब में जशरथ, खोखरों का मुखिया स्वतंत्र हो गया, दोआब में स्थानीय मुस्लिम गवर्नर व हिंदू चीफ दिल्ली के शासन की प्रभुता को नाममात्र का मानते थे, वह भी जब उन पर ताकत का प्रयोग होता था। जौनपुर में शर्की मलिक बहुत शक्तिशाली हो गए थे। इटावा का राय जब चाहे स्वतंत्र हो जाता था, ग्वालियर के तँवर राजा भी अपने को उभार रहे थे। कोल और कटिहर के हिंदू राजाओं को पूर्ण रूप से आधीन नहीं कर पाए थे। दक्षिण पंजाब में समय-समय पर जशरथ हमले करता रहता था, मालवा में होशंग व गुजरात स्वतंत्र राज्य थे। खान देश फारुखी शासकों के अधीन बड़ी शक्ति बन गया था, मलिक नसीर ने असीरगढ़ के किले को हिंदू राजा से छीना था।

खिजर खान ने 1414 ई. में दिल्ली की हुकूमत को सँभाला लेकिन स्वयं को कभी सुलतान नहीं कहलाया, उसने तैमूर के उप-शासक के रूप में शासन किया, उसका पुत्र शाहरुख भी अपने को रैयत-ए-आला कहलवाता था। खिजर खान ने 7 वर्षों तक शासन किया जो सामंतों, मुस्लिम गवर्नरों तथा हिंदू राजाओं के विरुद्ध अभियानों में ही बीत गए।

उसके वजीर ताजुलमुल्क ने 1414 ई. में कटिहार के राजा हर सिंह के विरुद्ध सेना भेजी लेकिन वह कभी भी हारा नहीं, उसी तरह ओनला (बरेली) के जंगलों में विद्रोही छुप जाते थे, तराई के जंगलों में उन्हें शरण मिल जाती थी।

कंपीला, फरुखाबाद, जलेसर, सरहिंद, बदायूँ, इटावा, मेवात, सदैव दिल्ली के लिए सिरदर्द बने रहे, उनके विद्रोह को अनेक बार दबा दिया गया, लेकिन युद्ध हमेशा जारी रहा, 1421 ई. में ताजुलमुल्क की मृत्यु हो गई और 1422 ई. में खिजर खान भी मर गया।

मुबारक शाह

खिजर खान के पुत्र को मुज्जुद्दीन मुबारक शाह के नाम से गद्दी पर बैठा दिया, वह पहला सैय्यद सुलतान बना। वह अपने पिता के समान अच्छा सैनिक नहीं था, एक अच्छा राजनेता भी नहीं था। जिस प्रकार की स्थिति में था वहाँ एक अच्छे राजनेता की आवश्यकता थी, लेकिन फिर भी उसने अपनी स्थिति को देखते हुए अच्छा किया।

सबसे पहले उसने कश्मीर के राजा भीमा की सहायता से पंजाब के जसरथ को हराया। लाहौर के खंडहर शहर को पुनः मजबूत करके सीमा की रक्षा के लिए उपयुक्त बनाया। शाहरुख के बेटे (काबुल गवर्नर) शेख अली ने पुनः लाहौर जीतकर मुलतान को भी जीत लिया, इस्माइल खान लोधी इस युद्ध में मारा गया, अंत में 1432 ई. में शेख अली को पंजाब छोड़ने पर मजबूर किया और वजीर ने अपनी बेटी सुलतान से ब्याह दी तब जाकर पंजाब में शांति हुई।

1433 ई. में दोआब पर आक्रमण किया, यहाँ कई वर्षों से कटहर से कर नहीं वसूला था। मुबारक शाह ने हौशंगशाह को हराया, ग्वालियर को जीता इस समय बहादुर नाहिर की मृत्यु हो चुकी थी। जौनपुर के शासक इब्राहिम शाह को लौटने पर मजबूर किया। सरवर-उल-मुल्क जिसने पंजाब को जीतने में बड़ी सहायता की थी उसे दिल्ली बुला लिया। वह इस बात से नाराज था, एक षड्यंत्र रचा गया, जिसमें मुबारक शाह को 1434 ई. में मार दिया गया।

मोहम्मद शाह

सरवर-उल-मुल्क ने सुलतान के भतीजे जो उसका दत्तक पुत्र भी था। मोहम्मद शाह के नाम से गद्दी पर बैठाया और लूट का धन भी बाँट लिया। लेकिन गवर्नर इससे नाराज थे उसे एक षड्यंत्री मानते थे, अतः उस पर हमला बोल दिया, सरवर सीरी किले में छुप गया, सरवर को व उसके सैनिकों को भी मार दिया। इस बादशाह के काल में दिल्ली का शासन और भी कम हो गया। ग्वालियर, जौनपुर आजाद हो गए, मुलतान की यात्रा के बाद सुलतान दुराचार में डूब गया। धीरे-धीरे लोधी वंश के बहलूल लोधी, जो इस्लाम लोधी का भतीजा था, उसने सर हिंद की रियासत को लेकर आगे बढ़ा। उसने पंजाब को जीता लेकिन दिल्ली को कर नहीं दिया। मोहम्मद शाह की शक्ति पानीपत तक समाप्त हो गई। मेवाती हर रोज दिल्ली की दीवारों पर हमला करते थे, मालवा भी आजाद हो गया, बहलूल लोधी ने जसरथ और खोखरों से सुलह कर सुलतान पर प्रभाव डालना प्रारंभ किया, बड़ा धन लेकर सुलह की, अब वह अपने को सुलतान बहलोत कहलाने लगा। दिल्ली में स्थिति अति खराब हो गई, जब 1444-45 ई में मोहम्मद शाह की मृत्यु हुई। उस समय व्यक्ति दिल्ली के शासन की हद 40 मील तक रह गई थी।

आलमशाह

मोहम्मद शाह का पुत्र अलाउद्दीन आलमशाह के नाम से गद्दी पर बैठा। दो-तीन वर्षों तक शासन करने के बाद अपने अमीर व वजीरों की सलाह को न मानते हुए वह अपने अंतिम दिन बदायूँ में बिताना चाहता था, वह कभी फिर दिल्ली नहीं लौटा, दिल्ली की स्थिति बिगड़ती जा रही थी, अब सब अमीर बहलूल लोधी की ही स्थिति को सँभालने के लिए उपयुक्त मानते थे, उसे निमंत्रण दिया गया, उसने आलमशाह को पत्र लिखा कि वह स्थिति को सामान्य कर देगा, इस पर आलमशाह बड़ा खुश हुआ और उसने 1451 ई. में गद्दी छोड़कर बहलूल लोधी को दे दी। 20 वर्षों तक वह बदायूँ में ही एक छोटी-सी कोर्ट लगाता रहा और अंत में मर गया, वह सैय्यदों का आखिरी सुलतान था। आज भी उसका खंडहर महल व मजार बदायूँ में मौजूद है, 15वीं शताब्दी में ऐसा संभव नहीं था कि कोई बादशाह अपने आखिर के दिन शांति से गुजारे, लेकिन सुलतान ने इसे ही स्वीकारा था।

लोधी

बहलूल लोधी की सत्ता में कोई विशेष परिवर्तन नहीं हुआ, क्योंकि दिल्ली के राज्य की सीमा पूर्व में केवल चालीस मील तक रह गई थी, वह पहले भी पंजाब का गवर्नर था लेकिन अंतिम सैय्यद के मरने पर वह गद्दी का हकदार अवश्य बन गया।

बहलूल एक सैनिक था, वह पुनः दिल्ली की खोई हुई शोभा को लौटाना चाहता था, उसके साथ अफगान और दूसरे अमीर थे, बादशाह के शान-शौकत पर उसका कम ध्यान रहा, क्योंकि वह किसी को भी अपने विरुद्ध नहीं करना चाहता था, हमीद खान, आलमशाह का वजीर था, वह बहलूल लोधी को सत्ता में लाने में अमीरों का नेता था, बहलूल ने उसे कैद कर लिया और एक ही झटके में अपने होने वाले विरोधी और पद के लालची को समाप्त कर दिया।

उसने अब मुलतान को जीतने के लिए अभियान छेड़ा, जो अभी तक बलूची सरदारों के पास था, लेकिन रास्ते में ही खबर मिली थी जौनपुर के शासक ने हमला कर दिया, वह दिल्ली लौटा और मुलतान बाबर के काल तक बिचौलियों के कब्जों में ही रहा। लेकिन बहलूल के आने पर व संभल के नबाव दरमा खान के साथ देने पर जौनपुर का शासक वापस चला गया लेकिन, गंगा की घाटी में बहलूल दो शासकों को नहीं चाहता था।

बहलूल ने अब धीरे-धीरे दोआब, मेवात, कोल, चादवार, इटावा को अपने कब्जे में कर लिया, 1485 ई. में जौनुपर की गद्दी के लिए, 1485 ई. में मुहम्मद व हुसैन के बीच गद्दी के लिए झगड़ा हुआ। इसी समय मुहम्मद की मृत्यु हो गई, हुसैन गद्दी का मालिक हुआ, उसकी पत्नी, अंतिम सैय्यद शासक की पुत्री थी जो दिल्ली

को वापस लेने के लिए आग्रह कर रही थी, लेकिन उसके पिता व पति इसके लिए तैयार नहीं रहे। 5 वर्षों तक शांति बनी रही, लेकिन 1473 ई. में बहलूल जब पंजाब में था उस समय हुसैन ने अन्य अमीरों गवर्नरों, राजाओं के साथ मिलकर बहलूल की सीमा पर हमला कर दिया, बहलूल का सेनापति हार गया संधि हुई, लेकिन युद्ध में कुछ क्षेत्र बहलूल ने जीत लिया, हुसैन के हरम को भी पकड़ लिया लेकिन उन्हें बाद में छोड़ दिया। जैसे ही हुसैन संधि के बाद लौटा तो बहलूल ने हमला कर दिया, हुसैन की पत्नी व बेटी पानी में डूब गए, बहलूल ने कालपी, इटावा, जौनपुर जीत लिया, यद्यपि जौनपुर पुनः हुसैन ने जीत लिया, बहलूल ने उसे दोबारा जीतकर अपने बेटे बारबक शाह को शासक बनाया, क्योंकि वह किसी दूसरे पर विश्वास नहीं करता था, जब वह दिल्ली लौट रहा था रास्ते में बीमार हो गया और 1488 ई. में उसकी मृत्यु हो गई थी।

बहलूल लोधी एक अच्छा सैनिक था, वह एक अफगान था, इसीलिए वह सभी अफगानों को समान समझता था, कभी शासक होने का भेद नहीं दिखाता था, वह कट्टर मुसलमान भी था, कठोर होते हुए, जौनपुर की बेगम जलीला पर उसने दया दिखाई थी। लेकिन उसकी सेना कमजोर थी वह तुर्कों व मंगोलों के समान नहीं थी, जो भी क्षेत्र उसने जीता केवल उसी को सँभाले रखा व नए क्षेत्रों की न तो इच्छा की न साधन थे। उसका अधिक समय युद्धों में ही व्यतीत हुआ। उसके पास सरकार चलाने के कोई नीति नहीं थी।

जौनपुर

यह दिल्ली के समान एक अलग संस्कृति का केंद्र बन गया था, यहाँ आज भी तुर्की और मुगल कला के नमूने मिल जाएँगे, यह संस्कृति का केंद्र अवश्य रहा लेकिन राजनीति का केंद्र न बन सका, क्योंकि दिल्ली और पूर्व से दोनों से दूर था, इसके शासकों ने दिल्ली को जीतने के प्रयास अवश्य किए लेकिन वे सफल नहीं हो सके। अन्यथा वे इस सूबे को छोड़ दिल्ली को ही अपनी राजधानी बनाते।

तैमूर के हमले के बाद जौनपुर का बड़ा विकास हुआ, यह सांस्कृतिक केंद्र, विद्वानों, साहित्यकारों, कलाकारों व पुस्तक प्रेमियों का केंद्र बन गया। बड़े-बड़े आलिम और दिल्ली से भागे हुए शाही परिवारों के लोग भी यहाँ शरण लेते रहे थे। पूर्व के सभी भागों को यहाँ से शासित किया जाता रहा, बाद में यहाँ के सूबेदार अपने को अलग शासक मानने लगे।

तुगलक वंश का आखिरी शासक जब मालवा और गुजरात में शरण के लिए दौड़ रहा था, उस समय दिल्ली में कोई शासक नहीं था उसने सैय्यद वंश के खिजर

खान को गोद लेकर सैय्यद वंश चलाया। वह बाद में शमसुद्दीन मुबारक शाह के नाम से सुलतान बना।

मुबारक शाह

नए शासक ने अपने अलग सिक्के ढाले, यह शासक की स्वतंत्रता का चिह्न होता है। दिल्ली से वजीर इकबाल खान ने उसको दबाने को दो बार हमले किए पहला हमला 1401 ई. में हुआ, मुबारक शाह ने उसे कन्नौज के परिचय में रोक दिया, दूसरा हमला महमूद तुगलक ने 1402 ई. में स्वयं किया, लेकिन वह मर गया, अब उसके छोटे भाई इब्राहिम ने शासन सँभाला।

इब्राहिम शाह (जौनपुर)

महमूद तुगलक, इकबाल खान के फंदे से छूटना चाहता था, इसके लिए इसने इब्राहिम शाह से पहल की, लेकिन इब्राहिम शाह ने उसे महत्त्व नहीं दिया। संधि होने पर कन्नौज दिल्ली के पास ही रहा, बाद में जब इकबाल खान खिजर खान के साथ लड़ाई में मारा गया, उस समय इब्राहिम शाह ने कन्नौज को हासिल करने का प्रयास किया, उसने खिजर खान की बेटी से विवाह कर लिया, 1407 ई. में वह दिल्ली की ओर बढ़ा, रास्ते में संबल व बरान को जीतता जब यमुना पर पहुँचा तो उसे खबर मिली कि मुजफ्फरशाह गुजरात से आकर मालवा के हौशंग शाह को हरा दिया और अब जौनपुर की ओर बढ़ रहा है। अतः उसे वापस आना पड़ा। कालपी को जीतने का अरमान अधूरा रह गया, लेकिन बंगाल के राजा गणेश को सुधारने की धमकी दे दी।

उसके ससुर सैय्यद खिजर खान ने 1414 ई. में दिल्ली की गद्दी को सँभाला, इससे 15 वर्षों के लिए जौनपुर को राहत मिल गई। अब यहाँ मशहूर सूफी, कवि, साहित्यकार, कलाकार आ गए, अटाला मस्जिद, मदरसे, जामा मस्जिद आदि बनाए गए, जौनपुर उस समय भारत का सिराज कहलाता था।

खिजर खान की मृत्यु के बाद पुनः दिल्ली और जौनपुर के बीच लड़ाई शुरू हो गई, 1427 ई. में इब्राहिम शाह ने मुबारक शाह के विरुद्ध युद्ध छेड़कर इटावा को जीत लिया, लेकिन मुबारक शाह की बेटी का विवाह इब्राहिम शाह के बेटे मुहम्मद से होने पर संधि हो गई, लेकिन यह 1435 ई. तक ही रही, कालपी दोनों के बीच एक महत्त्व का सवाल रहा। हौशंग शाह व मुबारक शाह दोनों ही कालपी को लेना चाहते थे। हौशंग शाह अब जौनपुर की ओर बढ़ा, 1440 ई. में इब्राहिम शाह की मृत्यु हो गई, और मुबारक शाह का वध हो गया, अब जौनपुर के हमले का भी अंत हो गया।

महमूद

वह मालवा के शासक महमूद खिलजी से कालपी के मुद्दे पर उलझ गया। झगड़ा नासिर खान को वापस करने पर सुलझ गया, जिस पर यह दोष था कि वह मुस्लिम महिलाओं के साथ दुर्व्यवहार करता था, इसलिए महमूद ने महिलाओं का पक्ष लिया। उसने उड़ीसा पर हमला कर वहाँ से बहुत सारा धन लूट लिया, 1460 ई. में उसकी मृत्यु हो गई। अपने पिता के समान ही उसने जौनपुर को शिक्षा, कला, इमारतों को बनाने में बड़ा सहयोग दिया। लेकिन लोधी के हमले में वह अधिकतर नष्ट हो गया। मुहम्मद दलामू भाग गया, वहाँ उसे पकड़कर मार दिया।

हुसैन शाह

वह 1469 ई. में सार्की वंश का अंतिम शासक बना। जालीला बीबी या खानजा बीबी उसकी पत्नी थी जो आलम शाह की बेटी थी। उसी के प्रभाव से दिल्ली और जौनपुर के संबंधों में कटुता आई। वह लोधियों के कार्यों को दखलअंदाजी मानती थी। ग्वालियर का राजा मान सिंह व उसका पुत्र किरत सिंह हुसैन के वफादार रहे। हुसैन जब बंगाल भागा तो बहलूल लोधी के बेटे सिकंदर लोधी ने जौनपुर की अटाला मस्जिद छोड़ सभी स्मारक तोड़ दिए। हुसैन 1500 ई. तक भगोड़ा ही रहा।

सिकंदर शाह

बहलूल लोधी की मृत्यु से उत्तराधिकारी की समस्या बढ़ गई, उसका पहला बड़ा बेटा बारवाक शाह जौनपुर का शासक था, उसकी अधिक प्रतिष्ठा नहीं थी। दूसरा बेटा निजाम खान एक हिंदू सुनार की माँ से पैदा हुआ था, वह अधिक श्रेष्ठ था, अतः वह 1489 ई. में सिकंदर शाह के नाम से गद्दी पर बैठा।

जौनपुर के पतन के प्रभाव और अन्य विद्रोहों को उसने झेला। अमीरों में उसके प्रति घृणा का भाव था, जौनपुर में बारवाक एक था जिसे पहले कमजोर किया और फिर उसको अनेक शक्तियाँ दे दीं। बहलूल अपने अमीरों के साथ अच्छा व्यवहार करता था, उनके साथ सहज था। सिकंदर उनकी जायदाद को भी हड़प लेता था जौनपुर के हिंदू जमींदार बारवाक के लिए समस्या बने हुए थे, अतः सिकंदर ने उन्हें कमजोर कर अपने भाई बारवाक को बदल दिया।

बयाना भी विरोध-विद्रोह करता था, उसे कब्जा किया, ग्वालियर पर भी कब्जा किया, इसी तरह कालपी पर भी कब्जा किया, बिहार, तिरहुत को भी अपने अधीन किया। जौनपुर में कुछ समय रहने के बाद सिकंदर ने आगरा में अपना केंद्र बनाया। धौलपुर, बयाना, ग्वालियर को अपने आधीन किया। जहाँ भी वह गया वहाँ के मंदिर तोड़ वहाँ मस्जिद बना दी, मूर्तियों को तोड़ उनसे कसाइयों से मीट तौलने

को दे दिए। यह देखा गया है कि जो भी शासक हिंदुओं से पैदा हुआ वह बड़ा ही कठोर रहा, अपने पिता के पद चिह्नों पर चला। वह एक अच्छा कवि और लेखक था उसमें बीमारियों को ठीक करने के उपायों का अरबी व संस्कृत ग्रथों से परसियन में अनुवाद कराया।

इब्राहिम शाह लोधी

इब्राहिम के भाई इब्राहिम शाह में वह योग्यताएँ नहीं थीं, इसलिए अफगान अमीर उसके काबू के बाहर हो रहे थे। फारमूली, लोधी और लोहानी इनमें प्रमुख थे। उसका चाचा जलाल जौनपुर में उस समूह का नेता था। जलाल पर इब्राहिम शाह ने हमला किया जो भागकर कालपी गया वहाँ से ग्वालियर, अंत में गौड़ क्षेत्र में पकड़ा गया। उसे हाँसी की कैद में मार दिया, ग्वालियर को भी अपने अधीन कर लिया। उसकी सीमा में बंगाल, पंजाब, मध्य भारत थे, लेकिन अमीर उससे नाराज थे। राजपूताने में राणा सांगा उसका बड़ा प्रतिद्वंद्वी था, दोनों एक-दूसरे से हारे व जीते भी थे। जब सिकंदर मरा तो उसका राज्य बड़ा था। इब्राहिम लोधी ने अफगानों को समाप्त करने का प्रयास अवश्य किया, लेकिन वह सभी में सफल नहीं हो सका, विद्रोह हो रहे थे, इसी समय पंजाब के गवर्नर दौलत खान ने बाबर से समझौता किया, जो तेजी से भारत की ओर हमला करता हुआ आ रहा था।

पानीपत के मैदान में इब्राहिम लोधी और बाबर की लड़ाई हुई, 18 अप्रैल, 1526 ई. को बाबर जीत गया, सदा के लिए लोधी वंश समाप्त हो गया, यह समय की कठिनाइयों व शासक की कमियों के कारण अधिक हुआ।

मूल मुस्लिम कबीले जो ट्रानशकसोनिया से आए थे, बाद में मंगोल और अफगानों की शक्ति होने के कारण संख्या में कम थे, उन्होंने अपनी शक्ति हिंदुओं को इस्लाम में परिवर्तित कर बढ़ा ली थी। भारी संख्या में हिंदू पद लेने के लिए भी धर्म परिवर्तन कर रहे थे, इन परिवर्तित हिंदुओं की औलाद कट्टर मुसलमान बनी, यह सभी जगह ऐसा हुआ जहाँ भी इस्लाम को फैलाया गया। यद्यपि धार्मिक स्थानों को भ्रष्ट किया गया, मंदिरों को तोड़ मस्जिद बनाई गई, तो भी हिंदू जीवन-पद्धति में कम हस्तक्षेप किया गया, भक्ति आंदोलन इसका बड़ा उदाहरण है। तुगलक साम्राज्य के पतन से अन्य मुस्लिम राज्यों का उदय भी हुआ था।

अध्याय के लिए विशेष साहित्य

1. ईश्वर टोपा, *पॉलिटिक्स इन प्री-मुगल टाइम्स,* किताबिस्तान, इलाहाबाद, 1938.
2. एडवर्ड थॉमस, *दी क्रोनिकल्स ऑफ दी पठांस किंग्स ऑफ दिल्ली,* लंदन, 1871.
3. जे. डी. रीस, *दी मोहमडंस* (1001-1761 ए. डी.), लाँगमैन्स, 1894.

4. श्याम बिहारी श्रीवास्तव, *ए क्रिटिकल स्टडी ऑफ दी एडमिनिस्ट्रेशन ऑफ जस्टिस डूरिंग मुगल रूल इन इंडिया, 1200-1526*, इलाहाबाद.
5. डोरन, *हिस्ट्री ऑफ अफगान्स, 1829-1836,* 2 पार्टस, लंदन.
6. ईश्वरी प्रसाद, *हिस्ट्री ऑफ दी कुरान तुर्क्स.*
7. होल्डिच, *इंडियन बॉर्डरलैंड.*
8. वुड, *अफगानिस्तान एंड दी पंजाब.*
9. "इब्राहिम लोधी रिस्पांसिबिलिटी फॉर दी डाउनफॉल ऑफ दी लोधी एंपायर", *इस्लामिक कल्चर,* वाल्यूम 19, 1945.
10. "इस्लामिक किंग्स ऑफ इंडिया", *इंडियन हिस्टोरिकल क्वार्टरली,* वाल्यूम 13, 1937, पेज 472.

13

मुगल शासक

बाबर 1526–1530 ई.

तैमूर के उत्तराधिकारी उसके बड़े साम्राज्य को अधिक समय तक अपने अधीन नहीं रख सके, उसका पौत्र अबू शेख बहुत छोटे राज्य का शासक रहा। उमर शेख मिर्जा फरगाना का ही शासक रहा, सारी जिंदगी वह अपने भाई के राज्य समरकंद को हथियाने में लगा रहा। 1494 ई. में उसका निधन हो गया था, उस समय उसका बेटा जाहिर-उद्दीन मुहम्मद (बाबर) 11 वर्ष 4 मास का ही था। बाबर को तुर्की में शेर कहते हैं उसका वंश तुर्की ही था। उसकी माँ मंगोल थी जो चुगताई खान के बेटे युनुस खान की बेटी थी, बाबर मंगोलों से घृणा करता था, लेकिन यह भी इतिहास की विडंबना है कि वह मुगल था, मंगोल वंश का भारत में संस्थापक रहा।

12 वर्षों तक बाबर तुर्की और परसिया में जो भी संभव था वह सीख सका, उसके बाद उसे पढ़ने का मौका नहीं मिला। एक अच्छा कवि, साहित्य-प्रेमी और कुशल सैनिक था। उसने अपनी आत्मकथा तुर्की भाषा में ही लिखी थी, उसकी कुछ कविताएँ रामपुर लाइब्रेरी में आज भी देखी जा सकती हैं। तुर्कों और मंगोलों में निर्दयता के जो लक्षण उन्हें घृणा के पात्र बनाते थे वे बाबर में बहुत कम थे, वह तुर्क और मंगोल दोनों वंशों के रक्त से था।

शरीर और सूरत से सुंदर व उदार मन का था। दो बार उसने समरकंद को जीता व हारा, अंत में शहवानी खान, उजबेक ने उसे खदेड़ दिया, अब यह शहजादा अपने लिए एक राजधानी की खोज में निकला और अपने सबसे कमजोर दुश्मन को हराने के प्रयास में लगा रहा। 1504 ई. में काबुल के लिए 14 वर्ष की आयु में निकल पड़ा। यहाँ उसने कंधार, गजनी को जीतकर अपनी खोई हुई राजधानी समरकंद को जीतने का पुनः प्रयास किया, लेकिन शहबानी ने उसके प्रयास को विफल कर दिया, 1507 ई. में वह भारत की ओर हो लिया। उसने अपने को बादशाह कहलाना पसंद किया, यद्यपि उजबेकों ने तैमूर के साम्राज्य को बहुत छोटा कर दिया था। यह उसके साहस व इच्छाओं का प्रतीक था। उसको एक नई सफावी

शक्ति ने भी बचा लिया, 1510 ई. में इस्माइल शाह सफावी ने परसिया पर हमला कर सेवानी को हराकर मार दिया था। सेवानी की उपेक्षित पत्नी खानजादा बाबर की बहन थी। ईस्माइल ने बाबर से समझौता कर उसे उदार दिल दिखाकर बाबर के पास भेज दिया और समरकंद को जीतने में बाबर की सहायता भी की। बाबर इस समय समरकंद शिया शासक का अधीनस्थ बनकर गया था जिसे सुन्नी पसंद नहीं करते थे, वे परसिया के काजलवासों के घेरे को भी पसंद नहीं करते थे, उसने शियाओं के लक्ष्य का विरोध न करने की भी कसम ली थी। 1511 ई. में बाबर तीसरी बार समरकंद में दाखिल हुआ। लेकिन परसिया के शाह के अधीनस्थ होने के नाते, उसने सिक्कों पर शाह का नाम भी छपवाने की शपथ ली जो शियाओं के लक्ष्य को बढ़ाती थी। यह सुन्नियों के लिए आपत्तिजनक था, अतः जब उजबेकों ने हमला किया तो सुन्नियों ने बाबर का साथ नहीं दिया, 1513 ई. में बाबर पुनः काबुल आ गया। अगले वर्ष सुलतान सलीम करीम, ओटोमन ने चालडिरन के युद्ध में शाह इस्माइल को हरा दिया। इस युद्ध में नए हथियारों और आयुध का प्रयोग किया गया, बाबर के जीवन में यह एक परिवर्तन लाने वाला अवसर था, उसने शीघ्र ही ओटोमन के उस्ताद अली को अपने साथ मिलाकर बारूद और नए हथियारों के प्रयोग को ग्रहण किया, इससे पहले बहमनी शासकों ने बारूद का प्रयोग किया था लेकिन वे बाबर की युद्ध कला के समान प्रखर नहीं थे। विफलताओं के बाद बाबर ने तैमूर के साम्राज्य को जीतने का अरमान छोड़ दिया और भारत की ओर आँखें गड़ा दीं, पंजाब को तैमूर के साम्राज्य को हिस्सा मानते हुए अपना अधिकार समझने लगा। 1519 ई. से पहाड़ी राजाओं और कबीलों को अधीन करने में लग गया, क्योंकि वे आक्रमणकारियों व उनसे रक्षा करने वाले दोनों के लिए एक बाधा बने रहे थे।

बाजौर और झेलम तक उसने कई हमले किए, अगले वर्ष खैबर दर्रे से नीचे आकर पेशावर को जीता जहाँ युसफजई कबीलों के योद्धा रहते थे। 1520 ई. में सिंध नदी को पार कर सियालकोट को जीता, इसी समय उसे समाचार मिला कि कंधार के अरगून उसके राज्य के लिए खतरा बने हुए हैं। उसे शाह इस्माइल, परसियस से भी डर था, अतः उसने शाह बेग अरगून के सिंध जाने के बाद कंधार को बिना किसी विरोध के 1522 ई. में कब्जा कर लिया। दिल्ली के अफगान बादशाह शाह इब्राहिम से उसका पंजाब का गवर्नर दौलत खान लोधी व अन्य अफगान अमीर नाराज थे। दौलत खान लोधी समझता था कि बाबर और इब्राहिम की लड़ाई में दोनों कमजोर हो जाएँगे और वह फैसला करा देगा तथा पंजाब का मजबूत गवर्नर बन जाएगा, कुछ अमीर इब्राहिम के चाचा आलम खान को गद्दी पर बैठाना चाहते थे। इब्राहिम की सेना ने दौलत खान को लाहौर से खदेड़ दिया,

1524 ई. में बाबर उसके बचाव में आया और इब्राहिम की सेना को हरा दिया और लाहौर को अपने अधीन कर लिया। दीपालपुर की सेना को मारकर उसके किले को भी अपने अधीन कर लिया, दौलत खान अब बाबर के साथ मिल गया, लेकिन जब यह पता चला कि वह षड्यंत्र कर रहा तो उसे कैद कर लिया। बाद में उसे छोड़ दिया, वह पहाड़ों पर भाग गया, अतः संधि भी समाप्त हो गई।

बल्ख में उजबेकों के हमले के कारण बाबर पुनः काबुल गया, इस बीच में दौलत खान और आलम खान ने मिलकर दिल्ली पर आक्रमण किया, इब्राहिम ने इस हमले को पूर्ण रूप से विफल कर दिया, आलम खान भाग गया, बल्ख और वदकषान से निकलकर बाबर भारत की ओर आया, नवंबर 1525 ई. लाहौर को पुनः दौलत खान से जीत लिया। उसके पास 12 से 20 हजार सैनिक ही थे। लेकिन वे मजबूत थे, दौलत खान को पकड़ लिया गया, उसे जब किले में सुरक्षित कैद में रखने के लिए लाया जा रहा था रास्ते में उसकी मृत्यु हो गई। बाबर अब इब्राहिम लोधी व राणा सांगा के विरुद्ध दिल्ली की ओर बढ़ा, पानीपत में इब्राहिम लोधी के एक लाख सैनिकों के सामने दस हजार बाबर के सैनिकों का सामना हुआ, बाबर ने अभी तक के युद्धों में जीत की सभी नीतियों को अपनाया, पानीपत शहर की ओर से इब्राहिम लोधी की सेना हमला न कर सकी तथा दूसरी ओर गहरी खाइयाँ खोदकर रास्ते में बड़े पेड़ डालकर बीच में सात हजार बैलगाड़ी खड़ी कर उनके बीच में बारूद से हमला करने वाली हल्की तोपों को लगा दिया, एक सप्ताह तक दोनों सेनाएँ एक-दूसरे के सामने खड़ी रहीं, 21 अप्रैल, 1526 को अफगान सेना ने हमला किया, बाबर ने हल्के तोपों से उनका मुकाबला किया, बाबर अपनी चाल और नीति में सफल रहा। इस युद्ध में पंद्रह हजार अफगान, इब्राहिम लोधी व विक्रमाजीत सिंह, ग्वालियर का राजा भी मारे गए, बाबर की जीत हुई। हुमायूँ पहले आगरा आ गया, वहाँ उसने बाबर का स्वागत किया, यहीं पर विक्रमाजीत सिंह का परिवार था जिसे सम्मान सहित रखा, उन्हीं से कोहिनूर हीरा भी मिला जो हुमायूँ ने बाबर को भेंट किया।

बाबर ने अफगानों के नेता इब्राहिम लोधी को अवश्य हरा दिया था, लेकिन अभी कई राजमंडल हिंदुस्तान में और थे, राजपूतों का राजमंडल राणा सांगा के आधीन बड़ा ही शक्तिशाली था। वह पृथ्वीराज चौहान के समान उदार भी नहीं था, अनेक युद्धों में भाग ले चुका था, वह स्वयं हिंदुस्तान का शासक बनने का स्वप्न देखता था। नासिर खान लुहानी और मारुफ फारमूली, अवध और जौनपुर में बड़ी शक्ति थे, बाबर व उसके सैनिक भारत की गर्मी से परेशान थे, स्वयं बाबर यहाँ के लोगों की संस्कृति, जीवन-शैली, खान-पान, स्नानघर आदि नहीं होने से, कानून, व्यवस्था, सिद्धांत न होने से प्रसन्न नहीं था, लेकिन यहाँ की कला, सोने व वर्षांत

में वातावरण से प्रभावित था, ये बाबर के विचार हो सकते हैं लेकिन सत्य नहीं था। उसने लूटा हुआ सोना-सिक्के सैनिक को दे दिए, कोहिनूर हीरा भी हुमायूँ को वापस दे दिया, सेना में जोश भरा। हुमायूँ ने दूसरे अफगान सैनिकों और अमीरों के साथ मिलकर, संभल, जौनपुर, कालपी, कन्नौज आदि को जीत लिया और आगरा आ गया।

राणा सांगा आगे बढ़कर बयाना पहुँचा, बाबर सीकरी पहुँच गया जहाँ उसने युद्ध की तैयारी की, सेना का मनोबल ऊँचा करने के लिए उसने नशे का त्याग करने की घोषणा की। सभी नशे के पदार्थ व साधन तोड़ दिए, जिहाद का आदेश दिया, राणा सांगा की सेना बहादुर थी, लेकिन जातिवाद और आपस के मतभेदों के कारण बाबर की सेना के मनोबल, बारूद, युद्ध-नीति का मुकाबला करने में सक्षम नहीं थी। 16 मार्च को बाबर आगे बढ़ा, तोपों से राणा सांगा की सेना को केंद्र से बाँटता हुआ आगे बढ़ा। राजपूतों ने बड़ी बहादुरी से बाबर की सेना का मुकाबला किया, लेकिन अंत में राणा सांगा घायल हो गया व युद्धक्षेत्र से अलग हो गया व मर गया, उसकी सेना लड़ते हुए मारी गई या भाग गई।

आगरा लौटने से पहले बाबर के सामने हसन खान मेवाती का खतरा था, हुमायूँ को काबुल भेजकर बदकषान की स्थिति को काबू में रखने के लिए भेजा। हुसैन खान लोहानी यमुना में डूबकर मर गया, और बाबर ने चंदवार और इटावा जीत लिया। उसकी सेना ने लखनऊ के क्षेत्र को भी जीत लिया। बाबर ने मेदनी राय के मालवा और चंदेरी पर घेरा डाल दिया, लेकिन इसी समय खबर आई कि लखनऊ का क्षेत्र पुनः अफगानों ने जीत लिया है। मेदनी राय का चंदेरी का घेरा चलता रहा, अंत में हिंदू रानियों ने जौहर कर लिया। 1528 ई. में बाबर कन्नौज को पुनः जीतता हुआ आगरा आ गया। उसे समरकंद की याद आती रही। उसने हुमायूँ को कामरान की मदद से उजबेकों को हराने का आदेश दिया। इधर महमूद बिहार में अपना प्रभाव जमा रहा था, चुनार के किले को 1529 ई. में घेर लिया, अतः बाबर को वहाँ जाना पड़ा। महमूद बिहार से बंगाल भाग गया, बाबर ने पीछा किया गंडक नदी पार करके, उसरत शाह के साथ संधि की, उसने मारुफ फारमूली को साथ मिलाकर अफगानों की शक्ति को तोड़ दिया।

बाबर सदैव हुमायूँ को ही अपना उत्तराधिकारी बनाना चाहता था, लेकिन उसे हुमायूँ पर शक भी था। अतः उसे आगरा बुला लिया, यहाँ हुमायूँ बीमार हो गया, बाबर ने अल्लाह से दुआएँ माँगी कि हुमायूँ ठीक हो जाए, अब हुमायूँ ठीक होकर कालिंजर के अभियान पर चला गया, दूसरी ओर बाबर बीमार होता चला गया, हकीमों ने बाबर को खाने में जहर दिए जाने की बात कही, लेकिन वह इब्राहिम

लोधी की माँ ने 4 वर्ष पहले दिया था। हुमायूँ वापस आगरा आया, बाबर ठीक नहीं हो पाया, उसने हुमायूँ को अपना उत्तराधिकारी बना दिया और कहा कि अपने भाइयों से कभी भी झगड़ा मत करना, जिसका पालन हुमायूँ ने जीवन-भर किया, 26 दिसंबर, 1530 को बाबर की मृत्यु हो गई।

इस बादशाह में आठ गुण थे– बड़े निर्णय लेना, उच्च कल्पना, विजय की कला, शासन की कला, जनता की समृद्धि, जनता पर अत्याचार नहीं करना, सैनिकों का दिल जीतना, न्यायप्रिय होना। पहले उसे चारबाग, आगरा में दफन किया जो अब रामबाग कहलाता है, शेरशाह के समय में उसके शरीर को काबुल ले जाकर दफन कर दिया गया, जहाँ आज भी उसका मकबरा है।

उसकी अल्प आयु में मृत्यु उसके गुणों को अधिक परखने का मौका नहीं देती, लेकिन उसके सैन्य कौशल का पाठ बाद तक आने वाले बादशाहों ने लिया। उसने अपने जीवन के 48 वर्षों में 36 वर्षों तक शासन किया, एक अवसर पर जब नौकरों ने उसे जहर दिया तब उन्हें हाथी के पैर से कुचलवा दिया, इसके अतिरिक्त वह कभी निर्दयी नहीं रहा, बड़ा उदार शासक था, अपने अमीरों, मंत्रियों को दिल्ली सुल्तानों के समान डराकर नहीं बल्कि आदर, प्यार व सम्मान से रखता था। बादशाह के सभी गुण उसमें थे। उसके एक मंत्री मीर बाँकी ने अयोध्या में राम जन्मभूमि पर बने मंदिर को तोड़कर एक मस्जिदनुमा ढाँचा बनाकर हिंदुओं के दिल को चोट पहुँचाई थी।

अध्याय के लिए विशेष साहित्य

1. ए.एस. बेवरिज, *मेमोरीज ऑफ बाबर,* तुजुक-ए-बाबरी।
2. जॉन ब्रिग्स, *राइज ऑफ दी मोहम्मडन पावर इन ईस्ट*।
3. आर.एम. केल्डिकोट, *दी लाइफ ऑफ बाबर,* 1844।
4. एस.एम. एडवड्‌र्स, *बाबर डायरिस्ट एंड डिस्पोट,* 1926।
5. इलियट एंड डॉसन, *हिस्ट्री ऑफ इंडिया एज टोल्ड बाय इट्स ओन हिस्टोरियंस*।
6. डब्लू. एरिकशन, *हिस्ट्री ऑफ इंडिया अंडर बाबर एंड हुमायूँ,* 1854।
7. ग्रेनार्ड फर्नाड, *बाबर, फर्स्ट ऑफ दी मुगल्स,* 1930।
8. हेग एंड बर्न (ईडी), *कैंब्रिज हिस्ट्री ऑफ इंडिया,* वॉल्यूम 4।
9. ईश्वरी प्रसाद, *ए शॉर्ट हिस्ट्री ऑफ मुस्लिम रूल इन इंडिया*।
10. एस. लेनपुल, *मेडिवल इंडिया*।
11. एस. लेनपुल, *बाबर,* 1899।
12. जी. ओझा, *हिस्ट्री ऑफ राजपूताना*।
13. जी. ओझा, *उदयपुर का इतिहास*।
14. एल.एफ. विलियम्स रुसब्रूक, *एन एंपायर बिल्डर : दी सिक्सटींथ सेंचुरी,* 1918।

15. जी.एन. शर्मा, *मेवार एंड द मुगल एंपायर*।
16. एस.आर. शर्मा, *ए बिबलियोग्राफी ऑफ मुगल इंडिया*।
17. एस.आर. शर्मा, *द मुगल एंपायर इन इंडिया*।
18. जेम्स टोड, *एनल्स एंड ऐंटीक्वटीज ऑफ राजस्थान*।
19. आर.पी. त्रिपाठी, *राइज एंड फॉल ऑफ द मुगल एंपायर*।
20. जकाउल्लाह : *तारीख-ए-हिंदुस्तान* (उर्दू में)।

हुमायूँ 1530 ई.—1556 ई.

मार्च 1530 में कालिंजर की एक पत्थर पर अपने पिता की मृत्यु से पहले ही हुमायूँ ने लिखवाया था "मुहम्मद हुमायूँ बादशाह-ए-गाजी"। उस समय वह 23 वर्ष की आयु का था। अनेक युद्धों में सफल सेनापति रहा, अच्छा प्रशासक भी था, केवल बदकषान को छोड़कर, बाबर भी उसको अपना उत्तराधिकारी बनाना चाहता था, लेकिन हुमायूँ की इच्छा थी कि वह जल्द शासक बने, वह अफीम बहुत अधिक खाता था, बाबर ने उसे अनेक अवसरों पर ऐसा न करने को भी कहा था।

बाबर उसके लिए एक बड़ा साम्राज्य छोड़ गया था। उत्तर-पश्चिम में बल्ख और बदकषान, जहाँ उसका भतीजा गवर्नर था। कामरान, काबुल, गजनी, कंधार बाद में पंजाब और मुल्तान भी उसके आधीन रहे, सिंध में अरगुन के आधीन था, अलवर, धौलपुर, ग्वालियर, कालपी, कालिंजर, बनारस, जौनपुर, उसके ही आधीन थे, पूर्वी बिहार जलालुद्दीन शाह के आधीन था, शेरशाह उसका मंत्री था। जलालुद्दीन ने बाबर के विरुद्ध नुसरत शाह का साथ दिया था, लेकिन शेरशाह ने ऐसा नहीं किया और अपने पिता की रियासत सासाराम चला गया, विवाह में उसे चुनार भी मिल गया था।

इब्राहिम लोधी के बाद महमूद लोधी अफगानों का सरदार बन गया था उसने मुगल शासन की आधीनता स्वीकार नहीं की थी। वह अफगानों के शासन की आशा बना हुआ था। बाबर की मृत्यु के समय हुमायूँ कालिंजर के घेरे को छोड़कर आ गया था। अतः अब वह 1531 ई. में पुनः पूरा करना चाहता था, लेकिन इसी बीच में बहादुरशाह ने मालवा को अपने क्षेत्र में जोड़ लिया। इसी बीच कालिंजर के राजा ने बड़ा धन देकर अपनी रक्षा की। हुमायूँ ने भी इसे स्वीकार किया, बिहार में लोधी, अवध में अफगानों ने विद्रोह किया हुआ था। अतः जौनपुर के नजदीक हुमायूँ ने अफगानों को हराया, शेरशाह बिहार चला गया, हुमायूँ अब बहादुरशाह से लड़ने के लिए गुजरात गया और 1533 ई. में आगरा आया। कामरान को पंजाब भी दे दिया, अभी तक दोनों के संबंधों में कोई खटास नहीं थी। आगरा आकर हुमायूँ मौज-मस्ती

में डूब गया, दूसरी ओर उसकी माँ माहम बेगम का निधन हो गया, वह तैमूर वंश से थी, बाबर और हुमायूँ दोनों को अच्छी सलाह देती थी। दोनों पर उसका बड़ा प्रभाव भी था। हुमायूँ अब दिल्ली चला गया, यहाँ उसने दीनपनाह नाम का नया शहर बनाया जो स्थान अब पुराना किला कहलाता है। बहुत सारे साहित्यकार सुफावी, शिया, ईरान के शासन से तंग आकर यहाँ बस गए थे। इसीलिए मुगल शासन में ज्ञान, साहित्य और कला का बड़ा विकास हुआ। दीनपनाह की दीवार 9 मास में पूरी हो गई। अब हुमायूँ आगरा आ गया जहाँ उसने अपने भाई हिंदल का विवाह अपनी भतीजी से करा दिया और उल्लास में डूब गया। उसके दो भतीजों– मुहम्मद जामान व मुहम्मद सुलतान मिर्जा ने पहले हुमायूँ के विरुद्ध विद्रोह किया था, लेकिन उन्हें माफ कर दिया था, अब उन्होंने पुनः विद्रोह कर दिया। दोनों को पकड़ लिया गया। मुहम्मद सुलतान मिर्जा को अंधा कर दिया, लेकिन मुहम्मद जामान बहादुरशाह की शरण में चला गया, इधर बिहार में शेरशाह ने अपनी शक्ति को बढ़ा लिया, बंगाल के शासक जल्लालुद्दीन ने शेरशाह पर 1554 ई. में हमला किया लेकिन हार गया और शेरशाह ने अपनी भूमि और बढ़ा ली।

अभियान

हुमायूँ अफगानों के बढ़ते खतरे से निपटने से पहले बहादुरशाह से युद्ध के लिए बाध्य हो गया, बहादुरशाह के साथ आलम खान लोधी और तातार खान थे जिन्होंने बहादुरशाह के साथ मिलकर बयाना और फिर आगरा पर हमला किया, हिंदाल ने उसे पकड़कर मार दिया।

बहादुरशाह ने चित्तौड़ पर दूसरा हमला किया, रानी कर्णावती ने हुमायूँ से मदद माँगी लेकिन वह काफिर के लिए अपने धर्म-संबंधों के विरुद्ध मदद नहीं करना चाहता था।

हुमायूँ उज्जैन चला गया, वहाँ चित्तौड़ के घेरे का 1535 ई. तक इंतजार करता रहा। वह राजपूतों की मदद नहीं करना चाहता था। लेकिन बहादुरशाह ने मंदसौर पर हमला किया, अहमदाबाद पर हमला किया, समीरखान बहादुरशाह से चित्तौड़ का गवर्नर न बनने से नाराज था, अतः वह हुमायूँ से पत्र-व्यवहार करने लगा, पहले हमले में मुगल सेना नहीं जीत पाई, बहादुरशाह मांडू भाग गया, हुमायूँ ने उसका पीछा किया चंपानेर और कंबे होता हुआ बहादुरशाह दीव पहुँचा और पुर्तगालियों से संधि कर ली। हुमायूँ ने गुजरात से बड़ा धन लिया, असकरी को गुजरात और बड़ौच, कंबे और सूरत का गवर्नर बना दिया लेकिन काठियावाड़ को नहीं छोड़ा, पुर्तगालियों ने वैसाई में दुर्ग बनाने की संधि कर मुगलों के विरोध में बहादुरशाह का साथ लिया।

असकरी को गुजरात का गवर्नर बनाकर हुमायूँ मालवा में विद्रोह को दबाने के लिए मांडू आ गया, चितौड़ पर हुमायूँ की मदद के बिना ही राजपूतों का कब्जा हो गया। गुजरात में असकरी मौज-मस्ती में लगा रहा, पुनः बहादुरशाह ने गुजरात और चंपानेर पर कब्जा कर लिया और असकरी का खजाना भी ले लिया। असकरी अहमदाबाद में आराम से रहा, मिर्जा ने दो बार जमान खान के साथ मिलकर अपना हक यहाँ रखा, लेकिन वह सफल नहीं हो सका, अंत में आगरा आ गया, यहाँ हुमायूँ ने उसे माफ कर दिया। दूसरा चचेरा भाई मुहम्मद सुल्तान मिर्जा, जो अल्प समय के लिए अंधा हो गया था, बिलग्राम चला गया और कारा, मानिकपुर और जौनपुर पर अपना कब्जा कर लिया, हिंदाल उसके विरुद्ध भेजा गया, मिर्जा भागकर शेरशाह के पास चला गया। वह सत्ता के पीछे एक बड़ी शक्ति बन गया था, बिहार और बंगाल में उसका भारी प्रभाव था। वह वास्तविक शासक था। 1536 ई. में बंगाल की सेना को हराकर बंगाल का बड़ा भाग अपने अधीन कर लिया था। हुमायूँ का गुजरात और मालवा के प्रति ढीला व्यवहार उसके लिए हानिकारक बना, वह स्वयं भी अफीम का भारी सेवन करता था जिससे उसमें साहस व पहल करने की क्षमता कम हो गई थी, वह शेरशाह पर इसलिए हमला नहीं करना चाहता था क्योंकि बहादुरशाह के हमले का भय था।

1533 ई. में नुसरत शाह, बंगाल का शासक मार दिया गया, उसके भाई गयासुद्दीन मुहम्मद ने नुसरत शाह के बेटे को भी मार दिया। 1537 ई. में हुमायूँ ने चुनार को जीत लिया, जो शेरशाह का मजबूत क्षेत्र था, उसके बाद बनारस भी जीत लिया, शेरशाह और हुमायूँ के बीच संधि में बिहार हुमायूँ के पास रहा और जीता हुआ बंगाल का कुछ हिस्सा शेरशाह के पास रहा। 1538 ई. में गौर यहाँ की राजधानी थी जो शेरशाह के पास थी। सुलतान महमूद घायल अवस्था में हुमायूँ से मदद माँगने के लिए उसके कैंप में आया, लेकिन हुमायूँ ने कुछ नहीं किया, शेरशाह ने रोहतास देने से मना कर दिया, तब हुमायूँ ने महमूद के हित की रक्षा के लिए गंगा के किनारे होते हुए बंगाल पर हमला किया। तेलियागरी में शेरशाह के बेटे जलाल खान ने हुमायूँ की सेना को रोके रखा ताकि शेरशाह युद्ध की तैयारी कर सके। हुमायूँ ने आगे बढ़कर गौर को जीत लिया, इस बीच सुलतान महमूद की मृत्यु हो गई। हुमायूँ ने गौर का नाम बदलकर जनाताबाद रख दिया। अपनी सभा में विदेशी लोगों को भी महत्त्व दिया।

अगस्त 1538 ई. से शेरशाह ने चुनार व जौनपुर को घेरा और बिहार तथा केंद्रीय प्रांतों पर कब्जा करना प्रारंभ किया, इस समय हुमायूँ गौर में ही रुका रहा, उसकी सेना मलेरिया की बीमारी से पीड़ित हो गई।

इसी समय हुमायूँ के भाई हिंडल ने अपने को आगरा में बादशाह घोषित कर दिया और हुमायूँ के समाचार वाहकों को मार दिया। शेरशाह ने अब बनारस और अवध का बड़ा भाग अपने अधीन कर लिया। कामरान भी साम्राज्य में अपना हिस्सा लेने के लिए आ गया, हिंदाल ने उसके सामने समर्पण कर दिया, लेकिन हुमायूँ की कोई मदद नहीं की। अफगान अपनी सफलता करते रहे। 1539 ई. में उन्होंने जौनपुर, कन्नौज, कारा और संबल को जीत लिया, 1539 ई. अंत में हुमायूँ गौर से आगरा की ओर बढ़ा, लेकिन उसे किसी शहजादे ने मदद नहीं की, न ही रास्ते की सुरक्षा के उचित प्रबंध किए गए, उसने बक्सर में गंगा को पार करना चाहा लेकिन बीच में ही यह समाचार मिला कि शेरशाह आ रहा है, अतः वह वापस मुड़ गया, चौसा में जून 1539 ई. तक दोनों सेना आमने-सामने रहीं, वार्तालाप होता रहा, मुगलों की गुप्त सूचना की प्रणाली खत्म हो गई थी। शेरशाह ने हुमायूँ के कैंप पर हमला किया, जमान मिर्जा भाग निकला व नदी में डूब गया, अफगानों ने मुगलों की सेना को काट दिया, हुमायूँ अपनी दो पत्नियों व बेटी को छोड़कर भागा, वे ही नदी में डूब रही थीं कि शेरशाह की सेना ने उन्हें बचाकर हुमायूँ के पास सुरक्षित भेज दिया, अब अफगानों ने शेरखान को शेरशाह की पदवी दे दी।

हुमायूँ का देश से निष्कासन

हुमायूँ जब आगरा पहुँचा तो उसके भाइयों ने कोई मदद नहीं की। कामरान अपने को बादशाह समझने लगा और सेना लेकर लाहौर चला गया। उसे परसिया के हमले का भय बना रहता था। परसिया 1535 ई. और 1539 ई. में कंधार पर पहले भी हमला कर चुका था, अतः कामरान को इससे बचाव का अच्छा बहाना भी मिल गया। हिंदाल को हुमायूँ ने माफ कर दिया वह भी चला गया, अब अकेला हुमायूँ सेना को संगठित कर 1540 ई. में कन्नौज के समीप शेरशाह और हुमायूँ के बीच युद्ध हुआ, शेरशाह ने मुगल सेना की नीति अपनाकर हमला किया, हुमायूँ हार गया, भागकर पहले आगरा गया, फिर दिल्ली और फिर लाहौर गया। यहाँ कामरान ने कोई मदद नहीं की। अतः तीन वर्षों तक हुमायूँ सिंध में शरण के लिए भटकता रहा।

इसी बीच हुमायूँ ने हमीदा से विवाह कर लिया। हिंदाल व हमीदा खुश नहीं थे, हमीदा, हिंदाल के धार्मिक सलाहकार की बेटी थी। नवंबर 1542 ई. में अकबर का जन्म कंधार के अमरकोट में हुआ, अब अकबर को तो शरण दी, लेकिन असकरी ने हुमायूँ को कोई मदद नहीं की, हुमायूँ अंत में परसिया के शाहतहमास की शरण में चला गया, वहाँ रहकर वह काबुल और भारत की विजय करने की नीति बनाने लगा।

1545 ई. में हुमायूँ अपने लक्ष्य में सफल हुआ, उसने शाहतहमास को वचन दिया था कि वह अपने लक्ष्य में सफल होने पर शिया बन जाएगा, शाह ने उसकी मदद की, कंधार और फिर कामरान से काबुल जीत लिया, हिंदाल जो अभी तक कैदी था, हुमायूँ के साथ मृत्यु तक रहा, असकरी को मक्का भेज दिया, कामरान को पकड़कर अंधा कर दिया, अब हुमायूँ के पीड़ा के दिन समाप्त हो गए, भाइयों के विषय में पिता को दिए गए वचन भी पूरे हुए, अंत में उसे भाइयों को बेवफाई की दंड देना पड़ा।

अध्याय के लिए विशेष साहित्य

1. डब्लू. एरिकसन, *हिस्ट्री ऑफ इंडिया अंडर बाबर एंड हुमायूँ,* वॉल्यूम वन एंड टू।
2. हेग एंड बर्न (ईडी), *कैंब्रिज हिस्ट्री ऑफ इंडिया,* वॉल्यूम 4।
3. ईश्वरी प्रसाद, *दी लाइफ एंड टाइम्स ऑफ हुमायूँ।*
4. एस. लेनपुल, *मेडिवल इंडिया।*
5. आर.पी. त्रिपाठी, *राइज एंड फॉल ऑफ द मुगल एंपायर।*
6. एस.के. बनर्जी, *हुमायूँ बादशाह,* 2 वॉल्यूम।
7. ए.एस. बेवरिज, *गुलबदन बेगम्स हुमायूँनामा।*
8. सुकुमार रे, *हुमायूँ इन पर्शिया।*

शेरशाह 1540-1545

इसका जन्म 1472 ई. में हुआ, पिता हिसार और सासाराम का जागीरदार था, बचपन का नाम फरीद था, जौनपुर में पढ़कर 1494 ई. में अच्छा विद्वान बन गया था। इसी कारण एक अच्छा प्रशासक भी बना। 20 वर्षों तक अपने पिता की जागीर की कर-व्यवस्था तो समझता रहा, यहाँ रहकर उसने भूमि की व्यवस्था को विकसित किया जो बाद में भारत की अर्थव्यवस्था में बदल गई। 1518 ई. में उसे जागीर से बेदखल कर दिया, उसने अब सुलतान महमूद लोहानी, बिहार की सेना में भर्ती हो गया। शेर के हमले में अपने शासक को बचाने के कारण उसे शेरखान की उपाधि मिली।

कुछ समय तक मुहम्मद के पुत्र जलालुद्दीन का भी शिक्षक रहा, लेकिन वहाँ भी नहीं रुक सका और आगरा में कुछ समय के लिए बाबर की सेना में आ गया। अपने खुलकर बोलने के स्वभाव के कारण व मुगलों की प्रशासनिक व्यवस्था से नाराज हो वह बिहार आ गया, जहाँ लोहानी की 1528 ई. में मृत्यु के बाद मुख्यमंत्री बन गया, उसने नसरत शाह के बिहार पर अनेक हमलों को नाकाम किया।

अफगान अमीरों से बड़ी चतुराई से पेश आया, क्योंकि वे उसके निम्न दर्जे के वंश के होने के कारण अधिक खुश नहीं थे। वह सूर वंश से था और उसका संबंध गौरी से भी था, जो बाद में ज्ञात हुआ। लोहानी नसरतशाह के आधीन रहना अधिक पसंद करते थे न कि हीन कुल में जन्मे व्यक्ति के, इसलिए उन्होंने जलालुउद्दीन को नसरत शाह के साथ जाने के लिए तैयार किया। शेरशाह की इच्छा शासन को बिहार देने की नहीं थी, उसने यहाँ के प्रशासन, कर नीति और प्रशासनिक सेवा को सुधारा था, चुनार के गवर्नर की विधवा, गोहर गौसाईं से विवाह भी किया था, जिससे उसे बड़ा धन भी मिला था, महमूद लोधी के विस्थापन से लौटने पर अमीरों की इच्छा के भागों को झुकना पड़ा और 1532 ई. में मुगलों के विरोध में रहा, अफगानों की घर और महमूद के लापता होने पर वह पुनः बिहार की अपनी पुरानी स्थिति में लौट आया।

1533 ई. में थोड़े समय के लिए हुमायूँ के अवश्य चुनार का घेरा डाला और मालवा और गुजरात पर पूरा अधिकार जमाया। शेरशाह कठोर परिश्रम में विश्वास करता था और प्रशासन को सुसंगठित करने में उसने सारी शक्ति लगा दी थी। अफगानों की सेना में नियम स्थापित करना उसका बड़ा काम था। 1533 ई. से 1536 ई. तक वह बंगाल में ही व्यस्त रहा, 1533 ई. में नसरत शाह की मृत्यु के बाद उसने धीरे-धीरे देश के अन्य भागों को अपने आधीन किया, हुमायूँ स्वयं ही अपनी हार का कारण बना था। हुमायूँ के सैनिक व भाई भी उसके साथ पूर्ण रूप से नहीं रहे, वह अकेला रह गया, हुमायूँ के देश निकाले के बाद शेरशाह ने प्रशासन को मजबूत किया। कावास खान को हुमायूँ को सिंध से बाहर करने में लगा दिया।

1542 ई. में मालवा, फिर राय सिंह के राजपूतों, तथा सिलादो, जो पहले मेदनी राय के साथ था, बाद में मुसलमान हो गया तथा फिर हिंदू बन गया था। राय सिंह के घेरे के बाद शेरशाह ने संधि की, लेकिन उलमा की सलाह के बाद उसको तोड़कर राजपूतों का कत्ल कर दिया, जो शेरशाह की उदारता के विरुद्ध था। राणा सांगा की मृत्यु के बाद राजपूतों का संघीय संगठन नष्ट हो चुका था, लेकिन मालदेव सिंह के नेतृत्व में वह पुनः उभर रहा था। शेरशाह उसे समाप्त करना चाहता था, अतः वह अजमेर के लिए चल पड़ा। राजपूतों की एकता में पत्र के बहाने से भ्रम फैलाकर 1544 ई. में लड़ाई में शेरशाह की जीत हुई। लेकिन उसने थोड़े से लाभ के लिए पूरे साम्राज्य को दाव पर रखा था, माउंट आबू, जोधपुर, चित्तौड़, पंजाब में उसके गवर्नर ने शांति स्थापना कर दी, अब शेरशाह ने कालिंजर पर हमला किया जहाँ बारूद के फटने से उसकी मृत्यु हो गई, लेकिन मरने से पहले उसकी सेना ने किले को अपने कब्जे में कर लिया था।

शेरशाह के प्रशासन की मजबूत नींव को ही अकबर ने स्थायित्व दिया। सदैव

सक्रिय रहता था, कर-व्यवस्था और भूमि की नपाई में उसका बड़ा कार्य था। परगना, कर-व्यवस्था की एक इकाई थी, उसमें हर अधिकारी का एक निश्चित दायित्व होता था। उपज का 1/3 हिस्सा कर के रूप में लिया जाता था। संकट के समय तकावी भी दी जाती थी। सेना में नियम तथा व्यक्तिगत सम्मान का बड़ा महत्त्व था, सेना के हर कार्य को शेरशाह स्वयं देखता था।

वह बड़ा ही मानवीय प्रवृत्ति का था लेकिन नियम कठोर होते थे। उसे मालूम था कि अफगान लोग कठोरता के व्यवहार को ही समझते थे। आपराधिक न्याय मुसलमानों के द्वारा प्रशासित होते थे, हिंदू केवल भूमि व धन के मामले अपने हिंदू प्रथा के अनुसार सुलझाते थे।

न्याय व कानून-व्यवस्था स्थानीय अधिकारियों के हाथ में होती थी उसके लिए वे ही उत्तरदायी होते थे, संचार के साधनों की व्यवस्था अच्छी थी, सड़कें विशेषकर (ग्रांट ट्रंक रोड) बंगाल से सिंध नदी तक अच्छी व सुरक्षित थी, सराय हिंदू व मुसलमानों के लिए अलग-अलग बनाई गई थी।

पुराने किले की मस्जिद, मदरसे, किसानों की रक्षा के लिए विशेष नियम बनाए गए थे। गरीबों के लिए सार्वजनिक खाने की व्यवस्था भी गई थी।

शेरशाह के उत्तराधिकारी

कठोर व लगातार चौकसी शेरशाह के प्रशासन का नियम था जिसकी देखभाल वह स्वयं करता था। इस सिद्धांत को अपने उत्तराधिकारियों के लिए छोड़ गया, अकबर ने उसे आगे बढ़ाया, लेकिन शेरशाह अधिक समय तक नहीं जीवित रहा, अधिक समय वह अफगानों को सुधारने में ही लगा रहा। वह एक समझदार, ज्ञानी, अधिनायक था। लेकिन ये गुण वह अपने उत्तराधिकारियों को नहीं दे सका। उसकी मृत्यु के बाद उसका बेटा जलाल खान जो इस्लामशाह के नाम से शासक बना। अपने पिता के समान महान नहीं था। कठोर तरीकों से अपने सेनापतियों को साथ नहीं रख सका और विद्रोह होने लगे। कुछ विद्रोहियों को अवश्य भगा दिया लेकिन इसी में 1554 ई. में उसकी मृत्यु हो गई, शेरशाह ने वर्षों की मेहनत से जो बनाया था वह काफी सीमा तक समाप्त हो गया था। शेरशाह के भतीजे मुबारक खान ने शेरशाह के 12 वर्ष के पोते को मारकर स्वयं मुहम्मद आदिल शाह के नाम से शासक बना, वह बेकार व्यक्ति था, उसने अपनी सारी शक्ति हेमू को दे दी थी, जो एक होशियार सेनापति था, हिंदू था। इससे सारी जगह बंगाल, पंजाब, दिल्ली में विद्रोह हो गए, इब्राहिम और सिकंदर सूर ने दिल्ली पर कब्जा कर लिया। हुमायूँ ने इस अवसर का लाभ उठाकर बैरम खान के नेतृत्व में अकबर को भेजा, 1555 ई., 1556 ई. में दिल्ली पर कब्जा कर लिया, हुमायूँ पुराने किले में 1556 ई. में आ

गया, जहाँ वह अपने पुस्तकालय में एक दिन अजान के सुनने पर नमाज के लिए जल्दी करने लगा तो गिर गया, उसके सिर में चोट लगी व कुछ समय के बाद मर गया। उसकी बेगम ने हुमायूँ के लिए मकबरा बनवाया जो पूरे खानदान का कब्रगाह बन गया।

अध्याय के लिए विशेष साहित्य

1. अब्बा शरवानी, *तारीख-ए-शहर शाही अलियास तोहफा-ए-अकबर शाही*।
2. अहमद यादगार, *तारीख सल्तनत-ए-अफगाना*।
3. ईश्वरी प्रसाद, *दी लाइफ एंड टाइम्स ऑफ हुमायूँ*।
4. नियामत उल्लाह, *मखजन-ए-अफगानी*।
5. कालिका रंजन कानूनगो, *शेरशाह*, कलकत्ता, 1921।
6. एन.बी. रे, *सक्सेसर ऑफ सिरसा*।
7. पी सरन, *स्टडीज इन मेडिवल इंडियन हिस्ट्री*।
8. ए.आई. श्रीवास्तव, *शेरशाह एंड हिज सक्सेसर्स*।
9. जुल्फिकार अली, *शेरशाह सूरी*।

अकबर 1556 ई.–1605 ई.

हुमायूँ की मृत्यु की सूचना दबाए रखी थी, क्योंकि अकबर दिल्ली से बाहर सिकंदर का पीछा कर रहा था, इस सूचना को जाहिर तब किया जब जलालुद्दीन मुहम्मद अकबर ने कनानौर (पंजाब) में शाही पद ग्रहण किया। इस समय वह केवल 13 वर्ष का था और उसके पिता का वफादार मंत्री बैरम खान ही शासन की सारी नीतियाँ लागू करता था। स्थिति खतरों से खाली नहीं थी। सिकंदर सूर पंजाब में घूम रहा था, इब्राहिम सूर ने जौनपुर और अवध पर कब्जा जमा रखा था, और मुहम्मद आदिल शाह व उसका मंत्री हेमू पूर्व के अनेक भागों और चुनार के क्षेत्र पर कब्जा किए हुए था। मालवा और गुजरात स्वतंत्र थे तथा राजपूत शक्तिशाली थे।

मुगल केवल दिल्ली, आगरा और संभल में शासन कर रहे थे। हेमू हिंदुओं की बड़ी फौज के साथ दिल्ली की ओर बढ़ा। वह एक अच्छा सैनिक और प्रशासक और जाति का बनिया था, वह वास्तव में सूर वंश के लिए नहीं अपितु अपने लिए शासन स्थापित करना चाहता था। हेमू की सेना के आगमन पर मुगलों ने ग्वालियर व आगरा छोड़कर तुगलकाबाद में तारदी बेग के आधीन सेना जमा ली, यहाँ मुगल सेना हेमू से हारकर सरहिंद की ओर भाग गई। रास्ते में बैरम खान व अकबर मिले, सेना में अनुशासन स्थापित करने के लिए तारदी खान को फाँसी दे दी, यद्यपि अकबर दिल से ऐसा नहीं करना चाहता था, लेकिन बैरम खान के प्रभाव के कारण

ऐसा हो रहा था। अली कुली खान सहबानी के अधीन अग्रिम सेना ने हेमू को हरा कर लूटा, हेमू ने बहुत धन देकर अफगानों को अपने साथ रखा। हेमू के पास एक लाख सैनिक व पंद्रह सौ हाथी थे, मुगल सेना में बीस हजार सैनिक अली कुली खान, बैरम खान व पीछे अकबर के नेतृत्व में थे। प्रारंभ में हेमू ने मुगल सेना के बीच में जाकर लड़ाई को जीतने का प्रयास किया, लेकिन 5 नवंबर, 1556 ई. को बंदूकों से नहीं तीर से इस युद्ध का निर्णय हुआ, हेमू की आँख में एक तीर लगा जो सिर के दूसरी ओर निकल गया, हेमू को युद्ध-क्षेत्र से अलग ले जाया गया, सेना में खलबली मच गई। अतः पुनः भारत के भाग्य का निर्णय हुआ, ऐसा ही निर्णय 1761 ई. में मराठों और अहमदशाह अब्दाली की सेना के बीच हुआ। आने वाले कुछ वर्षों तक अकबर वास्तविक शासक नहीं रहा, क्योंकि बैरम खान, अतगा खेल (हरम की महिलाएँ व उनके पति) के अधीन रहा।

शासन क्षेत्र का कम होना

अली कुली खान जो एक उजबेक था। उसे खानजमान की पदवी दे दी गई, वह सैबानी खान का रिश्तेदार था जो बाबर का पुराना दुश्मन था। उसे संभल को पुनः जीतने के लिए भेजा, उसने लखनऊ तक की भूमि को जीत लिया, बैरम खान और अकबर सिकंदर शाह सूर को हराने के लिए लाहौर गए, सूर को जब यह ज्ञात हुआ कि बैरम खान आदिल सूर को उसके चचेरे भाई जलालुद्दीन बहादुर शाह (बंगाल) ने मार दिया है, और अब सूर वंश के पुनरुद्धार का कोई भविष्य नहीं है, अतः उसने अकबर के सामने समर्पण कर दिया, अकबर ने उसे बिहार का गवर्नर बना दिया। अतः 1557 ई. के बाद सिकंदर ने कोई विद्रोह नहीं किया, यह अफगानों को साथ लेने की अच्छी नीति थी। हाजी खान मेवाती हिसार की ओर बढ़ रहा था, उसे रोकने के लिए बारा के सैय्यद को भेजा। उसने अजमेर, मालवा और राजपूताना के क्षेत्रों को अपने कब्जे में किया, ग्वालियर और कन्नौज से भी अफगानों को भगा दिया।

बैरम खान

कुछ समय के लिए अकबर आगरा में रहा, यहाँ उसका मुख्य कार्य शिकार करना और पोलो खेलना ही रहा, बैरम खान राज्य का कार्य सँभालता था। वह शिया था, अब अकबर को उसका व्यवहार पसंद भी नहीं था, सुन्नी अमीरों में वह प्रसिद्ध नहीं था, तारदी बेग को फाँसी भी उसके विरोध में हुई, हरम की महिलाएँ महम अनगा, हमीदा बेगम अकबर की माँ, उसके विपक्ष में थीं, वह अपने संबंधियों को अधिक पैसा देता था और अकबर को कम, एक दिन 1560 ई. में शिकार के बहाने अकबर

दिल्ली में अपनी माँ से मिलने आ गया, वह 18 वर्ष का हो गया था, यहाँ से सूचना भेजी गई कि अब अकबर स्वयं शासन करेगा, और बैरम खान मक्का को चला जाए, बैरम खान को हथियार उठाने के लिए उकसाया गया, लेकिन उसने ऐसा नहीं किया, वह अपना खजाना लेने के बहाने पंजाब गया, जहाँ उसने विद्रोह कर दिया, जिसे दबा दिया गया और बैरम खान ने समर्पण कर दिया, अकबर ने उसे माफ कर दिया उसके सामने तीन प्रस्ताव रखे– चाहे तो वह चंदेरी और कालपी का गवर्नर बन जाए, या उसका व्यक्तिगत सलाहकार, या मक्का चला जाए, उसने मक्का जाना स्वीकार किया, उसके पीछे किसी व्यक्ति को लगा दिया जिसने उसे रास्ते में मार दिया। उसकी बेगम सलीमा बेगम से अकबर ने विवाह कर लिया, जो मुराद की माँ बनी, वह अकबर की चचेरी बहन भी थी। उसके पुत्र अब्दुर रहीम मिर्जा को खानखाना की उपाधि दे दी। अभी भी अकबर दरबार और हरम के षड्यंत्रों से मुक्त नहीं हुआ था, न ही उसे अपने रक्षक व कठिनाई में सहायता करने वाले की मृत्यु के लिए माफ किया जा सकता है। अभी भी अकबर शिकार, पोलो, हथियार चलाने आदि में व्यस्त रहा, शिक्षा में उसकी रुचि नहीं थी। उसके शिक्षक मीर अब्दुल लतीफ ने इसके लिए बहुत प्रयास किए, लेकिन अकबर ने शिक्षा की इस कमी को मौखिक रूप से पूरा कर लिया था।

मालवा की विजय

यहाँ बचविद, सुजात खान का पुत्र बाजबहादुर शासन करता था, वह एक अच्छा सैनिक नहीं था, गौंडवाना की रानी दुर्गावती के सामने हार मान ली थी, इस पर अकबर ने आदम खान (महम अनगा का पुत्र) उसके साथ पीर मुहम्मद जो बड़ा कठोर था, साथ लेकर मालवा पर हमला किया। यहाँ हिंदू-मुसलमान सभी को मारा, बाजबहादुर भाग गया, उसकी प्रेयसी रूपमती ने जहर खा लिया। अकबर स्वयं सारंगपुर पहुँचा। वह आदम खान को दंड देना चाहता था, लेकिन उसकी माँ व अकबर की दाई महम अनगा ने ऐसा नहीं करने दिया और बाजबहादुर के महल की महिलाओं को मरवा दिया था जो आदम खान की हवस की शिकार हुई थी। 1561 ई. में आदम खान व पीर मुहम्मद को वापस बुला लिया, पीर मुहम्मद नर्मदा में डूबकर मर गया, बाजबहादुर ने अपनी राजधानी पुनः ले ली, लेकिन बाद में वह हार गया, 8 वर्षों तक वह भटकता रहा, अंत में अकबर के साथ संधि कर ली, उसे दो हजार घोड़ों का नेतृत्व करने को दिया, वह बेजोड़ गायक भी था।

अली कुली खान ने पानीपत के युद्ध, चुनार व जौनपुर की लूट में से बहुत-सा धन अपने पास रख लिया था, अतः उसने यह अपराध किया था। अकबर उसके विरुद्ध सेना लेकर गया। उसने समर्पण कर दिया अब उसे जौनपुर का गवर्नर बना

दिया, आसिफ खान को चुनार भेजा गया, अब अत्गाखान को काबुल से वापस बुला कर मुख्यमंत्री बना दिया, महम अनगा ने पुत्र आदम खान को भी मालवा से बुला लिया, महम अनगा की पार्टी इससे खुश नहीं थी। अब अकबर स्वयं निर्णय ले रहा था जिस कारण हरम की पार्टी में हलचल थी।

राजपूतों से विवाह

1562 ई. में अकबर ने मुइनुउद्दीन चिश्ती की दरगाह, अजमेर की यात्रा की। यहाँ उसने राजपूतों के साथ निष्ठा के सबूत दिए, राजा बिहारीमल अंबेर (जयपुर) के शासक ने पहले ही अकबर के लिए निष्ठा दिखा दी थी। अकबर ने बिहारीमल की पुत्री से विवाह किया, जो कोई नई बात नहीं थी। पहले भी दिल्ली के सुलतानों ने राजपूत महिलाओं से विवाह किए थे, बिहारीमल का पुत्र और भतीजा मान सिंह अकबर के दरबार में ऊँचे पदों पर रहे, जहाँगीर, अकबर का उत्तराधिकारी भी अंबेर की बेटी का ही बेटा था, अकबर की यह नीति थी कि राजपूतों को साथ मिलाकर सारे हिंदुस्तान को एक कर दे। महल में आदम खान अभी भी षड्यंत्र कर रहा था, अत्गा खान को उसने मार दिया, अकबर उसी समय अत्गा खान के कमरे में गया, उसने आदम खान पर वार किया। प्रहरियों ने उसे पकड़कर किले की दीवार से नीचे फेंकने को कहा, गिरने पर भी आदम खान जिंदा था। अतः उसे पुनः ऊपर से नीचे फेंका गया, अब वह मर गया। यह सूचना महम अनगा को दे दी गई, वह चालीस दिन में मर गई, मुनीम खान, खानसामा को माफ कर दिया, अब सारा प्रशासन अकबर स्वयं ही चलाने लगा।

20 वर्षों की आयु से अकबर स्वयं शासन करने लगा, अभी तक वित्त मामले महम अनगा देखती थी। यह मामला इतिमाद खान एक हीजरे को दे दिया, राजपूतों को ऊँचे पदों पर नियुक्त कर दिया, हिंदुओं का तीर्थ कर और जजिया माफ कर दिया।

शासन को संगठित करना

कुछ वर्षों तक अकबर साम्राज्य को राजनीतिक रूप से संगठित करने में लगा रहा। उसने सबसे पहले गौंडवाना पर हमला किया, वहाँ रानी दुर्गावती अपने बेटे के लिए राज्य कर रही थी, कारा के गवर्नर आसिफ खान के 1564 ई. में गौंडवाना की राजधानी चौरागढ़ पर हमला किया, अकबर भी इसमें शामिल था, रानी दुर्गावती ने स्वयं बहादुरी से मुगल सेना का मुकाबला किया, लेकिन अंत में मुगल सेना जीत गई, रानी दुर्गावती ने स्वयं अपने दिल में तलवार मारकर, अपनी इज्जत बचाने के

लिए प्राण दे दिए, बेटा भी चौरागढ़ के किले में मारा गया, महिलाओं ने जौहर कर लिया। आसफ खान ने खजाना, हाथी आदि अपने पास रखे, अकबर कुछ नहीं कर सका, क्योंकि उजबेक विद्रोह के लिए तैयार थे, अकबर मांडू के शासक अब्दुल्ला खान के पीछे गया और उसे पूरी तरह से हराकर उसके हाथी व हरम ले लिये। उजबेकों का विद्रोह व विरोध का कारण था कि अकबर हिंदुओं के प्रति नरम था।

उजबेक विद्रोह– अकबर आगरा में आकर किले को मजबूत करने में लगा, जिसमें उसे 15 वर्ष लगे, लोधी शासकों के आगरा शहर को भी शाहजहाँ ने अकबराबाद नाम देकर उसे और सुंदर बनाया।

खान जमान और उसके भाई बहादुर खान जौनपुर व अवध की सरकार चलाते थे। 1565 ई. के आरंभ में अकबर के विरुद्ध विद्रोह कर दिया, कारा के गवर्नर आसफ खान ने अकबर का साथ दिया, आसफ खान ने मुजफ्फर खान को कुछ बहुमूल्य उपहार भी दिए जो उसे प्रसन्न नहीं कर पाए, अब आसफ खान कैंप से भाग और उजबेग से सलाह कर समझौता करा दिया, लेकिन 1566 ई. में पुनः विद्रोह हुआ।

खान जमान ने पुनः विद्रोह कर दिया, काबुल में अकबर का छोटा भाई मुहम्मद हकीम नाममात्र का गवर्नर था। उसने भी जौनपुर के गवर्नर से मिलकर अपने को बादशाह घोषित कर दिया, अकबर पंजाब गया वहाँ के विद्रोह को दबा दिया। अब अकबर कारा गया, यहाँ विद्रोहियों को बुरी तरह से हरा दिया और पकड़ लिया। खान जमान और बहादुर खान को हाथी के पैरों के नीचे दबाकर मार दिया, इसी तरह अनेक लोगों को मार दिया, अब विरोधी खतरनाक गुट को समाप्त कर दिया।

चित्तौड़ व रणथंभौर पर कब्जा

अकबर का अगला कदम चितौड़ और मेवाड़ के राणा के लिए था, मालवा के मिर्जाओं को भी सबक सिखाना चाहता था, उसके लिए उसने अधीनस्थ सेनापतियों को यह काम दिया, लेकिन चितौड़ के लिए स्वयं अकबर गया। चितौड़ का राणा उदय सिंह कोई अच्छा सैनिक नहीं था, लेकिन चितौड़ बहादुर सरदारों जैसे जयमल राठौर और पट्टा सिंह सिसौदिया राजपूतों की रक्षा में था, राणा भागकर उदयपुर चला गया, चितौड़ का किला बड़ा ही भव्य व शक्तिशाली था, 1303 ई. में अलाउद्दीन खिलजी ने उसे धोखे से जीता था, अब 1534 ई. में रूमी खान की तोपों ने बहादुरशाह, गुजरात के नेतृत्व में व अकबर के घेरे व अनेक तरीकों से चितौड़ को जीता, उदय सिंह उदयपुर होता हुआ घने जंगलों में चला गया।

6 मास के घेरे के बाद व हजारों लोगों के कत्ल, जौहर व भयानक युद्ध के

बाद चितौड़ पर कब्जा किया, जयमल और पट्टा भी युद्ध में मारे गए, उनके घोड़ों सहित प्रतीक अकबर ने आगरा के किले के बाहर लगवा दिए, जिन्हें शाहजहाँ ने दिल्ली के लाल किले के दिल्ली दरवाजे के बाहर लगवा दिए, लेकिन औरंगजैब ने उन्हें तुड़वा दिया।

1569 ई. में अकबर ने रणथंभौर के किले पर हमला किया। सुजान राय, बूँदी के गवर्नर ने समर्पण कर दिया, राजा भगवानदास की पहल पर एक संधि हुई जिसमें बूँदी का राजा दरबार में सभी हथियारों के साथ जाएगा, अकबर किसी भी राजकुमारी को अपने हरम में नहीं लेगा, वह किसी हिंदू राजा के अधीन सेवा करने के लिए बाध्य नहीं किया जाएगा। रणथंभौर के हमले के बाद कालिंजर (राजा रेवा) ने भी समर्पण कर दिया।

अकबर के बच्चे

उत्तर भारत की विजय के बाद अकबर को शेख सलीम चिश्ती (सीकरी) की अनुकंपा से पुत्र पैदा हुआ, उसका नाम भी सलीम रख दिया। वह अंबर की राजकुमारी से पैदा हुआ था, अकबर ने अजमेर में शेख मुइनुद्दीन चिश्ती की दरगाह पर भी जियारत की। एक वर्ष के बाद बेटी शहजादा खातून का जन्म हुआ। 1570 ई. में पहले बैरम खान की पत्नी अब अकबर की पत्नी (सलमा सुलतान) से मुराद का जन्म हुआ, दो वर्ष बाद एक रखैल से दैनियल का जन्म हुआ, दो बेटियाँ बाद में पैदा हुईं।

सीकरी और अजमेर में महल बनवाए। भगवानदास के प्रयासों से अनेक राजपूत राजाओं– नागौर, मालदेव, मारवाड़, रायकल्यान मल, बीकानेर ने अपनी पुत्री अकबर को देकर संधि कर ली, केवल मेवाड़ के सिसोदियाओं ने ऐसा नहीं किया। बाजबहादुर अभी तक भटक रहा था। वह भी अकबर के दरबार में आ गया।

मिर्जाओं के विरुद्ध अभियान

अब गुजरात और मिर्जाओं की बारी थी, गुजरात में अव्यवस्था थी, वह मक्का जाने के लिए समुद्री रास्ता था, अतः उस पर नियंत्रण करना आवश्यक था। यहाँ मिर्जा कठिनाई पैदा कर रहे थे और शासक मुजफ्फर तृतीय कमजोर था, अतः इतिमाद खान की पार्टी के नेता ने अकबर को हस्तक्षेप करने का निमंत्रण दिया। जुलाई 1572 ई. में अकबर अजमेर, सिरोही होता हुआ नवंबर में अहमदाबाद पहुँच गया, यहाँ मुजफ्फर ने समर्पण कर दिया। उसका सौतेला भाई अजीज कोका, खान आजम यहाँ का गवर्नर बना दिया गया, अकबर अब दक्षिण गुजरात के कैंबे बंदरगाह पहुँचा जहाँ उसने प्रथम बार समुद्र को देखा था। पुर्तगालियों से मिला और

अन्य व्यापारियों से भी मिला। अकबर अब बड़ौदा, सूरत और चंपानेर की ओर बढ़ा जहाँ इब्राहिम हुसैन मिर्जा को घेर लिया, माही नदी पार कर उस पर हमला किया, इस लड़ाई में भगवानदास का एक भाई भी मारा गया। लेकिन मिर्जा और इब्राहिम भाग गए। पुर्तगालियों से संधि कर मक्का को जाने वाली यात्रा हमलों से मुक्त की, यहीं पर अकबर ने जोराष्ट्र के उपदेशों को सुना।

इब्राहिम पंजाब भाग गया जहाँ लड़ाई में मारा गया। अकबर जैसे ही आगरा पहुँचा, दूसरे मिर्जा मुहम्मद हुसैन ने दक्षिण से आकर अजीज कोका पर अहमदाबाद में हमला कर दिया। अकबर तीन हजार घुड़सवारों के साथ 11 दिन में 450 मील तय कर अहमदाबाद पहुँचा, जहाँ लड़ाई में मुहम्मद हुसैन को पकड़कर राय सिंह, बिकानेर के राजा को दे दिया जिसने उसे मार दिया। इसी प्रकार इख्तियार मुल्क को भी पकड़ा और मार दिया। इस तरह सभी विद्रोही मिर्जाओं को खत्म कर दिया, इस विजय के बाद फतेहपुर सिकरी में बुलंद दरवाजा बनवाया गया।

प्रशासनिक सुधार

आगरा पहुँचकर अनेक प्रशासनिक सुधारों को अमल में लाया गया जो राजा टोडरमल और मुजफ्फर खान तुरवाती के कार्य रहे, लेकिन इनके पीछे अकबर का निर्देशन था। ये सुधार धीरे-धीरे किए गए, कुछ का पालन हुआ और कुछ का उल्लंघन, लेकिन ये मुगल वंश के प्रशासन के निर्देशक बने रहे। सबसे महत्त्वपूर्ण सुधार संघीय ढाँचे, जिसमें जागीर गवर्नरों को बाँटी जाती थी, अब उसके स्थान पर सैनिक और सामान्य सेवाएँ पद के अनुसार बाँटी गईं, कौन कितनी सेना को निर्देशित करता है, उसी के अनुसार उसका पद दिया गया। उन्हें वेतन सरकारी खजाने से दिया जाता था न कि कर में से काटा जाता था, घोड़ों को चिह्न लगाकर अस्तबल में रखना होता था, न कि केवल कागजों पर ही, सत्ता के केंद्रीयकरण और बादशाह के प्रति सीधे उत्तरदायी होना काफी असंतोष का कारण बना। गवर्नर व अन्य पदाधिकारी, कर इकट्ठा करने वाले अधिकारियों से अलग थे और वे इजाजत से अधिक कर व घोड़े इकट्ठा नहीं कर सकते थे। अतः गवर्नर अब अमीर व्यक्तियों से केवल वेतनधारक बन गए, यह असंतोष पैदा करने वाला कदम था। मुजफ्फर खान को इसका विरोध करने पर पद से हटा दिया और टोडरमल को मुख्यमंत्री वकील बना दिया। पुराने प्रदेशों में नई कर-व्यवस्था को लागू किया गया और नए सूबों में पुरानी ही व्यवस्था कायम रही, गुजरात में अजीज कोका (अकबर का सौतेला भाई) इस सुधार को लागू न करने के कारण गुजरात से हटा दिया था। बाद में वेतन के स्थान पर भूमि को ही लागू रहने दिया।

बंगाल

अफगानों को हिंदुस्तान से साफ करने में काफी समय लगा। अभी भी बंगाल में वे शासन के लिए संकट पैदा करने में सक्षम थे। पूर्वी भारत के अनेक प्रदेशों ने मुगल साम्राज्य से शांति संधि कर ली थी और उन्हें राज्य की सेवाओं में भी रखा गया था, लेकिन वे सदैव संकट पैदा करते रहते थे। शेरशाह ने उन्हें काबू में रखा, लेकिन उसके उत्तराधिकारी ऐसा नहीं कर पाए। वे कठोर, स्वतंत्र व आदेशों का पालन न करने वाले थे, 1552 ई. में इस्लाम शाह की मृत्यु पर सूर वंश ने बंगाल पर अपना शासन स्थापित किया, मुहम्मद सूर, बहादुर खान सूर (1560 ई.), खवास खान की मृत्यु के बाद सूर वंश का अंत हो गया, सुलेमान कारारानी ने अकबर के साथ शांति के संबंध रखे, 1572 ई. में उसकी मृत्यु हो गई, उसके दो उत्तराधिकारियों ने शासन किया, सुलेमान के छोटे बेटे दाऊद ने उनका वध कर, स्वयं शासक बन गया।

दाऊद मूर्ख था। उसने अकबर को चुनौती दी और गाजीपुर तक आ पहुँचा, पहले अकबर ने मुनीम खान को उसे दबाने के लिए भेजा, लेकिन जब मुनीस खान ऐसा करने में असफल रहा तो स्वयं अकबर आगे बढ़ा और पटना को कब्जा कर लिया, यहीं पर अकबर अबुल फजल, शेख मुबारक के पुत्र, फैजी, अबुल कादिर बदायुँनी से मिले, हाजीपुर तक अकबर ने दाऊद का पीछा किया, मुनीम खान और टोडरमल को बंगाल, जौनपुर, बनारस, चुनार फतह करने को कहा, ऐसा हुआ भी, मुनीम खान को बंगाल का गवर्नर बना दिया, जिससे शासन सीधा अकबर के आधीन आ गया। उड़ीसा तक मुनीम खान ने दाऊद का पीछा किया, लड़ाई लंबी होने के कारण सेना थक गई थी, मुनीम खान अब टांडा आ गया, वहाँ उसकी मृत्यु हो गई। स्थिति का लाभ उठाकर दाऊद ने पुनः बंगाल पर कब्जा कर लिया। बंगाल को जीतने के लिए अकबर ने खानजहान को पंजाब से उसकी सहायता के लिए टोडरमल को भेजा, जुलाई 1576 में राजमहल में मुगल सेना की विजय हुई। दाऊद का सर काटकर अकबर के पास भेजा दिया, अब बंगाल से काबुल तक अकबर का शासन स्थापित हो गया था।

राजपूत

आमेर से पारिवारिक संबंधों का प्रभाव अकबर अन्य राजपूतों को साथ लाने में कर रहा था, लेकिन मेवाड़ झुकने को तैयार नहीं था, उदय सिंह के बाद 1572 ई. में राणा प्रताप सिंह शासक बना, मान सिंह ने समझौते का प्रयास किया, लेकिन राणा प्रताप ने मानसिंह का अपमान यह कहकर कि "अपनी बहन का विवाह एक मलेच के साथ किया है", जहाँ खाना खाया गया उस जगह राणा प्रताप नहीं गया

और उसे बाद में गंगाजल से शुद्ध भी कराया, अकबर इस अपमान से बड़ा क्रोधित हुआ, जो युद्ध में बदल गया। मान सिंह को रायलूनकरण (साँभर), आसफ खान और दोनों सैय्यद भाइयों की भारी सेना के विरुद्ध साथ भेजा, हल्दी घाटी के दर्रे पर युद्ध हुआ जो उदयपुर के समीप गोगुंडा को जाता है। हाकिम सूर रण के साथ था, इस युद्ध में मुस्लिम मुस्लिम के साथ और हिंदू हिंदू के विरुद्ध लड़े। कोई निर्णायक फैसला नहीं हुआ, लेकिन बड़ी हानि हुई। राणा प्रताप युद्ध-क्षेत्र से बचकर जंगल में भाग गया, उसके पीछे बड़ी सेना लगी रही, लेकिन उन्हें सफलता नहीं मिली। मानसिंह को राणा प्रताप का उचित पीछा न करने पर वापस बुला लिया, लेकिन कुछ समय बाद उसे पुनः भेज दिया, अकबर भी 1576 ई. में अजमेर पहुँच गया, डूंगरपुर, इंदौर और बूँदी के राजाओं ने अपनी पुत्रियों को अकबर को दे दिया।

1577 ई. में राजा अली खान ने समर्पण कर दिया, इसी समय मिर्जा ने गुजरात में विद्रोह कर दिया, टोडरमल ने उसे दबा दिया और मुजफ्फर हुसैन मिर्जा के स्थान पर रायबुद्दीन अहमद खान को गुजरात का नेतृत्व दे दिया।

काबुल मामले के लिए अब अकबर पंजाब चला गया। यहाँ समय मिलने पर उसने अपने सिक्के बनाने के लिए अब्दुल समद को नियुक्त किया, अकबर के शासन के सिक्के अपने समय के अन्य शासकों से कला, भार और शुद्धता में अच्छे थे। सिक्के बनाने की देश में 80 टकसालें थीं, व्यापार भी तेज होता था।

धार्मिक अनुभव

1574 ई. में अकबर ने फतेहपुर सीकरी में पूजा-स्थल (इबादतखाना) बनवाया, जहाँ पर धार्मिक संवाद होता था। वह सदैव धर्म विज्ञान की कल्पना को पसंद करता था, जिसके कारण कट्टरवादी उस पर संदेह रखते थे। उसके हरम में अनेक धर्मों की महिलाएँ थीं जिन्हें अपने धर्म की पूजा-पाठ का पूर्ण अधिकार था। प्रारंभ में धर्म-विषयक संवाद, कट्टरपंथी शेख, मुकद्दमउतमुल्क और शेख मुबारक और उसके पुत्रों– फैजी और अबुल फजल के बीच रहा, जो बाद में कड़वाहट में बदल गया।

अकबर रहस्यवाद की तरफ झुक रहा था। वह हर वर्ष मुइनुद्दीन चिश्ती की दरगाह, (अजमेर) में जियारत के लिए जाता था। उसका परसियन का शिक्षक अब्दुल लतीफ उसे सभी मतों के ज्ञान के लिए प्रोत्साहित करता था, लेकिन वह धर्म के मामले में कट्टरपंथी ही रहा। 1578 ई. में पंजाब में उसे एक ईश्वरीय संदेश का अनुभव हुआ, अनेक जानवरों को जिन्हें पकड़ा था छोड़ दिया, अब वह बड़ा ही सरल जीवन व्यतीत करने लगा।

वह बादशाह को दुनियावी व दूसरी दुनिया के मामलों में भी प्रधान मानता

था, यही नीति बाबर से लेकर अन्य मुगल बादशाहों ने अपनाई, फतेहपुर सीकरी मस्जिद की दीवार से उसने एक बाद "अल्लाहू अकबर" अर्थात "ईश्वर सबसे बड़ा है" कहा, लेकिन कुछ लोगों ने इसका अर्थ "अकबर ही ईश्वर है" से लगा लिया, जब बड़ा संदेह हुआ तो शेख मुबारक व अन्य उलेमा ने भ्रभाती तत्त्व सिद्धांत के नाम से एक आदेश निकाला कि धार्मिक मामलों में कुरान के सम्मत व जनता की भलाई में ही किसी मतभेद का निर्णय होना चाहिए और बादशाह इसमें अंतिम निर्णय दे सकता है। अतः यह स्थिति खलीफा जैसी ही हो गई, इसकी आवश्यकता भी थी।

इस संबंध में उसने इस्लाम के जानकारों के साथ-साथ जैन, हिंदू, जौरार्टर, बुद्ध तथा ईसाई धर्म के जानकारों को भी जोड़ा। धर्म के आपसी झगड़े और हिंसा उसे तकलीफ देती थी। मुकद्दम-उल-मुल्क और अबज्उल-नकी, को मक्का भेजा, पुर्तगाली पुजारियों को पहले ही अकबर सुन चुका था, उन्हें गोवा में अधिक जानकारी के लिए भेजा, 1578 ई. में जेसूट्स उसके दरबार में आए उन्हें बड़ा सम्मान दिया गया और अपने बेटों को भी उन्हें शिक्षा देने के लिए कहा, कुछ इतिहासकार यह मानते हैं कि अकबर ईसाई धर्म को अपनाने लगा था। यह सत्य नहीं है कि उसने किसी धर्म को अपनाया, उसका अपना दर्शन था, धर्म गुरुओं की अकबर को एक पत्नी की सीख उसकी राजपूत नीति के विरुद्ध थी, जो राज्य की नीति थी, वह ऐसा नहीं कर सकता था। सभी धर्मों के कट्टरपंथी अकबर की इस धर्म-नीति से नाराज थे।

अकबर के विरुद्ध विद्रोह

धार्मिक असंतोष के अतिरिक्त और भी असंतोष के कारण थे– सामंती-जागीरी प्रथा को बदलना और घोड़ों को दागना, बंगाल का गवर्नर मुजफ्फर खान नई नीति को अपनाने में समझदारी नहीं दिखा रहा था और वह असंतुष्ट था, इसका बट्टा कम कर दिया गया, 1580 ई. में जौनपुर के काजी की एक घोषणा "क्योंकि अकबर इस्लाम से पथभ्रष्ट हो गया है, अतः उसके खिलाफ विद्रोह करना जायज है।" यदि पहले से ही माहौल न बना होता तो इसका अधिक प्रभाव नहीं होता, अतः बंगाल और बिहार के अमीरों ने विद्रोह कर दिया, मुजफ्फर खान को टांड में पकड़कर मार दिया, विद्रोहियों ने अब अकबर के भाई मुहम्मद हाकिम जो काबुल में था शासक घोषित कर दिया, शह मनूसर, अकबर का मंत्री भी इसमें शामिल था, पहले उसे गिरफ्तार कर फिर माफ कर दिया। 1581 ई. में हाकिम ने पंजाब पर हमला किया, मासूम खान फरंनकुडी ने भी अयोध्या में विद्रोह किया, बिहार से अनेक लोगों ने उसका साथ दिया। हाकिम के विरुद्ध मानसिंह और मुराद को भेजा, हाकिम ने माफ करने की प्रार्थना की, काबुल को जीतकर हाकिम की बहन बख्तउनिषा को काबुल

का गवर्नर बना दिया, अकबर के आगरा आने पर हाकिम काबुल आ गया, मासूम खान को भी पकड़कर मार दिया गया।

पुर्तगालियों से संबंध

अकबर मक्का जाने के समुद्रीय रास्ते पर पुर्तगालियों के कब्जे से नाखुश था। गुलबदन बेगम की हजयात्रा के लिए, दमन के नजदीक पुर्तगालियों को भूमि दे दी थी, यात्रा के बाद, पुर्तगालियों ने दमन पर हमला किया, सूरत और दीव को भी हानि पहुँचाई, गोवा के गवर्नर ने जेसटस मिशन को वापस बुला लिया लेकिन, फादर मैंसीरेट अभी भी आगरा में बना रहा, अकबर ने स्पेन के राजा को फादर मैंसीरेट के माध्यम से एक पत्र भेजा जो राजा को नहीं मिल पाया, क्योंकि रास्ते में तुर्कों ने उसे पकड़ लिया, वह अबेसिनिया होते हुए गोवा आया, वहाँ वह मर गया।

दीन-ए-इलाही

अनेक धर्मों के विचारों का एक अस्पष्ट मत था, जिसे अकबर ने 1582 ई. में घोषित किया, इसमें इस्लाम के तत्त्वों को अधिक प्रमुखता से रखा गया था। इस मत में अपने मूल तत्त्वों को नहीं खोया गया बल्कि अन्य धर्मों की अच्छी बातों को अपनाने की बात की।

वह एक नैतिक जीवन की पद्धति अधिक था न कि एक धार्मिक मत, उसे कभी बल-प्रयोग से लागू नहीं किया गया, हाँ, उपदेशकों के माध्यम से ही उसका प्रचार अवश्य हुआ, सर्वसद्भाव इसका मूल मंत्र था, सतीप्रथा और बाल-विवाह को अवश्य नकारा गया, लेकिन अकबर ने इस्लाम धर्म को नहीं छोड़ा, भगवान सिंह, मानसिंह ने इसे नहीं अपनाया, केवल बीरबल, फैजी, अबुल फजल आदि प्रबुद्ध लोगों ने ही इसे अपनाया। इसके मानने वाले सूर्य पूजा, शाकाहारी भोजन, गौहत्या न करना, रमजान और मक्का की तीर्थयात्रा नहीं करते थे, इसी कारण यह धर्म नहीं फैल सका। लेकिन अकबर स्वयं कई मन सोना मक्का भेजता था, मक्का से ही अरब हुमायूँ मकबरा बनाने आए थे, उसके परिवार के अनेक लोग हज यात्रा करते थे। अकबर दीन-ए-इलाही के माध्यम से हिंदू-मुसलमान को जोड़ना चाहता था। ईसाइयों को आगरा में धर्म-प्रचार की आज्ञा दी, गुरु अर्जुन की प्रार्थना पर पंजाब में सूखे के कारण किसानों का कर्ज माफ किया, हरमंदिर के लिए जमीन दी, अकबर स्वयं भी अनेक मंदिरों में भेट चढ़ाता रहा, हिंदू महिलाओं से विवाह व हिंदुओं को प्रशासन में ऊँचे पद देना उसकी सहनशीलता का प्रमाण है। लेकिन परिवेश ऐसा था कि यह मत असफल हो गया, यह मत नैतिकता या बौद्धिकता में शक्तिशाली नहीं था, न ही लोगों को इसे अपनाने के लिए बाध्य किया गया। हिंदू

और मुसलमान कट्टरपंथी इसका विरोध करते रहे, कबीर और नानक के विचारों से इस मत पर बड़ा प्रभाव पड़ा लेकिन अकबर के रहते हुए और उसके बाद मुगल वंश का कोई शासक भारत को एकता के बंधन में न बाँध सका।

लोगों में इस मत और अकबर के विरुद्ध इतना क्रोध था कि अकबर के मरने के बाद उसे सिकंदरा के मकबरे में दफना दिया, मथुरा के एक सामंत रायसिंह ने बाद में विद्रोह के साथ इस मकबरे को लूटा और अकबर की मजार को तोड़ उसकी हड्डियों को जला भी दिया था।

अकबर पर यह भी आक्षेप है कि चितौड़ के किले में घुसने पर मंदिर को तोड़ा गया, गायों व ब्राह्मणों को मारा गया।

अकबर का लाहौर आना

1583 ई. में अकबर प्रयाग गया। यहाँ किले में रहकर उसने बंगाल की घटनाओं का अध्ययन किया, प्रयाग का नाम बदलकर अल्लाहबाद रख दिया। बंगाल में विद्रोह हो रहा था, अब अकबर फतेहपुर सीकरी आ गया, 1585 ई. में अकबर पंजाब कूच कर गया और पुनः फतेहपुर सीकरी नहीं आ सका। यहाँ पर पहले अँग्रेज जो मुगल दरबार में आए थे– फिंच, लिड्स और निश्चबरी। लाहौर में अकबर ने अपना मुख्यालय बना लिया, क्योंकि काबुल और बदकषान में उजबेकों ने विद्रोह कर दिया था, उसको दबाने के लिए मानसिंह को भेजा गया।

कश्मीर को मिलाना 1585–1598 ई.

अकबर, कश्मीर को मुगल साम्राज्य में मिलाने के लिए सपने देख रहा था। 1578 ई. में यहाँ के शासक अली खान को मुगलों की आधीनता स्वीकार करने के लिए पत्र भेजा, इसका कोई उत्तर नहीं आया, 1580 ई. में अली खान के बेटे युसूफ खान को कश्मीर से भगा दिया। वह आगरा सहायता के लिए आया, उसकी सहायता के लिए फौज भेजी व उसे गद्दी पर बैठा दिया, लेकिन जब उसे अकबर के सामने अपनी वफादारी देने के लिए बुलाया तो उसने मना कर दिया, इस पर अकबर को बहाना मिल गया, 1585 ई. में भगवानदास के अधीन सेना भेजी। अपनी संचार सेवा को मजबूत करने के लिए राजा बीरबल और अबुल फतह को भी भेजा, लेकिन वे अच्छे सैनिक नहीं थे, अतः एक दर्रे में फँस गए, बीरबल मारा गया, टोडरमल को शीघ्र वहाँ भेजा गया।

कश्मीर पर हमला सर्दी में भी जारी रहा, भगवानदास ने युसूफ को समर्पण के लिए विवश कर दिया, युसुफ को लेकर भगवानदास अकबर के पास आया जहाँ अकबर ने युसुफ को कैद कर लिया, भगवानदास की राजपूत वचन व शान पर

ठेस पहुँची, उसने आत्महत्या का प्रयास किया। युसुफ के बेटे याकूब ने विद्रोह जारी रखा, लेकिन अगले वर्ष भारी सेना भेजकर याकूब को भी कैद कर लिया। अब कश्मीर पूर्ण रूप से मुगल साम्राज्य का हिस्सा बन गया।

सीमावर्ती कबीले

यहाँ के कबीले बहुत ही कठिनाई पैदा करते थे, उनमें रोशनिया कबीले ने काबुल जाने वाले रास्ते को रोक लिया था, मानसिंह ने उन्हें हरा दिया लेकिन उन्हें समाप्त नहीं कर सका। अब उन्होंने अन्य कबीलों– अफरीदी, ओरोकजाई और युसुफजइ कबीलों से संपर्क कर पेशावर को अपने कब्जे में कर लिया। जैन खान को भेजा गया, अल्पकालिक शांति स्थापित अवश्य हुई, लेकिन 1588 ई. तक विद्रोह होता रहा। सिंध को 1593 ई. में अकबर अपने अधीन कर सका, यहाँ के शासक जानी बेग ने दीन-इलाही को स्वीकार किया, लेकिन उसे केवल गवर्नर ही बनाया गया।

मान सिंह व राजपूत काबुल के अफगानों में पसंद नहीं किए जाते थे, अतः अकबर ने उसे युसुफ खान के साथ बिहार के अफगानों को दबाने के लिए भेज दिया, बाद में याकूब को भी वहाँ भेजा, अब अकबर ने कश्मीर और काबुल का दौरा किया, टोडरमल और भगवानदास की 1589 ई. में मृत्यु हो गई थी, मानसिंह बिहार जीतता हुआ उड़ीसा के अफगानों को भी जीतता हुआ आगे बढ़ा, यहाँ जगन्नाथ पुरी में हिंदुओं की धार्मिक भावनाओं की कदर करने के लिए मंदिर का निर्माण करवाया।

दक्षिण भारत

इस समय तक उत्तर भारत व गुजरात पूर्ण रूप से मुगल साम्राज्य के अधीन था, लेकिन दक्षिण के कुछ शासकों को अधीन करने के लिए इलाहाबाद से उसे अभियान की देखरेख करने के लिए यहाँ भारी किले का निर्माण कराया गया। बिहार, बिजापुर, विजयनगर, अहमदनगर आदि आपस में एक-दूसरे के विरुद्ध थे। यहाँ धर्म के विरोध में भी एक-दूसरे की सहायता दी गई। 1565 ई. में विजयनगर के विरुद्ध बीजापुर, गोलकुंडा, अहमदनगर और बिदर ने तालिकोटा में युद्ध लड़ा, इसमें विजयनगर के राजा रामराजा का सर काट लिया, उसकी सेना के एक लाख सिपाही मारे गए, नगर उजाड़ दिया गया।

बुरहण निजामशाह 1591 ई. में और उसके उत्तराधिकारी आदिलशाह बीजापुर भी मारा गया। 1596 ई. में चाँद बीबी ने अकबर से संधि कर ली, खान देश को मुगलों के परसियन गवर्नर को दे दिया। इसी वर्ष फैजी की मृत्यु से अकबर को बड़ा सदमा पहुँचा। साथ ही महा अकाल पड़ा, इसकी व्यवस्था सुधारने में शासन की कोई अच्छी व्यवस्था नहीं रही। कुछ समय की शांति के बाद पुनः दक्षिण में विद्रोह

हुआ, 1597 ई. में गोदावरी के तट पर युद्ध हुआ, खानखाना की विजय हुई, लेकिन अकबर का यहाँ रहना आवश्यक हो गया, 1598 ई. में अब्दुल्ला खान सेवानी की मृत्यु हो गई। अकबर सलीम को अब समरकंद जीतने के लिए भेजना चाहता था, लेकिन सलीम ऐसा नहीं करना चाहता था, उसे भय था कि अकबर की मृत्यु के बाद खुसरो को उत्तराधिकारी न बना दिया जाए, 1598 ई. में अकबर लाहौर छोड़ दक्षिण के लिए चल पड़ा। 1599 ई. में मुराद अधिक शराब पीने के कारण मर गया, अबुल फजल ने कुछ शांति अवश्य स्थापित की, सलीम ने यहाँ जाने से मना कर दिया। अतः उसे अजमेर भेज दिया, जहाँ उस पर नजर रखने के लिए मानसिंह को भेजा गया, दानियाल को अबुल फजल के स्थान पर भेजा गया।

अकबर अस्सी हजार सैनिक लेकर आगरा से दक्षिण के लिए चल पड़ा, चाँद बीबी और नन्हें बादशाह पर अफ्रिकी लोगों ने कब्जा कर लिया, देनियाल को अहमदनगर को जीतने के लिए भेजा, चाँद बीबी मारी गई, लेकिन असीरगढ़ का किला अभी भी अफ्रीकन के पास था। बहादुर निजाम शाह को पकड़कर ग्वालियर जेल भेज दिया, बहादुर ने अपने बेटे को अकबर के पास भेजा, रास्ते में उसे मार दिया, यह अकबर के चरित्र पर एक गहरा दाग लग गया, याकूत ने जहर खा लिया, 1601 ई. में किले को जीत लिया, अहमदनगर का कुछ हिस्सा नए शासक मुर्तगा निजाम शाह द्वितीय के अधीन रहा, विराट और खानदेश देनियाल के अधीन रहा। बंगाल में जगत सिंह की मृत्यु हो गई, उसका बेटा मानसिंह अमीरों को अपने अधीन नहीं रख सका। अतः उसे बंगाल से भागना पड़ा, अजमेर में भी मानसिंह सलीम को विद्रोह से नहीं रोक सका।

सलीम अब इलाहाबाद आ गया, यहाँ के खजाने पर कब्जा कर, इलाहाबाद, अवध, बिहार में नए गवर्नर बना दिए। जो अबुल फजल व दीनइलाही के विरोधी थे सब सलीम के साथी बन गए। उसने अपने सिक्के भी बनवाए, अकबर ने सलीम को बंगाल व उड़ीसा का गवर्नर भी बनाने का प्रयास किया जिसे सलीम ने नहीं माना, सलीम आगरा पर हमले के लिए निकल पड़ा, लेकिन अकबर ने ऐसा न करने का आदेश भेजा, अबुल फजल को भेजा, लेकिन सलीम जानता था कि वह अकबर को सलीम के विरुद्ध सलाह देता है और खुसरो को ही बादशह बनवाना चाहता है। रास्ते में ओरछा के राजा वीरसिंह से अबुल फजल को मरवाकर उसका शीश इलाहाबाद भेज दिया। इससे अकबर अति दुःखी हुआ, आदेश दिया कि बुंदेला को जीवित था मृत लाया जाए, लेकिन ऐसा न हो सका।

हरम की महिलाओं ने हस्तक्षेप किया, अकबर की माँ और पत्नी सलीमा बेगम के प्रयास से सलीम को आगरा लाया गया, अकबर सलीम को मेवाड़ के राणा अमरसिंह के विरुद्ध भेजने के लिए सेना दे दी, लेकिन सलीम अंत में इलाहाबाद

भाग गया। सलीम की पत्नी शाह बेगम मान सिंह की बहन और खुसरो की माँ ने आत्महत्या कर ली, सलीम अब शराबी हो गया। क्रोध में नौकरों को मार देता था, एक जंगली व्यक्ति जैसा व्यवहार करने लगा। इसी बीच अकबर की माँ की मृत्यु हो गई, सलीम आगरा आया, पहले उसका जनता ने स्वागत किया बाद में अकबर ने उसे कैद करवा लिया। 1605 ई. में देनियाल की बुरहानपुर में अधिक शराब पीने से मृत्यु हो गई। धीरे-धीरे सलीम को शासन की सहायता मिलने लगी, लेकिन उसे आगरा में ही रखा गया, इसी बीच इंग्लैंड की रानी ऐलिजाबेथ ने 1600 ई. में ईस्ट इंडिया कंपनी को भारत में व्यापार की आज्ञा दे दी, जॉन मिल्टन हाल एक पत्र के साथ आगरा आया, (उसकी मजार आगरा की पुरान कब्रगाह में है)।

उसके पास पूरे कागज न होने पर और पुर्तगाली पादरियों के विरोध के कारण अकबर ने व्यापार की अनुमति नहीं दी जो 1608 ई. में जहाँगीर ने दे दी। खुसरो 18 वर्ष का नौजवान था, राजा मानसिंह का भानजा, खान आजम कोका का दामाद था। इन्होंने खुसरो को बादशाह बनाने के अनेक प्रयास किए लेकिन सफल नहीं हो पाए, अकबर अधिक बीमार हो रहा था, मान सिंह बंगाल चला गया, 25 अक्टूबर, 1605 ई. को अकबर की 63 वर्ष की आयु में मृत्यु हो गई, उसने 50 वर्ष तक शासन किया। मृत्यु से पहले अकबर ने सलीम को पगड़ी व हुमायूँ को तलवार देकर उसे शासक बनाने की इच्छा जाहिर की।

अकबर का व्यक्तित्व

उसने लंबे समय तक शासन किया, उसके विषय में बहुत लिखा गया है अतः निर्णय करना कठिन हो जाता है, लेकिन अशोक के समान उसे भी महान शासक माना जाता है। उसे सपनों का राजकुमार भी कहा जाता है। कुछ उसे महान, सहनशील, उदार व लंबे समय तक बिना विरोध के शासन करने वाला मानते हैं तो कुछ उसे अनपढ़, कठोर तथा सत्ता उसके सर पर बैठ जाने की धारणा रखते हैं। अकबर शरीर से गठीला था, वह चतुर, नेता और हर भौतिक कठिनाइयों का मुकाबला करने वाला शासक था।

वह बेहतरीन घुड़सवार था, ऐसा अनेक बार उसने सेना के हमलों में दिखाया, एक अच्छा शिकारी भी था, छोटा व शक्तिशाली शरीर, गोरा रंग, काली आँखें, कभी कठोर व कभी दयावान, भगवान में विश्वास रखना, वह सारे भारत को संगठित करना चाहता था। बंदूकों का निर्माण, युद्ध कला-कौशल, कला, साहित्य, चित्रकला व भवन निर्माण का बड़ा शौकीन था।

चितौड़ का पाप, असीरगढ़ में व्यवहार, युसुफ कश्मीरी के साथ व्यवहार ऐसे कार्य हैं जिन्हें कभी क्षमा नहीं किया जा सकता।

सूफी संतों, कबीर, नानक, तुलसीदास, सूरदास आदि से अकबर बड़ा प्रभावित था। यदि वह एकता के प्रयासों में सफल होता तो आज भारत का चित्र ही अलग होता। लेकिन उसके विरुद्ध विद्रोह भी बहुत होते रहे, परिवार के सदस्यों से लेकर बाहर तक, उसने भूमि व कर में सुधार किए, सूखे, अकाल आदि को भी देखा, शिक्षा के लिए अधिक प्रयास नहीं किए, इसलिए आमजन पर इसका कोई प्रभाव नहीं हुआ। कबीर, तुलसी, सूरदास, नानक के ज्ञान व संस्कृति के क्षेत्र में अकबर से अधिक कार्य किए। जजिया अवश्य माफ किया गया।

आम व्यक्ति का जीवन मेहनत का था, भोजन महँगा नहीं था लेकिन धन संचय करना कठिन था व उसका प्रदर्शन की आसान नहीं था, व्यापार केवल अमीर व्यक्ति या शासन ही करता था।

अध्याय के लिए विशेष साहित्य

1. अबुल फजल, *आईन-ए-अकबरी* (ट्रांसलेटेड बाय ब्लोचमैन एंड जेरींट)।
2. अबुल फजल, *अकबरनामा*।
3. एल. बिनोय, *अकबर,* 1932।
4. रॉय चौधरी, *दीन ए इलाही*।
5. हेग एंड बर्न (ईडी) : *कैंब्रिज हिस्ट्री ऑफ इंडिया,* वॉल्यूम 4।
6. पियरे डू जरीक, *अकबर एंड दी जेसुइट्स* (ट्रांसलेटेड बाय पायने)।
7. जी.बी. मेलिसन, *अकबर,* 1890।
8. जे.जे. मोदी, *पार्सीज एट कोर्ट ऑफ अकबर*।
9. मोंसेररेट, *अकबर*।
10. डब्ल्यू.एच. मोरलैंड, *इंडिया एट दी डेथ ऑफ अकबर,* 1920।
11. वोन नोयर, *दी एंपरर अकबर*।
12. जे.एन. सरकार, *मुगल एडमिनिस्ट्रेशन*।
13. जी.एन. शर्मा, *मेवार एंड मुगल्स*।
14. श्रीराम शर्मा, *रिलिजियस पॉलिसी ऑफ द मुगल्स*।
15. के.टी. शाह, *दी स्प्लेंडर दैट वाज इंडिया*।
16. आर.पी. त्रिपाठी, *राइज एंड फॉल ऑफ द मुगल एंपायर*।
17. जे. सैलेट, *एम अकबर*।

जहाँगीर 1605 ई.–1627 ई.

अकबर की मृत्यु और खुसरो को बादशाह बनवाने वाले दल के परास्त होने के बाद सलीम को गद्दी सँभालने में कोई कठिनाई नहीं रही और 3 नवंबर, 1605 को आगरा में मुहम्मद जहाँगीर के नाम से गद्दी सँभाली। उसने अपनी शासन नीति के विषय में बारह अध्यादेशों को घोषित किया– अघोषित उपकरों को हटाना, राजमार्गों

की सुरक्षा की व्यवस्था, निजी उत्तराधिकारों की सुरक्षा, शराब के उत्पादन व बिक्री पर रोक (स्वयं वह घोर शराबी था), हिंसा को रोकना और अधिकारियों की संपत्ति को छीनना, बड़े शहरों में अस्पतालों और चिकित्सकों की व्यवस्था करना, एक दिन का अवकाश, गोवध रोकना, धार्मिक दान, जागीर आदि को पक्का करना, और कैदियों को क्षमा करके छोड़ना आदि। ये आदेश कहाँ तक पालन में लाए गए यह कहना कठिन है। उसने अपने मददगारों को इनाम दिए– जमाना बैग को महावतखान की उपाधि दी, परसियन गयासबेग, जो अकबर का वफादार था, उसे इतियाद-उद्-दौला की उपाधि दी, हरदास राय, अकबर के समय में रायराया को राजा विक्रमाजीत की उपाधि देकर तोपखाने का सर्वोच्च अधिकारी बना दिया। वीर सिंह देव बुंदेला, जिसने अबुल फलज का वध किया था उसकी मनसब तीन हजार कर दी, स्वयं जहाँगीर उसके क्षेत्र में आराम करने के लिए जाता रहा, कई किलों को जहाँगीर महल के नाम से आज भी जाना जाता है। अपने मैमोयर, "यादगार" में जहाँगीर ने वीर सिंह को बहादुर, कोमल ह्दय आदि से अलंकृत किया है, लेकिन जहाँगीर जैसे व्यक्ति के लिए ऐसी उपाधि देना कितना उचित है यह कहना कठिन है। मान सिंह, खान आजम, और खुसरो से सामंजस्य स्थापित कर लिया। आगरा के किले में घंटी की व्यवस्था की जिसे "न्याय की जंजीर" कहते थे, जिसे न्याय न मिला हो वह इस जंजीर को खींच सकता था उसे बादशाह न्याय देता था, लेकिन इतिहास में कहीं ऐसा नहीं लिखा कि किसी ने भी कभी न्याय के लिए इस जंजीर को खींचा हो, सामाजिक कहानियाँ अनेक हो सकती हैं।

खुसरो का विद्रोह

मुगल इतिहास में ऐसी अनेक घटनाएँ हुई हैं। जहाँ पुत्र ने पिता और भाइयों ने भाइयों से विद्रोह किया है, खुसरो अपने पिता को पसंद नहीं करता था, वह राजा मानसिंह की बहन शाह बेगम का पुत्र था, जनता का बड़ा प्यारा था, अकबर भी उसे गद्दी देना चाहता था, जहाँगीर उसे विद्रोही की ही संज्ञा देता रहा, शाह बेगम अपने पुत्र के व्यवहार से आहत थी, वह उसके व्यवहार को राजपूती शान के विरुद्ध मानती थी, जहाँगीर भी शाह बेगम को सम्मान नहीं देता था, अतः शाह बेगम ने जहर खाकर अपनी जान दे दी थी।

अँग्रेज खुसरो को एक अच्छा व्यक्ति और जनप्रिय मानते थे। जहाँगीर खुसरो को बड़े संदेह के भाव से रखता था, आगरा में उसकी पूर्ण स्वतंत्रता पर बंधन थे, अतः 1606 ई. में एक दिन सिकंदरा (अकबर का मकबरा) जाने के बहाने से कुछ साथियों के साथ आगरा के तीन हजार सैनिकों के साथ पंजाब को कूच कर

दिया, रास्ते में दीवान अब्दुर रहीम भी साथ मिल गया। तरनतारन में गुरु अर्जुन देव से मिला, कुछ आर्थिक सहायता भी प्राप्त की। लाहौर तक बारह हजार सैनिक खुसरो के साथ थे, दिलावर खान लाहौर के गवर्नर ने शहर का दरवाजा बंद कर लिया, जहाँगीर भी पीछा कर रहा था, दोनों में वार्तालाप चल रहा था, खुसरो के पास अधिक सैनिक थे, लेकिन वे निपुण नहीं थे। लेकिन वह समझता था कि जीत सकता है, अतः येहरोवाल में व्यास और सतलुज के समीप लड़ाई हुई, शेख फरीद शाही सेना का सेनापति था, उसने खुसरो की सेना को तितर-बितर कर दिया, खुसरो भाग निकला। लेकिन पकड़ा गया, उसे जहाँगीर के पास लाहौर भेज दिया गया, हुसैन बेग और अबद्र रहीम को गाय व गधे की खाल में सिलवा दिया जिससे उनकी मौत हो गई, मानसिंह की बंगाल जागीर खत्म कर उस पर जुर्माना लगा दिया। गुरु अर्जुन सिंह पर अनेक अत्याचार कर मार दिया गया।

परसिया के शासक शाह अब्बास ने कंधार पर हमला किया, जहाँगीर काबुल आया, हमला रुक गया, "मैमोयर्स" में जहाँगीर ने कहा है कि यहाँ पर खुसरो को छोड़ दिया था, लेकिन उसने जहाँगीर को मारने की योजना बनाई जिस पर उसे पकड़कर अंधा कर दिया, और उसे बुरहानपुर के किले में कैद करवा दिया, इस योजना की खबर खुर्रम, जो बाद में शाहजहाँ बना, जिसकी सगाई अर्जमंद बानो, आसिफ खान की बेटी जो मुमताज महल कहलाई, से हो चुकी थी, इसलिए आसिफ खान के भतीजे शरीफ को केवल कैद में भेज दिया, खुर्रम को फिरोज-हिसार की जागीर दे दी।

मेवाड़

राजपूतों के अन्य वंशों ने अकबर की अधीनता स्वीकार कर ली थी। केवल मेवाड़ के सिसौदियाओं ने ऐसा करने से मना कर दिया था, यहाँ पर राजगद्दी के लिए चालें चली जा रही थीं। अकबर ने इस समय जहाँगीर को अजमेर जीतने के लिए भेजा, वह कुछ नहीं कर सका। चित्तौड़ में सगर को सहायता दी गई, लेकिन इसी समय खुसरो का विद्रोह हुआ। आसफ खान और परवेज को राजस्थान भेजा गया। वे भी अधिक कुछ नहीं कर सके, राजा अमर सिंह बीहड़ के जंगलों में चला गया, अब्दुल्ला खान भी नाकाम रहा।

दक्षिण

राजपूताने में अभियान जारी रहे लेकिन नाकाम रहे, अतः दक्षिण की ओर ध्यान बढ़ाया जो अकबर के समय से कोई सफल नहीं हो पा रहा था।

निजाम शाह अपनी भूमि को लिये हुए थे लेकिन अहमदनगर मुगलों के पास था। मुतजा निजाम शाह द्वितीय के शासन के पीछे मलिक अंबर, हब्सी दास की

शक्ति थी, जिसने कर इकट्ठा करने में मुगल शासन की पद्धति को अपनाया, मराठों की हल्की घुड़सवारों की गुरिल्ला लड़ाई को पहचाना, भारी मुगल सेना के मुकाबले अधिक कारगर थी। मुगल गवर्नर और अधिकारी इन नीतियों व तरीकों को अपनाने में कामयाब नहीं रहे। जहाँगीर ने खानखाना को भेजा, बाद में परवेज के साथ आसफ खान को भी भेजा, लेकिन दो वर्षों तक कोई सफलता नहीं मिली बल्कि अहमदनगर को भी दक्षिणियों से खो दिया। 1610 ई. में खानखाना को वापस बुला लिया और उसके स्थान पर पीर टवान लोधी को भेजा, अगले वर्ष अब्दुल्ला खान ने गुजरात से कूच किया, लेकिन खान जहान और उसके बीच झगड़े के कारण काफी हानि हुई। 1612 ई. में पुनः खानखाना को सेना की कमान दी गई, वह स्वयं घूस का आदी होने के कारण अधिक सफल नहीं हो सका, सफलता के लिए और अधिक करने की आवश्यकता थी।

बादशाह का विवाह

इधर घरेलू क्षेत्र में भी महत्त्वपूर्ण घटनाएँ घट रही थीं, इत्माद-उद्-दौला की बेटी मिहिर-उन-निशा से बादशाह का विवाह उनमें से एक था, अकबर के समय में नौकरी के लिए बहुत सारे परसियन भारत में आए थे, मिर्जा गयासबेग ऐसा ही तेहरान का निवासी था, राज्य की सेवा में वह शीघ्र ही ऊँचा हो गया। उसकी बेटी मिहिर-उन-निशा और बेटा इतिखाद खान था जो बाद में आसिफ खान के नाम से मशहूर हुआ। मिहिर-उन-निशा का विवाह 17 वर्ष की आयु में एक परसियन अली कुली इस्ताजलू से हो गया, जहाँगीर ने उसे बर्दवान का गवर्नर भी बनाया था, शेर को मारने के कारण उसे "शेर अफगान" भी कहा जाने लगा, उनकी एक बेटी, लाड़ली बेगम भी थी, चूँकि यह क्षेत्र विद्रोहियों का क्षेत्र था, केंद्र को कर नहीं देता था, 1607 ई. में कुतुब-उ-दीनस्वान कर लेने गया तो शेर खान ने उसे मार दिया, उसके सैनिकों ने शेर खान को भी मार दिया।

मिहिर-उन-निशा और उसकी बेटी अब आगरा आ गए, जहाँ उसका पिता रहता था, उसे सलीमा बेगम की देखभाल में लगा दिया गया, यहीं से जहाँगीर को मिहिर-उन-निशा पसंद आने लगी, वह खूबसूरत थी, लेकिन आयु ढल गई थी। 1611 में जहाँगीर ने उससे विवाह किया, वह अच्छी कला-प्रेमी थी, जहाँगीर की देखभाल करती थी, अच्छी निशानेबाज भी थी, परसियन की अच्छी कवयित्री थी, धीरे-धीरे जहाँगीर पर पूर्ण अधिकार कर लिया, शासन की बागडोर अपने पिता और भाई तथा अन्य अमीरों के माध्यम से चलाती थी। जहाँगीर के शासन के अधिकतर समय में उसका प्रभाव देखा जाता है। वह सत्ता को अपने अधीन रखती थी और उसके लिए षड्यंत्र भी रचती रहती थी। खुर्रम (शाहजहाँ) के साथ अपनी भतीजी,

अर्जूमंद बानो की सगाई करवाई, जहाँगीर की शराब की आवश्यकता को पूरा करके वह स्वयं शासन चलाती थी, इसके लिए वह मेहनत भी करती थी, अपना व्यापार भी चलाती थी, सिक्कों पर उसका नाम भी छपने लगा था। खुर्रम को अपने खेमे में रखने के लिए उसने अनेक प्रयास किए, लेकिन इसमें वह सफल नहीं हो सकी। खुसरो की उम्मीदें और शक्ति समाप्त हो गई थीं। नूरजहाँ भी जहाँगीर के साथ ही प्रभावहीन हो गई और लाहौर में ही मर गई।

नूरजहाँ (मिहिर-उन-निशा) और उसकी भतीजी मुमताज महल ने जहाँगीर व शाहजहाँ के शासन काल को बड़ा प्रभावित किया, इस काल में परसियन दल भी प्रभावशाली रहा, शिया मतावलंबियों का भी प्रभाव बढ़ा।

बंगाल

शेर अफगान के समय से ही बंगाल विद्रोह का क्षेत्र रहा, एक बहरुपिये ने खुसरो के नाम से पटना को 1610 ई. में कब्जा कर लिया, इस समय गवर्नर गोरखपुर अपनी जागीर देखने गया था, इस बहरुपिया का नाम कुतुब-उ-द्दीन था, गवर्नर जब वापस आया तो उसने विद्रोह को दबा दिया, जो अधिकारी इस विद्रोह के दोषी थे उन्हें पकड़कर आगरा भेजा गया, उनके सर व दाढ़ी मुड़वाकर, औरतों के कपड़े पहनवाकर आगरा शहर की गलियों में घुमाया गया।

अफगान भी मुगल शासन से खुश नहीं थे, बंगाल में उस्मान खान के नेतृत्व में विद्रोह हुआ, इस्लाम खान बिहार के गवर्नर और सुजात खान को उस्मान खान को दबाने को भेजा। लड़ाई में उस्मान खान जो हाथी पर था सुजात खान ने तलवार और भाले से हमले किए, दूसरे प्रयास में उस्मान खान मारा गया, उसकी सेना भाग गई। इस्लाम खान को 1612 ई. में छह हजार और सुजात खान को एक हजार की सेना दे दी, पहले के अनुसार उत्तर-पश्चिम में भी रोशनियों के विद्रोह चल रहे थे।

कुमाऊँ

जहाँगीर के शासन काल में कुमाऊँ का राजा लक्ष्मी चंद कस्तूरी, पहाड़ी घोड़े, शिकारीबाज आदि भेंट के लिए लाया। उसका पिता 1568 ई. में अकबर के दरबार में आ चुका था, कुमाऊँ कभी भी मुगल साम्राज्य का अंग नहीं था, लेकिन बहुत अमीर राज्य था, पटौल्मी की कहानियों में यहाँ सोने की खान भी बताई गई है। कुछ समय बाद पता चला कि कोकरा, बिहार में नदी में हीरे निकलते हैं, जहाँगीर ने बिहार के गवर्नर इब्राहिम खान को इस स्थान पर हमला कर उसे कब्जे में लेने के आदेश दिए, ऐसा ही हुआ, अब गवर्नर को फातखान की उपाधि से नवाजा गया, लेकिन कुमाऊँ मुगल साम्राज्य से बचा रहा।

मेवाड़ का समर्पण

अनेक संतापों के साथ राणा अमर सिंह के विरुद्ध शाही हमले जारी रहे, यद्यपि शाही सेना की बड़ी हानि हुई लेकिन राजा झुका नहीं।

अब्दुल खान को 1611 ई. में दक्षिण भेज दिया था, राजा बासू भी पंजाब में अच्छा नहीं कर रहा था, महावत खान महलों के षड्यंत्रों में घिरा हुआ था, अजीज कोका ने सेना की कमान अपने पास लेकर साथ में खुर्रम को भी लेने की गुहार लगाई, खुसरो को आजाद कर उसकी एक आँख को ठीक करवाया गया व उसका विवाह अजीज कोका की बेटी से कर दिया, जहाँगीर उसे अपने साथ अजमेर भी ले गया। अजीज कोका खुसरो को शासन का उत्तराधिकरी बनवाना चाहता था, खुर्रम ने बादशाह को उसके विरुद्ध भड़काया और षड्यंत्र का आरोप भी लगाया। खुसरो को कैद कर लिया, खुर्रम ने मेवाड़ के अभियान को तेज कर दिया, राणा अमर सिंह की नीति से उसके समर्थकों की भी बड़ी हानि हुई थी, भूमि की उपज का भी विनाश हुआ था, राणा अपनी प्रजा को अधिक कष्ट नहीं देना चाहता था, अतः उसने समर्पण कर दिया। राणा ने अपने पुत्र करण सिंह को खुर्रम के पास भेजा, स्वयं मुगल दरबार में नहीं गया, उसने अपनी अधिक आयु का सहारा लिया, करण सिंह को कुछ सेना रखने व मेवाड़ का जमींदार ही माना, चित्तौड़ पर मुगलों का ही शासन रहा। इस सफलता से खुर्रम का कद और अधिक बढ़ गया, उसे आठ हजार, व्यक्तिगत खर्च, पंद्रह हजार की जात भी दी गई, दूसरी ओर परवेज दक्षिण में अच्छा नहीं कर सका व खुसरो भी अपनी नीति में असफल हो गया, 1614 ई. तक खुर्रम की स्थिति शाही गद्दी के लिए मजबूत हो गई थी।

अँग्रेज आगंतुक

जान निबवर्री, राल्फ फिंच और विलियम लीड्स, जोन मिल्डन हाल अँग्रेज जिसकी पहली कब्र आगरा में बनी, अकबर के समय में आए थे, वे सभी "टांगर" नामक जहाज के यात्री थे जिसका उल्लेख "मैकबेथ" में शेक्सपियर ने किया है।

अकबर जसूट्स के प्रति अधिक प्रेम रखता था इसी कारण 1773 ई. तक आगरा में एक निकाय भी रहा, पोप ने इस समिति को दबा दिया था। जहाँगीर ने इस समिति को एक कालेज और चर्च बनाने की अनुमति दी थी। जोरमी जेवियर संत फरासिस जेवियर का भतीजा था, उसके नाम से यह कालेज खोला गया, इस समिति में बड़े विद्वान थे लेकिन वे पुर्तगाली थे।

जहाँगीर के समय दो अँग्रेज, जिनमें प्रमुख विलियम धनिंस था जो जान हाकिंस का संबंधी था, जान हाकिंस ने एलिजाबेथ के उडफिरल ड्रेक की सहायता

कर स्पेनिश अरमेडा का 1588 ई. के युद्ध में हराकर इंग्लैंड की नौसेना के सम्मान को समुद्र में बढ़ाया था। विलियम फ्रांसिस भारत में नई ईस्ट इंडिया कंपनी के लिए जेम्स प्रथम का पत्र लेकर आया था। आगरा में वह 1609 ई. में आया जहाँ जहाँगीर ने उसका स्वागत किया, उसे एक मनसब व पत्नी भी देने का वायदा किया, उसे शराब की पार्टी में भी सम्मिलित किया; जिसका ब्यौरा लिखित हुआ है। वह सूरत में अँग्रेजों का एक स्थायी व्यापारिक स्थान बनाना चाहता था, लेकिन आगरा के जेसूट्स ने बादशाह को ऐसा न करने की सलाह दी, अतः 1611 ई. में हाकिंस निराश हो वापस चला गया।

व्यापारिक रास्ते, मक्का की धार्मिक यात्रा लाल सागर से जाने के रास्ते में जब बाधा आई व पुर्तगालियों की समुद्र में हार की वजह से अँग्रेजों के प्रति रुख बदला। अतः 1613 ई. में जहाँगीर ने अँग्रेजों को सूरत में एक स्थायी व्यापारिक केंद्र बनाने की इजाजत दे दी। पुर्तगाली गवर्नर ने इसका विरोध करते हुए एक समुद्री बेड़ा अँग्रेजी जहाजों पर हमला करने व सूरत को मुगलों से छीनने के लिए निकोलस डाअबटन के नेतृत्व में भेजा, इसमें पुर्तगालियों की हार हुई। अब अँग्रेजों की स्थिति मजबूत हो गई, एक नए प्रतिनिधि के रूप में जेम्स ने थॉमस राय को भेजा। वह आक्सफोर्ड के एक कालेज का पढ़ा हुआ, अच्छे परिवार से वह अपने राजा के सम्मान को भलीभाँति जानता था, वह संसद का भी सदस्य था। 1615 ई. में जहाँगीर अजमेर में था, थॉमस वहीं पर बादशाह से मिला। इस समय अंतरराष्ट्रीय कानून नहीं होने से आधुनिक राजनयिक संबंध नहीं के बराबर थे, मुगल बादशाह अपने को अधिक महत्त्वपूर्ण समझते थे, वे पश्चिम के महत्त्व से उसकी रेनेसां, उनके आधुनिक विचारों से परिचित नहीं थे। अतः थॉमस राय अपने प्रयास में अधिक सफल नहीं हो सका। व्यापार के लिए अलग-अलग गवर्नरों को कर देना पड़ता था, पुर्तगाली और डच के समान स्वतंत्र व्यापार चाहता था वैसा नहीं हो सका। खुर्रम ने गुजरात के गवर्नर होने के समय अँग्रेजों ने बादशाह से सीधे मिलने की आपत्ति उठाई, नूरजहाँ ने भी पुर्तगालियों का ही साथ दिया था, केवल सूरत में ही अँग्रेजों को अपना व्यापारिक स्थान बनाने की बादशाह से अनुमति मिली। आगरा, भड़ौच, मसोलिपट्टम में भी कुछ सामान इकट्ठा करने के केंद्र बनाए गए। 1619 ई. में राय भारत से चला गया। अभी तक भारत के बाहर समुद्री व्यापार अरब और मिस्र के माध्यम से होता था, अधिकतर व्यापार भूमि के माध्यम से–समरकंद, बुखारा, कंधार, तेबरीज, बगदाद, दमासकस, अलीपो, इस्तांबूल से होता था। समुद्री व्यापार से मध्यकाल की व्यवस्था भी टूटी और व्यापार भी बढ़ा, लेकिन इसमें अधिक समय लगा।

कश्मीर

अकबर पहला मुगल बादशाह था जो कश्मीर आया, वह यहाँ की सुंदरता से बड़ा प्रभावित हुआ। जहाँगीर ने इसे गर्मी की आरामगाह बना दिया। डल लेक के किनारे निशात बाग, शालीमार बाग और अन्य बाग व स्थान पेड़-फूलों के बाग बादशाहों ने लगवाए, नूरजहाँ ने प्रकृति प्रेम के कारण गांधरबल में महल भी बनवाया, जिसके खंडहर आज भी देखे जा सकते हैं, 1619 ई. में जहाँगीर ने अनेक हाथियों पर सामान के साथ यहाँ पहुँचा, यहाँ का भोजन चाहे उसे अच्छा न लगा लेकिन यहाँ का वातावरण, मैदानी क्षेत्रों की गर्मी व धूल से वह बचना चाहता था, अतः यहाँ रहकर उसने अपनी शराब की मात्रा बढ़ा दी, नूरजहाँ व डॉक्टरों ने ऐसा न करने को भी कहा लेकिन जहाँगीर नहीं माना। यहाँ रहते हुए जहाँगीर को समाचार मिला कि काँगड़ा व नगरकोट की विजय नहीं हो सकी और शाही सेना का सेनापति सूरजमल हिंदू राजाओं से मिल गया, 1621 ई. में जहाँगीर जम्मू जाते हुए ज्वालामुखी के मंदिर में जाकर गाय की बलि दी और वहाँ पर खुतबा पढ़ा, उसी स्थान पर एक मस्जिद बनवाने के लिए भी वायदा किया। यह अकबर की नीति के पूर्ण उलटा था। यह अभियान अहम् को पूरा करने के लिए किया गया था, दक्षिण में मलिक अंबर ने मुगलों को खदेड़ दिया था, खानखाना ने बादशाह से अधिक मदद की माँग देने की प्रार्थना की।

शाहजहाँ और दक्षिण

समय की आवश्यकता थी कि खुर्रम (शाहजहाँ) को दक्षिण भेजा जाए, लेकिन खुर्रम चाहता था कि खुसरो को बादशाह के साथ नहीं रहने दिया जाए, क्योंकि बादशाह की सेहत भी गिर रही थी और उनका प्यार भी खुसरो के प्रति बढ़ रहा था, नूरजहाँ भी अपने पहले पति से पैदा बेटी (लाड़ली) का विवाह खुसरो के साथ करना चाहती थी, लेकिन खुसरो इसके लिए तैयार नहीं था। वह अपनी पत्नी अजीज कोका की बेटी के साथ ही रहना चाहता था, अतः अंत में यह तय हुआ कि शाहजहाँ खुसरो को अपने साथ दक्षिण ले जाए, 1620 ई. में शाहजहाँ दक्षिण गया। मांडू तक मराठे भी आ चुके थे, उन्हें हराकर 1621 ई. में वह बुहरानपुर पहुँचा जहाँ खानखाना अपने को किले में बंद किए हुए था, यहाँ से खिरकी को जीता, और दौलताबाद को जीतने का प्रयास किया, अहमदनगर पर हमला किया। संचार के साधन सीमित होने के कारण अनेक कठिनाइयों का सामना करना पड़ा, लेकिन मलिक अंबेर ने संधि के लिए प्रस्ताव भेजा, अहमद नगर पुनः मुगल सेना के कब्जे

में आ गया, दक्षिण के तीन राज्यों ने पाँच करोड़ रुपये देने की संधि कर ली, अब शाहजहाँ बुरहानपुर आकर प्रशासन को संगठित करने लगा।

नूरजहाँ का षड्यंत्र व खुसरो की मृत्यु

शाहजहाँ चूँकि अधिक ताकतवर हो गया था, नूरजहाँ उसको कमजोर करने के लिए किसी ऐसे व्यक्ति की खोज में थी जो यह कार्य कर सके, क्योंकि वह सत्ता को भोग चुकी थी उसे खोना नहीं चाहती थी। उसकी नजर जहाँगीर के तीसरे बेटे शहरयार पर पड़ी जो दासी से पैदा हुआ था, जब शाहजहाँ दक्षिण गया तब नूरजहाँ ने अपनी बेटी लाड़ली का विवाह शहरयार से कर दिया। अगले वर्ष इतिमाद-उद-दौला की मृत्यु हो गई, इससे महल के षड्यंत्र की कड़ी टूट गई। नूरजहाँ का भाई आसिफ खान भी शहरयार से संबंध के लिए प्रसन्न नहीं था, लेकिन नूरजहाँ के साथ रहा। बुरहानपुर में खुसरो को 1622 ई. में गला घोंटकर मार दिया गया, यह सब शाहजहाँ के आदेश पर हुआ, जहाँगीर को बड़ा दुःख हुआ, खुसरो को बुरहानपुर में ही दफन कर दिया था, लेकिन जहाँगीर के आदेश पर खुसरो के शरीर को खुदवाकर इलाहाबाद उसकी माँ मानबाई (शाह बेगम) के पास, बाद में बहन सुलतान उन-निशा को 1624-25 ई. में सिकंदरा से लाकर वहीं पर दफन कर दिया।

जहाँगीर ने शाहजहाँ को कोई जागीर व इनाम नहीं दिया, नूरजहाँ भी शाहजहाँ से प्रसन्न नहीं थी। परसिया के बादशाह शाह अंबर की लंबे समय से निगाह कंधार के किले पर थी, उसने जहाँगीर के पास अपना दूत भेजकर जहाँगीर की दुविधा को समझा, 1622 ई. में शाह ने कंधार के किले को जीत लिया, जहाँगीर ने दक्षिण की सेना को वहाँ भेजा तथा मुलतान से सहायता लेकर कंधार के किले को पुनः जीता, शाहजहाँ वहाँ नहीं जाना चाहता था, अतः मांडू चला गया, वहाँ जाकर उसने शर्तें रखीं कि, पंजाब की भूमि उसे दे दी जाए ताकि वहाँ वह अपनी सेना रख सके, रणथंभौर के किले में उसका परिवार रहे, धौलपुर का राज्य उसे दे दिया जाए, वह वर्षांत के बाद ही कंधार जाएगा। जहाँगीर ने आदेश दिया कि वर्षांत के पहले शाहजहाँ अपने सेनापति– सैय्यद बुखारा, अफगान और राजपूतों को पहले भेज दे, अब शाहजहाँ मजबूर होकर कंधार की ओर गया। फिरोजा हिसार की भूमि जो शाहजहाँ की जागीर थी शहरयार को दे दी। यह उत्तराधिकारी की निशानी मानी जाती थी। इन घटनाओं से साफ हो गया कि शाहजहाँ झुक जाए या विद्रोह कर दे।

अध्याय के लिए विशेष साहित्य

1. बेनी प्रसाद, *हिस्ट्री ऑफ जहाँगीर,* 1922।
2. डी. लैट, *इंडिया ऑफ जहाँगीर।*
3. ग्रिब्बल, *हिस्ट्री ऑफ द डेक्कन।*
4. डब्ल्यू.एच. मोरलैंड, *इंडिया फ्रॉम अकबर टू औरंगजेब,* 1923।
5. जी.एच. ओझा, *राजपूत नाथ का इतिहास।*
6. पियरे डू जरीक, *जहाँगीर एंड दी जेसुइट्स।*
7. पल्सरेट, *इंडिया ऑफ जहाँगीर।*
8. सर थॉमस रोए, *दी एंबेसी ऑफ सन थॉमस रोए टू द कोर्ट ऑफ द ग्रेट मुगल (1615-1619) एज नरेटिड इन हिज जनरल एंड कॉरस्पोडेंस एडिटेड बाय फोस्टर।*
9. रोजेस एंड ब्रेवरीज, *मेमोयर्स ऑफ जहाँगीर,* वॉल्यूम वन एंड टू।
10. साइकस, *हिस्ट्री ऑफ पर्शिया।*

शाहजहाँ 1627 ई.-1658 ई.

जहाँगीर की मृत्यु (7 नवंबर, 1627) के समय शाहजहाँ दक्षिण भारत में ही था। नूरजहाँ और शहरयार के सत्ता हथियाने की चाल को आसिफ खान ने अपने दामाद (शाहजहाँ) के हित को सुरक्षित रखने के लिए खुसरो के बेटे बुलाकी को दावर बक्ष के नाम से बादशाह घोषित कर दिया। शहरयार ने भी अपने को लाहौर में बादशाह घोषित कर दिया। नूरजहाँ के शहर से बाहर आने से पहले ही आसिफ खान और दावर बक्ष वहाँ पहुँच गए, नूरजहाँ को सैनिक घेरे में रख दिया, शहरयार को हराकर बंदी बना दिया और उसे अंधा कर दिया। शाहजहाँ को संदेश भेजा कि वह जल्दी आ जाए, शाहजहाँ दक्षिण से गुजरात होता हुआ अजमेर आया, उसने संदेश भेजा कि दावर बक्ष उसके भाई और दानियाल के दो बेटों को अंधा कर मार दिया जाए। ऐसा ही हुआ, अब शाहजहाँ ने जनवरी के प्रारंभ में 1628 ई. में अपने को बादशाह घोषित कर दिया। खानजहाँन पीर लोधी को बुरहानपुर संदेश भेजा जिसे उसने महत्त्व नहीं दिया और निजामशाही को बहुत सारा क्षेत्र दे दिया, वह समझता था कि शाहजहाँ बादशाह नहीं बन सकेगा। राजा करण सिंह, मेवाड़ ने रास्ते में शाहजहाँ को भेंट दी, अजमेर में महावत खान को गवर्नर रहने दिया। आगरा पहुँचकर अबुल मुजफ्फर शाहबुद्दीन मुहम्मद साहिब किरण सानी के नाम से खुतबा पढ़ा गया और बड़े ही उत्साह से खुशी मनाई गई व अनेक अमीरों को नए पद सौंपे गए। नूरजहाँ का 17 वर्षों का धुँधला समय समाप्त हो गया, नूरजहाँ व उसकी बेटी लाड़ली अब लाहौर में जहाँगीर के मकबरे को बनवाने में ही अपना समय व्यतीत करने लगीं, आसिफ खान की मृत्यु 1641 ई. में हुई और नूरजहाँ की मृत्यु 1645 ई. में, महावत खान 1634 ई. में मर गया।

विद्रोह

जुझार सिंह बुंदेला ओरछा के राजा वीरसिंह का पुत्र था, जिसे जहाँगीर ने जागीर दी थी। जहाँगीर के शासन काल में जुझार सिंह के पिता वीरसिंह बुंदेला ने बहुत सारी जागीर बढ़ा ली थी, जून 1628 में वह आगरा से इरिच के किले में जा पहुँचा, जहाँ पर आगरा, मालवा और स्वयं शाहजहाँ ने उसे चारों ओर से घेरकर समर्पण को मजबूर कर दिया, जिस पर जुझार सिंह ने बहुत-सा धन, हाथी आदि देकर अपनी जान बचाई व दक्षिण में अपने बेटे के साथ शाहजहाँ की अच्छी सेवा भी की।

पीर लोधी ने बड़ी घूस के बदले बालाघाट, बीरार का क्षेत्र निजामशाह को दे दिया था। शाहजहाँ जब बादशाह बन गया तो उसने बादशाह के सामने समर्पण कर दिया, उसे माफ कर दिया गया और दक्षिण के स्थान पर मालवा बदल दिया गया। वह बड़ा ही शक्की स्वभाव का व्यक्ति था, शाहजहाँ जहाँगीर के पक्ष के लोगों का क्षेत्र बदल रहा था, अक्टूबर 1629 ई. को वह आगरा से परिवार सहित भागा, उसका पीछा किया गया, धौलपुर में परिवार छोड़कर वह दौलताबाद भाग गया, जहाँ उसका स्वागत हुआ और एक जागीर भी मिल गई, कुछ समय बाद उसने मुगलों के विरुद्ध पुनः विद्रोह किया, विक्रमाजीत बुंदेला के पास आया, लेकिन बुंदेला ने उसे सहायता नहीं दी अपितु उस पर हमला किया, अंत में सिंध, चंबल की शाखा के पास शाही सेना ने उसे मार दिया। अहमदनगर के विरुद्ध युद्ध जारी रहा, मराठों ने मुगलों का साथ दिया, जिसमें जादूराय, शाहजी भौंसले का ससुर मारा गया, शाहजी भौंसले ने अपनी सेवा मुगलों को दी, फतेहखान, मलिक अंबर के पुत्र को भी कैद कर लिया, मुबारक खान अब अहमदनगर का मालिक बन गया, बीजापुर भी उसके समर्थन में हो गया, अहमदनगर के घरेलू विद्रोह के कारण फात खान को छोड़ दिया, मुर्तजा को मार दिया गया, 1631 ई. में आसफ खान को बीजापुर की फतह के लिए भेजा गया, सूखे के कारण अधिक सफलता नहीं मिल पाई। मुमताज महल 14वें बच्चे के पैदा होने पर बुरहानपुर में 1632 ई. में मर गई। शाहजहाँ कुछ समय बाद गम से बाहर आकर आगरा आया और मुमताज महल की याद में ताजमहल बनवाने में लग गया, महावत खान व उसके बेटे खान जमान को दक्षिण की कमान सौंप दी।

शाहजी भौंसले ने एक बार पुनः अपना पक्ष बदल लिया, फात खान ने जो भूमि कब्जा कर ली थी वह शाहजी भौंसले को दे दी, संधि के बाद यह भूमि पुनः फात खान के पास चली गई।

फात खान ने बीजापुर का पक्ष चुन लिया, वह मुगलों के विरुद्ध था, मुगलों का सेनापति महावत खान का वह अच्छा सेनापति व संचार तथा सामान को लाने

में निपुण था, गुजरात और आगरा से साधन मँगवाता रहा, मराठाओं की गुरिल्ला नीति का मुकाबला करता रहा, बंजारों के माध्यम से सेना के लिए आवश्यक सामान मँगवाता रहा, 1633 ई. में दौलताबाद को जीत लिया और फात ने समर्पण कर दिया। फात खान और हुसैन खान को आगरा भेज दिया, फात खान को एक जागीर दो हजारी दे दी, हुसैन खान को ग्वालियर के किले की जेल में भेज दिया।

दक्षिण के विद्रोह की एक अवस्था का अवश्य अंत हो गया, लेकिन यह पूर्ण अंत नहीं था। सारा बालाघाट मुगलों के आधीन नहीं था, कोंकण और पूना के उत्तर का भाग अभी भी शाहजी भौंसले के आधीन था, उसने निजामशाही की दूसरी शाखा के एक सदस्य को निजामशाही का उत्तराधिकारी बनाकर मुगलों पर हमला करता रहा। मुगलों ने शाह सुजा और महावत खान के नेतृत्व में परैंदा पर हमला किया जो सफल नहीं हुआ, वर्षा होने के कारण सेना बुरहानपुर आ गयी, शाहजहाँ ने शाह सुजा को वापस बुला लिया और महावत खान को लताड़ लगाई, महावत खान इससे दुःखी हुआ वह बीमार हो गया और 1634 ई. में उसकी मृत्यु हो गई।

पुर्तगाली

शाहजहाँ जब बादशाह था, उसने बंगाल के कासिम खान को आदेश दिया कि वह हुगली के पुर्तगालियों के व्यवहार को ठीक करे, क्योंकि वे अच्छे व्यापारियों जैसे व्यवहार नहीं कर रहे थे। 1608 ई. से मुगलों के सरगाँव को ढाका की राजधानी बना लिया था, पुर्तगाली ने 100 वर्षों से हुगली के क्षेत्र में सक्रिय थे जो भी उनके क्षेत्र से गुजरती थी उससे कर वसूलते थे, और समुद्र में डकैती करते थे, गोवा से भी स्वतंत्र हो गए थे। संख्या में दो सौ थे, लेकिन स्थानीय करीब लोगों के बच्चों को दास बना, ईसाई बनाकर प्रयोग में लाते थे। शाहजहाँ के बादशाह बनने पर भी उन्होंने आधीनता नहीं स्वीकार की थी। मुमताज महल की दो दासियों को पुर्तगालियों ने उठा लिया था, 1632 ई. में भारी सेना भेजकर अनेक बचे हुए पुर्तगालियों के बच्चे, महिलाएँ आदि को आगरा भेज दिया, जहाँ उन्हें अमीरों ने बाँट लिया, शाहजहाँ ने भी कुछ को ले लिया। आगरा में पुर्तगालियों का चर्च भी तोड़ा गया, उनका धर्म भी परिवर्तन किया गया।

बुंदेलखंड

जुझार सिंह दक्षिण में 5 वर्षों तक सेवा कर ओरछा लौटा था, समझता था कि मुगलों की सेना में रहने से वह कुछ भी करने को स्वतंत्र है, उसकी निगाहें गोंडवाना पर थीं, अतः उसने चौरागढ़ में राजा प्रेम नारायण को समर्पण करा लिया, और राजा को मार दिया। शाहजहाँ ने जुझार सिंह को राजा की छीनी हुई संपत्ति व एक

लाख रुपए जुर्माना देने का आदेश दिया, जो जुझार सिंह ने नहीं दिया, खान दुरान, अब्दुल्ला खान, सैय्यद मुजफ्फर खान और औरंगजेब के नेतृत्व में एक सेना भेजी गई, जुझार सिंह व उसका बेटा गजराज सिंह अपनी महिलाओं के साथ दक्षिण में भाग गया, रास्ते में औरतों ने जौहर कर लिया, गौंडों ने जुझार सिंह व गजराज को मारकर उनका सर शाहजहाँ के पास भेज दिया।

जुझार सिंह के दूसरे पुत्र व प्रपौत्रों को इस्लाम धर्म में परिवर्तित कर लिया, लेकिन चंपतराय विरोध करता रहा।

गढ़वाल और बालटिस्तान

1634 ई. में कश्मीर के शासक अब्दाल ने समर्पण कर दिया था, लेकिन बालटिस्तान या तिब्बत भाग पर मुगलों की नजर थी। 1635 ई. में नजावत खान काँगड़ा के गवर्नर ने दून घाटी को हरिद्वार से श्रीनगर (गढ़वाल की राजधानी) तक अपने कब्जे में कर लिया, लेकिन मुगल सेना पहाड़ों पर सफल नहीं रही, इसलिए सेनापति शाहजहाँ की दुत्कार खाते थे, कुमाऊँ का राजा त्रिमलचंद मुगल सेना की सहायता करने को तैयार था।

कंधार मुगलों के हाथ से जाने से उनकी इज्जत पर बड़ा धक्का लगा था, 1638 ई. में कंधार का गवर्नर अली मरदान खान परसिया से अलग हो गया व मुगलों के साथ हो गया, वह शाहजहाँ का मंत्री भी रहा, लाहौर, कश्मीर और दिल्ली में सिंचाई के प्रबंध में वह बड़ा ही कुशल रहा।

परसियन इस समय तुर्कों से लड़ने में घरेलू झगड़ों और शाह अब्बास द्वितीय के बालक होने के कारण कुछ नहीं कर सके।

पूर्व में बर्मा के शान लोगों ने असम पर कब्जा कर लिया, कामरूप से मुगलों को भगा दिया, केवल गोहाटी ही मुगलों का केंद्र बना रहा। दक्षिण में बीजापुर और गोलकुंडा तथा शाहजी मुगलों की ताकत को चुनौती दे रहे थे। मुगलों ने आदिल शाह को भौंसले के विरुद्ध साथ देने के लिए राजी किया, शियास्त खान ने जुनार पर कब्जा किया, औरंगजेब को गवर्नर बनाकर शाहजी से निपटने के लिए भेजा, आदिल शाह के साथ संधि हो गई, दो लाख कर देने व गोलकुंडा के साथ विरोध की भी बात हुई। मुगल सार्वभौमिकता को स्वीकार लिया।

गोलकुंडा ने भागते हुए शाहजहाँ का साथ दिया था, लेकिन राज्य का धर्म शिया था जबकि शाहजहाँ सुन्नी था, अभी तक परसिया के शाह का ही नाम तबारा में लिया जाता था और पैगंबर के बाद के तीन खलीफाओं को नकारा जाता था, अब बादशाह का नाम भी प्रार्थना में लिया जाने लगा। औरंगजेब 18 वर्ष का था जब वह दक्षिण का गवर्नर बनाया गया, इसके क्षेत्र में– अहमदनगर, दौलताबाद, खानदेश,

बीदर और तेलंगाना थे। इस पद पर वह 8 वर्षों तक रहा। आसिफ खान, शाहजहाँ के ससुर की मृत्यु 1641 ई. में हुई जिसने इस व्यवस्था को बदल दिया। बड़ी जायदाद शाहजहाँ के पास आ गई और परिवार को बीस लाख रुपए दे दिए गए।

1644 ई. में जहाँनारा बेगम के आग से झुलसने के कारण सारा परिवार आगरा में इकट्ठा हुआ। यहाँ पर औरंगजेब दारा से नाराज हुआ, बादशाह भी औरंगजेब से नाराज था, औरंगजेब शासन छोड़कर संत बनना चाहता था लेकिन जहाँनारा के बीच खिंचाव के बाद उसे गुजरात का गवर्नर बना दिया गया।

ट्रांसोक्शनिया अभियान

बाबर के समय से ही मुगल बादशाहों की इच्छा समरकंद के क्षेत्रों को अपने अधीन करने की रही थी। जहाँगीर की मृत्यु के असमंजस के समय में नासिर मुहम्मद बल्ख ने 1628 ई. में काबुल पर कब्जा कर लिया था और महावत खान ने उजबेकों को बाहर निकाला था। 1641 ई. में नासिर मुहम्मद अंधा हो गया, 1645 ई. में उसे मूल बल्ख तक सीमित कर दिया था। ऐसे अवसर का लाभ उठाकर शाहजहाँ स्वयं काबुल गया, मुराद बक्स और नासिर मुहम्मद की सहायता ली गई, बदकषान, समरकंद, बुखारा को अपने अधीन करना चाहता था, नासिर मुहम्मद साथ देने से मुकर गया, उसके साथ लड़ाई हुई वह परसिया भाग गया, मुराद अब नेतृत्व नहीं करना चाहता था, सलाह के लिए सादुल्ला खान को भेजा गया, लेकिन वह सफल नहीं हुआ, मुराद ने नेतृत्व छोड़ दिया, जिसके कारण मुगल सेना उजबेकों का सामना नहीं कर सकी और पुनः उजबेकों ने बल्ख को जीत लिया। 1647 ई. में औरंगजेब को काबुल भेजा गया, औरंगजेब ने उजबेकों से अक्टूबर 1647 तक सारी भूमि वापस ले ली थी, लेकिन ठंड के कारण व मदद न मिलने से सेना में बगावत की गंध आने लगी, औरंगजेब को वहाँ से वापस आना पड़ा, अब बल्ख का यह तंत्र उजबेकों के कब्जे में आ गया। इस असफल अभियान के बाद औरंगजेब को मुलतान का गवर्नर बना दिया गया।

परसिया का शाह अब्बास द्वितीय अब बड़ा हो गया था, उसने कंधार को जीतने की इच्छा जताई और सर्दी का लाभ उठाकर कंधार के किले पर कब्जा कर लिया, 1649 ई. में औरंगजेब ने इसका राजपूत, बराह और अफगानों के साथ हमला किया लेकिन इसमें सफल नहीं हो सका, शाहजहाँ का विश्वास भी औरंगजेब में कम हो गया था, उसे अब दक्षिण का गवर्नर बना दिया गया।

दारा शिकोह औरंगजेब की विफलता पर ताना मार रहा था, इसे मुलतान व काबुल का सूबा दे दिया, उसका पद तीस हजार जात और बीस हजार सवार का कर दिया। नई बंदूकें व तौपे बनवाई गईं, हेजमंड नदी पर रुस्तम खान ने कब्जा

कर लिया, कंधार ने समर्पण कर दिया। परसियन सेना, तोपखाना, हिम्मत, मुगलों के मुकाबले अधिक थी, अंत में उनकी विजय हुई और मुगल सेना को वापस आने पर कुछ नहीं बचा।

औरंगजेब का दक्षिण में दूसरी बार गवर्नर होना

1652 ई. में औरंगजेब को दूसरी बार दक्षिण में गवर्नर बनाकर भेजा गया। बीजापुर, अहमदनगर मराठों के विद्रोह, अकाल के कारण दक्षिण की बड़ी तबाही हुई थी, औरंगजेब उसे ठीक करने में लग गया। मुर्शीद कुली खान को वित्त-कर अधिकारी बनाया गया, टोडरमल के कर को पुनः लागू कर खेती व कर पर विशेष ध्यान दे, किसानों की हालत को सुधारा, औरंगजेब स्वयं खिड़की (औरंगाबाद) में रहा।

गोलकुंडा

गोलकुंडा में शिया शासन था। यह औरंगजेब को पसंद नहीं था, क्योंकि वह एक कट्टरवादी सुन्नी था अतः उसको जीतने के लिए ही वह उसका उपाय समझता था। बीजापुर भी ऐसा ही राज्य था, दोनों केंद्र की अधीनता स्वीकार कर चुके थे, लेकिन उन पर विश्वास नहीं था। बीजापुर और गोलकुंडा दोनों ने ही विजयनगर की भूमि को दबा रखा था, अब्दुल्ला कुतुबशाह इसके लिए उत्तरदायी था, वह एक परसियन व्यापारी था, लेकिन अपने को शक्तिशाली बनाकर कुछ क्षेत्र पर राज्य करना चाहता था, उसका दूसरा नाम मुहम्मद बेग था। गोलकुंडा के शासक पर उसका बड़ा प्रभाव था। अतः उसे मीर जुमला अर्थात् प्रधानमंत्री भी बना दिया था। इसी नाम से वह अधिक जाना गया।

मीर जुमला पहले से ही छुपे रूप में औरंगजेब से पत्र-व्यवहार कर रहा था। शाहजहाँ ने गोलकुंडा के शासक को लिखा कि जुमला और उसके पुत्र को शाही सेना में ले लिया है।

अब्दुल्ला चूँकि इस प्रक्रिया से जानकारी नहीं रखता था, अतः उसने मीर जुमला के पुत्र को देने से इनकार कर दिया, यही युद्ध का कारण बना। दूसरा दो लाख हूण को रुपए में भेंट के रूप में देना था। कर का भार भी बढ़ रहा था, लेकिन गोलकुंडा के शासक ने मीर जुमला के बेटे और परिवार को औरंगजेब के पास भेज दिया, दूसरी ओर दारा व जहाँनारा बेगम शाहजहाँ को औरंगजेब के विरुद्ध भड़का रहे थे। औरंगजेब ने हैदराबाद गोलकुंडा को जीत लिया, इसी बीच गोलकुंडा के शाह ने अपनी बेटी का विवाह औरंगजेब के बेटे से कर बहुत सारा धन व उत्तराधिकारी भी बना दिया। अतः गोलकुंडा शाही क्षेत्र में विलय हो गया।

बीजापुर

आदिल शाह चाहे बादशाह के आधीन रहा हो उसकी इच्छा एक स्वतंत्र शासक की थी, उसने पूर्व से पश्चिम तक बड़ा राज्य अपने अधीन कर लिया था और पुर्तगालियों को भी अपने आधीन रखा था। 1656 ई. में अपने पिता मुहम्मद आदिल शाह की मृत्यु के बाद वह अली आदिल शाह के नाम से उत्तराधिकारी बना। औरंगजेब दक्षिण में स्वतंत्र बस्ती या राज्य नहीं देखना चाहता था। शाहजहाँ को मनाकर मीर जुमला और औरंगजेब ने बीदर और कल्याणी पर हमलाकर उन्हें अपने अधीन कर लिया, बीजापुर की सेना मैदानी युद्ध में हार गई। दारा औरंगजेब की शक्ति को अधिक नहीं बढ़ने देना चाहता था। अतः शाहजहाँ ने आगे बढ़ने से मना किया, और संधि में 10 लाख रुपए देना रखा गया, शाहजी भौंसले का पुत्र शिवाजी भी जुनार के किले को अपने कब्जे में कर चुका था लेकिन वह भी अंत में संधि के लिए राजी हो गया, क्योंकि समय लड़ाई करने के लिए उपयुक्त नहीं था।

उत्तराधिकार के लिए युद्ध

1657 ई. दिल्ली में शाहजहाँ बीमार हो गया, उसे यमुना के रास्ते आगरा ले जाया गया, उसकी इस बीमारी ने उत्तराधिकार के मामले को और अधिक गहरा कर दिया, यद्यपि सभी भाइयों के पास स्वतंत्र गवर्नरी थी– दारा– पंजाब, इलाहाबाद, मुलतान व पिता के पास था, औरंगजेब के पास दक्षिण, शाहसुजा के पास बंगाल, मुराद बक्स के पास गुजरात व मालवा, लेकिन दारा को शाह बुलेद इकबाल की उपाधि व बादशाह के पास बैठने का अधिकार था। दारा और औरंगजेब के पहले से ही आपस में अच्छे संबंध नहीं थे। दारा सूफी मिजाजी था जिसे औरंगजेब पसंद नहीं करता था, वह एक अच्छा, अनुभवी, चालाक व्यक्ति था, ये सब गुण दारा में नहीं थे, औरंगजेब, मुराद और शाह सुजा से संबंध बनाए हुए थे, जिन्हें अंत में धोखा देता रहा। प्रारंभ में औरंगजेब ने गद्दी के लिए कोई इच्छा जाहिर नहीं की, उसने मुराद की सहायता की, मुराद ने जहाँनारा के दीवान को सूरत में मार दिया, दारा के लिए यह बगावत का पैगाम था, राजा जय सिंह, सुलेमान शिकोह के नेतृत्व में बनारस में उसे हरा दिया, जनवरी 1658 ई. को औरंगजेब भारी सेना लेकर मालवा पहुँचा, राजा जसवंत सिंह, मेवाड़ ने उज्जैन में औरंगजेब की सेना का मुकाबला किया, वह घायल होकर जोधपुर पहुँचा जहाँ रानी ने उसे कायर होने के नाते किले में नहीं घुसने दिया। दारा चंबल पर औरंगजेब का इंतजार कर रहा था, चंपतराय ने औरंगजेब की सहायता की। सामूगढ़ आगरा से दस मील पहले दोनों सेनाओं का युद्ध हुआ, पहले दिन दारा की सेना जीत रही थी, बड़ी गर्मी थी, सैनिक धूप से मर रहे थे, दारा ने बड़ी गलती की जो अधिकतर हिंदू राजाओं ने

भी की, वह हाथी से उतरकर घोड़े पर आ गया, सेना में यह भ्रम फैल गया कि दारा या तो मारा गया या युद्ध से भाग गया; वह आगरा होते हुए दिल्ली को भागा। औरंगजेब ने उसका पीछा किया। शाहजहाँ और औरंगजेब का पत्र-व्यवहार चलता रहा, लेकिन औरंगजेब किले में नहीं गया। मथुरा में मुराद को शराब पिलाकर कैद कर लिया गया, ग्वालियर के किले में भेज दिया, दिल्ली आकर औरंगजेब ने अपने को बादशाह घोषित किया, दारा लाहौर भाग गया था, 1666 ई. को बादशाह शाहजहाँ की मृत्यु हो गई। उसे ताजमहल में दफना दिया गया, औरंगजेब इस समय अपने पिता के पास नहीं आया। शाहजहाँ की माँ और दादी हिंदू थीं लेकिन वह एक कट्टर शासक था। उसके काल में कई हिंदू मंदिर तोड़े गए, बनारस का मंदिर उनमें से एक है। उसने अपने रास्ते में आने वाले सभी राजकुमारों व सैनिकों को मार दिया था, वह अपने समय का शक्तिशाली शासक था, लेकिन मुगल साम्राज्य की नींव भी हिलने लगी थी। वह वास्तव में निर्दयी शासक था। उसके समय में हिंदुओं का इस्लाम में बड़े पैमाने पर धर्म परिवर्तन हुआ। हुगली में इसाइयों का भी धर्म परिवर्तन हुआ, कंधार, दक्षिण आदि क्षेत्रों में वह विफल रहा, वह अपने पिता के समान शराबी नहीं था, लेकिन औरतों के साथ संबंधों में कमजोर था। उसके काल में लाहौर और दक्षिण का अकाल बड़ा ही भयावह था, ऐसे ही समय में उसने सरकारी खजाने को खर्च कर अनेक इमारतें बनवाईं, लाल किला, ताजमहल आदि उनमें से मुख्य हैं। व्यापारी सुरक्षित नहीं थे, कृषकों की दशा भी अच्छी नहीं थी, कर भी घट रहा था, कृषि उत्पादन भी कम हो रहा था।

मुसलमानों की शिक्षा के लिए मदरसे थे, परसियन राज्य भाषा थी, हिंदू शिक्षा ब्राह्मणों की पाठशालाओं में होती थी, कबीर, सूरदास, तुलसी इस काल के धर्म सुधारक थे। दिल्ली का लालकिला, तख्त-ए-ताऊस, जामा मस्जिद, पुरानी दिल्ली, आगरा-ताजमहल, व अन्य इमारतें शाहजहाँ ने चाव से बनवाए, औरंगजेब इन्हें पसंद नहीं करता था, वह इन पर धन का व्यर्थ खर्च मानता था। शाहजहाँ की मृत्यु के बाद मुगलकाल में वास्तुकला का पतन हो गया।

अध्याय के लिए विशेष साहित्य

1. एडवर्ड्स एंड गार्रेट, *मुगल रूल इन इंडिया*।
2. डब्ल्यू.ई.डी. फोस्टर, *इंग्लिश फैक्ट्रीज इन इंडिया*।
3. डब्ल्यू.एच. मोरलैंड, *इंडिया फ्रॉम अकबर टू औरंगजेब*, 1923।
4. के.आर. कानूनगो, *दारा शिकोह*।
5. बनारसी प्रसाद सक्सेना, *हिस्ट्री ऑफ शाहजहाँ ऑफ दिल्ली*, 1932।
6. रिचर्ड टेंपल (संपा.), *दी ट्रैवल्स ऑफ पीटर मुंडी*।
7. आर.पी. त्रिपाठी, *राइज एंड फॉल ऑफ द मुगल एंपायर*।

औरंगजेब 1658-1707 ई.

जुलाई 1658 ई. को औरंगजेब ने दिल्ली में औपचारिक रूप से शासन को सँभाला, उसने अपना नाम अबुल मुजफ्फर मुहीद्दीन मुहम्मद औरंगजेब बहादुर आलमगीर दादशाह गाजी रखा, लेकिन औरंगजेब के नाम से वह जाना जाता है।

मुराद से निपटने के बाद दारा पंजाब और शाह सुजा बंगाल में बाकी थे। दारा लाहौर में था, उसका बेटा सुलेमान शिकोह बनारस से पंजाब अपने पिता के पास जा रहा था। सुजा से पत्र-व्यवहार कर औरंगजेब ने उसे बंगाल, बिहार और उड़ीसा देने का वादा किया, औरंगजेब दारा को पकड़ने में लगा जो लाहौर से मुलतान, सिंध और कच्छ के रण में भाग रहा था। इसी बीच उसकी सेना भी कम हो रही थी, दूसरी ओर सुजा भी इलाहाबाद के नजदीक आ गया था। औरंगजेब के बड़े बेटे मुहम्मद सुल्तान व मीर जुमला ने सुजा की सेना को टक्कर दी, औरंगजेब भी यहाँ पहुँच गया, सुजा की सेना कम होती जा रही थी, क्योंकि एक हजार चार सौ राजपूत मेवाड़ चले गए थे। लड़ाई में बादशाह का हाथी घबरा गया, लेकिन औरंगजेब ने शांति बनाए रखी। अंत में सुजा तेज दौड़ने वाले घोड़े से मैदान से भाग गया, मीर जुमला और मुहम्मद सुलतान ने उसका पीछा किया। औरंगजेब दारा की खोज में सिंध होते हुए अहमदाबाद पहुँचा, जहाँ राहनबाज खान ने उसका साथ दिया, अजमेर के युद्ध में जसवंत सिंह व अन्य राजपूतों ने औरंगजेब का साथ दिया, दारा भागकर सिंध आया, रास्ते में उसकी पत्नी की मृत्यु हो गई, वह अकेला पड़ गया, यहाँ बलूची अमीर मलिक जीवन के यहाँ शरण ली जिसने उसे जून 1659 ई. में बहादुर खान के हवाले कर दिया।

दिल्ली में मलिक जीवन को जिसने दारा को शरण दी थी मार दिया, दारा व उसके बेटे शियर शिकोह को दिल्ली की गलियों में घुमाया गया, दारा की कटी हुई गर्दन को भी शहर में घुमाया गया। जहाँनारा ने औरंगजेब को दारा को न मारने की सलाह दी थी, लेकिन उलेमाओं ने उसे मारने की सलाह दी, उसे काफिर करार दिया। उसका कटा हुआ सर व धड़ हुमायूँ के मकबरे में दफन कर दिया।

इसी बीच बंगाल में सुजा के विरुद्ध अभियान जारी रहा। मुहम्मद सुलतान मीर जुमला के आधीन नहीं रहना चाहता था, अतः वह अपने चाचा के साथ हो गया, जिसने उससे गद्दी देने व अपनी बेटी का विवाह करने का वादा किया, मीर जुमला बाड़ को पार कर मालदा आ गया, सुजा वहाँ से भागकर ढाका आ गया, मुहम्मद सुलतान शाही सेना में आ गया और उसे कैद कर लिया गया। औरंगजेब ने उसे जेल में डाल दिया जो उसके आयु उपरांत रहा। सुजा भागकर अराकान चला गया, जहाँ के शासक ने उसकी बड़ी बेटी से विवाह करना चाहा, लेकिन सुजा इसके लिए

तैयार नहीं था। अतः वह भागकर जंगल में चला गया, उसके बेटों को मार दिया, लड़की को हरम में रख लिया जहाँ पर वह भूख से मर गई। 1661 ई. में सुजा मर गया, इधर गढ़वाल के राजा ने भी सुलेमान शिकोह को औरंगजेब को दे दिया जिसे ग्वालियर की जेल में भेज दिया, जहाँ अफीम की ज्यादा मात्रा खाने में देने से मई 1662 ई. में उसकी भी मृत्यु हो गई। अब औरंगजेब का कोई भी प्रतिद्वंद्वी नहीं बचा, वह अब भारत का ऐसा शासक बना जो अपनी इच्छा से शासन कर सकता था। उसने 50 वर्षों के लंबे समय तक भारत पर शासन किया, पहले 25 वर्षों के लंबे समय तक उत्तर भारत में बिताए और मुख्य अभियान उसके सेनापतियों द्वारा आसाम, अराकान, उत्तर-पश्चिम सीमांत प्रदेश, मेवाड़ और मारवाड़ उसकी नीति में प्रमुख रहे। अंत के समय में उसने– बीजापुर, गोलकुंडा और मराठाओं के विरुद्ध व्यतीत किए। इस समय उसने साम्राज्य को जितना संभव था उसे बढ़ाया, कठोरता से इस्लाम के कानून को लागू करने के कारण भी उसका साम्राज्य टूट गया। सभी विरोधियों को समाप्त करने पर बाहरी रूप से ऐसा लगता था कि उसका साम्राज्य बहुत शक्तिशाली है– लेकिन यह एक छलावा मात्र था। सेना भी कमजोर हो गई थी, पुरानी नीति से ही युद्ध लड़े जा रहे थे, बाबर ने हिंदू राजाओं को नए हथियार, बारूद तथा सेना के कठोर सैनिकों से युद्ध लड़ा था, लेकिन धीरे-धीरे के पहाड़ों के लड़ाकू सैनिक अब खत्म हो गए थे, सैनिक अब आराम, धन और भोग-विलास के आधीन होकर पहल करना भूल गए थे, मुगलों की अजेय सेना अब पहले जैसी नहीं रही थी। गवर्नर सुधार लाने के योग्य था, लेकिन उसके कट्टरपन और अड़ियलपन ने अधिक खटास पैदा की स्थिति में सुधार किया। जिन्हें वह अपना कर्तव्य समझता था। उन्हें बड़े ही कठोर तरीके से लागू करता था, अनेक लोग धर्म को कर्मकांड और कानून मानते थे, लेकिन वैसे जीवन की पद्धति नहीं, लेकिन औरंगजेब कठोर इस्लामिक कानून के अनुसार ही अपना जीवन व्यतीत करता था। इस नीति के कारण राजपूतों को बहादुर सेना को अलग कर दिया, सिखों का दुश्मन बन गया, हिंदू व्यापारियों की नष्ट कर दिया, दक्षिण के बीच के राज्यों को समाप्त कर सीधे मराठों को उनका स्थान लेने के लिए मजबूर किया।

उसके कठोर न्याय ने मानवता के तत्त्व को खत्म कर अनेक को अपना दुश्मन बना दिया था, इंग्लैंड की रानी एलिजाबेथ भी प्रोटेस्टेंट को मारकर जला देने से कैथोलिक धर्म को नहीं ला सकी। ऐसे ही औरंगजेब भी अपने धर्म के प्रति सब कुछ न्यौछावर कर सकता था, एलिजाबेथ ने अपने राज्य की उन्नति की लेकिन औरंगजेब ने पतन की धारा को चालू किया। यूरोप आधुनिकता और नए-नए आविष्कारों की ओर बढ़ रहा था लेकिन भारत अभी भी मध्य युग में फँसा हुआ था,

समुद्रीय सेना, व्यापार आदि में यूरोप बढ़ रहा था, पुर्तगाली, डच, अँग्रेज व्यापार में पूर्व में बढ़ रहे थे और मुगल अभी भी छोटे-से भाग में संतुष्ट थे, शायद यह भारतीय गुण ही रहा होगा।

सुधार और परिवर्तन

जून 1659 में गद्दी पर बैठते ही औरंगजेब ने अपनी नीति को दिखाना शुरू कर दिया था, उसने अनेक ऐसे फरमान जारी किए जिनसे पुरानी सद्भाव की परंपराएँ जो उसके पूर्वजों के समय से चली आ रही थीं उन्हें समाप्त कर दिया। ये दो प्रकार के थे– पहले के माध्यम से कट्टर इस्लाम का व्यवहार हो, दूसरे के अनुसार सुधार करना था। हर शहर में मुताहसिब की व्यवस्था कर दी जिससे इस्लाम के नियम कठोरता से पालन किए गए– शराब पीने पर दंड, जुआ खेलना और नैतिकता के उल्लंघन पर दंड पाँच समय नमाज पढ़ना और रमजान में व्रत रखना, इस्लाम की तौहीन को न होने देना, ये विषय कानून की सीमा के बाहर थे, अतः उनका पालन कड़ाई से न हो सका।

शराब, धूम्रपान, नाच, जुआ आदि छुपते-छुपाते चलते रहे। मुसलमानों को केवल चार उँगली की ही दाढ़ी रखने को कहा गया। जिस भी व्यक्ति की दाढ़ी इससे बड़ी पाई जाती उसे काट दिया जाता था। सिक्कों पर कलीमा को बंद कर किया था, क्योंकि वे हिंदुओं के हाथों में भी जाते थे। नौरोज के उत्सव को भी समाप्त कर दिया, क्योंकि उसमें कुछ षड्यंत्र होते थे। संगीत और वाद्ययंत्रों को भी बंद करवा दिया, केवल नौबत खाने के डौलों को ही रखा, झरोखे में हर सुबह जनता को दर्शन देना बंद कर दिया क्योंकि वह इसे हिंदू प्रथा मानता था। सूफियों को मार भगाया और सरमद को इस्लाम कबूल करने के लिए कलमा पढ़वाया, जो पूरा न पढ़ने पर उसे मार दिया, उसे दारा का हितैषी भी माना जाता था। एक ईसाई पादरी को मुसलमान बना दिया जो पुनः अपने धर्म में चला गया, अहमदाबाद के इस्लामियों, बोहरा को हजारों की संख्या में मार दिया गया। उसके कुछ सुधार अच्छे थे, जैसे 1664 ई. में सतीप्रथा पर प्रतिबंध, अपने जन्म-दिन पर उपहार व अन्य भेंट देने की मनाही, ग़ैर-कानूनी चुंगियों को समाप्त करना, बहुत सारे कर जो व्यापार में बाधक थे उन्हें हटा दिया, मेलों और तीर्थस्थानों से कर को हटाना, इलाहाबाद में हिंदुओं पर कर को इस्लाम के विरुद्ध बताकर हटा देना, लेकिन दूसरे करों को नियमित रूप से इकट्ठा करना, शासन और जनता की रक्षा करना ही वह शासक का कर्तव्य मानता था, लेकिन इसका उपयोग, प्रयोग व पालन कितना हुआ यह विवाद का विषय है।

पिता के साथ संबंध

पिता के प्रति औरंगजेब के संबंध मधुर नहीं थे, उसने गद्दी को हिंसा से हासिल किया था, व पिता को जेल में डालकर केवल चने ही खाने को दिया, न ही कभी पिता से जेल में मिला, पिता की मृत्यु के एक वर्ष बाद ही वह आगरा गया, पिता और पुत्र में कटु शब्दों के साथ पत्राचार हुआ, शाहजहाँ पर कड़ा पहरा रखा गया था, उसकी देखभाल बड़ी बेटी जहाँनारा करती थी, 1666 ई. में शाहजहाँ की मृत्यु हो गई, उसे ताजमहल में मुमताज महल के समीप ही दफना दिया गया। 1681 ई. में जहाँनारा की भी दिल्ली में मृत्यु हो गई, उसे निजामुद्दीन की दरगाह में दफन कर दिया। उत्तराधिकार का फैसला इस्लाम में विशेषकर मुगल खानदान में तलवार से ही होता रहा था।

असम

होमराज के मुगल क्षेत्र कामरूप को हमला करने के लिए कूच बिहार के राजा जो मंगोल वंश से ही था का साथ दिया। मुगल सैनिकों को गोहाटी से भगा दिया गया। 1660 ई. में औरंगजेब ने मीर जुमला को बंगाल में कामरूप को कब्जा करने के लिए भेजा। 1662 ई. में उसने कूच बिहार और कामरूप को जीतकर अहोमोब की नावों को ब्रह्मपुत्र में नष्ट कर दिया। मीर जुमला की सेना का वर्षा, हैजा और खाद्य-सामग्री न मिलने के कारण भारी हानि हुई। अहोम राजा के साथ संधि में पश्चिम का भाग, बेटी को हरम में देना, कुछ हाथी दे दिए, मीर जुमला इन्हें लेकर ढाका पहुँचा, वह स्वयं बड़ा बीमार था, ढाका के रास्ते में ही उसकी मृत्यु हो गई। चार वर्ष बाद जो क्षेत्र अहोमों ने दिया था उसे वापस ले लिया, साथ में गोहाटी भी ले लिया।

राजा राम सिंह, अंबर का राजा, बंगाल का गवर्नर था, उसकी इच्छा अधिक कुछ करने की नहीं थी, अतः 1679 ई. में उसे वापस बुला लिया। मीर जुमला औरंगजेब का वफादार व सुलझा हुआ सेनापति था। उसकी मृत्यु के बाद औरंगजेब असम में कुछ अधिक नहीं कर सका।

अराकान

शाह सुजा का वध अराकान पर हमले का एक बहाना था। यहाँ पर डाकुओं का एक स्थायी गिरोह व अड्डा बन गया था। यहाँ पुर्तगालियों ने सौ वर्ष पहले चिरागाँव में एक कालोनी बसा ली थी और गोवा के पुर्तगालियों से उनका संबंध नहीं रहा। वे बर्मा के माछ राजा के साथ मिले हुए थे। ये नाममात्र के ईसाई थे, स्थानीय महिलाओं से विवाह करके बंगाल के निचले क्षेत्रों में रहकर लूटमार, आगजनी

करते थे। 1666 ई. में शायिस्ता खान ने बड़ी समझदारी से अराकान की ताकत को कम कर दिया।

उत्तर-पश्चिम सीमा

सिकंदर के समय से ही भारत के शासकों के लिए यह सीमांत प्रदेश कठिनाई भरा रहा था। अकबर के समय में स्वात और बाजौर के हमले में बीरबल मारा गया था, खैबर के दर्रे से जो सामान व्यापारी लाते थे ये उन्हें लूट लेते थे, यहाँ उपज बहुत कम होती थी, यहाँ के कबीलों के सरदारों को घूस देकर ही कबीलों को शांत किया जाता था।

यहाँ के लोग स्वतंत्र, व्यक्तिगत स्वभाव व अविश्वासी थे, उन्होंने 1667 ई. में कश्मीर का रास्ता रोक दिया था, इस पर उनके परिवारों पर हमला हुआ, मैदानों में हरा दिया, तथा मीर जुमला के पुत्र मुहम्मद अमीन खान ने उन्हें दबा दिया जो केवल कुछ वर्षों तक ही संभव हो सका।

1672 ई. में अफरीदी अकमल खान के नेतृत्व में पुनः उभर आए, उसने अपने को राजा घोषित कर दिया। काबुल का गवर्नर मुहम्मद अमीन खान खैबर के रास्ते अपने मुख्यालय पहुँचा, अली मस्जिद के पास उसे घेर लिया, दस हजार सैनिक मारे गए, उसकी माँ, पत्नी व बेटी पकड़ लिये गए वह स्वयं भाग गया, बीस हजार सैनिक व धन पकड़ा गया; शायद मुगल शासन में ऐसी घटना कभी नहीं हुई थी। महावत खान, जसवंत सिंह को भेजा गया, महावत खान ने सहयोग नहीं दिया, जसवंत सिंह मारा गया लेकिन राजपूत सेना बची रही, महावत खान को हटा दिया गया और अगार खान को वहाँ भेजा गया, मुगल सेना की बड़ी हानि हुई लेकिन अफगानों में विभाजन कर वहाँ पर अपनी छावनी बना ली। औरंगजेब 1675 ई. में दिल्ली आ गया, वहाँ पर अमीर खान और उसके बेटे खलिलूला खान को गवर्नर बना दिया। वह वहाँ पर नीति, भय, लालच के कारण सफल हुआ। लेकिन कुछ समय बाद खटिकों ने विद्रोह किया, अफगानों पर विश्वास नहीं किया जा सकता था, दूसरी ओर औरंगजेब की हिंदू विरोधी नीति से राजपूत भी नाराज थे। ये मुगल सेना के महत्त्वपूर्ण भाग थे, 1698 ई. में दक्षिण में मराठों की शक्ति बढ़ रही थी।

हिंदू नीति

मुगलों के साम्राज्य की सफलता का मुख्य कारण उनके शासकों के सहिष्णुता के व्यवहार पर निर्भर रहा। अकबर ने वास्तव में हिंदू और मुस्लिम को एक धागे में पिरोने के प्रयास किए। यद्यपि वह विफल रहा तो भी राजपूतों के बल पर सेना और प्रशासन को मजबूत करने में सफल रहा, जहाँगीर ने इस नीति को चालू रखा

लेकिन शाहजहाँ अधिक कट्टरपंथी होने के कारण राजपूत मुखियाओं को ही अपने साथ लिये हुए था। वह पूर्ण रूप से विश्वास करता था कि उसे पुराने अरबों के शासक के अनुसार शासन करना चाहिए, इस्लाम को फैलाना और ग़ैर-इस्लामिक लोगों से युद्ध करना, अरब विजेताओं ने धीरे-धीरे कठोर नियमों का पालन ढीला कर दिया था, लेकिन औरंगजेब पुनः उसी कानून के अनुसार शासन चलाना चाहता था, न केवल ग़ैर-मुस्लिम के खिलाफ था अपितु शियाओं को भी उसी दायरे में रखता था।

मुस्लिम हमलों से हिंदू पूजास्थलों को तोड़ने और नष्ट करने में इस्लाम की सफलता मानी जाती थी। जेरूशलम, चर्च, होली विजडम आदि में मस्जिद बना दी गई, भारत में सोमनाथ का मंदिर पुनः तोड़ा गया, बनारस में विश्वनाथ का मंदिर तोड़ मस्जिद बना दी गई, मथुरा में केशवराय के मंदिर को तोड़ मस्जिद बना दी गई। मथुरा का नाम भी बदलकर इस्लामाबाद कर दिया। राजपूत प्रारंभ से ही मुगलों की सेवा में रहे लेकिन उनके शहर आमेर में भी 1680 ई. में मंदिरों को तोड़ दिया गया, यह बड़ा मूर्खतापूर्ण कदम था, इतना ही नहीं वित्त-कर विभाग से हिंदुओं को हटाकर मुस्लिम अधिकारियों को नियुक्त कर दिया गया, यह पूर्ण रूप से लागू नहीं हो सका, क्योंकि मुस्लिम अधिकारियों की कमी थी। हिंदुओं से पाँच प्रतिशत कर लिया जाता था व मुसलमानों से ढाई प्रतिशत, जो बाद में माफ कर दिया गया, हिंदुओं को तीर्थस्थानों पर जाना मना था, केवल राजपूतों को छोड़ कोई भी हिंदू घोड़े व हाथी पर नहीं चढ़ सकता था, न ही हथियार रख सकता था। इस विषय से राजपूत भी नाराज थे। हिंदू मेलों पर भी रोक लगाई गई थी। 1679 ई. में पुनः हिंदुओं पर जजिया कर लगा दिया, उसे इकट्ठा करने का तरीका भी हिंदुओं के लिए बड़ा शर्मसार करने वाला था।

विद्रोह

पहले आगरा के आस-पास के जाटों ने मराठों के विरुद्ध हथियार उठा लिये थे। वे केशवराय के मंदिर के तोड़ने से नाराज थे, तिलपत के गौकला के आधीन उन्होंने विद्रोह किया और वहाँ के निर्दयी गवर्नर को मार दिया। गौकला को टुकड़ों में काट दिया गया और विद्रोह को दबा दिया, लेकिन जाट असंतुष्ट ही रहे और आगे पुनः विद्रोह किया, नारनौल में भी कर अधिकारियों के जुल्म के कारण सतनामी साधुओं ने विद्रोह कर मस्जिदों को तोड़ा, भारी सेना भेजने के बाद ही उन्हें दबाया जा सका।

सिख

गुरु नानक सोलहवीं सदी के प्रारंभ में सिख पंथ के संस्थापक हुए जो एक

ईश्वर, हिंदू-मुसलमान में मेल-जोल, मूर्ति-पूजा और जातिवाद के विरोधी थे। उनके अधिकतर अनुयायी जाट थे। अतः हिंदू के प्रति अधिक झुकाव था, 1538 ई. में गुरु नानक की मृत्यु हो गई, उनके उत्तराधिकारी गुरु कहलाए। 1581-1606 ई. में अर्जुन देव ने इस पंथ को संगठित कर अमृतसर में केंद्र बनाया। "आदि ग्रंथ साहिब", पवित्र ग्रंथ जिसमें उत्तर-दक्षिण के प्रमुख संतों की वाणी थी उसे यहाँ आदर से रखा गया, गुरु अर्जुन देव को जहाँगीर ने खुसरो की सहायता के उपरांत 1606 ई. में प्रताड़ना देकर मार डाला। 1606-45 ई. में उनके उत्तराधिकारी गुरु हर गोविंद ने सिखों को इकट्ठा कर युद्ध से शाही सेना को ललकारा, पहाड़ों पर उनकी मृत्यु हो गई, उनके बाद गुरु हरराय 1645-61 ई. गुरु बने, उनके उत्तराधिकार पर मतभेद रहा, अंत में गुरु हर किशन गुरु बने, फिर गुरु तेग बहादुर जिन्हें राजा राम सिंह, अंबेर की मदद मिली, औरंगजेब उनके विरुद्ध रहा, सभी सिख मंदिरों को तोड़ने को शाही हुकम दिया गया, गुरु को इस्लाम मानने को कहा। उन्हें दिल्ली में ऐसा न करने पर 1675 ई. में धड़ से सिर अलग कर उनके अनुयायियों मतिदास और जतिदास को तड़पाकर मार दिया। सिखों में क्रोध का भाव बढ़ा, उनका बेटा गुरु गोविंदसिंह पंथ का स्वभाव बदलकर पिता का बदला लेना चाहता था।

गुरु गोविंदसिंह ने सिखों को एक सैनिक संगठन में बदला, अमृत पान कराकर पाँच विभिन्न जातियों से अनुयायी बनाए, उनकी पहचान के लिए– कंघा, कड़ा, कच्छा, कृपाण और केश रखने को आवश्यक बना दिया। गुरु न केवल धार्मिक बल्कि सैनिक नेता भी बन गया और पहाड़ी राजाओं से लड़ता रहा। आनंदपुर साहिब से इस्लाम और मुगलों के विरुद्ध प्रचार करने लगा। पंजाब और पहाड़ी राजाओं व मुस्लिम गवर्नरों से लड़ाई करता हुआ, औरंगजेब ने उसे दक्षिण बुला लिया, क्योंकि औरंगजेब दक्षिण में मराठों से लड़ रहा था, इसी बीच 1707 ई. में उसकी मृत्यु हो गई, उसके बेटों में गद्दी की लड़ाई हो गई, बहादुरशाह ने कामबख्स के खिलाफ युद्ध में गुरु गोविंद सिंह की सहायता माँगी, उसके बदले उसके पुत्रों के हत्यारों से बदला लेने के लिए वायदा भी किया, गुरु गोविंदसिंह दक्षिण में नांदेड़, गोदावरी के किनारे अपना डेरा डाले हुए थे, इसी बीच 1708 ई. में एक अफगान ने उन्हें छुरा घोंप दिया, कुछ दिनों में उनकी मृत्यु हो गई, लेकिन उन्होंने सभी सिखों को आदेश दिया कि उनके बाद ग्रंथ साहिब ही को गुरु माना जाएगा, और बंदा बहादुर को पंजाब मुगलों से युद्ध के लिए भेजा जो लंबे समय तक चलता रहा।

राजपूतों से संबंध

1678 ई. में उत्तर-पश्चिम में मारवाड़ के राजा जसवंत सिंह की मृत्यु के बाद औरंगजेब के राजपूतों के साथ संबंधों में नया मोड़ आया। अभी तक राजपूत

राजा अपनी भूमि के शासक होने के साथ-साथ मुगल प्रशासन के उच्च पदों व मनसबदार थे, वे मुगल शासन की मशीन के भाग थे। अब औरंगजेब ने मारवाड़ को मुगल प्रशासन का हिस्सा बनाने की सोची। स्वभाव से औरंगजेब जिस कार्य को ठीक समझता था उसे करता था, चाहे उसके परिणाम कुछ भी हों। यह निरंकुशता की परकाष्ठा थी जो भारत में अनेक समस्याओं की जड़ बनी। राजपूत सैनिक राजा जसवंत सिंह के साथ थे, अतः शाही सेना ने मारवाड़ पर कब्जा कर राजा के प्रपौत्र इंद्र सिंह को छत्तीस लाख रुपए लेकर नाममात्र का शासक बना दिया, औरंगजेब इसके लिए अजमेर तक गया और 1679 ई. में दिल्ली आ गया।

राजा जसवंत सिंह की एक पत्नी ने पुत्र को जन्म दिया, लेकिन औरंगजेब ने उसे उत्तराधिकारी नहीं माना और उसे व रानी को दिल्ली लाने का आदेश दिया। दुर्गादास ने शाही महल से बच्चे को लेकर जोधपुर पहुँचा। रास्ते में अनेक छोटे आक्रमणों को सहा, रानी भी वहाँ आ गई, औरंगजेब ने प्रचार कराया कि यह सत्य नहीं है लेकिन अपने छोटे बेटे अकबर और चाबूर खान के आधीन सेना भेजकर मारवाड़ को जीता, इंद्रसिंह को हटाकर पहले अजमेर फिर गुजरात के आधीन मारवाड़ को कर दिया, यहाँ के मंदिर नगरों को तोड़ दिया, आग लगा दी, लोगों को काट दिया, लेकिन दुर्गादास बच्चे को लेकर जंगलों में चला गया। बहादुर राठौर गुरिल्ला युद्ध लड़ते रहे।

औरंगजेब मेवाड़ की राजकुमारी से स्वयं विवाह करना चाहता था जिसका राठौरों ने विरोध किया। राजसिंह ने ऐसा न होने दिया और नाबालिग राजा और रानी को शरण दी, जजिया भी झेलना पड़ा। लड़ाई में मेवाड़ और मारवाड़ को अलग कर दिया, लेकिन सिसौदिया और राठौर मुगलों के विरुद्ध लड़ते रहे, अकबर राजपूतों के साथ आ गया और अपने को बादशाह घोषित कर दिया, अजमेर में औरंगजेब के पास कम सैनिक थे, अतः उसने एक पत्र के द्वारा चाल चली, जिसमें राजपूतों को अपने अधीन करने की चाल को बधाई दी। यह पत्र दुर्गादास के हाथ लग गया। राजपूत सेना में खलबली मच गई, लेकिन अकबर को राजपूतों ने शरण दी, लेकिन चार मास के बाद अकबर दक्षिण में शिवाजी के पुत्र संभाजी के पास चला गया। 1684 ई. में राजपूतों से शांति संधि हो गई। राजा को शासक व मनसबदारी दे दी गई, मुगलों ने मेवाड़ को छोड़ दिया।

आमेर का राजघराना औरंगजेब का साथ देता रहा। 36 वर्षों तक युद्ध चलता रहा, आमेर के मंदिरों को तोड़ा गया। राजपूतों के साथ युद्धों से मुगलों की प्रभुत्व की नीति पर भारी असर हुआ, मुगलों की सेना में राजपूतों के बहादुर सैनिकों की कमी रही, जिसका प्रभाव दक्षिण के युद्धों में देखा जा सकता है।

दक्षिण

दक्षिण में औरंगजेब को मराठों से अधिक खतरा था, लेकिन पहले वह बीजापुर और गोलकुंडा से निपटना चाहता था। लेकिन यह औरंगजेब की गलत नीति थी, क्योंकि ये राज्य मराठों की शक्ति के बीच एक ढाल का काम कर रहे थे। शिवाजी ने 1674 ई. में कर्नाटक के युद्ध में इन्हें कमजोर कर दिया था। औरंगजेब की यह समझ थी कि मराठे इन्हें हड़प लेंगे। शिवाजी के पिता शाहजी भौंसले ने अहमदनगर को जीत लिया था। उसने आदिलशाह की सेवा में आकर अपनी शक्ति को बहुत बढ़ा लिया था। पूना पहले से ही शाहजी भौंसले के पास था, अतः वह शिवाजी को दे दिया गया। मराठे बड़े परिश्रमी थे। वे समुद्री घाटों पर पहाड़ी किलों में रहने वाले थे। बहमनी साम्राज्य के आधीन जब ब्राह्मण कर इकट्ठा करने वाले मजबूत हुए तो इस तरह की प्रस्थिति में आम आदमी धार्मिक और प्रजातांत्रिक स्वभाव का रहा न कि कट्टर ब्राह्मणवादी। शाहजी भौंसले कर्नाटक चला गया था, जीजाबाई, (पहली पत्नी) से 1627 ई. में शिवाजी का जन्म हुआ, जीजाबाई उच्च चरित्र व कठोर अनुशासन का पालन करने वाली महिला थी, शिवाजी के गुणों पर उसके पालन-पोषण पर गहरा प्रभाव रहा, दादा जी कोडादेव ने शिवाजी को हर संभव ज्ञान, शिक्षा और प्रशिक्षण दिया, 1647 ई. में उनकी मृत्यु हो गई, लेकिन शिवाजी के मन में भारत का पुनः गौरवशाली इतिहास बनाने की लालसा थी। पूना के आस-पास के क्षेत्रों को उसने अपने अधीन करना प्रारंभ किया। बीजापुर में आदिल शाह मुहम्मद बीमार रहा, उसके उत्तराधिकार पर भी झगड़ा रहा, अतः शिवाजी बड़े भाग से कर इकट्ठा करने लगा, शिवाजी पर दबाव डालने के लिए उसके पिता शाहजी भौंसले को कैद कर लिया गया, शाहजी ने शाहजहाँ को अपील की। आदिल शाह अली द्वितीय ने उन्हें छोड़ दिया और कर्नाटक की जागीर भी दे दी। 1657 ई. में औरंगजेब दक्षिण का गवर्नर था, उस समय शिवाजी ने जुनार तक हमले किए थे, औरंगजेब के जनरल नासिरी खान ने शिवाजी को हरा दिया था और बीजापुर के साथ संधि कर ली थी लेकिन गद्दी के लिए संघर्ष के कारण औरंगजेब को उत्तर भारत आना पड़ा। शिवाजी ने कोंकण, कल्याणी के किलों पर कब्जा कर लिया। अफजल खान ने बात करने के लिए शिवाजी को निमंत्रण भेजा, प्रतापगढ़ के किले के पास दोनों मिले, शिवाजी ने समझ लिया था कि यह एक चाल है, अतः वह पूरे बचाव के साथ गया, जैसे ही दोनों गले मिले शिवाजी ने बघनखों से अफजल का पेट चीर दिया, दूसरा दृष्टांत यह है कि अफजल ने शिवाजी की बेइज्जती की। शिवाजी ने भी उसे बाबर्ची का बेटा कहा, दोनों में हाथापाई हुई और अफजल मारा गया। 1659 ई. में शिवाजी ने पनहाला, चाकान, पूने के किले जीते जो बाद में छोड़ने पड़े।

1663 ई. में एक बारात के बहाने से शिवाजी पूना में घुसे। महल पर हमला कर वहाँ के गवर्नर को मार दिया व उस पर कब्जा कर लिया, सूरत पर भी आक्रमण कर बड़ा धन लूटा। 1664 ई. में शाहजी भौंसले की मृत्यु हो गई, इस समय शिवाजी ने अनेक किले जिसमें रायगढ़ महत्त्वपूर्ण था, उसके पास थे। मक्का जाने वाले जहाजों को भी लूटना शुरू किया, औरंगजेब ने अब राजा जयसिंह, अंबेर, दिलीर खान और मौजम को शिवाजी को काबू करने के लिए भेजा। 1665 ई. में शिवाजी की भूमि पर भारी संख्या में मुगल सेना आ गई। पुरंदर व रायगढ़ का घेरा डाल लिया, शिवाजी राजा जयसिंह को अच्छा हिंदू मानता था, ज्ञान में वह परसियन, संस्कृत, ज्योतिषशास्त्र व एक सभ्य व्यक्ति भी था। पुरंदर में एक संधि हुई जिसमें तेईस किले शिवाजी ने छोड़ दिए और बारह अपने पास रखे, वह स्वयं शाही शासन का हिस्सा बन गए। संमाजी को पाँच हजार सवार का मनसब बना दिया, कोंकण व दक्षिण का कुछ भाग चालीस लाख वार्षिक कर पर दे दिया, बीजापुर से चौथ भी इकट्ठा करने का अधिकार शिवाजी को दे दिया, जयसिंह ने शिवाजी व उसके बेटे को औरंगजेब के दरबार में चलने को कहा, जो 1666 ई. में हो सका। (कुछ इतिहासकार इस दरबार को आगरा में मानते हैं, लेकिन कुछ इसे दिल्ली में) जहाँ शिवाजी को उसके पद व संधि के अनुसार सम्मान नहीं मिला, जिसका शिवाजी ने विरोध किया, उसे व उसके बेटे को राजा जयसिंह के घर में रख दिया, जो दिल्ली में भी था व आगरा में भी, जहाँ से शिवाजी व संभाजी टोकरियों में बैठकर बाहर निकल गए, व घूमते हुए पुरंदर आ गए, राजा जयसिंह की रास्ते में आते हुए मृत्यु हो गई, पुरंदर की संधि खत्म हो गई, तीन वर्षों तक शिवाजी अपने राज्य को संगठित करने में लगा रहा, बीजापुर और गोलकुंडा से वार्षिक धन लेना प्रारंभ हुआ न कि चौथ। सेना को सुधारना, कर को सुधारना, पैतृक दरों को हटाना, सेना को मासिक वेतन देना, नौसेना को मजबूत करना, जजीरा के सिद्दियों से लड़ना, सूरत पर पुनः हमला किया, अँग्रेजों की फैक्टरियों पर हमला किया, अनेक किलों पर कब्जा किया, औरंगजेब ने अनेक गवर्नरों को दक्षिण भेजा, लेकिन वे शिवाजी को नहीं हरा सके। 1674 ई. में शिवाजी ने अपने को छत्रपति घोषित कर दिया।

कर्नाटक अभियान

मुगलों और बीजापुर के बीच युद्ध में शिवाजी को कोंकण व अन्य खोए हुए किलों को प्राप्त करने का अवसर दे दिया। 1677 ई. में गोलकुंडा के साथ संधि कर बीजापुर की जागीर को आधा-आधा बाँट लिया। जींजी और बेलौर के किलों

को भी कब्जा किया। 1677-78 ई. में अपनी भूमि से सात सौ मील दूर मद्रास के पास उसने कुछ किलों पर कब्जा किया। अपने सौतेले भाई बिनकोजी को यहाँ का नाममात्र का शासक बनाए रखा। बहादुर खान अधिक कुछ नहीं कर सका। अतः औरंगजेब ने उसे वापस बुला लिया, उसके स्थान पर दिलीर खान को भेजा, उसने बीजापुर पर हमला किया। शिवाजी ने अपने बेटे संभाजी को भेजा जो मौज-मस्ती के मिजाज का व्यक्ति था, एक ब्राह्मण महिला के सम्मान पर चोट पहुँचाने के प्रयास में वह दिलीर खान के कैंप में भाग गया जहाँ उसको सम्मान मिला, औरंगजेब ने उसे अपने पास भेजने का हुक्म दिया, लेकिन संभाजी भागकर शिवाजी के पास आ गया जिसे शिवाजी ने पनहाला के किले में रखा। शिवाजी ने अपने अंतिम काल में पूर्व से पश्चिम-दक्षिण क्षेत्र के अधिकतर किले अपने कब्जे में कर लिये थे। मराठों को संगठित कर लिया था और एक बड़ी शक्ति बना दिया था, लेकिन घर के कलह, जहाँ उनकी पत्नी शौयराबाई अपने पुत्र राजाराम को उत्तराधिकारी बनवाना चाहती थी, इससे शिवाजी बड़ा दुःखी हुए, 1680 ई. में 52 वर्ष की आयु में उनकी मृत्यु हो गई।

शिवाजी का लक्ष्य और चरित्र

हिंदुओं के लिए शिवाजी राष्ट्रीय नायक हैं, आधुनिक लेखकों के कार्यों के आधार पर उन्हें भारत में हिंदू-प्रभुता को स्थापित करने का श्रेय दिया जाता है। उनका व्यक्तित्व बड़ा ही प्रभावशाली था, मुगलों के द्वारा जो घुटन का वातावरण बना हुआ था उसमें खुली हवा को लाने का प्रयास कर रहे थे। माँ के धार्मिक जीवन और शिक्षक के अनुशासन व ज्ञान, हिंदू पुनर्जागरण में बड़ी मदद मिली, कबीर, तुकाराम, नामदेव, रामदास और बिठोवा (कृष्ण) की भक्ति ने पंढरपुर को महाराष्ट्र की संस्कृति का केंद्र बनाकर, शासन के लिए क्लर्क और अधिकारी पैदा किए जो छोटी जातियों से भी थे। शिवाजी ने व्यावहारिकता को ध्यान में रखते हुए एक व्यक्ति के शासन को अपनाया, यद्यपि समिति, अष्ट प्रधान केवल सलाहकार थी, पेशवा प्रशासनिक सेवाओं का प्रधान था, प्रधानमंत्री नहीं। उनका प्रशासन किले के चारों ओर रहता था जो कर व चौथ पर आधारित था। चौथ की वसूली कोई स्थायी कर-व्यवस्था नहीं थी और एक कमजोर आर्थिक व्यवस्था थी। यदि शिवाजी अधिक समय तक जीवित रहता तो वह प्रशासन में सुधार लाता, लेकिन उत्तराधिकारी के झगड़े और उसकी जल्दी मृत्यु के कारण उसके आने वाले मराठा नेताओं ने लूट व चौथ की नीति को ही अपनाए रखा जो उनके लिए हानिकारक साबित हुआ।

शिवाजी एक महान सैनिक था, निडर था, जिसका प्रमाण कर्नाटक के अभियान में देखा जा सकता है। लेकिन मुगलों और राजपूतों के आपसी मतभेद का लाभ उसे मिला, वह बड़ा धार्मिक स्वभाव का व्यक्ति था। एक बार वह साधु-संन्यासी बनने की भी सोच रहा था। औरंगजेब को छोड़ अपने दुश्मनों व विजित लोगों के प्रति वह कठोर नहीं था जैसा कि मुगल करते थे। अनेक पकड़ी हुई मुस्लिम महिलाओं को सुरक्षित उनके परिवार के पास पहुँचाना इस बात का सबूत है लेकिन अफजल खान व उसके हरम की महिलाओं को मारने में उसने उस काल की कार्य-शैली को अपनाया, अँग्रेजों के साथ कैसे सौदा करना है वह अच्छी तरह जानता था। उसका चरित्र अंतः अनुकरणीय और प्रशंसनीय रहा। उसने मुगल साम्राज्य को गहरा धक्का लगाया, उसकी पत्नी सोयाबाई को अपने पुत्र राजाराम को उत्तराधिकारी बनाने के लिए शिवाजी को जहर देना, शहजादे अकबर को शिवाजी को राजा मानना, औरंगजेब का व्यक्तिगत रूप से महाराष्ट्र में आना आदि ऐसी घटनाएँ हैं जो शिवाजी के अंतिम काल में घटीं।

औरंगजेब दक्षिण भारत में

औरंगजेब के हस्तक्षेप के मुख्य कारण शहजादे अकबर का मराठों के पास शरण लेना, दक्षिण में उसके सेनापतियों की नाकामी ने स्वयं उसे दक्षिण पर अधिकार करने के लिए बाध्य किया। दक्षिण में 1657 ई. तक गवर्नर होने तक वह यह कार्य करना चाहता था, लेकिन शाहजहाँ की बीमारी और राजगद्दी की इच्छा ने उसे उत्तर की ओर पहुँचा दिया, 22 वर्षों तक उसके सेनापति भी दक्षिण को अधीन करने में नाकाम रहे। दक्षिण के राज्य शिया होने के कारण औरंगजेब को खटकते थे। यद्यपि वे राज्य मराठों और मुगलों के बीच एक ढाल का कार्य कर सकते थे लेकिन औरंगजेब के कट्टर व्यवहार के कारण ऐसा न हो सका।

शहजादा अकबर न तो औरंगजेब के लिए एक खतरा था न ही पहले वह मराठों को दबाना चाहता था। इसके लिए, शाह आलम और आजम को वहाँ भेजा, कल्याणी, रामसेज और बीजापुर से संचार माध्यम तोड़ दिए, लेकिन औरंगजेब स्वभाव से शक्की था वह शहजादों पर भरोसा नहीं करता था। अतः 1683 ई. में उन्हें वापस बुला लिया गया। संभाजी ने पुर्तगालियों को जीतने में बड़ी शक्ति को नष्ट कर दिया, उसके अनेक अफसर उसके विरुद्ध थे और आपस में भी षड्यंत्र कर रहे थे, संभाजी अब मौज-मस्ती में डूब गया, पुर्तगाली भी उससे नाराज थे, मुगलों ने मराठों के अनेक ठिकानों को अपने कब्जे में कर लिया। इसमें संभाजी के सैनिकों ने भी साथ दिया था।

बीजापुर

अली आदिल शाह की मृत्यु 1672 ई. में हो गई थी। उस समय उसका पुत्र सिकंदर केवल 5 वर्ष का था, उसके सरदार राज्य के हित के बदले अपने हितों को अधिक बढ़ा रहे थे। खकासखान, रिजेंट ने मुगलों से संधि कर ली थी जिसे शर्मनाक समझा जाता था, उसका भी वध कर दिया गया। अब्दुल करीम खान दूसरा रिजेंट बना, उसको शिवाजी व मुगलों का मुकाबला करने में बड़ी कठिनाई थी।

दिलीर खान, मुगल गवर्नर ने उसे आजम के साथ बादशाह बेगम का विवाह करने का वादा लिया, 1678 ई. में उसकी मृत्यु हो गई और मासूद खान ने अब मराठों व मुगलों से बीजापुर पर हमला किया, मराठों की मदद से मुगल उसे नहीं जीत सके। जुलाई 1686 ई. में औरंगजेब स्वयं वहाँ पहुँचा, सिकंदर ने औरंगजेब के सामने समर्पण कर दिया, बीजापुर अब मुगलों के आधीन हो गया लेकिन यहाँ की भूमि पूर्ण रूप से नष्ट हो गई थी।

गोलकुंडा

1672 ई. में यहाँ के शासक अबुलहसन ने शासन सँभाला जो मौज-मस्ती में डूबा हुआ था। वास्तव में एक ब्राह्मण मंत्री ही शासन कर रहा था जो मराठों से मिला हुआ था। शिवाजी इस राज्य को दो भागों में बाँटना चाहता था, लेकिन जल्दी ही दूसरी मृत्यु हो गई, गोलकुंडा और बीजापुर दोनों से चौथ लेता था।

शाह आलम को कुतुबशाह के खिलाफ भेजा गया जहाँ गोलकुंडा के लोगों ने बीजापुर का साथ दिया, उसने हैदराबाद को 1685 ई. में कब्जा कर लिया। गोलकुंडा के ब्राह्मण मंत्री को मार दिया गया। वह अंतिम समय तक लड़ता रहा, 1687 ई. के प्रारंभ में औरंगजेब ने दक्षिण के दोनों राज्यों पर अधिकार कर लिया, साथ ही मौजम (शाह आलम) को अबुलहसन के साथ पत्राचार के दोष में परिवार सहित कैद कर 7 वर्ष की सजा दी। औरंगजेब गोलकुंडा का घेरा बनाए रहा, मुगल सेना में बीमारी और मौसम के कारण अनेक सैनिक मर गए, लेकिन औरंगजेब घेरा डाले रहा। आठ महीने के बाद षड्यंत्रों और आपसी झगड़ों के कारण गोलकुंडा जीत लिया।

मुगल सेना के हाथ बड़ा धन लगा, लेकिन वह सेना की हानि से कम था, बीमारी, विद्रोह, षड्यंत्र, नाफरमानी सभी स्थानों पर देखी जा सकती थी। दक्षिण की लड़ाई मुगलों के लिए भारी रही, इसके बाद मुगल सेना भ्रष्ट होने लगी। औरंगजेब अब अडोनी, रायचूर, बंगलौर, बाकापुर, बेलगाँव, वडीवास और कांजीपुरम को

अपने अधीन करने में सफल रहा। शहजादा अकबर अब सभी उम्मीदें खो बैठा था, अतः वह अँग्रेजी जहाज में बैठकर मसकट पहुँचा, वहाँ पकड़ा गया लेकिन वहाँ से 1688 ई. में परसिया भाग गया।

एक मुगल सैनिक मुबारक खान से संभाजी व मंत्री कवि कैलाश को पकड़कर औरंगजेब के पास भेजा जहाँ उन्हें तड़पाकर मार दिया। शिवाजी का साम्राज्य अब छिन्न-भिन्न हो रहा था। राजाराम को महाराजा बनाया गया, लेकिन मराठा शक्ति अब कमजोर होती जा रही थी। शाहू को औरंगजेब के कैंप में रखा गया।

बीजापुर और गोलकुंडा की फतह से मुगलों की कठिनाई अधिक बढ़ गई। इन दोनों राज्यों के सिपाही मराठा सरदारों के साथ मालवा, गोंडवाना व बुंदेलखंड में हमले करने लगे, रामचंद्र बावडेकर, प्रहलाद निराजी व अन्य मराठा हिंदू राजा स्वतंत्र हो गए।

राजाराम भागकर जिंजी के किले में चला गया, अनेक हमलों के बाद भी उसे नहीं पकड़ा जा सका। 1696 ई. में संभाजी के गम से मराठे उभर गए, उन्होंने सतारा के निकट शारजा खान को लूट लिया। तोरना, रायगढ़, प्रतापगढ़ आदि किले भी जीत लिये, 1700 ई. में राजाराम की मृत्यु हो गई, उसकी पत्नी ताराबाई अपने बेटे शिवाजी तृतीय और दूसरी पत्नी अपने बेटे संभाजी द्वितीय को गद्दी दिलाना चाहती थी, मुगलों के लिए मराठों की अनेक राजधानियों को जीतना कठिन हो गया। मुगलों के कुछ स्थानों से मराठे चौथ भी लेने लगे।

1699 ई. में बूढ़े औरंगजेब ने कोंकण पर हमला किया, मारवाड़ में दुर्गादास, मथुरा में जाट विद्रोह कर रहे थे, सिकंदरा के मकबरे से अकबर के शरीर को निकालकर जला दिया, राजाराम उनका नेता था, लेकिन बेदार बक्ष ने उन्हें दबा दिया, 7 वर्षों तक 1699-1705 ई. तक औरंगजेब मराठों से अंतिम युद्ध लड़ता रहा। उसने शाहू को मुसलमान बनाकर मराठों का शासक भी बनाना चाहा जिसे शाहू ने मना कर दिया, अब मराठे अनेक किलों को जीतने लगे, औरंगजेब हार रहा था, उसकी सेना बीमारी, भूख और लंबी लड़ाई से तंग आ चुकी थी, अधिकतर सेना अहमदनगर आ रही थी, रास्ते में मराठों ने उसे बड़ा तंग किया। औरंगजेब के नौजवानी के दिनों में जैसे भाइयों में गद्दी के लिए जंग हुआ वैसा ही औरंगजेब के बेटों में होने लगा, यद्यपि औरंगजेब ने अपने शासन को चार भागों में बाँटने का प्रयास किया, लेकिन वह सफल नहीं हो सका, वह दुश्मन से कम और अपने बुढ़ापे से अधिक पीड़ित था, लेकिन वह बड़ा ही हिम्मतवाला व्यक्ति था, 3 मार्च, 1707 में 89 वर्षों की आयु में उसकी मृत्यु हो गई।

अध्याय के लिए विशेष साहित्य

1. फ्रांकोइस बेर्नियर, *ट्रेवल्स इन दी मुगल एंपायर*।
2. फारुकी, *औरंगजेब एंड हिज टाइम्स*।
3. लेनपूल, *औरंगजेब*।
4. एन. मनुची, *स्टोरिया डू मैगोर*।
5. जे.एन. सरकार, *हिस्ट्री ऑफ औरंगजेब*, 5 वॉल्यूम।
6. जे.एन. सरकार, *एनीकडॉट्स ऑफ औरंगजेब*।
7. एस.आर. शर्मा, *द मुगल एंपायर इन इंडिया*।
8. एस.आर. शर्मा, *रिलिजियस पॉलिसी ऑफ द मुगल एंपायरर्स*।
9. जी.एन. शर्मा, *मेवार एंड मुगल्स*।
10. ए.एल. श्रीवास्तव, *द मुगल एंपायर*।
11. जे.बी. ट्रेवेर्नियर, *ट्रेवल्स इन इंडिया*।
12. टेरी, *ए वॉयेज टू इंडिया*।

मुगल साम्राज्य का विघटन

औरंगजेब की मृत्यु (सारे भारत में) मुगल प्रभुत्व के विघटन का संकेत था। इसके विघटन के कारण तो पहले से ही प्रारंभ हो गए थे, लेकिन औरंगजेब के व्यक्तित्व ने राज्य को बाँधे रखा जो एक आवरण मात्र था। उसकी मृत्यु से पतन की गति और अधिक बढ़ गई। उसके पुत्रों में धन और गद्दी के लिए जंग हुए, जिसमें राज्य और अधिक कमजोर हुआ, मराठे और राजपूत स्वतंत्र हो गए, औरंगजेब की मृत्यु के 20 वर्षों में ही दक्षिण भारत से मुगल शासन समाप्त हो गया और अन्य अमीर भी हिंदुस्तान के विभिन्न भागों में स्वतंत्र हो गए।

गद्दी के लिए युद्ध

बादशाह की मृत्यु के बाद पुत्रों में गद्दी के लिए युद्ध साधारण-सी घटना हो गई थी। चूँकि औरंगजेब 89 वर्ष की आयु में मरा था और उसने लंबे समय तक शासन किया था, अतः बेटों की आयु भी लंबी हो गई थी, बड़ा बेटा मुहम्मद सुलतान कैद में ही मर गया था, मुअज्जम (शाह आलम) 1685 ई. तक गोलकुंडा की जेल में रहा था, आजम को मालवा का गवर्नर बना रखा था, अकबर विदेश में भाग गया था जहाँ उसकी मृत्यु हो गई थी, कामबक्ष, उदयपुरी नगरवधू से पैदा हुआ था, उसे बीजापुर का गवर्नर बना दिया था, बादशाह को शासन के विभाजन का आभास था। शाहजहाँ की मृत्यु के समान औरंगजेब की मृत्यु का समाचार सुनकर उसके बेटे सत्ता हथियाने के लिए विभिन्न क्षेत्रों से सत्ता के केंद्र की ओर चल दिए।

शाह आलम जमरुद (खैबर) से आगरा की ओर कूच करने लगा, रास्ते में

बहादुरशाह का खिताब घोषित कर दिया, आजम भी आगरा के खजाने को कब्जा करना चाहता था, लेकिन रास्ते में बहादुरशाह के बेटे अजीम-उस-शान जो बिहार और बंगाल का गवर्नर था वहाँ पहले पहुँच गया। आगरा के पूर्व और चंबल के पश्चिम में जाजाऊ में बहादुरशाह के बेटे आजिम, आजम, उसके बेटे बिदारवक्त, युद्ध जून में हुआ, औरंगजेब की मृत्यु मार्च में हुई थी, जयसिंह ने बहादुरशाह को समर्पण कर दिया। जोधपुर के राणा अजित सिंह ने औरंगजेब के सामने कभी समर्पण नहीं किया था, अतः यहाँ भी युद्ध हुआ। अजित सिंह ने समर्पण कर दिया महाराजा बना। उसे पैंतीस सौ घोड़ों की कमान दे दी, कामबक्ष अपने अड़ियलपन के कारण अपने सभी मित्र खो बैठा था, अतः हैदराबाद के नजदीक जनवरी 1709 ई. में युद्ध में हारा व मारा गया।

बहादुरशाह अब सर्वोच्च शक्ति बन गया, लेकिन वह सर्वोच्च उस समय तक ही रह सकता था जब तक राजपूत, मराठे व सिख ऐसा चाहते, राजा जयसिंह, दुर्गादास, अमरसिंह ने अंबेर को लेने के लिए जोधपुर से मुगलों को भगा दिया, बहादुरशाह उसको दबाने के लिए राजपूताना आया, लेकिन इसी समय सिखों ने पंजाब में विद्रोह कर दिया, अतः राजपूताने की व्यवस्था छोड़ बहादुरशाह पंजाब गया।

सिख

गुरु गोविंद सिंह ने मुगलों से मुकाबला करने के लिए खालसा की स्थापना की थी, वह लंबे समय से मुगलों से लड़ता रहा। हिंदू धर्म की रक्षा, मुगलों के अत्याचार, अपने पिता का बदला, बेटों का बदला व स्वतंत्रता के लिए बहादुरशाह के साथ दक्षिण तक गया, जहाँ नांदेड़ में गोदावरी नदी के किनारे कुछ समय तक अपने सैनिकों के साथ रहा, जहाँ एक संन्यासी (बंदा बहादुर) से भेंट हुई, इसी दौर में एक पठान ने छुरा मारकर उन्हें गहरा घाव दिया, जिस कारण उनकी मृत्यु हो गई, लेकिन मृत्यु से पहले गुरु ने सभी को हुकुम दिया कि उनके बाद केवल गुरु ग्रंथ साहिब ही गुरु होगा, व मुगलों से बदला लेने के लिए, अपने हथियार व झंडा बंदा बहादुर को देकर पंजाब भेजा। बंदा बहादुर बड़ा ही वीर सेनापति था, शीघ्र ही उसने सेना बनाकर सरहिंद के नवाब बजीर खान, जिसने गुरु गोविंद के दो छोटे बेटों को दीवार में चिनवा दिया था, क्योंकि उन्होंने इस्लाम धर्म नहीं स्वीकार किया। उसे मारकर सरहिंद पर कब्जा किया, भारी कत्लेआम किया, जब बहादुरशाह को इसकी भनक लगी तो मुगल सेना ने उन पर हमला किया, लोहगढ़ किला (अंबाला) से भाग सिख जमुना पार कर जंगलों में चले गए, बहादुरशाह की मृत्यु के बाद पुनः लोहगढ़ को सिखों ने जीत लिया, पंजाब के अनेक क्षेत्रों पर अपना कब्जा किया। बहादुरशाह 70 वर्ष की आयु का होने के साथ थक भी गया

था, वह शासन में अधिक सुधार नहीं कर सका, उसका झुकाव शियाओं के प्रति था, लाहौर में इसने फरमान दिया कि अली के नाम का भी खुतबा पढ़ना चाहिए, इस पर एक कट्टर सुन्नी ने उन्हें छुरा मार दिया जिससे फरवरी 1712 ई. में उनकी मौत हो गई। उस समय शिया-सुन्नी मतों का विरोध चरम सीमा पर था। इस घटना से लाहौर में दंगे भी भड़क गए।

परंपरा के अनुसार बहादुरशाह के बेटों अजीम, मुज्जुद्दीन (जहादारशाह) और जहान शाह में मत के अनुसार बँट गए। तुरानी अधिकतर तरानसोकसिनया से थे, ईरानी शिया और बराह के हिंदुस्तानी सैय्यद, बड़े बेटे अजीम ने शाही कैंप पर कब्जा कर लिया, लेकिन वह अपने भाइयों की चाल को नहीं समझा, आसाद खान के बेटे जुलफिकार खान ने एक समूह बनाकर अजीम को गिराना चाहा, तीनों भाइयों ने अजीम पर हमला कर दिया, आजीम घायल होकर रावी नदी में डूब गया, अन्य दो भाई भी मारे गए, अतः जहादारशाह जून 1712 ई. में बादशाह बन गया। अजीन-उस-शान का बेटा फरुखशियर दिल्ली पर हमला करने के लिए तैयारी कर रहा था, वह एक महिला और नशे के बस में रहता था। अतः उसको बादशाह ने हल्के में लिया। जुलफिकार खान ने आजीम के बड़े बेटे को मार दिया। बादशाह दिल्ली में मौज-मस्ती में व्यस्त रहा, इसी समय बराह के दो सैय्यद भाइयों, जो अकबर के समय से ही लड़ाई में मशहूर थे, फरुखशियर के साथ हो गए। ये भाई हुसैन अली और हसन अली थे, इन्होंने पहले भी फरुखशियर की मदद की थी। भोजपुर के राजपूतों ने भी फरुखशियर की सहायता की और वह अब पटना से आगरा की ओर बढ़ा। रास्ते (वजुआ) में जहादारशाह के बेटे अज्जी-उद-दीन को हराकर उसका धन छीन लिया, फरुखशियर आगरा के पास आ गया, चुरामन जाट पहले जहादारशाह के साथ था, मुहम्मद खान बंगस भी बादशाह के साथ था, जुलफिकार भी साथ था, युद्ध हुआ, चुरामन ने बादशाह की सेना पर पीछे से हमला कर उसका धन लूट लिया, बराह के सैय्यद हुसैन अली ने हमले में भाग लिया, उसे घायल कर, मरा समझकर छोड़ दिया, अंत में बादशाह की हार हुई, वह भागकर अपनी उप-पत्नी के हौदे में छुपकर दिल्ली भाग आया जहाँ, असाद खान व जुलफिकार अली खान से मदद माँगी, अतः किले में एक प्रकार से कैदी बनकर रहा, आगरा में फरुखशियर ने अपने को बादशाह घोषित कर दिया। बहुत सारे अमीर और सैनिक तथा बाद में जुलफिकार खान और असद खान भी फरुखशियर के साथ आ गए तथा जहादारशाह को मार दिया गया। बादशाह के नए सलाहकार अब्दुल्ला (मीर जुमला) और ख्वाजा असीम बने थे, असाद खान को हटा दिया, वह भिखारी की हालत में 88 वर्ष की आयु में मर गया।

फरुखशियर ने सैय्यद भाइयों को मुलतान, बिहार अब्दुल्ला खान कुतुब-उल-

मुल्क को मंत्री, मुहम्मद अमीन खान चिन, चिन किलिज खान को दक्षिण व बंगाल का गवर्नर बना दिया, कई वफादारों को ऊँचे पद दे दिए गए।

दुश्मनों को मारा गया व उन्हें अंधा कर दिया गया– अजी-उद्-दीन और फरुखशियर का छोटा भाई इनमें से ही थे। सभाचंद, जुलफिकार खान, कर अधिकारियों की जुबान काट ली गई, ऐसे घिनौने दंड दिए गए जो भय का माहौल पैदा कर रहे थे, बादशाह कमजोर था, वह कोई निर्णय लेने में असमर्थ था, जो सलाहकार कहते थे वैसा करता था, मीर जुमला सैय्यद भाइयों के विरुद्ध बादशाह को भड़काता था।

हुसैन अली को, अजीत सिंह (मारवाड़) के विरुद्ध युद्ध करने को भेजा और राठौरों को दूसरी ओर हुसैन अली के लिए हिम्मत दी, सैय्यद ने अजीत सिंह को हरा दिया व मारवाड़ को जीता तथा एक राजकुमारी को फरुखशियर के हरम में भेजा। सैय्यद भाइयों ने विरोधियों की चालाकी पकड़ ली और त्यागपत्र देने की धमकी दी, लेकिन बादशाह घबरा गया; मीर जुमला को बिहार भेज दिया। 1713 ई. से पंजाब में भी बंदा बहादुर के विरुद्ध अभियान चल रहा था, सिख बहादुरी से लड़ रहे थे। अंत में 1715 ई. में बंदा बहादुर पकड़ा गया उसके साथियों सहित दिल्ली की गलियों में उन्हें घुमाया गया और इस्लाम न कबूल करने पर उसके छोटे-से बेटे और बंदा को बड़ी बेरहमी से महरौली में काटकर मार दिया, अब लंबे समय तक सिख विरोध बंद रहा। बादशाह सैय्यद भाइयों पर विश्वास नहीं करता था, लेकिन उसका साथ भी कोई नहीं दे रहा था, सैय्यद भाइयों पर कर-संबंधी आरोप लगाने का प्रयास था, इनामतुल्ला ने कश्मीर में जजिया को पुनः लगा दिया था, सैय्यद भाई सावधान हो गए, बादशाह ने मीर जुमला को लाहौर से बुला लिया लेकिन दिल्ली आने पर वह भी सैय्यद भाइयों के साथ हो गया, मराठों को दक्षिण से चौथ लेने और शिवाजी की भूमि को शाहू को देने के बदले सहायता माँगी।

मराठों का दिल्ली में आना

अब्दुल्ला के प्रति बादशाह के झुकने की एक आदत-सी बन गई थी, सैय्यदों को आठ हजार सवार का पद देकर उनकी सारी माँगें पूरी की गईं। फरवरी 1719 ई. में हुसैन अली ने बादशाह से मुलाकात की, जिसमें दोनों ने पगड़ी भी बदली, लेकिन बादशाह सदैव उनके खिलाफ कोई-न-कोई षड्यंत्र रचना रहता था। अंत में सैय्यद भाइयों ने बादशाह को मारने का कार्य किया।

फरवरी 1719 ई. को सैय्यद अब्दुल्ला ने किले को अपने कब्जे में ले लिया, हुसैन अली तीस हजार सैनिक लेकर शहर में कूच कर गया, मराठों ने महल के दरवाजों पर कब्जा कर लिया, महाराजा अजीत सिंह भी अब्दुल्ला के साथ रहा,

अब्दुल्ला और फरुखशियर के बीच प्रत्यारोप हुआ, अगले दिन मराठों व मुगल सैनिकों में झड़प हुई, फरुखशियर ने हरम में शरण ले ली, जहाँ से उसे पकड़ कर अंधा कर दिया गया, हरम से रसिक-उस-शान के पुत्र राफी-उद-दाराजात को लाकर मयूर तख्त पर बैठा दिया, बादशाह घोषित कर दिया। दो मास बाद फरुखशियर को मार दिया गया। सैय्यद यह जानते थे कि फरुखशियर को नहीं मारा गया तो वे आफत में आ जाएँगे।

रफी-उद-दाराजात शराबी था, डरपोक था, वह एक कठपुतली शासक था। जून मास में उसे हटा दिया गया, वह कुछ समय बाद मर गया, उसके स्थान पर उसके भाई रफी-उद-दौला को शाहजहाँ द्वितीय के नाम से गद्दी पर बैठाया गया। इसी समय आगरा में निकूसियर के बेटे मुहम्मद अकबर ने अपने को बादशाह घोषित कर दिया। सैय्यद भाइयों ने निजाम-उल-मुल्क को मालवा का गवर्नर बना, मराठों से संधि कर आगरा में मुहम्मद अकबर को पकड़ लिया, लेकिन जयपुर में राजा जय सिंह ने विद्रोह कर दिया, सैय्यद भाई सीकरी तक ही पहुँचे थे कि बादशाह की मृत्यु हो गई। अब रोशनशाह को 1719 ई. में मुहम्मदशाह के नाम से बादशाह बना दिया।

मुहम्मदशाह

सैय्यद भाई तानाशाह के समान व्यवहार कर रहे थे, अतः जब मुहम्मदशाह शासक बना उस समय साम्राज्य की स्थिति अच्छी नहीं थी। सैय्यद भाई अच्छे सैनिक थे लेकिन अच्छे प्रशासक नहीं, दिल्ली पर उनका राज्य था, लेकिन बंगाल में जफर खान, बिहार और उड़ीसा स्वतंत्र गुजरात, अजमेर और जोधपुर में जय सिंह, दक्षिण में सैय्यद अली खान, मालवा से निजाम-उल-मुल्क अपनी पुरानी रियासत को लेने के लिए तैयार था, शाहू के अधीन मराठे भी स्वतंत्र थे। इलाहाबाद में छबेला राम नागर स्वतंत्र था। उसके बाद उसके भतीजे गिरधर ने अवध भी अपने अधीन कर लिया, निजाम-उल-मुल्क को मालवा से वापस बुलाने पर वह भड़क गया, उसने अगस्त 1720 ई. को अलीम अली खान, दक्षिण के गवर्नर को हराकर दक्षिण पर कब्जा कर लिया।

सैय्यद भाइयों ने निजाम के विरुद्ध बादशाह को साथ लेकर दक्षिण की ओर बढ़े, अक्टूबर 1720 ई. को जब बादशाह आगरा में था उस समय इब्राहिम, रफी-उद्-दौला और रफी-उद्-दाराजात के भाई को बादशाह घोषित कर दिया। निजाम-उल-मुल्क राज्य में अपनी स्थिति मजबूत रखना चाहता था, उसने मराठों से संधि कर ली, आगरा के गवर्नर सदात खान को अवध का गवर्नर बना दिया, हैदरकुली खान को गुजरात से हटा दिया, अब्दुल्ला खान जो जेल में था उसे बादशाह के हुक्म से जहर देकर मार दिया। इस घटना से काफी हलचल मचा।

जाट

चुरामन जाटों का नेता था। वह शाही फौज और समान को लूटकर काफी समय से शासन को हानि पहुँचा रहा था, उसके साथ उसका भतीजा बदन सिंह भी था, जिन्होंने आगरा के उप-गवर्नर को मार दिया था। राजा जय सिंह को उन्हें दबाने के लिए सदात खान को हटाकर आगरा का गवर्नर बना दिया, उनको घेरा गया। चुरामन ने जहर खा लिया और बदन सिंह को डींग का राजा बना दिया जिससे बाद में भरतपुर राज्य बना।

दिल्ली में आने पर निजाम-उल-मुल्क को यह अहसास होने लगा कि बादशाह नए मंत्रियों की बात अधिक मानता है और उसकी सलाह पर कम ध्यान देता है। अतः बिना इजाजत के अपनी रियासत में चला गया, सलाहकारों ने बादशाह को सलाह दी कि यह घटना विद्रोह की निशानी है, अतः निजाम पर हमला करने के आदेश हुए। 1724 ई. में निजाम को पता चला कि मंत्री का पद उसके चचेरे भाई कमर-उद्-दीन को दे दिया है और मुबारिज खान को उस पर हमला करने को भेजा है तो उसने शकरखेड़ा में आकर मुबारिज खान से युद्ध किया, उसकी गर्दन काटकर दिल्ली भेज दी, अब निजाम को आसिफ जहाँ की उपाधि दे दी और हैदराबाद एक स्वतंत्र राज्य बन गया।

मराठे

1700 ई. में राजाराम की मृत्यु के बाद उसकी विधवा पत्नी ने अपने बेटे शिवाजी द्वितीय के रक्षक बनने की घोषणा की। मुगलों से पूना और चकान को जीत लिया जो शिवाजी महाराज की रियासत थी। बहादुरशाह ने शिवाजी के पोते, शाहू जिसे औरंगजेब ने 1689 ई. में बंदी बनाकर रखा था उसे 1708 ई. में छोड़ दिया और मराठों का नेता बना दिया। लेकिन ताराबाई ने उसे अपना नेता नहीं माना, शाहू को गुजरात, तंजौर और गोंडवाना से चौथ तथा खानदेश, विराट, औरंगाबाद, हैदराबाद, बीजापुर और विदर से सरदेशमुखी मिलने लगी। 1708 ई. में सतारा पहुँचने पर उसे शासक बना दिया। मराठे बँटे हुए थे, क्योंकि दूसरी पत्नी राजाबाई अपने बेटे संभूजी के लिए हक माँग रही थी।

ऐसी स्थिति में एक चितपावन ब्राह्मण बालाजी विश्वनाथ, जिसका पिता देशमुख (कर अधिकारी) था, लेकिन सतारा के सेनापति चंद्रसेन ने उसे हटा दिया था, लेकिन शाहू ने उसे ऊँचे पद पर रखा, उसे पेशवा भी बना दिया, अगीरा नौसेना का सेनापति शाहू के विरुद्ध था, लेकिन सूझ-बूझ से उसे ठीक किया, बालाजी आठ मंत्रियों में मुख्यमंत्री बने और मराठों का एक संघ बना लिया। यह कोई साधारण व आसान कार्य नहीं था, क्योंकि अन्य मराठे ब्राह्मण को मुख्यमंत्री नहीं देखना चाहते

थे, लेकिन पेशवा की समझ और शिवाजी के राज्य को पुनः संगठित करने में वह सफल हुआ। वह मुगल राज्य से पूर्ण रूप से स्वतंत्र हो गया।

1716 ई. में सैय्यद हुसैन अली को खांडेराव ने हटा दिया, मराठों से संधि में दक्षिण व शिवाजी के जीते हुए प्रदेशों से चौथ व सरदेशमुखी मिलने लगी। यह संधि फरुखशियर ने भी मान ली। 1720 ई. में सतारा में बालाजी की मृत्यु हो गई, पेशवा का पद उसके बेटे बाजीराव को दिया गया, तभी से यह पद वंशानुगत हो गया। बाजीराव बड़ा अच्छा सैनिक व घुड़सवार था। 1724 ई. में मालवा जीतकर, मल्हारराव होल्कर, रानोजी सिंधिया, घमाजी गायकवाड़, पिल्लाजी गायकवाड़ के साथ मिलकर सारे क्षेत्रों को अपने कब्जे में किया, लूटमार, वध, आगजनी आदि भी की। 1723 ई. में निजाम की सहायता की और उससे अप्राकृतिक संधि भी थी। 1726 ई. में निजाम ने संभूजी के साथ मिलकर शाहू पर हमला किया, बाजीराव ने उन्हें बचाया और 1728 ई. में शांति स्थापित की। मारवाड़, गुजरात, सेनापति, अभयसिंह, पिल्लाजी की मृत्यु के बाद बाजीराव अधिक शक्तिशाली हो गया।

दक्षिण में मामले गंभीर हो रहे थे, मंत्री, रोशन-उद्-दौला ने बीस लाख रुपये का गबन किया था, खान दुरान मंत्री बने हुए थे। अधिकतर ओहदेदार रिश्वतखोर थे। अभय सिंह की सहायता से बाजीराव दिल्ली पहुँचा, वफादारी बड़ी नायाब चीज हो गई थी।

मुहम्मद खान बंगस

यह एक अफगान सैनिक था, उसने अपना कैरियर फरुखशियर के काल में प्रारंभ किया और फर्रुखाबाद को अपने कार्य का केंद्र बनाया था। इलाहाबाद का गवर्नर होने पर 1725 ई. में एक लाख बीस हजार घोड़े और पैदल सैनिक ले उसने बुंदेलखंड पर आक्रमण किया था। प्रारंभ के दो वर्षों में उसको बड़ी सफलता मिली थी, छत्रसाल ने मराठों (बाजीराव) को रक्षा करने के लिए प्रार्थना की, 1729 ई. में मराठों ने उसे आगे बढ़ने से रोका, फिर बंगस बुंदेलखंड नहीं आया। 1732 ई. में बाजीराव को मालवा का उप-गवर्नर बना दिया, राजा जय सिंह बंगस के स्थान पर आया लेकिन अधिक कुछ नहीं कर सका। मराठों ने झाँसी को केंद्र बनाकर वहाँ गोविंद पंथ खरे को अपना अधिकारी बना दिया, अब मराठे दोआब पर भी हमले करने लगे। प्रारंभ में अपने को बचाने के लिए निजाम-उल-मुल्क ने मराठों को मालवा में हमला करने को कहा, लेकिन मराठे यहाँ बड़े शक्तिशाली हो गए थे। 1737 ई. में खान-दुरान और कमर-उद्-दीन ने मराठों पर हमला किया, पेशवा दिल्ली आ गया, 1738 ई. में बाजीराव और निजाम भोपाल में मिले, कोई महत्त्वपूर्ण परिणाम नहीं हुआ अंत में निजाम वापस चला गया, सिरौंज संधि में

मालवा मराठों के आधीन मान लिया गया, नर्वदा से चंबल तक सारा प्रदेश मराठों के आधीन हो गया।

नादिरशाह

सफावी वंश के पतन के बाद परसिया बुरे दिनों के घेरे में आ गया था, 1722 ई. में कंधार के मुहम्मद खान गिलजाई ने तहमास्फ द्वितीय को हराकर इस्फहान को अपने अधीन कर लिया था। 1729 ई. में खुरासान के तुर्क, नादिरशाह ने गिलजाई को गद्दी से हटा दिया। 1736 ई. में उसने नादिरशाह के नाम से गद्दी को सँभाला। उसने बदला लेने के लिए मोहम्मद शाह को पत्र लिखा कि काबुल के गवर्नर को आदेश दे कि कोई भी गिलजाई उसके प्रदेश से न भागे। यह किसी भी कमजोर शक्ति का चिह्न है कि वह कोई भी हिम्मतवाला कार्य नहीं कर सकती, अतः जब नादिरशाह ने कंधार का घेरा डाला तो अनेक गिलजाई काबुल से भाग गए, नादिरशाह ने दिल्ली से इसका जबाव माँगा तो उत्तर नहीं मिला। कंधार के जीतने पर 1738 ई. में नादिरशाह गजनी पहुँचा, काबुल में शीघ्र ही समर्पण कर दिया, खैबर और पेशावर पर कब्जा कर लिया, लाहौर पर कब्जा कर लिया, यहाँ से उसने पुनः मुहम्मदशाह को पत्र लिखा कि वह दिल्ली आकर गलत सलाहकारों को दंड देगा।

मुहम्मदशाह के दरबार की कमजोरी, नासमझी ने यह भ्रम पैदा कर रखा था कि नादिरशाह हमला नहीं करेगा, उन्हें अपनी ताकत पर अधिक भरोसा था, नादिरशाह करनाल तक पहुँचा, जहाँ 24 फरवरी, 1739 को लड़ाई हुई, जिसमें बुरहान-उल-मुल्क, निजाम-उल-मुल्क घायल हो गए, बादशाह अपने कैंप में चला गया, बादशाह की फौज में दो लाख घुड़सवार व बंदूकधारी थे, इसके विपरीत नादिरशाह के पास बड़े कम और निपुण सैनिक, नादिरशाह ने हमले में असंख्य लोगों को काट दिया, बुरहान-उल-मुल्क के बीच-बचाव के बाद फैसला हुआ कि बीस लाख रुपए नादिरशाह को देकर मुहम्मदशाह को बादशाह बने रहने दिया जाए। निजाम-उल-मुल्क को अमीर-उल-उमरा बना दिया गया, जिसे बुरहान-उल-मुल्क स्वयं चाहता था, अतः उसने नादिरशाह को दिल्ली चलकर अधिक धन लेने को कहा, सभी शिया थे, परसियन थे, देशभक्त और शासन भक्त नहीं थे। इस युद्ध में सैय्यद भाइयों व राजपूतों ने साथ नहीं दिया, नादिरशाह ने मुहम्मदशाह को स्वयं कहा था कि केवल उसका साथ खान दुरान व दो अन्य ने दिया था। नादिरशाह दिल्ली आ गया, यहाँ सभी मस्जिदों में उसके नाम का खुतबा पढ़ा गया।

नादिरशाह ने दो रास्तों से दिल्ली में प्रवेश किया, एक पंजाब से आने वाला शाही रास्ता और दूसरी फौजी टुकड़ी ने सराय रोहिल्ला के रास्ते से जिसे कुछ

मंगोलों ने लूट लिया, नादिरशाह ने काजिलवासों को भेजकर उस गाँव को जला दिया, नादिरशाह के सिपाहियों से पहाड़गंज के कुछ दुकानदारों से झगड़ा हो गया जिसमें कुछ परसियन सैनिक मारे गए, शहर में यह अफवाह फैल गई थी, नादिरशाह को जहर देकर मार दिया गया है, इस पर नादिरशाह ने भड़ककर सेना को आदेश दिया कि शहर को जला दो, लोगों को मार दो, वह अपनी तलवार को ऊँचा उठाकर चाँदनी चौक की मोती मस्जिद पर बैठ गया शाम तक कत्लेआम हुआ, शाम को अहमदशाह ने नादिरशाह से इस घटना को रोकने की प्रार्थना की तब जाकर यह घटना रुकी, लेकिन, बुरहान-उल-मुल्क जो दो दिन बाद मर गया, उसके भतीजे सफदरजंग से तीस लाख रुपए, निजाम-उल-मुल्क से पचास लाख रुपए, कुमारुद्दीन से बीस लाख रुपए शाही खजाने, दख्तेताउस, कोहिनूर, औरंगजेब की पोती से अपने बेटे का विवाह, व जनता और अमीरों के घर-घर से धन इकट्ठा करवाया, कहते हैं कि इस घटना में लगभग चालीस हजार पुरुष व बच्चे और नारी मारे गए। शहर तबाह हो गया। हाथी, घोड़ों, बैलगाड़ियों, ऊँटों पर धन लादकर नादिरशाह मई के मध्य में दिल्ली से कूच कर गया, लेकिन जाते हुए अहमदशाह को सलाह दे गया कि निजाम-उल-मुल्क पर कभी भरोसा न करना, शासन में सुधार करना, सिंधु नदी व सिंध के पश्चिम की सारी भूमि को ले लिया।

यह एक ऐसी घटना हुई जो आज तक यादों में बसी हुई है, हमले-लूट पहले भी हुए लेकिन नादिरशाह की लूट को भुलाया नहीं जा सकता। टूटते व पतन वाले मुगल साम्राज्य को एक मजबूत हथौड़ा और मार दिया। इस घटना से बादशाह व अमीरों ने कोई सबक नहीं लिया और भारत अनेक स्वतंत्र राजतंत्रों में बँट गया, यह भी पतन का कोई अच्छा नतीजा नहीं था। अवध में बुरहान-उल-मुल्क के स्थान पर सफदरजंग को राज्य का अधिकारी बना दिया, पंजाब में खान दुरान के बेटे जकारिया खान को, उसके बाद उसके बेटे सरफराज खान को, बिहार में अली वर्दी खान महावतजंग, उसके बाद अली वर्दी खान बंगाल, बिहार और उड़ीसा का गवर्नर बन गया। उसी प्रकार से दक्षिण में भी शाही शासन समाप्त हो गया। बाजीराव पेशवा 1740 ई. में मर गया, अब मराठों के संगठन ने भी– धम्माजी गायकवाड़ ने गुजरात, रानौजी सिंधिया ने मालवा, मल्हारराव होल्कर ने इन्दौर, रघुजी भौंसला ने बरार और नागपुर को स्वतंत्र कर दिया। बाजीराव के बेटे ने अर्कोट और त्रिचिनापल्ली पर कब्जा कर लिया, लेकिन कुछ समय बाद निजाम ने उन्हें वापस ले लिया। अतः निजाम ने दक्षिण में अपनी स्थिति मजबूत कर ली थी।

मराठों ने बंगाल पर आक्रमण किया, पेशवा ने बंगाल, बिहार और उड़ीसा से चौथ ली, इसी काल में अंबेर के राजा जय सिंह की भी मृत्यु हो गई जो मुगलों का 44 वर्षों तक वफादार रहा था।

रोहिल्ला

अली मोहम्मद अफगानों का बड़ा नेता था, यह भी धारणा थी कि वह एक हिंदू था लेकिन अफगान ने उसे पाला था, अपनी मेहनत और समय की उथल-पुथल के कारण वह छोटे पद से (कटिहार के गवर्नर की सेवा) संभल और बदायूँ के शहरों का अधिकारी बन गया, नादिरशाह ने भारत पर जब हमला किया तो बहुत सारे अफगान अली मोहम्मद की सेवा में आ गए। धीरे-धीरे उसने बादशाह को कर देना बंद कर दिया, जिस पर स्वयं मुहम्मदशाह ने 1745 ई. में अवध के नवाब और अन्य के साथ अली मोहम्मद पर हमला किया उसे पकड़ लिया, वह झुक गया लेकिन कुछ समय बाद पुनः शक्तिशाली व महत्त्वपूर्ण बन गया।

अहमदशाह अब्दाली

नादिरशाह अत्याचारी और शक्की स्वभाव का शासक था, उसने अपने बड़े बेटे की शक की वजह से शरीर से खाल छिलवा दी थी, उसी के एक सैनिक ने 1747 ई. में उसका कत्ल भी कर दिया, उसकी मृत्यु के बाद परसिया की एक महान ताकत भी ढहने लगी। उसका एक अधिकारी अफगान था जिसने हिरात को अपने कब्जे में कर लिया था वह अब्दाली था दुर्रानी कबीले का सदस्य था, नादिरशाह की मृत्यु के बाद उसने अपने को अफगानिस्तान का बादशाह घोषित कर दिया। यह सब उसके कबीले और काजिलवासियों की मदद से हो सका। पंजाब के गवर्नर शाहनवाज खान से झगड़े के कारण उसकी नजर भारत की ओर पड़ी, तीस हजार घुड़सवार लेकर उसने पंजाब पर हमला कर लाहौर को जीत लिया और दिल्ली की ओर बढ़ा। सरहिंद में अवध, राजपूतों और शाही सेना ने उसका मुकाबला किया, यह हमला सफल नहीं हुआ, अफगान सेना में बारूद फटने से हड़कंप मच गया लेकिन अहमदशाह लड़ता रहा। अंत में 1748 ई. में वह अफगानिस्तान चला गया उसका पीछा नहीं किया गया।

मुहम्मदशाह की मृत्यु हो गई और उसके बेटे अहमदशाह को शासक बना दिया गया, निजाम-उल-मुल्क भी शीघ्र मर गया, सफदरजंग को मंत्री बना दिया गया।

अहमदशाह जवान अवश्य था, लेकिन उसके चरित्र में अनेक दोष थे, वह अनुभवी नहीं था, उसके काल में रोहिल्ला तथा दक्षिण में नासिरजंग स्वतंत्र हो गए थे। सफदरजंग ने बादशाह की मदद से अफगानों को रोका अवश्य लेकिन वे एक सिरदर्द बने रहे। उन्हें हराने के लिए मराठों को निमंत्रण दिया, जिसमें होल्कर, जय सिंधिया, सूरजमल जाटों ने अफगानों को पहाड़ों पर खदेड़ दिया और रुहेलखंड पर कब्जा कर लिया, 1751 ई. में फर्रुखाबाद की भूमि पर मराठों का ही शासन रहा। राजपूताने में भी गद्दी के लिए लड़ाई हुई, मराठों की सहायता से उसे भी दबाया

गया, लेकिन जाट अभी भी शक्तिशाली बने रहे। दिल्ली में मंत्री बनने के लिए संघर्ष चलता रहा, दक्षिण में फ्रेंच, एक-दूसरे शासक को लड़ाकर शक्तिशाली हो रहे थे। 1749 ई. में पुनः अहमदशाह अब्दाली ने पंजाब पर आक्रमण किया, मोइन-उल-मुल्क गवर्नर से पैसा लेकर चला गया, 1752 ई. में पुनः पंजाब पर आ गया और दिल्ली से अहमदशाह ने बिना सफदरजंग के अवध से आने व मराठों के दिल्ली आने से पहले ही पंजाब अब्दाली को दे दिया, अब्दाली अफगानिस्तान चला गया, इस काल में पैसा लेकर सेना एक-दूसरे का साथ देती थी कोई सिद्धांतों की लड़ाई नहीं थी।

1754 ई. में दिल्ली में गृहयुद्ध हुआ जिसमें जाट, होल्कर, सफदरजंग, शाही सेना शामिल थे, जून 1754 ई. में अहमदशाह को हराकर अजीज-उद्-दीन जहादारशाह के पुत्र को गद्दी पर बैठा दिया। कुछ समय बाद अहमदशाह और उसकी माँ को अंधा कर दिया, 1757 ई. में पुनः अहमदशाह अब्दाली ने दिल्ली पर हमला किया, दिल्ली-मथुरा को लूट लोगों को मार वह अफगानिस्तान चला गया, इसका मुख्य कारण सेना में बीमारी का फैलना था। शहजादा अली गौहर पहले लखनऊ आ गया फिर इलाहाबाद। 1757 ई. में क्लाईव अँग्रेज गवर्नर ने प्लासी के युद्ध में ईस्ट इंडिया कंपनी की जीत से बिहार, बंगाल और उड़ीसा का शासक बन गया, अली गौहर और मुहम्मद कुली खान ने बिहार में बक्सर की लड़ाई लड़ी लेकिन 1759 ई. में क्लाईव के आने से वे वापस हो गए।

1759 ई. में कामबक्ष के पौत्र शाहजहाँ तृतीय को शासक घोषित किया। मराठों ने पंजाब दिल्ली पर अपना अधिकार कर लिया था, इस बात से मुस्लिम अमीर खुश नहीं थे, वे नहीं चाहते थे कि हिंदू उन पर शासन करें। अतः अब्दाली पंजाब आ गया, राजपूत, जाट और मराठों के साथ थे, लेकिन जब स्थिति भयावह हो रही थी तो फिरोजजंग और सूरजमल ने बल्लभगढ़ से अपने को वापस कर लिया।

पेशवा ने अपने भतीजे सदाशिव राव के आधीन एक बड़ी सेना अब्दाली के विरुद्ध भेजी, इस सेना में महिलाएँ भी थीं, भारी तोपें थीं, जिन्हें बैलों से खींचा जाता था, सफर लंबा था, सैनिक और जानवर थक चुके थे। दिल्ली पर मराठों का कब्जा था, वे पानीपत तक पहुँच गए, लेकिन उन्हें खाद्य-सामग्री की कमी होने लगी, वर्षांत के मौसम में यमुना भी उफान पर थी, कीचड़ में तोप फँस रही थी, इधर मराठा महिलाओं ने कुरुक्षेत्र तीर्थ के लिए चली गई, मराठे आराम से बाजार आदि लगाने लगे। खाने की अधिक कमी और आस-पास के मुस्लिम गाँवों से सहायता न मिलने पर मराठों ने अंत में युद्ध कर दिया जो पानीपत के तीसरे युद्ध के नाम से प्रसिद्ध है।

मराठे भारत में हिंदू राज्य स्थापित करना चाहते थे लेकिन उसके लिए उचित

समय और उपाय नहीं किए, स्वयं हिंदुओं ने उनका साथ नहीं दिया, चौथ के दबाव के कारण मराठे पसंद नहीं किए जाते थे, अतः पानीपत मराठों की कब्रगाह बन गई, एक लाख से अधिक मराठे या तो युद्ध में मारे गए या भागते हुए ग्रामीणों ने मार दिए, केवल होल्कर, दामाजी गायकवाड़, महादजी सिंधिया और नाना फड़नवीस ही बच पाए, लगभग पाँच हजार बैलों को मारकर अफगानियों ने खा लिया, अनेक आटा पीसने वाली औरतों को अफगानी अपने साथ ले गए। इस युद्ध के बाद सिंधिया, होल्कर, गायकवाड़ और भौंसले के राज्यों का उदय हुआ। पूना में पेशवाओं का पतन हो गया, अहमदशाह ने पुनः दिल्ली को लूटा, अली गौहर को शाह आलम के नाम से बादशाह बनाया और शुजा-उद-दौला को मंत्री बनाया। यह जीत अहमदशाह अब्दाली की थी न कि मुगलों की, इसके बाद मुगल साम्राज्य का पतन और तेजी से होने लगा।

अध्याय के लिए विशेष साहित्य

1. जे. फ्रेजर, *हिस्ट्री ऑफ नादिर शाह*।
2. ज्योफरी गैरट (संपा.), *दी लिगेसी ऑफ इंडिया*।
3. एच.आर. गुप्ता, *स्टडीज इन लेटर मुगल हिस्ट्री ऑफ दी पंजाब*।
4. डब्लू. इरविन, *दी लेटर मुगल्स*, 2 वॉल्यूम्स।
5. एच.जी. कीने, *दी हिस्ट्री ऑफ द मुगल एंपायर*, 1887।
6. ओवेन, *दी हिस्ट्री ऑफ द मुगल एंपायर*।
7. के.आर. कानूनगो, *हिस्ट्री ऑफ जाट्स*।
8. आर.पी. त्रिपाठी, *राइज एंड फॉल ऑफ द मुगल एंपायर*।
9. बाल कृष्णा, *शिवाजी द ग्रेट*।
10. किनकैड एंड पारसनिस, *ए हिस्ट्री ऑफ द मराठा पीपल*।
11. एस.आर. शर्मा, *मराठा हिस्ट्री री-एक्जामिंड*।
12. एस.आर. शर्मा, *द मेकिंग ऑफ मॉडर्न इंडिया*।
13. एच.एन. सिन्हा, *राइज ऑफ द पेशवाज*।
14. सी.वी. वैद्या, *शिवाजी द फाउंडर ऑफ हिंद स्वराज*।
15. ई.एस. वारिंग, *हिस्ट्री ऑफ द मराठाज*।
16. इंदुभूषण बनर्जी, *एवोलूशन ऑफ द खालसा*।
17. गंडा सिंह, *बंदा सिंह बहादुर*।
18. लतीफ, *हिस्ट्री ऑफ द पंजाब*।
19. एन.के. सिन्हा, *राइज ऑफ द सिख पावर*।
20. तेजा सिंह एंड गंडा सिंह, *ए शॉर्ट हिस्ट्री ऑफ द सिख*।

14

दक्षिण भारत के राज्य

सामान्य समझ के अनुसार जो भूमि विंध्य पर्वत के दक्षिण की ओर है उसे दखन, दक्षिण या दक्षिण भारत कहा जाता है। भारत का इतिहास अति प्राचीन होते हुए भी अधिकतर इतिहासकारों ने उत्तर भारत के इतिहास पर ही अपनी कलम अधिक चलाई है। अतः कम मात्रा में दक्षिण भारत के इतिहास पर लिखा गया, लेकिन पिछले 70 वर्षों में इस खालीपन को बड़ी सीमा तक पूरा कर दिया है।

दक्षिण भारत का इतिहास अति प्राचीन होते हुए भी भारत के इतिहास का अभिन्न अंग नहीं बना, यद्यपि, यहाँ रहने वाले निवासियों का इतिहास और संस्कृति आर्यों से पहले का है। यह तथ्य भूविज्ञान और अन्य साक्ष्यों से प्रमाणित होता है। यही कारण है कि आज भी आर्यों के पहले की भाषा, साहित्य और संस्थाओं के चिह्न आज भी दक्षिण भारत में देखे जाते हैं। भारत समीपीय देशों– बर्मा, मलाया, जावा, बोर्नियो और दक्षिण चीन की बस्तियों को बसाने व भारतीय धर्म और संस्कृति को फैलाने में दक्षिण भारत का विशेष योगदान रहा है।

दक्षिण भारत के और अधिक शोध से ही भारत का इतिहास पूरा होगा। अभी तक दक्षिण भारत का इतिहास अंधकार में छुपा है, इसको रोशनी में लाने के लिए बिना किसी भेदभाव और भावुकता के सभी इतिहासकारों, विशेषकर दक्षिण के इतिहासकारों को इस क्षेत्र में अधिक ध्यान देना चाहिए।

दक्षिण भारत के प्राचीन इतिहास का अधिकतर भाग तमिलनाडु-मद्रास (चेन्नई) से जुड़ा हुआ है। अतः यदि हम किसी शहर के नाम की भलीभाँति खोज करें तो पाएँगे कि उसके पीछे इतिहास छिपा है। जैसे कलकत्ता "काली" (दुर्गा) "कालीघाट" से जुड़ा है; इसी प्रकार "चेन्नई" भी देवी "चिन्नाईमान" (काली) यह स्थान "चैनाई कुयम" पर है, अतः "चैनापाटानम", "चैनामाम" से निकला है। यह क्षेत्र अब व्यापारियों का स्थान है, इस स्थान को "मराठा टाउन" भी कहते हैं, यहाँ पर शिवाजी महाराज आए थे। एक मछली को भी "चैनाई" के नाम से पुकारते हैं, मंदिर के ढोल को भी "चैनाई" कहते हैं। भारतीय इतिहास दक्षिण में भी उसी प्रकार से प्रारंभ हुआ जैसा कि उत्तर भारत में आर्यों के उदय से हुआ।

आर्यों की दक्षिण भारत को आर्यवर्त बनाने के चिह्न भाषा, साहित्य, किस्से-कहानियों और व्याकरण में झलकते हैं। लगभग 600 ई.पू. उत्तर भारत के लोग दक्षिण भारत (विंध्य पर्वत) से आगे के उपजाऊ भाग को नहीं जानते थे। 600 ई.पू. के बाद अगस्त मुनि, परशुराम और वशिष्ठ मुनि ने आर्यों के प्रभाव को दक्षिण में फैलाया। साहित्य से यह ज्ञात होता है कि पांड्य और चोल राजाओं ने अगस्त्य मुनि को अपना कुलगुरु माना था, वैसे ही चैरा राजाओं ने परशुराम को अपना कुल गुरु माना, और वहीं से इस भूमि को "चैरापाड़ा" या "परशुराम क्षेत्र" नाम का उदय हुआ। यहाँ के निवासी इन गुरुओं के सान्निध्य में खुशी प्राप्त करते थे।

ऐसा माना जाता है कि भगवान शिव ने अगस्त्य मुनि को दक्षिण में भी आर्य प्रभाव तथा शक्ति का संतुलन करने के लिए भेजा था, यह भी माना जाता है कि शिव ने श्री मीनाक्षी से मदुराई में विवाह करके उत्तर के आर्यदेव और दक्षिण की द्राविड़ देवी वहाँ आर्यों के प्रभाव को फैलाया।

माल्यायुवाजा पांडियन और कंचनमाला पांडियन वंश के संस्थापक माने जाते हैं। अगस्त मुनि उनके कुलगुरु। यह विश्वास है कि पांडयान वंश चंद्र वंश की एक शाखा है। अतः उन्हें "पाचावर" भी कहा जाता है। दक्षिण मदुराई को उत्तर की मथुरा भी जाना जाता है। इसी तरह से वादा मदुराई और सिलोन मदुराई भी पुकारा जाता है, महाभारत के अनुसार अर्जुन ने पांड्या राजा की पुत्री चित्रांगदा से भी विवाह किया था, महावंश के अनुसार लंका के राजा विजयन ने भी पांड्य राजा की पुत्री से विवाह किया था (478 ई.पू.)। इसी प्रकार चैरा, चोल और पांड्य राजाओं में आपस में विवाह संबंध भी हुए। अतः आर्यवर्ती होने के कारण ये राजा बाहरी दुश्मन के लिए एक हो जाते थे।

आर्यों की संस्कृति के पाँच प्रमुख पूजा-पद्धति के तरीके दक्षिण के राजाओं ने अपना लिये, चोल राजा श्यामवेता पैरुयनारकिल, चैरा राजा, सेलकैलू कुट्टुवान और पांड्य राजा प्लयागासाले मुघुकुमुदीमी यज्ञों को अपने-अपने राज्यों में करते थे।

वैदिक विचार कल्पना और धर्म में पशुओं का विशेष महत्त्व है। अश्व (घोड़ा) राजाओं की सवारी, युद्ध व यज्ञ के लिए अति महत्त्व रखता था, चिन्नामानव और वेलवीकुडी लेखों से यह ज्ञात होता है कि पांडयान राजा ने चक्रवर्ती सम्राट बनने के लिए एक हजार यज्ञों का आयोजन करवाया था।

दक्षिण के पांड्यों उत्तर (महाभारत) के पांडवों से संबंध मानते हैं, दोनों ही चंद्र वंश से संबंध रखते हैं। श्री मीनाक्षी के वंशज मानते हैं। वाल्मीकि की रामायण में दंडककांड में अनेक आश्रमों का उल्लेख है, सेनामादुराई के द्वार सोने और जवाहरात से जड़े होने का उल्लेख है, व्यास के भारत में अर्जुन के विवाह का उल्लेख है।

चौथी ई.पू. माकाथी पांडयान ने अपनी राजधानी कावाड़ापुरम में बनाई जो समुद्र के ऊपर थी, जो बंदरगाह भी थी। दूसरे तमिल संगम के काल में "तोलकामियज" नामक व्याकरण को उस काल के विद्वानों तथा कवियों ने आदर दिया। 59वें पांडयान राजा के काल में कावाड़ापुरम की राजधानी को समुद्र ने तबाह कर दिया था। उसके बाद मलालूर और बाद में "अल्लावाइ" को स्थायी राजधानी बनाया, जिसका अर्थ "शिव" ही है।

पांडयान माथावानाम जो स्वयं एक कवि व ब्राह्मणों को अपनी आँख के समान समझता था। कई लेखक पांड्यों को क्षत्रिय मानते थे जो सूर्यवंशी, चंद्रवंशी और अग्निवंशी थे। कुछ विद्वान पांडयान को जैन मत का भी मानते हैं कहते हैं कि बाद में वे शैव हो गए।

दक्षिण पदा

ऋग्वेद में उल्लेख है कि एक आर्य को बहिष्कृत कर दिया तो वह दक्षिण की ओर चला गया, वहाँ उसने विदर्भ में कुछ आर्य राज्य बना लिये, और कुंदिमाना को राजधानी बना लिया, कलिंग में भी प्राचीन काल में आर्य प्रभाव रहा, ब्राह्मण काल में दक्षिण में आर्य प्रभाव था।

अत्रिय ब्राह्मण के अनुसार विश्वामित्र मुनि ने अपने पचास पुत्रों को त्याग दिया और उन्हें आर्यवर्त की सीमा पर रहने को कहा, इस मुनि के पौत्र आंध्र, पुंद्राज, शबर, पुलिंद और मुतिवास हुए जो दस्यू कहलाने लगे।

बुद्ध साहित्य में एक उल्लेख है कि एक आर्य गुरु बाबारी ने कौशल छोड़ गोदावरी नदी के एक गाँव में आ बसे, उनके शिष्य जब पैचान, मानधाता, और उज्जैन से होते हुए गुरु से मिलने गए तो वे महात्मा बुद्ध से भी मिले थे।

रामायण के अनुसार अगस्त्य मुनि ने दक्षिण में आर्य कालोनियों की स्थापना की थी। अशोक ने भी दक्षिण के राजाओं के साथ राजनयिक व अन्य संबंध बनाए थे।

चैरापदा

लगभग 2000 वर्ष पूर्व दक्षिण भारत के लोग अपने को "दामिजा" या "दामीज" कहते थे और यहाँ की भूमि को "दामिजाकम" कहा जाता था।

धीरे-धीरे "दामिज" "थामिज" बन गया, तथा तमिल लोग इसे "दामिला" और ग्रीक (यूनानी) तामिलेक कहने लगे। यह क्षेत्र तीन भागों में बँट गया– चौल, पांड्य और चैरा। इन सभी क्षेत्रों में एक भाषा और संस्कृति रही।

तामिल भाषा को "कोला भाषा" कहा जाता था। पश्चिम घाट के नायर व नेपाल के निवारो में एक गोत्र में ही विवाह करने की प्रथा थी। तमिल लोग यह समझते हैं कि चैरा, चौल और पांड्य राजा तमिल थे, लेकिन केरला के राजवंश अपने को आर्य मानते हैं। यह भी एक मान्यता है कि परशुराम ने अपने फरसे से इक्कीस बार क्षत्रियों को हराया और जीती हुई भूमि ब्राह्मणों को दे दी, मछली पकड़ने वाले जाल से धागे निकालकर लोगों के गले में डाल दिए, उन्हें ब्राह्मण बना दिया, आज भी नंबूदरी ब्राह्मण ऐसा मानते हैं। समय के साथ अन्य ब्राह्मण भी उत्तर भारत से दक्षिण भारत में आ बसे।

1. दक्षिण भारत के राज्य[1]

छठी सदी के मध्य से दक्षिण में चालुक्य (सोलंकी) ने राजपूतों का राज्य स्थापित हुआ, इस काल से दक्षिण का इतिहास अधिक स्पष्ट हुआ। इस वंश ने 200 वर्षों तक राज्य किया, उनके पश्चात् राष्ट्रकूटों 200 वर्षों तक राज्य किया, पुनः चालुक्यों ने राष्ट्रकूटों को हटाकर फिर 200 वर्षों तक राज्य किया, चालुक्यों के दो वंशों ने राज्य किया था, एक दक्षिण-पश्चिम भाग में दूसरे ने दक्षिण-पूर्वी भाग में राज्य किया।

(1) पश्चिमी चालुक्य राजवंश की स्थापना पुलकेसिन प्रथम ने 535-66 ई. में, राजधानी वातावी में बनाई थी, इसे अब बादामी कहा जाता है। यह बीजापुर जिले में स्थित है।

कीर्ति वर्मा प्रथम– पुलकेसिन प्रथम का पुत्र कीर्ति वर्मा प्रथम 567 ई. में सिंहासन पर बैठा, उसने दक्षिण के नल नरेशों को, कोंकण के मौर्य और वनवासी के कदंब नृपतियों को हराकर अपने राज्य का विस्तार किया था।

मंगलेश– वह कीर्तिवर्मा प्रथम का भाई था जो 598 ई. में राजा बना। कल्चुरिवंश के राजा बुद्धराज के कुछ भाग दबाकर समुद्र तट तक अपने राज्य का विस्तार किया और फिर कीर्ति वर्मा के पुत्र पुलकेसी द्वितीय के साथ गृहयुद्ध लंबे समय तक चला। इसी संघर्ष में मंगलेश, 608 ई. में मारा गया। राजसत्ता पुलकेसी द्वितीय के हाथ में आ गई।

पुलकेसी द्वितीय– शासन पर बैठते ही इस राजा को विषम स्थिति का सामना करना पड़ा, कीर्ति वर्मा प्रथम ने नववासी के कदंब राजा, दक्षिण मैसूर के गंगराजा और कोंकण के मौर्य के राजाओं को हरा तो दिया था लेकिन अभी तक वे चालुक्य राजाओं के अधीन नहीं हुए थे, अतः पुलकेसी द्वितीय को उन्हें हराकर अपने अधीन करना पड़ा।

कोंकण के राजाओं की राजधानी पुरी थी (ऐलिफेंटा) जो एक द्वीप पर थी

उसे जीतकर, लाट (गुजरात), मालवा और गुर्जर लोगों को हराकर अपने राज्य का विस्तार किया। पुलकेसी का बड़ा युद्ध हर्षवर्धन से हुआ जो किसी से युद्ध में नहीं हारा था, लेकिन वह भी पुलकेसी पर विजय नहीं प्राप्त कर सका। 634 ई. में एक संधि के द्वारा नर्मदा नदी हर्षवर्धन और पुलकेसी राज्यों की सीमा मान ली गई। अब पुलकेसी ने कौशल और कलिंग देश के राजाओं को हराया, दक्षिण में पल्लव राजाओं से युद्ध किया लेकिन पल्लव राजा महेंद्र वर्मा ने पुलकेसी को आगे नहीं बढ़ने दिया, अब पुलकेसी ने दक्षिण पर भी चढ़ाई की और चोंल, पांड्या और केरल के राजाओं से संधियाँ कर लीं।

पूर्वी राज्यों पर अपने भाई विष्णुवर्धन को अपना प्रतिनिधि बनाया, कुछ समय बाद विष्णुवर्धन ने लोभ में आकर, स्वतंत्र राज्य बना लिया जो पूर्वी चालुक्य राजवंश कहलाने लगा जो 1070 ई. तक चला। पुलकेसी द्वितीय को पल्लव राजा नरसिंह वर्मा प्रथम में 642-647 ई. के बीच हुई, इस युद्ध में पुलकेसी की राजधानी वातापी को नष्ट कर दिया और चालुक्य वंश 810 वर्षों तक अस्त-व्यस्त हो गया। पुलकेसी ने ईरान के शाह खुसरो द्वितीय के दरबार में अपना एक शिष्ट मंडल भेजा, शाह ने भी अपना एक राजदूत भेजा, अजंता की गुफा को बनवाने में पुलकेसी की रुचि, कला प्रेम, धैर्य, और परिश्रम का अद्‌भुत उदाहरण है।

चीनी यात्री हूणसांग 641 ई. में राजा पुलकेसी से मिला था, वह पुलकेसी की सेना से बड़ा प्रभावित हुआ था।

विक्रमादित्य प्रथम (655-81 ई.)—उसने पल्लव राजाओं से युद्ध किया और उसकी राजधानी कांची तक पहुँच गयी।

विजयादित्य (681-96 ई.)—उसने अपने पिता के समान पल्लवों व अन्य दक्षिण के राजाओं से युद्ध जारी रखा, तथा उत्तर के राजाओं से भी युद्ध किए। कांची को पुनः जीता और कई मंदिरों का निर्माण करवाया जिनमें संगमेश्वर मंदिर प्रसिद्ध है।

विक्रमादित्य द्वितीय (746-97 ई.)—यह विजयादित्य का योग्य पुत्र था और कुशल सेनानायक भी, कई मंदिरों का निर्माण कराया, वहाँ पर मंदिरों में शिलालेख पर अपनी विजय का वृत्तांत खुदवाया। सुदूर दक्षिण के राज्यों में विजय स्तंभ स्थापित किए; वह पांडित्य को प्रोत्साहन देता था। इसके समय अरब के मुसलमानों का सिंध में राज्य स्थापित हो चुका था।

(लाट) गुजरात से वीरतापूर्वक अरबों का सामना कर उन्हें वापस ढकेल दिया।

कीर्ति वर्मा द्वितीय (746-47 ई.) वह विक्रमादित्य का पुत्र था और इस वंश का अंतिम शासक था। इसके समय राष्ट्रकूट राजा कृष्ण प्रथम ने चालुक्य

राज्य जीत लिया और लगभग 200 वर्षों तक दक्षिण में राष्ट्रकूटों का शासन रहा। चालुक्यों के पतन का मुख्य कारण प्रतिनिधि शासकों का स्वतंत्र होना, दक्षिण में पल्लव नरेशों से निरंतर युद्ध व उत्तर भारत में उनकी पकड़ कमजोर होना थी।[2]

2. पूर्व चालुक्य वंश

पुलकेसी द्वितीय के छोटे भाई विष्णुवर्धन ने इसकी शाखा की स्थापना की और अपनी राजधानी वैंगी बना ली। दूसरा राजा विक्रमादित्य शिव का उपासक था और कई मंदिरों का निर्माण कराया। तृतीय राजा विक्रमादित्य तृतीय हुआ जिसने राष्ट्रकूट के राजा कृष्ण द्वितीय को हराकर उसकी राजधानी मान्यखेट (मालखेट) को नष्ट कर दिया। बाद में किसी चोल राजा से लड़ता हुआ मारा गया। इसके बाद राजशक्ति राष्ट्रकूट राजा कृष्ण द्वितीय के हाथ में चली गई, परंतु पुनः भीम ने 888-918 ई. में प्राप्त कर लिया। चालुक्य राजा कुछ गड़बड़ करने लगे। 934-45 ई. में पुनः राजसत्ता स्थापित की, परंतु चालुक्यों का राज पुनः भलीभाँति नहीं जमा, लेकिन इनका चोल राजाओं से संघर्ष भी रहा और वैवाहिक संबंध भी, उनके फलस्वरूप चालुक्य चोल बन गए।

3. राष्ट्रकूट वंश

दंति वर्मा और उसके चार वंशजों ने उस वंश की सातवीं सदी के उत्तरार्द्ध और आठवीं सदी के पूर्वार्द्ध में इस वंश की स्थापना की, मालवा के गुर्जर– प्रतिहार राजा देवराज को हराकर उज्जैन पर अधिकार कर वहाँ एक बड़ा यज्ञ दिया। आरंभ में दंति दुर्ग चालुक्य राजा विक्रमादित्य द्वितीय का सेनापति था लेकिन बाद में अपने स्वामी को हराकर उनका सारा राज्य अपने अधिकार में कर लिया और महाराजाधिराज परमेश्वर परमभट्टारक की उपाधियाँ धारण कर ली, 758 ई. में उसकी मृत्यु हो गई।

कृष्ण प्रथम– दंति दुर्ग के पश्चात् वह राजा बना, उसने एलौरा में एक ही चट्टान को कटवाकर कैलाश मंदिर का निर्माण करवाया जो एक कला का अनुपम उदाहरण है।

गोविंद द्वितीय– यह कृष्ण प्रथम का पुत्र था, उसने थोड़े समय तक राज्य किया और उसके छोटे भाई ध्रुव ने उसे गद्दी से हटाकर दिग्विजय की, अवंति के राजा वत्सराज और गंगा-यमुना के संगम पर गौड़ राजा धर्मपाल को हराया।

गोविंद तृतीय– वह गोविंद द्वितीय का पुत्र था, एक भाई से विरोध रहा, लेकिन दूसरे भाई इंद्र ने उसका साथ दिया और उत्तर के कई राजाओं पर विजय प्राप्त की, उसका राज्य दक्षिण समुद्र से पूर्वी समुद्र तक फैला था। गुजरात, विंध्याचल भी उसके आधीन था।

अमोघ वर्ष– वह गोविंद तृतीय का पुत्र था, उसने राज्य-प्राप्ति के लिए युद्ध किया था। उसके काल में राष्ट्रकूट साम्राज्य ज्यों-का-त्यों बना रहा। एक शिलालेख के अनुसार उसने अंग, बंग और मगध पर भी विजय प्राप्त कर ली थी। उसके पुत्र ध्रुव ने विद्रोह किया जो बीस वर्षों तक चला, उसने अपने दूसरे पुत्र कृष्ण को राज दे दिया, वह जैन धर्म का अनुयायी था लेकिन हिंदू देवी-देवताओं की भी पूजा करता था।

कृष्ण द्वितीय के बाद इंद्र तृतीय राजा बना, उसके पुत्र गोविंद चतुर्थ के समय पूर्व चालुक्य खड़े हो गए, 973 ई. में चालुक्य राजा तैलप द्वितीय ने राष्ट्रकूट वंश के अंतिम राजा को हराकर पुनः चालुक्य वंश को आगे बढ़ाया।

4. पश्चिमी चालुक्य वंश का पुनः उदय

तैलप– इस शासक ने अपने वंश के सभी भाग राष्ट्रकूटों से छीने और पुनः 200 वर्षों के बाद वंश का शासन कायम किया। शिलालेखों से ज्ञात होता है कि तैलप ने चेदी, उड़ीसा, नेपाल, तथा दक्षिण के कुंतल राज्य को छीन लिया था। इसी राजा ने मालवा के परमार राजा मुंज को युद्ध में मारा था। इस राजा ने 973 से 977 ई. तक राज्य किया, उसके पश्चात् उसके पुत्र सत्याश्रम ने राज किया, इसके बाद कई राजा हुआ लेकिन नाम के अतिरिक्त अधिक जानकारी नहीं है।

सोमेश्वर– 1042 ई. में सोमेश्वर प्रथम राजसिंहासन पर बैठा, उसने कल्याण को अपनी राजधानी बनाया। इसके काल में चोलों और चालुक्यों में युद्ध चलता रहा। सोमेश्वर के राज्य में कौशल और कलिंग राज्य भी शामिल थे।

सोमेश्वर द्वितीय– पिता के बाद उसका पुत्र सोमेश्वर द्वितीय राजा बना, उसके चोल तथा केरल के राजाओं को भी जीता और लंका तक पहुँच गया। बंगाल और आसाम भी उसने जीत लिये, जब वह इस भाग में व्यस्त था उसके पिता ने एक घातक रोग से व्याकुल होकर स्वयं तुंगभद्रा नदी में जान दे दी।

कुछ समय तक दोनों भाइयों– विक्रमादित्य व सोमेश्वर द्वितीय में ठीक-ठाक रहा लेकिन अंत में दुराचार के कारण अनबन हो गई और विक्रमादित्य स्वतंत्र रूप से चालुक्य समाज के दक्षिण भाग पर राज्य करने लग गया।

विक्रमादित्य– विक्रमादित्य ने चोल राजा वीर राजेंद्र से युद्ध किया। हारने पर उसने अपनी पुत्री का विवाह विक्रमादित्य से कर दिया। वीर राजेंद्र की मृत्यु के बाद विद्रोह हुआ जिसे विक्रमादित्य ने दबाकर अपने साले अधिराजेंद्र चोल को गद्दी पर बैठा दिया। लेकिन पूर्वी चालुक्य राजा कोलुटटुंग ने राजेंद्र को मार दिया। युद्ध में विक्रमादित्य ने अपने छोटे भाई सोमेश्वर द्वितीय को बंदी बना लिया और स्वयं 1076 ई. तक– 50 वर्षों तक राज्य करता रहा। लेकिन इसके काल में गृह कलह

होता रहा। होयसल की सेना ने भी आक्रमण किया लेकिन उन्हें पीछे धकेल दिया। विक्रमादित्य की राजसभा में विल्हण और विज्ञानेश्वर जैसे बड़े विद्वान थे।

सोमेश्वर तृतीय– इसके पश्चात् सोमेश्वर तृतीय राजा बना, अपनी युवा अवस्था में उसने अनेक युद्ध लड़े, लेकिन अब उसका शौक साहित्य चर्चा में रहने लगा, होयसल के एक सामंत ने (विष्णुवर्धन) पश्चिमी चालुक्य राजा के कुछ भाग दबा लिये।

जगदेकमल्ल राज्य का पतन–सोमेश्वर तृतीय के बाद जगदेकमल्ल द्वितीय 1135-1151 ई. में राजा बना, होयसल सामंतों के हमलों के कारण चालुक्य राज्य का ह्रास शुरू हो गया। पश्चिम की ओर से देवगिरि के अरब भी हमला कर रहे थे, 1190 ई. में सोमेश्वर की मृत्यु हो गई, इस प्रकार द्वितीय चालुक्य वंश का अंत हो गया।[3]

दक्षिण भारत के छोटे-छोटे राज्य–आंध्र राजवंश के पतन के बाद यहाँ कई राज्य स्थापित हुए। पश्चिम की ओर दो छोटे-छोटे राष्ट्रकूट राज्य थे जो आठवीं शताब्दी में समाप्त हो गए, आमीर और त्रेकूटक राज्य थे, कलचूरि सातवीं सदी के मध्य में शक्तिशाली राजा थे, जो उत्तर महाराष्ट्र, गुजरात और मालवा के कुछ भागों में राज्य करते थे। कोंकण के मौर्य राजा भी उनसे दबते थे, ये बादामी को हराकर जबलपुर के प्रदेश में चले गए थे। शीलहार वंश के राजा भी चालुक्यों के उदय से पहले स्वतंत्र थे, पूर्वी भाग में भी कई छोटे-छोटे राज्य थे, जैसे देवगिरि के यादव, दोरा समुद्र के होयसल, वारंगल के काकातीय तथा कलिंग के गंग यादवों का उदय 1000 ई. के बाद शुरू हुआ, इस वंश में भिल्लसा, जैतुजी, सिंहण, उन्होंने मालवा, चोल, मगध, गुर्जर, पांड्य, लाट, नेपाल, केरल, पल्लव, अंग, वैंगी, पाचांल, कलिंग, सिंध तथा तुर्की को भी जीत लिया था।

अंत में राजा रामचंद्र 1271-1310 ई. में हुआ अलाउद्दीन खिलजी ने इस वंश का अंत कर दिया।

5. दोरा समुद्र के होयसल राजा

होयसल लोग पहाड़ी थे, वे पश्चिमी तट पर निवास करते थे। उनके राजवंश की स्थापना नृजकाल, जो गंग राजाओं का सामंत था, ने की थी। पहले इनकी राजधानी वेतापुर (मद्रास में) फिर दोरा समुद्र में हुई। पहले ये लोग जैन थे फिर वैष्णव हो गए। विष्णुवर्धन इस वंश के प्रसिद्ध राजा हुए। उसने कुछ चोल राज्यों को दबाया और चालुक्यों से स्वतंत्र हो गया। वह कावेरी तट तक पहुँच पाया। 1131 ई. में उसने पांड्य, चोल और केरल राजाओं का भी दमन किया। उसकी रानी ने एक शिव मंदिर बनवाया और अन्य धनी लोगों ने शैव मंदिर बनवाए। इसके बाद उसका

पुत्र नरसिंह और फिर उसका पौत्र वीर बल्लाल (1191 से 1212), तथा उसके बाद वीर बल्लाल तृतीय (1292-1317 ई.) में हुआ, उस पर अलाउद्दीन खिलजी ने आक्रमण कर इस वंश को नष्ट कर दिया और इस राजा को तीन वर्ष तक दिल्ली में बंदी बनाकर रखा। 1310 ई. में उसे मुक्त कर दिया, फिर उसने विजयनगर एक नए हिंदू राज्य की स्थापना की।

6. वारंगल के काकातीय राजा

राजा सोमेश्वर प्रथम के समय इस वंश का उदय हुआ। आरंभ में हैदराबाद के नलगोंडा जिले मात्र में इनका राज्य था। धीरे-धीरे यह राज्य बढ़ता गया, तीसरे राजा के समय उसने तेलंगाना और आंध्र प्रदेश जीतकर तथा राजा तैलप तृतीय को बंदी बनाकर यह स्वतंत्र राजा बन गया।

बारहवीं सदी में इस वंश का राजा गणपति बड़ा शक्तिशाली हुआ। पांड्य, होयसल और यादवों के परस्पर कलह का लाभ उठाकर अपने राज्य का खूब विस्तार किया। गणपति के बाद उसकी पुत्री रुद्रांबा उत्तराधिकारिणी बनी (1261 ई.)।

उसके एक प्रसिद्ध बंदरगाह मटुपल्ली में इटेलियन यात्री मार्को पोलो आया था। इसके बाद उसका भाई प्रतापरुद्र राजा बना, जिसे अलाउद्दीन खिलजी का भाई उल्लूग खाँ बंदी बनाकर दिल्ली ले गया तथा काकातीय राज्य दिल्ली सल्तनत में सम्मिलित कर दिया गया।

7. सुदूर दक्षिण के राज्य

यह भाग भारत का अति प्राचीन भाग माना जाता है। कुछ विद्वान यहाँ के मानव जीवन को लाख वर्ष पुराना मानते हैं, कुछ विद्वान यह भी मानते हैं कि भूमध्य सागर के प्रदेशों में रहने वाली जातियाँ पश्चिम एशिया के मार्ग से यहाँ आकर बस गई थीं और सिंधु घाटी की सभ्यता से उनका संबंध था। ऋग्वेद में द्राविड़ विशेषताओं का उल्लेख है। आर्यों और द्राविड़ लोगों के युद्ध भी हुए लेकिन उनके परस्पर विवाह संबंध भी होते रहे।

चार भाषाएँ यहाँ बोली जाती हैं– तमिल, कन्नड़, तेलुगू और मलयालम। तमिल सबसे प्राचीन है। इसके बाद कन्नड़ फिर तेलुगू का विकास हुआ। मलयालम सबसे बाद की भाषा है। इस पर संस्कृत का अधिक प्रभाव है, सभी द्राविड़ भाषाओं की लिपि ब्राह्मी है, ग्रंथ लिपि बाद में तमिल लिपि बनी।

आर्यों का दक्षिण गमन—1000 ई.पू. आर्यों ने दक्षिण में बढ़ना शुरू किया, ऋषियों व परशुराम के काल में भी आर्य दक्षिण भारत में गए थे, स्वयं रावण भी

अपने को आर्य ही मानता था। लेकिन विंध्य पर्वत के दक्षिण की संस्कृति कुछ भिन्न अवश्य थी।

चंद्रगुप्त मौर्य, अशोक का राज्य लगभग मद्रास तक पहुँच गया था, कौटिल्य ने दक्षिण के मोती, रत्न, स्वर्ण तथा बारीक मलमल का उल्लेख किया है।

संगम साहित्य—ईसा के तीन सदी बाद तमिल भाषा में एक साहित्य की रचना हुई, जिसे संगम साहित्य कहते हैं। मदुराई नगर में एक के बाद दूसरी और तीसरी संगम परिषद् हुई। राजा करेकला साहित्य को बड़ा प्रोत्साहन देता था, पास के समुद्र से मोती भी निकाले जाते थे। राजा वैदिक यज्ञ करते थे, राजा को उपज का छह भाग दिया जाता था, लोग राजा से आशा करते थे कि वह उच्च चरित्र, न्यायशील, निष्पक्ष, धार्मिक और विद्वान हो।

पंचायतें गाँव की व्यवस्था करती थीं। लड़ाई में मरने वाले वीरों का सम्मान किया जाता था और उनकी स्मृति में पत्थर खड़े किए जाते थे। दुर्गों का सैनिक दृष्टि से बड़ा महत्त्व था।

व्यापार, सामाजिक जीवन, मिश्रित संस्कृति—व्यापार चांडलिया व मिस्र के साथ होता था, चीन के साथ भी संबंध थे, भारत से सोने के बदले विशेषकर रोम में काली मिर्च, मोती, हाथी दाँत, रत्न, सागवान, चंदन, चावल, रूई, नील, शक्कर, मलमल, चमड़ा, सिंह, बाघ, हाथी, बंदर, पक्षी आदि, बाहर से सीसा, ताँबा, बर्तन, शराब आदि आते थे।

लोग खुश थे तथा आर्य व द्राविड़ संस्कृति से ओत-प्रोत थी, मुख्य व्यवसाय कृषि था, व्यवसाय के कारण वर्गों का निर्माण हुआ, अभी तक जाति-प्रथा नहीं थी। पहले लोग मांस खाते थे, लेकिन बौद्ध और जैन प्रभाव के कारण वे शाकाहारी बनते चले गए। लोगों को संगीत से प्रेम था।

संगम साहित्य में इंद्र, यम, विष्णु, शिव आदि देवों का उल्लेख है। दुर्गा को कोराबिया कहते थे वे कृष्ण को भी मानते थे। उपनिषद्, पुराण, रामायण और महाभारत की कथाओं को लोग जानते थे। जातिप्रथा प्रारंभ हो गई थी– एक राजा ने अपनी पुत्री का विवाह वैश्य से कर दिया था, ब्राह्मण सैनिक और व्यापारी भी थे। कांची विद्या का केंद्र था।

धर्मपाल, कुमारिल भट्ट, शंकर आदि सुदूर दक्षिण से ही संबंध रखते थे।

पल्लव राजवंश ने महामल्लिपुरम नामक बंदरगाह पर चट्टानों को तरासकर दुर्गा और विष्णु के अवतारों के मंदिर बनवाए थे। चामुंड जो गंग वंश के राजाओं का मंत्री था, एक हजार जैन मंदिर बनवाए। मैसूर के दक्षिण में श्रवण बेलगोला नामक स्थान पर गोमति सूर नामक जैन महात्मा की प्रतिमा बनवाई गई जो 56 फुट ऊँची है, यह एक ही पत्थर से बनी है।

पांड्य राजवंश—इस राजवंश का प्रथम उल्लेख अशोक के शिलालेखों में मिलता है। जैन ग्रंथों में लिखा है कि ई. से लगभग 30-40 वर्षों पहले एक पांड्य राजा ने लंका को जीतकर अपना राज्य स्थापित कर लिया था। रोम निवासी भी पांड्य राज में बसे हुए थे। जो व्यापार करते थे व राजाओं के यहाँ अंगरक्षक थे। 68 ई. में यहूदी लोग भी आकर मालाबार समुद्र तट पर बस गए थे। जहाँ उन्होंने आगस्टस का एक मंदिर भी बनवाया था। बरीगजा (भड़ौच), सोपारा, कल्याण और क्रेंगेमोर और नील-कोंडा प्रसिद्ध बंदरगाहों पर द्वीप बने हुए थे, जहाँ ईरान, अरब और अफ्रीका के जहाज आते थे। पांडिचेरी में भी इटली के पुराने बर्तन आज भी देखने को मिल जाएँगे।

पांड्य राज्य की राजधानी मदुरा थी, सातवीं सदी के बाद के राजाओं का इतिहास मिला है, ये राज्य वैदिक धर्म का भी प्रचार करते थे। भारवर्मन के पौत्र ने जैन धर्म ग्रहण किया फिर कोच्च देवनरणधीर 713-730 ई. में भारवर्मन राजसिंह 730-765 ई. तक, जटिल परांतकवरगुण 765-815 ई. तक, श्रीवल्लभ 815-862 ई. तक, भारवर्मन राजसिंह द्वितीय 880. ई. में हारकर लंका भाग गया, यह साफ है कि उस काल में लंका के और भारत के लोगों की संस्कृति, भाषा और कभी-कभी शासन में कोई अंतर नहीं था। बारहवीं सदी में पुनः पांड्य वंश का उदय हुआ। भारवर्मन पांड्य वंश का प्रतापी राजा हुआ (1216), चौदहवीं सदी में अलाउद्दीन खिलजी के सेनापति ने विजय प्राप्त कर ली।

चोल राजवंश— चोल मंडल को कोरोमंडल भी कहा जाता है। यहाँ वंश के अनुसार 200 ई. में एकलार नामक एक चोल राजा ने लंका पर विजय प्राप्त की थी और 56 वर्षों तक वहाँ का राजा रहा। 400 ई. के बाद चोल वंश का पतन होने लगा। नौवीं शताब्दी में पुनः संगम हुआ। दसवीं सदी में राजराज चोल प्रतापी राजा हुए, उसने केरल राज्य को भी अपने राज्य में मिला लिया था। मैसूर, लंका को भी जीता और 1012 ई. में तंजौर में राजराजेश्वर मंदिर बनाकर इतिहास में अपना नाम अमर कर दिया। इसके पश्चात् (1014-1044 ई.) में राजेंद्र उत्तम चोल राजा हुए। केरल के राजमुकुट को छीन लिया, बंगाल की खाड़ी पर विजय प्राप्त की। उत्तम चोल ने नहरें बनवाईं, मंदिर तथा राज प्रसाद बनवाए। चीन के साथ उसके बड़े अच्छे संबंध रहे थे। वहाँ राजदूत भेजे गए (1016, 1033 ई.)।

इसके बाद राजाधिराज (1044-45 ई.) केरल, चालुक्य, कल्याणी तथा लंका के राजाओं का वधकर यज्ञ किए। अंत में चालुक्य राजा सोमेश्वर प्रथम ने तुंगभद्रा नदी के तट पर कोप्पम नामक स्थान पर युद्ध में उसे 1045 ई. में मार दिया।

राजेंद्र द्वितीय (1054-63) उसका भाई वीर राजेंद्र 1063-70 ई. वीर राजेंद्र

चोल और चालुक्यों में परस्पर युद्ध होता रहा, अतः लंका भी स्वतंत्र हो गया, 1070 ई. में राजेंद्र चोल की मृत्यु हो गई।

केरल– आठवीं शताब्दी तक इस राजवंश का इतिहास धुँधला है, दसवीं शताब्दी में केरल के राजा भास्कर वर्मा ने रोमन लोगों की बस्ती बसाया, इस राज्य के पास अच्छी नौसेना थी, लेकिन चोल राजा राजराज ने उसे नष्ट कर दिया, बारहवीं शताब्दी में पुनः राज रविकुल शेखर ने चोल और पांड्य राजाओं को हरा दिया लेकिन अलाउद्दीन खिलजी का सेनापति इन राज्यों पर आक्रमण कर रहा था।

पल्लव राजवंश–यह राजवंश पाँचवीं और नवीं शताब्दियों के बीच प्रसिद्ध रहा। सारे चोल राज्य पर इनका अधिकार रहा, इनके विशाल शिलालेख संस्कृत भाषा में हैं। इनका उल्लेख पतंजलि ने भी अपने महाभाष्य में किया है।

समुद्रगुप्त ने भी इलाहाबाद वाले शिलालेख में कांची की विजय का उल्लेख किया है। इस वंश के एक राजा ने अश्वमेघ यज्ञ भी किया था। पल्लव लोग नागवंशीय थे। इनके दो वंश हो गए थे जिनमें एक को राजधानी अमरावती तथा दूसरे की कांची थी। इस वंश के राजाओं ने अनेक गुफाएँ, मंदिर भी बनवाए, इनका एक राजा महेंद्र वर्मा जैन था जो बाद में शैव मत का हो गया।

नरसिंह वर्मा महामल्ल (630-668 ई.) इसने भी मम्मलीपुरम में मंदिरों का निर्माण कराया। इस काल में हिंदू और बौद्ध दोनों संप्रदाय थे। परमेश्वर वर्मा (670-680 ई.) और नंदी वर्मा द्वितीय, दंडी इसी की राज्यसभा का पंडित था। नंदी वर्मा तृतीय के साथ पल्लव राजवंश का अंत हो गया।

8. दक्षिण भारत की संस्कृति

भू-विज्ञान की दृष्टि से दक्षिण भारत, भारत का सर्वाधिक प्राचीन भाग है, इसकी प्रमुख नदियाँ कृष्णा और कावेरी बंगाल की खाड़ी में गिरती हैं, विंध्याचल के दक्षिण भाग, जो त्रिकोणाकार है, यहाँ आर्यों व द्राविड़ों में युद्ध हुए, लेकिन आपस में विवाह संबंध भी हुए, संस्कृत से यहाँ की भाषाओं का बड़ा मेल है।

विदेशी व्यापारियों, बंदरगाहों, मंदिरों, अनेक धर्मों के पूजा-पाठ व साहित्य का विकास भी हुआ। संस्कृत साहित्य को दक्षिण भारत का बड़ा प्रोत्साहन प्राप्त हुआ। राजाओं ने धार्मिक व सांस्कृतिक उत्थान के लिए सदैव सहायता की। इस क्षेत्र में विदेशी व्यापारी, यात्री, संत, विद्वान आदि हुए हैं।

9. संगम युग और उसके बाद

कारवेला के शिलालेख में अशोक के बाद के तमिल साम्राज्य का उल्लेख है।[4] तमिल साम्राज्य कारवेला के लिए एक संकट बना हुआ था, अतः उसने 155 ई.पू.

तमिल राज्यों की संघात्मकता को नष्ट कर दिया। वह पांड्य से कलिंग तक हजारों रत्न, हाथी, घोड़े व अन्य सामान लेकर आया था।

यह सारी बातें संगम साहित्य में उल्लेखित हैं जो अनेक सदियों तक लिखा गया, इसमें अनेक कवि थे जिनमें कुछ महिलाएँ भी हैं। यह सच है कि इतने विशाल साहित्य में से कुछ ही बचा है अधिकतर नष्ट हो गया। संगम के तीन युग करीब 990 वर्षों जिसमें 8,598 कवि और 197 पांडयन, चैरा और चोल राजाओं का सान्निध्य रहा। भूविज्ञान साहित्य का साक्ष्य है।[5]

संगम युग के मुख्य कविता-संग्रहों में– (1) नारीनाई, (2) कुरुंदोगाई, (3) अंग्ररुतुरु, (4) पाडिरुपातु, (5) पारीपादाल, (6) कोसितागोई, (7) आहनाउग, (8) पुराणनुरु, (9) पातुपातु व अन्य में राजा, जो वंशानुगात था, जिसे जनता का आदेश माना जाता था, सेना, दुर्ग, युद्ध, हथियार, युद्ध में शहीद होना, मृत्यु, सतीप्रथा, भोजन, ब्राह्मणों का कार्य व समाज में स्थान, कृषि, व्यापार, अस्त्र-शस्त्र, हीरे-मोती व अन्य गहने, विदेशी चौकीदारी आदि विषयों पर बहुत कुछ लिखा गया है, वैदिक धर्म, जैन और बौद्धों के संबंध, मंदिर देवी-देवताओं के विषय में भी उल्लेख है। अतः जीवन के हर पहलू चाहे उस जीवन से संबंधित हो या आने वाले जीवन से उल्लेख खूबी से किया गया है।

छठी सदी में कालाबार (कालापाहार) जो सभ्यता का नाश करने वाला था उसने चैरा, पांड्य, पल्लव, चालुक्यों को नष्ट कर दिया, जैन साहित्य में उसे बौद्धों का संरक्षक व अनुयायी माना है, यह काला समय बौद्धों और जैन मतों के लिए उत्थान का समय था, जिसका उल्लेख "सिलापादिकारम" और "मनीमैथलाई" में भी किया गया है।

दक्षिण भारत– सातवीं से ग्यारहवीं सदी तक

हूण सांग के कनौज से चले जाने के कुछ वर्षों के बाद 648 ई. में राजा हर्ष की मृत्यु हो गई थी। उनकी मृत्यु से उत्तर भारत में नई राजनीतिक हलचल मच गई थी, दक्षिण भारत में पुलकेसिन द्वितीय हर्ष का शक्तिशाली विरोधी था। वह राजपूत या क्षत्रिय था, महाराष्ट्र उसके पूर्वजों का गृह स्थान था, वह बड़ा ही लड़ाकू योद्धा था दोस्तों के साथ भलाई व दुश्मनों के साथ कठोर व्यवहार रखता था, युद्ध में स्वयं व अपने हाथियों को शराब पिलाता था। उसका शासन युद्ध से आरंभ हुआ और युद्ध से ही उसका अंत भी हुआ।

उत्तर में हर्ष के हमलों से सचेत रहता, दक्षिण में कांची के पल्लव राजा नरसिंह वर्मन और पूर्व में कलिंग की शक्ति को रोके हुए था। 630 ई. में पुलकेसिन

ने दक्षिण के चोल, पांड्य और केरल के राज्यों पर अपना प्रभुत्व जमा लिया था। उसने परसिया के खुसरो द्वितीय से भी राजनयिक संबंध बना लिये थे।

सातवीं सदी में दक्षिण भारत में शैव मत का प्रभाव बहुत बढ़ रहा था, इसका प्रभाव वहाँ के धर्म और वास्तुकला पर भी पड़ रहा था, इसी तरह उत्तर भारत में वैष्णव मत का प्रभाव बढ़ रहा था और यह राजतंत्र पर भी दिखाई दे रहा था। राजा को प्रजापिता, पालक, रक्षक माना जाता था, दोनों मतों में भेद माना गया जो सत्य नहीं था, शैव मत को वैष्णव मत के समकालीन माना गया, यह भी सत्य नहीं है। यदि देखा जाए तो शिव मत व वैष्णव की जड़ें आर्य धर्म के प्रारंभ में ही देखी जाती हैं।

छठी सदी ई.पू. आर्यों ने जिनमें शैव और वैष्णव दोनों ने बौद्ध मत को एक समझौते के तौर पर स्वीकार कर लिया, चूँकि बौद्ध मत निष्क्रियता और सहनशीलता का भाव रखता है इसीलिए बौद्ध मत का अधिक झुकाव शैव मत की ओर हुआ, लेकिन प्रारंभ के बौद्ध मत में बुद्ध एक शासक और बुद्ध के योगी के रूप में सारनाथ के खंडहरों में देखा जा सकता है। यहाँ पर शिकारा और स्तूपों की वास्तुकला देखी जाती है। बाद में वैष्णव और महायान मत शैव मत से अलग हो गया और हीनयान ईसा की पहली सदी में अलग हो गया। इस समय तक धर्मों की सामान्य आर्यवर्त में कई पंथों में नहीं बँटी थी केवल उन्हें छोड़ जो छोटे वर्ग बहुत ही उग्रवादी और सुलह के विरोधी थे। क्षत्रिय और ब्राह्मणों का प्रभाव इतना नहीं था कि वे वाद-विवाद को रोक सकें, लेकिन सभा में अपने विचार रखकर नीति को बनवाने में सफल होते थे।

भगवतगीता के निर्माण के बाद व गुप्तकाल में दार्शनिक परिभाषाएँ बहुत स्पष्ट हो गईं और गुप्त राजाओं के काल से चौथी सदी से वैष्णव मत हीनयान व महायान से अलग हो गया, चौथी से सातवीं सदी तक वैष्णव, महायान और हीनयान राज्य की आध्यात्मिक या राजनीतिक शक्ति का साथ-साथ उपयोग करते रहे। पहले दो उत्तर भारत में प्रभावी रहे व तीसरा दक्षिण भारत में प्रभावी रहा। लेकिन अल्प समय में ही ब्राह्मणों का एक गुट हीनयान के समर्थन में हो गया, उन्होंने शिव को शाक्य मुनि के स्थान पर अपना आदर्श माना, तथा एक विस्तृत नए तर्कात्मक सिद्धांत को जन्म दिया, जो बौद्ध मत का विरोधी था। यह मत शैव मत विशेषकर ब्राह्मणों का संगठन था जो वैष्णवों से अलग था, यह क्षत्रियों की, व राजाओं के संरक्षण में भी रहा, शंकराचार्य से पहले (आठवीं-नौवीं सदी) तक इसकी व्याख्या, सभाओं में इसके पक्ष में बोलने वाले कम थे, लेकिन शैव मत के मानने वाले तो समाज में बहुत थे। बौद्ध मत के राजनीतिक प्रभाव के साथ-साथ शैव मत भी ब्राह्मणों के आश्रमों में कायम रहा। यह बात भी सत्य है कि शक्तिशाली शासकों जैसे विक्रमादित्य और हर्ष की मृत्यु के बाद स्वतंत्र रूप से किसी धार्मिक मत को आगे

बढ़ने के आश्रय मिलने में प्रभाव पड़ा। यह भी सत्य है कि भारतीय ऐतिहासिक राजनीति को धर्म से अलग नहीं किया जा सकता।[6] इन शासकों के बाद आर्यवर्त की राजनीतिक एकता को भी गहरा धक्का लगा।

भारतीय राजनीतिक स्वतंत्रता के मूल में प्रारंभ से ही ग्राम-गणतंत्र रहा है, कोई भी बौद्धमतानुयायी और हिंदू राजा उसकी उपेक्षा नहीं करता था। वह अपने प्रशासन को उन्हीं आधारों पर चलाता था, विश्वास और व्यक्ति के राजनीतिक अधिकारों के लिए कोई आंदोलन नहीं हुआ, क्योंकि हर शासक अपने शासन को ग्रहण करते हुए उनकी रक्षा की शपथ लेता था।

भारत का मैग्नाकार्टा उसकी सांविधानिक कानून में ही निहित है, सभा और आदिवासियों की संसदों के विचार उतने ही पवित्र थे जितने वेदों और बुद्ध के विचार, धर्म का स्थान राजनीतिक इतिहास में प्राकृतिक मनोविज्ञान की प्रणाली से आया है, जब भी सामाजिक विकास हुआ उसके साथ-साथ धार्मिक विश्वास और व्यक्तिगत स्वतंत्रता का भी विकास हुआ, उनके विकास ने सभी बाधाओं को समाप्त कर दिया। राजनीतिक स्वतंत्रता राजाओं और मंत्रियों के लिए भी आवश्यक थी। जैसे-जैसे भारत की राजनीतिक एकता समाप्त होती गई स्थानीय धार्मिक विभिन्नताएँ बढ़ती गईं।

सातवीं सदी में मूर्तिकला का इतिहास शिव मत के साथ घुल-मिल गया था, उत्तर में भी शासकों व शंकराचार्य ने वेद और शैव मत का खूब प्रचार किया। मंदिरों में चाहे वे उत्तर भारत के हों या दक्षिण भारत के शैव मत व महायान का मिश्रण रहे। यदि इस्लाम के आक्रांताओं की नजर से वे बच गए तो वहाँ आज भी विष्णु चिह्न व शिकारा देखा जा सकता है। लेकिन दक्षिण में मौर्य साम्राज्य के पतन के बाद, ब्राह्मण और बौद्ध धर्मस्थलों पर गुंबद के स्तूपों को पवित्र मठ से ढक दिया, वहाँ अब सिकारा नहीं रहा।

हर्ष की मृत्यु व शासकों को आपस की वंशीय लड़ाई से उत्तर व दक्षिण भारत पर इस्लामिक हमलावरों को सहायता मिली। शंकराचार्य ने भारत के चारों दिशाओं में चार मठ बनाए, जिनमें श्रृंगेरी मठ के गुरु को शैव मत का सबसे बड़ा आध्यात्मिक प्रमुख माना जाता है। शंकराचार्य का यह प्रचार इतना प्रभावशाली रहा कि बौद्ध धर्म भारत से समाप्त होकर केवल लंका में ही रह गया। बौद्धमतानुयायी संस्थाओं को तोड़ने का कार्य मुस्लिम आक्रांताओं ने किया। केदारनाथ धाम में 828 ई. में 38 वर्षों की अल्प आयु में उनका देहांत हो गया।

इतिहास में यह विशेष महत्त्व रखता है कि प्राचीन भारतीय ग्रामीण सामुदायिक जीवन और आर्यों की व्यवस्था पर बार-बार वंशों के बदलाव तथा हर्ष की मृत्यु के बाद ईस्लाम विजय से कितना और कैसा प्रभाव पड़ा। भूविज्ञान शोधन से अनेक

शिलालेख प्राप्त हुए हैं जिससे यह पता चलता है कि मैगस्थनीज के काल में क्षत्रियों की बहादुरी व युद्ध के द्वारा गाँवों के सामुदायिक जीवन की रक्षा की जाती थी, चाहे क्षत्रिय राजाओं, वंशों में कितना भी द्वेष व युद्ध क्यों न हों, मध्य युग में गाँव के संगठनों को किसी भी प्रकार की चोट नहीं पहुँचती थी, वे ही हिंदू राजनीति की आधार थीं। यदि युद्ध में गाँवों को या खेती को कोई हानि होती थी तो गाँव को उसका मुआवजा दिया जाता था।[7] मध्य युग में ऐसे अनेक साक्ष्य हैं जिनसे यह पता चलता है कि गाँव सभा अपने गाँव के स्थानीय कार्यों में पूर्ण स्वतंत्र थी और राज्य की सर्वोच्च शक्ति भी उसका आदर करती थी।

शुक्राचार्य के नीतिसार, कौटिल्य के अर्थशास्त्र और मनु की नीति से मध्य युग, मौर्य काल और ईसा की पहली सदियों के विषय में भी इस बात की पुष्टि होती है। शुक्राचार्य ने स्वयं यह माना है कि उसने वैदिक ऋषि वशिष्ठ और मनु को एक हस्ती माना है।

कोई भी सिपाही बिना शाही इजाजत के गाँव में नहीं घुस सकता था, राजा हर वर्ष गाँव का निरीक्षण करता था, यदि सौ लोग किसी अधिकारी के विरोध में बोलते थे तो उस अधिकारी को दंड दिया जाता था।

गाँव का मुखिया, हर निवासी का पिता-समान होता था, रक्षक होता था, वह राजा का प्रतिनिधित्व करता था, सामाजिक व्यवस्था जाति पर आधारित होती थी। सभी स्वशासन का पालन करते थे, गाँव के झगड़े आपस में प्रथा और परंपरा से सुलझाए जाते थे। राजा उसमें हस्तक्षेप नहीं करता था। व्यक्तियों की स्वतंत्रता बहुत ही ध्यान से परिभाषित की हुई थी। राजा की इच्छा जनता की भावनाओं के विरुद्ध नहीं जाती थी, राज्य के आधीन जुआ, नशा, शिकार, हथियार, पशुओं का क्रय-विक्रय, जमीन, मूल्य, धातु, जहर, शराब का बनाना व बेचना, शराब का गाँव के भीतर बेचना निषेध था। हर राजा नीति का आदर करता था, उसके अनुसार कार्य करता था, अतः यह कहना कि प्राचीन काल में सैद्धांतिक रूप में कोई संविधान नहीं था यह एक कल्पना ही है। ऐतिहासिक सत्य नहीं।[7]

शुक्राचार्य की नीति में राज्य की राजधानी, स्थान, जल और खाने का प्रबंध, सड़क, कुएँ, तालाब, पार्क, बाग, मंदिर व सराय, सेनागार, खेल के मैदान, तथा केंद्र में राजगृह आदि का उल्लेख है। शुक्रनीति में सदैव आर्यों के आध्यात्मिक पक्ष का पालन नहीं होता था वरन् उस क्षेत्र की परंपरा व प्रथाओं को अवश्य ध्यान में रखा जाता था। परिस्थिति के अनुसार अच्छाई और बुराई में परिवर्तन करना उचित माना गया था। राज्य और प्रजा की भलाई को अवश्य ध्यान में रखा जाता था। यदि कोई राजा या राज्य-परिवार अत्याचारी हो जाता था तो सभा उसे पदच्युत भी कर सकती थी।

आर्य राजनीति के नियम सदैव स्थानीय रीति-रिवाजों का आदर करते थे, उनका व्यवहार उत्तर और दक्षिण में एक समान होता था। इसीलिए कभी भी राज्य और धर्म के बीच में झगड़ा नहीं हुआ जैसा इंग्लैंड में हुआ। पवित्रता के सभी रूप राजनीति में समाहित थे, राज्य की नैतिकता में सारे वर्ग केंद्रित थे।[8] दक्षिण भारत की द्राविड़ जातियों ने भी अपने स्थानीय रीति-रिवाजों के साथ आर्यों के रीति-रिवाजों को जोड़ लिया। जब उत्तर भारत में विदेशी हमलावरों के कारण प्राचीन नैतिकता को कमजोर करके उनकी सामाजिक आदतें व रीति-रिवाज अपनाने लगे तो दक्षिण के ब्राह्मणों ने उनका विरोध किया, युद्ध किए और बुद्धिज्म के प्रभाव को समाप्त किया। ऐसे ही जब इस्लाम के आक्रमणकारियों ने आर्य धर्म के मूल स्तंभों को मिटाना आरंभ किया उस समय के दक्षिण के राजाओं ने मंदिरों के माध्यम से प्राचीन सामाजिक व स्वशासन की व्यवस्था को बनाए रखा जिसे आज भी दक्षिण के मंदिरों में देखा जा सकता है।[9]

गाँव सभा अति शक्तिशाली थी, राजा या उसका कोई अधिकारी भी आम तौर पर उसमें हस्तक्षेप नहीं करता था, उसके नियम मंदिरों में लिखे होते थे, कौन उस सभा का सदस्य हो सकता है यह अति स्पष्ट था। कोई भी सरकार चाहे वह पूर्व या पश्चिम की हो, प्रजातांत्रिक, अमीरतंत्र, शाहीतंत्र हो, उसे प्रताड़ना का हथियार नहीं बनाया गया था। इस्लाम के शासन से पहले के भारतीय राजतंत्रों को पश्चिम के लेखकों ने तानाशाह बनाकर ही देखा है। अभी तक कोई भी यूरोपियन इतिहासकार यह नहीं बता सका कि यूरोप में प्राचीन काल में भारत जैसा स्थानीय शासन व्यवस्था रही थी, जिसका उल्लेख भारतीय दार्शनिकों ने किया है। प्राचीन भारत की राज्य-व्यवस्था व स्वतंत्रता किसी एक वर्ग के लिए नहीं थी अपितु सभी निवासियों के लिए थी।

यूरोपीय लेखक प्राचीन भारतीय ब्राह्मणों के अत्याचारों को अधिक उजागर करते हैं, लेकिन वे यह नहीं बतलाते हैं कि जो ब्राह्मण ज्ञानी नहीं हैं, अपने कार्य को करने में निपुण नहीं हैं वह ब्राह्मण नहीं हो सकता, ज्ञान अर्जित करके सभी को राज्य-हित में बाँटना उसका प्रथम कर्तव्य था, वह राजा को भी जनहित की सलाह देता था, वह आदरणीय था न कि अधिनायक। ब्राह्मण मानव स्वभाव का श्रेष्ठ ज्ञाता माना जाता था। दक्षिण के वंश अपने व्यक्तिगत हित के लिए आपस में युद्ध नहीं करते थे पांड्या, पल्लव, चैरा या केरला और चालुक्यों का राजनीतिक हित ही उत्तर भारत के राजाओं के समान था।

संदर्भ

1. V. Natesan, 'The Tamil Kings–A Paradox', All India Orient

Conference, October 1972, Published in 1975, p. 316.
2. Ibid. p. 319.
3. मथुरा लाल शर्मा, *प्राचीन भारत का इतिहास,* कैलाश पुस्तक सदन, ग्वालियर, 1971, पृ. 150।
4. K.A. Nilakantha Sastri, *A History of South-India from Pre-Historic Times to the fall of Vijaynagar,* Oxford University Press, 1966, p. 115.
5. Ibid. p. 118.
6. E.B. Havell, *The History of Aryan Rule in India from the Earliest Times to the Death of Akbar,* Sunita Publications, Delhi, ed. 1989, p. 215.
7. Report of the Assistant Archeological Superindendent on the Progress of Epigraphy in Southern India, 1914-15 and Havell, Ibid. p. 221.
8. महाभारत, शांति पर्व।
9. V. Kamkasabhi, *The Tamils Eighteen Hundred Years Ago,* p. 143.

बहमनी और अन्य राज्य

हसन कांगू जफर खान 1347 ई. में दक्षिण में बहमनी राजशाही का पहला शासक बना। 1490 ई. तक राजशाही एकता से शासन करती रही लेकिन फिर यह पाँच अलग-अलग राज्यों में बँट गई। दौलताबाद दक्षिण में मुस्लिम गवर्नरों की राजधानी थी लेकिन हसन ने गुलबर्गा को अपनी राजधानी बनाया।

फिरोज तुगलक ने दक्षिण को फतह करने के प्रयास नहीं किए। अतः हसन दक्षिण में अपनी शक्ति को बढ़ाने में लगा रहा। उसने सारी भूमि को चार भागों में बाँटा– दौलताबाद, गुलबर्गा, बिरार और बिदर। बिदर को उसने हिंदू राजा से छीना था। इस साम्राज्य की सीमा उत्तर में इलीचपुर से लेकर दक्षिण में कृष्णा नदी तथा पश्चिम में समुद्र से लेकर पूर्व में वारंगल तक फैली हुई थी। हसन गुजरात पर हमला करने के लिए तैयारी कर रहा था, लेकिन 1358 ई. में उसकी मृत्यु हो गई। उसने 11 वर्षों तक राज्य किया। उसने तुगलकों के समान अपने सूबदारों को बड़े अधिकार दे रखे थे उसका शासन सामंती था, वही भविष्य में संकट का कारण बना।

उसके पुत्र मुहम्मद शाह प्रथम ने विजयनगर का साम्राज्य जो हिंदू था, जिसे बुक्का और हरिहरा ने बनाया था, जिसकी सीमा आधुनिक मैसूर, कृष्णा नदी से कावेरी तक फैली थी। वारंगल या तेलंगाना भी दूसरा हिंदू राज्य था जिसका शासक कन्हैया था जो काकातीय वंश से था। मुसलमानों ने हमला किया जिसका मुकाबला बुक्का प्रथम और कन्हैया ने किया, लेकिन कन्हैया का पुत्र युद्ध में हार गया और वारंगल तक पहुँच विजेता बन बड़ा धन फिरौती के रूप में ले लिया। राजकुमार विनायक ने मुहम्मद का अपमान किया, एक वर्ष बाद जिस पर मुहम्मद ने केटा पुलट में डालकर जलती हुई आग में फेंक दिया, राजा ने मुहम्मद को परेशान

किया। मुहम्मद ने गोलकुंडा का किला जीत लिया और तेलंगाना को जंगल बना दिया, अंत में तेलंगाना एक अधीनस्थ राज्य के रूप में ही रहा।

इसी बीच मुहम्मद के भतीजे ने दौलताबाद में विद्रोह कर दिया और फिरोज तुगलक से सहायता माँगी, जो मना कर दी गई, फिरोज तुगलक ने ताप्ती नदी के किनारे एक छोटी-सी रियासत खान देश बना ली थी। अब मुहम्मद ने अपने भतीजे बेहराम को भगा दिया।

नशे में एक दिन मुहम्मद ने एक नर्तकी को विजयनगर का खजाना देने को कह दिया, जब यह बात बुक्का को पता लगी तो उसने रायचूर पर हमला कर दिया, यह भूमि तुंगभद्रा और कृष्णा नदी के बीच में थी और विवाद का कारण बनी हुई थी। युद्ध में मुहम्मद ने बड़ा कत्लेआम किया, अनेक हिंदू औरत-मर्द-बच्चे मारे गए, स्वयं मुहम्मद भी इस घटना से हैरान था। मुहम्मद विजयनगर तक पहुँच गया, बाद में एक संधि हुई जिसके अनुसार कोई भी पक्ष हमला नहीं करेगा। युद्ध का मूल कारण एक-दूसरे को जीतना था।

गुलबर्गा में मुहम्मद ने एक बड़ी मस्जिद बनवाई जो 1367 ई. में बनकर तैयार हुई। वह 1373 ई. में मर गया, उसके बाद उसका पुत्र मुजाहिदशाह शासक बना। उसने विदेशियों को सेना में भर्ती करना प्रारंभ किया जो बाद में दुर्भाग्यपूर्ण साबित हुआ।

उसने पुनः बुक्का से युद्ध कर बुक्का को विजयनगर से भगा दिया, लेकिन 1377 ई. में गुलबर्गा आया तो उसके चाचा दाऊद ने उसे मार दिया। अगले वर्ष दाऊद को भी बड़ी मस्जिद में नमाज पढ़ते हुए मार दिया। मुहम्मद का बेटा व बहमन शाह का पौत्र मुहम्मद द्वितीय अब शासक बना। विजयनगर से पुनः युद्ध हुआ और रायपुर वापस ले लिया।

वह बड़ा विद्वान, कवि, हाफिज और विद्वानों का प्रेमी था। हाफिज उसके नियंत्रण पर भारत आना चाहता था लेकिन रास्ते में समुद्री तूफान आने से वह वापस लौट गया। 1397 ई. में उसकी मृत्यु हो गई। उसके बाद उसके दो पुत्रों ने शासन किया, उसके पहले पुत्र गयासुद्दीन को तुगचिन ने अंधा कर दिया, दूसरे बेटे शम्सुद्दीन को गद्दी पर बैठाकर तुगचिन स्वयं मंत्री बन गया। अब फिरोज खान, बहमनशाह के अन्य पौत्र को बुलाकर गद्दी पर बैठा था, जिसने शम्सुद्दीन को जेल में डाल दिया, और अंधे गयासुद्दीन को तलवार देकर तुगचिन को मरवा दिया।

फिरोज शाह

हरिहरा द्वितीय ने संकट का लाभ उठाकर रायचुर दोआब पर हमला कर दिया, उसकी सेना बड़ी थी लेकिन कुशल नहीं थी। उत्तर के भाग से गौड़ राजा ने भी

हमला किया, जिसे फिरोज शाह ने उसे भगा दिया, रात को बुक्का की सेना नाच-गाने में मस्त थी, उसमें एक काजी और कुछ अन्य लोग नाचने-गाने के बहाने बुक्का के कैंप में चले गए। गाने का आनंद जब सैनिक उठा रहे थे तभी रोशनी गुल कर दी गई, मारकाट शुरू हुई, बुक्का के सैनिक आपस में लड़ मरे, सुबह तक फिरोज शाह की सेना ने बुक्का पर हमला कर विजयनगर तक उन्हें भगा दिया, संधि कर बहुत सारा धन ले लिया।

1401 ई. में फिरोज शाह ने तैमूर को एक संदेश भेजा जिसमें अपने समर्पण का हवाला दिया, इस पर उसके राज्य को मद मिला और मालवा और गुजरात को भी स्वीकारा।

अब नरसिंह, मुजफ्फरशाह और दिलावर खान विजयनगर में एक संधि कर फिरोज शाह पर हमला कर दिया। विजयनगर व फिरोज शाह के बीच में एक सुनार की लड़की अन्य घटना बनी। राजा उसको अपने हरम में लाना चाहता था, वह बड़ी ही सुंदर थी, लेकिन वह राजा के हरम में नहीं जाना चाहती थी। राजा ने उसको लाने के लिए घोड़े भेजे, लेकिन तब तक लड़की व उसका पिता भाग गए थे। राजा ने शहर को लूट लिया, फिरोज शाह ने इस घटना से क्रोधित होकर विजयनगर पर हमला कर दिया, मारकाट के बाद साठ हजार लोगों को बंदी बना लिया। राजा की लड़की से फिरोज शाह का विवाह हुआ और बाकुरा का जिला फिरोजशाह को देना पड़ा, सुनार की लड़की का विवाह फिरोज शाह के पुत्र हसन से करा दिया। हसन इस युद्ध के बाद बहशी हो मस्ती में डूब गया। 1413 ई. में फिरोज शाह की विजयनगर के शासक से हार हुई अनेक लोग मारे गए, फिरोज शाह को या तो हब्शियों ने मार दिया या उसके भाई अहमद ने मार दिया।

अब अहमद ने गद्दी सँभालकर विजयनगर पर हमला किया, उसे जीतकर बहुत सारा धन लेकर व लोगों को दास बनाकर अपने राज्य में ले आया।

अहमद शाह

वीर विजय के आक्रमण से वारंगल की सेना ने विजयनगर के साथ हो गए थे, लेकिन मौका पाते ही उन्होंने विजयनगर का साथ छोड़ दिया। 1424 ई. में खान-ए-आजम से बदला लेने के लिए वारंगल पर हमला किया, राजा मारा गया और यहाँ की भूमि का बड़ा हिस्सा बहमनी राज्य में मिला लिया गया।

मालवा के हौसंग ने गोंडवाना पर अपना अधिकार जमा लिया, वह अब उत्तर की सीमा के लिए खतरा बन गया। उसने 1428 ई. में अहमद शाह को हराकर उसके क्षेत्र में ही खदेड़ दिया। इसी भय से 1429 ई. में अहमद शाह ने विदरम के प्राचीन शहर पर बिदर का निर्माण प्रारंभ किया।

गुजरात के अहमद शाह पर हमला अधिक सफल नहीं हो सका और बहमनी सेना को अनेक बार हराया, अंतिम युद्ध गिरनार नदी पर हुआ, अहमद अब बिदर लौट गया।

अब हौसंगशाह ने गोंडवाना पर हमला कर उसके राजा नरसिंहा को मार दिया।

नजीर शाह, खान देश ने मध्यस्थता कर मालवा पर गोंडवाना की प्रभुता स्वीकार कराई जिसे अहमद ने मान लिया। 1435 ई. में उसकी मृत्यु हो गई, वह शिया बन गया, दक्षिण के अधिकतर सुन्नी शिया बन गए।

महमूद गबान

निजाम शाह के लिए एक शासक परिषद् बनी जिसमें, बेगम, महमूद गबान और अमीर रहे। निजाम शाह इस समय 8 वर्ष की आयु का था। महमूद गबान गिलानी ईरान से एक व्यापारी के रूप में आया था लेकिन अपने प्रयासों से वह ऊँचे पद पर पहुँच गया।

महिला और नाबालिग के शासन से राज्य के दुश्मनों के हौसले बढ़े, तेलंगाना और उड़ीसा के शासकों ने हमला कर बिदर तक बिना रुकावट के पहुँच गए। महमूद खिलजी ने मालवा से आकर बिदर पर कब्जा कर लिया, लेकिन महल को नहीं छेड़ा। प्रार्थना पर गुजरात का महमूह विगराह, गबान के साथ आ गया, इस पर महमूद खिलजी पीछे हट गया और मालवा का खतरा भी टल गया। निजाम शाह की 1463 ई. में मृत्यु हो गई, उसके छोटे भाई मुहम्मद तृतीय ने 9 वर्ष की आयु में गद्दी सँभाली।

18 वर्षों तक पूरी निष्ठा के साथ महमूद गबान ने सलाहकार का कार्य किया, 15 वर्ष की आयु में मुहम्मद तृतीय स्वयं बादशाह बन गया और बेगम ने शासन में दखल छोड़ दी, लेकिन महमूद गबान बादशाह का मंत्री बना रहा। कोंकण को अब मुहम्मद तृतीय ने अपने अधीन कर लिया, मलिक हसन, जो जन्म से एक ब्राह्मण था उसे विजयनगर के युद्ध में पकड़कर मुसलमान बना लिया था। उसने तेलंगाना को जीता, उसे वहाँ का गवर्नर बना दिया। अब दक्षिणी और विदेशी फिरकों में गबान ने बराबर का पद देकर शांति स्थापित कर दी, गबान स्वयं भी विदेशी था, वह गुलबर्गा व बीजापुर का गवर्नर भी था, उसने युसुफ को जो शिया तुर्क था, दौलताबाद दे दिया, फातुल्ला इमाद-उल-मुल्क जो ब्राह्मण से मुसलमान बना था उसे बिरार दे दिया। 1474 ई. में राज्य में भारी अकाल पड़ा, लेकिन राज्य की ओर से कोई मदद नहीं दी गई। अमीर और अमीर होते गए जनता कष्टों में रही। तेलंगाना में राज्य के दो हिस्सों में राजमूंद्री और वारंगल बाँटने से विद्रोह हो गया। बिरार को भी दो भागों में बाँट दिया गया, ये बदलाव अमीरों की शक्ति को

कम करने के लिए किए गए थे। वित्त को भी पुनः संगठित किया व सैनिक शक्ति बादशाह के हाथों में रही। शिक्षा पर अधिक ध्यान दिया गया, व न्यायिक प्रशासन को सुधारा, विदर में महमूद गबान का कालेज-पुस्तकालय इसके लिए प्रसिद्ध था। विजयनगर में 1481 ई. में विद्रोह को रोकने के लिए बादशाह स्वयं गया, इस अभियान के दौरान वह कांची पहुँच गया, वहाँ उसने कांची और उसके प्रसिद्ध मंदिर को मिटा दिया। लेकिन इसकी सत्यता में संदेह है।

महमूद गबान सुधारों से अपनी शक्ति के कम होने से प्रसन्न नहीं था। ऐसा माना जाता है कि एक दिन बादशाह ने नशे में उसके सर को काटने का आदेश दे दिया, यह उसकी लंबे समय की वफादारी का परिणाम था। वह 78 वर्ष की आयु का था। 1481 ई. में अधिक अमीर उससे अलग हो गए, बादशाह अब सुबह से शाम तक नशे में रहने लगा और अगले ही वर्ष उसकी मृत्यु हो गई। जिसका प्रारंभ बड़ा ही अच्छा हुआ उसका अंत बड़ा ही कष्टदायक हुआ।

बहमनी साम्राज्य का टूटना

यद्यपि हसन ने अपने बेटे को जो 12 वर्ष का ही था, गद्दी पर बैठा दिया था लेकिन वह केवल एक कठपुतली ही बना रहा, जब वह बड़ा हुआ तो दुराचार में ही डूबा रहा, उसके राज्य में दक्षिणी और विदेशियों में गलियों में लड़ाई होती थी। 1486 ई. में हसन को मारकर उसका सिर बादशाह के पास भेज दिया। इसके बाद तीन दिनों तक दक्षिणियों व हब्शियों का कत्लेआम होता रहा, एक जोरजियन दास कासिम बारिद ने राज्य और ताज को सँभाला, यह अन्य गवर्नरों के लिए भी एक स्वतंत्र होने की राह थी।

हसन के पुत्र अहमद निजाम उल मुल्क ने 1490 ई. में बीजापुर के और बरार के गवर्नरों को बहमनी वंश से अलग होने की सलाह दी। 1512 ई. तक बिदर ही बहमनी राज्य में रह गया। महमूद शाह 1518 ई. में मर गया, उसके बाद तीन बादशाह बने लेकिन अमीर बारिद ही असल बादशाह रहा।

1524 ई. में इन शासकों में से कलिम उलग शाह ने बाबर को मदद के लिए पत्र लिखा जो अमीर बारिद ने पकड़ लिया। कलिम अब भागकर पहले बीजापुर गया फिर अहमदनगर गया। जहाँ वह 1527 ई. में मर गया, शायद उसे जहर दे दिया। अतः इस प्रकार बहमनी वंश व साम्राज्य का अंत हो गया।

1504 ई. में यूसुफ आदिलशाह ने बीजापुर को शिया राज्य बनाया। यह देश में पहला शिया राज्य था।

बहमनी साम्राज्य बहुत कम ही बचा था। उस समय के शासक बहुत ही अत्याचारी थे। उनके अत्याचार सभी सीमाएँ पार कर चुके थे। उन्होंने भारतीय

संस्कृति और सभ्यता के लिए बहुत कम योगदान दिया। सामान्य व्यक्ति की इच्छाओं के प्रति बहुत कम ध्यान दिया जाता था। यह सारे भारत में एक जैसा ही था, विजयनगर के हिंदू राजा कोई अच्छे नहीं थे, बहमनी राज्य की जनता की अधिक संख्या हिंदू थी, दोनों राज्यों में झगड़ा ही रहता था। इसी से 1565 ई. में तालीकोटा के युद्ध में बीजापुर, अहमदनगर, गोलकुंडा और बिदर के राज्यों ने मिलकर विजयनगर पर हमला किया, नगर, उसके मंदिरों व अन्य भवनों को जमीन में मिला दिया। ये खंडहर आज भी देखे जाते हैं।

विजयनगर

विजयनगर के सच्चे इतिहास के बारे में जानना कठिन है, क्योंकि मुस्लिम इतिहासकारों ने जो साक्ष्य दिए हैं वे अधिक युद्ध से संबंधित हैं। विजयनगर साम्राज्य होयसाला साम्राज्य की नींव पर बना, हरिहर और बुक्का दो भाई यादव वंश से संबंधित थे जो देवगिरि में राज्य करते थे। ये रुद्रप्रताप देव वारंगल के राजा की सेना में थे। 1323 ई. में मुहम्मद तुगलक ने वारंगल को जीता तो ये अनागोड़ी के राजा की सेना में तुंगभद्रा नदी के किनारे रायचूर में बसे थे, मुहम्मद ने इन्हें पकड़ कर दिल्ली भेजा, ऐसा कहा जाता है कि यहाँ उन्होंने इस्लाम स्वीकार कर लिया और सुलतान ने उन्हें उनके राजा का सारा राज्य दे दिया। ऐसा भी कहा जाता है कि 1336 ई. में विजयनगर की स्थापना शृंगेरी के विद्वान ब्राह्मण विधारानया की सहायता से बसाया गया, दोनों भाई वीरा बाला तृतीय होयसाला के अंतिम राजा के साथ भी रहे, उसने ही विजयनगर को बसाया था। 1342 ई. में मुस्लिमों के हाथों मालाबार में उनकी मृत्यु हो गई और हरिहर पहला राजा बना। उसने तुंगभद्रा, कोंकण और मालाबार अपने अधीन कर लिया था।

बुक्का 1353 ई. में शासक बना, लेकिन उसने व उसके भाई ने कभी राजा होने का प्रदर्शन नहीं किया।

1378 ई. में उसने अपने राज्य को दक्षिण की ओर बढ़ाकर मालाबार को भी जीत लिया। उसने बहमनी राजाओं के सोने के सिक्के गलाने की भी सुनारों को मनाही की थी। यह बहमनी राज्य की बैजंती मानी जाती थी। विजयनगर के हिंदू राजा मुसलमानों को घृणा की दृष्टि से व मुसलमान शासक हिंदुओं को मूर्ति-पूजक व ब्राह्मणवादी मानते थे। मुसलमानों को अत्याचारी व गंदा मानते थे। दोनों में घृणा रहती थी, 1365 ई. में मुहम्मद प्रथम ने विजयनगर से पैसे की माँग की, 1367 ई. में काबुल के युद्ध में मुहम्मद के पास बड़ी तोपें व अच्छी सेना होने के कारण जीत हुई।

1379 ई में हरिहर गद्दी पर बैठा, उसने कांची तक अपने राज्य को फैलाया,

बुक्का द्वितीय सुनार की बेटी के युद्ध में हार गया और उसे अपनी बेटी का विवाह फिरोज से करना पड़ा। 1413 ई. वीर विजय ने, 1419-1449 ई. में देवराय द्वितीय, 1448-90 ई. सल्वा नरसिम्हा, कृष्ण देवराय 1530 ई. में इस राज्य के बड़े प्रतापी राजा हुए, उसने इस राज्य को चारों ओर फैला दिया था।

दक्षिण

दक्षिण भारत के अंतिम छोर को जानना कठिन है। दक्षिण और दक्षिण-पूर्व में पांड्यों का शासन था, मदुरा उनकी राजधानी थी। केरला या चेरा शासन तथा चोल राजवंश से उसकी सदैव लड़ाई रहती थी। 920 ई. से 12वीं शताब्दी तक चोलों का बड़ा प्रभाव था। 1216 ई. में चोलों की हार से पांड्यों का पुनः उदय हुआ। जटावर्मन के समय में उसने चोल, चेर और सिलोन पर राज्य किया था। होयसाला और काकातियों को हराकर महाराजाधिराज की उपाधि ग्रहण की। उसने अपने काल में अनेक मंदिर बनवाए, 1275 ई. में उसका देहांत हो गया।

अब दक्षिण भारत उत्तर के मुसलमानों के घेरे में आ गया था। मलिक काफूर ने पहली बार मदुरा को लूटा, 1318 ई. में खुसरो ने उसे लूटा, इन हमलों से राज्य की व्यवस्था हिल गई और पांड्यों की शक्ति छिन्न-भिन्न हो गई। मालाबार में मुस्लिम राजधानी बनाने से व पांड्यों के पतन से चेराओं को लाभ हुआ।

दक्षिण राज्यों के पतन से विजयनगर के साम्राज्य का फैलाव हुआ। यद्यपि 18वीं सदी तक लिनेवैली में पांड्य शासक ही शासन करते रहे।

चोलों ने दक्षिण-पूर्व में कोरोमंडल पर अधिकार कर लिया, कारिकला ने यह कावेरिपट्टम नाम का शहर बसाया।

पल्लवों और पांड्यों ने इस शहर के महत्त्व को कम कर दिया, लेकिन 850 ई. में चोलों ने इसे पुनः महत्त्वपूर्ण बना दिया। वह नई राजधानी तंजौर के बीच में आ गया। 9-10 शताब्दी में पल्लवों और पांड्यों को हराकर चोलों ने अपनी प्रभुता बढ़ा ली। राष्ट्रकूटों से भी युद्ध किया, राजराजा ने अपनी शक्ति सिलोन में भी बढ़ाकर तंजौर का भव्य मंदिर स्थापित किया। उसके पुत्र राजेंद्र ने चालुक्यों व बंगाल के महिपाल और गहरवाल को हराकर अपना राज्य गंगा तक फैलाया। उसने अपने को गांगाईकोड़ा रखा, व वर्मा, मलाया आदि द्वीपों में अपना प्रभाव बढ़ाया, यह युग नौसेना के प्रभाव का था।

चोलों और चालुक्यों में युद्ध होते रहे। अंत में विवाह संबंधों के कारण शक्ति स्थापित हुई, 1112 ई. में राजेंद्र की मृत्यु हो गई। 1267 में चोलों का अंत हो गया। अब होयसालाओं ने धीरे-धीरे अपनी शक्ति को बढ़ा लिया जिसे अब मैसूर कहते हैं।

चेरा (केरला), त्रावणकोर, मालाबार आदि का क्षेत्र हो गया, प्राचीन काल से

यह क्षेत्र विदेशी व्यापार से जुड़ा रहा, रोमन व अरब यहाँ आते रहे, ये चोलों और पांड्यों से युद्ध भी करते रहे, 11वीं सदी में चेरा, चोलों के आधीन भी रहे, बाद में वे पांड्यों के भी आधीन रहे; 1315 ई में चेराओं ने चोल और पांड्यों को हरा दिया। रविरामन कुलश्रेस्त्रा द्वितीय से हार गया और उसके उत्तराधिकारी छोटी-सी भूमि के शासक बने रहे, चेरा दक्षिण के तीन हिंदू राज्यों में सबसे कमजोर रहे।

बंगाल

बंगाल मध्य भारत के इतिहास की धारा से बाहर रहा लेकिन दक्षिण के समान अधिक दूर नहीं रहा। फिरोज तुगलक दिल्ली के आधीन लंबे समय तक इसे नहीं रख सका और सिकंदरशाह, इल्लियासशाह का पुत्र लंबे समय तक यहाँ का शासक रहा। 1389 ई. में उसके उत्तराधिकारियों में लड़ाई हुई, इसमें उसकी मृत्यु हो गई। पांडुओं ने अनेक भवनों का निर्माण करवा, मस्जिद भी बनवाई, उसके बेटे गयासुद्दीन आजम ने अन्य भाइयों की आँख निकालकर अपनी माँ के पास भेज दी, क्योंकि उसने विद्रोह के लिए अन्य को भड़काया था। इस समय अनेक स्थानों पर हिंदू राजा स्वतंत्र रूप से राज्य करते थे। कान उनमें से एक था, उसका पुत्र एक फकीर के यहाँ पला था, जब वह बड़ा हुआ तो उसने हिंदू धर्म ग्रहण कर लिया, लेकिन 1414 ई. में कान की मृत्यु के बाद वह पुनः मुसलमान बन गया और अपना नाम जलालुद्दीन मुहम्मद रखा, तथा अनेक हिंदुओं को इस्लाम में प्रविष्ट किया।

1442 ई. से 1493 ई. तक अनेक शासक शासन करते रहे। इनमें बड़े ही निर्दयी, कठोर शासक रहे, हब्शियों को सेना में भर्ती किया गया जो बाद में कष्ट का कारण बने, राजधानी को लखनौटी से गौर का नाम दिया गया, अंत में 1493 ई. में मंत्री अलालुद्दीन हुसैन, एक सैय्यद को शासक बना दिया गया।

हुसैन शाह

वह बंगाल के महान शासकों में से था, उसने हब्शियों को सेना से निकाल दिया क्योंकि वे उत्पात करते थे। दक्षिण में भी ऐसा ही किया था जहाँ वे फौज में भर्ती हुए थे। इसी तरह महलों के हिंदू रक्षक थे उन्हें भी हटा दिया। लोदियों ने हुसैन को जब जौनपुर से भगा दिया तो उसने उसे शरण दी, उसने 12 हजार डाकू और आतंकवादियों को मारा, राजधानी को गौड़ से इकडाला ले गया, अपने राज्य की सीमा को मजबूत किया, असम के कामरूप को भी जीता, बाबर की जीत के बाद उसका राज्य अफगानों को शरण देता था, उसने इब्राहिम लोदी की बेटी से विवाह किया था। वह एक अच्छा साहित्य-प्रेमी और संस्थाओं को बनाने वाला भी था, उसने सुनहरी मस्जिद व कदम रसूल का भी निर्माण कराया था। हुसैन शाह ने एक

नए मत की स्थापना की थी जो हिंदू धर्म और इस्लाम के विचारों का मेल था। इससे बंगाल में हिंदू और इस्लाम की संस्कृति के मेल को बढ़ावा मिला।

बंगाली साहित्य को संरक्षण दिया और महाभारत को बंगाली भाषा में अनुवादित करवाया, इसमें इसके पुत्र नुसरत शाह ने भी एक संस्करण निकाला, रामायण को भी 1346 ई. में बँगला में कीर्ति राजा ने निकाला। मुस्लिम शासकों ने स्थानीय भाषाओं को बढ़ाया और हिंदू शासक केवल संस्कृत को भी बढ़ावा देते रहे।

इब्नबतूता के समय एक सौ पचास विद्यालय धर्म की शिक्षा देते थे। इससे ब्राह्मणवादी लोगों में असंतोष व विरोध रहा। चैतन्य ने वैष्णव काल को भक्ति के मार्ग से आगे बढ़ाया।

नुसरत शाह के उत्तराधिकारी भ्रष्ट थे। अतः इस अवसर का लाभ उठाकर 1558 ई. में शेरशाह सूरी ने यहाँ शासन किया। अब अफगानों का प्रभाव बढ़ने लगा।

गुजरात

1396 ई. में जब दिल्ली की सल्तनत बिखर रही थी इसका लाभ उठाकर गुजरात के गवर्नर जफर खान ने मुजफ्फर शाह के नाम से पदवी धारण कर ली। उसका पिता राजपूत से मुसलमान बना था और इसके पुत्र ने सदैव राजपूतों से युद्ध कर गुजरात को राजपूताने से अलग रखने का प्रयास किया। गद्दी के उत्तराधिकार के एक झगड़े में पहले वह निकल गया और पुनः शासक बना, अब वह मालवा की राजनीति में भी रुचि रखने लगा। मालवा में 1406 ई. में हौसंग शाह नाम से दिलावर खान गौरी शासक बना, लेकिन उसके पुत्र ने उसे जहर दे दिया। मुजफ्फर शाह ने मालवा पर हमला कर अपने भाई नुसरत शाह को वहाँ का गवर्नर बना दिया, मुजफ्फर शाह की 1411 ई. में मृत्यु हो गई, पुनः हौसंगशाह धार के शासक बन गए।

अहमदशाह वास्तव में गुजरात राज्य के संस्थापक थे। अनहिलवाड़ा छोड़कर साबरमती नदी के किनारे उसने अहमदाबाद को बसाया, यहाँ हिंदू-मुस्लिम कला के नमूने अनेक स्थानों पर देखे जा सकते हैं। अहमदाबाद की जामा मस्जिद और माउंट आबू का जैन मंदिर इसके विशेष नमूने हैं। इसका विशेष अभियान राजपूतों और मालवा के विरुद्ध ही रहा। 1414 ई. में गिरनार पर हमला कर जूनागढ़ के किले को जीता, इदार को जीतकर अपने पुत्र को गवर्नर बना दिया, उसने मालवा पर 1416 ई., 1421 ई., 1437 ई. में हमले किए, 1441 ई. में उसकी मृत्यु हो गई।

गुजरात का महमूदशाह

इसके उत्तराधिकारी राजपूतों के विरुद्ध युद्ध करते रहे, विशेषकर राना कूंबा, चित्तौड़, व चंपानेर, लेकिन विशेष सफलता नहीं मिल पाई। 1458 ई. में उनके पौत्र फात खान ने शासन सँभाला, बिगराह उसे इसलिए भी पुकारा गया कि उसने गिरनार और चंपानेर के किले पर कब्जा किया था; अतः महमूदशाह बिगराह गुजरात का महत्त्वपूर्ण शासक रहा, जब वह शासक बना तो युवा था, शीघ्र ही उसने विरोध, विद्रोह को दबाने का गुण दिखाया, उसका व्यक्तित्व व शरीर विशाल था। मालवा, काठियावाड़ को दबाकर 1470 ई. में काठियावाड़ के राजा को इस्लाम में दाखिल कर लिया, सिंध पर हमले में जाम निजामुद्दीन अपने ससुर का साथ लेकर वहाँ के सुमरा और सोदा जो पूरे रूप से मुसलमान नहीं थे, उन्हें मुसलमानों के रीति-रिवाज अपनाने व काठियावाड़ में बसने के लिए बाध्य किया।

1473 ई. में उसने द्वारका पर हमला कर उसके मंदिर को तोड़ा, वहाँ एक मस्जिद का निर्माण करवाया, राजा भीम को कैदकर अहमदाबाद भेज दिया, अब चंपानेर ने राजा पर हमला किया, उसने मालवा के मुस्लिम शासक महमूद को मदद की गुहार लगाई, लेकिन महमूद ने उसे काफिर की मदद न करने को कहा। इस पर मालवा के शासक ने मदद नहीं की।

चंपानेर के रावल ने धर्म परिवर्तन नहीं किया और युद्ध किया, हजारों राजपूत मारे गए, महिलाओं ने जौहर किया, रावल को पकड़कर मार दिया, उसका पुत्र कमजोर था जो धर्म परिवर्तन कर मुसलमान बन गया। वह इसे इदार का गवर्नर बना दिया, चंपानेर अब मुहम्मदाबाद कहलाने लगा और महमूद की दूसरी राजधानी बन गई। पुर्तगाली कोचीन से व्यापार करते थे। अब उन्होंने 1507 ई. में सकोतरा के द्वीप पर भी कब्जा कर लिया, जिसके कारण भारत में जेद्दा हज करने के लिए जाना कठिन हो गया। मिस्र के शासक ने इन पर हमला किया। 1508 ई. में चाल (बंबई) में पुर्तगाली हार गए, लेकिन 1509 ई. में पुर्तगाली जो अल्मेडा के अधीन एकत्रित हुए उन्होंने मिस्र के जहाजों को दीव में हरा दिया, संधि में महमूद ने दीव पुर्तगालियों को दे दिया, 1511 ई. में, 52 वर्ष के शासन के बाद महमूद की मृत्यु हो गई।

बहादुर

मालवा के शासक महमूद द्वितीय की मदद के लिए मुजफ्फरशाह द्वितीय सेना के साथ मेदनी राय को हराने के लिए गए थे। 1518 ई. में मुजफ्फर ने राजपूतों को घेर लिया जिसमें उन्नीस हजार महिलाओं ने जौहर किया, अब मेदनी राय, राणा संग्राम सिंह की शरण में था। राणा अब उज्जैन की ओर बढ़ा, मुजफ्फर के आगे

बढ़ने से राजपूत चितौड़ के किले में आ गए, यहाँ राजपूतों ने मुसलमानों को हरा दिया, चित्तौड़ का विजय स्तंभ इसी का प्रतीक है।

मुजफ्फर 1526 ई. में मर गया। उसके बाद उसका पुत्र बहादुर शासक बना। उसने अहमदनगर के निजाम को हराया था, वह बरार और अहमदनगर का नाममात्र का शासक भी रहा। 1531 ई. में उसने मालवा से गुजरात तक का क्षेत्र जीतकर महमूद को जेल में डाल दिया, रास्ते में राजपूतों ने हमला किया जिसमें शासक मारा गया।

संग्राम सिंह की मृत्यु के बाद 1544 ई. में बहादुर ने चित्तौड़ को घेर लिया, रणथंभौर को जीता, वहाँ की तोपों को हथिया लिया, पुनः चित्तौड़ पर हमला किया। रानी को कब्जे में ले लिया, उदय सिंह को वहाँ से बाहर निकाल लिया गया, किले की दीवार में सेंध लगा ली गई, रानी जवाहर बाई ने जौहर के आदेश दिए जिस पर तेरह हजार महिलाओं ने जौहर किया, रानी अपने राजपूतों के साथ युद्ध करती हुई मारी गई। 1535 ई. में चित्तौड़ मुसलमानों के कब्जे में आ गया।

हुमायूँ के बाद सरदार बहादुर के कब्जे में थे हुमायूँ ने उन्हें छोड़ने के लिए बहादुर को हुक्म दिया जिसने ऐसा नहीं किया। अब हुमायूँ स्वयं उसकी पीछा करते हुए दीव पहुँचा, उसने इस क्षेत्र को अपने कब्जे में ले लिया। पुर्तगाली सैनिकों को दुर्ग बनाने की मदद का विश्वास बहादुर ने दिया था जो पूरा नहीं हो पाया, कुछ इतिहासकार मानते हैं कि पुर्तगालियों से लड़ाई में बहादुर सीने में भाला लगने से मर गया। कुछ कहते हैं कि वह समुद्र में डूबकर मर गया। जो भी हो अब गुजरात का इतिहास मुगलों के इतिहास के साथ ही देखा जाएगा।

मालवा

यह भूमि प्राचीन काल में शक्ति के केंद्र उज्जैन से जुड़ी थी। 1310 ई. तक राजपूतों के अधीन थी, अलाउद्दीन ने 1392 ई. में इसे दिल्ली के साम्राज्य में मिलाकर दिलावर खान गौरी को यहाँ का गवर्नर बनाकर इसे स्वतंत्र कर दिया, 1399 ई. में तैमूर के आने पर महमूदशाह ने यहाँ शरण ली थी जिसे अल्प खान ने पसंद नहीं किया, 1406 ई. में उसे जहर देकर मार दिया और हौशंगशाह के नाम से शासक बना। गुजरात के मुजफ्फर शाह ने हौशंगशाह को कैद कर गुजरात भेज दिया, लेकिन विद्रोह होने पर उसे छोड़ दिया। पुनः 1419 ई. में उस पर हमला कर उसकी सारी भूमि को नष्ट कर दिया अब हौशंग को संधि करनी पड़ी।

हौशंगशाह का प्रमुख हमला गोंडवाना से होते हुए जाजनगर (उड़ीसा) पर हुआ, उसने राजा से धन व 75 हाथी लिये, वापस आते हुए उसने राजा बिरला को लूटा और गोंडवाना के राजा नरसिंहा को कैदी बनाकर मांडू ले आया। उसने

ग्वालियर, दक्षिण व गोंडवाना पर हमले किए, 1433 ई. में कालपी पर कब्जा किया, 1435 ई. में नर्मदा पर हौशंगाबाद शहर बसाया।

उसका पुत्र शराबी बन गया, महमूद खिलजी जो इसी खानदान से था उसने शासक को जहर देकर मार दिया और स्वयं शासक बन गया। 1440 ई. में महमूद खिलजी को दिल्ली के अमीरों ने बुलकार राज देने का वादा किया। खिलजी दिल्ली के लिए चला था, लेकिन वह सफल नहीं हो सका और मालवा को लूटने में ही लगा रहा।

उसका मुख्य विरोधी राणा कुंभा था जो राजपूतों का सरदार भी था। गुजरात और मालवा का सदैव युद्ध रहता था, इसका लाभ राजपूतों को मिला। 1453 ई. में नागौर के समीप गुजरात सेना को नष्ट कर दिया, दो वर्ष बाद खिलजी ने अजमेर, बूँदी, राजपूतों के गढ़ को जीत लिया। 1451 ई. में गुजरात पर हमले में वह टिक नहीं पाया और अपना सामान व हाथी छोड़ वहाँ से भाग आया। अब उसने दक्षिण में बिदर पर हमला किया। 1465 ई. में कायरों के मामलुक शासक की कठपुतली खलीफा ने महमूद को शासक स्वीकार किया, यद्यपि इसका कोई विशेष महत्त्व नहीं था। कुछ वर्षों के बाद तैमूर के उत्तराधिकारी अब सैय्यद, जिसके आधीन अब तनानसकसोनिया, खौसजान और बल्ख ही रह गया था, एक राजदूत भेजा। किरल्प पुनः चैसग के राज्य में समाहित कर लिया। इसी प्रकार चंदेरी को भी जीत लिया।

1469 ई. में वह मांडू आ गया, 33 वर्षों के लगातार युद्धों के बाद वह थक गया था और उसकी मृत्यु हो गई। उसके उत्तराधिकारी अधिक प्रभावी नहीं रहे।

खनवाह के युद्ध में बाबर और राणा सांगा के साथ राजपूत इकट्ठा थे, लेकिन बाबर की इस युद्ध में जीत हुई। इसके अनेक कारण थे, उसने चंदेरी को भी जीत लिया। 1531 ई. के युद्ध के बाद खिलजी वंश समाप्त हो गया, बाज बहादुर ने अस्थायी रूप से इसे पुनः स्थापित करने का प्रयास किया लेकिन सफल न हो सका।

खानदेश

फिरोज तुगलक जब दक्षिण से दिल्ली आ रहा था, रास्ते में अहमद फारुकी को उसने यह प्रदेश दे दिया, जो खान का देश कहलाने लगा। 1382 ई. में वह स्वतंत्र हो गया। ताप्ती नदी से लेकर सतपुड़ा की पहाड़ियों से बहमनी राज्य तक यह फैल गया। इसकी एक सीमा-क्षेत्र गुजरात से भी लगती थी।

1399 ई. में नासिर खान व हसन दोनों भाइयों के बीच गद्दी के लिए विवाद हुआ, नासिर खान ने असीरगढ़ का किला अमीरों से जीतकर अपना कब्जा कर लिया।

1400 ई. में बुहरानपुर को बसाया, 1437 ई. में उसकी मृत्यु हो गई। उसके उत्तराधिकारियों ने गोंडवाना, छोटा नागपुर आदि में हमला किया। बाद के शासकों में आपस में या गुजरात के शासकों के साथ युद्ध रहे, हुमायूँ और अंत में अकबर ने 1601 ई. में असीरगढ़ के किले को जीत लिया।

अन्य राज्य

कश्मीर, नेपाल और कुमाऊँ

12वीं शताब्दी में मुसलमानों ने इस पर हमला किया, अगले 100 वर्ष का समय गृहयुद्ध और अशांति का रहा। 1301-02 ई. में बड़े पैमाने पर मुसलमानों का हमला हुआ, अनेक शरीफ लोग दास बना लिये गए, बड़ी हानि हुई, इसके बाद तिब्बतियों ने हमला किया, 1329 ई. में मीरशाह मीर यहाँ का शासक बना। अब शासन मुसलमानों के हाथ में था। 1399 ई. में उस समय के शासक सिकंदरशाह ने राज्य तैमूर को दे दिया था। नेपाल एक हिंदू राज्य रहा, जो 1470 ई. में अनेक छोटे-छोटे राज्यों में बँट गया, कुमाऊँ, कत्यूर वंश के राजपूतों के अधीन रहा, यहाँ के पहाड़ी कबीलों को इन राजपूतों ने अपने आधीन किया था, कामरूप (आसाम) 1205 ई. में मोहम्मद-बीन-बख्तियार के समय दिल्ली के संपर्क में आया, मुसलमानों को वापस आते हुए ब्रह्मपुत्र नदी के पुल पर मार दिया। 13वीं शताब्दी में ब्रह्म के ज्ञानी लोगों ने हमला कर कुछ क्षेत्रों पर कब्जा कर लिया।

मुस्लिम हमलों का प्रभाव

मुस्लिम हमलों ने अपने प्रभाव को बढ़ाकर, विशेषकर अलाउद्दीन खिलजी और मुहम्मद तुगलक ने बड़े-बड़े साम्राज्य बना लिये। वास्तव में सारे महाद्वीप पर उन्होंने अपना प्रभाव जमा लिया था।

पहले हमलावर से तीन सौ साल से अधिक तक ये साम्राज्य उस समय तक रहे जब तक ये छोटी-छोटी रियासतों में न बँट गए।

दिल्ली सल्तनत का साम्राज्य बहुत बड़ा होते हुए भी सारे भारत को एक करके अधिक समय तक नहीं रख सका। इसके मूल में राज्य का चरित्र कैसा था; सारी शक्ति एक अधिनायक के समान शासक में निहित थी, उसका प्रयोग उस शासक की योग्यता और समझ पर ही आधीन था। वास्तव में धर्म और संस्कृति का भेद इसके लिए अधिक बड़ा कारक था। यद्यपि, हिंदू धर्म और जीवन-पद्धति विदेशियों के धर्म और विचारों को ग्रीक, शक, कुषाण, हूण आदि कबीलों को अपने में समाहित करने में सफल रहा, लेकिन इस्लाम को समाहित करने में असफल रहा। इस्लाम भी हिंदू धर्म का पूर्ण विलय चाहता था या कुछ भी नहीं।

हिंदू धर्म भी अपने अस्तित्व को नहीं छोड़ना चाहता था, यद्यपि अनेक हिंदू मुसलमान बने थे। ब्राह्मणों के लिए मुसलमान असभ्य और अपवित्र थे, मुसलमानों के लिए हिंदू काफिर और मूर्तिपूजक थे। कोई बीच का रास्ता नहीं था, फिर भी समय के साथ कुछ सहनशीलता अवश्य बढ़ी। सूफी मत ने अवश्य ही इस्लाम को अधिक विशाल ह्रदय बनाया, इस पर भी हिंदू धर्म का प्रभाव पड़ा। हिंदू शिक्षा उसके दर्शन ने गुरु नानक और कबीर को प्रभावित किया, उनका इस्लाम के लोग भी आदर करते हैं। बंगाल में एक मत ऐसा चलाया, बाद में अकबर ने भी दीन-ए-इलाही चलाया, लेकिन ये सब अधिक प्रभाव नहीं डाल सके और समाप्त हो गए। स्थानीय भाषा ने अवश्य ही अपना प्रभाव डाला, लेकिन साथ-साथ अरबी, फारसी ने अपने को अलग बनाए रखा। वास्तुकला का भी प्रभाव उत्तर और दक्षिण में अलग-अलग देखा जा सकता है। मुगलों ने अवश्य अपने विचार इस कला में पहले के मुसलमानों से हटकर दिए हों लेकिन इनका प्रभाव समाज पर कितना पड़ा होगा यह कहना कठिन है।

राज्यों की आपसी लड़ाई से तरक्की की गिरावट व अंत के अतिरिक्त कुछ नहीं थी, लेकिन यह भी नहीं कहा जा सकता कि हिंदू प्रेरणा अपने वैभव को जागृत करने में सक्षम नहीं थी। इसी काल में धर्म सुधारक, ज्ञानी लोग विशेषकर दक्षिण भारत में सक्रिय रहे, रामानुज, रामानंद (रामकृष्ण) के भक्त, कबीर, गुरुनानक आदि ने मानवता, भाईचारे व समाज को उचित ज्ञान व दिशा दिखाने का कार्य भी किया।

अध्ययन के लिए विशेष साहित्य

1. के. ए. नीलाकांत शास्त्री, *दी पांड्यन किंगडम* (लंदन 1929)।
2. – *दी चोलाज,* 2 वोल्यूम्स (मद्रास 1925 एंड 1955)।
3. *दी तमिल किंगडम्स ऑफ साउथ इंडिया,* बांबे 1948।
4. *श्री विजय* मद्रास 1949।
5. *साउथ इंडियन इन्फ्लुएंसेस इन दी फार ईस्ट बांबे* 1949।
6. *हिस्ट्री ऑफ साउथ इंडिया* (ऑक्सफोर्ड यूनिवर्सिटी प्रेस 1958)।
7. *एडवांस्ड हिस्ट्री ऑफ इंडिया* श्रीनिवासाचारी।
8. के. ए. नीलाकांत शास्त्री एवं श्रीनिवासाचारी, *एडवांस्ड हिस्ट्री ऑफ इंडिया,* अलाइड पब्लिशर्स 1970।

15

यूरोपियन लोगों का काल

भारत में मुगलों की सैनिक शक्ति धरती पर ही थी, उनके पास समुद्री जहाज और समुद्र की शक्ति का अनुमान नहीं था। पश्चिम ने समुद्री शक्ति के माध्यम से 15वीं सदी से ही नई-नई खोज करके अपनी शक्ति को और अधिक बढ़ाया था, इसी कारण विश्व के इतिहास में उनका प्रभाव बढ़ा। 1453 ई. में ओटोमन तुर्कों ने कोंसकेंटी नोयल पर कब्जा कर पूर्व से व्यापार के भूमि के रास्ते कठिन कर दिए, उन पर कर बढ़ा दिए, अतः पूर्व से मसालों के व्यापार के लिए अन्य रास्ते– विशेषकर समुद्री रास्ते खोजे गए। 1492 ई. में कोलंबस ने बहामास को खोजा लेकिन स्पेनिस ने नहीं अपितु पुर्तगालियों ने भारत के समुद्री रास्तों की खोज की।

जहाँ उत्तर-पश्चिम से अभी तक हमलावर भारत में आते रहे, साथ में अपनी भाषा, खान-पान व संस्कृति भी लाते रहे, वहीं कुछ विदेशी– पुर्तगाल, डच, अँग्रेज और फ्रेंच भारत में व्यापारी के रूप में दक्षिण से आए और अंत में शासक बन गए।

पुर्तगाली और भारत

1418 ई. में पुर्तगाल के शहजादे हैनरी ने जान ग्रॉट के नाती को सेंट कैप बिन्सेंट में एक नाविक शिक्षण केंद्र खोलने और दक्षिण अफ्रीका की भारत के मार्ग से खोज करने को कहा। 1460 ई. में उनकी मृत्यु के समय ये नाविक खोज करते हुए कैप वर्दे टापू और सियरा लीओन पहुँच चुके थे। उसने उस समय नाविकों की मंडली बना दी जो गहरे समुद्र में भी जाते थे और नए जहाजों का भी निर्माण किया। 1486-88 ई. में कर चौलोमेव डियाज दक्षिण कैंप का चक्कर काटकर हिंद महासागर में पहुँचा। अब भारत का समुद्री रास्ता खुल गया था। कोलंबस की अमेरिका खोज से स्पेन और पुर्तगाल की समुद्र में प्रतिस्पर्धा बढ़ गई। 1494 ई. में पीय एलेग्जेंडर छः ने तोरदेशिला में एक संधि के द्वारा पश्चिम समुद्र स्पेन और पूर्वी समुद्र पुर्तगाल को मिला गया। 1497 ई. में वास्कोडिगामा चार जहाज लेकर समुद्री खोज पर निकला। मई 1498 में उत्तर कालीकट पर लिस्बन जमोरीन हिंदू

राजा की सीमा में पहुँचा जहाँ उसका भव्य स्वागत हुआ। अगले वर्ष वास्को लिस्बन चला गया, वहाँ उसने अपनी रिपोर्ट में व्यापार की बड़ी संभावनाओं का उल्लेख किया। अब पैट्रोकेबराल और बार चौलोमेव डियाज के अधीन बड़ा बेड़ा भेजा गया, लेकिन केबराल एक अच्छा राजदूत नहीं था, अतः झगड़े में कुछ पुर्तगाली मारे गए। पुर्तगालियों ने हजारों मछुवारे मार दिए व शहर को आग लगा दी। कोचीन से सामान भरकर समुद्र में चले गए, जमोदिन ने अपने जहाजों से उनका पीछा भी किया लेकिन सफल नहीं हो सका। 1502 में डिगामा ने मुसलमानों पर हमला करना अपना धर्म समझा, जेद्दा जाने वाले धार्मिक यात्रियों को मारा व उनका सामान छीन लिया, कालीकट को आग लगा दी और पुनः भय का वातावरण बना दिया और कनानौर चला गया। पुर्तगालियों ने समुद्र में मूर (मुसलमानों) के विरुद्ध अभियान चला दिया, उन्हें ईसाई बनाना प्रारंभ किया, अतः जब वे दक्षिण भारत में आए तो अरबों के विरुद्ध रहे, इनमें से अधिकतर व्यापारी थे। जमोरिन की आर्थिक व्यवस्था व्यापारिक कर पर आधारित थी, अतः उसने ऐसा करने से मना किया। अब कोचीन के राजा के साथ पुर्तगालियों की संधि हो गई जो जमोरिन का दुश्मन था, उसके पास अच्छे बंदरगाह भी थे। कोचीन में कम लोग रहते थे, अधिकतर समुद्र में व्यापार के लिए जाते थे। अतः जमोरिन ने अवसर का लाभ उठाकर पुर्तगालियों को घेर लिया। 1503 ई. में अलफोंसो अबुवक्र आया, उसने जमोरिन को कोचीन से बाहर किया, जमोरिन और कोचीन के राजा की संधि कराकर लिस्बन चला गया। 1505 ई. में फ्रांसिस्को अलमेडा नामक गवर्नर ने पुर्तगाल से पंद्रह सौ सैनिकों के साथ आकर कोचीन और केनानौर में किले बनाए, इससे मालाबार के तट पर पुर्तगालियों की शक्ति मजबूत हो गई। यूरोपियन का पहला संपर्क भारत में मुगल काल में नहीं हुआ था, ऐसा होता तो शायद दक्षिण के आगे बढ़ने में उन्हें कठिनाई होती, मालाबार के समुद्री तट पर पुर्तगालियों की शक्ति की बढ़ोत्तरी के कारण, समुद्र में भी उनकी पकड़ अच्छी थी। अतः अरब और मोपला व्यापारियों के विरुद्ध ही नहीं बल्कि उन्हें फ्रांस का भी दुश्मन मानते थे।

पुर्तगालियों के पास मुस्लिम प्रभुत्व के अनेक दृष्टांत थे, उनसे बदला लेना चाहते थे, उन्हें अपना प्राकृतिक दुश्मन मानते थे।

भारत के पश्चिम घाटों से व्यापार– लालसागर– स्वेज नहर– मिस्र होते हुए मेडिटेरिनियन तक पुराना मार्ग था जिससे मिस्र के मामलुक सुलतान और वेनिशियन व्यापार करते थे। उन्हें इसका लाभ होता था, अब पुर्तगाली इसमें हस्तक्षेप करने लगे। 1506 ई. में अल्फोनसो अबुबक्र के अधीन एक समुद्री दस्ता आया जिसने लाल समुद्र, ओभुज, परसियन खाड़ी पर अपने नाके लगा दिए, सकोतरा में किला बनाकर बंदरगाह पर हमला कर शासक से संधि की।

इसी बीच मिस्र की एक टुकड़ी स्वेज नहर पर आई और भारतीय समुद्र में आकर गुजरात के शासक बहादुर और जमोरिन की सहायता ली, लेकिन 1508 ई. में पुर्तगालियों ने उन्हें हटा दिया। अगले वर्ष दीव में मिस्र के लोगों को हराकर वहाँ भी अबुबक्र को अपना प्रतिनिधि बना दिया। उसने भारत में पुर्तगालियों की नीति के चरित्र को निर्धारित किया। वह जानता था कि जब तक कोचीन राजा के आधीन रहेगा उनका भविष्य सुरक्षित नहीं होगा। उसने गोवा को चुना जो एक अच्छा बंदरगाह भी था, इस कार्य ने मुस्लिम शक्ति से उनका प्रतिरोध और बढ़ा दिया क्योंकि गोवा इस समय बीजापुर के सुलतान के अधीन था। गोवा को 1510 में अवश्य जीत लिया लेकिन यूसुफ आदिल शाह के सामने पुर्तगाली टिक न सके।

वर्ष के अंत में वह पुनः वापस आ गया, वहाँ से पुर्तगाल युद्ध के साधन जुटाने लगे लेकिन पुर्तगालियों की संख्या कम थी, अतः उसने हिंदुस्तानी महिलाओं से विवाह-संबंध करवाए, धर्म को बढ़ाया, 1511 ई. में मलाका को जीता, 1513 ई. में अदन को नहीं जीत सका, लेकिन औरभुज को जीत लिया। 1515 ई. में गोवा आकर उसकी मृत्यु हो गई, वहीं पर दफन कर दिया गया।

अलबुबक्र ही ऐसा व्यक्ति था जिसने वास्तव में पुर्तगाली शक्ति को भारतीय समुद्र में स्थापित किया था। 1530 ई. में सत्ता का स्थान कोचीन से गोवा कर दिया, जहाज बनने लगे, व्यापार बढ़ा, समुद्री ताकत भी बढ़ी।

तुर्कों ने 1517 ई. में मिस्र को जीत लिया। अब लाल सागर में खतरा बढ़ गया। पुर्तगाली अदन को अपने कब्जे में नहीं कर पाए, अतः वे इस अवसर को खो बैठे। तुर्क सुन्नी थे अतः वे आदिलशाह शिया के विषयों में रुचि नहीं रखते थे, लेकिन गुजरात का बादशाह बहादुर सुन्नी था उसके बंदरगाह– सूरत, दीव और बैसाई पुर्तगालियों के भय से संकट में रहते थे। गुजरात तटों को सुरक्षित करने के प्रयास किए गए, लेकिन 1534 ई. में दागुन्हा ने बेसाई और बाद में दीव के टापू दे दिए। मिस्र में तुर्कों की मदद से पुर्तगालियों पर हमला किया गया– बीजापुर और अहमदनगर के सहयोग से, लेकिन वह सफल नहीं हो सका। अकबर के साथ पुर्तगालियों के संबंधों का उल्लेख पहले ही हो चुका है, 1570 में अकबर के हरम की महिलाओं को मक्का जाने की व्यवस्था की गई, 1580 ई. में जेसुट्स मिशन अकबर के दरबार में गया था। सोलहवीं सदी तक पुर्तगाली हिंद महासागर पर कब्जा कर चुके थे, लंका, मचाऊ, परसियन गल्फ, अरब सागर उनके अधीन था। 1518 ई. में लंका में एक किला भी बनाया, 1542 ई. तक गोवा ईसाई धर्म का केंद्र बन गया था, 1556 ई. में लंका के राजा ने ईसाई धर्म स्वीकार कर लिया था और तटीय मार्ग से बड़ा व्यापार होता था। जेसुट्स के अपने कट्टरवादी व्यवहार से सिलोनियों में अलगाव पैदा हो गया था। नागापट्टम और संत थौम (कोरोमंडल) में

पुर्तगालियों के केंद्र बन गए। चिटगाँव, हुगली, बर्मा में सीरियाम, पेगू बंगाल आदि में भी उसने अपना प्रभाव बढ़ाया।

लेकिन भूमि पर अधिक अधिकार न करके उन्होंने पूर्वी व्यापार पर अधिक ध्यान दिया जिसका परिणाम हुआ कि 100 वर्षों तक इन क्षेत्रों पर उनका आधिपत्य कायम रहा। उन्होंने पश्चिम और ब्राजील में भी कालोनी बना ली, लेकिन 1580 ई. में स्पेन के फिलिप द्वितीय ने पुर्तगाल पर कब्जा कर लिया और पुर्तगाली यूरोप में स्पेन के लोगों के दुश्मन बन गए, पुर्तगाल छोटा देश होने के कारण व्यक्तियों की कमी से जूझता रहा।

इसके साथ-साथ कैथोलिक चर्च का राजनीतिक मामलों में अधिक हस्तक्षेप और उनकी गलत नीतियाँ पुर्तगालियों के पतन का कारण बनीं। अलबुबक्र के समय में हिंदू पूजा-पाठ के तरीकों को सहा जाता था और मुसलमानों को दुश्मन माना जाता था। 1540 ई. में सभी हिंदू मंदिरों को तोड़ दिया और गोवा में धर्म-न्यायाधिकरण 1560 ई. में स्थापित कर दिया गया। अब डोमनिसियन, फरान सिसियन और जेसुट्स ने कठोरता से अपने धर्म का विस्तार किया जो उनके पतन का मुख्य कारण बना। पहले स्थानीय महिलाओं से विवाह के उपरांत जो बच्चे जन्मे उन्हें उच्च पद नहीं दिए गए। अतः बदमाशों, जैसे चिटगाँव में हुआ, लोग अवैध धंधा करने लगे, सरकारी कार्यों पर खर्च न करके चर्चों पर अधिक खर्च होने लगा।

1552 ई. में संत करासिस जेवियर की मृत्यु हो गई, यह गोवा की चर्च उन्नति का काल था। इसके बाद समुद्र को ठीक से समझने वाले लोग नहीं हुए। तुर्कों के नाविक हमलों का भी भय बना रहा, पुर्तगाल में शासकों के बदलाव और यूरोप में राजनीतिक बदलावों का प्रभाव हुआ। पुर्तगाल स्पेन का हिस्सा हो गया। स्पेन के दुश्मन पुर्तगाल के दुश्मन हो गए, नीदरलैंड के डच भी पुर्तगालियों के दुश्मन हो गए, लेकिन 1584 ई. में स्पेन और इंग्लैंड के बीच तनाव हो गया। 1588 ई. में स्पेन के युद्ध बैंडों को इंग्लैंड ने हरा दिया, अब समुद्र सभी के लिए खुल गया।

भारत में डच

डचों का पहला जहाज 1595 ई. में मलाया आर्चीपीलेगो में मसाले के व्यापार के लिए खाड़ी में आया। प्रतिस्पर्धा के लिए 1600 ई. में एक संगठित ईस्ट इंडिया कंपनी बनाई गई। डचों ने प्रारंभ में भारत में पुर्तगालियों से व्यापारिक प्रतिस्पर्धा नहीं की। इन्होंने मलाक्का में ही अपना व्यापारिक केंद्र रखा और पुर्तगालियों को धीरे-धीरे हटा दिया। जावा के बटाविया में 1618 ई. में अपने व्यापारिक केंद्र की स्थापना कर धीरे-धीरे आर्चीपीलेगो में फैल गए। भारत में भी व्यापारिक केंद्र बनाए, कोरोमंडल तट पर पुलिकोट में बंगाल में चिनसुरा में तथा सूरत में यहाँ वे

अँग्रेजों और पुर्तगालियों की प्रतिस्पर्धा में सीधे आ गए। इसी तरह परसियन खाड़ी में बंदरगाह अब्बास में भी सामने हुए, गोवा के रास्ते को 1656 ई. में उन्होंने रोका, लंका में भी राजा से संधि कर पुर्तगालियों की प्रधानता को खत्म किया। 1641 ई. में मलक्का के अधिकार के कारण डच का प्रभाव बढ़ गया। 1640 ई. में पुर्तगाल स्पेन से आजाद हो गया, कोलंबो, 1658 ई. को अपने कब्जे में लेकर डचों ने कोरोमंडल के तटों पर अधिकार कर लिया लेकिन गोवा में पुर्तगाली ही बने रहे।

बटाविया से डच गवर्नर-जनरल सर्वोच्च सरकार थी। वह कम हस्तक्षेप के द्वारा शासन करता रहा। पुर्तगालियों ने भारत में अपनी कालोनी नहीं बसाई। इसी कारण मुगल शासकों से उनकी लड़ाई भी नहीं के बराबर रही। वे अच्छे नाविक थे, बड़े जहाज बनाते थे, समुद्र पर उनका कब्जा था, केवल व्यापारी और प्रारंभ में समुद्री डाकुओं का कार्य करते थे। डचों ने भी भारत में अपनी भूमि को हथियाने की भूख नहीं बढ़ाई। उन्होंने पश्चिम का रुख किया, कालोनी केवल लंका और जावा में बनाई।

ईस्ट इंडिया कंपनी

इंग्लैंड पूर्व के समुद्र में दूसरों से बाद में आया, इसका कारण उसकी नाविक शक्ति या विकास नहीं था वरन् वह अन्य कार्यों में व्यस्त था। टुंडर शासक इंग्लैंड में नौसेना और जहाज तथा उनकी तोपे बनाने में वास्तविक संस्थापक थे, लेकिन व्यापारियों और नाविकों ने नई-नई खोजें की थीं। मछुवारों ने पहले न्यूफाउंडलैंड के गहरे समुद्र में मछली पकड़ने के माध्यम से उत्तर-पूर्व के काथे का रास्ता खोजा, इससे सफेद समुद्र और मुस्कौवी से व्यापार होने लगा। स्पेनिस आरमेडा की हार से सारे समुद्र में इंग्लैंड का प्रभुत्व कायम हो गया। पहला बेड़ा जैम्स लंकास्टर ने 1591 ई. में पेनांग और दूसरा बेड़ा 1596 ई. में पूर्व में भेजा। इस घटना ने व्यापारियों को भारत से व्यापार-विशेषकर मसाले लाने के लिए एक कंपनी बनाने के लिए प्रेरित किया।

अतः 31 दिसंबर, 1600 को ईस्ट इंडिया कंपनी की स्थापना हुई। इसके लिए व्यापारियों ने धन इकट्ठा किया, पहला बेड़ा भेजा गया, लाभ को अनुपात में बाँट लिया, पहला बेड़ा माले, आर्चीपीलेगो, जावा, सुमात्रा और मलक्का गया। इंग्लैंड के कपड़े और दूसरी वस्तुएँ इस व्यापार के लिए उचित नहीं थीं। भारत से कपास और अफीम की माँग थी, अतः भारतीय तट पर व्यापारिक केंद्र बनाने की आवश्यकता थी।

मालाबार में पुर्तगालियों का आधिपत्य था, अतः मुगलों की भूमि को ही लिया जा सकता था। इसके लिए विलियम हाकिंस 1609 ई. में आगरा आया। जहाँगीर ने इसके दूतों का स्वागत किया, लेकिन भूमि देने का कोई वायदा नहीं किया। लेकिन

बादशाह की खाने-पीने वाली मंडली का साथी हो गया। पुर्तगाली उन्हें व्यापार की मदद नहीं देने की बादशाह को सलाह दे रहे थे।

सूरत से व्यापार करने की भी आज्ञा नहीं मिली, अतः हाकिंस 1611 ई. में आगरा छोड़ चला गया। समुद्र में अँग्रेज सैनिकों के दस्ता हैवरी मिडलटन को जब यह समाचार प्राप्त हुआ तो उसने लाल सागर बैब-अल-मंदेब में भारतीय जहाजों को रोक उनके सामान को छीनकर कर वसूली की। इससे मुगलों को सीख मिली और उन्होंने अँग्रेजी कंपनी को व्यापार की अनुमति दे दी और सूरत में व्यापारिक स्थान भी दे दिया, पुर्तगालियों ने भारी विरोध किया, अँग्रेज जहाज भी सूरत में मदद के लिए आ गए, ताप्ती के किनारे पुर्तगालियों ने अँग्रेजों पर हमला किया लेकिन उनकी हार हुई। सर थॉमस राय 1615-18 ई. तक जहाँगीर से लगातार व्यापार के लिए संपर्क करते रहे, लेकिन वे पूर्ण रूप से सफल नहीं हुए। खुर्रम ने, जो गुजरात का गवर्नर था, सूरत में अँग्रेजों के व्यापारिक केंद्र को मदद दी, जिससे भड़ौच, अहमदनगर व आगरा से व्यापार होने लगा। परसियन खाड़ी में भी पुर्तगालियों से लड़ाई हुई और भुज की बंदरगाह के लिए शाह अब्बास ने मदद की और वहाँ से इंगलिश व्यापार होने लगा। मसालों के व्यापार में अँग्रेज कंपनी को अधिक लाभ नहीं हुआ, उसे डचों से प्रतिस्पर्धा करनी पड़ी। 1619 ई. में डचों और अँग्रेजों ने पुर्तगालियों को भगाने के लिए सामुद्रिक संधि की। यह संधि अधिक दिनों तक नहीं चली, 1623 ई. में अम्बोया में 10 अँग्रेज व्यापारियों को मार दिया, संधि खत्म हो गई। अँग्रेजों ने बैंटम ने 1628 ई. में नया व्यापारिक केंद्र बनाया, स्थानीय राजा भी डचों को पसंद नहीं करता था। धीरे-धीरे पुर्तगालियों से अच्छे संबंध बना लिये और 1642 ई. में इंग्लैंड और पुर्तगाल की संधि हुई। 1654 ई. में क्राऊनवैल ने भारत में सभी पुर्तगाली ठिकानों से अँग्रेजों का व्यापारिक प्रवेश प्राप्त कर लिया। डचों की महासागर शक्ति पर यह भारी प्रहार था। ईस्ट इंडिया कंपनी की भारत से कपास, इडिगो, मसालों के व्यापार में लाभ होने लगा। ईस्ट इंडिया कंपनी ने 1611 ई. में मासोलिपट्टम में, 1647 ई. में मद्रास में, 1651 ई. में हुगली में और पटना के कासिम बाजार में व्यापारिक केंद्र खोले।

इंग्लैंड में गृहयुद्ध ने कंपनी के जीवन को संकट में डाल दिया, क्राऊनवैल ने 1657 ई. में और चार्ल्स द्वितीय ने चार्टर को बढ़ाकर नए अधिकार दे दिए। बंबई को भी किराए पर दे दिया जो दहेज में पुर्तगाल से इंग्लैंड के राजा को मिला था, 1668 ई. में पूर्ण रूप से कंपनी को दे दिया, वह यहाँ पर अपने सिक्के और न्याय व्यवस्था भी चलाती थी। मराठों के हमलों ने कंपनी को युद्ध में मजबूत कर अपनी भूमि को एक टापू के रूप में रखा जहाँ से खूब व्यापार और धन कमाया गया।

सर जोसिया का प्रभाव कंपनी के डायरेक्टरों पर बहुत था, उनके काल में

कंपनी ने बड़ी सफलता प्राप्त की, 1699 ई. में उनकी मृत्यु हो गई। सिंधियों ने जंजीरा, शिवाजी ने टापुओं पर कब्जा कर लिया था, जान चाइड नया एडमिरल बना। उसने 1686 ई. में बंबई और सूरत को नया हेडक्वार्टर बनाया। कर के मामले में औरंगजेब के समय में कंपनी और मुगलों का झगड़ा हुआ, कुछ मुगल जहाजों को पकड़ लिया, मुगलों ने सूरत में अँग्रेजों को कैद कर लिया। 1690 ई. में कर देकर अँग्रेजों ने संधि कर ली। जान चाइल्ड को हटा दिया, शीघ्र ही उसकी मृत्यु हो गई। अब एक व्यापारिक कंपनी राजनीति में भी हस्तक्षेप करने लगी, बंगाल के संकट काल में उसे विशेष सफलता मिली।

बंगाल

हुगली की फैक्टरी (व्यापारिक केंद्र) से 1688 ई. में ढाका, राजमहल, मालदा से सिल्क, साल्टपीटर, चीनी, कपास का व्यापार होने लगा। इंग्लैंड से कारीगरों के आने से सामान भी बनने लगा, व्यापार भी बढ़ा। संत जॉर्ज के किले—मद्रास से व्यापार बढ़ा, 1656 ई. में शाहसुजा, 3000 रुपए की सालाना रकम के बदले बाहरी सामान की ईंट को हटा दिया। मुगलों और अँग्रेजों के बीच चिटगाँव में युद्ध हुआ, जाबर्कानोक सूतनीति चला गया, 1658 ई. में सुनानीति, कालीघाट और गोविंदपुर को जमींदार से लेकर संत विलियम किला बनाया। कोरोमंडल के तट पर मद्रास कंपनी का बड़ा कार्यालय बन गया, उसे पूर्व की प्रेसीडेंसी भी बना दिया। 1652 ई. में उसे हटा दिया, सर स्ट्रीयन शाम मास्टर 1672-78 ई. में एंग्लो चर्च की स्थापना की गई, यह मद्रास में संत मेरी के नाम से बनाया गया। गोलकुंडा की समाप्ति के बाद मद्रास औरंगजेब के हाथ में आ गया। उसने कंपनी के अधिकार को मान्यता दे दी, 1693 ई. में चुडालोर में संत डेविड का किला बनाया गया, थॉमस पिट जब गवर्नर था। 1698-1709 ई. के बीच पाँच नए गाँव भी इसमें कंपनी ने जोड़ लिये। यद्यपि कंपनी के चार्टर की समय सीमा लगातार बढ़ती रही, लेकिन व्यापार के मामले में उसका सर्व अधिकार नहीं था। चार्टर का अर्थ था कि उसके धारक ही व्यापार कर सकते थे। अतः जेम्स प्रथम ने सफोटिस ईस्ट इंडिया कंपनी को भारत में वहाँ व्यापार करने की अनुमति दे दी जहाँ ईस्ट इंडिया कंपनी का व्यापार नहीं था, लेकिन यह कंपनी अधिक कार्य नहीं कर सकी। डच युद्ध के बाद यद्यपि उनको लाभ हुआ, 1688 ई. में विलियम औरेंज के राजा बनने से कंपनी को टोरियों का संगठन माना। अतः 1694 ई. में एक प्रस्ताव के बाद सभी को व्यापार की स्वतंत्रता दे दी।

अब एक नई कंपनी इंगलिश कंपनी ऑफ मर्चेंट्स बनी। चूँकि सरकार ने उसे आर्थिक मदद मिलनी थी जो न हो सकी, पुरानी कंपनी से झगड़ा हुआ, औरंगजेब ने बंगाल, मद्रास व सूरत पर हमला किया। 1709 ई. में एकीकरण हो गया, 1700

ई. में बंगाल में फोर्ट विलियम में प्रेजीडेंसी स्थापित की गई। कपास, कपड़ों, मसालों के अतिरिक्त चाय, कॉफी का भी व्यापार फैला जिसमें चीनी व्यापारी भी जुड़े हुए थे। बंबई, मद्रास और कलकत्ता में गवर्नर और उसकी काउंसिल बनाई गई, गवर्नर सर्वोच्च कमांडर व न्यायपालक भी था। यूरोपियन की अलग कोर्ट थी और स्थानीय लोग पुराने तरीके से न्याय प्राप्त करते थे, यह व्यवस्था 1757 ई. तक चलती रही। समुद्री डाकुओं में पुर्तगाली, अँग्रेज, मराठी डाकू प्रसिद्ध थे जो आने-जाने वाले व्यापारी जहाजों को लूटते थे। 1715-22 ई. में बंबई मैरिन का निर्माण कर इस समस्या का समाधान किया गया।

फ्रेंच ने भारत में दो प्रकार की बस्ती बना ली थी, एक 'Colonies d'exploitation' अर्थात् जहाँ यूरोपियन के स्थायी निवास का वातावरण हो, दूसरे 'Colonies d'exploitation' जहाँ स्थिति और वातावरण यूरोपियन के अनुकूल नहीं हो; लेकिन प्रशासनिक करें, जैसे सेना, व्यापार आदि लिया जाता हो। 1858 ई. तक आधे अँग्रेज सेना में थे और आधे व्यापारी और चायबागान मालिक थे। गाँव वालों व बाबुओं से उनका अधिक संबंध नहीं था। अँग्रेज अधिकारी चाहे सेना में छोटे पद पर भी हों, उन्हें भारतीय सैनिकों से अधिक वेतन और सुविधाएँ प्राप्त थीं। भारतीयों से बड़ा भेदभाव होता था, अपना बचा समय बड़े जमींदारों के ही साथ व्यतीत करते थे। 1857 ई. के युद्ध में इस भेदभाव को व्यवहार में अधिक बढ़ा दिया, यद्यपि कुछ स्थानों पर (दिल्ली-कानुपर-लखनऊ) अँग्रेजों को जान-माल की हानि हुई लेकिन कुछ समय बाद भारतीयों की ही मदद से पुनः अपना आधिपत्य स्थापित कर भेदभाव, शोषण और अलगाववाद को पुनः कठोरता से पालन किया। 1857 ई. के बाद दिल्ली को जामा मस्जिद में अँग्रेजों ने कब्जा कर लिया, जहाँ वे शराब पीते थे। बलूच बटालियन ने उसे घेरा हुआ था। दिल्ली का मजिस्ट्रेट फिलिप इगरटन उसे चर्च बनाना चाहता था। वह हर मार्बल के पत्थर पर ईसाई शहीद का नाम उकेरना चाहता था। 1833 ई. और 1870 ई. में इंग्लैंड की संसद में कानून पास हुआ कि भारतीयों को धर्म, जन्म-स्थान, वंश, रंग और अन्य किसी भी आधार पर सरकारी नौकरियों में कोई भेद नहीं किया जाए, लेकिन ऐसा नहीं हुआ, इसके लिए लार्ड लिटन का 30 मई, 1878 का पत्र साक्षी है जिसमें भेदभाव को दर्शाया गया है।

कुछ अँग्रेजों ने भारतीयों की दशा सुधारने के लिए अवश्य लिखा, जमींदारों और पढ़े-लिखे भारतीयों ने उचित अवसर प्राप्त न होने पर राष्ट्रीय आंदोलन की राह पकड़ी जो धीरे-धीरे राष्ट्रीय व आम जनता से जुड़ गई।

एंग्लो-इंडियन को भी सेना में बड़ा ओहदा नहीं देते थे। उन्हें अधिकतर रेलवे में नौकरी दी जाती थी, एक नई जाति के समान उनसे व्यवहार किया जाता था। अधिकतर ईसाई निम्न हिंदू जातियों से लिये जाते थे। उनमें रंगभेद भी होता था।

भारत में फ्रेंच व अँग्रेज

अँग्रेज और डच कंपनियाँ प्रारंभ में स्वतंत्र व्यापारिक कंपनियाँ थीं, लेकिन बाद में राज्य के आधीन आई, लेकिन पुर्तगाली कंपनी प्रारंभ से ही राज्य के प्रयासों व मदद से खड़ी की गई थी। फ्रेंच कंपनी भी बहुत कम निजी व्यापार करती थी, उनके मंत्री के अनुसार फ्रेंच कंपनी केवल व्यापारिक कंपनी नहीं थी, वरन् उसका उद्देश्य साम्राज्य को फैलाना था। वह एक राजनीतिक संस्था थी। इस कंपनी को 1664 ई. में शाही फरमान से स्थापित किया गया था। मेडागास्कर में फ्रेंच कालोनी बनाकर पूर्व व भारत से व्यापार करता था। इसके लिए शाही खजाने से मदद भी मिली थी। 1670 ई. में जल सेना की मदद से सूरत और मछलीपट्टम में व्यापारिक केंद्र भी बनाए गए। त्रिनाकोमाली में एक नौसैनिक अड्डा भी बनाया जो अधिक सफल नहीं हो सका। 1673 ई. में फ्रेंच कंपनी को पांडिचेरी में सफलता मिल गई, लेकिन 1693 ई. में डचों ने इसे ले लिया जो 1697 ई. में रसबिक की संधि के बाद पुनः फ्रेंच को मिल गया। फैक्को मार्टिन इस कंपनी का प्रमुख रहा, उसने पांडिचेरी में प्रभाव को बढ़ाया, 1690 ई. में चंद्रपुर में एक फैक्टरी का निर्माण किया। मार्टिन ने ही फोर्ट लॉउस के किलों को पांडिचेरी में बनाया, 1706 ई. में उसकी मृत्यु के उपरांत फ्रेंच प्रभाव का पतन होने लगा। अंत में 1719 ई. में नई कंपनी “कंपनी डी इनडीस” के साथ इसका विलय हो गया। मारीशस, माही, कालीकट आदि प्रदेश फ्रेंच के अधीन आ गए, लुईस 14 फ्रांस के साम्राज्य को बढ़ाने में अधिक रुचि रखता था, व्यापार में कम। 1742 ई. में डुपलेक्स पांडिचेरी का गवर्नर बन गया।

कर्नाटक का युद्ध

निजाम-उल-मुल्क के दिल्ली में रहने से और उसके बेटे नासिर जंग के दक्षिण में शासन के दौरान दक्षिण भारत की स्थिति गिरती जा रही थी।

आकोट का छोटा-सा राज्य दक्षिण में निजाम-उल-मुल्क के शासन का अंग था जो अब दोस्त अली ने अपनी जागीर में मिला लिया। विजयनगर साम्राज्य के छोटे हिंदू राज्य भी, दोस्त अली के बेटे सफदर अली ने 1736-37 ई. व दामाद चंद्रा साहिब ने त्रिचनापल्ली और मदुरा को अपने अधीन कर लिये। तंजौर, शिवाजी के सौतेले भाई व्यानका जी के पास थी, उसे भी अपने अधीन कर लिया, जिसके कारण मराठों की आँखें खुलीं। 1740 ई. में राजूजी भौंसले और फतेहसिंह ने दोस्त अली को मारकर, सफदर अली को हरा चंदा साहिब को कैद कर सतारा भेज दिया।

इसी बीच निजाम-उल-मुल्क ने अपने विद्रोही बेटे नासिरजंग को हराकर कैद कर लिया। निजाम के दक्षिण आने से स्थिति में परिवर्तन आया, उसने अपने बेटे सफदर अली को उत्तराधिकारी नहीं बनाया। 1742 ई. में वह स्वयं मराठों

के विरुद्ध त्रिचनापल्ली गया, अरकोट को जीतकर अनवार-उद-दीन को नबाव बनाया। 1744 ई. में आस्ट्रिया के उत्तराधिकार के विषय में फ्रेंच और अँग्रेजों में युद्ध हुआ, पांडिचेरी का गवर्नर डुपलैक्स उसे भारत की भूमि पर नहीं चाहता था, लेकिन अँग्रेजी बेड़े के 1746 ई. में भारतीय समुद्र में 4 फ्रांसीसी जहाजों को पकड़ लिया। फ्रेंच ने 8 जहाज के माध्यम से अँग्रेजों के जहाज पकड़ लिये व मद्रास कर कब्जा कर लिया। अरकोट का नवाब अनवर-उद्-दीन खान फ्रेंच को मद्रास से भगाने में नाकाम रहा।

फ्रेंच संत डेविड के किले को भी लेना चाहते थे लेकिन इसमें कामयाब नहीं हुए। 1748 ई. में अँग्रेजों ने नए एडमिरल के आने से उनकी हिम्मत बढ़ी, लेकिन वर्षांत के होने के कारण सफल नहीं हुए। इस समय एकस-ला-चैपल की संधि हो गई, मद्रास अँग्रेजों को दे दिया, लेकिन डुपलेक्स ने अनवरुद्दीन को मार दिया और चंदा साहिब को मराठों से छुड़ा लिया, वह फ्रेंच का सहायक बन गया। अब अँग्रेजों और फ्रेंच के बीच युद्ध आरंभ हो गया, अँग्रेजों ने मुहम्मद अली का साथ दिया और नासिर जंग को साथ लिया जो 1748 ई. में मर गया, लेकिन निजाम का दूसरा पोता मुजफ्फरजंग, चंदा साहिब के साथ रहा। इस युद्ध में चंदा साहिब फ्रेंच से अलग हो गया, फ्रेंच जनरल बुस्सी की जीत हुई।

इस युद्ध के बाद मुजफ्फरजंग को जनरल गुस्सी की सहायता से दक्षिण भेजा और दक्षिण में फ्रेंच का साम्राज्य फैल गया। फ्रेंच गवर्नर डुपलेक्स व्यापार के स्थान पर साम्राज्य को फैलाना चाहता था बुस्सी को इसमें संदेह था, क्योंकि फ्रांस के शासन से अधिक मदद नहीं मिल रही थी, दूसरे वह क्लाइव की योग्यता से भली-भाँति परिचित था। क्लाइव एक क्लर्क से जरनल बना था। मराठों ने चंदा साहिब को मार दिया था, अब फ्रेंच के पास अच्छे सैनिक भी नहीं थे और कर्नाटक से आनुपातिक कर भी नहीं मिल पा रहा था।

दक्षिण में सफलताओं से डुपलेक्स उत्साहित था, लेकिन दक्षिण की शक्तियाँ फ्रेंच सेना से खुश नहीं थीं। फ्रेंच बंगाल पर हमला कर रुलाबंद जंग को अली वर्दी खान के स्थान पर नवाब बनाना चाहते थे, लेकिन मराठों ने इस हमले में बाधा पहुँचाई। बुस्सी ने मराठों को तो हरा दिया, 1752 ई. में मराठों से संधि हो गई लेकिन निजाम का बेटा गाजी-उद्-दीन दिल्ली से दक्षिण अपने पिता की गद्दी के लिए आया, उसे महल में जहर देकर मार दिया, अब खतरा खत्म हो गया।

बुस्सी बीमार हो गया, वह आराम के लिए मछलीपट्टम चला गया, उसके न होने पर सेना को 1753 ई. में छोटी टुकड़ियों में बाँटकर कर उगाहने के लिए भेजा, लेकिन बुस्सी ने आकर इस नीति को भाँप लिया। फ्रांस की सरकार भारत के बजाय अमेरिका में मिसिसीपी और ओहामों में अपना अधिकार जमाना चाहती थी, अतः

डुपलेक्स के स्थान पर जोड़ेहू को भेजा गया। डुपलेक्स के जाने से बुस्सी की ताकत भी कम हो गई, लेकिन बुस्सी बड़ा समझदार व्यक्ति था, सेना के बजाय वह चाल का अधिक प्रयोग करता था। 1756 ई. में उसने कलकत्ता पर हमला कर वहाँ का सलाहकार बन गया, ऐसा उसने बिना मराठों और हैदराबादियों की मदद से ऐसा किया, यहाँ उसने शाह नवाज खान को भी हटाने की सलाह नहीं दी जिसे वह दिल से चाहता था।

बंगाल में क्लाइव

अरकोट की सफल रक्षा के बाद क्लाइव एक महत्त्वपूर्ण व्यक्ति बन गया, 1753 ई. में वह इंग्लैंड गया, वहाँ से 1755 ई. में वापस आने पर ले. कर्नल बना दिया गया। जो बड़ा ही महत्त्वपूर्ण पद था। अँग्रेज दक्षिण से फ्रेंच का प्रभुत्व समाप्त करना चाहते थे, क्लाइव को संत डेविड किले का गवर्नर बना दिया लेकिन वह वहाँ अधिक समय नहीं रह सका। बंगाल में अल वर्दी खान की मृत्यु के बाद उसके पौत्र-भतीजे सिराज-उद-दौला को अप्रैल 1756 ई. में गद्दी दे दी थी। वह अच्छा सैनिक व पसंदीदा शासक नहीं था। सिराज-उद-दौला अपने चचेरे भाई को पूर्णिया से हटाना चाहता था, अँग्रेज भी फोर्ट विलियम में फ्रेंच को हराने की तैयारी कर रहे थे। जब नवाब को यह पता चला तो उसने कलकत्ता का रुख किया, लेकिन अधिकतर अँग्रेज समुद्री जहाज में चले गए थे। फोर्ट विलियम जेल, जो 18 फुट लंबी 15 फुट चौड़ी थी, इसमें 146 अँग्रेज औरतें व आदमी घुस गए। जिसमें से 23 अगली सुबह जीवित निकाले गए। इसे "ब्लैक होल" के नाम से जाना जाता है। कहते हैं कि नवाब को इस विषय में कुछ ज्ञात नहीं, वे उनको आपस में लड़ाते रहे और अपना लाभ लेते रहे।

डचों के अंतिम दिन

क्लाइव की बढ़ती शक्ति को डच बड़ी संदेह की दृष्टि से देखते थे। मीर जाफर से संधि के बाद उनका व्यापार भी घटने लगा था, बटाविया में अँग्रेजी कंपनी आक्रमण करना चाहती थी, हुगली में मीर जाफर ने डचों को आगे बढ़ने से रोका, उसके बेटे मीरान ने चिनसुरा में डचों को हराया, अब डचों ने संधि कर बंगाल में अपनी शक्ति को कम कर दिया।

इस सफलता के बाद क्लाइव अपने पद से इस्तीफा दे 1760 ई. के प्रारंभ में इंग्लैंड चला गया।

कर्नाटक में फ्रेंच

1756 ई. में यूरोप में 7 वर्षीय युद्ध प्रारंभ हुआ था, 1757 ई. में क्लाइव ने बंगाल में चंद्रनगर के कब्जे में कर फ्रेंच की शक्ति को कमजोर कर दिया था। 1758 ई. में फ्रेंच ने संत डेविड को जीत लिया, उनका नया कमांडर दी लैली ओरंगल था। 1759 ई. में क्लाइव ने मसोलिपट्टम को फ्रेंच से जीत लिया। पांडिचेरी को छोड़ फ्रेंच अब मॉरीशस चले गए, समुद्र अब अँग्रेजों के कब्जे में था। फ्रेंच के कमांडर लैली को कैदकर इंग्लैंड भेज दिया जहाँ उस पर मुकदमा चला उसे मार दिया गया। हैदर अली के साथ भी फ्रेंच ने संधि की थी लेकिन उसने भी पूरी मदद नहीं की। लैली अच्छा योद्धा था लेकिन बहुत गुस्सा करता था अपने छोटे अफसरों को डाँटता रहता था, फ्रेंच की नीति में घर स्थानीय साधनों से जुटाना था।

क्लाइव के शासनों के बीच का बंगाल

होल्डवेल, नया गवर्नर एक समय के लिए ही पद पर था, वह अधीनस्थ अधिकारियों से शक्ति से कार्य लेने में निपुण नहीं था। नई स्थिति का लाभ भी नहीं उठा पा रहा था। अली गौहर (शाह आलम) बिहार पर हमला कर रहा था। 1760 ई. में पटना से उसे भगा दिया। मीर जाफर के पुत्र मीरान की मृत्यु के बाद नबाव के दामाद मीर कासिम नवाब बनना चाहता था, लेकिन मीर जाफर उसमें रोड़ा था, अतः उसे कैद कर कलकत्ता लाया गया। मीर कासिम को नवाब बना दिया जिसने कंपनी को बर्दवान, मिदनापुर और चिटगाँव दे दिए तथा सेना को बकाया वेतन भी दिया, मीर जाफर को 15,000 रुपए पेंशन दे दी गई। मीर कासिम को जल्दी ही अपनी स्थिति का अहसास हो गया, वह अँग्रेज और अली गौहर के बीच के संबंधों से परिचित था, अली गौहर ने अपने पिता आलमगीर द्वितीय के वध, जिसे गाजी-उ-द्दीन फिरोजजंग इमाद-उद-मुल्क ने किया था, अब शाह आलम द्वितीय की उपाधि धारण कर ली थी। उसने 1761 ई. में पटना पर पुनः हमला किया जिसे रामनारायण व मेजर कार्निक ने विफल कर दिया। शाह आलम ने गवर्नर विनसीटार्ट से संबंध बनाकर दिल्ली आने का प्रयास किया, रामनारायण जो अँग्रेजों का चहेता था, हटा कर और मार दिया गया। अँग्रेज अफसर और कौंसिल के सदस्य अपना निजी व्यापार भी करते थे जिससे कंपनी को घाटा होता था, क्योंकि वे कर नहीं देते थे, मीर कासिम ने इसका विरोध भी किया था। मैकाले ने इस काल को कंपनी का दागी काल माना है। इलिस पटना का बड़ा अँग्रेज अफसर था, उसका बड़ा व्यापार था वह कर नहीं देता था, नवाब और उसके बीच मतभेद रहा, इलिस ने अपनी फौज के द्वारा पटना पर कब्जा कर लिया। नवाब के अफसरों को कैद कर लिया, हेस्टिंग को वहाँ भेजा गया, बीचबचाव हुआ, नवाब के द्वारा लगाए करों को हटा दिया गया,

नवाब ने अवध के नवाब सिराज-उद-दौला से मदद ली। अगस्त 1763 में मीर कासिम हार गया, उसने गुस्से में अनेक अँग्रेज महिलाओं व बच्चों को मरवा दिया, अपने अफसरों को भी मरवा दिया, अवध में शरण ले ली। अँग्रेजों ने पुराने बूढ़े नवाब मीर जाफर को पुनः नवाब बना दिया, पुरानी व्यापार की स्थिति को लागू रखा व युद्ध का खर्च भी उसी से लिया गया।

सिराज-उद-दौला

मीर कासिम अपने खजाने और सैनिकों के साथ अवध के नवाब और शाह आलम के साथ मिल गया। 1764 ई. में उन्होंने पटना पर हमला किया। अँग्रेज सेना में आपसी झगड़ा हो गया, नया कमांडर मेजर हेक्टर मुनरो भेजा गया, उसने सभी बागी व झगड़ने वाले सैनिकों को तोप से उड़ा दिया व बक्सर के युद्ध में अक्टूबर 1764 को नवाब सिराज-उद-दौला, नवाब मीर कासिम और शाह आलम को हरा दिया। इस युद्ध में अब्दालीशाह, होल्कर, सुमरो, दुर्रानी भी मीर कासिम के साथ थे, तो उनकी भी हार हुई।

इंग्लैंड में जनमत कंपनी के विरोध में था, क्लाइव निदेशकों को प्रभावित करने में लगा हुआ था। मई 1765 में कलकत्ता पहुँचने पर उसे गवर्नर बना दिया गया। उसी बीच में मीर जाफर की मृत्यु भी हो गई थी। उसके बेटे नज्म-उद्-दौला को नया नवाब बना दिया, लेकिन वास्तविक शक्ति कंपनी ने अपने पास ले ली, वह केवल नाममात्र का नवाब रहा।

अवध का फैसला कठिन था, वषीटार्ट ने शाह आलम को इसका वायदा किया था, मल्हार राव होल्कर ने सुजा के पक्ष में कारा और कालपी में हस्तक्षेप किया लेकिन उसे हरा दिया गया, रोहिल्लाओं ने भी साथ नहीं दिया। अंत में सुजा अँग्रेजों की दया का पात्र बन गया। क्लाइव अवध के नवाब को पुनः गद्दी देना चाहता था और शाह आलम को इलाहाबाद और कारा दे दिया, शाह आलम ने कंपनी को बंगाल, बिहार और उड़ीसा से दीवानी (कर) वसूलने का अधिकार दे दिया। इंग्लैंड का गृह मंत्रालय इसे पसंद नहीं करता। अतः इसे छुपाए रखा, सुजा ने 30 लाख रुपए का दंड दिया, मीर कासिम रोहिलाखंड भाग गया, सुमरो भी पकड़ के बाहर हो गया। विदेशी मामलों को ठीक करने के बाद क्लाइव गृह मामलों में लग गया। नवाब उसे नजराना देने लगे, उसे एक जागीर भी मिली, जिसे इंग्लैंड में डायरेक्टर ने पसंद नहीं किया, नमक का व्यापार भी कंपनी ने किया। अंत में क्लाइव अपने कार्यों में सफल ही हुआ। क्लाइव ने बड़ी समझदारी से सेना के विद्रोह को समाप्त किया, बड़े अफसरों जैसे रॉबर्ट फ्लेचर आदि को सेवा से हटा दिया। लार्ड क्लाइव ने अपना भविष्य बड़े परिश्रम और साहस के साथ बनाया। वह एक साधारण

परिवार से था जो कंपनी में 1747 ई. में क्लर्क के रूप में भर्ती हुआ लेकिन मेजर स्ट्रींगर लारेंस जो भारत में अँग्रेजी सेना का संस्थापक था उसकी मदद से क्लाइव आगे बढ़ा। प्लासी के युद्ध में उसके बड़े दुश्मन हो गए, जॉर्ज तृतीय भी उसके विरुद्ध था, उसके अंतिम वर्ष बीमारी और अपने को बचाने में लग गए। 1774 ई. में उसने स्वयं ही आत्महत्या कर ली।

1767 ई. में अहमदशाह अब्दाली ने पंजाब पर आक्रमण किया, यह उम्मीद थी कि वह बंगाल में भी हमला करेगा, क्योंकि मीर कासिम और रोहिल्ला उसके साथ थे, लेकिन अँग्रेजों ने उसे रोके रखा। 1768-69 ई. में पुनः अब्दाली ने हमला किया लेकिन अँग्रेजों ने उसे आगे नहीं बढ़ने दिया, उसकी सेना में विद्रोह हो गया और वह फिर कभी नहीं आया।

गोरखाओं का राजा पृथ्वी नारायण कुछ समय से नेपाल के अन्य राजाओं को खत्म करने में लगा था, अतः 1767 ई. में काठमांडू के राजा जय प्रकाश माला ने अँग्रेजों से मदद की गुहार की। पटना से कप्तान किन कौच ने 2,400 सिपाही लेकर हमला किया, लेकिन भारी वर्षा और मदद न मिलने से तथा कमांडर चीफ की आज्ञा के बिना वह असफल रहा, भारी हानि हुई। अंत में 800 सैनिक बचे, अधिक विद्रोह कर गए। पहली बार अँग्रेज और गोरखाओं का संपर्क हुआ था, क्लाइव के बाद के गवर्नर स्थिति को सँभाल नहीं पाए। मराठे चौथ के लिए उड़ीसा पर हमला करने लगे, शाह आलम दिल्ली जाने के लिए बेताब था। अवध का नवाब शाह आलम से खुश नहीं था, कर भी ठीक से नहीं लिया जा रहा था, 1769-70 ई. में बंगाल में भीषण अकाल पड़ गया। इंग्लैंड से तीन सदस्यीय कमेटी कर की जानकारी के लिए भेजी गई जो जहाज समुद्र में ही भटक गया।

हैदर अली

फ्रेंच को 1763 ई. की पेरिस संधि के अनुसार पांडिचेरी वापस दे दिया गया था। हैदर अली ने हिंदू राजा से मैसूर की सत्ता छीन ली थी, उसने मालाबार तट पर अपना क्षेत्र बढ़ा लिया था जो पेशवा व निजाम के हित के विरुद्ध था। अतः 1767 ई. में मराठा और हैदर अली में युद्ध हुआ, निजाम ने हैदर अली का साथ दिया लेकिन वह युद्ध में हार गया।

मराठा

पानीपत के तीसरे युद्ध में हार के बाद मराठे दिल्ली छोड़, बादशाह के नाम से नजीब-उद-दौला को शासन सौंप गए थे, बालाजी बाजीराव सदमे से मर गया। उसका 17 वर्षीय पुत्र माधवराव पेशवा बना, लेकिन चाचा रघुनाथ राव शासन

करता था। थोड़े दिनों में पेशवा ने अपनी समझ का अधिकारी नाना फड़नवीस को बनाया जिसे रघुनाथ राव पसंद नहीं करता था। अतः उसने निजाम से मिलकर पूना पर हमला किया और माधवराव को कैद कर लिया। परिवार के झगड़े ने मराठों को भी अलग-अलग कर दिया, भौंसले ने निजाम का साथ दिया। रघुनाथ राव ने माधव राव का और होल्कर व गायकवाड़ ने भी माधवराव का साथ दिया, निजाम हार गया। लेकिन रघुनाथ राव की पत्नी आनंदी के कहने पर रघुनाथ राव पुनः पेशवा के विरुद्ध हो गया, पेशवा ने उसे हरा दिया और सिंधिया तथा होल्कर को दिल्ली के लिए भेजा। पेशवा अब बड़ा शक्तिशाली हो गया, लेकिन 28 वर्षों की अल्प आयु में उसकी मृत्यु हो गई। वह बड़ा साहसी, न्यायप्रिय पेशवा था। इधर मराठों ने राजपूतों, जाटों और रोहिल्लाओं को दबाकर शाह आलम को अँग्रेजों की मदद से 1771-72 ई. में दिल्ली लाकर गद्दी पर बैठा दिया, सिंधिया अब स्वयं साम्राज्य को चलाना चाहता था।

मराठों, सिखों और अँग्रेजों का संग्राम

भारत में अँग्रेजी इतिहास के काल का महत्त्वपूर्ण व्यक्ति वारेन हेस्टिंग्ज हुआ जिसने अधिकतर कार्यों में सफलता पाई। इसके कार्य-काल की घटनाओं को वर्क और मैकाले ने अपने-अपने ढंग से समझा और व्यक्त किया था। इंग्लैंड की सरकार, कौंसिल के बहुमत, बंबई व मद्रास की प्रेसीडेंसी के विरोधों के बाद भी उसने प्रशासन को चलाया।

वारेन हेस्टिंग्ज 1732 ई. में ऑक्सफोर्डसाय में चर्चिल के गाँव के पादरी के घर पैदा हुआ, वेस्टमिनिस्टर के स्कूल में शिक्षा प्राप्त की, जहाँ वह अपने साथियों में बड़ा प्रसिद्ध था। ईस्ट इंडिया कंपनी के निदेशक की मदद से 1750 ई. में बंगाल में क्लर्क के रूप में आ गया। क्लर्क का वेतन बहुत कम होता था, लेकिन निजी व्यापार से वारेन हेस्टिंग्ज ने काफी धन कमा लिया, जिसके कारण उसकी बदनामी भी हुई।

1769 ई. में बंगाल का सबसे बड़ा दुर्भिक्ष पड़ा। इसके कारण समस्त देश उजाड़ हो गया, तिहाई से अधिक मनुष्य भूखे मर गए तथा मुर्शिदाबाद जैसा बड़ा नगर खंडहर हो गया। इसके कुछ समय पश्चात् 1771 ई. में वारेन हेस्टिंग्ज बंगाल का गवर्नर नियुक्त किया गया। वह भारत की परिस्थितियों से भलीभाँति परिचित था, क्योंकि वह कौंसिल का सदस्य रह चुका था। उसने सारे प्रशासन के अधिकार अपने हाथ में ले लिये, नवाब नाममात्र का रह गया। द्वैध शासन की समाप्ति हो गई। क्लाइव ने भारतवर्ष में अँग्रेजी शासन की नींव रखी, लेकिन वारेन हेस्टिंग्ज ने प्रबंध तथा अदालतें खोलकर अँग्रेजी शासन की नींव को भारत में दृढ़ किया।

मराठे भी इस प्रक्रिया को बड़े ध्यान से देख रहे थे, मराठों ने भी उन्हीं भागों पर अपना कब्जा जमा रखा था जहाँ राजनीतिक जीवन शेष नहीं रह गया था। अँग्रेजों को वही भाग मिले जहाँ धन और सैनिक प्रचुर मात्रा में थे, उनके पास आधुनिक हथियार और कूटनीति थी, भारतीय सैनिक जो भारतीयों से लड़ सके वे भी आसानी से मिल गए। अतः ऐसी दशा में मराठों पर विजय प्राप्त करना कोई आश्चर्यजनक बात न थी।

दिल्ली में मराठा सेनाएँ

मराठे तो क्लाइव के काल से ही बंगाल की विजय के लिए तैयार थे, लेकिन अँग्रेजों के सौभाग्य से अब्दाली का आक्रमण हुआ जिसमें लाखों मराठों की मृत्यु हो गई, उन्हें सँभलने में लगभग दस वर्ष लगे, तब तक अँग्रेजों की सत्ता अवध में स्थापित हो गई। दिल्ली के शासक मराठों की सुरक्षा में थे, अँग्रेजों ने उन्हें 30 लाख रुपए भी देना बंद कर दिया और नवाब वजीर से 50 लाख रुपए देकर इलाहाबाद और कारा भी ले लिये।

अब अँग्रेजों और मराठों में युद्ध होना अवश्यंभावी था, मराठों का नेता फड़नवीस था, युद्ध में मराठों की विजय हुई और उत्तरी भारत में उनकी शक्ति मानी गई। 20 वर्ष की शांति के बाद दूसरा युद्ध हुआ जिसमें मराठे हार गए और आर्यवर्त का राज्य अँग्रेजों के हाथ में आ गया।

पेशवा बालाजी बाजीराव की मुगलों को दिल्ली से निकालकर अपना राज्य स्थापित करने की इच्छा थी जो पानीपत की तीसरी लड़ाई ने असफल कर दी। बंगाल में भी अँग्रेजी शासन हो गया। अतः दोनों में संघर्ष होना अपरिहार्य था। यह संघर्ष 30 वर्ष तक चलता रहा। पहले 10 वर्षों में नाना फड़नवीस और वारेन हेस्टिंग्ज के बीच रहा, जिसमें मराठा साम्राज्य का शासन-क्षेत्र बहुत विस्तृत हो गया। लेकिन नाना फड़नवीस की नीति अँग्रेजों को आर्यवर्त से बाहर निकालने में सफल नहीं हुई, बल्कि उनका बल और अधिक बढ़ गया। अँग्रेज भी भारत में अपनी शक्ति और शासन को और बढ़ाना चाहते थे।

संघ-राज्य की निर्बलता– मराठों का पारस्परिक द्वेष

संसार के इतिहास में यह पाया गया है कि "सम्मिलित राज्य" अति निर्बल राज्य होता है, जो चिह्न मराठा संघ के भीतर निहित थे। इसमें भिन्न-भिन्न भाग अपने लाभ को सम्मुख रखकर युद्ध के लिए तत्पर रहते हैं। मराठा राज्य में जातिभेद के कारण झगड़ा होता था, यह बात कुछ हद तक ठीक थी। शिवाजी एक योग्य व कूटनीतिक शासक था, उसने सभी को मिलाकर मुगलों के साथ संघर्ष कर अपने

राज्य का विस्तार किया, नाना व सिंधिया ने भी मराठों के राज्य का विस्तार किया, लेकिन राजाराम के काल से ही सभी ने अपने-अपने भिन्न राज्य बना लिये। नाना व सिंधिया की मृत्यु के बाद कोई योग्य नेतृत्व नहीं हो सका। अतः मराठा साम्राज्य बिखरने लगा।

लार्ड वेलेजली की नीति

इसने अपनी "सहायक सेना नीति" (सब्सिडियरी सिस्टम) को चलाकर लाभ उठाया। इस नीत के अनुसार रियासत अँग्रेजों से मित्रता करती थी, उसकी रक्षा के लिए अँग्रेज सेना तैयार रहती थी जिसका खर्च रियासत को देना होता था, लेकिन वह सेना अँग्रेजों के अधीन होती थी। इससे यह स्पष्ट था कि देशी राजा या नवाब रियासत का स्वामी तो था, वह संधि तथा विग्रह कर सकता था लेकिन सेना न होने के कारण वह असमर्थ ही रहता था। वह हर समय अँग्रेजों पर आश्रित रहता था। प्राचीन काल से महाराजाधिराज इसी प्रकार की शासन-प्रणाली चलाते थे, शायद मराठे भी यदि सफल होते तो इसी प्रणाली को चलाते, लेकिन पेशवा घरेलू कलह के डर से अँग्रेजों के आश्रय में आया और लार्ड वेलेजली की नई नीति स्वीकार कर ली।

नारायण पेशवा

1773 ई. में वह होनहार बालक पाँचवाँ पेशवा हुआ। कुछ समय बाद रघोबा की पत्नी के द्वेष के उपरांत रघोबा भी पेशवा से द्रोह करने लगा, इसी समय बरार में गृह कलह चल रहा था, पेशवा ने साबाजी को रक्षक स्वीकार किया जिसे रघोबा नहीं चाहते थे। वेतन को लेकर सेना में कुछ झगड़ा था, एक दिन पूना के महल में जहाँ पेशवा और रघोबा दोनों विश्राम कर रहे थे वहाँ सेमिर सिंह तथा मुहम्मद युसुफ कुछ सैनिकों को लेकर पहुँचे, वे पेशवा को मारना चाहते थे। पेशवा रघोबा के कमरे में पहुँचा और उसे बचाने के लिए कहा लेकिन यह संभव नहीं हो सका। अतः पेशवा को मार दिया गया, रघोबा पेशवा बने, रामशास्त्री ने इस घटना की जाँच की और रघोबा ने कहा कि वह इस वध में शामिल है। इस पर रामशास्त्री ने कहा कि वह हत्यारे का अन्न नहीं ग्रहण करेंगे, न ही पूना में रहेंगे, अतः वे काशी चले गए। रघोबा के पेशवा बनने पर हैदर अली और निजाम अली भी उससे युद्ध करने के लिए तैयार हो गए। दिल्ली के मराठे भी पूना की ओर कूच करने लगे। अँग्रेज भी सारी घटना को ध्यान से समझ रहे थे, उन्होंने मार्टिन को अपना प्रतिनिधि बनाकर पूना भेजा और मद्रास व बंगाल के समान व्यापारिक संबंध बनाकर सालसिट और बसीन को अपने अधिकार में करना चाहते थे।

रघोबा ने निजाम और हैदर अली से संधि की, अंत में अँग्रेजों से भी संधि की। पेशवा नारायण राव की विधवा गंगाबाई गर्भवती थी, उसे अन्य ब्राह्मण गर्भवती महिलाओं के साथ छुपाकर एक दुर्ग में रखा गया, जहाँ माधवराव नारायण का जन्म हुआ, जिसे अंत में पेशवा बना लिया गया।

रघोबा चारों ओर से घिर गया था, जनता भी उससे घृणा करती थी, अँग्रेजों ने 1773 ई. में नया ऐक्ट पास किया जिसमें बंगाल का गवर्नर शेष सभी आंग्ल प्रांतों का गवर्नर-जनरल बनाया गया, प्रत्येक संधि उसकी स्वीकृति से होना तय हुआ। वारेन हेस्टिंग्ज पहला गवर्नर-जनरल नियुक्त हुआ, जो 1774-85 ई. तक इस पद पर रहा। इस काल में प्रशासन में अनेक सुधार तो हुए लेकिन वारेन हेस्टिंग्ज के विरोधी भी बहुत रहे। समय-समय पर वे हेस्टिंग्ज की बेइज्जती व उस पर शब्दों का प्रहार करते थे। यहाँ तक कि उसके द्वारा लिये गए निर्णयों को उल्टा भी करते रहे, जैसे रोहिल्ला युद्ध, बर्क और मैकाले, ब्रिस्टो, फ्रांसिस, कौंसिल में हेस्टिंग्ज का विरोध रहता था जिसे वह सहन करता रहा।

अवध के साथ संबंध

अवध के नवाब सिराजुदौला के हेस्टिंग्ज के साथ अच्छे संबंध थे, लेकिन मिडलटन अवध में अँग्रेजी रेजिडेंट था जिसे कंपनी के निर्णय से वापस बुला लिया, जिससे नवाब को शंका हो गई और शीघ्र ही उनकी मृत्यु भी हो गई। आशफ-उद्-दौला उनका उत्तराधिकारी बना तो एक नई संधि के लिए पेशकश हुई जिसमें साल में 50,000 रुपए सेना के खर्च के लिए और बढ़ाए तथा उनके पिता का सारा धन बेगम को दे दिया गया, गाजीपुर और बनारस (राजा होते हुए) यहाँ का कर कंपनी को देने का फैसला लिया गया। रूहेलखंड में सेना ने तनख्वाह न मिलने से विद्रोह किया, नए जजों को फ्रांसिस ने नाराज किया जिसका असर नंदकुमार के मुकदमे पर पड़ा।

नंदकुमार

कंपनी रिजा खान बंगाल का उपनायक था, उसके हार से नंदकुमार इस उम्मीद में था कि उसे यह पद दे दिया जाएगा, लेकिन यह नहीं हुआ। उसे कंपनी और हेस्टिंग्ज के विरुद्ध विद्रोह के मुकदमे में फँसाया गया, नंदकुमार की कंपनी के अन्य अधिकारी जनरल कलैवरिंक ने हेस्टिंग्ज पर आरोप लगाया कि उसने मुन्नी बेगम (मीर जाफर की विधवा) और बंगाल के अल्प आयु के नवाब की माँ से 354,100 रुपए रिश्वत ली है, तथा रिजा खान को छोड़ने की भी रिश्वत ली है। यह मुद्दा कौंसिल में आया जहाँ हेस्टिंग्ज भी मौजूद था। उसने इसे असंवैधानिक कह

कर स्थान छोड़ दिया, लेकिन कौंसिल ने कलैवरिंक को कुर्सी पर बैठा दिया, जहाँ कौंसिल में बेगम के हस्ताक्षर न मिलने पर, हेस्टिंग्ज के कुर्सी छोड़ जाने पर उस पर गबन का मुकदमा बना रहा। लेकिन एक आदमी ने नंदकुमार पर गबन का मुकदमा चला दिया। जो ऐलिजाह इमलए के अधीन हुआ। वह हेस्टिंग्ज का दोस्त था उसने नंदकुमार को दोषी करार देकर फाँसी की सजा दे दी। यह विषय इंग्लैंड की संसद में वर्क ने भी उठाया, जहाँ न्याय न होने की बात की गई। बाद में लॉर्ड मिंटो नए गवर्नर-जनरल ने ऐलिजाह इमलए को हटा दिया, नंदकुमार के बेटे को उप-नायब बना दिया और रिजा खान को नायब बना दिया।

बंबई और मद्रास

रैगूलेटिंग कानून ने कलकत्ता की कौंसिल को अन्य प्रेसीडेंसियों से कुछ अधिक अधिकार दिए थे, लेकिन वे यहाँ सफल न हो सके। रघुनाथ राव ने बंबई व मद्रास के साथ मिलकर पूना के मराठों की शक्ति को कम किया, एक मजबूत परिवार को नष्ट कर दिया, स्वयं भी अधिक लाभ नहीं उठा सका।

बनारस के चैत सिंह

हैदर अली– टीपू सुल्तान की लड़ाई बिना गवर्नर-जनरल की अनुमति के लड़ी गई थी जिसमें धन-माल की भारी हानि उठानी पड़ी थी। हेस्टिंग्ज इसके लिए उत्तरदायी नहीं था। मैसूर युद्ध के लिए पैसे की आवश्यकता थी, बंगाल 265 लाख रुपए पहले ही मद्रास को भेज चुका था और अधिक पैसे की आवश्यकता थी, हेस्टिंग्ज बनारस गया, जहाँ चैत सिंह शासन करता था। कंपनी को 22.5 लाख रुपए की वार्षिक वसूली करनी होती थी जो कुछ रुपए बकाया था। हेस्टिंग्ज के लिए चैत सिंह एक ऐसा साधन था जहाँ से पैसा लिया जा सकता है। चैत सिंह ने बड़ी प्रार्थना की, लेकिन उसे कैद कर लिया, लेकिन राजा के सैनिकों ने हेस्टिंग्ज को चुनार के किले में भागने के लिए मजबूर कर दिया। चैत सिंह अपना धन लेकर ग्वालियर भाग गया। यहाँ साफ रूप से दिखाई देता है कि एक तानाशाही शक्ति ने बिना किसी नियम-कानून के कमजोर को दबाने का प्रयास किया था।

अवध की बेगमें

हेस्टिंग्ज जब बनारस में असफल हो गया तो उसने अवध में अपने तरीके को अपनाया और बेगमों से 15 लाख रुपए की माँग की। आसिफ-उद-दौला के पास पैसा नहीं था, अतः उसने अपनी माँ और दादी से पैसा माँगा। कुछ पैसा इस शर्त पर

दिया गया कि फिर नहीं माँगा जाएगा, यह पर्याप्त नहीं था। नवाब ने बेगमों को कैद कर एक वर्ष जेल में रखा, बाद में हेस्टिंग्ज की सलाह पर उन्हें छोड़ दिया।

1774 ई. से 1776 ई. के बीच हेस्टिंग्ज का कौंसिल में बहुमत न होने से उसके सभी कार्य नकारे जाते रहे। एक समय ऐसा था कि हेस्टिंग्ज ने त्यागपत्र दे दिया, लेकिन उसे मालूम था कि इंग्लैंड में उसका कोई मजबूत समर्थक नहीं है, अतः उसने अपना त्यागपत्र वापस ले लिया, कलैवरिज ने गवर्नर-जनरल का कार्य प्रारंभ कर दिया था, लेकिन सर्वोच्च न्यायालय ने हेस्टिंग्ज को ही गवर्नर-जनरल माना, कुछ समय बाद कलैवरिज की मृत्यु हो गई।

हेस्टिंग्ज ने एशियाटिक सोसाइटी की स्थापना की, संस्कृत कालेज खोला, कलकत्ता का मदरसा स्थापित किया, अवध की बेगमों को अवध की जागीर वापस की, वह अपनी नीति को औरों से उच्च समझता था, इसी कारण अधिकतर लोग उससे नाराज रहते थे। उस पर 22 लांछन लगाए गए, लेकिन नंदकुमार अवध की बेगम और चैतसिंह के ही लांछन सिद्ध हो सके।

1787 ई. में लॉर्ड मिंटो ने उसे हटा दिया, फरवरी 1788 से अप्रैल 1795 तक वह मुकदमा लड़ता रहा। आखिर में बरी हो गया लेकिन उसे कोई उच्च पद नहीं मिला, वह कर्जवान हो गया। जिस व्यक्ति ने एक समय अँग्रेजी साम्राज्य को बचाया हो उसकी बुरी हालत हो गई। कौंसिल ने उसे 50,000 पौंड का ऋण दे दिया और 4000 पौंड की पेंशन भी दे दी, उसे प्रिवी कौंसिल का सदस्य भी बना दिया। 1818 ई. में 85 वर्ष की आयु में अपने पुश्तैनी घर में मर गया। हेस्टिंग्ज के साथ ही ईस्ट इंडिया कंपनी का शासन खत्म हो क्राउन का शासन स्थापित हो गया।

मराठा साम्राज्य का अंत

एक ओर सिंधिया राजपूतों से झगड़ रहा था तो दूसरी ओर पूना सरकार हैदर अली के पुत्र टीपू के साथ युद्ध कर रही थी। टीपू को अपने बल का अति गर्व था, उसने नरगोध के देसाई से अत्यंत अधिक कर प्राप्त करना चाहा; देसाई ने नाना फड़नवीस को लिखा, जिसने टीपू को लिखा कि साधारण कर ही लेने का अधिकार है। टीपू ने देसाई के परिवार का वध करवा दिया, हिंदुओं को पकड़कर सुन्नत करके मुसलमान बनाने लगा और एक बार दो सहस्र ब्राह्मणों ने मरना स्वीकार कर लिया। इस पर हरिपंत मराठा सेना लेकर पहुँचा, निजाम भी मराठों से मिल गया, टीपू ने संधि कर ली। इसके बाद उसने फ्रांस के साथ संबंध स्थापित किए जिससे मराठे-निजाम और अँग्रेज एक हो गए, निजाम ने अँग्रेजों को कुछ जिले व सैय्यद दे दी। तीनों ने टीपू पर हमला किया, टीपू एक वर्ष तक लड़ता रहा। वह 1791 ई. में रंगपट्टम में मारा गया उसका राज्य तीनों शक्तियों ने बाँट लिया।

गुलाम काफिर

सिंधिया को राजपूतों से युद्ध में अनेक कष्ट उठाने पड़े, एक समय शाही सेना भी राजपूतों के साथ मिल गई। सिंधिया ने नाना फड़नवीस को सहायता व वफादारी का पत्र लिखा, इसी बीच गुलाम काफिर रोहिल्ला ने दिल्ली पर अधिकार कर शाह आलम को अंधा कर उसके परिवार की बेइज्जती कर, जामा मस्जिद के कोपोलों को उखाड़कर दिल्ली को लूटा। सिंधिया सेना लेकर दिल्ली आया, गुलाम काफिर भाग गया, उसे पकड़कर मार दिया, नेत्रहीन बादशाह को पुनः सिंहासन पर बैठाया। सिंधिया पेशवा से मिलने पूना आया, वहाँ सिंधिया की अनुपस्थिति में उसकी और होल्कर की सेना में लड़ाई हो गई। सिंधिया की सेना जीत गई। पूना में सिंधिया के प्रति अच्छा भाव नहीं था। नाना एक बार पेशवा को त्यागपत्र देकर बनारस जाना चाहता था लेकिन पेशवा ने ऐसा न करने की मनाही कर दी। शीघ्र ही सिंधिया को ज्वर हो गया और 1793 ई. में उनकी मृत्यु हो गई। महाद जी अपने समय का प्रसिद्ध पुरुष था, उसने पानीपत की तृतीय युद्ध भी लड़ा था, मुगल शासन के अंतिम वर्ष भी देखे थे, मराठों के विघटन को भी देखा था। वह फ्रांसिसियों को साथ लेकर अँग्रेजों को भारत से बाहर करना चाहता था, राज्य को मजबूत करना चाहता था, सभी मराठा रियासतें आपस में मिल सकें यही उसका प्रयास रहा, जो उसके काल में नहीं हो सका। निजाम से चौथ का झगड़ा लंबे समय से चल रहा था, वह 10 वर्षों से चौथ नहीं दे रहा था, सिंधिया बलपूर्वक निजाम से चौथ लेना चाहता था, लेकिन निजाम अँग्रेजों के साथ मिलकर युद्ध की तैयारी कर रहा था कार्नवालिस के बाद जॉन शोर आया जिसकी नीति उदासीनता की थी।

नाना फड़नवीस ने सभी मराठों को इकट्ठा हो निजाम पर हमला करने की नीति बनाई जो कुर्दला के युद्ध में परिणत हुई, इसमें निजाम हार गया, बरार का राज्य देना पड़ा और 29 लाख रुपए भी देना स्वीकार किया।

होल्कर, सिंधिया, बाजीराव आदि मराठों में आपस में मनमुटाव बढ़ता चला गया, अँग्रेजों ने इसका लाभ उठाया। 13 मार्च, 1800 को नाना फड़नवीस की मृत्यु हो गई। वह सदैव मराठों को मजबूत व एक करने में लगा रहा, बड़ा नीतिज्ञ, योग्य, धर्मात्मा तथा मितव्ययी तथा प्रत्येक कार्य को नियमित समय पर करने वाला व्यक्ति था। उसके मरने से अन्य मराठे आपस से लड़ने लगे व अँग्रेजों के अधीन होते गए, अंत में अंतिम पेशवा ने बसीन में संधि कर पेंशन ले बिठूर में आ गया। धीरे-धीरे सभी मराठे व निजाम राज्यों को अँग्रेजों ने मांडलिक संबंध (सब्सिडिअरी सिस्टम) में परिवर्तित करके मराठों को सारे उत्तर भारत से समाप्त कर दिया।

सिखों का अँग्रेजों से युद्ध

सिंहासन के अधिकतर दावेदारों के परस्पर झगड़े आरंभ से ही भारतवर्ष में स्वदेशी शासन के विनाश के कारण हुए हैं। यही कारण सिखों के राज्य का हुआ। रणजीत सिंह की मृत्यु के पश्चात् उनका पुत्र खडग सिंह सिंहासनारूढ़ हुआ और ध्यान सिंह उनका मंत्री नियुक्त हुआ। यहाँ भी शेर सिंह ने अँग्रेजों के सम्मुख अपना दावा रखा जो दबा रहा।

खडग सिंह अयोग्य पुरुष था। अतः उसका पुत्र नौनिहाल सिंह पेशावर में सेनापति था जो अब लाहौर को ध्यान सिंह व गुलाब सिंह से मुक्त कराना चाहता था उसके लिए उसने एक सेना तैयार की।

अँग्रेज महाराजा रणजीत सिंह के काल से ही सिंध नदी के माध्यम से व्यापार करना चाहते थे, लेकिन महाराजा ने उन्हें अनुमति नहीं दी थी और कहा कि अँग्रेज गोहत्या करते हैं, परंतु महाराजा अपने राज्य में विदेशी वस्तुएँ नहीं आने देना चाहते थे। साथ ही वे अँग्रेजों से झगड़ा भी नहीं करना चाहते थे, लेकिन खडग सिंह अफीम बहुत खाता था। 1849 ई. में उसकी मृत्यु हो गई। नौनिहाल सिंह जिस दिन गद्दी पर बैठा उसी दिन उसकी मृत्यु हो गई। अभिषेक के बाद वह हाथी पर बैठकर घर आ रहा था, जिस दरवाजे से वह निकल रहा था वह दरवाजा टूटकर हाथी पर गिर गया, गुलाब सिंह का बड़ा पुत्र उत्तम सिंह वहीं मर गया। नौनिहाल सिंह रात्रि को मर गया। वह वास्तव में नौनिहाल सिंह 20 वर्ष की आयु तक उसने ऐसे चतुराई और योग्यता के कार्य किए जिससे यह सिद्ध होता है कि वह अपने पिता के समान राज्य को बड़ा और समृद्ध करना चाहता था। उसका विवाह शाम सिंह अटारीवाले की कन्या से हुआ था।

ध्यान सिंह ने तीन-चार दिन तक मृत्यु का समाचार छिपा रखा, शेर सिंह को लाहौर बुला लिया, लेकिन अनेक सरदार खडग सिंह की रानी चंद कौर की ओर हो गए, चंद कौर को रानी व शेर सिंह को कौंसिल का प्रधान बनाया गया।

शेर सिंह

थोड़े समय में शेर सिंह ने ध्यान सिंह की मदद से सेना को अपने अधीन कर सैनिकों के वेतन में एक रुपए की बढ़ोत्तरी कर अपने साथ कर लिया, सैनिक हर कार्य में दखल देने लगे, सिंधिया वाला सरदार अजीत सिंह और अतर सिंह लाहौर से भाग अँग्रेजों से जा मिले।

सरदार सिपाही अपने को गुरु गोविंद सिंह का प्रतिनिधि मानते थे, सीमा पर के शक्तिशाली थे, चीन तक उन्होंने कब्जा किया था, लेकिन आपस के झगड़े से वे कमजोर भी थे। इसी समय रानी चंद कौर को दासियों ने इतना मारा की उसकी

मौत हो गई। महाराजा रणजीत सिंह ने एक सुंदर स्त्री जींदा को रानी बना लिया था जिससे दलीप सिंह उत्पन्न हुआ था। इस समय उसकी आयु पाँच वर्ष की थी।

सिंधिया वाला सरदार महाराजा के विरुद्ध थे। एक दिन शेर सिंह नदी तट पर बैठा था अजीत सिंह नई बंदूक लेकर राजा को देने के बहाने वहाँ गया, जैसे ही राजा ने आगे हाथ बढ़ाया अजीत सिंह ने गोली चलाकर शेर सिंह को मार दिया, फिर ध्यान सिंह को भी मार दिया। अभी ध्यान सिंह का पुत्र हीरा सिंह जीवित था, उसने सेना एकत्र की, अगले दिन दुर्ग पर चढ़ाई कर अजीत सिंह, लहना सिंह, मिसिर बेलीराम और भाई गुरु मुखसिंह को मार दिया।

बालक दलीप सिंह को राजा घोषित कर दिया, हीरा सिंह मंत्री बन गया। सैनिकों का वेतन भी बढ़ा दिया गया।

सिखों में प्रायः एक-दूसरे के प्रति दुर्भावना व लड़ाई रही, यही कारण था कि सिख अफगानिस्तान, तिब्बत, कश्मीर पर शक्तिशाली होते हुए भी अधिक समय तक राज नहीं कर सके। कुछ सरदार अँग्रेजों से जा मिले। तेजा सिंह, गुलाब सिंह इसमें प्रसिद्ध थे। अँग्रेजों ने भी लुधियाना, फिरोजपुर में अपनी सेना बढ़ा दी थी, सुब रौव का युद्ध अंतिम साबित हुआ जिसमें सिख सेना हार गई। संधि में महाराजा दलीप सिंह को लाहौर का शासक बना दिया गया, व्यास और सतलुज का प्रांत अँग्रेजों ने अपने अधीन कर लिया। गुलाब सिंह को 1 करोड़ रुपए लेकर जम्मू-कश्मीर और लद्दाख का हिस्सा दे दिया।

अँग्रेजों ने पंजाब का शासन भार अपने ऊपर लेकर हेनरी लारेंस को प्रथम रेजिडेंट बना दिया। रेजिडेंसी के स्थापित होने के थोड़े दिन बाद एक अँग्रेज सैनिक ने बैल को तलवार मारकर घायल कर दिया, जिससे आर्य लोग इकट्ठा हो गए, बड़ा हंगामा हुआ। रेजिडेंट लारेंस और मेजर एडवर्ड घटना स्थल पर गए, पत्थरबाजी हुई जिसमें एडवर्ड घायल हुए, अँग्रेज अफसरों को उस स्थान से हटाकर सीमा पर लगा दिया गया। पंजाब कुछ समय तक शांत रहा लेकिन संतुष्ट नहीं। शांति को देख लारेंस गवर्नर-जनरल के साथ एक वर्ष के लिए इंग्लैंड चला गया उसके स्थान पर फ्रेड्रिक करी आया जो अनुभवी नहीं था।

खालसा की संख्या दिन-प्रतिदिन घट रही थी– उनका युद्ध घोष "राज्य करेगा खालसा आकी रहे न कोय" अधिक प्रभावी नहीं हो रहा था। रणजीत सिंह का दीवान सावनमल था जो बड़ा ही बुद्धिमान था, उसकी मृत्यु के बाद उसके पुत्र दीवान मूलराज को यह पद दे दिया गया। प्रचलित प्रथा के अनुसार उसे तीस लाख रुपए लाहौर दरबार को भेंट-स्वरूप देना था, लेकिन उस समय झगड़े के कारण यह संभव न हो सका। शांति के बाद लाल सिंह ने सेना भेजकर यह भेट माँगी लेकिन मूलराज ने झंग में इस सेना को हरा दिया। अँग्रेजों ने हस्तक्षेप कर मूलराज

को झंग का हिस्सा लाहौर को देने को कहा। लेकिन अँग्रेजों ने मूलराज का भी साथ नहीं दिया, जनता अँग्रेजों से नाराज थी। एक युद्ध में ऐगेन्यू तथा एंडरसन का सिर काट दिया था। रामनगर का युद्ध, चिलियाँ वाला का युद्ध व अनेक झड़पों के बाद कूका आंदोलन (राम सिंह) के अधीन, लेकिन धीरे-धीरे अँग्रेज सेना हथियारों, क्षेत्र और मुसलमानों के सहयोग तथा कुछ सिखों के समर्थन से मजबूत होती गई। 1871 तक कूका विद्रोह भी समाप्त हो गया। उनके अनेक नेताओं को पकड़कर काले पानी व अन्य स्थानों पर भेज दिया गया, उन्हें बड़ी यातनाएँ दी गईं। अब पूर्ण रूप से अँग्रेजों का अधिकार पंजाब पर हो गया।

प्रारंभ में ईस्ट इंडिया कंपनी की संसद से कोई स्वीकृति नहीं थी। वह एक कार्पोरेशन के समान ही थी, कंपनी की स्थिति जो भी रही हो लेकिन उसने इतने बड़े कार्य किए कि इंग्लैंड को विश्व का सबसे शक्तिशाली राष्ट्र बना दिया।

सामान्य तौर पर यह माना जाता है कि ईस्ट इंडिया कंपनी का जन्म रानी एलिजाबेथ के द्वारा दिए गए चार्टर के कारण हुआ। यह कुछ सीमा तक ठीक है लेकिन तथ्य यह है कि कंपनी की स्थापना से पहले भी कुछ व्यापारियों ने व्यापार के लिए कुछ कंपनी बना रखी थी और व्यापार भी करते थे, जैसे– रूसी कंपनी 1552 ई.; अफ्रीकन कंपनी 1553 ई.; स्पेनिश कंपनी 1537 ई.; ईस्ट लैंड कंपनी 1578 ई.; लिवेंट कंपनी 1581 ई.; आदि।

22 सितंबर, 1599 को 80 व्यापारी फांडर्स हाल में मिले जिसका नेता अर्ल ऑफ कंपरलैंड था, उन्होंने रानी को प्रार्थना की कि वे ईस्ट इंडिया से व्यापार करना चाहते हैं और हर स्थिति के लिए स्वयं ही उत्तरदायी होंगे।

31 दिसंबर, 1600 को रानी ने उन्हें एक कंपनी के रूप में रहकर व्यापार करने की अनुमति दे दी। जेम्स प्रथम ने 1603-26 ई. में इस चार्टर को पुनः आगे बढ़ा दिया, 1631-32 ई. में एक मिली-जुली स्टॉक कंपनी बनाई गई। 1660 ई. में चार्ल्स द्वितीय ने 1680 ई. तक इस कंपनी की व्यापारिक सीमा बढ़ा दी। 5 सितंबर, 1698 को विलियम तृतीय के काल में संसद ने पहली बार कंपनी को रेगुलेट करने के लिए स्वीकृति की और इसे व्यापारियों की अँग्रेज कंपनी जो पूर्व से व्यापार करें, ऐस नाम दिया। अब दो कंपनी व्यापार कर रही थी लेकिन दोनों में समझौता हुआ एक कंपनी बनी, लेकिन ईस्ट इंडिया कंपनी अभी भी सक्रिय रही। 1773 ई. में एक कानून बना दिया, कंपनी की सारी भूमि उसके अधीन कर दी, कलकत्ता में कोर्ट बना दी गई। ब्रिटिश क्राऊन का प्रतिनिधि भारत में संपत्ति के प्रशासन के लिए रख दिया गया।

ईस्ट इंडिया कंपनी को इसकी कोई फिक्र नहीं रही, वह लिडन हाल स्ट्रीट से ही पहले जैसा कार्य करती रही। 1784 ई. में पिट इंडिया एक्ट बनाया गया, इसमें

कोर्ट निदेशकों के नियंत्रण के लिए एक बोर्ड को बनाया गया। जिन व्यापारियों ने प्रारंभ के दिनों में ईस्ट इंडिया कंपनी बनाई थी, वे इतने अमीर और शक्तिशाली थे कि उन्होंने अपना अलग ही साम्राज्य बना लिया था। शासन पर भी उनका प्रभाव बहुत था। घूसखोरी, खरीद-फरोख्त इंग्लैंड की कोर्ट में अधिक था। कंपनी इतनी धनाढ्य थी कि वह सब कुछ कर सकती थी। उसने अपने किले, सेना, जहाज, भूमि आदि भी बना लिये थे। अतः इंग्लैंड में कोई भी सरकार हो वे उसे अपने कब्जे में ही रखते थे। इंग्लैंड के प्रभावशाली लोगों का ईस्ट इंडिया कंपनी में भागीदारी थी, सरकार को कर व लोन भी देते थे। कंपनी में स्थान पाने के लिए बड़ी छानबीन होती थी, ऐसे व्यक्ति को नहीं लिया जाता था जो कंपनी को हानि पहुँचाएँ। बिना नैतिकता और नियमों के पालन करने वालों को प्राथमिकता दी जाती थी। कंपनी में नौकरी करने को सभी लालायित रहते थे।

धीरे-धीरे भारतीय लोग विदेशी लोगों के कानून व व्यवहार के आधीन हो गए, कंपनी का साम्राज्य फैल गया, धन की कमी नहीं थी, संसद ने कभी कंपनी की शक्ति को कम नहीं किया, संसद और कंपनी में खुलकर कभी विरोध नहीं हुआ। जब कभी इंग्लैंड की सरकार और कंपनी में पदों पर मतभेद हुआ तो अंत में कंपनी की ही बात मानी गई– जैसे– वेलेजली को 1805 ई. में जाना पड़ा, एलिन वोरो को 1844 ई. में हटना पड़ा, डेविड स्कोट को 1801 ई. में हटा दिया गया।

कंपनी अपने व्यापार की रक्षा के लिए उस समय के आधुनिक हथियार, किले, सेना, राजाओं के साथ संधि का प्रयोग तेजी से करने लगी, एक राजा के विरुद्ध दूसरे को अपनी सेना देकर लाभ लेने लगी। एक व्यापारिक कंपनी से शासक कंपनी बन गई।

अँग्रेजी ताज और भारतीय राज्य

1757 ई. से 1947 ई. तक अँग्रेज भारतीय महाद्वीप में प्रधान शक्ति रहे। अठारहवीं सदी के मध्य से अँग्रेज प्रशासकों को अनेक कठिनाइयों का सामना करना पड़ा। ये समस्याएँ धनी जनसंख्या का देश, जो अँग्रेजी सरकार, कानून, अर्थव्यवस्था, सामाजिक जीवन को आसानी से ग्रहण नहीं कर रहा था। अँग्रेजी शासन अफ्रीका, एशिया और कैरिबियन देशों में फैला, लेकिन भारत में अँग्रेजी राज की समाप्ति के साथ अफ्रीका, एशिया और अन्य देशों में अँग्रेजी शासन समाप्त होने लगा। अँग्रेजी राज का इतिहास विशाल है, पेंचिदा है और अधिकतर भाग अलिखित भी रहा है।

भारत में अँग्रेजी राज की प्रकृति और शासन का तरीका भी 1880-1947 ई. के बीच बदलता रहा। इसके लिए अँग्रेजी और भारतीय स्थितियाँ दोनों ही महत्त्व रखती हैं, 1935 ई. तक लंदन सीधे ही भारत को नियंत्रित करता था। केंद्रीय व स्थानीय

असेंबलियों में भारतीय नाममात्र के थे। प्रशासनिक अफसरों का प्रभाव व शक्ति अधिक थी जो सीधे लंदन के अधीन थे। 1935 ई. के बाद स्थानीय निकायों को वैधानिक, प्रशासनिक अधिकार दिए गए, बैंकों और व्यापारिक नीति में भी बदलाव आया, केंद्रीयकरण से विकेंद्रीयकरण की ओर कदम बढ़े। 1947 ई. में भारत स्वतंत्र हो गया, लेकिन वह टूटा, बँटा, कमजोर, असहाय, विभिन्नताओं, असंगतियों से भरा भारत था। राजनीतिक व भौगोलिक रूप से भारत अवश्य स्वतंत्र हो गया था, लेकिन मानसिक, सामाजिक, आर्थिक व बौद्धिक-सांस्कृतिक दृष्टि से वह अभी भी गुलाम था।

राजनीतिक संबंधों का विकास

चार्ल्स द्वितीय ने ईस्ट इंडिया कंपनी को जो चार्टर प्रदान किया था उसमें ग़ैर-ईसाई शक्ति के साथ युद्ध करने के उपरांत संधि, समझौता और संबंध करने का कानूनी अधिकार भी दिया था।

सबसे पहले संधि 1723 ई. में त्रावणकोर के राजा और ईस्ट इंडिया कंपनी के अध्यक्ष के बीच अनजेनगों में हुई थी। संधि करने वाली पार्टी "दोस्ती और एकता के बन्धन" में रहेगी। लेकिन मालाबार तट की राजनीतिक स्थिति भारत के अन्य प्रदेशों से भिन्न थी। अतः पहली महत्त्वपूर्ण संधि कंपनी ने सावंतबारी के मराठा राज्य के साथ 1730 ई. में की, जिसमें समुद्र अंगारिया, समुद्री डाकुओं को समाप्त करने के लिए की, लेकिन वह अधिक सफल नहीं हो सकी। अतः 1733 ई. में कंपनी के प्रेसीडेंट और गवर्नर ने जंजीरा राज्य से भी वैसी ही संधि की। 40 वर्षों तक अँग्रेजी निवास और फैक्टरियाँ एक-दूसरे से अलग अपना प्रशासन चलाती रहीं, कभी आपस में भी उलझ जाती थीं। मराठे, अली वर्दी खान उन्हें डराते रहे लेकिन कलकत्ता (फोर्ट विलियम) से वह शांतिपूर्वक अपना व्यापार करती रही, बंबई कोई महत्त्व का क्षेत्र नहीं था, लेकिन मद्रास में मुस्लिम नवाब और फ्रेंच के बीच के झगड़े ने उन्हें राजनीतिक क्षेत्र में ला दिया।

1757 ई. तक इन फैक्टरियों का महत्त्व नहीं था, अतः पहले की संधियों का कोई उल्लेख करना आवश्यक नहीं है।

फोर्ट संत जॉर्ज के गवर्नर की हैदराबाद और कर्नाटक के साथ संधियाँ महत्त्वपूर्ण हैं। 1759 ई. और 1766 ई. में मछलीपट्टम की भूमि जो पहले फ्रेंच को दे रखी थी अब अँग्रेज कंपनी को मिल गई, कंपनी नवाब की रक्षा के लिए अपने सिपाही सदैव तैयार रखेगी। अब व्यापारिक कंपनी फौजी कंपनी भी बन रही थी। अँग्रेजों ने पहले अपने व्यापार के लिए कोठियाँ बनाईं, फिर कोठियों की रक्षा के लिए किले बनाने और सिपाही भर्ती करने पड़े। यहाँ के राज इतना भी नहीं समझ

सके कि ये अँग्रेज व्यापारी इन कार्यों द्वारा राजनीतिक क्षेत्र में कदम बढ़ा रहे हैं। हिंदुस्तान में राज्य प्रबंध की कोई दृढ़ व्यवस्था विद्यमान न थी। बड़े-बड़े नवाब बादशाह से स्वतंत्र हो चुके थे और छोटे-छोटे नवाब भी प्रायः स्वाधीन ही थे। सभी में स्वार्थ और ईर्ष्या भरी थी जो इस देश की बीमारी का मूल कारण थी।

अतः डुप्ले ने सतारा, मैसूर आदि रियासतों के राजाओं की स्थिति का लाभ उठाया। अँग्रेजों ने भी डुप्ले की नीति पर चलकर बंगाल और मद्रास में अँग्रेजी शक्ति स्थापित कर दी। जनता और राजाओं की राजनीतिक समझ नष्ट हो चुकी थी, उन्हें यह नहीं मालूम था कि जो संस्था उन्हें गद्दी पर बैठा रही है वह उन्हें गद्दी से हटा भी सकती है।

द्वैध शासन का परिणाम

बंगाल में नवाब और अँग्रेजी कंपनी के सम्मिलित शासन का परिणाम यह हुआ कि लोगों के पास, जिनको देश-दुनिया में सबसे धनवान समझा जाता था, खाने के लिए कुछ नहीं बचा। 1826 ई. में अकाल के चिह्न दिखाई देने लगे। लोगों ने बच्चों को बेचा, मृतकों को खाया, मुर्दों का संस्कार करने वाले नहीं बचे, गीदड़ व मांसाहारी पशु-पक्षी प्रचुर मात्रा में भोजन पा रहे थे।

क्लाइव के बाद वारेन हेस्टिंग्ज ने दूसरों के लिए युद्ध नहीं किया वरन् अपने साम्राज्य को फैलाने के लिए युद्ध किया जिसके लिए उसे धन की आवश्यकता हुई। इसे प्राप्त करने के लिए उसने मित्रों को भी नहीं छोड़ा। चैतसिंह नवाब को बैग में, अवध का नवाब/बोर्ड के डायरेक्टर उसे ऐसा कामों को करने के लिए न तो सम्मति देते थे और न मना ही करते थे।

लॉर्ड वैलेजली ने हिंदुस्तान की रियासतों को एक विशेष साधन द्वारा अपने अधीन लाने का निश्चय किया, यह साधन मांडलिक प्रबंध (सब्सिडिअरी सिस्टम) कहलाता है। नेपोलियन के विरुद्ध युद्ध के बहाने उसने टीपू सुल्तान की राजधानी छीनकर रियासतों के खोखलेपन को देख लिया तो उसने राजाओं को बाध्य किया कि वे अपनी रक्षा के लिए सेना अँग्रेजों के हवाले कर दें और उसका सारा खर्च भी दें। सबसे पहले उसने इस नीति का प्रयोग अवध में किया। 1802 ई. में मराठों में आपसी कलह का उसने लाभ उठाया और वसीन में इस संधि पर बाजीराव पेशवा के हस्ताक्षर करा लिये। संधियों में उत्तराधिकारी रखने की स्वतंत्रता थी, पहले सिंधिया फिर होल्कर को अपने अधीन कर लिया।

डलहौजी अपने-आपको सभी संधि-पत्रों से ऊपर समझता था, वह सारे हिंदुस्तान को एक शासन के अधीन करना चाहता था। जब भी उसे अवसर मिला इस नीति को अमल में लाया। राजाओं से मित्रता को नहीं निभाया व गोद लेने के

अधिकार को भी छीन लिया। कूना से बाजीराव को शासन से हटाया गया व शिवाजी के वंशज राजा प्रताप सिंह और उसके उत्तराधिकारियों को सतारा से एक रात कैद कर, राजविहीन कर दिया। धीरे-धीरे अनेक राज्यों को इसी प्रकार अँग्रेजी साम्राज्य में मिला लिया।

1857 ई. का सिपाही विद्रोह या भारत का पहला स्वतंत्रता आंदोलन

पंजाब अंतिम राज्य था जो अँग्रेजी राज्य में मिला लिया गया था। लॉर्ड डलहौजी के भारतवर्ष से लौटने तक सारा आर्यवर्त अँग्रेजों के आधीन हो चुका था, लेकिन एक ऐसी अग्नि भी फैली जिसने सहस्रों अँग्रेजों और भारतीयों को भस्म कर दिया।

इस घटना के सभी पक्षों पर प्रकाश डालना कठिन है, इस पर सैकड़ों पुस्तकें लिखी जा चुकी हैं। इस घटना को किस नाम से जाना जाए, क्या यह राज्य-क्रांति थी? राज्य-क्रांति के लक्षणों में सर्वसाधारण लोगों को शामिल होना आवश्यक है। इसके लिए दो बातों का होना आवश्यक है– एक तो चिरकाल-पर्यंत सामान्य विचारों का प्रचार हो; दूसरे, लोगों को निष्ठुरता की शिकायतें हों। दोनों के मिल जाने से राज्य विप्लव की अग्नि प्रज्वलित होती है। इस अवसर पर जरा भी स्वतंत्रता के विचारों का प्रचार नहीं हुआ, अतः इस दृष्टि से उसे राज्य-क्रांति नहीं कह सकते।

यह केवल सैन्य विद्रोह भी नहीं था

कई सैनिक घटनाओं के कारण यह ध्वनि निकलती है कि क्या यह सैनिक विद्रोह था? लेकिन इसकी गहराई में जाया जाए तो यह देशी राजाओं के द्वारा प्रारंभ किया गया कार्य था। उन्होंने अवश्य कुछ सैनिकों को धर्म से पतित होने की बात को फैलाया हो जो सरकार के कार्यों में झलकती है, सैनिकों ने धर्म की रक्षा के लिए अपने बाहशाहों व राजाओं के नेतृत्व में क्रूरता का विरोध किया था। भारतीय सभी दुःख सहन कर सकते हैं लेकिन धर्म की हानि नहीं सहन कर सकते। अतः यह पूर्ण तरह सैनिक विद्रोह भी नहीं था।

स्वतंत्र होने की एक चेष्टा

यह एक प्रयास था जो आँग्ल-शासन से स्वतंत्र होने के लिए किया गया, आम जनता विशेषकर राजा और नवाब इससे अधिक पीड़ित थे। सैनिकों ने, आम जनता ने धर्म पतन के भय से उनका साथ दिया, इसके लिए असमय राजपूतों ने बड़ा षड्यंत्र किया। ऐसा षड्यंत्र कुछ व्यक्तियों या वंशों के विरुद्ध तो सफल होना संभव था, लेकिन जहाँ शक्तिशाली साम्राज्य और देशी राजाओं का साथ हो वहाँ संभव नहीं था। भारतीय लोगों की सोच थी कि कुछ अँग्रेज अफसरों को मार देने से उनके

राज्य की समाप्ति हो जाएगी। ऐसा भारत में पहले अनेक बार हुआ जहाँ वंश-शासन बदल गए, लेकिन ऐसा अँग्रेजी शासन में नहीं हुआ। अँग्रेज अफसरों के मरने पर उनका स्थान दूसरे छोटे अधिकारी लेते रहे और लड़ते रहे। चूँकि सभी राजा उनके विरुद्ध नहीं थे, अतः उनकी सहायता से पुनः इस घटना को दबा दिया गया। कुछ सिपाहियों ने भी इस घटना में बढ़-चढ़कर भाग लिया, लेकिन अंत में इसे भी दबा दिया गया लेकिन लॉर्ड डलहौजी ने ऐसे कार्य किए जिससे लोगों में देश के प्रति उत्तेजना की तरंग उठी।

सतारा और अवध की स्थिति

भारतवर्ष के लोग बाहरी लोगों के द्वारा यहाँ के प्रदेशों को जीतने को अनेक बार देख चुके थे, अतः वे इसके लिए अभ्यस्त थे। अँग्रेजों ने हाल ही में सिंध, पंजाब और पेगू को भी जीत लिया था। लड़ाई के बाद तो विजित राजा पराजित राज्य पर अपना अधिकार कर लेता था यह बात तो समझ में आती थी, लेकिन बिना युद्ध के कोई शासक किसी राज्य को कैसे अपने अधीन करता है, उसे जब्त कर लेता है यह बात विचित्र लगती थी।

यह बड़ा अन्याय और अत्याचार था। लॉर्ड डलहौली ने जनता के इस विश्वास की ओर कुछ ध्यान नहीं दिया। इसके शासनकाल में ऐसे बहुत सारे अवसर आए जहाँ ऐसी घटना घटी। आर्यों में दत्तक पुत्र लेने का अधिकार है, यह ऐसा ही है जैसे कि अपनी संतान के सभी अधिकार होते हैं। 1848 ई. में शिवाजी के वंशज सतारा के राजा का निधन हो गया, उसने कुल के एक बच्चे को गोद ले लिया, नागपुर में भी ऐसा ही हुआ, झाँसी में भी ऐसा ही हुआ। यहाँ के रेजिडेंट भी इस प्रक्रिया को स्वीकारते थे जनता भी खुश थी लेकिन गवर्नर जनरल ऐसा नहीं चाहता था।

1846 में अवध के सिंहासन पर वाजिद अली शाह बैठा, उसके पूर्व के शासक विलासी थे लेकिन संधि के कारण सेना और शासन में अँग्रेजों की दखल होने से राज्य जैसे-तैसे चल रहा था, वाजिद अली शाह अधिक विलासी निकला, राज्य की जनता दुःखी होने लगी। यहाँ के रेजिडेंट कर्नल सुलेमानी को हटाकर औटरेम को रेजिडेंट बना दिया और उसने एक पत्र गवर्नर जनरल को भेजा कि नवाब को 12 लाख वार्षिक पेंशन दे उसका राज्य ले लो। जब यह पत्र रेजिडेंट ने नवाब को दिखाया तो दुःखी होकर नवाब ने अपनी पगड़ी रेजिडेंट को दे दी, इस घटना से अवध में रोष फैल गया, अब अवध को आँग्ल राज्य में मिला लिया गया।

उपाधियों और वृत्तियों का अपहरण

जैसे राजा और नवाब अपने-अपने राज्यों से वंचित किए गए वैसे ही कई

व्यक्ति उपाधियों और पेंशनों से भी वंचित कर दिए गए। तंजौर के राजा, कर्नाटक के नवाब, पेशवा की पेंशन और उपाधियाँ भी छीन लीं।

अंतिम पेशवा द्वितीय बाजीराव संधि के अनुसार 1817 ई. से बिठूर में आठ लाख वार्षिक वृत्ति पर निर्वाह करता था। 1850 ई. में उसका देहांत हो गया, उसके पास बड़ा धन था, उसने अपने दत्तक पुत्र घोड़ोपंत नाना साहिब को अपना उत्तराधिकारी बनाया था। पेशवा की मृत्यु के बाद नाना साहिब को तीन करोड़ पौंड दायभाग में मिले, जबकि वह उत्तराधिकार की वृत्ति और संपत्ति भी चाहता था। इसके लिए उसने लंदन में सरकार को पत्र भी लिखा लेकिन उसकी कोई सुनवाई नहीं हुई, दूसरी ओर दिल्ली के बादशाह को भी अँग्रेज पद से हटाने की सोच रहे थे, क्योंकि उन्हें डर था कि कहीं नेता उसके अधीन आकर कोई विद्रोह न कर दे।

सेना में आर्थिक असंतोष

भारतीय सैनिक यद्यपि अँग्रेज अफसरों के अधीन सदैव निष्ठा तथा भक्ति से उसके आदेशों का पालन करते हुए लड़ते थे, उनको अँग्रेज सैनिकों से कम सुविधा और वेतन भी मिलता था, उनके साथ दुर्व्यवहार भी होता था, अधिकतर भारतीय सैनिक गरीब-किसान परिवारों से होने के कारण पैसे के लिए यह सब सहते थे, लेकिन हृदय से वे जानते थे कि वे किसी अन्य जाति के अधीन लड़ रहे हैं। अँग्रेजों के विजयों के बाद भी भारतीय सैनिकों को कोई लाभ नहीं मिलता था, जो धीरे-धीरे असंतोष में बदल रहा था। सेना ने अफगानिस्तान, सिंध और पंजाब जैसे कठिन और दूरस्थ क्षेत्रों को भी जीता था।

सेना में धर्म-संबंधी शिकायतें जोर पकड़ रही थीं, साथ ही नागपुर और अवध के राज्य के साथ जो अन्याय हुआ उन किंवदन्तियों का प्रभाव हो भी रहा था। अँग्रेजों ने अब सिखों को सेना में भर्ती करना प्रारंभ कर दिया था जो पूर्व के सैनिकों में असंतोष फैला रहा था।

आँग्ल भाषा और धर्म-प्रचार

शासन की समृद्धि के साथ-साथ अँग्रेजों ने अपनी भाषा और संस्कृति के प्रसार (बढ़ाने) के लिए पाठशालाएँ और कालेज भी खोले, इनमें से बहुत-सी पाठशालाएँ ईसाई मिशनरीज चलाते थे, जहाँ वे धर्म का प्रचार भी करते थे। भारतीय सैनिक धार्मिक होने के कारण धर्म और जाति पर इस प्रचार से रक्षा करना चाहते थे।

लॉर्ड डलहौली के शासन काल में प्रचारकों की ओर से एक भाषण सर्वसाधारण लोगों में बाँटा गया, जिसमें लिखा था कि उचित यही है कि अँग्रेजी सरकार की सारी प्रजा एक ही धर्म को मानने वाली हो। उसमें यह भी दर्शाया गया था कि समस्त

पाश्चात्य सभ्यता ईसाई धर्म फैलाने का साधन है और समग्र छोटे-मोटे मत शासकों के धर्म में समाविष्ट हो जाएँगे।

लोगों में यह अपवाह (प्रवाद) फैल गया था कि लॉर्ड कैनिंग रानी से किसी प्रकार भारतीयों को ईसाई बनाने का आदेश पाकर आया है। इसी समय कलकत्ता में बाइबल सोसाइटी के द्वारा भारतीय भाषाओं में अनुवाद करना प्रारंभ हुआ और श्रीरायपुर और कलकत्ता के चर्च में मिशनों को चंदा भी देना आरंभ हुआ। साथ ही सेना में चर्बीवाले कारतूसों की बात फैल गई।

1853 में अँग्रेज रूस से युद्ध भी हार गए, इससे भारतीयों का मनोबल भी ऊँचा हुआ। जिन राजाओं-नवाबों का राज या पेंशन छिन गई थी वे बहादुरशाह के संपर्क में विद्रोह की योजना भी बना रहे थे। बाजीगर व अन्य खेल दिखाने वाले लोगों को अँग्रेजों के विरुद्ध भड़का रहे थे, रोटी को एक गाँव से दूसरे गाँव भेजने के कार्य चल रहे थे। मौलवी, पंडित व अन्य प्रबुद्ध लोग भी अँग्रेजों के विरुद्ध कार्य कर रहे थे।

नए कारतूस में गाय और सूअर की चर्बी मिलने व उसे मुँह से खोलने से सेना में तनाव था। यह तनाव बैरकपुर में 29 मार्च, 1857 को मंगल पांडे नाम के एक सैनिक ने अपनी पलटन के अँग्रेज अफसरों को मारकर और बढ़ा दिया।

सभी विद्रोहियों ने 31 मई, 1857 को एक साथ विद्रोह करने के लिए तैयारी की थी, लेकिन 6 मई को मेरठ की छावनी में अँग्रेजों के इस कारतूस को प्रयोग करने से इनकार किया गया। 85 सिपाहियों को कैद किया गया, 10 मई को अन्य सिपाहियों ने कैदियों को छुड़ा दिया, अँग्रेज अफसरों को मार, बँगलों में आग लगा, हथियार ले दिल्ली की तरफ कूच किया, जहाँ बहादुरशाह के (जाकर) मना करने के बावजूद बाध्य कर उसे बादशाह घोषित कर दिया। अँग्रेजों को मारा, उनकी संपत्ति को लूटा गया। बहादुरशाह 80 वर्ष का बूढ़ा था, विद्रोहियों में एकता नहीं थी, सैनिक बल और आर्थिक आवश्यकताएँ पूरी नहीं हो रही थीं। अँग्रेजों ने हिंदू राव की पहाड़ी पर ठिकाने बना लिये थे जहाँ उन्हें खाद्य-सामग्री व गुप्तचरों के माध्यम से शहर की सभी खबरें मिलती थीं। बहादुरशाह के परिवार के कुछ सदस्य लूट-पाट व मुखबिरी का भी काम कर रहे थे। बादशाह असहाय था, यद्यपि उसने अँग्रेजों को हराने के अनेक प्रयास किए लेकिन उसे सफलता नहीं मिल सकी।

पंजाब में जॉन लारेंस

दिल्ली के लोगों ने गिरजे, बैंक और सरकारी मंत्रालय, बारूदघर, छावनी नष्ट कर दिए। अँग्रेज भेष बदलकर दिल्ली से भाग गए। अँग्रेज घबराए हुए थे, अंबाला की सेना को दिल्ली आने के लिए कहा गया लेकिन देशी सेना आज्ञा मानने से इनकार कर रही थी। अवध जींद, नाआ, पटियाला की रियासतों ने अँग्रेजों का

साथ दिया। जॉन लारेंस, मांटगुमरी और निकलसन ने बुद्धिमत्ता से कार्य कर अँग्रेजी साम्राज्य को बचाया, पंजाब की अधिकतर भारतीय सैनिकों से हथियार ले लिये गए। गोरखा, अफगान, व सिख सैनिकों ने अँग्रेजों का साथ दिया। छोटी-मोटी झड़पें अवश्य हुईं जिनमें अँग्रेजी सेना की विजय हुई।

विद्रोह के बड़े केंद्र– बरेली, संयुक्त प्रांत, कानपुर, अवध, झाँसी, पंजाब, राजपूताना बंबई और मद्रास ने सक्रिय रूप से इस आंदोलन में भाग नहीं लिया। दिल्ली-कानपुर और लखनऊ इसके बड़े केंद्र रहे। इन क्षेत्रों की जनता ने बादशाह को अपने कब्जे में कर लिया। दिल्ली से लेकर लखनऊ तक सारे क्षेत्र विद्रोहियों के अधीन था लेकिन पंजाब, विशेषकर पटियाला, जींद, ग्वालियर, भरतपुर, इंदौर, भोपाल आदि रियासतों ने अँग्रेजों की सहायता नहीं की होती तो अँग्रेजी राज्य समाप्त ही हो जाती।

विद्रोह-दमन

विद्रोही सैनिक व अन्य लोग भिन्न-भिन्न स्थानों से आकर दिल्ली में एकत्र हो रहे थे। मार्ग में अँग्रेजों को मार या उनकी लूटमार कर बादशाह को कुछ धन दे रहे थे। अँग्रेज सेना और महिलाएँ व बच्चे हिंदू राव की पहाड़ी पर पड़े थे, कभी-कभी आपस में मुठभेड़ के पश्चात् फिर अपने-अपने स्थानों पर आ जाते थे। अँग्रेज बाहर से सैनिक मदद के इंतजार में थे।

20 जून को तुमुल युद्ध हुआ, 23 जून को भी युद्ध हुआ, लेकिन कोई निर्णय नहीं हुआ। पंजाब से चैंबरलेन के अधीन पंजाबी सेना अँग्रेजों की सहायता के लिए आ गई, रुहेलखंड से बक्त खाँ के अधीन एक सेना बादशाह की सहायता के लिए आई। बख्त खाँ जो पहले अँग्रेजी सेना में था उसे बादशाह ने सेनाध्यक्ष बना दिया। 3 जुलाई को युद्ध हुआ, 5 जुलाई को बर्नार्ड मारा गया, 9 और 14 जुलाई को बख्त खाँ ने पुनः आक्रमण किया, जिसका सामना अँग्रेजी सेना ने बड़ी वीरता से किया, 14 जुलाई को चैंबरलेन गोली से मारा गया। विल्सन उसके स्थान पर नियुक्त हुआ। भारतीय सेना में मनमुटाव था। बादशाह ने जयपुर, जोधपुर, उदयपुर, बीकानेर आदि राजाओं को पत्र लिखे लेकिन कोई उत्तर तक नहीं आया।

25 अगस्त को निकलसन अफगानों की एक टुकड़ी लेकर दिल्ली आ गया। दिल्ली को चारों तरफ से घेर लिया, लाहौरी दरवाजे के सामने निकलसन की छाती में बम लगा वह घायल हो गया, दिल्ली का 3/4 भाग अँग्रेजों के अधीन हुआ, कश्मीरी दरवाजे से अँग्रेज दिल्ली में घुस गए, निकलसन मर गया, बख्त खाँ ने बादशाह को दिल्ली से बाहर चलने के लिए कहा, लेकिन उसने नहीं माना। बख्त खाँ दिल्ली छोड़कर चला गया, इलाहीबक्स, बादशाह का मंत्री भी था और बड़े बेटे

का ससुर भी, उसने हुमायूँ के मकबरे से बादशाह को पकड़वा दिया, जिसे न मारने का वचन अँग्रेजों ने दे दिया, लेकिन बादशाह के दो बेटों और एक पोते को मेजर हडसन ने गोलियों से भून दिया। दिल्ली के लोग शहर छोड़कर भाग गए, अधिकतर मारे गए, बैलगाड़ियों में इन मरे हुए लोगों को या तो यमुना नदी में फेंक दिया गया था या घरों के दरवाजों व लकड़ी का ढेर लगाकर वहाँ जला दिया।

दिल्ली की बड़ी मस्जिदों पर अँग्रेजों का कब्जा हो गया। एक वर्ष बाद पहचान पास के माध्यम से लोगों को शहर में आने दिया गया, संपत्ति की कीमत बहुत कम हो गई। शहर लूटा गया, तहस-नहस हो गया।

कानपुर में सिख सेना ने कब्जा किया, नाना साहिब बड़ी वीरता से लड़े, लेकिन जनरल नील व हैवलाक ने कानपुर को फतह कर लिया, यहाँ एक कुएँ में अँग्रेज स्त्रियों और बच्चों को मारकर डाल दिया था, ऐसा ही व्यवहार अँग्रेजों ने भारतीयों के साथ किया।

अब अँग्रेजी सेना लखनऊ को चल दी, नवाब वाजिदअली के पुत्र को सिंहासन पर बैठाया गया था व उसकी माँ संरक्षिका बना दी थी। लखनऊ में कोई योग्य नेतृत्व नहीं था, लोगों ने रेजिडेंसी पर हमला किया लेकिन उसे अपने कब्जे में न ले सके।

सर हेनरी लारेंस, मेजर बैक, हैवलाक और जनरल नील के मरने के बाद भी उस अँग्रेजी सेना में स्थान रिक्त नहीं रहा न कोई खलबची मची। अंत में कलकत्ता से कैंपबेल आया और लखनऊ को जीत लिया।

तात्या टोपे

अँग्रेजों की विजय के बाद भी लखनऊ शहर पर उनका कब्जा नहीं हो सका था। इधर कानपुर में नाना साहिब के क्लर्क तात्या टोपे ने पुनः कानपुर पर कब्जा कर ग्वालियर से सेना लेकर कालपी के किले पर कब्जा किया, कैंपवेल से दो दिन तक तात्या टोपे लड़ता रहा। 6 दिसंबर को तात्या टोपे की पराजय हुई। कैंपवेल ने अलीगढ़, इटावा, फर्रुखाबाद और अयोध्या को विजित किया। नेपाली और सिख सेना ने बड़ी बहादुरी से अँग्रेजों का साथ दिया।

मौलवी अहमदशाह

मौलवी अहमदशाह ने पूर्ण सहमति होने पर अपनी सेना के साथ अँग्रेजों का लखनऊ शहर में सामना किया, घायल होने पर उसके साथी उसे उठा ले गए, ठीक होने पर वह पुनः वापस लौटा, लेकिन वह अँग्रेजी सेना का मुकाबला नहीं कर सका। दिल्ली के समान लखनऊ को भी लूटा गया, बेगमों को मारा गया, मौलवी

अहमदशाह भागकर बरेली गया, नरपति सिंह ने उसका साथ दिया, लेकिन अँग्रेजों की तोपों के सामने वे ठहर न सके। जनरल ह्यूम मारा गया। मौलवी अहमदशाह शाहजहाँपुर व अन्य स्थानों पर अँग्रेजी सेना पर हमला करता रहा, लेकिन पुन के भूमिहार जगन्नाथ सिंह ने सहायता की बजाय मौलवी अहमदशाह का सिर कटवा कर अँग्रेजों को 50 हजार रुपए में दे दिया। तात्या टोपे को पकड़ने में अँग्रेजों को एक वर्ष लगा, उसे अंत में शिवपुरी में फाँसी दे दी गई।

बिहार में कुंवर सिंह का पराक्रम

बंगाल के साथ बिहार में भी अँग्रेजों का प्रभाव था, अतः यहाँ भी विद्रोह की हलचल होना स्वाभाविक था। सेना दानापुर थी, बड़ा शहर पटना था, वहाँ भी आंदोलन की चर्चा बढ़ रही थी लेकिन कमिश्नर टेलर ने बड़ी योग्यता से आरंभ में पटना के आंदोलन को दबा दिया। पुलिस के एक जमादार वारिस अली को फाँसी दे दी तथा तीन मौलवियों को पकड़ लिया गया। इस पर पीर अली नामक एक पुस्तक विक्रेता ने गिरजाघर को जला दिया, सिख सेना यहाँ पहुँच गई और कोलाहल को शांत कर दिया, लेकिन जगदीशपुर के रईस कुँवर सिंह को घेर लिया। दुर्ग में सिख सेना थी, उससे पानी की कमी होने पर उन्होंने नया कुआँ खोदा, इतने में अँग्रेजी सेना पहुँच गई युद्ध हुआ, कुँवर सिंह बनारस गया, फिर आजमगढ़। उसकी सेना भागीरथी नदी पार कर रही थी उसी समय उसके हाथ में एक गोली लगी। कुँवर सिंह ने अपने गोली लगे हाथ को काट नदी को भेंट चढ़ा दिया। स्वयं साथियों सहित जगदीशपुर पहुँचकर (22 अप्रैल) गद्दी पर बैठा, अँग्रेज सेनापति ग्रांट मारा गया। हाथ का जख्म खराबी और विषैला होता गया, 29 अप्रैल को वह परलोक गमन कर गया। उसके छोटे भाई अमर सिंह ने अवश्य ही वीरता से अँग्रेजों का सामना किया लेकिन अंत में निराश होकर कहीं चला गया।

झाँसी पर अधिकार

झाँसी की रानी लक्ष्मीबाई बड़ी योग्य और नीति निपुण स्त्री थी। पेशवा के परिवार से उनके पिता का संबंध रहा, इसी कारण उसका बचपन बिठूर में नाना के और तात्या के साथ व्यतीत हुआ। उसके पति ने एक पुत्र को भी गोद लिया था लेकिन गवर्नर जनरल ने उसे स्वीकृति नहीं दी, बाद में उसे पेंशन व उसका निजी घर भी नहीं दिया, उसके दत्तक पुत्र को पैसे भी नहीं दिए, जब सब ओर से उसे तंग कर दिया तो उसने हथियार उठा लिये। उसने निश्चय कर लिया था कि जब तक मैं जीवित हूँ, झाँसी नहीं दूँगी।

ह्यूरोज झाँसी पर मद्रास, बंबई, हैदराबाद और भोपाल की सेना लेकर आया,

उसकी सहायता सिंधिया, और टीरी के राजाओं ने की। 31 मार्च को अँग्रेज सेना दुर्ग में प्रवेश कर गई। रानी भागकर कालपी आई, यहाँ से ग्वालियर गई जहाँ दुर्ग पर कब्जा किया। सिपाहियों में धन बाँटा, लेकिन सिंधिया जो आगरा भाग गया था अँग्रेजों के साथ पुनः ग्वालियर आया। स्मिथ ने रानी का मुकाबला किया, 18 जून, 1858 को रानी दो सखियों के साथ मर्दाना वस्त्रों में अँग्रेजों पर टूट पड़ी, उनकी एक साथी मारी गई। रानी बचकर निकल रही थी तभी उनके घोड़े की टाँग टूट गई, वह गहरे नाले को पार नहीं कर सका, रानी घिर गई तभी उसके सर पर एक अँग्रेज ने तलवार से वार किया, रानी घोड़े से गिर पड़ी और उसे उसके सिपाही पास की एक झोपड़ी में ले गए जहाँ साधु ने उन्हें जला दिया और रानी की मृत्यु हो गई। उनकी आज्ञा के अनुसार उस झोपड़ी में आग लगाकर उन्हें जला दिया गया, क्योंकि वह अपने शरीर को अँग्रेजों के हाथों में नहीं जाने देना चाहती थी।

कोल्हापुर, जबलपुर पर भी अँग्रेजों का अधिकार हो गया। हैदराबाद का निजाम चूँकि अँग्रेजों के साथ था अतः उसका राज्य बचा रहा।

दिल्ली में बहादुरशाह जफर पर नाममात्र का मुकदमा चलाकर उन्हें रंगून भेज दिया गया जहाँ 1860 ई. में उनकी मृत्यु हो गई।

इन घटनाओं के बाद 1 नवंबर, 1858 को कंपनी सरकार को समाप्त कर रानी विक्टोरिया ने भारत का राज्य अपने हाथ में ले लिया। एक बड़ा घोषणा-पत्र प्रकाशित कर सारे भारत में बाँटा गया, जिसमें उन सबको क्षमा दी गई जो सरकार के विरुद्ध लड़े थे। प्रतिज्ञाएँ की गईं कि भविष्य में किसी राजा की रियासत जब्त नहीं की जाएगी, किसी के धर्म में हस्तक्षेप नहीं किया जाएगा। सबको धर्म में पूर्ण स्वतंत्रता होगी, बिना किसी पक्षपात के पद दिए जाएँगे आदि।

लेकिन ये सभी बातें अमल में नहीं लाई गईं। इस तूफान से अँग्रेजों ने बड़ी सीख ली कि अब भारत में धर्म और जाति के नाम से विभाजन कर जनता को और अधिक बाँट दिया जाए। एक ऐसी श्रेणी उत्पन्न की जाए जो अँग्रेजों और भारतीयों के बीच पुल का कार्य तो करे ही, साथ ही इस बात का ज्ञान भी अँग्रेजों को होता रहे कि भारतीय जनमानस अँग्रेजों के विषय में क्या सोच रहा है। अतः जातीय महासभाओं की स्थापना की गई।

लॉर्ड कैनिंग, लॉर्ड नाथब्रुक, लॉर्ड रिपन, लॉर्ड लिटन, लॉर्ड डफरिन, लॉर्ड लैंसडौन, लॉर्ड एलिगन, लॉर्ड कर्जन, लॉर्ड मिंटो, लॉर्ड हार्डिंग्स, लॉर्ड चैम्सफोर्ड क्रमशः पाँच-पाँच वर्ष तक 1858 ई. से 1941 ई. तक योजना अनुसार यही कार्य करते रहे। लॉर्ड लिटन और लॉर्ड रिपन के शासन काल में अफगानिस्तान के साथ युद्ध हुआ। दोस्त मुहम्मद के मरने के बाद उसके पुत्रों में झगड़ा हुआ। अफगानिस्तान में अँग्रेजी शासन नहीं हो सका। एक के बाद एक शासक बदलते रहे।

लॉर्ड डफरिन के काल में बर्मा को विजय किया गया, 1903 ई. में इसे एमहर्स्ट ने अपने शासन में सम्मिलित कर लिया, बर्मा के राजा थीबा को कैद कर रंगून भेज दिया गया। भारत में प्राचीन काल से ही साम्राज्यों की स्थापना व पतन होते रहे, लेकिन अँग्रेजी साम्राज्य इनमें सबसे अलग ही रहा जिसने लोगों के मन, जीवन-शैली पर गहरा प्रभाव डाला है। राजाओं ने अनेक शिलालेख, स्तंभ आदि अपनी प्रशंसा के लिए बनवाए, लेकिन अँग्रेजी राज्य की पाठशालाएँ, शिक्षा, रेलवे, तार, डाक, औषधालय ऐसे रहे कि उन पर प्रत्येक व्यक्ति आश्रित है।

लेकिन इन संस्थानों से राष्ट्रीय एकता को बढ़ाने में सहायता भी मिली। अँग्रेजी साहित्य से भारतीयों को विश्व का ज्ञान मिलने लगा। स्वदेशी की भावना जागृत हुई। अँग्रेजी राज्य के साथ टक्कर खाने से धार्मिक पुनरुत्थान का रूप ब्रह्मसमाज, आर्य समाज, थियासोफी, गैर-दिल्ली सभा आदि में देखने में आया।

राजनीतिक अधिकारों की भी नींव डाली जिसने राजनीतिक जागृति और जन आंदोलनों को जन्म दिया। जहाँ अँग्रेजी शासन से कुछ लाभ हुए वहाँ आर्थिक हानि, सांस्कृतिक विनाश, भेदभाव को बढ़ावा और देश का बँटवारा भी हो गया।

अध्याय के लिए विशेष साहित्य

1. जॉनसन एलन कैंपबेल, *मिशन विथ माउंटबेटन* (लंदन 1951)।
2. जॉन कोटमैन, *इंडिया दी रोड टू सेल्फ-गवर्नमेंट* (लंदन 1941)।
3. एल.एस.एस. ओमैली, *मॉडर्न इंडिया एंड दी वेस्ट* (लंदन 1941)।
4. ए. रमसे म्यूर, *दी मेकिंग ऑफ ब्रिटिश इंडिया* (1756-1858), (लंदन 1923)।
5. जी. याजदानी (संपा.), *अर्लियर हिस्ट्री ऑफ डेक्कन* (ओ.यू.पी., 1960)।

भारत और अँग्रेजी ताज 1858-1947 ई.

1858 ई. के विद्रोह के बाद इंग्लैंड की सरकार के सामने ऐसा अवसर आया जिसमें कंपनी के शासन को सीधे क्रॉऊन के अधीन कर दिया गया। व्यापारिक कंपनी होने के बहाने बनाए गए लेकिन पहले से ही यह कंपनी भारत जैसे विशाल देश को अपने अधीन कर चुकी थी। इस विद्रोह का दोष भी कंपनी पर लगाया गया, अप्रत्यक्ष रूप से इंग्लैंड की सरकार का शासन उचित नहीं समझा गया। सबसे पहला और आवश्यक कार्य भारतीय जनता में अँग्रेजी शासन के प्रति विश्वास पैदा करना था जो महारानी की घोषणा से प्रारंभ हुआ।

गवर्नर जनरल को वायसराय और गवर्नर जनरल का पद दे दिया जो अँग्रेजी सरकार का भारत में प्रतिनिधित्व करेगा और सेक्रेटरी ऑफ स्टेट्स के माध्यम से शासन करेगा। ईस्ट इंडिया कंपनी के सभी अधिकारी, सेना, भारतीय राजाओं,

शासकों के साथ सभी प्रकार की संधि अँग्रेजी शासन में स्वीकार्य कर ली गई। सभी भारतीयों को धर्म की स्वतंत्रता और कोई भेदभाव न करने का भी वायदा किया गया। योग्यता और वफादारी के आधार पर नौकरियों में कोई भेदभाव नहीं किया जाएगा। पूर्वजों की संपत्ति की रक्षा की जाएगी। आय माफी की भी बात की गई और 1 जनवरी, 1859 में एक कानून के रूप में बातें लाई गई और आगे के कानूनों में भी इनको रखा गया।

बोर्ड ऑफ कंट्रोल के अध्यक्ष को सेक्रेटरी ऑफ स्टेट्स बना दिया गया, बोर्ड को इंडिया कौंसिल में बदल दिया, जिसके 15 सदस्य रहे, जिनमें से 7 पुराने डायरेक्टरों के द्वारा चुने गए थे। 1869 ई. में सदस्यों की अवधि 10 वर्ष की कर दी, 1889 ई. में इनकी संख्या 10 कर दी गई, 1907 ई. में पुनः 15 सदस्य बनाए गए। अब पहली बार भारतीय सदस्य भी बनाए गए। 1861 ई. के कानून में गवर्नर जनरल की शक्ति व कार्यों का उल्लेख किया गया। कार्यकारिणी के 5 सदस्य बनाए गए, यही पहली बार भारत में मंत्रिमंडल का बीज था। समय-समय पर 1874, 1905, 1909 ई. में सदस्यों के नए विभाग और कार्यों का वर्णन हुआ। भारतीय सदस्यों में पहले महाराजा पटियाला, राजा बनारस और दिनकर राव रहे, बाद में सर सैय्यद अहमद खान को भी इसका सदस्य बनाया गया।

कानून

कंपनी के शासन की समाप्ति के साथ दोहरी न्यायपालिका को भी समाप्त कर दिया गया। 1861 के कानून के तहत कलकत्ता में सर्वोच्च न्यायालय तथा मद्रास, बंबई में हाई कोर्ट बनाई गई, जिसमें न्यायाधीशों की नियुक्ति क्रॉऊन के द्वारा होती थी जिसमें 1/3 की नियुक्ति बैरिस्टर, सिविल सर्विस आदि से होती थी। इलाहाबाद में भी 5 वर्ष बाद एक हाई कोर्ट बना दी। लाहौर, सिंध, केंद्रीय प्रदेश, बर्मा, अवध में भी जजों की नियुक्ति कर दी गई। मैकाले के 1861 के फौजदारी व सामान्य नियम को लागू कर दिया गया, लेकिन हिंदू और मुसलमानों के संपत्ति, विवाह और साक्ष्य के मामले उन्हीं के प्रयासों के द्वारा निश्चित किए गए।

नियमित व अनियमित प्रदेश

नियमित प्रदेश वे सभी प्रदेश थे जहाँ गवर्नर जनरल के द्वारा बनाए गए कानून लागू थे। अनियमित प्रदेश नए प्रदेश थे, जैसे पंजाब, अवध और सिंध। यहाँ पर कानून और प्रशासन बंगाल, मद्रास, बंबई और उत्तर-पश्चिम के प्रदेशों के जैसा नहीं था। कमिश्नर को कर मामले दिए गए और जिले से लेकर हाई कोर्ट बना दी गई।

विभागों का विस्तार

जिला मजिस्ट्रेट सभी प्रकार की गतिविधियों के लिए उत्तरदायी था, लेकिन विकास के लिए अन्य विभाग भी बना दिए गए। कलेक्टर व उप-कलेक्टर को सामान्य निरीक्षण का अधिकार दिया गया, वह व्यक्ति जिले का कानून पालक, कर लेने वाला व न्याय अधिकारी भी था। उसकी मदद के लिए अधीनस्थ अधिकारी होते थे, पुलिस विभाग 1861 के कानून के अनुसार बना दिया गया था। उच्च अधिकारी इंडियन सिविल सर्विस और इंडियन पुलिस सर्विस से ही होते थे जो इंग्लैंड से भर्ती होते थे। नहरें बनाने, सड़कें बनाने व भवन बनाने का कार्य विद्रोह से पहले से ही हो रहा था अब और तेजी से होने लगा। रुड़की में एक सिविल इंजीनियरिंग कालेज खोला गया जहाँ से सारे भारत में इंजीनियर जाते थे।

1854 ई. में शिक्षा विभाग, 1869 ई. में वन विभाग बनाया गया।

भूमि अधिकार

कार्नवालिस ने भूमि का कानून जमींदारों के हित में दिया था, लेकिन अब जो किसान 12 वर्षों तक लगातार भूमि जोत रहा था भूमि उसके हक में दी गई, उसके लिए 1859 ई. में बंगाल में, 1868 ई. में अवध में कानून बनाए गए।

अकाल, रेल, सेना का पुनर्गठन सार्वजनिक सेवा में राहत, संचार व उद्योग, कृषि आदि में प्रगति के लिए कानून व कार्य किए गए।

उत्तर-पश्चिम की सीमा, अफगानिस्तान का दूसरा युद्ध, सीमांत नीति, बर्मा को मिलाना, इंग्लैंड में सरकारों के बदलाव से हलचल, वित्त एवं व्यापार, सिक्के, प्रशासन, शिक्षा, सामाजिक कानून, इलबर्ट कानून ऐसे विषय थे जो क्राउन सरकार ने ठीक किए। 1877 ई. में रानी विक्टोरिया को भारत की भी रानी घोषित कर दिया गया। 1892 ई. में इंडियन कौंसिल कानून बनाकर विधायिकाओं के अधिकार बढ़ा दिए गए।

भारत में अँग्रेजी राज्य हर प्रकार से निरंकुश, स्वेच्छाचारी और एकतंत्रीय था चाहे वह प्रशासन, न्याय और कानून बनाने के मामले में हों। ये सभी शक्तियाँ शक्तिशाली गवर्नर जनरल जिसे वायसराय भी बना दिया था उसी के हाथों में थे। भारतीयों को अँग्रेज शासन के लिए उपयुक्त नहीं मानते थे और यहाँ तक कहते थे कि भारत पर राज्य करना उनका भार है।

स्थानीय स्वायत्त सरकारों का प्रारंभ

अच्छे अँग्रेजों के सामने यह भी एक चुनौती (प्रश्न) थी कि किस प्रकार से भारतीयों को स्वशासन के लिए जोड़ें, क्योंकि वे यह जानते थे कि दूर भविष्य

में कभी-न-कभी भारतीयों को सत्ता देनी पड़ेगी। अतः अवध में लॉर्ड कैनिंग ने तालुकदारों को मजिस्ट्रेट के कार्य दे दिए, इसका अँग्रेज करअधिकारियों ने जोरदार तरीके से विरोध किया। 1842 ई. और 1850 ई. में बड़ी प्रेजिडेंसियों में म्युनिस्पैलिटी की स्थापना कर दी, ये कमिश्नर के द्वारा बनाई गई थी। इनके कार्य बढ़ा दिए गए, जैसे शिक्षा, स्वास्थ्य, सड़कें बनाना तथा सामान्य कार्य, चुनाव की व्यवस्था भी बढ़ाई लेकिन वह अधिक सफल नहीं हुई।

लॉर्ड रिपन ने 1883-84 ई. में स्थानीय निकायों को अधिक अधिकार दे दिए। रिपन जनता को राजनीतिक और प्रमुख शिक्षा देना चाहता था। अफसरशाही से उचित सहयोग न मिलने से यह व्यवस्था अधिक सफल नहीं हो सकी। भारतीय नेता व जनता अधिक अधिकारों, सुविधाओं की भी माँग करने लगी थी।

किसी भी देश की राजनीतिक घटनाओं के उदय और विकास का वर्णन करना बड़ा कठिन होता है, क्योंकि उसकी नाजुकता, विभिन्न मतों के कारण विरोधाभासी हो जाता है। इतिहास में अमेरिका की स्वतंत्रता, फ्रांस में गणतंत्र की स्थापना और महान क्रांतियों के विषय में अलग-अलग और विरोधी मत देखे गए हैं। इसी तरह से भारत के आधुनिक राष्ट्रीय चेतना के उदय और विकास में भी अनेक पड़ाव आए और अनेक मत-मतांतर भी देखे गए। कुछ ऐतिहासिक घटनाओं को इस संदर्भ में अवश्य उल्लेख किया जाएगा ताकि भविष्य में इतिहासकारों को ठीक और विस्तार से इन यादों को सँजोने का अवसर प्राप्त हो सके।

भारत में राजनीतिक आंदोलन की उत्पत्ति

राजा राम मोहन राय को आधुनिक भारत के राजनीतिक और संवैधानिक आंदोलन का जनक कहा जाता है। उनके राजनीतिक, धार्मिक, सामाजिक और शैक्षिक विचार उस काल की व्यवस्था के लिए बड़े ही क्रांतिकारी रहे, चाहे उनका प्रभाव उस काल में अधिक नहीं हुआ है लेकिन आने वाले समय में वे बड़े महत्त्वपूर्ण हो गए। 1832 ई. में राजा राम मोहन राय इंग्लैंड एक राजनीतिक उद्देश्य के लिए गए थे, लेकिन हाउस ऑफ कॉमंस की एक समिति के सामने जो साक्ष्य रखे वे भारत में चाहे कम समझे गए हों लेकिन इंग्लैंड में उनकी बड़ी चर्चा हुई और उनकी मृत्यु के बाद भारतीय प्रशासन में अनेक सुधार हुए। पश्चिम की शिक्षा से उनके राजनीतिक विचार भी सारे भारत में फैले, अनेक सभाओं की स्थापना हो गई, जैसे ब्रिटिश भारतीय सभा (बंगाल), पश्चिम प्रेजिडेंसी में बंबई सभा, ये सभी 1851 ई. में स्थापित हुई। पहली सभा– प्रसन्ना कुमार टैगोर, राजेंद्रलाल मित्रा, रामगोपाल घोष, राजा दिगंबर मित्र, प्यारेचंद मित्र, हरिश्चंद्र मुकर्जी के सान्निध्य से स्थापित हुईं एवं दूसरी जुगोनाथ शंकर सेठ (पहला गैर-सरकारी सदस्य, बंबई

विधान परिषद), दादा भाई नौरोजी, क्रिटोदासपाल, संगलदास नाथ कोए, नारौजी फरदौजी, ये दोनों सभाएँ अपने तरीके से भारतीय जनमानस को राजनीतिक ज्ञान दे रही थीं, लेकिन दो दशक से अधिक नहीं चल सकीं। बीच में इन्हें पुनः जागृत किया गया, इसी प्रकार ईस्ट इंडिया एसोसिएशन, मद्रास नेटिव एसोसिएशन भी बनाई गई। आनंद चार्लू विरोधावाचार्य, रंगिया नायडू, सुब्रमनिया अय्यर ने 1878 ई. में *दि हिंदू* नाम का जर्नल आरंभ किया, एम. सुब्रमनिया अय्यर ने *स्वदेश मित्र* प्रारंभ किया। पूना में राव बहादुर कृष्णाजी लक्षमन नुतकार, सीता राम, हरि चिपलुनकर और अन्य ने "सार्वजनिक सभा" स्थापित की।

ये सभी सभाएँ अपने-अपने तरीके से प्रशासन का विरोध तो अवश्य कर रही थीं लेकिन कोई सकारात्मक सुझाव व नीति नहीं थे। स्थानीय लाभ के लिए ही सोचते थे, राष्ट्रीय राजनीतिक विचार, राष्ट्रीय उत्थान, सामूहिक इच्छा इन सभाओं में अभी तक नहीं आई थी। लेकिन इस स्थिति से यह अभिप्राय नहीं लगाना चाहिए कि भारत में राष्ट्रीय चेतना का अभाव था, या यह चेतना एक ही वर्ष भी आ गई, या किसी एक घटना के कारण पैदा हुई हो, ऐसा नहीं था।

अँग्रेजी शिक्षा के कारण, प्रबुद्ध लोग अपने देश के लाभ के लिए विचार कर रहे थे और क्रिया के लिए भी तैयार हो रहे थे। देश की गरीबी, भुखमरी, लाचारी, बीमारी, अकाल आदि से बुद्धिजीवी लोग सचेत थे, ऐसी चेतना 1880 ई. से पहले नहीं थी।

भारत के विदेशी मित्र

भारतीय लोग जब अँग्रेजी व्यवस्था के कारण अचेत अवस्था में दुःखों और कष्टों को झेल रहे थे, उनके सामने आशा के अतिरिक्त कोई समाधान नहीं था, इसी समय कुछ अँग्रेज लोग भी भारतीयों के दुःख-दर्द को समझकर न्याय व मानवता के लिए भारत के हिमायती रहे। एडमंड बर्क जिस समय भारत की दुर्दशा की स्थिति को उजागर करते थे तो कोई दूसरा अँग्रेज उनके साथ नहीं था। 1847 ई. से 1880 ई. तक ब्राईट ने हाउस ऑफ कॉमंस में भारतीयों की अँग्रेजी शासन के कारण जो दशा हुई उसका विस्तार से वर्णन किया, 1853 ई. में चार्ल्स वुड के इंडिया बिल पर बहस में अँग्रेजी शासन किस प्रकार से भारतीयों के हित में नहीं है इसका खुलकर उल्लेख किया– भारतीय सड़कें, पुलिस, कर, व्यापार, शिक्षा, सेवाओं में भेदभाव, न्याय, अँग्रेजी नीति को भारत में एक जैसा न होना, संसद का उत्तरदायित्व आदि विषयों पर उन्होंने सभी के सामने भारत की दशा और उसमें सुधार की माँग की। 1858 ई. के कानून में बहुत सारी बातें भारतीयों के हित में उन्हीं के कारण संभव हुईं। लाल मोहन घोष भारत में उनके अनुयायी रहे।

ब्राईट के बाद हेनरी फॉस्ट भारत के सच्चे मित्र साबित हुए। वह अर्थव्यवस्था और कर का अच्छा ज्ञाता था, उसने पहली बार संसद में भारतीयों के लिए कलकत्ता, मद्रास और बंबई में इंग्लैंड के साथ सेवा की परीक्षा के लिए प्रयास किया जो 25 वर्षों बाद हरबर्ट पाल के दबाव से संसद में पास हुआ। भारतीयों पर नाजायज कर लगाने में उसने जमकर विरोध किया– तुर्की के सुलतान के विषय में, प्रिंस ऑफ वेल्स के भारत दौरे पर, अफगानिस्तान युद्ध में भारतीयों पर कर लगाने का विरोध किया। वे सदैव भारतीय जनता के विषयों को संसद में उठाने रहे। इसी प्रकार चार्ल्स ब्रैडला ने भी भारतीय जनता की भलाई के लिए आवाज उठाई, 1883 ई. में उसने इल्बर्ट बिल के विषय में प्रमुखता से भाग लिया। अन्य अँग्रेज जैसे– जेम्स केथिड, विलियम हंटर, लॉर्ड डलहौली, आर.टी. रीड, स्लेग, बैक्सटर, एनी बिसेंट आदि ऐसे अँग्रेज थे जो वास्तविक रूप से भारतीय जनमानस से सच्चा प्यार करते थे, उनके दुःखों को दूर करवाने में सदैव सक्रिय रहते थे।

भारतीय प्रेस

सामाजिक संस्थाएँ धीरे-धीरे जनता को राजनीतिक शिक्षा देने का कार्य कर रही थीं, वहीं इंग्लैंड में भारतीय मामलों को प्रमुखता देने वाले भी अपनी आवाज उठा रहे थे। इसी समय भारतीय प्रेस का कलकत्ता में "बंगाल गजटीयर" के नाम से 1780 में उदय हुआ। कुछ समय बाद इंडो-इलिस और भारतीय भाषाओं में भी पत्र छपने लगे। राजा राम मोहनराय ने "संवाद-कुमुदी" के माध्यम से भारतीय पत्रकारिता को जन्म दिया। कभी-कभी प्रशासन के विरोध में भी लिखते थे। इस पत्रिका में मुख्य रूप से सामाजिक, धार्मिक और शैक्षिक विषयों के माध्यम से शासन पर अधिक जोर दिया जाता था, राजा राम मोहनराय प्रेस की स्वतंत्रता और बंगाली प्रेस के संस्थापक भी थे।

1799 ई. से 1834 ई. तक प्रेस पर कड़ा प्रतिबंध रहा, यदि कोई अँग्रेज संपादक कोर विरोधी बातें भी छापता था तो उसे इंग्लैंड भेज दिया जाता था, 1835 ई. से चार्ल्स मैटकाफ ने प्रेस की स्वतंत्रता को स्थापित किया। इसके साथ ही भारतीय भाषाओं में व अँग्रेजी में अखबार छपने लगे। ईश्वरचंद्र गुप्ता का *प्रोभाकर, हिंदू पेट्रियट, हुरकुश, इंडियन मिरर, अमृत बाजार पत्रिका, ब्रह्मो पब्लिक ओपिनियन, बंगाली, संद्रोकाश, नाबाविकार, सुलभ समाचार संजीवनी, साधारणी, हितवाद, बंबई समाचार, इंदू प्रकाश, जाम-ए-जमसेद, मराठा, ध्यान प्रकाश, केसरी, हिंदू, स्टैंडर्ड, स्वदेशमित्र, ट्रिब्यून, हेराल्ड, एडवोकेट,* अठारहवीं सदी में भारतीय मानस पर बड़ा राजनीतिक प्रभाव डाल रहे थे।

1875 ई. में कम-से-कम 478 अखबार व पत्रिकाएँ भारतीय भाषाओं में

विभिन्न क्षेत्रों से प्रकाशित होती थीं। सभी पढ़े-लिखे व जागरूक व्यक्ति दुकानों व पत्रिकाओं के स्थानों पर नित्य जाने लगे। कुछ दोषों के साथ भारतीय प्रेस जनमानस में अच्छा ज्ञान दे रही थी, यदि प्रशासन भी थोड़ा उदासीन नहीं होता तो अधिक लाभ होता। 1878 ई. में प्रेस पर प्रतिबंध लगा दिए गए। सरकारी अफसर अखबारों के तत्त्व को न देख उसमें सरकार के विरुद्ध षड्यंत्र व नकारात्मकता को ही देखते थे, लेकिन यह प्रकृति का नियम है कि स्वतंत्रता को जितना दबाया जाएगा वह अंत में अधिक शक्तिशाली होगा। इसी प्रकार प्रारंभ में भारतीय प्रेस ने अनेक कष्टों, अड़चनों का सामना करते हुए अपने को शक्तिशाली व प्रभावशाली बना लिया।

1757 ई. में प्लासी के युद्ध से और ईस्ट इंडिया कंपनी के भ्रष्ट शासन, वारेन हेस्टिंग्ज के मुकदमे, नंदकुमार की हत्या आदि की घटनाओं से लोगों में शासन के प्रति क्रोध घर कर रहा था, जो कुछ धार्मिक घटनाओं व कुछ अन्यायपूर्ण राजाओं के प्रति व्यवहार के कारण 1858 ई. में भड़क उठा। 1858 ई. की घोषणा और क्रॉउन के शासन से जनता की आशाओं को बढ़ा दिया, साथ-साथ उन्हें राजनीतिक रूप से भी चेतन कर दिया। कुछ सुधार अवश्य हुए लेकिन कंपनी के बोर्ड के स्थान पर सेक्रेटरी ऑफ स्टेट्स व नौकरशाही बहुत कठोर हो गई, जनता इससे भी दुःखी थी। जनता की गरीबी, भुखमरी, अकाल, प्रशासन में उसकी कोई हिस्सेदारी न होना– असंतोष का कारण बनता रहा। प्रशासन की उदासीनता की बातें कभी-कभार प्रेस में अवश्य आती रहीं, लेकिन प्रशासन पर उनका कोई प्रभाव नहीं पड़ता था। सरकार को ठीक ही "हितकारी अधिनायक" की संज्ञा दी जाती थी। जनता और शासक-वर्ग में काफी दूरी थी, भारतीयों और यूरोपियन के बीच न्याय देने में बड़ा भेदभाव था। दिल्ली में 1877 ई. की प्रिंस ऑफ वेल्स की सभा, दक्षिण व पंजाब में अकाल, अफगान युद्ध, रूस में हार, सेना में वृद्धि, ये सभी जनता को दुःख पहुँचाने वाली घटनाएँ थीं, इतिहास में किसी भी क्रांति के विकास में बहुत कम लोग होते हैं लेकिन क्रांति में आम जनता जुड़ती है।

सुरेंद्र नाथ बनर्जी हाल में सिविल सेवा से निवृत्त हुए थे। उन्होंने 1876 ई. में इंडियन एशोसिएशन की स्थापना राजनीतिक प्रचार के लिए की थी जिसमें आनंद मोहन बोस, द्वारका नाथ गांगुली, बामाचरण बनर्जी, भैरव चंद्र बनर्जी, वोमेश चंद्र बनर्जी, जोगेंद्र चंद्र विद्याभूषण, श्यामाचरण सरकार इसके पहले प्रधान बने। सुरेंद्रनाथ बनर्जी ने भारत का भ्रमण कर कई महत्त्वपूर्ण प्रसंग उठाए, जनता में जागृति पैदा की। 1878 ई. में सुरेन्द्रनाथ बनर्जी ने दक्षिण भारत बंबई.पू.। आदि का दूसरा दौरा किया और एक पत्र हाउस ऑफ कॉमंस को भेजा। 1877 ई. की दिल्ली सभा में काँग्रेस बनाने के विचार पर चर्चा हुई।

1880 ई. में लॉर्ड रिपन बंबई में पानी के जहाज से आकर जनता को कहने

लगा कि "मुझे मेरे काम से जानना न कि मेरे शब्दों से"। लॉर्ड रिपन ने कुछ ऐसे कार्य किए– जैसे अफगान युद्ध की समाप्ति, प्रेस की स्वतंत्रता, स्थानीय स्वशासन की नींव डालना, इल्बर्ट बिल में बदलाव जिससे सभी को समानता, आदि कार्य किए। इल्बर्ट बिल की वापसी का अँग्रेजों ने बड़ा विरोध किया।

1884 में एक नई संस्था "दी नेशनल लीग" की स्थापना कलकत्ता में सर जितेंद्र मोहन टैगोर की अध्यक्षता में की गई। इंडियन एसोसिएशन के तत्त्वाधान में 1883 ई. में नेशनल कांफ्रेंस की सभा हुई जिसमें कुछ कार्यक्रम बनाए गए और दो वर्ष बाद बंबई में काँग्रेस का पहला अधिवेशन हुआ।

काँग्रेस के 1885 ई. से 1994 ई. तक के 100 वर्षों को पाँच प्रमुख कालों में बाँटा जा सकता है जैसे -

1. असक्रियता और अप्रतिनिधित्व का काल– 1885-1900 ई.;
2. असक्रियता लेकिन सीमित प्रतिनिधित्व का काल– 1900-1920 ई.;
3. सक्रियता और प्रतिनिधित्व का काल– 1920-1946 ई.;
4. असक्रियता और आंशिक प्रतिनिधित्व का काल– 1946-1964 ई.;
5. शोषण व विध्वंस का काल– 1964-1994 ई.;

1. अखिल भारतीय काँग्रेस देश का पहला बड़ा राजनीतिक संगठन बना जिसकी स्थापना 1885 ई. में अँग्रेजों व वायसराय के आशीर्वाद से की गई। इसके लिए मुख्य रूप से दो बातें महत्त्वपूर्ण थीं– एक तो पढ़े-लिखे अँग्रेजी साम्राज्य के वफादार भारतीयों को शासन से जोड़ना ताकि राजनीतिक विस्फोट को रोका जा सके; दूसरा पढ़े-लिखे भारतीयों व उच्च वर्ग में राजनीतिकरण किया जाए ताकि वे उनके काम आ सकें। उच्च वर्ग अपने ही लिए सत्ता चाहता था इसलिए प्रतिनिधित्व का सही मायने में उदय नहीं हो सका, यद्यपि राष्ट्रवाद विकसित हुआ लेकिन उसकी जड़ें आम-जन तक नहीं पहुँचीं और जनता में एकता का भाव नहीं पैदा हो सका।

प्रतिनिधित्व केवल इतना ही रहा कि सारे भारत में कुछ लोग एक स्थान पर इकट्ठा होकर भारत की समस्याओं पर विचार करते थे। भारतीय जनता में देशभक्ति का भाव नहीं पैदा कर सके। काँग्रेस अँग्रेजों के विरोध में नहीं थी न ही वह सामाजिक समाज से जुड़ी थी। उसकी सदस्यता केवल अल्पसंख्या में थी, वे केवल शासन में सुधार चाहते थे। उन्हें उदारवादी भी कहा जाता था। केवल काँग्रेस के चार दिन के सम्मेलन को छोड़ सारा वर्ष उनका कोई उल्लेख नहीं होता था। वे एक साथ कैसे दो मालिकों– अँग्रेज शासन और आम जनता को खुश कर सकते थे? सम्मेलन में केवल अमीर और उच्च वर्ग के ही लोग भाग लेते थे, अतः इस संगठन की संख्या, जनभागीदारी और कार्य करने के तरीके सक्रिय व प्रतिनिधित्व वाले

नहीं थे। अतः इसके नेताओं का युवा नेता विरोध करने लगे, उनका कार्य करने का तरीका व उद्देश्य भिन्न था।

2. काँग्रेस की सक्रियता और प्रतिनिधित्व जिनका नए एवं क्रांतिकारी नेताओं से बढ़े। ये पुराने नेताओं के विचारों और कार्य-प्रणाली के विरोधी थे। इनमें अरविंदो घोष, बाल गंगाधर तिलक; जिनका झुकाव हिंदू संस्कृति, रूढ़िवाद, आम जनता के सहयोग, स्वराज्य, और सीधी कार्यवाही पर आधारित था, इसके कारण अनेक नौजवान क्रांतिकारी पैदा हुए। विपिन चंद्र पाल, लाला लाजपत राय आदि उनके अनुयायी थे। मुसलमानों ने भी अपना अलग संगठन बना लिया जो आने वाले समय में देश के विभाजन के लक्ष्य तक पहुँच गया। अँग्रेजों ने हिंदू और मुसलमान दोनों को ही अलग-अलग तरीकों से उत्साहित किया। क्रांतिकारी उदारवादियों से अधिक प्रतिनिधित्व का तत्त्व रखते थे। लेकिन कुछ समय के बाद दोनों वर्ग एक हो गए।

3. यह महात्मा गाँधी का काल था जो सक्रियता और प्रतिनिधित्व को दर्शाता है। क्रांतिकारियों के समान उनके विचार में भी अँग्रेजी शासन और भारतीय जनता के हित अलग-अलग थे, लेकिन उनका तरीका अहिंसक था। गाँधी ने आमजन को काँग्रेस से जोड़ा, एक लक्ष्य को प्राप्त करने की इच्छा को जागृत किया। नागपुर के काँग्रेस सम्मेलन से इस देखा जा सकता है। काँग्रेस का प्रसार सारे भारत में फैल गया। गाँधी ने राजनीतिक शिक्षा ही नहीं दी वरन् सामाजिक समानता, दलित उत्थान, स्वाभिमान को भी साथ-साथ रखा।

गाँधी ने काँग्रेस संगठन को शहरों से गाँव-गाँव तक पहुँचा दिया। काँग्रेस वास्तव में एक अखिल भारतीय संस्था बन गई। काँग्रेस के चरित्र में बदलाव आया। सत्याग्रहों के माध्यम से संगठन को मजबूत ही नहीं किया वरन् आमजन का भय दूर किया। गाँधी ने काँग्रेस संगठन को मजबूत किया, उसको अधिक प्रजातांत्रिक बनाया, संगठन के सभी अंग गाँधी की ही सलाह से चलते थे। 1937 ई. के चुनाव में काँग्रेस 8 प्रांतों में बहुमत में आई। धीरे-धीरे अनेक स्थानों से गाँधी को काँग्रेसी नेताओं के भ्रष्टाचार के समाचार भी आने लगे, गाँधी इससे बड़े दुःखी थे, उन्होंने काँग्रेस की प्राथमिक सदस्यता भी छोड़ दी थी, लेकिन फिर भी काँग्रेस के नेता उनसे सलाह करते थे। काँग्रेस में काफी पतन होने लगा था, गाँधी उसके भविष्य के विषय में चिंतित थे। धीरे-धीरे अनेक विषयों पर गाँधी की बात को मानना भी बंद कर दिया, देश आजाद हो गया लेकिन उसका विभाजन भी हुआ जिसे गाँधी नहीं चाहते थे। देश में सांप्रदायिक दंगे भी भड़क रहे थे। गाँधी उन्हें रोकने के लिए कलकत्ता गए। गाँधी काँग्रेस को समाप्त कर लोक-सेवक संघ के रूप में जनता की सेवा में लगाने को इच्छुक थे। एक मुस्लिम नेता ने उनसे पूछा कि "आप तो भारत की

स्वतंत्रता को खीर के समान बनाना चाहते थे ये तो हलुवा बन गया। इस पर गाँधी ने कहा कि यह हलुवा नहीं कबाड़ा बन गया"। अतः जिस प्रकार की स्वतंत्रता मिली उससे गाँधी खुश नहीं थे। काँग्रेस के अधिकतर नेता किसी भी उपाय से सत्ता में बना रहना चाहते थे जो गाँधी का लक्ष्य नहीं था। आजाद भारत की काँग्रेस पार्टी गाँधी के लक्ष्य को प्राप्त करने में असफल हुई है।

4. विश्व में क्रांतिकारी परिवर्तनों के होने के कारण अँग्रेज भारत को एक कालोनी के रूप में नहीं रख सके। अतः अँग्रेज सरकार ने भारतीय जनता को शासन न सौंपकर काँग्रेस पार्टी को शासन सौंप दिया। शायद गाँधी के रहते हुए भी जनता इस योग्य नहीं रही कि वह सत्ता को सँभाल सके। अधिकतर अँग्रेजी नेता सरकारी पदों पर बैठ गए और संगठन पर सरकार हावी हो गई, संगठन को कोई नहीं सँभालना चाहता था, अतः वह दिनों-दिन कमजोर होता गया। जनता अँग्रेज संगठन से दूर होती गई। संगठन में गुटबाजी बढ़ गई। पुनः काँग्रेस उसी हाल में आ गई जहाँ से वह प्रारंभ हुई थी। पूँजीपति, उच्च वर्ग, जमींदार और जिनका व्यक्तिगत हित पूरा होता, वे इस पार्टी के नेता बन गए। नेहरू पर भी अपनी बेटी को आगे बढ़ाने के आक्षेप लगते रहे। काँग्रेस अब प्रतिनिधि सभा नहीं रही। वंशवाद की जड़ें जन्म लेने लगीं।

5. इंदिरा गाँधी ने जब काँग्रेस का नेतृत्व सँभाला उस समय काँग्रेस में कोई दूसरा प्रमुख नेता नहीं बचा था, वह केवल नेहरू की बेटी होने के कारण कमजोर संगठन की नेता बनीं, संगठन में प्रजातंत्र पहले ही कमजोर पड़ गया था। साथ-साथ वह पुराने काँग्रेस नेताओं से भी मुक्त होना चाहती थी। काँग्रेस अब गाँधी और नेहरू की पार्टी नहीं थी, इंदिरा ने लुभाने वाले नारों से युवाओं, महिलाओं व गरीबों को साथ लेकर पुराने काँग्रेसी नेताओं को 1969 ई. में विभाजन कर दूर कर दिया। अपने नाम से नई पार्टी बना ली। "संसद एक निर्जीव संस्था" बन गई, अधिकतर कार्य अध्यादेशों के माध्यम से होने लगे। राज्यों में भी अँग्रेज संगठन टूटने लगे, मंत्री व मुख्यमंत्री केंद्र से नियुक्त होने लगे। राजनीतिक, आर्थिक संकट पैदा होने लगा, देश बिना किसी निर्देश के हो गया। जगह-जगह विरोध-विद्रोह होने लगे। अतः 1975 ई. में इंदिरा ने देश में आपातकाल घोषित करवा दिया जो 1977 ई. तक चला। इसके बाद के आम चुनाव में काँग्रेस उत्तर भारत से समाप्त हो गई। राजीव काल में 1984 ई. के सिखों पर अत्याचार काँग्रेस के चेहरे पर संप्रदायवाद का काला दाग बना रहेगा।

काँग्रेस के पाँच कालों ने पाँच प्रकार का नेतृत्व दिया जो प्रतिनिधित्व व क्रियात्मक रूप काँग्रेस का गाँधी के समय था वैसा पुनः कभी नहीं आया। चाहे काँग्रेस सत्ता में रही हो लेकिन उसका प्रतिनिधित्व और क्रियात्मकता घटती रही।

हाल में ऐसा लगता है कि काँग्रेस भविष्य में देश से खत्म हो जाएगी, क्योंकि पार्टी को मजबूत करने व गाँधी के विचारों को लागू करने में उसके नेतृत्व का समुचित ध्यान नहीं है। यह पार्टी परिवारवाद और सत्ता के प्रति गहरे मोह के कारण नित्य गहरे रसातल में दबती जा रही है।

अध्याय के लिए विशेष साहित्य

1. Potter, *India's Political Administrator, 1919-83.*
2. A.C. Arora, *British Policy Towards the Pubjab States–1858-1905.* Export India Pub., Jalandhar 1982.
3. S.K. Soni, *Aspects of the Administration of the Punjab: Judicial Science and Political 1849-1859*, Durshan, 1966.
4. S.R. Ashton, *British Policy Towards the Indian States, 1905-1939*, London, SOAS 1978.
5. M.O. Macmillan, *Social and Political Attitudes of British Expartriates in India 1880-1920*, Oxford, 1974.
6. J.D. Nichal, *The British in India 1748-1773; A Study in Imperial Expansion*, Combridge, St. John College, 1946.

16

अँग्रेजी राज्य और राष्ट्रीयता

भारतीय राष्ट्रीय आंदोलन राष्ट्रीयता से पुराना है। इसका विशिष्ट गुण राजनीतिक एवं प्रादेशिक है। परंतु हिंदू राष्ट्रीयता वेदों के समान पुरानी है। इसकी दृष्टि सांस्कृतिक एवं अंतरराष्ट्रीय है। ब्रिटिश साम्राज्यवाद भारत में कुछ ही दशकों से था। राजनीतिक और आर्थिक ब्रिटिश साम्राज्यवाद ने लोगों में स्वतंत्रता के लिए स्वाभाविक प्रेम को उत्तेजित करके और जनता के महत्त्व का पुनः प्रतिपादन करने के लिए एक स्वस्थ प्रतिक्रिया उत्पन्न की।

राष्ट्रीयता जनता की एकता, स्वतंत्रता और उन्नति की समान सुविधाओं और राष्ट्र के नागरिक के रूप में प्रत्येक व्यक्ति के महत्त्व का समर्थक है। एक सदी से भूमिगत/गुप्त रूप से अँग्रेजी शासन के विरुद्ध अग्नि जल रही थी। एक या दो वर्षों में यह अग्नि भड़क उठती थी जब कभी किसी व्यक्ति के विरुद्ध अत्याचार होता था। अँग्रेज शासन धर्म पर कोई आघात करता था। कुछ लेखक बाल गंगाधर तिलक और भारतीय काँग्रेस पार्टी की स्थापना से राष्ट्रवाद का उदय मानते हैं लेकिन इनसे पहले से ही स्थानीय स्तर पर उसके चिह्न देखने को मिलते हैं। 1857 ई. का विद्रोह इसका बड़ा उदाहरण है। 1872 ई. में वायसराय लार्ड मेयो को मुस्लिम बहाबियों ने मार दिया। 1875 ई. में बड़ौदा में कर्नल पयार को राष्ट्रीय भावना को आधार बनाकर मार दिया। इस काल में विरोध धार्मिक या स्थानीय बना रहा। कुछ अँग्रेजी पढ़े-लिखे भारतीय– राजा राम मोहन राय, डॉ. टैगोर, रानाडे, केशव चंद्र सेन, गोखले आदि यूरोपियन सभ्यता के प्रशंसक थे जो हिंदू धर्म को पश्चिम के विचारों के अनुरूप लाना चाहते थे। 1857 ई. के बाद दो विचारधाराओं को देखा जाता है– राजनीतिक और धार्मिक। जो राष्ट्रीय रूप लेती गई और उसका प्रभाव भी बढ़ने लगा दूसरे; सुधारवादी जिनका प्रभाव अधिक नहीं था।

1857 के विद्रोह को अँग्रेज उचित महत्त्व न देकर उसे केवल सिपाही विद्रोह मानते हैं। अपने लेखों में जॉन निकलसन, लारेंस आदि को हीरो बनाते हैं, भारतीयों के द्वारा अँग्रेजों, विशेषकर महिलाओं पर अत्याचार की बात करते हैं। लॉर्ड कैनिंग

के न्याय की बात और अंत में इस विद्रोह को दबाने का उल्लेख करते हैं। भारतीयों को दोषी करार देते हैं।

वास्तव में विद्रोह एक लोकप्रिय घटना थी, यह कोई स्थानीय घटना नहीं थी। नाना साहेब अवध, बिहार, और विशेषकर मुसलमान इसमें अधिक सक्रिय (सहयोगी) थे। यह भारत की स्वतंत्रता का युद्ध था। अँग्रेजों ने कैदियों को बिना मुकदमे के मारा था, जो अत्याचार की हद कर गई थी, मुसलमानों के मृत शरीर को जलाया गया। कारतूस में गाय और सूअर की चर्बी लगाकर धर्म भ्रष्ट करने का प्रयास किया गया। हजारों निहत्थे लोगों को दिल्ली, कानपुर और देहातों में मारा गया। हैवलाक और जनरल नील के अत्याचारों का वर्णन स्वयं अँग्रेजों ने किया है। दिल्ली को खाली कराया गया, मस्जिदों को शराबखाना बना दिया, लोगों को फाँसी दी गई, बहादुरशाह के पोतों व बेटों को गोली मारी गई। घरों-गाँवों को जला दिया गया, जामा मस्जिद के सामने की हवेलियों को तोड़ा गया, लाल किले को भी तोड़ने की नीति थी, लेकिन बारूद न होने के कारण उसे छोड़ दिया गया। नादिरशाह ने दिल्ली को जैसे लूटा था उसी प्रकार अँग्रेजों ने भी दिल्ली को लूटा। इस घटना के बाद अँग्रेज गुप्त दुश्मन के रूप में देखे गए। मुगलों ने भी इसी प्रकार से लोगों को मार, गाँवों को जलाकर अपना अधिकार जमाया था, अँग्रेजों ने भी ऐसा ही किया। इस विद्रोह के बाद भारतीयों को निम्न दर्जे और नफरत से देखा गया।

अँग्रेजों पर भी इसका गहरा प्रभाव पड़ा, इस घटना में इंग्लैंड के मध्य वर्ग में भारतीयों के प्रति घृणा की भावना बढ़ी, अनेक कार्टून बनाए गए, जिसमें मुसलमानों को अधिक व हिंदुओं को कम भयानक रूप से प्रदर्शित किया गया। अँग्रेजों में ऐसा विचार बन गया कि एक यूरोपियन का जीवन अनेक भारतीयों के बराबर है, भारतीय केवल भय को ही समझते हैं। तीसरे, स्थानीय शासन ने अपने अनेक लोगों को खोया है और भारत को बचाए रखने के लिए करोड़ों रुपए खर्च किया है।

भारतीय राष्ट्रीय आंदोलन को इसी परिप्रेक्ष्य में देखना चाहिए जिसमें अँग्रेजों और भारतीयों, दोनों में एक-दूसरे के प्रति कटुता की भावना घर कर गई थी। 1857 ई. की घटना के कई वर्षों के बाद तक लोगों को पकड़-पकड़कर फाँसी दी गई थी या मार दिया गया। इसी के विरोध में भारतीयों ने हिंसा किया और बम फेंके। 1872 ई. में 100 सिखों ने मलेरकोटला (पंजाब) पर हमला किया, इसमें से 60 सिखों ने पटियाला में शरण ले ली जहाँ उन्हें पकड़कर मलेरकोटला भेज दिया गया जहाँ तोप से उन्हें उड़ा दिया गया। 1919 ई. में जलियाँवाला बाग (अमृतसर) में जनरल डायर ने निहत्थे लोगों पर गोली उस समय तक चलाई जब तक उसकी गोली खत्म नहीं हुई। इसमें बच्चे, बूढ़े, औरतें सभी मारे गए। उन्हें भागने का कोई भी रास्ता नहीं था। सभी अँग्रेजों ने इस घटना को अच्छा समझा। इन्हीं अमानवीय घटनाओं

के कारण और न्याय न मिलने के कारण भारतीयों द्वारा हिंसक घटनाएँ हुईं। भारतीय राष्ट्रवाद अँग्रेजों और भारतीयों के आपसी विरोध से कहीं अधिक था, 1857 ई. की घटना के बाद से दोनों जातियों के मस्तिष्क और मन में एक-दूसरे के प्रति आस्था व विश्वास नहीं था।

शिक्षित वर्ग में राष्ट्रवाद के प्रति रुचि कुछ अंशों में आर्थिक थी और कुछ अंशों में धार्मिक। बेरोजगारी अनेक पीढ़ियों से सामाजिक जीवन में एक कैंसर का काम कर रही थी। बेरोजगारों ने, छोटे लेकिन प्रभावशाली वर्गों के साथ समझौता कर उनके साथ मजदूरी या क्लर्क का कार्य किया था। 1894 ई. में लंकाशायर से सूती वस्तुएँ भारत आ रही थीं, उन पर 3½ प्रतिशत कर कम कर दिया गया, लेकिन भारत से जाने वाली चीजों पर कर बढ़ा दिया, इससे मिल-मालिकों को घाटा हुआ। अतः मजदूरों पर गाज गिरी, जिसके कारण मजदूरों में आंदोलन हुआ, जिसमें धर्म का प्रभाव अधिक था। 1835 ई. में मैकाले की नई शिक्षा नीति व विचारों के कारण पुराने धर्म गुरुओं का प्रभाव कम होता गया। प्राचीन ग्रंथों– वेदों, महाभारत, रामायण और गीता के स्थान पर पश्चिम के तर्क पर आधारित विचारों को नौजवान अधिक पसंद करने लगे। लेकिन 1870 ई. के आस-पास हिंदू अंतरात्मा में परिवर्तन हुआ। स्वामी दयानंद सरस्वती ने आर्य समाज के माध्यम से वेदों, ज्ञान, शिक्षा, देश-प्रेम आदि की भावना को बढ़ाया। पंजाब में इसका अधिक प्रचार किया, लेकिन हिंदू धर्म में मूर्ति-पूजा, जातिवाद, बाल-विवाह का खंडन किया। बंगाल में रामकृष्ण परमहंस और उसके शिष्य स्वामी विवेकानंद हिंदू धर्म के सुधार की बात करते रहे, लेकिन हिंदू धर्म के अधिक आलोचक नहीं रहे। लेकिन पुराने हिंदू धर्म के समर्थक– कर्नल ओलकोट, मैडम ब्लावटस्की, मिस. बिसेंट आदि बने रहे।

यद्यपि, इस समय के सभी धार्मिक नेताओं का जनता पर प्रभाव अधिक नहीं हुआ लेकिन पढ़े-लिखे लोगों में उनका प्रभाव अधिक रहा। राजनीति और धर्म सुधार में गहरा नाता बन गया। 1882 ई. में स्वामी दयानंद के गोहत्या बंद करने के विचार को तिलक ने दक्षिण में राजनीति के लिए प्रयोग किया। पंजाब में लाला लाजपत राय समाज के बड़े प्रतिनिधि बन गए और धर्म का राष्ट्रीय आंदोलन पर गहरा प्रभाव पड़ा।

भारत के भूतकाल की स्थिति की बड़ाई की गई है। उसे "स्वर्ण युग" कहा गया। भारतीय सभ्यता और हिंदू धर्म, पश्चिम की सभ्यता जो स्वहित, अर्थतंत्र, और ऐंद्रियजन्य पर आधारित थी उससे कहीं अच्छी थी। भगिनी निवेदिता ने अपनी पुस्तक *दि वे ऑफ इंडियन लाइफ* में इसका विस्तार से वर्णन किया है जो नवयुवकों में बड़ी प्रसिद्ध हो गई थी। दूसरी ओर सर वेलेनटाइन चिरोल ने *इंडियन अनरेस्ट* में इसका खंडन किया और इसे हिंदू नेताओं का षड्यंत्र करार दिया और पुनः हिंदू

धर्म की सर्वोच्चता को स्थापित करने का प्रयास बतलाया, जिसे अँग्रेजी शासन में वे खो चुके थे। तिलक के विषय में यह बात कुछ हद तक ठीक हो सकती है कि वे चितपावन ब्राह्मण थे, लेकिन बंगाल में राष्ट्रीयता के अग्रदूत ब्राह्मण नहीं थे। पंजाब में भी ऐसा नहीं था। अजीत सिंह, लाला लाजपत राय, बिपिन चंद्र पाल, अरविंद घोष ब्राह्मण नहीं थे, बंगाल के विभाजन के सभी नेता ब्राह्मण नहीं थे। भारतीय राष्ट्रवाद का आंदोलन किसी एक व्यक्ति या वर्ग की देन नहीं थी, चाहे उसका संचालन अवश्य कम लोगों ने किया हो। वे पहले की सदी के धार्मिक उत्थान व 1857 ई. की घटना से प्रभावित था। राजनीतिक राष्ट्रवाद में धार्मिक राष्ट्रवाद का अंश देखा जा रहा था, जैसे कृष्ण ने कंस को मारा। शिवाजी ने अफजल खान को मारा। अतः यूरोपियन राक्षसों का वध करना कोई अपराध नहीं माना गया, क्योंकि जनरल नील, जनरल डायर की हत्याओं को अँग्रेजी प्रेस ने अपराध नहीं माना था। अतः 1857 ई. के बाद का राजनीतिक राष्ट्रवाद मैकाले की शिक्षा नीति, पश्चिम की सभ्यता से घृणा पर आधारित थी, जिसमें हजारों युवक जुड़े थे।

राष्ट्रवाद का विकास

किसी आंदोलन के विरोधी उसे निकृष्ट और कुछ व्यक्तियों का ही कार्य मानते हैं। इतिहास में यही तर्क सभी सामाजिक व धार्मिक आंदोलनों के विषय में दिए गए हैं। कुछ लोगों की यही धारणा भारतीय राष्ट्रीय आंदोलन के विषय में भी है।

किसी विचार की उत्पत्ति बहुत सूक्ष्म होती है, जिसे वृहद रूप में सराहा नहीं जा सकता। उसका विस्तार जितना होता है उसमें दोष भी होते हैं जिन्हें बहुत कम व्यक्ति देख पाते हैं। यदि तिलक, अरविंद, वीरेंद्र घोष, बी.सी. पाल, सी.आर. दास, लाला लाजपत राय, अली भाई, महात्मा गाँधी, सुभाष बोस, भगत सिंह, वीर सावरकर अन्य भारतीय बच्चों के समान कष्ट पाकर मर जाते तो भी राष्ट्रीय आंदोलन के लिए अन्य पढ़े-लिखे युवक तैयार होते।

कुछ अँग्रेजों के वध को बढ़ा-चढ़ाकर अँग्रेजी अखबारों में लिखा जाता। दक्षिण में इसे व्यावहारिक कहा जाता, बंगाल में इसे आदर्शवाद, उत्तर में धर्म का उत्थान, पंजाब बाहरी लोगों पर रोक के लिए कहता, व्यापारी वर्ग कपास पर कर के लिए आक्रोशित होता, शहरी अँग्रेजों से न्याय की व्यवस्था को ठीक करने के लिए नेता की खोज में रहता। एकेशिनिया से इटली की हार, जापान से रूस की हार से भद्रलोक व बाजार में खुशी होती। खिलाफत आंदोलन युद्ध को पैदा करता। किसी भी राष्ट्रीय आंदोलन पर इन नेताओं का प्रभाव कितना हुआ, उसका अनुमान नहीं लगाया जा सकता। कोई भी शिवाजी की विचारधारा, बंगाल के विभाजन तथा असहयोग आंदोलन का राष्ट्रीय आंदोलन पर प्रभाव को ठीक से नहीं आँक सकता।

लेकिन बाल गंगाधर तिलक और महात्मा गाँधी के प्रभाव को सरलता से उनके तरीके, नेतृत्व, विचार, क्षमता आदि के कारण देखा जा सकता है। तिलक की मृत्यु के बाद गाँधी ने राष्ट्रीय आंदोलन को नया रूप देकर उसे आगे बढ़ाया, जिसमें मुसलमान और ईसाइयों का सहयोग भी बढ़ा।

1905 ई. में अँग्रेज शासन ने बंगाल का विभाजन कर दिया। हिंदू और मुसलमानों को अलग-अलग करने की यह नीति थी। मुसलमानों ने इसका विरोध नहीं किया, लेकिन हिंदुओं ने इसका विरोध किया। 1905 ई. में काँग्रेस का अधिवेशन बनारस में हुआ जिसमें 756 प्रतिनिधियों ने भाग लिया, जिसमें 17 मुसलमान थे। काँग्रेस में भी उग्रवादी गुट और सुधारवादी गुट के बीच में संघर्ष चलता रहा। गोखले तिलक के सिद्धांतों में विश्वास नहीं करते थे और उन सभी मुसलमान नेताओं को वापस काँग्रेस में लाना चाहते थे जो 1905 ई. के आंदोलन में दूर चले गए थे।

1906-07 ई. में अँग्रेजों की मदद से मुस्लिम लीग की स्थापना सैय्यद अली ईमाम ने ढाका में कर दी। यह अँग्रेजों का वैसा ही प्रयास था जैसा उन्होंने 1885 ई. में काँग्रेस की स्थापना के लिए किया था। 1909 ई. में मार्ले-मिंटो सुधार के बहाने मुसलमानों को सुविधाएँ दी गईं, जिससे मुसलमानों ने प्रशासन की नीति की बड़ाई कर उसे समर्थन देने का वायदा किया। गोखले की मृत्यु तक काँग्रेस में अधिक संख्या हिंदुओं की ही रही।

बंगाल का विभाजन वास्तव में अँग्रेजी शासन के दौरान एक विशेष महत्त्व की घटना थी। बंगाल का विभाजन एक समय या एक बार नहीं हुआ। बंगाल का विभाजन कर 1874 ई. में चाचार और सिलचर को बंगाल से हटाकर आसाम से जोड़ दिए गए थे, उस समय कोई विरोध नहीं हुआ। 1891 ई., 1896 ई. में लुसाई हिल और चिटगाँव डिविजन आसाम में मिला दिए। इसका विरोध हेनरी कोटन ने अवश्य किया, जिसके कारण कुछ भाग बच गया।

1899 ई. में लार्ड कर्जन के गवर्नर जनरल बनने के बाद अनेक ऐसी घटनाएँ हुईं जो 1858 ई. की नीति के विरुद्ध थीं, इससे जनता में रोष था। 1903 ई. में पुनः ढाका और मैमन सिंह के प्रदेशों को अलग करने का प्रस्ताव लार्ड कर्जन लाया, जिसके कारण जनता में भारी विरोध हुआ।

दिसंबर 1903 में अक्टूबर 1905 तक 2000 से अधिक सभाएँ हुईं जिनमें 500 से 50,000 लोगों ने भाग लिया। नंदकुमार की फाँसी और बंगाल का विभाजन, जिसको लार्ड कर्जन ने मुसलमानों को लाभ देने के लिए किया था, ऐसे समय में हुआ जिससे बंगाल की जनता में राष्ट्रभक्ति जागृत हुई। स्वदेशी अपनाना, वंदे मातरम और भजन गाना, प्रदर्शन करना चलता रहा।

प्रति वर्ष 16 अक्टूबर "राष्ट्रीय दुःख" का दिवस मनाया गया। इंग्लैंड की

संसद में भी लार्ड कर्जन ने यह कहा कि जनता का विरोध अल्पकालिक है जो समय के साथ समाप्त हो जाएगा। लेकिन वस्तुस्थिति इससे भिन्न थी। कुछ अँग्रेज नेताओं ने भी इंग्लैंड की संसद में विभाजन का विरोध किया– हेनरी कोटन, हरबर्ट पाल, किरहार्डी, ओरले, लार्ड रिपन आदि ने पद छोड़ दिया।

लार्ड हार्डिंग नए वायसराय बने। उन्होंने अगस्त 1911 में नेताओं से शांत रहने को कहा और बंगाल को पुनः एक करने के लिए प्रस्ताव बनाया जिसे गुप्त रखा गया। 12 दिसंबर, 1911 को दिल्ली दरबार में राजा जॉर्ज पंचम ने बंगाल के विभाजन को समाप्त कर कलकत्ता से दिल्ली को राजधानी घोषित कर दिया। इस कार्य के लिए 6 वर्षों तक बंगाली लड़ते रहे। इस पूरे संघर्ष ने जनता की आवाज, राष्ट्रीय एकता और अँग्रेजों के उदारवाद को आगे बढ़ाया।

राष्ट्रवाद का अंतिम दौर

जहाँ पहले विश्व युद्ध में भारत के राजे-रजवाड़ों ने अपनी सेना व धन देकर अँग्रेजी साम्राज्य की सेवा की थी, दूसरी ओर काँग्रेस के नेताओं ने भी अँग्रेजों का कोई विरोध नहीं किया, वरन् 1915 ई. के काँग्रेस के बंबई अधिवेशन में अँग्रेजी राज्य की बड़ाई की गई, व सेना में लोगों की भर्ती कराने के लिए प्रयास भी किए गए। तिलक भी जेल से लौटने के बाद चुप रहे। केवल पंजाब के लिए "कामागाटामारू" जहाज में कुछ सिख हथियारों के साथ पकड़े गए थे जो कनाडा से आए थे।

कुछ समय बाद से ही लोगों की महँगाई के कारण अँग्रेजी शासन के प्रति कोई रुचि नहीं रही। मुस्लिम लीग ने 1915 ई. में अँग्रेजों का विरोध किया क्योंकि खलीफा की सरकार अँग्रेजी सरकार के विरुद्ध थी यद्यपि अरब का शरीफ अँग्रेजों के साथ था। 1916 ई. में काँग्रेस के नेताओं ने जिसमें तिलक और ऐनी बेसेंट थे "होम रूल" की माँग करने लगे, जनता भी उनके साथ थी। मोंटेग्यू-चैम्सफोर्ड सुधार ने डायर को जन्म दिया। काँग्रेस ने 1909 ई. के कानून को तो स्वीकारा लेकिन 1919 ई. के कानून का विरोध किया। 1920 ई. में तिलक का निधन हो गया, वह मुसलमानों को विदेशी मानते थे। 1919 ई. में अमृतसर में निहत्थे लोगों का कत्ल अँग्रेज अफसर द्वारा किया जाना, खिलाफत आंदोलन, मोपला विद्रोह, चौरी-चौरा की घटना गुजरात में किसान आंदोलन, महाराष्ट्र में युद्ध के पहले के आंदोलन, ऐसे समय में तिलक के बाद गाँधी काँग्रेस का नेता बन गया। वह पश्चिम को अच्छी प्रकार से समझता था। आंदोलन का भी दक्षिण अफ्रीका का बड़ा अनुभव था, वह एक महात्मा के समान मन, विचार और सपनों से हिंदू धर्म के प्रतीक दिखाई देता था। मुसलमानों को वह एक आशा की किरण दिखाई देती थी। जातिवाद के विरुद्ध

होने से ईसाई भी उसके साथ हो लिये। वह साधन और साध्य में कोई अंतर नहीं करता था, गरीब व्यक्ति व ग्राम उद्योग को बढ़ाने की बात करता था। 1921 ई. में उसने स्वराज की माँग की।

गाँधी राजनेता के साथ-साथ समाज-सुधारक भी था। तिलक कट्टर हिंदूवादी और पत्रकार था। गोखले उदारवादी और अमीर तंत्रवादी था। गाँधी ऐसा नेता था जो सभी को पसंद था। लेकिन मोपला विद्रोह ने हिंदुओं को मारकर खिलाफत आंदोलन से उन्हें दूर कर दिया, स्वयं मुस्लिम लीग भी खिलाफत आंदोलन में नहीं थी। 1924 ई. में जिन्ना ने मुस्लिम लीग को पुनः जन्म देकर मुसलमानों को काँग्रेस से अलग कर दिया। 1927 ई. में साइमन कमीशन के विरोध के कारण मुस्लिम लीग भी विभाजित हो गई। लेकिन वे काँग्रेस से अलग रहे। 1922 ई. में लिबरल, स्वतंत्र और ग़ैर-ब्राह्मण नेताओं ने स्वराज पार्टी बना ली। हिंदू महासभा भी अपनी शक्ति बढ़ा रही थी।

प्रजातंत्र का प्रयोग और सांप्रदायिक विभाजन

युद्ध ने इस प्रश्न का समाधान काफी सीमा तक कर दिया था कि भारतीय प्रशासनिक और राजनीतिक व्यवस्था को सँभाल सकते हैं। 1914 ई. से 1919 ई. तक बहुत कम अँग्रेज इंग्लैंड से भारत की सेना में आए और अधिकतर अफसरों को विभिन्न विभागों से लाकर सेना का कार्य सौंपा गया। अनेक ऊँचे पदों पर भारतीयों को रखा गया। केवल पुलिस कप्तान ही अँग्रेज रखना आवश्यक समझा गया। इंग्लैंड में इस नीति के विषय में भिन्न-भिन्न मत रहे, इंडियन सिविल सर्विस में अँग्रेजी कोटा बना रहा। अतः अँग्रेजी शासन ने जहाँ एक हाथ से सुविधा दी थी वहीं दूसरे हाथ से उसे वापस ले लिया, बिना ऊँचे अँग्रेज अधिकारियों की सलाह से कोई भारतीय निर्णय नहीं ले सकता था। इंडियन सिविल सर्विस को "आयरन फ्रेम" ही कहा जाता रहा, जिसमें एक भारतीय भी अँग्रेज अधिकरियों के समान कार्य और व्यवहार करता था।

1909 ई. में मार्ले-मिंटो सुधार में चुनावी प्रक्रिया से आने वाले सदस्यों की संख्या में विस्तार किया गया– लेकिन मार्ले व्यक्तिगत रूप से भारत को संसदीय व्यवस्था देने के हिमायती नहीं थे, वे भारतीयों को इस योग्य नहीं समझते थे। नए सदस्यों को केवल सलाह देने का ही अधिकार था जिसे मानना आवश्यक नहीं था, चुने हुए सदस्य सांप्रदायिक और आर्थिक आधारों पर ही आते थे, कोई भौगोलिक आधार नहीं था।

मार्ले ने एक ऐसा सिद्धांत शुरू कर दिया जो भारत में सदैव के लिए समस्या बन गया। अतः सदस्य भी यह समझने लगे कि वे एक विशेष जाति, वर्ग के

हितों के लिए ही हैं। इसी को आधार बनाकर बाद में अंबेडकर ने भी अपनी माँग रखी। भारतीय राजनीतिक रूप से सांप्रदायिकता, जाति सभा में बँट गए। यह नीति भारतीय राजनीति में एक तोहमत का कार्य करने लगी। 1918 ई. में मोंटेग्यू सुधारों में इस नीति को बनाए रखने का समर्थन होने लगा। 1919 में कानून बनाकर स्थानीय प्रशासन को दो भागों में बाँट दिया– "सुरक्षित" व "हस्तांतरणीय"। इसे "डायरनिकी" का नाम दिया गया, वास्तव में गवर्नर को ही शक्ति अधिक रही। राष्ट्र निर्माण के विभाग "हस्तांतरणीय" रखे गए और आय व सुरक्षा के विभाग "सुरक्षित" रखे गए। यह सुधार एक प्रकार का जनता पर कहर था। इस नीति में मंत्रियों के पास उत्तरदायित्व तो था, लेकिन शक्ति नहीं थी। सभी प्रदेशों में एक समान नीति नहीं थी, गवर्नर अपनी इच्छा के अनुसार मंत्री बनाता था। विशेषकर किसी विशेष जाति व धर्म को आधार बनाकर योग्यता के आधार पर नहीं। नौकरशाही का मंत्रियों पर दबदबा रहता था। "प्रशासनिक समिति" क्राउन की नौकर ही थी। सांप्रदायिक प्रतिनिधित्व के कारण पार्टी व्यवस्था का भी उचित विकास नहीं हो सका। विधान सभा भी अधिक प्रभावशाली नहीं रही। एक बार राजनीतिक जीवन को सांप्रदायिक व्यवस्था ने ऐसा जकड़ा था कि दूसरी पार्टी भेद काफूर हो गए। कई प्रदेशों में राष्ट्रवाद को इस व्यवस्था ने खत्म कर दिया। हिंदू महासभा भी अन्य सांप्रदायिक वर्गों के समान अपना हिस्सा माँगने लगी। 1916 ई. में काँग्रेस ने मुस्लिम लीग की माँग का समर्थन भी किया। यह सब राष्ट्रीय एकता के नाम पर हो रहा था। शायद कुछ इतिहासकार इसे अँग्रेजों की ही नीति मानें लेकिन यह पूर्ण रूप से सत्य नहीं है, इसमें और नेताओं का भी सहयोग व हाथ है।

सांप्रदायिक विभाजन

अनेक विचारणीय प्रश्न हैं जिनके कारण भारत में स्वशासन हो सकता है या नहीं! आजादी से पहले भारत की सीमा लंबी व खुली थी, यहाँ के राज्यों (राजघरानों) की स्थिति संदिग्ध थी। आन्तरिक व प्रशासनिक पतन हो रहा था जिससे कि भारत धर्म और जाति के बंधनों से और अधिक जकड़ता जा रहा था, राजनीतिक विरोधों में धर्म और जाति का तत्त्व जोर पकड़ रहा था।

भारत में धर्म और जाति के आधार पर विभाजन पुराना था, लेकिन जब कभी हिंदू-मुस्लिम में झगड़ा हुआ तो वे दोनों अपने-अपने धर्म के लोगों के समर्थन (साथ) के लिए आशावान रहे, यह विभाजन सीधा था। सामान्य तौर पर यह समझा जाता है कि भारतीय मुसलमान रेगिस्तानी धर्म विश्वास से आकर भारत के मूर्ति-पूजक हिंदुओं को अपने अधीन कर लिये। उनका धर्म ऐसा है जो विश्वव्यापी है, भारत के बाहर परसिया, मिस्र, तुर्की, अरब देशों में, समान धर्म के भाईचारे का

भाव है। उनका मुख्य धर्म स्थल मक्का में है, वे धर्म के अनुसार हिंदुओं से अलग हैं। सत्य यह है कि केवल कुछ अमीर घरानों को छोड़कर जो शायद अब नहीं रहे, अन्य सभी मुसलमान हिंदुओं से किसी-न-किसी कारण से कभी-न-कभी मुसलमान बने। इसलिए मुसलमानों में भी हिंदुओं के समान जातियाँ हैं जो एक-दूसरे से वैवाहिक संबंध व खाना-पीना नहीं करते। लेकिन यह भेद हिंदुओं से कम है। यह भी सत्य है कि मुसलमानों में अमिश्रित खून कम है या नहीं है, क्योंकि प्रारंभ से ही मुसलमानों ने हिंदू महिलाओं से विवाह किए थे। यहाँ तक मुगल खानदान के 6 शासकों की माँ हिंदू थी व अमीरों के बच्चे भी हिंदू महिलाओं से थे।

लेकिन दोनों धर्म के अनुयायियों की प्रकृति ऐसी है कि उनमें भेद करना आसान है। सत्य यह है कि हिंदू धर्म का उदय वनों-जंगलों से हुआ और मुसलमानों का रेगिस्तान से। हिंदू धर्म झुकने और आश्रित रहने, पेड़-पौधों में विश्वास और मृत्यु तक विध्वंस के कारण कार्य न करना, ऐसा धर्म रेगिस्तान में नहीं फल-फूल सकता था, वहाँ स्वतंत्रता और अपने जीवन के साधन जुटाने की आवश्यकता थी। सीधे देव से मिलने का प्रयास था, और एक पुस्तक में विश्वास था। लेकिन भारत में आकर इसका लाभ भी काफी बदल गया।

हिंदू-मुस्लिम के मूल कारण आर्थिक और सामाजिक असमानता रूप है। राजनेता, मौलवी, पंडित, अखबार, बाजार इसको खत्म नहीं होने देते। बदमाश लोग दोनों ओर इस मौके का लाभ उठाते हैं।

गाँधी ने अस्वाभाविक हिंदू-मुस्लिम एकता का प्रयास अवश्य किया लेकिन वह सफल नहीं हो सका। अलग प्रतिनिधित्व के समय से यह भेद बढ़ता ही गया। देशी राज्यों में हिंदू-मुस्लिम दंगे कम हुए और अँग्रेजी शासन के राज्यों में अधिक, यह इस बात को भी दर्शाता है कि अँग्रेजों ने सांप्रदायिक भेद को बढ़ावा देने में कुछ सहयोग अवश्य दिया है।

हिंदू और मुस्लिम धर्म के मानने वालों में ऐसा कुछ भी नहीं है कि वे एक साथ नहीं रह सकते यदि वे आपस में थोड़ा सहयोग करें।

देशी राज्य

देशी राज्यों के साथ अँग्रेजी शासन की संधि रही, लेकिन अँग्रेजों ने 70 वर्षों तक ऐसा कोई प्रयास नहीं किया जिसमें इन राज्यों के साथ व्यवहार निश्चित और सामान्य हो सके, यह 1858 जैसा ही बना रहा। भारत का लगभग तिहाई हिस्सा देशी राज्यों के पास था और कई छोटे राज्य बड़े राज्यों के अधीन थे, उनकी सीमाएँ निश्चित नहीं थीं, कुछ भाग या गाँव अँग्रेजी सीमा के भीतर थे या कुछ अँग्रेजी गाँव

देशी राज्यों के भीतर थे। गायकवाड़, हैदराबाद के राज्य बहुत बड़े थे। अँग्रेजी शासन को उनके साथ संबंध बनाए रखने में विभिन्न तरीकों को अपनाना पड़ता था– तोपों की सलामी, सनद आदि लेकिन बटलर कमीशन ने पहली बार इन संबंधों को स्थायी करने का प्रयास किया। नए राज्यों का शासन अधिनायकवादी था, और राजा अपनी शान, मान को सर्वोच्च मानते थे। 1858 ई. की घोषणा और मांटेग्यू की रिपोर्ट में भी इसको बनाए रखा था। लेकिन अंतिम निर्णय में सभी अँग्रेजी शासन की ही बात मानते थे। भारतीय राज्य व जनता की दुहाई देकर अँग्रेजी सरकार को ही सर्वोच्चता दी जाती थी। प्रशासन में कई भारतीय राज्य अँग्रेजी राज्यों से भी अच्छे थे, लेकिन अँग्रेजी रेजिडेंट उन पर भी अपनी पैनी निगाह बनाए हुए थे। कई राज्यों में न्याय मध्ययुगीन था, राजा के विरुद्ध अपील भी नहीं हो सकती थी, किसी को भी बिना कारण बताए जेल में डाल दिया जाता था। कुछ राज्यों जैसे भोपाल में इस्लाम धर्म त्याग या धर्म पर टिप्पणी की सजा होती है। कुछ राज्यों ने अँग्रेजों को देख अपने यहाँ भी विधान परिषद् का संगठन किया लेकिन यह केवल सलाह या महज चर्चा की सभा थी वास्तव में कोई अधिकार नहीं थे।

शिक्षा के विषय में प्रारंभ में राजाओं के बच्चों को जनानाखाने में ही पढ़ना पड़ता था जहाँ उच्च जाति की रानियाँ व नीची जाति की दासी एक साथ रहती थीं। महल में षड्यंत्र चलते रहते थे। कुछ समय बाद अँग्रेजों ने अपने शासन को लाभ पहुँचाने के लिए राजाओं के बच्चों के लिए– अजमेर, इंदौर, राजकोट, लाहौर में संस्थान खोले; अमीर राजा अपने बच्चों को विदेश में भेजते थे जहाँ अधिक उदार शिक्षा पाई जाती थी।

राज्य की दशा में सुधार का विषय राजाओं की व्यक्तिगत योग्यता और इच्छा पर निर्भर था। 110 राज्य ही चैंबर ऑफ प्रिंसेस के सदस्य थे जो वर्ष में एक बार दिल्ली में अपने विषय को अँग्रेजों शासन के सामने रखने के लिए मिलते थे, अन्य को जमींदार का दर्जा दिया गया था। सांप्रदायिकता के मामलों का समाधान भी अँग्रेजी तर्ज पर ही किया जाता था। हैदराबाद जैसे राज्यों को छोड़ जनता और प्रति भावना के कारण जनता राज्य के शासन को अँग्रेजी शासन से अधिक मान देती थी। यद्यपि कुछ राज्यों में अमीरों के कुछ राष्ट्रवादी संगठन कार्य कर रहे थे, लेकिन उनका प्रभाव नगण्य था। कस्टम, नमक कर, डाक व तार, रेलवे, अफीम आदि विषयों में राज्यों का कोई दखल नहीं था, वे सीधे अँग्रेजी शासन के अधीन थे। राज्यों का विषय इतना सरल नहीं था जितना देखा गया है, इनमें अनेक प्रकार की भिन्नता थी, जनता की मानसिकता में भी धर्म के आधार पर भिन्न-भिन्न विचार थे।

मुस्लिम लीग से पहले मुसलमानों की राजनीतिक और सामाजिक स्थिति तथा हिंदू-मुसलमानों के संबंध

आठवीं सदी में इस्लाम के भारत में आने से पहले भारतीय जनता में अनेक धर्म और जातियों को देखा जाता है, इनमें ऊँची-नीची व अछूत जातियाँ भी थीं, लेकिन इनमें समझौता भी थे। कभी भी विशेष राजनीतिक व धार्मिक तनाव नहीं हुए जिससे देश का आर्थिक व नैतिक विकास रुका हो। 711-13 ई. में अरबों ने सिंधु व मुलतान को जीता तथा एक विदेशी जाति जो भाषा, धर्म और जीवन-शैली में भिन्न थी जिसने पहली बार यहाँ की भूमि पर अपने राजनीतिक अधिकार जमाया। दक्षिण के कुछ क्षेत्रों में अरब अवश्य थे लेकिन वे केवल एक व्यापारी ही थे, उनकी कोई राजनीतिक व क्षेत्रीय कब्जे की भावना नहीं थी।

अरब के बाद तुर्क, अफगान और मुगलों ने अपनी राजनीतिक सत्ता स्थापित की, उनके पतन के बाद देश टुकड़ों में बँट गया जैसे– हैदराबाद, अवध, बंगाल, बिहार, उड़ीसा, रुहेलखंड, मराठा, जाट, सिख, राजपूत आदि।

दिल्ली साम्राज्य का पतन 1803-04 ई. में इस सीमा तक हो गया था कि लार्ड वेलेजली ने मुगल शासन को समाप्त कर अँग्रेजी सर्वोपरि-सत्ता स्थापित कर दी। अपने शासन काल में मुसलमानों ने भारत में जितने हिंदू संभव हो सके उन्हें सभी तरीके अपनाकर इस्लाम में परिवर्तित कर दिया। उनमें से 80 प्रतिशत से अधिक हिंदू निम्न जाति से थे, उनको यह उम्मीद थी कि उन्हें भी अन्य मुसलमानों के समान उच्च पद मिलेंगे और उनका भी सम्मान उसी प्रकार से होगा, लेकिन ऐसा नहीं हो पाया। वे जैसे पहले थे वैसे ही रहे, धर्म अवश्य बदल गया, वे आम हिंदू से भी आर्थिक और सामाजिक रूप से नीचे ही थे। लेकिन धर्म परिवर्तन के कारण उन पर जजिया नहीं लगा और वे शासन का समर्थन करते रहे। यह भी भारतीय मुसलमानों के पिछड़ेपन का एक कारण रहा। उसने विदेशी जीवन के तरीकों को अपनाकर अपने पूर्वजों को भुला दिया। जैसे अन्य मुसलमान मध्य एशिया से आए भारतीय मुसलमान भी उनमें मिल गए, उनकी संख्या बढ़ गई, लेकिन आर्थिक व सामाजिक स्तर नहीं बढ़ा। अँग्रेजी काल में भी उनकी स्थिति वैसी ही बनी रही। वह अपनी ही जन्मभूमि में विदेशी हो गया।

मुस्लिम शासन के काल में प्रशासन का चरित्र धर्म-तंत्रात्मक ही रहा। जोरोआस्टर और हिंदुओं को इस्लाम और मृत्यु के बीच में से एक को चुनने की आज्ञा थी। समय और आर्थिक आवश्यकता के अनुसार जो बचे उन्हें जिमि का दर्जा दिया गया, जिन्हें राजनीतिक, सामाजिक, धार्मिक व न्याय की समानता नहीं थी। शरियत का कानून सर्वोच्च था, इसी कारण से मुस्लिम समाज में अपने पैरों पर खड़ा होने, व नया रास्ता खोलने की कमी के कारण जब कभी संकट आया तो वे

उसे झेल नहीं सके। यही अँग्रेजी साम्राज्य में हुआ, अँग्रेजों ने मुसलमानों को गरीब, अनपढ़ और धरातलहीन देखा। मुसलमान अँग्रेजी जीवन, कला, शिक्षा, को नहीं अपना सकने के कारण पिछड़ते चले गए, जो भी थोड़ा-बहुत राजनीतिक प्रभाव मुसलमानों का बचा था वह 1857 ई. के विद्रोह के बाद समाप्त हो गया। सैय्यद अहमद मुसलमानों में अँग्रेजी शिक्षा देना चाहते थे ताकि वे आगे बढ़ें, लेकिन प्रारंभ में वे स्वयं इतने हताश हो गए थे कि किसी दूसरे मुस्लिम देश में जाकर बसना चाहते थे। सैय्यद अहमद अँग्रेजों से मुसलमानों की सुलह चाहते थे। वह पहले मुसलमानों को अँग्रेजों के साथ रहकर राष्ट्रीय धारा से अलग–एक अलग परिचय के रूप में चाहते थे। इसीलिए उन्होंने काँग्रेस का विरोध ही नहीं किया वरन् मुसलमानों को काँग्रेस में शामिल होने से भी रोका। जिसका प्रभाव यह हुआ कि जो मुसलमान सैय्यद अहमद के विराधी भी थे (जो) वे काँग्रेस में नहीं आए।

सैय्यद अहमद ने इसके बाद से ही राष्ट्रीय स्वतंत्रता की हर अवस्था में मुस्लिम राजनीति को ही अपनाया। इसे हम उसके 28 दिसंबर, 1887 और 16 मार्च, 1888 को लखनऊ और मेरठ के भाषणों में देख सकते हैं। मुसलमानों के राजनीतिक भविष्य को नेतृत्व भी अँग्रेजों ने ही दिया, थियोडर बैक अलीगढ़ कालेज के प्रिसिंपल थे जिन्होंने मुसलमानों के लिए पृथक प्रतिनिधित्व की माँग की, क्योंकि वे मानते थे कि भारत दो और अधिक राष्ट्रों का देश है। जहाँ संसदीय प्रणाली सफल नहीं हो सकती, इसी लक्ष्य को आधार बनाकर मुसलमानों ने– इलाहाबाद, लखनऊ, मेरठ, लाहौर, मद्रास और अन्य स्थानों पर काँग्रेस के विरोध में प्रस्ताव पास किए। कुछ मुसलमान अखबारों में भी काँग्रेस के विरोध में अपनी आवाज उठाई। बचपन से ही मुसलमानों को यह सिखाया जाता रहा है कि अपने शासक को खलीफा तुल्य (भगवान का प्रतिनिधि) मानो और उसमें दृढ़ विश्वास करो।

सैय्यद अहमद ने काँग्रेस का विरोध ही नहीं किया वरन् उसकी प्रसिद्धि को रोकने के लिए "इडियन पेट्रियाटिक एसोसिएशन" की भी स्थापना की, जिसका उद्देश्य था खबरों को छापकर इंग्लैंड व भारत में काँग्रेस की नीतियों का विरोध करना, अँग्रेजी राज्य का समर्थन करना व मुसलमानों के विषय में हर भ्रांति को साफ करना आदि। 1886 ई. में अलीगढ़ में "वार्षिक मुस्लिम सभा" की स्थापना की। इसका अधिवेशन अलग-अलग स्थानों पर होता रहा। मुसलमानों के हित को उजागर करने के लिए हर जिले में समितियाँ बनाई गईं जिसमें मौलवी, उलेमा और मुस्लिम समाज के गणमान्य व्यक्ति होते थे। 1893 ई. में "मुहमडन डिफेंस एसोसिएशन आफ अपर इंडिया" की स्थापना की गई, इसमें भी प्रिंसिपल बैक का हाथ था। 1898 ई. में सैय्यद अहमद की मृत्यु के बाद भी सारे कार्य मेहदी अली नबाव मोहिसन उल-मुल्क, सैय्यद हामिद अली खान, लखनऊ व शरीफ फउद-द्दीन, पटना के बैरिस्टरों के द्वारा चलता रहा।

सैय्यद अहमद और बैक काँग्रेस प्रतिनिधि तरीके की सरकार का मुसलमानों के हित में नहीं मानते थे क्योंकि हिंदू बहुमत में थे। इसी बात को जिन्ना ने आगे बढ़ाकर देश का विभाजन करवाया था। सैय्यद अहमद का मानना था कि "भारत अनेक राष्ट्रों में बँटा है जहाँ धार्मिक, सांस्कृतिक, सामाजिक, राजनीतिक और ऐतिहासिक भिन्नता है", ऐसे में मुसलमान एक होकर अपनी बात मनवाने के लिए बहुमत के विरोध में हाथ में तलवार उठा लेंगे, जैसा कि उनकी आदत है। यह वास्तव में दो राष्ट्र की माँग की पहली सीढ़ी थी, यदि वह मानी नहीं जाती तो बल-प्रयोग भी होगा, सैय्यद अहमद पृथक प्रतिनिधित्व के हिमायती थे। 1857 ई. के विद्रोह के बाद से मुसलमान व हिंदुओं की भिन्न-भिन्न पहचान, अँग्रेजी सरकार का समर्थन व काँग्रेस के विरोध पर जोर रहा।

मुसलमानों की धार्मिक और सामाजिक-आर्थिक पिछड़ेपन का आधार उनके अंधविश्वास और अनेक प्रथाओं में था।

1875 ई. में अलीगढ़ में मुस्लिम स्कूल-कालेज-विश्वविद्यालय की स्थापना का उद्देश्य मुसलमानों को अँग्रेजी शिक्षा देकर नौकरियों के लिए तैयार करना, अँग्रेजी शासन के प्रति वफादार करना व काँग्रेस के राष्ट्रवाद का विरोध करना था। इस काल में अनेक स्थानों पर हिंदू-मुस्लिम धार्मिक दंगे हुए– उत्तर-पश्चिम भारत, बंबई, आजमगढ़, जूनागढ़, काठियावाड़, पूना, बंगाल आदि।

मुस्लिम लीग की स्थापना के पहले से ही हिंदू-मुस्लिम में विरोध और वैर की भावना व घटनाएँ होती रहती थीं, यहाँ तक जिन विषयों पर थोड़ा-सा हिंदू रंग दिखाई देता था उसका मुसलमान विरोध करते थे, जैसे शिवाजी पर्व, वंदेमातरम, स्वदेशी, राष्ट्रवाद आदि।

हिंदू-मुस्लिम का यह भेद मुसलमानों के बड़े नेताओं के द्वारा पृथक पहचान बनाए रखने के प्रचार के कारण अधिक था। बंगाल के विभाजन के विषय ने आग में घी का कार्य कर दिया।

अलीगढ़ मुस्लिम विश्वविद्यालय से पढ़े हुए छात्र अपना राजनीतिक भविष्य चाहते थे। काँग्रेस में वह उन्हें संभव नहीं दिखाई देता था। अतः मुस्लिम लीग नाम की संस्था के पीछे अँग्रेजों के अतिरिक्त अलग राजनीतिक विचार और पहचान रखने वाले मुस्लिम नेता– मौलवी मुस्ताख हुसैन, नवाब विकार उल मुल्क, आगा खान, नवाब शलीम, उल्ला खान, ढाका आदि प्रमुख थे।

मुस्लिम लीग

अलीगढ़ के प्रिंसिपल आकलैंड की सलाह और लार्ड मिंटो की मदद से मुस्लिम नेता शिमला में वायसराय से मिले और मुसलमानों की स्थिति, पहचान

और ऐतिहासिक महत्त्व को ध्यान में रखते हुए अलग प्रतिनिधित्व की बात पर जोर दिया। इसी को आधार बनाकर बाद में जकाउल्ला ने लिखा कि मुस्लिम लीग पूर्ण रूप से सैय्यद अहमद की नीति के अनुसार बनाई गई है। मुसलमान एक राष्ट्र के रूप में कभी भी काँग्रेस में नहीं जाएगा, इसलिए एक अलग संगठन बनाया गया है। उन्होंने यहाँ तक कहा कि काँग्रेस और मुस्लिम लीग में कुछ भी साझा नहीं है। मुस्लिम लीग अँग्रेजों के साथ पूर्णतः है जबकि काँग्रेस विरोध भड़काने के लिए कार्य करती है।

आगा खाँ, कुछ नवाबों, अलीगढ़ मुस्लिम विश्वविद्यालय, इंग्लैंड में अमीर अली व अन्य ने मुस्लिम लीग को अँग्रेजों की मदद से आगे बढ़ाया। बंगाल के विभाजन ने राष्ट्रीय आंदोलन की सभी घटनाओं में सबसे अधिक राजनीतिक उत्साह को बढ़ाया। बंगाल का विभाजन 1905 ई. से 1911 ई. तक की राजनीतिक घटनाओं को प्रभावित करता है। अँग्रेजों ने बंगाल विभाजन का आधार प्रशासनिक सफलता को बनाया था, लेकिन इसके पीछे सांप्रदायिकता थी, क्योंकि बंगाल के विभाजन के बाद भी प्रशासनिक सफलता नहीं मिली थी। वास्तव में, यह घटना जनहित में नहीं थी और राष्ट्र के हित के विरुद्ध थी। यह बंगाली राष्ट्रवाद को रोकने का एक प्रयास था। यह घटना हिंदुओं के "होमरूल" के विरुद्ध सैय्यद अहमद के अँग्रेजों की वफादारी "शिक्षा, वफादारी और हिंदुओं के विरोध" पर आधारित थी। यह अँग्रेजी सरकार और देशद्रोही मुसलमानों के बीच समझौता था, दोनों ही इस देश के लिए हमलावर थे।

लार्ड कर्जन के सुधारों के पीछे बंगाल के विभाजन के विरोध को कम करना था। अनेक गुप्त संगठनों का निर्माण हुआ और विदेशी वस्तुओं का भी बहिष्कार होने लगा। हिंदुओं पर घोर अमानवीय अत्याचार हुए। देवी काली की मूर्ति को तोड़ा गया, हिंदू व्यापारियों की दुकानों को लूटा गया, हिंदू महिलाओं के साथ दुर्व्यवहार किए गए। 1907 ई. कोमिला में धार्मिक दंगे हुए, क्रांतिकारी घटनाएँ भी बढ़ीं और ये सब 1911 ई. तक होता रहा। इस घटना ने राष्ट्रवादी उत्साह को सारे भारत में फैला दिया। भारत के लोगों को अत्याचार के विरुद्ध विरोध और उसके महत्त्व को इस घटना ने उचित प्रकार से बता दिया जो 1947 ई. तक चलती रही। कुछ मुसलमानों को छोड़ अधिकतर ने बंगाल के विभाजन का स्वागत किया। 30 दिसंबर, 1906 को ढाका में मुस्लिम लीग की सभा में बंगाल के विभाजन का स्वागत किया और सभी मुसलमानों को इसके विरोध से दूर रहने का आह्वान किया गया, क्योंकि बंगाल के विभाजन को मुसलमानों के हित में माना गया था। ऐसी ही बात 1908 ई. में मुस्लिम लीग की केंद्रीय समिति के अपने प्रस्ताव में कही गई थी। लंदन की मुस्लिम लीग ने भी बंगाल के विभाजन को ठीक कहा।

1911 ई. में बंगाल के विभाजन को समाप्त करने का मुस्लिम लीग व आम मुसलमानों ने विरोध व नाराजगी जताई।

विश्व युद्ध और मुस्लिम लीग का व्यवहार

अखिल भारतीय मुस्लिम लीग की स्थापना शिमला में वायसराय से मिलने के बाद 30 दिसंबर, 1906 में ढाका में हुआ। 1878 ई. में सैय्यद अमीर अली ने मुसलमानों के अखिल राजनीतिक संगठन की इच्छा जाहिर की थी।

मुसलमान नेता, नवाब विकार उल-मुल्क ने 1900 ई. में इसको दोहराया था, लेकिन 1906 ई. में मुसलमानों का यह सपना पूरा हो सका। बंगाल के विभाजन के विषय में मुस्लिम लीग अँग्रेजों के साथ थी, संविधान में सुधार के विषय में सदैव आरक्षण और अलग निर्वाचन की माँग पर अड़ी रही। उनके नेता ऐतिहासिक घटनाओं के आधार पर राजनीतिक मामलों में सांप्रदायिक और धार्मिक भिन्नता की बात करते रहे। अलीगढ़ कालेज को "मुस्लिम यूनिवर्सिटी" के दर्जे की माँग भी करते थे।

मुस्लिम लीग का पहला अधिवेशन 1907 ई. में कराची में हुआ, सिंध को विशेष रूप से चुना गया, क्योंकि मीर कासिम ने यहाँ इस्लाम की मशाल जलाई थी। 1908 ई. का अधिवेशन अलीगढ़ में हुआ, आगा खाँ की मदद की प्रशंसा की गई और इंग्लैंड में सैय्यद अमीर अली को प्रधान मान लिया गया। इस सभा में बंगाल के विभाजन का विरोध करने वालों का विरोध किया गया तथा न्यायालयों में अधिक मुसलमान जजों की नियुक्ति की माँग की गई, प्रदेशों में मुस्लिम लीग की स्थापना का प्रस्ताव भी पास किया। भारतीय अधिनियम 1909 ई. में मुसलमानों की माँग को मान लिया गया।

मार्च 1912 के कलकत्ता सम्मेलन तक बंगाल का विभाजन रद्द हो चुका था, अतः इस अधिवेशन में मुस्लिम लीग और मुसलमानों ने बड़ा दुःख मनाया। काँग्रेस के "स्वराज" को मुसलमानों के लिए घातक करार दिया। इस समय काँग्रेस, जो अपने को हिंदू पार्टी मानने लगी थी, और मुस्लिम लीग के बीच समझौते का भी प्रयास किया गया। मुस्लिम लीग अँग्रेजी शासन के प्रति वफादार, मुसलमानों के राजनीतिक हितों की सुरक्षा की बात सदैव करती रही।

प्रथम विश्व युद्ध के समय मुस्लिम लीग में दो वर्ग बन गए। एक काँग्रेस से अलग रहकर अपनी पहचान चाहता था, दूसरा काँग्रेस में मिलकर कार्य करना चाहता था। रोलट एक्ट के कारण अनेक मुस्लिम नेताओं को कैद में डाल दिया गया। 1916 में जिन्ना की अध्यक्षता में मुस्लिम लीग का अधिवेशन लखनऊ में हुआ। यहीं पर इसी समय काँग्रेस का अधिवेशन हुआ जिसमें पृथक चुनाव मतदाता

प्रणाली को काँग्रेस ने प्रथम बार मान लिया और साथ में यह भी कह दिया कि यह एक "अस्थायी" रूप है जो बाद में साझा चुनाव-प्रणाली में बदल दिया जाएगा। यह वास्तव में एक बड़ी भूल थी जो बाद में अलग देश– "पाकिस्तान" की माँग का आधार भी बन गई। यह काँग्रेसी नेताओं की मूर्खता का बड़ा नमूना सिद्ध हुआ। 1919 ई. और 1935 ई. के अधिनियम में भी मुसलमानों के लिए यही आधार बन गया। 1908 ई. तक जिन्ना और सैय्यद हुसैन अलग प्रतिनिधित्व के विरोध में थे और प्रजातंत्र के लिए खतरा मानते थे। बाद में वे ही अलग देश की माँग करने लगे। इतना ही नहीं तुर्की के खलीफा के हटाने पर काँग्रेस ने अँग्रेजों का विरोध किया था, लेकिन मुस्लिम लीग अँग्रेजों के साथ रही।

होमरूल-हिंदू-मुस्लिम पक्ष

1906 ई. में कलकत्ता के काँग्रेस सम्मेलन में दादा भाई नारौजी ने होमरूल को स्वराज्य, स्वशासन और आजादी की संज्ञाओं को एक समान माना था, यद्यपि स्वराज्य के इस काल के सबसे बड़े प्रवक्ता तिलक और ऐनी बेसेंट थे। तिलक मातृ-भूमि से जुड़ा होने के कारण उसके लिए सब कुछ करने को तैयार था। गोखले और फिरोजशाह मेहता के निधन से काँग्रेस में उग्रवादी नेताओं का प्रभाव अधिक बढ़ गया था, युद्ध को दो वर्ष बीत चुके थे लेकिन भारत के भविष्य के विषय में कुछ निश्चित नहीं था, यद्यपि देश मित्रराष्ट्रों के साथ था। इस समय हिंदू-मुस्लिम दोनों ने मिलकर 1915 ई. में बंबई में भारतीय राष्ट्रवाद का प्रदर्शन किया, गाँधी चंपारण में किसानों के लिए लड़ रहे थे, ऐनी बेसेंट होमरूल की माँग को आगे बढ़ा रही थीं। हिंदुस्तान में ही नहीं बाहरी देशों में भी रंगभेद और मानवता के विरुद्ध व्यवहार हो रहा था। हिंदुस्तानियों को अधिक प्रताड़ित किया जाता था (कनाडा, दक्षिण अफ्रीका इसके खुले उदाहरण हैं)। ये सभी कारण होमरूल की माँग को बढ़ाने के मुख्य कारण थे। अंत में होमरूल लीग कलकत्ता अधिवेशन में काँग्रेस में मिल गई।

मुस्लिम लीग ने भी अपने हितों को सुरक्षित रखते हुए होमरूल का समर्थन किया, यद्यपि कुछ कट्टर मुसलमान हिंदू मेल से खुश नहीं थे। हिंदुस्तान के लोगों ने जहाँ एक ओर इंग्लैंड व उसके साथी देशों का युद्ध में साथ दिया वहीं दूसरी ओर शासन में सुधार और स्वराज्य की माँग चलती रही। 1917 ई. में रूस में क्रांति हुई इसका भारत की राजनीति पर गहरा प्रभाव पड़ा, क्रांतिकारी गतिविधियाँ बढ़ने लगीं।

इसी समय मांटेग्यू-चैम्सफोर्ड सुधार हुए जो स्थानीय संस्थाओं में सुधार, प्रदेशों के केंद्र सरकार, देशी राज्यों, सार्वजनिक सेवाओं तथा कार्यपालिका, व्यवस्थापिका और न्यायपालिका में अधिक सुधार और शक्ति सुझावों के साथ थी, लेकिन मुसलमान अलग मतदान के विषय पर अडिग थे, जो पहले से ही चला आ

रहा था। काँग्रेस के उदारवादी नेताओं का भी इसमें समर्थन था, लेकिन तिलक, ऐनी बेसेंट, चिंतामणि, अय्यर आदि नेता इसको ग़ैर-प्रजातांत्रिक मानते थे।

इसी समय हिंदू-मुस्लिम दंगे हुए। मुस्लिम लीग अलग मतदान से खुश थी। हिंदुस्तान के मुसलमान तुर्की के भविष्य के विषय में भी चिंतित थे।

खिलाफत आंदोलन और असहयोग आंदोलन

शरियत के अनुसार खलीफा मुहम्मद का उत्तराधिकारी माना जाता है जिसका कार्य मुसलमान धर्म की सत्ता और मुसलमानों के हित की रक्षा करना है। यद्यपि मुहम्मद ने किसी को खलीफा नहीं घोषित किया था, लेकिन अली के बाद से यह पद वंशानुगत हो गया और ईसाई मत फैलने के बाद तुर्की के सुलतान को खलीफा मान लिया। बाद में इंग्लैंड ने तुर्की को बचाया, लेकिन पहले विश्व युद्ध के बाद यह संभव नहीं हो सका और खलीफा का पद भी खतरे में आ गया। खिलाफत आंदोलन तुर्की के खलीफा के पक्ष में आम भारतीय मुसलमानों का आंदोलन था, जिसे गाँधी ने भी अपना समर्थन देकर असहयोग आंदोलन को साथ में जोड़ दिया। स्वभाव से चाहे वह उचित नहीं हो, क्योंकि कट्टर मुसलमान अपने आंदोलन का नेता मुसलमान ही चाहते थे, लेकिन गाँधी ने अली भाइयों को साथ लेकर इस आंदोलन को आगे बढ़ाया। मुसलमानों को गाँधी के नेतृत्व में अपनी पहचान खोने का भी खतरा बना हुआ था। हिंदुस्तान से तुर्की के मुसलमानों के लिए पैसा भी इकट्ठा किया गया, कुछ मुसलमान जिहाद के लिए तुर्की भी गए, लेकिन सत्य यह है कि तुर्की के मुसलमान बाहरी हस्तक्षेप को पसंद नहीं करते थे। इससे भारतीय खिलाफत आंदोलन को गहरा धक्का लगा।

पहले विश्व युद्ध के बाद सभी देशों में, भारत में भी जनता में असहजता का भाव पैदा हो रहा था, गाँधी इस भाव को समझते थे, अतः उन्होंने असहयोग आंदोलन का नेतृत्व किया। रोलेट कानून के तहत अनेक नेताओं को जेल भेज दिया, अत्याचार किए और 13 अप्रैल, 1919 को जलियाँवाला बाग अमृतसर में हजारों निहत्थे लोगों को, जिनमें बच्चे और महिलाएँ भी थीं, जनरल डायर ने मशीनगन से गोलियाँ चलवा दीं जिसमें सैकड़ों लोग मारे गए व घायल हो गए। इसका सारे देश में विरोध हुआ।

खिलाफत आंदोलन के समाप्त होने पर मुसलमानों ने काँग्रेस के असहयोग आंदोलन को मदद देना ठीक समझा, गाँधी ने भी मुसलमानों को आगे आने के लिए आह्वान किया। विदेशी कपड़ों का बहिष्कार किया गया, स्वदेशी को अपनाने का प्रचार किया, न्यायालय व सरकारी स्कूल-कालेजों का बहिष्कार किया गया।

5 फरवरी, 1922 को चौरी-चौरा (गोरखपुर) में लोगों ने थाने को आग लगा

दी और कुछ पुलिसकर्मियों को उसमें जला दिया। गाँधी को इससे बड़ा दुःख हुआ। बंबई और कई अन्य स्थानों पर भी हिंसा की घटनाएँ हुईं। अंत में गाँधी ने इस आंदोलन को जो, अपनी चरम सीमा तक पहुँच गया था, उसे वापस ले लिया।

खिलाफत आंदोलन और असहयोग आंदोलन में हिंदू-मुस्लिम एकता का जो दृश्य दिखा था वह आँखों से ओझल होकर पुनः सांप्रदायिक दंगों में बदलने लगा। 1927-32 ई. के बीच 450 लोगों की जानें गईं और 5,000 लोग घायल हुए, जान-माल की हानि हुई। अब हिंदू-मुस्लिम एकता पुनः मतभेद और मनभेद में बदल गई।

जिन्ना और मुस्लिम लीग

जिन्ना के मुस्लिम लीग में आने से इस संस्था में काफी परिवर्तन हुआ, जिन्ना से पहले के नेता सांप्रदायिक अलगाववाद और अलग धारा में रहने की बात करते थे। जिन्ना से पहले के नेता भी भारत के विभाजन की बात करते थे, लेकिन उनके विचार एक-दूसरे से भिन्न-भिन्न भी थे। 1857 ई. के विद्रोह के बाद मुसलमानों में अलग व स्वतंत्र मुस्लिम देश के विचार को ही जिन्ना आगे बढ़ा रहे थे। अलगाववाद की मानसिकता से ही मुसलमानों की अलग पहचान संभव थी, ऐसा वे मानते थे। प्रारंभ के जीवन में आर्थिक कठिनाइयों को दूर करने के बाद वह सक्रिय राजनीति में प्रवेश किया। 1930 ई. से 1934 ई. तक प्रिवी काउंसिल में भी वकालत की, चितरंजन दास और दादा भाई नैरोजी से बड़े प्रभावित थे। इनके प्रभाव से वह पहले काँग्रेस के उदारवादी खेमे में दाखिल हुआ। 1910-11 ई. में मुस्लिम लीग ने अपने संविधान में परिवर्तन लाया, जो जिन्ना की सलाह पर हुआ। अब मौलाना मुहम्मद अली और सैय्यद वजीर हुसैन की इच्छा से जिन्ना 1913 ई. में मुस्लिम लीग और काँग्रेस दोनों संगठनों के नेता बने रहे। जिन्ना हिंदू-मुस्लिम एकता के प्रतिनिधि बन गए, 1916 ई. के लखनऊ पैक्ट का उन्हें कर्णधार माना गया।

26 दिसंबर, 1920 को नागपुर काँग्रेस अधिवेशन में गाँधी का असहयोग सत्याग्रह अंतिम रूप से मान लिया गया, केवल जिन्ना ने ही विरोध किया और काँग्रेस से त्यागपत्र दे दिया, एक वर्ष बाद जिन्ना ने गाँधी के आंदोलन को काँग्रेस को गलत दिशा में ले जाने वाला कहा। अब जिन्ना पूर्ण रूप से मुस्लिम लीग के लिए कार्य करने लगा। वह गाँधी के प्रोग्राम को– असहयोग को सांविधानिक व राजनीतिक तरीकों को विरोधी मानते थे।

गाँधी के बढ़ते प्रभाव उसके आंदोलन और बढ़ते काँग्रेस के जनसंपर्क के कारण जिन्ना का नेतृत्व काँग्रेस में उपयुक्त नहीं रहा, वह मुसलमानों के 1857 ई. के विद्रोह और खिलाफत आंदोलन के बाद उनकी हालत में सुधार के लिए मजबूत

नेतृत्व देना चाहते थे। जिन्ना गाँधी के स्वभाव और कार्यक्रम से भिन्न था, वह आम आदमी से दूर रहना चाहता था। काँग्रेस में जिन्ना का राजनीतिक भविष्य अच्छा नहीं था, वह मुस्लिम लीग में एक अधिनायक के रूप में कार्य कर सकता था। कुछ मुस्लिम लेखक उनमें हिम्मत, साफगोई, निर्भय, और बहादुरी के गुण देखते हैं, वहीं दूसरी ओर कुछ विदेशी और भारतीय नेता जिन्ना को हठी स्वभाव का व्यक्ति मानते हैं। उसने ऊँचे-से-ऊँचे पद को पाने के अवसर नहीं गँवाए– वह पाकिस्तान का गवर्नर जनरल व संविधान सभा का अध्यक्ष भी बना रहा। उसने मुस्लिम दिमाग को बड़ी गहराई से समझा और छूआ था। मुसलमान भी उसमें पूरी श्रद्धा और सम्मान के साथ पाकिस्तान के लिए विश्वास करते थे। जहाँ एक ओर उसकी समझ, ज्ञान और तर्कों की सराहना करनी चाहिए वहीं दूसरी ओर उसने ये सब गुण सांप्रदायिकवाद और देश को बाँटने में झोंक दिए।

1915 ई. तक जिन्ना भारतीयों के जीवन-सुधार के लिए काँग्रेस के नेता के रूप में, और राष्ट्रीय नेता के रूप में कार्य करते रहे लेकिन इसके बाद नेहरू रिपोर्ट, गोलमेज सम्मेलन, 1935 ई. के सांविधानिक कानून, देश के विभाजन में उनका योगदान उलट ही रहा।

1937 ई. के बाद वे कट्टर सांप्रदायिक और हिंसक हो गए, इसके लिए उन्होंने अपने देश को भी बाँट दिया। वह पाकिस्तान का विचार देने वाला नहीं था। इसके लिए अली भाई, इकबाल आदि अग्रणी थे, लेकिन इस विचार को पूरा करने का श्रेय जिन्ना को है। वह काँग्रेस, गाँधी को हिंदूवादी मानता था, वंदे मातरम, और हिंदी को मुसलमान धर्म का विरोधी मानता था, स्वयं कभी नमाज, रोजे नहीं रखता था, शराब पीता था और वह सभी कार्य करता था जो सच्चे मुसलमान को नहीं करने चाहिए। इस्लाम खतरे में है के नारों से वह मुसलमानों को गुमराह रखता था। द्वितीय विश्व युद्ध उसके लिए एक वरदान साबित हुआ, काँग्रेस इसके विरोध में थी, जिन्ना अँग्रेजों के पक्ष में था। इकबाल उसे मुसलमानों को रास्ता दिखाने में श्रेष्ठ मानता था। जो कार्य मुसलमानों के लिए सैय्यद अहमद खान ने 19वीं सदी में अँग्रेजों के साथ मिलकर किए वैसे ही कार्य जिन्ना ने अँग्रेजों के साथ मिलकर बीसवीं सदी में किए। देश को बाँटकर एक पाक देश बना दिया, लेकिन आज सारी दुनिया देख रही है कि पाकिस्तान कितना पाक है।

साइमन कमीशन

इस कमीशन के अध्यक्ष का नाम साइमन होने से इसे यह नाम दिया गया, जिसका गठन 28 नवंबर, 1927 को 1919 ई. के अधिनियम के तहत, भारत में प्रशासन की स्थिति और सुधार के साथ-साथ किस सीमा तक उत्तरदायी सरकार

बनानी चाहिए इस विषय में अपनी रिपोर्ट देने के उद्देश्य से किया गया। इस कमीशन ने दो बार भारत का दौरा किया, पहला– 3 फरवरी, 1928 से 31 मार्च, 1928 व दूसरा 11 अक्टूबर, 1928 से 13 अप्रैल, 1929 तक। साइमन कमीशन का विरोध पूरे देश में स्थान-स्थान पर हुआ, अँग्रेज प्रशासन ने इसे दबाने के लिए बल-प्रयोग किया जिसमें हजारों लोगों को चोटें आईं। जब यह कमीशन लाहौर पहुँचा तो लोगों ने विरोध किया, जिसमें लाला लाजपत राय को अँग्रेज पुलिस ने लाठियों से घायल कर दिया जिसके कारण उनकी मृत्यु हो गई, यह पूरे देश में शोक का संदेश था।

मुस्लिम लीग इस विषय पर बँटी हुई थी। जिन्ना विरोध में था लेकिन मुस्लिम लीग का प्रधान मुहम्मद सकी इसके पक्ष में। अतः लीग के दो अधिवेशन हुए– एक लाहौर और दूसरा कलकत्ता में, भारतीयों का विरोध मूलतः इस बात पर था कि इस कमीशन में कोई भी भारतीय नहीं है, चूँकि भारतीय अपने भविष्य के विषय में ठीक से जानते हैं, दूसरी ओर अँग्रेजों का विचार था कि भारतीय अयोग्य हैं, वे अँग्रेजी विषय हैं, उसके विषय में अँग्रेजों को सोचना है, इससे भारतीयों को हीन समझा गया जिससे उनकी संवेदना और अधिक भड़क गई। साइमन कमीशन की रिपोर्ट दो जिल्दों में आई, लेकिन उसका विरोध ही हुआ। इसी बीच स्वामी श्रद्धानंद का एक मुसलमान ने वध कर दिया, जिससे हिंदू-मुस्लिम भेद और अधिक बढ़ गया। मोतीलाल नेहरू की अध्यक्षता में संविधान को बनाने की एक समिति बनाई गई जिसमें अनेक वर्गों से सदस्यों को लिया गया, लेकिन अधिकतर सदस्य सभी मीटिंगों में नहीं आ सके। मुस्लिम लीग ने इस रिपोर्ट का विरोध किया और इसे संघात्मक ढाँचे के विरुद्ध और 1919 ई. के अधिनियम के विरुद्ध बताया, जिसे मुसलमानों का विरोधी करार दिया।

गोलमेज सम्मेलन

अक्टूबर 1929 में लार्ड इरविन ने भारत को डोमिनियन स्टेट्स की घोषणा की, जिसके निर्णय के लिए गोलमेज सम्मेलन की आवश्यकता बताई गई। यह अँग्रेजी शासन और भारतीय राष्ट्रवाद के बीच के समझौते का प्रयास था। डोमिनियन स्टेट्स में जो भी लाभ भारतीयों को होने थे उनके महत्त्व को अँग्रेजी संसद ने पहले ही अपने कार्य-कलापों से कम कर दिया था।

1929 ई. में इंग्लैंड में लेबर पार्टी की सरकार बनी, लेकिन संसद में इसका पूर्ण बहुमत नहीं था, यद्यपि यह सरकार भारत की राष्ट्रवादी भावनाओं के प्रति संवेदनशील थी। इंग्लैंड की संसद में इस विषय में और साइमन कमीशन पर अनेक विचार हुए, भारत में वाइसराय के गोलमेज सम्मेलन के निमंत्रण को काँग्रेस ने स्वीकार नहीं किया, अन्य दलों और मुस्लिम लीग ने अनमने मन से स्वीकार कर

लिया। काँग्रेस ने 1929 ई. में अपना वार्षिक अधिवेशन लाहौर में बुलाया और वहाँ पूर्ण स्वराज्य की माँग को पास किया। यह भी उल्लेख किया कि अँग्रेजों ने भारतीयों का आर्थिक, सामाजिक, राजनीतिक व सांस्कृतिक शोषण किया है। इसलिए इस शोषण से पूर्ण मुक्ति होनी चाहिए अन्यथा हर सरकारी संस्थाओं और चीजों का बहिष्कार कर दिया जाएगा। 26 जनवरी, 1930 को भारत की आजादी के लिए हजारों व्यक्तियों ने शपथ ली और तिरंगा झंडा फहराया गया।

गाँधी ने वायसराय, लार्ड इरविन को पत्र में कुछ माँगों को मानने पर सुलह की बात कही जैसे– नमक कर न होना, जमीन कर खत्म करना, भारतीय व्यापारियों के लिए बंदरगाहों का संरक्षण, राजनीतिक कैदियों की माफी, सेना के बजट में 50 प्रतिशत कमी आदि लेकिन ये बातें नहीं मानी गईं। 6 अप्रैल, 1930 को गाँधी ने नमक सत्याग्रह किया और असहयोग आंदोलन को बड़ा सहयोग मिला, लाखों की संख्या में लोग इस आंदोलन से जुड़ गए, लेकिन अनेक स्थानों पर धार्मिक दंगे भी भड़क उठे, हिंदू-मुस्लिम का भेद बढ़ा। अनेक काँग्रेस नेता जेल गए, गाँधी भी जेल गए, इसी बीच साइमन कमीशन ने अपनी रिपोर्ट पेश कर दी। असहयोग आंदोलन अवश्य ही सफल नहीं हुआ लेकिन उसके कारण भारतीय राष्ट्रवाद और भारतीय स्वतंत्रता का उत्साह मजबूत हुआ।

मुस्लिम लीग व अन्य मुसलमानों के संगठनों ने गोलमेज सम्मेलन का समर्थन किया, क्योंकि वे अपने समुदाय के लिए अधिक-से-अधिक लाभ लेना चाहते थे, काँग्रेस ने इसका विरोध किया। इंग्लैंड में गोलमेज सम्मेलन के तीन अधिवेशन हुए, पहला– 12 नवम्बर, 1930 से 19 जनवरी, 1931; दूसरा– 7 सितंबर, 1931 से 1 दिसंबर, 1931; तीसरा– 17 नवंबर, 1932 से दिसंबर 1932 तक। पहले पाँच दिन भारत का संविधान संघात्मक हो या एकात्मक इसी विषय पर चर्चा होती रही। अंत में यह निर्णय हुआ कि समितियों के माध्यम से ही विभिन्न विषयों को समझना अच्छा होगा।

पहले गोलमेज सम्मेलन में बीकानेर के महाराजा ने देशी रियासतों को भारतीय संघ में समानता का दर्जा देने की बात पर जोर दिया और मुस्लिम लीग ने मुसलमानों के अधिकार और सुरक्षा पर बल दिया तथा पृथक मताधिकार पर जोर दिया, दूसरे गोलमेज सम्मेलन में गाँधी ने मुसलमानों और हरिजनों के पृथक मताधिकार के स्थान पर उन्हें सुरक्षित स्थानों की बात पर जोर दिया। लेकिन 1935 ई. के अधिनियमों में अँग्रेजों ने मुसलमानों को पृथक मताधिकार की व्यवस्था की, अँग्रेज भारत में हिंदू और मुसलमानों को अलग-अलग ही रखना चाहते थे।

1935 के अधिनियम के बाद काँग्रेस और मुस्लिम लीग

1935 का अधिनियम लंबे समय से चलती आ रही राजनीतिक गतिविधियों का नतीजा था। यह एक लंबे वाद-विवाद और भिन्न-भिन्न विचारों का मिला-जुला परिणाम था। साइमन कमीशन रिपोर्ट, गोलमेज सम्मेलन, 1932 के संविधान पर श्वेत-पत्र, 1934 की सलेक्ट कमेटी रिपोर्ट, आदि इसके आधार थे। इस अधिनियम के तीन प्रमुख पहलू थे– अखिल भारतीय संघ, स्थानीय स्वायत्तता और प्रतिनिधित्व।

संघात्मक ढाँचा नहीं बन सका, इसके लिए भारतीय राज्यों और चीफ कमिश्नरों को प्रतिनिधित्व दिया गया। भारतीय राज्य राजनीतिक, आर्थिक और सामाजिक न्याय के लिए एक बड़ी दीवार बने हुए थे। 1935 का अधिनियम मुस्लिम लीग के हित में ही रहा। मुसलमानों की नीति व इच्छा अलगाववाद की रही, यह 1857 ई. से ही बढ़ती चली जा रही थी। कम्युनल अवार्ड, आगा खान व अन्य मुस्लिम नेताओं की देन थी जिसका देश के बड़े नेताओं ने विरोध किया, जिनमें टैगोर, मालवीय आदि भी थे। 1935 ई. का अधिनियम ऊपर से थोपा गया और मुसलमानों व अन्य अल्पसंख्यकों को खुश कर एक-दूसरे के मतभेदों को और अधिक गहरा करने का प्रयास ही था।

काँग्रेस मुस्लिम लीग मतभेद

इस मतभेद की उचित पहचान हमें काँग्रेस और मुस्लिम लीग के 1935 का अधिनियम के प्रति नजरिये में मिल सकती है। मुस्लिम लीग की मूलभूत माँग– अलग प्रतिनिधित्व; पदों में आरक्षण की पूर्ति इस अधिनियम में हुई थी। 21 जनवरी, 1935 के विधानसभा के अधिवेशन में जिन्ना के "सांप्रदायिक अवार्ड" के प्रस्ताव पर काँग्रेस और मुस्लिम लीग के बीच विरोध बढ़ गया। काँग्रेस ने अपने लखनऊ अधिवेशन में पूरे अधिनियम को जनता और देश के अहित में कहा। वहीं मुस्लिम लीग ने अपने अधिवेशन में केवल भारत के संघात्मक ढाँचे की आलोचना की। अधिकतर आलोचना रक्षा कवच की हुई। मुस्लिम लीग हिंदू-राष्ट्रवाद की विरोधी थी।

इस अधिनियम के बाद अनेक स्थानों पर धार्मिक दंगे हुए– 19 मार्च, 1935 में कराची में, 29 जून को लाहौर में मुसलमान-सिखों में, 1936 ई. में बंबई में, धार्मिक उत्सव दंगों में बदल गए, जिनके पीछे राजनीति की, और अँग्रेजी सरकार इन्हें सामान्य करार दे रही थी। 1936 ई. में विधान सभाओं का चुनाव घोषित हुआ। काँग्रेस और मुस्लिम लीग ने अपने-अपने तरीके से चुनाव प्रचार किया, कई प्रदेशों में मुसलमानों के छोटे दल भी चुनाव के लिए तैयार थे। जिन्ना पूरे भारत के मुसलमानों को एक जुट होकर चुनाव लड़वाना चाहते थे, इसके लिए उन्होंने अनेक स्थानों पर अपने भाषण में मुसलमानों की एकता का आह्वान दिया।

फरवरी 1937 में चुनाव समाप्त हुए, जिसमें काँग्रेस अधिकतर प्रदेशों में सफल हुई। मुस्लिम लीग को सभी मुसलमानों का समर्थन न मिलने के कारण उसकी स्थिति कमजोर रही।

काँग्रेस मंत्रिमंडल व मुस्लिम लीग विरोध; द्वितीय विश्व युद्ध और भारतीय राजनीति

चुनाव में काँग्रेस की विजय के बाद मंत्रिमंडल बनाने पर पेंच फँसा रहा, काँग्रेस ने प्रस्ताव में साफ कर दिया था कि गवर्नर मंत्रियों की सलाह को माने व अपने विशेष अधिकार का प्रयोग न करे। काफी बहस के बाद जुलाई 1937 में काँग्रेस ने कार्यालय सँभाला जो अक्टूबर 1939 तक रहा।

काँग्रेस के नेताओं का प्रशासन में अनुभव नहीं था, स्थायी सेक्रेटरी जो आई.सी. एस. थे, इनका प्रभाव अधिक रहता था। मजदूर, किसान, हरिजनों की आशाएँ काँग्रेस से थीं जो पूरी नहीं हो रही थीं। समाजवादी व कम्युनिस्ट–विशेषकर दक्षिण भारत में हड़ताल कर रहे थे। भारतीय जेलों में कैदियों को छोड़ दिया गया, लेकिन केंद्रीय प्रदेश और बिहार में गवर्नर जनरल ने ऐसा करने से मना कर किया। इस पर मंत्रिमंडल ने त्यागपत्र दे दिया। जिसे सुलह से मतभेद को समाप्त कर कैदियों को छोड़ दिया। जहाँ काँग्रेस की सरकार नहीं थी वहाँ भी कैदियों को छोड़ दिया गया। अन्य कार्यों में कोई विशेष सफलता नहीं मिल सकी। इसका मूल कारण 1935 ई. के अधिनियम की प्रकृति था। मुस्लिम लीग और मुस्लिम नेताओं ने काँग्रेस को हिंदू पार्टी और मुस्लिम विरोधी कहा, और मुसलमानों में सांप्रदायिक जहर फैलाया। मद्रास सभा में वंदे मातरम का विरोध किया गया, हिंदी पुस्तकों को पाठ्यक्रम में लगाने से भी विरोध हुआ। बजट का भी मुस्लिम लीग ने विरोध किया। मुस्लिम लीग ने कभी भी अपने कार्यों में या विरोध में राष्ट्रीय हित या आम जन का ध्यान नहीं रखा, सदैव मुस्लिम के हित की ही बात पर जोर दिया। धीरे-धीरे मुस्लिम लीग विपक्ष का कार्य कर रही थी। नेहरू, गाँधी और सुभाष बोस ने जिन्ना से अनेक बार काँग्रेस-मुस्लिम लीग के आपसी संबंधों पर बातचीत व पत्र-व्यवहार किया, लेकिन सब विफल हुआ। मुस्लिम लीग अपने संगठन को सभी मुसलमानों का प्रतिनिधि मानती थी।

19 मार्च, 1937 को जवाहर लाल ने काँग्रेस को मुसलमानों में अधिक कार्य करने और अपने साथ जोड़ने का आह्वान दिया, जिसे 20 मार्च, 1937 को इकबाल ने जिन्ना को खत लिखकर इसका विरोध करने को कहा। अतः अक्टूबर 1937 को जिन्ना ने इकबाल की इस इच्छा को लखनऊ सभा में खुलकर मुसलमानों को स्वयं अपने भविष्य को तय करने और सारे भारत में मुसलमानों को एक ही नीति अपनाने की बात पर जोर दिया। जो मुसलमान मुस्लिम लीग और काँग्रेस दोनों के सदस्य थे,

उन्हें मुस्लिम लीग से हटने को कहा। मुस्लिम लीग अब अपने व्यवहार में हिंसा का तत्त्व भी लाने लगी थी।

26-28 दिसंबर, 1938 को पटना अधिवेशन में जिन्ना ने वंदे मातरम, विद्या मंदिर शिक्षा, वर्धा शिक्षा को हिंदू राज्य स्थापित करने का प्रयास बतलाया और इनके पीछे काँग्रेस का हाथ कहा। यह भी कहा कि जिन उद्देश्यों के लिए काँग्रेस बनी थी उसे काँग्रेस ने एक सांप्रदायिक हिंदू संस्था बना दिया है। काँग्रेस मुसलमानों पर अधिकार जमाने के लिए प्रयास कर रही है। मुस्लिम लीग भारत में संसदीय प्रणाली को व्यावहारिक नहीं मानती थी। जिन्ना का एक विशेष लक्ष्य था, किसी भी प्रकार से पाकिस्तान को प्राप्त करना, इसलिए बिना साक्ष्यों के वह दोष लगाता रहता था।

द्वितीय विश्व युद्ध और भारतीय राजनीति

युद्ध के प्रारंभ होने पर सभी प्रदेशों में काँग्रेस की सरकारों को समाप्त कर दिया गया। 3 सितंबर, 1939 को डिफेंस ऑफ इंडिया ऑर्डिनेंस पास कर दिया गया, जिसके तहत कोई भी सभा रद्द, बिना सूचना के कैद और मौत भी दी जा सकती थी। काँग्रेस की नीति अवश्य ही तानाशाह जर्मनी के विरोध में थी, लेकिन अँग्रेजी शासन ने भारत को बिना जनता की सलाह से युद्ध में झोंक दिया। जनता युद्ध के विरोध में थी। अँग्रेजी सरकार काँग्रेस व भारतीयों का साथ चाहती थी, काँग्रेस युद्ध के बाद भारत के संविधान और स्वतंत्रता की बात करती थी, मुस्लिम लीग काँग्रेस का विरोध करती रही और काँग्रेस की सरकारों से त्यागपत्र देने पर "डिलिबरेंस डे" मनाने के लिए तैयारी करती रही। मुस्लिम लीग 1857 ई. से मुसलमानों के व्यवहार को ही आगे बढ़ाती रही।

1940 ई. का पाकिस्तान प्रस्ताव और उसका प्रचार

मार्च 1940 ई. को लाहौर में मुस्लिम लीग का अधिवेशन हुआ, पहले से ही पाकिस्तान के प्रस्ताव के लिए तैयारी की हुई थी, मुस्लिम लीग ने अपनी शक्ति को 1937 ई. के चुनाव में देख लिया था, अतः यह समय इस प्रस्ताव के लिए उपयुक्त ही था। जिन्ना और लीग ने सभी प्रकार के लांछन काँग्रेस पर लगाए जिससे उसकी छवि को धूमिल किया जा सके।

सैय्यद अहमद, नवाब मोहसिन उल मुल्क, नवाब विकार उल मुल्क, आगा खान, मुहम्मद इकबाल और मुहम्मद अली जिन्ना सभी मुसलमानों के अलग अस्तित्व की बात करते रहे थे।

इकबाल सभी मुसलमानों को इस्लाम के नीचे एक होने की आवाज उठाते रहे। इस्लाम धर्म का अँग्रेजों या उनके बाहर एक देश की भावना को बल देते रहे।

मुसलमानों को संवेदनशील बनाने के लिए कुरान का भी हवाला देते रहे। इकबाल के द्वारा जिन्ना को लिखे पत्रों में अलग मुस्लिम राज्य की बात स्पष्ट हो जाती है। ऐसे ही विचार जिन्ना के थे जो 23 मार्च, 1940 को लाहौर सम्मेलन में पाकिस्तान प्रस्ताव के रूप में पास कर दिए गए। इकबाल सिविल युद्ध के लिए भी राजी थे और उसका असर हिंदू-मुस्लिम दंगों में देखते थे। 1937 ई. का इकबाल वह नहीं था जो 1930 ई. में था। हिंदुस्तान को बाँटने की बात कुछ छोटी पुस्तिकाओं और अलीगढ़ के शिक्षकों ने भी की थी। कुछ मुसलमानों ने मुसलमानों के भारत में चार स्वतंत्र भागों की भी बात कही थी। लाहौर प्रस्ताव का कुछ लोगों ने विरोध भी किया, लेकिन जिन्ना अपने ही निर्णय पर अडिग रहे, इस प्रस्ताव के बाद काँग्रेस और मुस्लिम लीग के बीच की खाई और गहरी होती गई। दो राष्ट्र और सांप्रदायिकता की भावना बढ़ती चली गई। 1857 ई. के बाद से ही सांप्रदायिक जहर फैलता रहा। लाहौर प्रस्ताव जिन्ना के अधिनायकवादी नेतृत्व की सफलता थी। वायसराय भी मुस्लिम लीग की सहायता पर आश्रित था।

लाहौर प्रस्ताव अनेक बातों में साफ नहीं था, लेकिन वह एक लक्ष्य अवश्य बन गया। अलग देश के लिए एक प्रचार समिति का निर्माण भी किया गया जो आध्यात्मिक, धार्मिक, सांस्कृतिक, आर्थिक तथा भौगोलिक दृष्टि से दो देशों की माँग को आगे बढ़ाती रही। कुछ मुस्लिम लीग के नेताओं का यहाँ तक कहना था कि यदि दो देशों के सिद्धांत को नहीं माना गया तो वे बल और हथियारों के आधार पर इसे पूरा करेंगे।

क्रिप्स सुझाव और मुस्लिम लीग का प्रचार

11 मार्च, 1941 को हाउस ऑफ कामंस में चर्चिल ने घोषणा की कि सर स्टेफर्ड क्रिप्स भारत के नेताओं से कैबिनेट प्लान के तहत सांविधानिक स्थिति की बात करेंगे। भारत में युद्ध से स्थिति नाजुक थी, विदेशी राज्यों का भी इंग्लैंड पर दबाव था, जापान भी भारत पर हमले की तैयारी में था, काँग्रेसी नेता भी युद्ध का विरोध कर रहे थे, क्योंकि यह युद्ध भारत की जनता की सलाह से नहीं वरन् थोपा गया युद्ध था। इस अवसर का लाभ मुस्लिम लीग ने उठाया। जिन्ना अपने भाषणों में अँग्रेजों का समर्थन अपनी शर्तों पर करना चाहते थे, अँग्रेजों को भी जिन्ना पर भरोसा नहीं था।

क्रिप्स ने भारत में आकर मौलाना आजाद– (23 मार्च, 1942), जिन्ना (25 मार्च, 1942), गाँधी (27 मार्च, 1942) से वार्तालाप किया। लेकिन 11 अप्रैल, 1942 को काँग्रेस के साथ समझौता नहीं होने की घोषणा हुई। क्रिप्स की योजना में राजाओं के लिए अलग प्रतिनिधित्व और पाकिस्तान की स्थिति की भी बातें थीं,

जिसका काँग्रेस विरोध करती रही। हिंदू-महासभा, सिख भी क्रिप्स सुझावों का विरोध कर रहे थे, अंत में जिन्ना पूर्ण रूप से लाहौर प्रस्ताव को माँगता था। अतः उसने भी क्रिप्स प्रस्ताव का विरोध किया।

11 अप्रैल, 1942 को क्रिप्स ने हताश होकर भारत छोड़ दिया। इसके प्रभाव में काँग्रेस ने भारत से अँग्रेजी शासन समाप्त करने की माँग तेज कर दी, गाँधी का अँग्रेजों में न्याय का विश्वास समाप्त हो गया, जिन्ना ने पाकिस्तान की माँग को तेज कर दिया। सी. राजगोपालाचार्य ने काँग्रेस छोड़ दी। क्रिप्स मिशन की असफलता के परिणामस्वरूप हिंदू-मुस्लिम संबंध और अधिक बिगड़ गए। हिंदू महासभा ने भी पाकिस्तान की माँग का विरोध करना आरंभ कर दिया। हिंदू महासभा के 26वें सम्मेलन में श्यामा प्रसाद मुखर्जी ने पाकिस्तान की माँग को हिंदुस्तान की उन्नति में बाधा कहा था।

मुस्लिम लीग के नेता न केवल भारतीय मुसलमानों को पाकिस्तान के लिए एक होने का आह्वान दे रहे थे वरन् दूसरे मुस्लिम देशों– अफगानिस्तान, ईरान, इराक, फिलिस्तीन, मिस्र, तुर्की आदि के समर्थन से विश्व में महान शक्ति बनना चाहते थे। जो प्रदेश मुस्लिम लीग के अधीन थे वहाँ हिंदुओं को अनेक कठिनाइयाँ थीं। बंगाल में दुर्गा पूजा और देवी-देवताओं को जल प्रवाहित करने में कठिनाइयाँ थीं। 1942 ई. में ढाका में दंगों में हिंदुओं को मारा गया व उनकी संपत्ति नष्ट कर दी गई। केवल खिलाफत आंदोलन के समय अस्थाई तौर पर हिंदू-मुस्लिम एकता देखी गई वरन् 1940-47 के बीच हिंदू-मुस्लिम की खाई गहरी होती गई।

मुस्लिम लीग का प्रचार

1942-45 ई. के बीच मुस्लिम लीग का प्रचार पाकिस्तान की माँग पर ही आधारित रहा। अपने प्रचार में मुस्लिम लीग के नेता भारत के इतिहास को भी नकारते गए। उनका कहना था कि अँग्रेजों से पहले मुसलमान ही भारत के शासक थे और अँग्रेजों के बाद मुसलमानों को ही प्राकृतिक रूप से शासक होना चाहिए। अँग्रेजी लेखकों ने भी इस विचार को नकारा है, मराठों, राजपूतों, सिखों से ही अँग्रेजों ने शासन को छीना था।

जिन्ना महात्मा गाँधी और काँग्रेस को पक्का हिंदू व हिंदू संस्था कहता था, हिंदू महासभा और काँग्रेस एक-दूसरे के पूरक हैं, अखंड भारत को जिन्ना नहीं मानता था, वह इसे हिंदुओं का मुसलमानों पर शासन मानता था। हिंदुस्तान को अनेक खंडों में बँटा हुआ देश मानता था, आर्य और मुसलमानों को भारत के बाहर से आने वाला मानता था। जबकि ये दोनों बातें गलत हैं, यहाँ के 80 प्रतिशत मुसलमान धर्म परिवर्तित हैं, और आर्य यहीं के हैं।

गाँधी के असहयोग आंदोलन और भारत छोड़ो आंदोलन का जिन्ना विरोध करता रहा। उनका कहना था कि यदि पाकिस्तान शांति से नहीं मिला तो वे हिंसा भी करेंगे। भारतीय राष्ट्रवाद को जिन्ना हिंदू राष्ट्रवाद मानते थे। अतः मुस्लिम लीग और जिन्ना जो अधिनायक था उसने 1942 ई. से 1945 ई. तक भ्रष्ट ऐतिहासिक तथ्य, भ्रष्ट तर्क और मुसलमानों की संवेदनाओं को आधार रहित आधारों पर रखकर पाकिस्तान के लिए प्रचार किया।

शिमला सम्मेलन– कैबिनेट मिशन और विभाजन की हिंसा– मुस्लिम लीग का उत्तरदायित्व

मुस्लिम लीग राजनीतिक विवाद को सुलझाने के बजाय हिंदुओं और काँग्रेस के विरुद्ध प्रचार कर रही थी। अँग्रेज राजनीतिज्ञ भी इसे सुलझाने में असमर्थ थे। युद्ध अपने अंतिम चरण में था, अँग्रेजी सरकार भी भारतीयों को सत्ता देना चाहती थी, लार्ड वैवल इसके लिए इंग्लैंड गए वहाँ से एक सुझाव लाए। 25 जून, 1945 को शिमला में सभी राजनीतिक दलों और मुख्य नेताओं की सभा बुनाई गई, जिसे शिमला सम्मेलन के नाम से जाना गया। वायसराय ने भारतीयों के सम्मान में और युद्ध में इंग्लैंड के सहयोग की सराहना की, इंग्लैंड की जनता, नेता और सरकार भी भारतीयों को स्वशासन देना चाहती है ऐसा कहा। शिमला सम्मेलन को टालना पड़ा, क्योंकि जिन्ना अपने को सारे मुसलमानों का नेता मानकर सभा में आना चाहता था, दूसरी ओर कलाम को काँग्रेस ने अपना प्रतिनिधि बना दिया। जिन्ना की हठधर्मिता और वायसराय की कमजोरी से शिमला सम्मेलन नहीं हो सका। जिन्ना वायसराय की परिषद् में भी मुस्लिम लीग के सदस्यों के लिए वीटो चाहता था। शिमला सम्मेलन के बाद भी समझौते की बात चलती रही। अँग्रेजी सरकार ने तीन सदस्यों की एक समिति भारत के संविधान बनाने में सलाह के लिए भारत भेजी थी। इस समिति ने सभी राजनेताओं, राजाओं और वर्गों से बात की। काँग्रेस एक संविधान सभा और अखंड भारत की बात करती थी, दूसरी ओर जिन्ना पाकिस्तान की माँग करता रहा, उसे प्राप्त करने के लिए उसने कहा कि वह किसी भी सीमा तक जा सकता है। उसने कहा कि वह भारतीय नहीं है (7 अप्रैल, 1946)।

अनेक बार वार्तालाप होते गए, लेकिन कोई हल नहीं निकला। अंत में एक अंतरिम सरकार बनाने का प्रयास किया जिसमें जिन्ना भी रहे, लेकिन इसे जिन्ना ने नहीं माना। अंत में दूसरी अंतरिम सरकार नेहरू की अध्यक्षता में बनाई गई, नेहरू ने जिन्ना को भी इसमें आने के लिए निमंत्रण दिया जिसे जिन्ना ने स्वीकार नहीं किया।

प्रधानमंत्री एटली ने हाउस ऑफ कामंस में 20 फरवरी, 1946 को घोषणा कर दी कि जून 1948 तक भारत को सत्ता सौंप दी जाएगी। यह संदेश लीग के लिए

आग में घी का कार्य कर गया। आसाम में, बंगाल में "प्रत्यक्ष कार्रवाई" के माध्यम मुस्लिम लीग के समर्थक खूनी खेल खेलने लगे, हजारों लोगों, बच्चों, महिलाओं को मौत के घाट उतार दिया, इसका प्रभाव बिहार व अन्य प्रांतों में भी हुआ, पंजाब में भी आग भड़कने लगी।

जिन्ना वही कार्य कर रहा था जो औरंगजेब ने किए थे। मुस्लिम लीग की मुस्लिम नेशनल गार्ड को अमेरिका के सैनिकों ने युद्ध के बाद हथियार व वर्दी दे दी थी, जिसे अब मुस्लिम नेशनल गार्ड सभी स्थानों पर हिंदुओं के विरुद्ध प्रयोग में ला रहे थे। अंबाला, अमृतसर, लाहौर विशेष रूप से उनके प्रभाव में थे।

कुछ मुस्लिम लीग के नेताओं का यह नारा था कि काँग्रेस और हिंदू पाकिस्तान की माँग को जितना टालेंगे वह उतना अधिक नजदीक आएगी। सारे भारत में मुस्लिम राज होगा, ऐसा वे मानते थे।

भारत का विभाजन

मुख्य रूप से मुसलमानों और मुस्लिम लीग की अलग रहने की नीति के कारण ही भारत का विभाजन हुआ। बंगाल के विभाजन में राष्ट्रवादी ताकतों को कमजोर करने के लिए अँग्रेज ने जमींदारों, राजाओं और मुसलमानों में अपने स्वाभाविक मित्र और समर्थक ढूँढ़ें। लेकिन इस कारण से विभाजन का पूरा दायित्व अँग्रेजों पर नहीं थोपा जा सकता है। अँग्रेजों को भारतीय मुसलमान देश-विरोधी गतिविधियों में शरीक होने के लिए तैयार मिले थे। 1857 ई. के विद्रोह से ही उनमें हिंदुओं के प्रति अच्छी भावना नहीं रही। अँग्रेजों की "बाँटो और राज्य करो" तथा मुस्लिम लीग की "दो राष्ट्र की नीति" ने धार्मिक घृणा को बढ़ा दिया था। भारतीय जनता में राष्ट्र-विरोधी ताकतें भारत के राष्ट्रवाद के लिए बड़ा खतरा बनी हुई थीं। साम्राज्यवादी शक्ति ने कहीं भी जनता के हित में कार्य नहीं किए, लेकिन अँग्रेजों ने कितने भी जुल्म जनता पर किए हों अंत में भारत की स्वतंत्रता के लिए उदार दिल दिखाया, लेकिन मुसलमानों के स्वहित सदैव आगे रहे और वही भारत के विभाजन का अधिक उत्तरदायी है। कुछ सीमा तक काँग्रेस भी इस घटनाक्रम के लिए उत्तरदायी है। मुसलमानों की अतार्किक माँगों को स्वीकार करना उन्हें बढ़ावा देना ही सिद्ध हुआ। मुसलमानों को खुश रखने के लिए काँग्रेस ने भी अनेक बार अपने सिद्धांतों से समझौता किया। काँग्रेस मुस्लिम लीग के सांप्रदायिक चाल को ठीक से नहीं समझी, वह यह ही सोचती रही कि कोई अवसर ऐसा आएगा जब सब कुछ ठीक हो जाएगा, जो हो न सका।

काँग्रेस के नेताओं ने तथ्यों का सामना नहीं किया। 1946-48 ई. के बीच में काँग्रेस अधिवेशनों में विभाजन के विषय को यह कहकर टाल दिया कि जब इसकी

आवश्यकता होगी तब देखा जाएगा। यह बात सत्य है कि काँग्रेस ने मुस्लिम लीग के समान भारत विरोधी कोई कार्य नहीं किया। लेकिन मुस्लिम लीग के चरित्र को ठीक से न समझना, तथ्यों को न समझना कहीं काँग्रेस की जाने-अनजाने में भूल रही।

लेकिन कुछ विभाजन के ऐसे भी कारण थे जो अकस्मात घटे, लेबर पार्टी की सरकार इंग्लैंड में आ गई थी, वह भारत को शीघ्र ही सत्ता देना चाहती थी। अँग्रेजी शासन की इस इच्छा ने धार्मिक तंत्रों को भड़का दिया। अँग्रेजों ने सोचा था कि इस घोषणा से सभी दल आपस में मिलकर संविधान को बनाने की स्थिति को आगे बढ़ाएँगे, लेकिन यह आशापूर्ण नहीं हुई। मुस्लिम लीग पार्टी ने संविधान सभा में भाग नहीं लिया, ऐसा कोई अनुबंध अँग्रेजी सरकार और भारतीय दलों के बीच नहीं था जिससे भारतीय जनमानस की इच्छा का ज्ञान हो सकता। यह साफ नहीं था कि किसे सत्ता सौंपी जाए।

मुस्लिम लीग अनमने मन से अंतरिम सरकार में कुछ शर्तों के साथ अवश्य आ गई थी। प्रदेशों की विधान सभाओं में अलग-अलग मत के कुछ, जहाँ मुस्लिम बहुमत था विभाजन के पक्ष में थे, कुछ निश्चित नहीं थे, कुल मिलाकर अँग्रेज सरकार भारत के लोगों को सत्ता देना चाहती थी। मुस्लिम लीग का संविधान सभा में हिस्सा न लेना और सरकार में आकर काम को बाधित करना तथा विभाजन के लिए काँग्रेस को मजबूर कर देना काँग्रेस के लिए बड़ी समस्या बन गई थी। काँग्रेस मंत्रिमंडल में साझे उत्तरदायित्व की बात को कहती थी लेकिन मुस्लिम लीग के सदस्य वायसराय के प्रति अपनी वफादारी की बात करते थे। यह कैबिनेट सरकार के सिद्धांत के विरुद्ध था। प्रशासन सांप्रदायिक लाइन पर कार्य करने लगा था जो बहुत ही खतरनाक था, मुस्लिम लीग पाकिस्तान की माँग पर अड़ी हुई थी।

इसके बाद सांप्रदायिक दंगे सारे देश में भड़क उठे, भारत के इतिहास में यह अनोखी घटना थी, मुस्लिम लीग मुस्लिम नेशनल गार्ड ने इसे बढ़ावा दिया। लूटमार, आगजनी, मौत, भय का वातावरण, महिलाओं और बच्चों पर अत्याचार आम हो गया, नेहरू ने इन घटनाओं का उल्लेख अपने 3 जून, 1947 के अखिल भारतीय रेडियो वार्ता में किया। 3 जून, 1947 को काँग्रेस ने मजबूर होकर देश के विभाजन को स्वीकार कर लिया। 9 जून, 1947 को मुस्लिम लीग ने जिन्ना को विभाजन होने पर नेतृत्व के लिए चुना।

केवल विभाजन का विषय गंभीर नहीं था, वह कैसे हुआ यह भी विचारणीय है। पंजाब और बंगाल सामान्य मत से विभाजन कर दिया गया, जबकि एन. डब्ल्यू. एफ. पी. के खान साहब भारत के साथ रहना चाहते थे। देश का विभाजन कोई साधारण काम नहीं था, यह अनेक विषयों से संबंधित था। देश की सीमा के विभाजन का विषय भी कठिन था। रेड केलिफ के अधीन दो मुस्लिम व दो ग़ैर-

मुस्लिम को इसका सदस्य बनाया गया।

इसी बीच 15 जुलाई, 1947 को हाउस ऑफ कामंस ने भारत की स्वतंत्रता का कानून पास कर दिया। 16 जुलाई के हाउस ऑफ लॉर्ड्स ने पास कर दिया और 15 अगस्त, 1947 को सत्ता को सौंपने का दिन भी तय कर दिया। पाकिस्तान के साथ देश का विभाजन भी कर पाकिस्तान को भारत से अलग कर दिया। विभाजन से न केवल विदेशी आधिपत्य ही खत्म हुआ वरन् मुसलमानों का भी आधिपत्य खत्म हो गया, जो विशेष लाभ और पद तथा हक की माँग कर रहे थे। लेकिन सांप्रदायिक वैमनस्य विभाजन से खत्म नहीं हुआ। विभाजन तो आपसी समझौते से हुए लेकिन उसके बाद की घटनाएँ सांप्रदायिकता के जहर से भरी रहीं। कई स्थानों पर विशेषकर पंजाब में अँग्रेजी अफसरों ने इस जहर को फैलाने में मदद की। लाखों लोग पाकिस्तान से हिंदुस्तान और हिंदुस्तान से पाकिस्तान विस्थापित हुए। उनके खाने, रहने, स्वास्थ्य, नौकरी, संपत्ति के बदलाव आदि की भारी कठिनाई थी, अकारण ही लाखों लोग मारे गए, बेघर हो गए।

मुस्लिम नेशनल गार्ड ने हिंदुओं को मारा, हानि पहुँचाई जबकि दूसरी ओर पाकिस्तान से आने वाले लोगों को राष्ट्रीय स्वयंसेवक संघ ने हर प्रकार की मदद की।

विभाजन को 72 वर्ष हो गए हैं लेकिन इसके घाव आज तक भी पूर्ण रूप से भरे नहीं गए हैं।

अध्याय के लिए विशेष साहित्य

1. हंस कोहन, *दी इरा ऑफ नेशनलिज्म*, न्यूयॉर्क 1950।
2. मैक्स विर्थ, टाइप्स ऑफ नेशनलिज्म, *अमेरिकन जर्नल ऑफ सोशलिज्म* 41, 1950।
3. जॉर्ज प गूच, *नेशनलिज्म*, लंदन 1920।
4. मुशीरुल हसन, *नेशनलिज्म एंड कम्युनल पॉलिटिक्स इन इंडिया 1916-1828*।
5. धीरेंदर नाथ सेन, *फ्रॉम राज टू स्वराज*, 1954।
6. सर वेर्ने लोनेट, *हिस्ट्री ऑफ दी इंडिया नेशनलिस्ट मूवमेंट*।
7. पी. मुखर्जी, *इंडियन कांस्टीटूशनल डॉक्यूमेंट*।
8. सर विलियम हंटर, *हिस्ट्री ऑफ ब्रिटिश इंडिया*।
9. राम्से मुइर, *मेकिंग ऑफ ब्रिटिश इंडिया*।
10. ए. मेहू, *एजुकेशन इन इंडिया*।
11. डेविस किंग्सले, *दी पापुलेशन ऑफ इंडिया एंड पाकिस्तान*, प्रिंसटन यूनिवर्सिटी प्रेस, 1951।
12. रे स्मिथ, *नेशनलिज्म एंड रिफार्म इन इंडिया*।
13. रुशब्रूक विल्लियम्स, *रेफ्लेक्शंस ऑन इंडियन डिस्कंटेंट्स*।
14. राम अवतार शर्मा एंड अनिल करण, काँग्रेस लीडरशिप ऑन दी टचस्टोन ऑफ क्रिएटिविटी एंड रेप्रजेंटेटिविटी, *डेमोक्रेटिक वर्ल्ड*, जनवरी 20-27, 1985।

17

युद्ध और आधिपत्य

मानव सभ्यता के हजारों वर्षों के बाद भी युद्ध और शांति मानवता के लिए समस्या बनी हुई है। युद्ध को बड़े संकट के रूप में देखा जाता है और शांति को आशीर्वाद माना जाता है, लेकिन फिर भी मानव युद्ध की समस्या का समाधान नहीं कर सका। धर्म, राज्य, धन, नीचा दिखाना, लूट आदि के लिए व्यक्तियों को मारना-आग लगाना– जुल्मों को ढहाना होता रहा, व्यक्ति ने इसे रोका लेकिन शांति की स्थापना के स्वप्न को पूरा नहीं किया जा सका।

भारत की सभ्यता अति प्राचीन होने के बावजूद वह इस विभीषिका से नहीं बचा। यह देश भी अनेक भयानक युद्धों का मैदान बना रहा, कुछ समय की शांति को छोड़ पुनः भयानक हमले हुए और साम्राज्यों का निर्माण हुआ। राजनीतिक और प्रशासनिक एकता के अभाव में भारत आपसी झगड़े, एक-दूसरे राज्य के झगड़े, विदेशी हमले और अंतरराष्ट्रीय युद्धों का क्षेत्र बना रहा। व्यक्ति अपने विकास के प्रारंभिक काल में भोजन की खोज में शिकार करता था– वह एक व्यक्ति या समूह में ऐसा करता था, धीरे-धीरे पशुओं की सवारी करके एक-दूसरे से युद्ध करता, नए-नए हथियार बनाने लगा, रक्षा के लिए साधन, किले, सेना आदि का विकास करने लगा– ये सब चित्र हम पुरानी गुफाओं जैसे भीमबेटका आदि में आज भी देख सकते हैं। इतिहास में भी अनेक भयानक युद्धों का वर्णन है। लेकिन बड़े आश्चर्य का विषय है कि भारत का दर्शन, व्यक्ति और व्यक्ति, राष्ट्र और राष्ट्र के बीच शांति का ही है, यह दर्शन केवल भारत के लिए ही नहीं वरन् विश्व शांति, सुख, स्वास्थ्य और भाईचारे तथा उन्नति के लिए है। युद्ध उतनी ही प्राचीन प्रथा है जितना कि विश्व। मनुष्य के उदय से ही झगड़े, संघर्ष और युद्ध होते रहे हैं। हॉब्स मानव की प्राकृतिक अवस्था को निरंतर संकट, भय और झगड़े से युक्त मानता है, जिसमें मानव अकेला, गरीब, भ्रष्ट, पाशविक चरित्र का है और उसका जीवन छोटा था। भारत के प्राचीन इतिहास में "मत्स्य-न्याय" की बात को दर्शाया गया है जिसमें शक्तिशाली कमजोर को मारता है। चाणक्य भी बिना राजा के राज्य की अवस्था को ऐसा ही मानता है।

आर्यों की क्षत्रिय जाति और बुद्ध धर्म में अहिंसा राज्य में लगातार युद्धों का साक्ष्य है। वैदिक काल में अनेक कबीलों का आपस में युद्धों का उल्लेख है। देवदास– दासा, साम्रा, पासी, त्रुवासा, यादू; पुरु आदि से युद्धों, ऋग्वेद में दस राजाओं के युद्धों का उल्लेख है। ये युद्ध विपासा (व्यास) और शलुद्री (सतलुज) नदियों के किनारों पर लड़े गए, अंत में सुदासा को सभी कबीलों का मंडलाधिपति बना दिया गया। शतपथ ब्राह्मण में काशी और भारता, कोशाला– विदेहा, कुरु-पंचाल के युद्धों का उल्लेख है। ऋग्वेद में इंद्र को युद्ध में सेनापति माना गया है। वरुण, अग्नि को भी युद्ध में सेनापति माना गया है। वरुण, अग्नि को भी युद्ध में सहायता के लिए आह्वान किया गया है। प्रारंभिक वैदिक काल में गाय, महिलाएँ और धन को प्राप्त करने के लिए युद्ध हुए, भूमि गौण रही। बाद के युद्धों में धन, मित्र और भूमि को महत्त्व दिया गया।

अनेक कारणों में सबसे (युद्ध का) प्रमुख कारण युद्ध में जीत, प्रतापी होना था। भूमि का हथियाना और अपने प्रताप और यश को बढ़ाने के लिए अकारण भी युद्धों को लड़ा गया। भारतीय सभ्यता के विकास से लेकर हिंदू सार्वभौमिकता (700 ई.) के पतन काल तक राजनीति में युद्ध के यश का अंश अधिक रहा, इसमें अशोक का कुछ काल छोड़ देना चाहिए। अजातशत्रु विज्जियों पर अकारण हमला करना चाहता था, इसके लिए उसने महात्मा बुद्ध से सलाह माँगी; बुद्ध ने युद्ध न करने की सलाह इसलिए दी कि विज्जियों का शासन प्रजा के हित में है वे सब एक हैं, बुद्ध ने युद्ध बिल्कुल न करने की सलाह नहीं दी थी, युद्ध करना तो राष्ट्रीय नीति थी उसका न करना समझदारी व अवसर पर आधारित था।

किसी राजकुमारी से विवाह एक युद्ध का महत्त्वपूर्ण कारण था– बिदूदावा और शाक्यों के बीच में राजकुमारी से विवाह न करके शाक्यों ने दासी से विवाह करा दिया, जिसे प्रसन्नजित के पुत्र विड्दावा ने शाक्यों को निर्लज्ज किया।

बुद्ध के समय के बाद घूमंतु-जंगली जातियों ने भारत में एक के बाद एक आना प्रारंभ किया और युद्धों के दौर बढ़ने लगे। हिमालय की घाटी पहले युद्धों को रोकती थी लेकिन दर्रों और नदियों की खोज के कारण पश्चिम और पूर्व की दिशा से परसिया, चीन और यूनान से भारत में हमलावरों के रूप में आने लगे। भारतीय यूनानी कबीलों में खूब खून बहा, लेकिन फिर कुछ समय के लिए शांति हो गई। मौर्य काल के बाद भारत लगभग 100 राजतंत्रों में बँट गया, बाहरी कबीलों के आक्रमण से संशय, युद्ध और संकट पैदा हो गया।

गुप्तकाल के राजाओं की शक्ति के संचय से युद्धों में बढ़ोत्तरी हुई। बह्नानिक गौरव को बढ़ाने के लिए उन्होंने अनेक अश्वमेघ यज्ञ किए गए जिसमें अनेक युद्ध हुए और खून बहाया गया। पुनः कुछ समय के लिए शांति स्थापित हुई, लेकिन

उनके साम्राज्य का विघटन भी हो गया, दूसरे कबीलों के युद्धों से अशांति फैली। हिंदू काल के अंत में हर्षवर्धन ने पुनः हिंदू-प्रभुत्व को स्थापित किया लेकिन यह अल्प समय तक ही कायम रह सका, इसके बाद भयानक युद्ध हुए और राजनीतिक स्थिति भयानक, पतन व अराजकता की ओर बढ़ गई।

प्राचीन काल के युद्धों की विभिन्न विद्वानों ने अपने-अपने ढंग से व्याख्या की है। शुक्राचार्य ने युद्ध को दो भागों में बाँटा है– (1) दैविक युद्ध जो सम्मोहन और आकर्षण के माध्यम से लड़ा जाता है, (2) अशुरा युद्ध– जो हानिकारक हथियारों से नाश करने के लिए लड़ा जाता है, (3) मनुशा युद्ध– जो 4 भागों में लड़ा जाता है– उरारा (घार्या), काकण (बाजू), पक्षा (पंख), प्रातिग्राहा (संरक्षित)। अंत के युद्ध में घातक हथियार नहीं प्रयोग होते वरन् युद्ध हाथों से लड़ा जाता है।

दूसरे प्रकार का वर्गीकरण युद्ध के तौर-तरीकों पर आधारित है। यह तीन प्रकार के युद्धों को दर्शाता है– (1) प्रकाश युद्ध– जो दिन में और एक निश्चित स्थान पर ही लड़ा जाता है; (2) कूट युद्ध– जो धोखे से लड़ा जाता है; (3) तुसनीय युद्ध– यह युद्ध शांतिपूर्वक होता है, जिसमें विरोधी पक्ष में हताशा को फैलाना होता है; इसे विशाखदत्त ने मुद्राराक्षस नाटक में दर्शाया है, चाणक्य और राक्षस के बीच होना आदि। चाणक्य नीति युद्ध और मंत्र युद्ध को अधिक पसंद करते हैं लेकिन जब सेना, साथी सब राजा के साथ हो उस समय राजा को युद्ध कर देना चाहिए। इंद्र और चामुंडा देवी को क्रमशः युद्ध का देवता और देवी माना जाता है।

युद्ध को उचित ठहराना

युद्ध का उदय व्यक्ति की परिस्थिति से संबंधित है। इस बात को कृष्ण ने गीता में अर्जुन को भी कहा है, वह स्वाभाविक है, जब तक व्यक्ति का स्वभाव नहीं बदलता तब तक युद्ध जारी रहेगा। मानव ने चाहे कितना भी विकास किया हो यदि उसका स्वभाव नहीं बदलता तो युद्ध अवश्य होगा।

युद्ध केवल प्रागैतिहासिक काल में ही नहीं हुए वरन् जब व्यक्ति सभ्य हो गया तब भी बहुत सारे युद्ध हुए, भयानक युद्ध हुए। नागरिकों को बिना किसी कारण के युद्ध में झोंक दिया जाता था। लूट-मार का लोगों पर भूत सवार था, सिकंदर ने केवल अपने सैनिक सम्मान को बढ़ाने के लिए मानवता पर युद्ध थोपा।

यूनान के समान भारत में भी सैनिक शौर्य शांति के आदर्शों से ऊपर रहा है। युद्ध के द्वारा नगरों को जलाना, व्यक्तियों का कत्ल करना तथा अन्य अपराधों को करने में रोमांचकारी अनुभूति किया जाता रहा। ये घटनाएँ व्यक्ति के जीवन का अभिन्न अंग बन गईं। इन युद्धों का मुख्य उद्देश्य सोना, औरत, दास, विनाश आदि प्राप्ति रही है।

कृष्ण ने अर्जुन को युद्ध ही अंतिम विकल्प बतलाया था, युद्ध की आवश्यकता की बात को कृष्ण ने अपने संदेश में कहा, उसे अच्छे विचारों की स्थापना के लिए आवश्यक माना। उसे मानव विकास के लिए भी आवश्यक माना, युद्ध को कृष्ण ने मनुष्य की पवित्र अभिव्यक्ति, धर्म युद्ध कहा। युद्ध में केवल शरीर ही मरता है आत्मा अमर रहती है। क्षत्रियों को युद्ध से अलग होना पाप है। युद्ध में हार से अमरत्व प्राप्त होगा और जीत से सारी पृथ्वी का शासन, अतः हार व जीत महत्त्व नहीं रखता। कृष्ण ने स्वयं युद्ध को टालने हेतु शांतिवार्ता की पहल की थी जो सफल नहीं हो सकी।

वेदों में भी युद्ध को उन्नति और मोक्ष के लिए आवश्यक माना गया है। दुश्मन को रास्ते से हटाने की बात कही गई है। मनु ने भी युद्ध को उचित बतलाया है। राजा को अपने दुश्मन को कठोरता से मारना चाहिए। उन्होंने भी क्षत्रियों को युद्ध में मरने के बाद मोक्ष-प्राप्ति को ठीक ठहराया। युद्ध की तैयारी ही शांति के लिए स्थायित्व देती है। जहाँ मनु ने राजाओं को सदैव युद्ध के लिए तैयार रहने की सलाह दी, क्योंकि इसे भगवान के द्वारा स्थापित संस्था माना गया है, वहीं, एक स्थान पर युद्ध से बचने को भी कहा गया है, क्योंकि इसमें हार और जीत की कोई निश्चितता नहीं होती है। याज्ञवल्क्य भी युद्ध की आवश्यकता को मानता है उसके अनुसार भी युद्ध में प्राण देना मोक्ष को प्राप्त करना है। चाणक्य ने भी अपने अर्थशास्त्र में राजा के कर्तव्य, सेना, सेनापति, घोड़े, हाथी, चतुरंगी सेना, यहाँ तक नौसेना का भी उल्लेख किया है। हथियारों में तलवार, ढाल, भाले, तीर-कमान, रथ, पैदल सैनिक आदि का उल्लेख भी है। दुर्गों के प्रकार और व्यवस्था का उल्लेख है। प्राचीन काल में हाथी-घोड़ा-रथ व पैदल के द्वारा ही युद्ध लड़ा जाता था। विदेशी आक्रमणों में घोड़ों का प्रयोग अधिक था। शायद यही उनकी जीत का कारण बनता था, क्योंकि घोड़ों से तीव्रता बढ़ती थी। कालिदास ने भी चंद्रगुप्त मौर्य के काल की युद्ध-प्रणाली का उल्लेख किया है।

युद्ध की तकनीक

मध्य युग में जैसे युद्धों को एक प्रतियोगिता के रूप में देखा जाता था वैसे ही प्राचीन काल में इसे एक खेल के रूप में देखा जाता था। इन युद्धों के लिए कूच, पड़ाव, हथियार, दुश्मन को नष्ट करने के विशेष नियम और तकनीक होते थे; सेना के कूच करने व युद्ध के लिए उपयुक्त समय ज्योतिषियों से पूछकर निर्धारित किया जाता था, क्षेत्र विशेष का ध्यान रखते हुए उसी प्रकार के साधनों का प्रयोग भी किया जाता था।

सेना के कैंप को भी सावधानी से बनाया जाता था जिसमें सुरक्षा और खान-

पान का विशेष ध्यान रखा जाता था। सेना में अनुशासन को बनाए रखने का भी प्रयास होता था।

युद्ध की घोषणा, जयघोष आदि, ढोल बजाने, झंडा फहराने, शंख बजाने से होती थी। युद्ध के प्रारंभ होने पर मार-काट व हर प्रकार से दुश्मन को क्षति पहुँचाने की क्रियाएँ होती थीं। धन व दासों को बाँटा जाता था। मृतक को जंगली जानवरों, गिद्धों के खाने के लिए छोड़ दिया जाता था, कुछ का संस्कार भी कर दिया जाता था।

समय के परिवर्तन व विकास व आवश्यकता के अनुसार युद्ध के साधनों– हथियारों का भी विकास होता गया। ऋग्वेद के 75वें ऋचा में युद्ध के मंत्रों का वर्णन है। देवताओं के अपने-अपने हथियार होते थे। फेंकने वाले हथियार को अस्त्र कहते थे, हाथ में रखने वाले हथियार को शस्त्र कहते थे। महाभारत– सिकंदर– मौर्य, हर्ष के समय में हथियारों में विकास होता गया, विदेशी यात्रियों ने भी इनका उल्लेख किया है।

आक्रमण और रक्षा

अधिक प्राप्ति में खुशी होती है कम प्राप्ति में नहीं, ऐसा उपनिषदों में कहा गया है। इसी प्रकार से राजा अधिक-से-अधिक क्षेत्र और राज्य-सीमा को बढ़ाने के लिए युद्ध करते थे। यदि पड़ोसी राज्यों में शांति होती थी तो वह केवल युद्ध के भय के कारण। जब कभी किसी भी राजा को दूसरे पर हमला करने का बहाना या अवसर मिलता तो वह हमला कर देता था। प्राचीन काल से सेना और क्षत्रिय जाति युद्ध करने के लिए ही होती थी।

वैदिक राजा किसी एक कारण या बहुत-से छोटे कारण से युद्ध करते रहे, कुटुंब का गौरव उनके लिए बड़ा माना जाता था। आत्मरक्षा के लिए बहुत कम युद्ध लड़े गए। वैदिक युग से 7वीं सदी तक युद्धों की संख्या अधिक रही और बहुत थोड़े समय के लिए शांति स्थापित हुई। यह सब एक सर्वोच्च शक्ति के अभाव के कारण हुआ, जब कभी सर्वोच्च शक्ति की स्थापना हुई, खून-खराबे के बाद शांति स्थापित हुई। मौर्य काल से पहले राजतंत्र और गणतंत्र आपस में युद्ध करते रहे। महात्मा बुद्ध भी इन युद्धों को नहीं रोक सके। रामायण और महाभारत के युद्ध किसी छोटी बात पर नहीं लड़े गए वरन् एक सच्चे कारण पर आधारित थे। राम ने भी रावण से सीता को सम्मानपूर्वक वापस करने की पहल की थी जिसे रावण ने नहीं माना, इसी प्रकार कृष्ण ने भी कौरवों से शांति की गुहार लगाई थी जिसे ठुकरा दिया गया। अश्वमेघ यज्ञ प्रारंभ में एक धार्मिक उत्सव था, लेकिन राजनीतिक समाज के बढ़ने

से, राजाओं की सीमा की लालसा बढ़ने से वह सैनिक शक्ति को बढ़ाने की क्रिया बन गया। अश्वमेघ यज्ञ वास्तव में हमले का एक साधन बन गया।

मौर्य काल में बुद्ध के प्रभाव से व वैदिक क्रियाओं के पतन के कारण अश्वमेघ यज्ञों की भी समाप्ति हो गई। मौर्य काल के बाद 2 ई.पू. पुष्यमित्र ने ब्राह्मण क्रियाओं को दोहराया और अपने को सर्वोच्च राजा बनाया। अपनी सीमा को अधिक बढ़ाने के लिए अश्वमेघ यज्ञ आहूत किया, सिंध नदी तक उसका अश्व बिना किसी रुकावट के चला गया, लेकिन सिंध के किनारे के प्रदेशों में यूनानी राज्य था वहाँ उसका युद्ध हुआ, युद्ध में पुष्यमित्र जीत गया।

कनिष्क के कार्यकाल में पुनः बुद्ध का प्रभाव बढ़ा और अश्वमेघ यज्ञ समाप्त हो गया। भारशिव ने कुषाणों को हराकर पुनः हिंदू व्यवस्था को स्थापित किया और अश्वमेघ यज्ञ की व्यवस्था चलाई। भारशिव ने बनारस के दशाश्वमेध घाट पर अश्वमेघ यज्ञ किए, जिसमें 10 घोड़ों की बलि चढ़ाई गई। भारशिवाओं के बाद, परावारा शिवा प्रथम, वाकाटक ने चार अश्वमेघ यज्ञ कराए। इन्होंने अखिल भारतीय साम्राज्य की स्थापना की थी। कुषाणों को एक कोने में डाल दिया था। समुद्र गुप्त ने उस वातावरण का लाभ उठाकर अपने साम्राज्य को आगे बढ़ाया।

शिवशकंदा बर्मन ने सत्यवाहन राजाओं की गद्दी को ग्रहण किया और ब्राह्मण प्रथाओं को आगे बढ़ाया। समुद्रगुप्त ने दक्षिण से लंका देश की सीमा के बाहर लंका में भी अपने राज्य को फैलाया। उसने 100 से ज्यादा अश्वमेघ यज्ञ किए।

गुप्त वंश के चालुक्यों ने भी अश्वमेघ यज्ञ किए। हिंदू इतिहास का अंतिम शासक हर्षवर्धन हुआ। उसे उत्तर भारत, कश्मीर, नेपाल, आसाम और सिंध का शासक माना जाता था। इन सीमाओं के बीच बहुत सारे छोटे राज्य थे जो हर्षवर्धन को अपना अधिपति मानते थे।

मांधाता, रघु, पांडु, अर्जुन, भागदत्ता, दाताचक्रा, कर्धाकर्ण, साखा, सिंधु राजा आदि राजाओं ने दिग्विजय के लिए अश्वमेघ यज्ञ किए व अपने राज्य की सीमाओं को बढ़ाया, युद्ध किए जिनमें एक तरफ लाभ हुआ, दूसरी ओर धन व मनुष्यों की हानि हुई।

साम्राज्यवाद और उपनिवेशवाद

साम्राज्यवाद शासन, आधिपत्य और अधिकार के साथ एक जाति, वर्ण के लोगों का दूसरी जाति और वर्ण के लोगों पर आधिपत्य व शासन करने की क्रिया है। यह अपनी राज्य की सीमा का बलपूर्वक, हमले से आगे बढ़ाने की प्रक्रिया है। यह वास्तव में पशुबल के आधार पर ही होता है। एक प्रकार का राजनीतिक डाका है। साम्राज्यवादी शक्ति का भय, और युद्ध को ही अपना हथियार बनाती है। यहाँ

स्वतंत्रता समाप्त हो जाती है, जाति की प्रधानता, शोषण, आधिपत्य तथा धर्म और राजनीति की आड़ में शासन करना होता है।

प्राचीन भारत जाति-वर्ण की सर्वोच्चता और राजनीतिक डकैती से अछूता नहीं रहा। आर्यों और दस्यु युद्ध इस बात को दर्शाता है। वैदिक संदर्भ इस बात को दर्शाते हैं कि हर कुटुंब दूसरे कुटुंब पर आधिपत्य जमाता रहा। छोटे-मोटे पारिवारिक झगड़े बड़े युद्धों में परिवर्तित हो गए, जो आधिपत्य में बदल गए।

चक्रवर्ती, सर्वभूमा, सम्राट, परमेश्वरा, प्रभामाताराका आदि पद और राजसूर्य व अश्वमेघ यज्ञ इस बात के सूचक हैं कि सीमाओं का विकास हो और दूसरों पर आधिपत्य हो।

भारत की परिभाषा समय के अनुसार बदलती रही है– सूत्र साहित्य में आर्यवर्त सरस्वती नदी के आस-पास का क्षेत्र है। मनु ने अपने 7 पुत्रों को 7 द्वीप का राजा बनाया– जंबूद्वीप, पलाकशा, शलमानी, कुशद्वीप, क्रोचाद्वीप, शाका, पुशाकारा आदि। जंबूद्वीप 8 वर्गों में बँटा था– भारतवर्ष, किम युरुया, हरिवर्षा, इलावती, रामयका, हिरनमया, उत्तराकुरु, भद्राशवा, केतुमूला आदि। भारतवर्ष महत्त्वपूर्ण था क्योंकि वह कर्मभूमि था अन्य भोगभूमि थे।

बौद्ध काल में भारत 16 जनपदों में बढ़ाया गया, जैन काल के भगवती-सूत्र में कुछ स्वतंत्र राज्य थे व कुछ अर्द्ध-स्वतंत्र राज्य थे। मगध सभी राज्यों में ऊपर था। मौर्य काल से साम्राज्यवादी प्रवृत्ति प्रारंभ हो गई। चंद्रगुप्त मौर्य सबसे बड़ा साम्राज्यवादी राजा हुआ, अशोक कलिंग युद्ध के बाद शांति का पुजारी हो गया, उसने अपनी आठवीं शिलालेख में युद्ध की विभीषिका का वर्णन किया है। युद्ध के बाद के संकटों से शांति के फल को अशोक समझ गया था, इसलिए उसने युद्ध से तौबा कर ली थी।

भारशिवों और वाकाटकाओं के साथ पुनः भारत सक्रिय साम्राज्यवाद में उलझ गया। 175 ई.पू. में नागाओं ने कुषाणों को हराकर हिंदू साम्राज्य को स्थापित किया। वाकाटकाओं का शासन भी साम्राज्यवादी था। समुद्रगुप्त ने स्वतंत्र कबीलों और राज्यों को नष्ट कर अपने अधीन किया, सिकंदर के समान वह भी भारत की स्वतंत्र आत्मा को नष्ट करने वाला हुआ। युद्ध की कला में समुद्रगुप्त के काल में कोई दूसरा उसके समान नहीं था। बाद के गुप्त शासकों ने साम्राज्यवादी नीति को छोड़ दिया था और पड़ोसियों के साथ मधुर संबंध बनाए थे। यदि कोई युद्ध भी हुआ तो वह केवल आत्मरक्षा के लिए हुआ। हूणों के हमले में भारत की रक्षा के लिए समुद्रगुप्त ने युद्ध किया (भीतरी स्तंभ)। धर्म-प्रचार व व्यापार के लिए अवश्य भारत के लोग अपनी सीमा के बाहर गए लेकिन युद्ध नहीं किया, न ही युद्ध के बाद वहाँ उपनिवेश बनाए।

युद्ध के मानवीय नियम

यद्यपि युद्ध एक अमानवीय संस्था है तो भी इसके कुछ मानवीय पक्ष भी हैं। प्राचीन काल से ही युद्ध को एक खेल के रूप में खेला गया है जिसके कुछ नियम होते थे। धर्म युद्ध में सभी का वध, आगजनी व विनाश नहीं होता। नैतिकता युद्ध को मानवीय और धार्मिक बना देती है। असमान के साथ युद्ध की मनाही थी। लेकिन महाभारत में अभिमन्यु के वध में ऐसा नहीं हुआ। कृष्ण ने सूर्य अस्त करके अश्वत्थामा के वध की बात कहलाई, जबकि वह एक हाथी था, कृष्ण ने ब्राह्मण का भेष बनाकर कर्ण से कुंडल ले लिये, अर्जुन ने उस पर हमला कर उसे मार दिया। अश्वत्थामा ने पांडवों के सभी पुत्रों को सोते हुए मार दिया आदि।

मनु, गौतम, याज्ञवल्क्य ने युद्ध के नियमों के विषय में लिखा है– समानता हथियारों, स्तर, संख्या, निहत्थों, गाय, ब्राह्मण, संदेशवाहक, बच्चे, महिला, हाथी, घोड़ा आदि पर हमला नहीं होना चाहिए। घायल व युद्ध में भाग न लेने वाले पर हमला नहीं होना चाहिए। युद्ध के बाद यदि जीते हुए राजा ने समर्पण कर दिया हो तो उसका राज्य उसे वापस दे दिया जाए, या उसके पुत्र को दे दिया जाए, लोगों को पूर्ण सुरक्षा दी जाए (चाणक्य)। जीते हुए राजा को जनता के रीति-रिवाज-भोजन, धर्म व भाषा का ध्यान रखना चाहिए। चाणक्य ने तीन प्रकार की विजय का उल्लेख किया है– धर्म-विजय, लोभ-विजय, और असुर-विजय। युद्ध में गलत तरीके का प्रयोग नहीं करना चाहिए।

दूसरी ओर शुक्र कूट युद्ध की सलाह देता है, जैसे प्यार में सभी चीजें हो सकती हैं युद्ध में भी कुछ भी किया जा सकता है। लेकिन महिला, पानी पीते हुए, सोते हुए, बूढ़े व्यक्ति, बच्चे को नहीं मारने को भी कहा है। यदि युद्ध को एक खेल के समान लड़ा जाए और नियमों का पालन हो तो वह अधिक मानवीय होगा, लेकिन अनेक युद्धों में विशेषकर मुसलमानों के साथ युद्धों में वे सभी बातें हुईं जिन्हें प्राचीन काल में अनैतिक माना जाता था।

संधि व मध्यस्थता

वैदिक काल में युद्ध के बाद संधि होती थी, दोनों पक्ष देवी-देवताओं को साक्षी मानकर ऐसा करते थे, यदि कोई पक्ष इनका उल्लंघन करता था तो उसकी सामाजिक भर्त्सना होती थी। ऐसी संधि की प्रथा को मध्य एशिया के देशों में भी अपनाया गया था। 5वीं सदी ई.पू. ऐसा अनेक बार हुआ है।

भूमि-सीमा झगड़े आदि के विषय में कोई तीसरा पक्ष मध्यस्थता करके झगड़े को निपटाता था। यदि इसमें सफलता नहीं होती तो युद्ध होता था। विवाह संबंधों से भी झगड़ा निपट जाता था। एक-दूसरे के बंदी या महत्त्वपूर्ण व्यक्तियों को छोड़

दिया जाता था या एक-दूसरे को सौंप दिया जाता था। कौटिल्य ने इन संधियों के विषय में विस्तार से वर्णन किया है।

कामांधता ने भी इस विषय को बड़ा महत्त्व दिया है। चंद्रगुप्त मौर्य व यूनानियों के बीच महत्त्वपूर्ण संधि हुई जिसमें हाथी, विवाह, भूमि, व अन्य वस्तुएँ चंद्रगुप्त को दी गईं व एक-दूसरे के राज्यों में राजदूतों को भेजा गया।

मुहम्मद-रसूल अल्लाह

अबू तालिब के नेतृत्व में एक ऊँटों का काफिला 571 में मक्का से बसरे में आया यह आम बात थी, इस काफिले में अबू तालिब का भतीजा मुहम्मद भी था जो धर्म के विषय में बहुत रुचि रखता था। मक्का के मंदिर में अन्य मूर्तियों के साथ एक काला पत्थर भी पूजा जाता था, जो उल्कोद्‌भव था। यहाँ के लोगों ने मुहम्मद को मूर्ति-पूजा के विरोध में बहुत कुछ कहा। इस काल में ईसाई धार्मिक समूह पादरियों की धृष्टता और ऐश्वर्य-तृष्णा के कारण अराजकता की दशा में पहुँच चुके थे। पश्चिमी देशों के पोप लोग धन, विलास और शक्ति के ऐसे प्रलोभन देते थे कि विषय-भोगों के चुनाव में भयंकर वध करते थे। पूर्वी देशों में कुस्तुनतुनिया इन धर्मांध झगड़ों का केंद्र था, जहाँ अनेक पंथ और दल बन गए थे। ये लोग परस्पर अत्यंत घृणा भाव रखते थे।

अरब इन दिनों स्वतंत्रता की अपरिचित भूमि थी, जो हिंद सागर से लेकर श्याम देश के मरुस्थल तक फैली थी। यह भगोड़ों और झगड़ालू ईसाइयों का आश्रय स्थल ही रहा था। अरब के मरुस्थल ईसाई संन्यासियों से मर गए थे वहाँ के बहुत से लोगों ने उनके पंथ को स्वीकार कर लिया था। हवष देश के ईसाई राजाओं ने, जो नेस्टर धर्म को मानते थे अरब के दक्षिणी प्रांत यमन पर अधिकार रखते थे। यहाँ रेत और गर्मी बेतहाशा पड़ती है। कुछ क्षेत्रों में कड़ाके की ठंड भी पड़ती है। पानी बहुत कम होता था। अरब के घोड़े संसार में प्रख्यात हैं। रेत में ऊँट काम में लाया जाता है। इसका मांस-दूध-खाल आदि का प्रयोग होता है, लेकिन अब काफी परिवर्तन हो गया है।

वरुण नगर के नेस्टर मठ के महंत वहीरा ने मुहम्मद को नेस्टर मत के सिद्धांत सिखाए, इस कारण से मुहम्मद के मन में मूर्ति पूजा से बहुत घृणा हो गई। मक्का लौटकर मुहम्मद ईसाई संन्यासियों की भाँति मक्का से कुछ दूर हीरा पहाड़ की गुफा में जाकर ध्यान लगाता था, वहीं पर उसने ईश्वर की अद्वैतता के सिद्धांत को निकाला, हाथ में एक अँगूठी पहनी जिस पर लिखा था "मुहम्मद ईश्वर का दूत"। उपवास और एकांतवास में प्रायः अंतरिक्ष वाणियाँ सुनता था।

शुरू में उसके उपदेशों का बहुत विरोध हुआ और उसे कुछ भी सफलता न

मिली, मूर्ति-पूजकों ने उसे मक्का से निकाल दिया। वह मदीना चला गया, मक्का और मदीना की आपस में शत्रुता थी, मदीना में उसका स्वागत हुआ। यहूदी और नेस्टर मत के लोग उसके अनुयायी हो गए। तीन छोटी लड़ाइयों में उसने जान लिया कि उसका अत्यंत विश्वासप्रद तुर्क उसकी तलवार है। ये लड़ाइयाँ– बीडर, ओहूद और नशंस की हैं। मुहम्मद कहता है कि "बहिश्त तलवार के साए के नीचे पाया जाएगा।"

यहूदियों से संधि कर उसने मक्का पर आक्रमण कर उसे जीत लिया। मक्का की 360 मूर्तियों को जो कि 1 वर्ष के दिनों का चिह्न थीं तोड़ दिया गया, बाद में यहूदियों के साथ की गई संधि में जजिया न लगाने की शर्त का पालन भी नहीं किया। कुछ कबीलों– हवाजिन, सतीफ, जफर और साद ने मुहम्मद के धर्म को नहीं माना, कुछ पहाड़ी जातियों ने भी इसे नहीं माना।

काबा में जाकर मुहम्मद ने ऊँटों का बलिदान किया, और मूर्तियों को तोड़ा, केवल एक काला पत्थर ही रहने दिया। जिन लोगों ने मुहम्मद के मत को नहीं माना उनसे हनीम का युद्ध कर परास्त किया। इस युद्ध के समय एक पालकी गुजर रही थी, रबिया इब्नेर ने उसका पीछा किया जिसमें एक बूढ़ा बैठा था। रबिया ने तलवार से उस पर वार किया, तलवार टूट गई, बूढ़े ने कहा कि मेरी पीठ में एक तलवार है उससे मुझ पर वार कर, ऐसा हुआ वह बूढ़ा कत्ल हो गया। उसके सिर काटकर रबिया अपने घर ले गया जहाँ उसकी माँ ने कहा कि दुष्ट जिसे तूने मारा है उसने तीन बार तेरी दादी और मेरी इज्जत बचाई है। रबिया ने कहा– "इस्लाम काफिर के अहसान और गुण नहीं मानता।"

मुहम्मद ने भी घोषणा कर दी कि तीन महीनों में या सब लोग कलमा पढ़ कर मुसलमान हो जाएँ नहीं तो उन्हें कत्ल कर दिया जाएगा या वे शहर छोड़ दें। मुहम्मद मृत्यु तक 29 युद्ध स्वयं और सेनापतियों के साथ 5-6 युद्ध लड़ चुका था।

इस्लाम धर्म के सिद्धांत

हजरत मुहम्मद के अनुसार संसार में 124000 नवी हो चुके हैं, 104 पुस्तकें ईश्वरीय हैं, 18000 योनियाँ सृष्टि में हैं, इस्लामी साहित्य में मुहम्मद की 6 लाख उक्ति हैं। उनके अनुसार 22 आदेश मुसलमान को मानने चाहिए।

1. पाँच वक्त नमाज पढ़ना;
2. मक्का की हज करना;
3. 40वाँ हिस्सा लाभ का खैरात करना;
4. 1 मास रोजा रखना;
5. अल्लाह और रसूल को मानना;

6. बहिश्त में हुरों गिल्माओं को मानना;
7. ईद मनाना;
8. पंक्ति बाँधकर नमाज पढ़ना;
9. मक्का की ओर मुँह करके नमाज पढ़ना;
10. चार स्त्रियों तक विवाह करना;
11. आवागमन न मानना;
12. शराब न पीना;
13. कुरान की आज्ञा मानना;
14. काफिर को कत्ल करना;
15. काफिरों का धन छीन लेना;
16. कपट युद्ध करना;
17. मूर्ति खंडन करना;
18. सूअर को हराम समझना;
19. शुक्रवार को खास नमाज पढ़ना;
20. अजान देना;
21. कयामत के दिन खुदा के न्याय पर विश्वास;
22. भला-बुरा करने वाला खुदा है।

मुहम्मद पढ़े-लिखे नहीं थे, उनके विचारों को उनके शिष्य पत्थरों, ऊँट की हड्डियों, खालों आदि पर लिख देते थे, लेकिन चूँकि कुरान काफी झगड़े के बाद तीसरे खलीफा के समय में समझौते से गहराई हुई है, अरब के वातावरण के कारण जो भी बातें मुहम्मद के शिष्यों ने लिखी थीं उनमें फेरबदल होना संभव था, क्योंकि अरबी भाषा में केवल नुकते के कारण ही सारा अर्थ बदल जाता है, तो भी कुरान केवल अरबी भाषा में ही नहीं लिखी गई, परंतु इस पुस्तक में अनेक भाषाओं के शब्दों का प्रयोग हुआ है– कुरान में 74 भाषाओं के शब्द पाए जाते हैं– कुरेशी, किनानी, हुजैली, खरअमी, खजरजी, अश्अरी, नमीरी, कैसेगीलावी, जरहमी, यमनी, अजविशनोई, कंदी, तमीमी, हम्मीरी, विघनी, लहभी, सादुल अशीरी, हजर मूली, दूसी, अमातकी, अनमारी, गस्सानी, मजहजी, खुजाई, गलफानी, सवाई, अम्मानी, बनूहनिफिया, सालवी, राई, आमरिबन, साउसी, औसी, मजीती, सफीफी, जुजामी, वलाई, अजरही, हबजानी, अनमरी, यमानी, सलोमी, अम्मारी, अथएनी, नसरिबनी, मुआदीस, अकी, हजाजी, नबई, ईसी, कुजाई, काबिन्नेउम्री, काबिब्ने लवी, तहारीच्ची, जब्बती, तैमी, रवावी, आदिब्नेखुजैमी, सादिब्नेवक्री, हिंदी, इब्रानी, अगजी, संस्कृत, हब्शी, फार्सी, खमी, अजमी, तुर्की, निब्ती, सूर्यानी, किब्ती, यूनानी।

कुरान में समय-समय पर परिवर्तन होने के भी प्रमाण पाए जाते हैं। इसी प्रकार कुरान की सूरतों में भी मतभेद है। इसी प्रकार आयतों में भी मतभेद है। इस्लाम के संबंध में सर्वोपरि बात यह है कि इस धर्म ने एक ईश्वर की सत्ता को सर्वोपरि माना और मूर्ति-पूजा तथा भाँति-भाँति की उपासनाओं को बलपूर्वक रोका। दूसरी खूबी यह कि उसके नियम, सरल, सुसाध्य और आकर्षक थे।

लेकिन मुहम्मद की मृत्यु के कुछ समय बाद से ही इस्लाम की नई-नई शाखाएँ फूटने लगी थीं; सूफी, अली इलाई, शिया, मौतजली, कुछ सूफी जैसे मंसूर आदि अपने ही तरीके से जीवन व्यतीत करने लगे।

कुछ लेखक– ऐलफिंस्टन, *हिस्ट्री ऑफ इंडिया,* वाशिंगटन इरविन, *मोहम्मद की जीवनी,* सैय्यद मोहम्मद, *हिस्ट्री आफ दी पंजाब,* डॉ. निश्चल और डॉ. फोरमेल ने अपने तरीकों से कुरान का विश्लेषण किया है।

भारत की ओर

अरब में मुसलमान धर्म स्थापित होने से पहले से ही इनका संबंध भारत से रहा है, मुहम्मद के 500 वर्ष पूर्व से ही अरब और ईरान के द्वारा भारतीय व्यापार होता रहा, भारत के अनेक बंदरगाहों से अरब नाविकों का आना-जाना था, उनकी अनेक कालोनियाँ दक्षिण भारत में थीं। सीधे-सादे, साहसी, विश्वासी अरब थे। वे अपने-अपने खानदानों और कबीलों के कुछ देवताओं की मूर्तियों को भी पूजते थे, भारतीयों के साथ उनका खूब मेल-जोल था। पुर्तगालियों से पहले अरबों का दक्षिणी भारत में व्यापार का बड़ा आधिपत्य था। इस्लाम धर्म के प्रचार से अरबों में नई सभ्यता, विचारधारा और नए आदर्शों का समावेश हो गया। सातवीं सदी के अंत तक तमाम तातार और तुर्कीस्तान तथा चीन की पूर्वी सरहद तक इस्लाम में मिल गया था। इसी बीच में पश्चिम में मिस्र, कार्बेज तथा समस्त उत्तरी अफ्रीका पर इस्लाम की फतह हो चुकी थी और प्रबल रोमन साम्राज्य को चीर-फाड़ डाला था, स्पेन पर अपना अधिकार कर लिया था। अरबों ने तेजी से मैदानों, जंगलों, पहाड़ों और नदियों को पार करते हुए भारत की सीमा पर पहुँचकर हिंद महासागर को पूर्ण रूप से हथिया लिया था।

मुसलमानों का पहला बेड़ा 630 में उमर की खिलाफत में भारत आया। भारत में हर्षवर्धन की मृत्यु के बाद दक्षिण भारत का साम्राज्य टुकड़े-टुकड़े हो रहा था, अनेक राजशाही स्थापित हो रही थी, कोई एक शक्तिशाली शासक नहीं था। पुराने साम्राज्यों की राजधानियाँ खंडहर हो रही थीं।

ऐसी दशा में धर्म-क्षेत्र में भारत का पतन होना स्वाभाविक था। बौद्धों ने ब्राह्मण धर्म और उच्च जाति के विशेषाधिकारों को कुचल डाला था, उसके फलस्वरूप

ब्राह्मणों ने इन नवीन शासकों की सहायता से पुनः पुराने ब्राह्मण धर्म को नए रूप में खड़ा किया था। वेद के रुद्र देवता शिव की मूर्ति बन गए थे। अब हिंदू और बौद्ध प्रतिमा पूजन और कर्मकांड के प्रपंच में फिर फँस गए थे। कनिष्क के प्रयत्न से अंतरीप भारत में महायान-संप्रदाय की नींव जम गई थी, जिसमें बोधि-सत्त्वों की पूजा होती तथा बौद्ध मंदिरों का समस्त कर्मकांड हिंदू-मंदिरों के ढंग पर ढल गया था। अब पुनः संस्कृत को सर्वोच्च स्थान दिया गया– पाली का स्थान छिन गया। धीरे-धीरे वैष्णव मत, शैव मत और तांत्रिक समुदाय ने मिलकर बौद्ध धर्म को भारत से बाहर निकाल दिया।

ऊँच-नीच, जाति-भेद, महिला-भेद, असंख्य देवी-देवता, शक्ति, जप, तप, यज्ञ, हवन, पूजा-पाठ, दान, मंत्र, और जटिल कर्मकांड हावी होता गया। इस समय भारत अनेक मत-मतांतरों, रियासतों, अनेक कुरीतियों और अंधविश्वासों का घर बन गया था।

खलीफा अब्दुल मलिक के शासन काल में मुस्लिम शक्तियों में गृहयुद्ध खूब जोरों पर था। कुछ मुसलमान उन्हें सौंपने को कहा, जो कबूल नहीं किया गया, ऐसी ही एक जहाज लंका से भारत की ओर आ रहा था, उसे लूटेरों ने लूट लिया, खलीफा ने उसके हर्जाने की पेशकश की जिसे यह कहकर टाल दिया कि वह भारत के क्षेत्र में नहीं था। अतः खलीफा ने अपनी भतीजे कासिम को 712 ई. में 6 हजार सैनिक लेकर सिंध पर आक्रमण के लिए भेजा। दाहिर ने बड़ी बहादुरी से मुकाबला किया, कासिम हार रहा था, उसी समय एक लोभी ब्राह्मण ने सलाह दी कि मंदिर के ध्वज को नष्ट कर दो। ऐसा ही हुआ, भारतीय सेना में भगदड़ मच गई दाहिर मारा गया, करोड़ों का सोना-जवाहरात, लुटवाए, जिस ब्राह्मण ने यह सलाह दी उसे भी मार दिया। हजारों को मुसलमान बनाया, महिलाओं पर अत्याचार किए गए, मंदिरों को तोड़ दिया। लोगों को जान के बदले जजिया देना पड़ा।

इसी समय दक्षिण में मोपले मुसलमानों ने भी मस्जिदें बना धर्म प्रचार किया। उत्तर भारत में जहाँ मुसलमान बलपूर्वक आगे बढ़ रहे थे वहीं दक्षिण में व्यापारिक प्रभाव व अन्य दबावों के कारण मदुरा, गोवा, मद्रास, चोल और अनेक बंदरगाहों के आस-पास मुसलमान बस्तियाँ बस रही थीं। कासिम के लौट जाने के 300 वर्षों बाद तक उत्तर भारत में मुसलमानों का कोई आक्रमण नहीं हुआ। दक्षिण में मुस्लिम बस्तियाँ बस रही थीं। आठवीं सदी के अंत तक अफगानिस्तान भी मुसलमानों की तलवार के अधीन हो गया था। अफगानों के अब खैबर की घाटी से छोटे-छोटे धावे मारने आरंभ कर दिए थे।

कासिम के आक्रमण के बाद बहुत से मुसलमान फकीर उत्तर भारत में फैलने लगे थे। उनकी तरफ हिंदू शासकों का कुछ ध्यान भी नहीं था। बहुत सारे मुसलमान

साधु हिंदू साधुओं का भेष धारण कर हिंदू मंदिरों में रहते थे, वहाँ से हिंदू राजाओं व मंदिर की संपत्ति की जानकारी लेकर मुसलमान शक्तियों तक पहुँचाते थे। शेख शादी स्वयं भी सोमनाथ के मंदिर में कुछ दिन हिंदू साधु बनकर रहा (बोस्ता), बहुत सारे सूफी साधुओं ने इस्लाम धर्म को फैलाया। इनके कुछ वास्तविक सूफी थे जो अधिकतर बादशाह के आदेशों का पालन करने वाले थे। दक्षिण में फकीर सैय्यद इब्राहिम सहीद भारत 12वीं सदी में आए और बहुत से हिंदुओं को इस्लाम में दीक्षा दी। हिंदू धर्म में इस काल में कोई आत्म-सम्मान की रक्षा करने वाला नहीं रह गया था। पेन्नुकोंडा के हिंदू राजा ने इस्लाम स्वीकार कर लिया था। मुसलमानों को हिंदू सेना में भर्ती और प्रांतों के शासक बनाए जाते थे। गुजरात के वल्लभी राजा बल्हार ने अपने राज्य के अंदर मुसलमानों का बड़े उत्साह से स्वागत किया। काठियावाड़, कोंकण और मध्य भारत के सभ्य हिंदू राजाओं ने भी मुसलमान साधुओं का खासा सत्कार किया था और उन्हें अपने राज्य में इस्लाम प्रचार में काफी सहायता दी थी। राजा अपने खर्च से मस्जिद भी बनवाते थे (खंभात)।

11वीं सदी के बोहरा जो शिया थे, यमन से आकर गुजरात में बसे। 8वीं सदी से 15वीं सदी तक समस्त भारत में मुसलमान साधु-संत अपने धर्म का प्रचार करते रहे और लाखों हिंदुओं को मुसलमान बनाया, लेकिन इस समय तक भारतीयों पर इस्लाम का कोई राजनीतिक प्रभाव नहीं पड़ा था।

कासिम के भारत पर हमले के लगभग 300 वर्ष बाद महमूद ने लूट का लालच देकर बर्बरों को इकट्ठा कर भारत पर धावा बोला, 30 वर्षों तक 17 बार भारत को तलवार और अग्नि से विध्वंस किया।

नगरकोट का मंदिर तोड़कर– 709 मन सोना, 740 मन चाँदी, 20 मन हीरे-जवाहरात लूटे;

थानेश्वर को नष्ट कर मंदिर तोड़कर 2 लाख हिंदुओं को कैदी बनाया;

मदुरै के मंदिर तोड़कर 6 ठोस सोने की मूर्तियों व गुलाम बनाकर ले गया जो गजनी के बाजार में 2 रुपए में भी नहीं बिक रहे थे, क्योंकि उनकी संख्या बहुत अधिक थी।

गुजरात के सोमनाथ मंदिर– 40 मन सोना, 5 गज ऊँची मूर्ति, मंदिर को तोड़कर उसके टुकड़ों से गजनी में मस्जिद व महल की सीढ़ियाँ बनवाईं।

केवल दो-चार राजाओं के विरोध के अतिरिक्त किसी ने भी इसे रोकने का साहस नहीं किया, ऐसी थी सामाजिक परिस्थिति। जाति-भेद बढ़ गया था।

इसी बीच गजनी और गौरियों के बीच जंग हुए, गौरियों ने महमूद के वंश को नष्ट कर दिया। महमूद के करीब 150 वर्षों बाद मुहम्मद गौरी ने फिर भारत पर आक्रमण किया। हर बार पृथ्वीराज से हारकर धन देकर छूट जाता था। तेरहवीं

सदी में उत्तरी भारत में राजपूतों के चार प्रधान वंश राज्य करते थे– (1) दिल्ली और अजमेर में चौहान, (2) कन्नौज में गहरवार, (3) गुजरात में सोलंकी, (4) चित्तौड़ में सिसोदिया, ये चारों आपस में संबंधी थे लेकिन कट्टर शत्रु भी।

इनमें आपस में कई लड़ाइयों से यह बैर बढ़ता चला गया, इसका लाभ मुहम्मद गौरी ने उठाया, तराइन के दूसरे युद्ध में पृथ्वीराज कुछ रिश्तेदारों के साथ युद्ध में हार गया, सोलंकियों और जयचंद की सेना ने गौरी का साथ दिया। पृथ्वीराज मारा गया और भारत में हिंदू-साम्राज्य की तकदीर का फैसला हो गया। अगले वर्ष गौरी ने कन्नौज पर हमला कर 1,000 मंदिरों को तोड़ा, उनका धन लूटा, लोगों, स्त्रियों को गुलाम बनाकर सामान को 4,000 ऊँटों पर लादकर अफगानिस्तान ले गया और कुतुबुद्दीन को दिल्ली का गुलाम शासक बना दिया। युद्ध में जयचंद भी मारा गया।

पठान

पठान जो मुसलमान थे 12वीं सदी से 333 वर्षों तक उनका शासन कायम रहा। पठानों में भी आत्म-कलह का अंत न था, लेकिन वे छल, बल, कौशल से हिंदू राजाओं के राज्यों को हड़पने लगे। वास्तव में हिंदुओं का धन-ऐश्वर्य ही उनके नाश का कारण हुआ है। हिंदू तीर्थ यात्राएँ करते थे मुसलमानों ने इन तीर्थों पर तीर्थ कर लगा दिया और जजिया भी लगा दिया।

कुतुबुद्दीन ऐबक ने झाँसी, दिल्ली, मेरठ, कोयल, रणथंभौर, अजमेर, ग्वालियार, कालिंजर और गुजरात को जीतकर हजारों मस्जिद विध्वंस कर दी, लाखों नर-नारियों को काट डाला। कुतुबुद्दीन के गुलाम मोहम्मद बख्तियार ने सेना लेकर बिहार और बंगाल को कूच करके, काशी के हजारों मंदिरों को विध्वंस कर बिहार और बंगाल के पाल और सेनवंशी राज्यों को छल से मार डाला। नालंदा के विश्वविख्यात पुस्तकालय को जला डाला, 12,000 बौद्ध भिक्षु को मार दिया। इल्तुतमिश ने उज्जैन पर आक्रमण कर महाकाल के मंदिर को विध्वंस कर वहाँ से करोड़ों रुपए की संपदा को लूटा। इस गुलाम वंश के 8 बादशाहों ने 100 वर्षों तक दिल्ली पर राज्य किया। इसके बाद खिलजी वंश के 3 बादशाहों ने 30 वर्षों तक राज्य किया। इस काल में अनेक राजपूत स्त्रियों ने जौहर किया, देवगढ़ के राजा रामदेव को लूटा, किले को जला दिया, चित्तौड़ की पद्मावती के लिए युद्ध किया, 15 हजार राजपूत स्त्रियों ने जौहर किया, गुजरात के राजा करण को मारकर उसकी रानी से अलाउद्दीन ने विवाह किया और बेटी से अपने बेटे का विवाह किया। हिंदुओं की स्थिति बड़ी दयनीय रही। वे मुसलमानों से भीख माँगते थे, जजिया लेते समय उनके मुँह में थूका जाता था। इस्लाम धर्म की दुहाई देकर काफिरों को कत्ल करना, उनका धन छीनना, बेइज्जत करना सब जायज था।

तुगलक वंश के 6 बादशाहों ने 100 वर्ष राज्य किया। मुहम्मद तुगलक एक भयानक खूनी था। वह हजारों स्त्री-पुरुष, बालकों को एक जगह घिरवाकर उनमें शिकार के शौक से भीतर घुसता था और विविध प्रकार के खेलों से उन्हें कत्ल करता था। नाक, कान काट लेना, आँखें निकलवा लेना, सिर में लोहे की कील ठोंकना, आग में जलाना, खाल खिंचवाना, आरे से चिरवाना, हाथी से कुचलवाना, सिंह से फड़वाना, साँप से कटवाना और सूली पर चढ़वाना उसके दंडों के प्रकार थे।

फिरोजशह तुगलक ने नगरकोट की विजय के बाद हिंदुओं के मुँह में गौमांस डलवाया जो मना करता उसका गला काट दिया जाता। ब्राह्मणों को जिंदा जलाया, राजा जब भेंट देने आया तो उसके मुँह में गौमांस भरवा दिया। मेवात के लाखों लोगों को मरवा दिया था। मुसलमान बना लिया। दिल्ली के प्रत्येक नर-नारी को देवगिरि ले गया और पुनः दिल्ली चलने को कहा जिसमें लगभग सभी मर गए। दक्षिण के एक मुसलमान राजा का यह स्वभाव था कि यदि कोई बारात जाती तो वह दुल्हन को पकड़वाकर उसके साथ बलात्कार करता और छोड़ देता।

मुगल और तैमूर लंग

चंगेज खाँ ने 98 वर्ष के अंदर (1227 ई. से पहले) भारत को छोड़कर लगभग समस्त एशिया और यूरोप के बहुत बड़े भाग को मुगल साम्राज्य में मिला लिया था, वह मुगल बौद्ध धर्मानुयायी थे, स्वयं चंगेज खान बौद्ध था, मूर्तिपूजक था, उसका पौत्र हलाक ईरानियों और अरबों से इस्लाम मत ग्रहण किया था। तैमूर का पिता चुगताई खानदान और तातारी वंश का एक मुसलमान जमींदार था। तैमूर एक अविवाहित कन्या से पैदा हुआ जिसे सूर्य पुत्र भी कहा गया, इसलिए मुगल बादशाहों के झंडों पर सूर्य चिह्न लगाते हैं। बचपन से ही तैमूर बड़ा लड़ाकू और चतुर था। काबुल तक कब्जा करके उसने 1389 में भारत की ओर मुँह मोड़ दिया, जहाँ काफिरों को नष्ट करना अपना धर्म समझता था। चौदहवीं सदी पठानों के अत्याचारों से तृप्त थी, 92 हजार घुड़सवार सैनिक लेकर तैमूर सिंध नदी पार कर तेजी से शहरों को लूटता आग लगाता आगे बढ़ा, दिल्ली आते समय उसके पास बहुत-सा धन था, बटनेर में उसने 10 हजार हिंदुओं को कत्ल किया, फिर भी दिल्ली आते-आते उसके पास 1 लाख हिंदू कैदी थे जिनको भोजन देना और उन पर विश्वास करना कठिन था, अतः उन्हें कत्ल कर दिया। दिल्ली का बादशाह गुजरात भाग गया, 5 दिनों में सारे शहर को जला दिया, लूट लिया, हजारों स्त्री-पुरुषों को कत्ल कर दिया, सड़कें लाशों से भर गईं, बीमारी का भय हो गया, अतः तैमूर अब हजारों दासों और लूट के सामान के साथ मेरठ पहुँचा, वहाँ पर भी ऐसा ही किया,

फिर हरिद्वार गया जहाँ मेला लगा हुआ था, जहाँ उसने लाखों लोगों का कत्ल किया, लूटा और फिर काबुल चला गया। इसके बाद सैय्यद बादशाह हुए। वे भी धर्म के मामले में कट्टर थे। उन्होंने 30 वर्षों तक राज्य किया, इनके बाद लोधी आए, इनमें से कई इतने कठोर थे कि मंदिरों की मूर्तियों से मीट को तुलवाते थे।

1526 में बाबर ने पठानों को हरा, राणा सांगा को हरा देश पर अधिकार कर लिया। अयोध्या के राम जन्मभूमि के स्थान पर मंदिर को तोड़, वहाँ पर उसके सेनापति मीर बाँकी ने मस्जिद का निर्माण करवाया, अनेक मंदिरों को तोड़ा।

अकबर ने चित्तौड़ पर हमले के लिए 1,000 काली गाय और शिव मंदिर को तुड़वाकर चित्तौड़ को जीता। राजस्थान के सभी राजघरानों से लड़कियों से अपने खानदान का विवाह कराया, अपने को ऊँचा दिखाना और कूटनीति के कारण राजपूतों को साथ लेना ही इसका कारण था। लेकिन उसने एक शाही फरमान भी जारी किया कि शाही बेटियों की शादी नहीं होगी, जो बाद के बादशाहों ने तोड़ दिया। जहाँगीर और शाहजहाँ ने भी हिंदुओं पर कोई रहम नहीं किया वरन् इनके युग में कोई नया मंदिर नहीं बना सकता था।

औरंगजेब एक कट्टर सुन्नी शासक था। वह मौलवियों की इच्छा से शासन करता था, उसके राज में अनेक मंदिर ही नहीं तोड़े गए वरन् उनके पास मस्जिदों का भी निर्माण हुआ, बनारस, मथुरा, इसके जीते-जागते उदाहरण हैं। कोई व्यक्ति शहर में शराब नहीं पी सकता था, 4 अंगुल से अधिक दाढ़ी नहीं रख सकता था, संगीत की मनाही थी, हिंदुओं पर जजिया लगा था, सूफी दिल्ली छोड़ दक्षिण चले गए थे। रंडियों को शादी का आदेश दिया, कुरुक्षेत्र के मेले में हजारों लोगों को मरवाया, भाइयों को मरवाया, बाप को कैद किया, शिवाजी व उसके बेटे को कैद किया, सैय्यद फकीर का कत्ल करवाया, अपनी लड़की व लड़के को कैद में डाल दिया, लड़की वहीं मर गई, खुसरो को गला घोंटकर मार दिया, शिवाजी के बेटे का कत्ल किया, गुरु तेगबहादुर को कत्ल करवाया, ऐसे अनेक काम किए जिससे यह साबित हो गया कि औरंगजेब केवल सुन्नी मुसलमानों और मौलवियों का ही रक्षक है। वह यहाँ तक कठोर रहा कि अपने बड़े भाई दाराशिकोह को भी कत्ल करवा दिया। उसके बेटे को जेल में डाल दिया।

इतने कठोर और अत्याचारी शासन का परिणाम यह हुआ कि औरंगजेब 25 वर्षों तक दक्षिण में ही युद्ध में फँसा रहा और उसकी मृत्यु के बाद साम्राज्य टुकड़े-टुकड़े हो गया। स्थानीय शासक स्वतंत्र हो गए, मराठे, सिख, जाट, राजपूत व अन्य स्वतंत्र हो गए, अँग्रेज, फ्रांसीसी, पुर्तगाली व डच भी शक्ति दिखाने लगे।

बर्नियर औरंगजेब के काल में लिखता है :

"यह बात भी कम ध्यान देने के योग्य नहीं है कि संसार में घूम-घामकर सोना-

चाँदी जब भारतवर्ष में पहुँचता है, तो यहीं खप जाता है। अमेरिका से जो रुपए यूरोप के देशों में फैलता है, उसमें से कुछ तो उन वस्तुओं के बदले में, जो टर्की (रूस) से आती हैं, अनेक द्वारों से तुर्की में चला जाता है, और कुछ समरनोक बंदरगाह के मार्ग से ईरान में पहुँच जाता है। वहाँ से रेशम यूरोप में आता है, टर्की की यह दशा है कि वहाँ के लोग उस सामान के बिना, जो यमन से आता है, रह नहीं सकते और टर्की, यमन तथा ईरान को भारतवर्ष की वस्तुओं की आवश्यकता बनी रहती है। अच्छी ऋतुओं में भारतवर्ष का माल लेकर इन प्रसिद्ध बंदरगाहों में आते हैं–भारतवर्ष में पहुँच जाता है। यह भी विदित है कि हिंदुस्तानियों, डचों, अँग्रेजों और पुर्तगालियों के सब जहाज, जो हर साल हिंदुस्तान का माल पंगू, तेनासरम, सिलोन, अचीन, मगसर, मलयद्वीप, मात्रांबिक आदि स्थानों में ले जाते हैं, वे भी उसके बदले में सोना-चाँदी ही लाते हैं...। इन चीजों के बदले में भारतवर्ष से सोना-चाँदी बाहर नहीं जाता, जो सोना-चाँदी एक बार यहाँ आता है, वह कठिनता से पुनः यहाँ से बाहर जाता है।"

यह भारत की लूट-खसोट का मुख्य कारण था कि यहाँ के घरों में, महिलाओं के पास व मंदिरों में सोना-चाँदी व हीरे होते थे। राजा भी अपने खजाने में इन्हें दबाए रखते थे। भारत में अनेक धर्म, वंश और जातियों के लोग आए और अंत में हिंदू धर्म में समाहित हो गए, लेकिन मुसलमान केवल ऐसे रहे जो अपने को अलग मानते रहे, यहाँ के लोगों को काफिर मानते रहे, धर्म परिवर्तन करते रहे, कत्ल करते रहे, काबा को ही अपना पवित्र स्थान मानते थे, अतः केवल कुरान को ही अपनी पवित्र पुस्तक मानते रहे। हिंदू महिला से विवाह करते लेकिन हिंदुओं में मुस्लिम महिला नहीं जानी चाहिए यह धारणा बनी रही। हिंदू को हीन-भावना से देखा और स्वयं को शासक वंश से माना। मूर्ति को तोड़ना, काफिर को मारना, जजिया लगाना धार्मिक कृत्य माना जाता रहा। ऐसे सभी अत्याचार हिंदू भारत में इस्लाम की स्थापना से देख व सहन कर रहा था। लेकिन 1857 में अँग्रेजों को देश से बाहर निकालने के लिए हिंदू-मुस्लिम एकता का प्रयास किया गया जो सफल नहीं हो सका।

अँग्रेज पुनः शासक बन गए। यह एकता क्यों नहीं हो सकी इसको गहराई से देखना चाहिए। 7वीं सदी के मध्य से, कासिम के समय से 16वीं सदी के उत्तरार्द्ध तक लगभग 800 वर्षों तक इस्लाम ने भारत में दुमुखी लड़ाई जारी रखी। यह लड़ाई एक तरफ राजसत्तात्मक थी और दूसरी तरफ धर्म सत्तात्मक। इस संबंध में महत्त्वपूर्ण ऐतिहासिक तथ्य यह है कि राजसत्तात्मक लड़ाई में हिंदू हारते गए। अपने राज्यों और क्षेत्रों को खोते गए और मुसलमानों की अधीनता स्वीकार करते गए। परंतु धर्म सत्तात्मक लड़ाई में निरंतर 700 वर्षों तक युद्ध करते हुए भी हिंदुओं

ने अपनी पराजय स्वीकार नहीं की। अंततः पराजय स्वीकार की सम्राट अकबर ने, जबकि उसने धर्म युद्ध रोक दिया और हिंदू धर्म और हिंदू संस्कृति के सामने मित्रता के हाथ फैलाए और हिंदू राजपूतों, हिंदू राजनीतिज्ञों, हिंदू कलाकारों और गुणियों की सलाह से उसने एक व्यवस्थित और शांत साम्राज्य की नींव डाली। जिस पर औरंगजेब ने पुनः धर्मयुद्ध की तलवार तीखी की, परंतु शिवाजी, राजसिंह, छत्रसाल, सिखों के हाथों अत्यधिक दुर्दशाग्रस्त होना पड़ा। वह 40 वर्षों तक युद्ध यात्रा में करता फिरा और उसके मरने के बाद मुगल शासन का सारा ढाँचा ध्वस्त हो गया। 1857 ई. तक मुगल साम्राज्य एक मुर्दार वस्तु की तरह अपना अस्तित्व रखता रहा। 1857 ई. में अपना विनाश किया प्रत्युत्तर इस्लामी सभ्यता और संस्कृति की भी बड़ी भारी हानि की।

1857 ई. की हार के बाद मुसलमान अपनी हुकूमत को नहीं भूले। हिंदू जिस प्रकार मुसलमानों के गुलाम थे उसी प्रकार अँग्रेजों के भी गुलाम रहे। यह बात अँग्रेजों ने ठीक से समझ ली थी। दोनों को गुलाम रखने के लिए उन्होंने लॉर्ड मैकाले की अँग्रेजी शिक्षा नीति को लागू कर हिंदू और मुसलमानों की संस्कृति और शिक्षा को अपने अधीन कर लिया। मुसलमानों में सर सैय्यद अहमद खान और हिंदुओं में राजा राम मोहन राय और स्वामी दयानंद ने अपने-अपने समाज में नवचेतना लाने का प्रयास किया। जो सहयोग सर सैय्यद को नए मुस्लिम राष्ट्र के संगठन में मिला वह सहयोग राजाराम मोहन राय और स्वामी दयानंद को नहीं मिला। फलतः जहाँ मुस्लिम राष्ट्र एकीभूत होकर समुन्नत होने लगा वहाँ हिंदू राष्ट्र में सांप्रदायिकता की बू उत्पन्न हो गई और उसकी बहुत-सी शक्तियाँ आपस के संघर्ष में खर्च होने लगीं।

एक ओर अँग्रेजों ने काँग्रेस नाम से हिंदुओं के लिए एक राजनीतिक दल बनवाया, जिसमें बड़े जमींदार और वकील थे। दूसरी ओर 1905 ई. में बंगाल को दो भागों में बाँटकर धर्म के विभाजन का रास्ता दिखा दिया, इतना ही नहीं 1906 ई. में मुस्लिम लीग की भी स्थापना करवा दी, 1909 ई. में मुसलमानों को पृथक मताधिकार की व्यवस्था भी कर दी।

सांप्रदायिक विभाजन को और अधिक मजबूत करने के लिए हर प्रयास किए गए। दोनों विश्व युद्धों में मुस्लिम लीग ने अँग्रेजों का साथ दिया। जब यह साफ हो गया कि अँग्रेज भारत छोड़ेंगे तो मुस्लिम लीग ने जिन्ना के नेतृत्व में अलग राष्ट्र, अलग सभ्यता, अलग संस्कृति, अलग भाषा, अलग धर्म के आधार पर पृथक देश पाकिस्तान की माँग को पहले माँग से फिर हिंसक अभियान से आगे बढ़ाकर सबको देश के विभाजन के लिए मजबूर कर दिया। इस विभाजन में लाखों निर्दोष मारे गए, संपत्ति तबाह हो गई, लोग बेघर हो गए, इसे कोई रोक न सका। लेकिन जो देश

विभिन्नता के कारण अलग हुआ था वह आज भी संतुष्ट नहीं है, बाँग्लादेश का पाकिस्तान से अलग होना, शिया-सुन्नी-अहमदिया, बोहरा, पख्तून-सिंधी, पंजाबी, बलूची, गरीबी, आतंकवाद, राजनीतिक अस्थिरता और अन्य अनेक बीमारियों व कर्ज से पीड़ित है। सारा संसार इससे परिचित है, स्वयं पाकिस्तान का आम नागरिक भी दुःखी है।

पाकिस्तान में सैनिक शासन या अनेक टुकड़े होने की ओर बढ़ रहा है। शासन प्राप्त करने के लिए हत्याएँ, जहर देना, मार देना, फाँसी देना, अंधा करना, जला देना, धर्म के नाम पर उन्माद करना, अपने शौर्य को दिखाने के लिए युद्ध करना आदि अनेक घटनाएँ इतिहास में होती रही हैं, लेकिन कुछ ऐसे भी युद्ध हुए जिनमें व्यक्तियों व धन की बड़ी हानि हुई, युद्ध के बाद शांति के लिए संधियाँ भी हुईं इनका उल्लेख नीचे दिया गया है–

5911 ई.पू.	पश्चिम से आकर पूर्व में महामानास ने मालिनी (वर्तमान मोगियाद) में अपनी सत्ता को स्थापित किया।
5501 ई.पू.	राजा सगर ने अपने राज्य को फैलाया बाद में उसके पुत्रों ने ऐसा किया।
4778 ई.पू.	10 राजाओं का युद्ध हुआ।
4301 ई.पू.	राम और रावण का युद्ध हुआ।
3195 ई.पू.	कंस को मारा गया।
3151 ई.पू.	जरासंध मारा गया।
3137 ई.पू.	महाभारत युद्ध हुआ।
522-456 ई.पू.	डेरियस प्रथम ने भारत में हमलाकर अपना साम्राज्य फैलाया।
517 ई.पू.	सकाईलेक्स ने पश्चिम भारत को जीता।
326 ई.पू.	सिकंदर ने सिंधु नदी को जीत, झेलम को पारकर भारतीय राज्यों को जीता।
312 ई.पू.	समुद्र गुप्त ने अपने साम्राज्य को बढ़ाया।
643 ई.	अरब का भारत पर आक्रमण।
712 ई.	मुहम्मद बिन कासिम ने सिंध को जीता और दारा को मारा।
713 ई.	मुसलमानों ने मुल्तान पर कब्जा लिया।
912-44 ई.	काबुल को ब्राह्मण शासकों से मुसलमानों ने छीन लिया।
988 ई.	सुबुक्तगिन ने जयपाल को हराकर काबुल पर अधिकार किया।
999 ई.	महमूद ने भारत पर हमला किया।
1001 ई.	जयपाल ने अपने को अग्नि में जला लिया।
1008 ई.	महमूद ने आगरा को कब्जा किया।

1013 ई.	काबुल के निकट घूसी नदी पर युद्ध किया।
1024 ई.	हरिराजा ने सोमनाथ को लूटा।
1224 ई.	चंगेज खान की मृत्यु।
1175 ई.	मुहम्मद गौरी भारत पर पहला हमला किया।
1191 ई.	तराइन का पहला युद्ध।
1192 ई.	पृथ्वीराज चौहान की हार व हत्या।
1192-1273 ई.	मुहम्मद गौरी ने बंगाल को जीता।
1258 ई.	बगदाद से खलीफा का अंत।
1290 ई.	मुगल आक्रमण और दिल्ली के निकट उनकी हार।
1307 ई.	गाजी मलिक तुगलक ने तुर्की को कत्ल किया।
1327 ई.	मुहम्मद तुगलक ने दिल्ली से तुगलकाबाद को राजधानी ले गए और पुनः दिल्ली लाए इस कार्य में लाखों व्यक्ति मारे गए।
1398 ई.	तैमूर लंग ने भारत पर आक्रमण किया, दिल्ली में लाखों लोगों को लूटा व मारा।
1404-06 ई.	बुक्का द्वितीय ने विजयनगर पर हमला किया, 10,000 हिंदुओं को दास बनाया और बुक्का की पुत्री से विवाह किया।
1451-1535 ई.	बहलोल लोधी ने हिंदू मंदिरों को तोड़ मूर्तियों को बाट के रूप में कसाइयों को दे दिया, उनसे मांस को तौला गया।
1503 ई.	जमोरिन और कोचिन राजाओं का अबूबक्र से युद्ध।
1510 ई.	पुर्तगालियों ने गोवा पर कब्जा किया।
1526 ई.	पानीपत का पहला युद्ध।
1539 ई.	चौसा का युद्ध।
1556 ई.	पानीपत का द्वितीय युद्ध, अकबर और हेमू के बीच।
1565 ई.	विजयनगर के राज्य का अंत, तालिकोटा का युद्ध।
1576 ई.	हल्दी घाटी का युद्ध।
1587 ई.	अकबर ने कश्मीर को कब्जाया।
1594 ई.	बलूचिस्तान और मकरान पर अकबर का कब्जा।
1606 ई.	खुसरो का विद्रोह, उसे अन्धा करना।
1607 ई.	शेर अफगान, नूरजहाँ के पहले पति का वध।
1633 ई.	वाराणसी मंदिर की लूट व विध्वंस।
1646 ई.	शिवाजी ने तौरनागढ़ के किले को जीता।
1657 ई.	सामूगढ़ में गद्दी के लिए युद्ध।
1659 ई.	शिवाजी ने अफजल खान को मारा।

1663 ई.	शिवाजी ने पूना को लूटा।
1587 ई.	जससिंह ने शिवाजी को हराया।
1666 ई.	शायस्ता खान ने चिटगाँव को जीता।
1669 ई.	औरंगजेब ने हिंदू मंदिरों को तुड़वाया व लुटवाया।
1672 ई.	सतनामियों से औरंगजेब का युद्ध।
1680 ई.	औरंगजेब के आदेश से 173 मंदिरों को तोड़ा व लूटा गया।
1682 ई.	सिख संगठित हो गए क्योंकि उनके गुरुओं को कत्ल किया गया था।
1686 ई.	अँग्रेज-मुगल का युद्ध।
1689 ई.	संभाजी का वध किया गया।
1708-13 ई.	बंदा बैरागी मुसलमानों को मारता रहा और मुगल शासन के लिए सरदर्द बना रहा।
1737 ई.	चंदा साहिब की त्रिचनापल्ली पर कब्जा, मराठों का सलसत द्वीप पर कब्जा।
1739 ई.	नादिरशाह ने दिल्ली को लूटा और 50000 लोगों को मारा।
1745 ई.	पहला कर्नाटक युद्ध।
1749 ई.	अहमदशाह अब्दाली का पंजाब पर हमला।
1750 ई.	दूसरा कर्नाटक युद्ध।
1756 ई.	अहमदशाह अब्दाली का दिल्ली पर हमला, तीसरा कर्नाटक युद्ध।
1757 ई.	प्लासी का युद्ध।
1758 ई.	मराठों का पंजाब पर अधिकार।
1761 ई.	पानीपत का तीसरा युद्ध।
1764 ई.	बक्सर का युद्ध।
1767 ई.	मैसूर का पहला युद्ध।
1770 ई.	बंगाल में संन्यासी विद्रोह।
1774 ई.	रूहैला युद्ध।
1775 ई.	सूरत की संधि; नंदकुमार को फाँसी; पहला मराठा युद्ध।
1776 ई.	पुरंदर की संधि।
1780 ई.	मैसूर का दूसरा युद्ध।
1781 ई.	सालाबाई की संधि।
1784 ई.	मंगलौर की संधि।
1790 ई.	मैसूर का तीसरा युद्ध; मेड़ता में सिंधिया और मारवार के बीच।

1792 ई.	मैसूर का तीसरा युद्ध; सिरिंगापट्टना की संधि।
1794 ई.	मैसूर का चौथा युद्ध; टीपू सुल्तान का पतन।
1803 ई.	अँग्रेजों और मराठों का युद्ध।
1804 ई.	अँग्रेजों और होल्कर का युद्ध।
1817 ई.	मराठों का तीसरा युद्ध।
1824 ई.	पहला वर्मा युद्ध।
1834 ई.	कुर्ग के साथ युद्ध।
1839 ई.	पहला अफगान युद्ध।
1843 ई.	अँग्रेजों ने सिंध को जीता।
1845 ई.	पहला सिख युद्ध।
1849 ई.	गुजरात में युद्ध; पंजाब को अँग्रेजों ने जीता।
1852 ई.	बर्मा में युद्ध; बहावी षड्यंत्र।
1857 ई.	पहली आजादी की लड़ाई।
1864 ई.	भूटान के साथ युद्ध।
1878 ई.	दूसरा अफगान युद्ध।
1882 ई.	सलेम में हिंदू-मुस्लिम संघर्ष।
1885 ई.	तीसरा बर्मा युद्ध।
1886 ई.	दिल्ली में हिंदू-मुस्लिम दंगें।
1893 ई.	बंबई में हिंदू-मुस्लिम दंगें।
1905 ई.	बंगाल विभाजन।
1906 ई.	मुस्लिम लीग की स्थापना।
1908 ई.	खुदीराम बोस द्वारा बम फेंकना।
1909 ई.	सावरकर ने "तलवार" नाम का अखबार निकाला और क्रांतिकारी गतिविधियाँ चलाईं।
1911 ई.	कलकत्ता से दिल्ली राजधानी को लाया गया।
1914-18 ई.	पहला विश्व युद्ध।
1915 ई.	लखनऊ में हिंदू-मुस्लिम समझौता। डॉ. मथुरा सिंह ने काबुल में अस्थायी सरकार बनाई।
1917 ई.	डॉ. मथुरा सिंह को फाँसी दी गई।
1919 ई.	रोलट कानून बनाया, जलियाँवाला बाग में निहत्थे लोगों को अँग्रेजों ने गोली से मार दिया।
1920 ई.	तीसरा अफगान युद्ध।
1921 ई.	मोपला कांड, चौरी-चौरा कांड।

1926 ई.	स्वामी श्रद्धानंद का वध।
1931 ई.	23 मार्च को भगतसिंह, राजगुरु और सुखदेव को फाँसी।
1940 ई.	लाहौर में पाकिस्तान का प्रस्ताव पास किया।
1943-45 ई.	सुभाष चंद्र बोस ने आजाद हिंद फौज की गतिविधियाँ।
1945 ई.	लीग का "डायरेक्ट एक्शन डे" की घोषणा। "नेशनल मुस्लिम लीग" के हथियारों के दस्तों ने हिंदू-सिखों को मारना प्रारंभ किया।
1947 ई.	भारत से पाकिस्तान को अलग कर आजाद कर दिया। हिंदू-मुस्लिम दंगों में हजारों लोग मारे गए, लाखों बेघर हो गए। यह घृणा आज तक बनी हुई है।

अध्ययन के लिए विशेष साहित्य

1. Colonel G.B. Malleson, *The Decisive Battles of India from 1746 to 1849*, Aawishkar, Jaipur, 2nd Ed., 1936.
2. Majid Khadluri, *War and Peace in the Law of Peace*, Hopkins Press, 1955.
3. B.N.S. Yadava, *Society and Culture in Northern India*, Oriental Books Depot, Allahabad, 1973.
4. जय चंद्र विद्यालंकार, *भारतीय इतिहास की रूपरेखा*, हिंदुस्तानी एकेडमी, इलाहाबाद, 1941।
5. राहुल सांस्कृत्यायन, *ऋग्वैदिक आर्य*, किताब महल, इलाहाबाद, 1957।
6. आचार्य चतुरसेन, *भारत में इस्लाम*, गौतम बुक डिपो, दिल्ली, 1942।
7. Upinder Singh, *Political Violence in India*, Harvard University Press, 2017.
8. Uma Kaura, *Muslims and Indian Nationalism*, Manohar, 1977.
9. Arun Shourie and others, *Hindu Temples What Happened to Them*, 2 Vols., Voice of India, New Delhi, 1990.
10. Ideologies of War and Peace: Ancient India, *Vishveshvaranand Ideological Series*, 7, Hoshiarpur, 1957.

परिशिष्ट

वंश- तालिका

नंद पूर्व राजाओं की अनुक्रमणी

1. पुराणों के आधार पर

	नाम	राज्य-काल	
1.	शिशुनाग	40 वर्ष	40
2.	काकवर्ण/काकवर्णा	26 वर्ष	26
3.	क्षेमधर्मा/क्षेमवर्मा, क्षेमधर्मन	36 वर्ष	36
4.	क्षेत्रज/क्षेत्रज्ञ/क्षेत्रोजा, क्षेमजित	24 वर्ष	24
5.	बिंबिसार	28 वर्ष	28
6.	अजातशत्रु	27 वर्ष	27
7.	दर्भक/दर्शक	24 वर्ष	24
8.	उदायिन	33 वर्ष	33
9.	नंदिवर्धन	40 वर्ष	40
10.	महानंदिन	43 वर्ष	43
	योग	321 वर्ष	321

2. सिंहलक महा वंश के आधार पर

नाम	राज्य-काल	विवरण
बिंबिसार	52 वर्ष	लगभग 543 ई.पू. (15 वर्ष की अवस्था में) राज्यारोहण।
अजातशत्रु	32 वर्ष	उसके शासन के आठवें वर्ष में गौतम बुद्ध की मृत्यु।
उदायिन या उदायिभद्र	16 वर्ष	
अनुरुद्ध, मुंड	8 वर्ष	पितृहंता कहे गए हैं।
नागदासक	24 वर्ष	

शिशुनाग	18 वर्ष	
कालाशोक	28 वर्ष	उसका दुःखांत हुआ।
उसके 10 पुत्र हुए, जिनमें प्रख्यात		
नंदिवर्धन	22 वर्ष	सबने एक साथ राज्य किया उसके अभिभावकत्व में जो प्रथम नंद बना।
योग	200 वर्ष	

मौर्यवंश

चंद्रगुप्त (322 ई. पू.)

बिंदुसार (298 ई. पू.)

अशोक 272 से 332 ई. पू.

कुणाल जलौक महेंद्र इत्यादि संघमित्रा

दशरथ संगत विगताशोक

बृहद्रथ (191 ई. पू.)

शुंगवंश

पुष्यमित्र शुंग 185 ई. पू.

अग्निमित्र वसुजेष्ठ

वसुमित्र

देव भूति

शक वंश

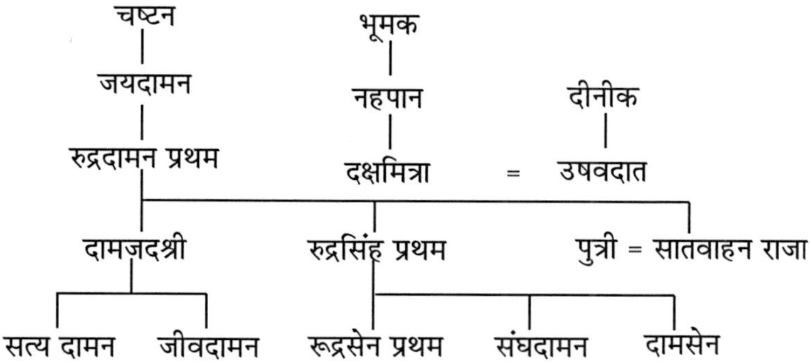
चष्टन
जयदामन
रुद्रदामन प्रथम
भूमक
नहपान
दक्षमित्रा = उषवदात
दीनीक
दामजदश्री
रुद्रसिंह प्रथम
पुत्री = सातवाहन राजा
सत्य दामन
जीवदामन
रूद्रसेन प्रथम
संघदामन
दामसेन

कुषाण वंश

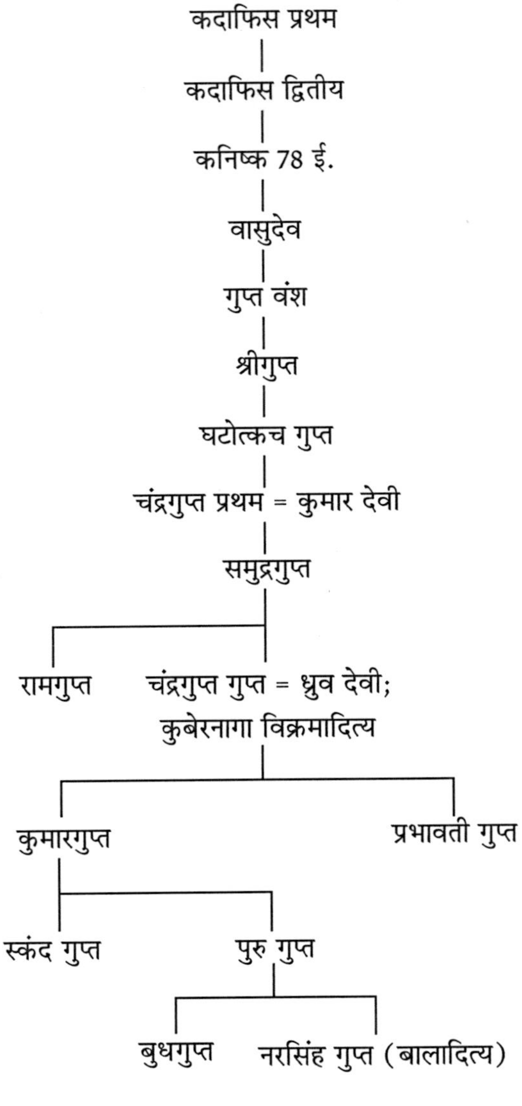
कदाफिस प्रथम
कदाफिस द्वितीय
कनिष्क 78 ई.
वासुदेव
गुप्त वंश
श्रीगुप्त
घटोत्कच गुप्त
चंद्रगुप्त प्रथम = कुमार देवी
समुद्रगुप्त
रामगुप्त
चंद्रगुप्त गुप्त = ध्रुव देवी;
कुबेरनागा विक्रमादित्य
कुमारगुप्त
प्रभावती गुप्त
स्कंद गुप्त
पुरु गुप्त
बुधगुप्त
नरसिंह गुप्त (बालादित्य)

वाकाटक राजवंश

विंध्यशक्ति (250–270)
|
प्रवरसेन प्रथम (270–330)

जेष्ठ शाखा

प्रवरपुर–नंदिवर्धन शाखा
|
गौतमीपुत्र
|
रुद्रसेन प्रथम (330–355)
|
पृथ्वीसेन प्रथम (355–380)
|
रुद्रसेन द्वितीय (380–385)
|
प्रभावती गुप्ता (385–405)
= रुद्रसेन तृतीय
|
- दिवाकरसेन (385–400)
- दामोदरसेन (प्रवरसेन द्वितीय) (330–355)
  |
  नरेंद्रसेन (440–460)
  |
  पृथ्वीसेन द्वितीय (460–480)

वत्सगुल्म शाखा

सर्वसेन तृतीय (330–355)
|
विंध्यसेन (विंध्यशक्ति द्वितीय) (355–400)
|
प्रवरसेन द्वितीय (400–415)
|
अज्ञात (415–450)
|
देवसेन (450–475)
|
हरिषेण (475–500)

थानेश्वर-कन्नौज का पुष्यभूति (वर्धन) राजवंश

नरवर्धन
|
राज्यवर्धन
|
आदित्यवर्धन
|
प्रभाकरवर्धन
|
राज्यवर्धन — हर्षवर्धन (606-647 ई.) — राज्यश्री

वातापी के चालुक्य

जयसिंह राणराग

पुलकेशिन प्रथम 543-566
|
कीर्तिवर्मन प्रथम 566-597 — मंगलेश 597-609

कीर्तिवर्मन प्रथम 566-597 के वंशज:

पुलकेशिन द्वितीय 609-642 — कुब्ज विष्णुवर्धन और जयसिंह पूर्वी चालुक्य वंश का संस्थापक

पुलकेशिन द्वितीय 609-642
|
विक्रमादित्य प्रथम 655-680
|
विनयादित्य 680-696
|
विजयादित्य 696-733
|
विक्रमादित्य द्वितीय 733-746
|
कीर्तिवर्मन् द्वितीय 746-753

अनुक्रमणिका